Du hast mich also totgeschossen?

Detlef Thiel, Dr., freier Philosoph in Wiesbaden. Veröffentlichungen u. a.: *Über die Genese philosophischer Texte. Studien zu Jacques Derrida* (1990); *Platons Hypomnemata. Die Genese des Platonismus aus dem Gedächtnis der Schrift* (1993); *Maßnahmen des Erscheinens. Friedlaender/Mynona im Gespräch mit Schelling, Husserl, Benjamin und Derrida* (2012). Mitherausgeber: Salomo Friedlaender/Mynona: *Gesammelte Schriften* (32 Bände seit 2005; weitere in Vorbereitung), *Friedlaender/Mynona Studien* (5 Bände), japanische Textsammlungen zu Friedlaender/Mynona (3 Bände).

Paul Scheerbart

Du hast mich also totgeschossen?

Unbekannte Texte und Materialien

Gesammelt und herausgegeben von Detlef Thiel

PARODOS

Bibliografische Information der Deutschen Nationalbibliothek
Die Deutsche Nationalbibliothek verzeichnet diese Publikation in der Deutschen Nationalbibliografie; detaillierte bibliografische Daten sind im Internet über http://dnb.d-nb.de abrufbar.

Umschlagmotiv: Stephan Witthöft

Druck: Print Group Sp. z o.o., Stettin
Printed in Poland

ISBN: 978-3-96824-005-3

www.parodos.de

Inhaltsverzeichnis

Abbildung 1: *Von Berliner Stammtischen. Die „Modernen" an ihrem Stammtisch in einem Café des Westens,* Der Weltspiegel. Illustrierte Halbwochen-Chronik des Berliner Tageblatts, Nr. 41 (21. Mai 1905). Foto v. Unbekannt. Ausschnitt, v. l. n. r.: Anna Scheerbart, Samuel Lublinski, Salomo Friedlaender/Mynona, Paul Scheerbart

Detlef Thiel

Die Menschen umkrempeln!

„Das schallende Gelächter donnert durch die syrische Wüste wie eine europäische Kanonenschlacht – den Europäern wird ungemüthlich zu Muthe.“ *(Der Tod der Barmekiden)*

Scheerbart? Dieser lyrikklotzende Kunstzigeuner, Kosmokomiker, Astralhumorist, Antierotiker? Uralter Hut! Was sollen wir in unsrer heutigen Globalkrise mit verkrachten Phantasten von anno Tobak?

– Bitte langsam! „Keines Dichters Art ist so leicht zu verzerren wie die Scheerbarts“, befand schon Albert Soergel.[1] Ihr alter Hut sich gut verkleiden tut. Der im Kneipendunst schwadronierende Habenichts? Das waren nur Episoden in den 1890er Jahren. Der Menschenverächter, der seine Existenzsorgen kompensiert in drollig verschrobenem Fabulieren? Ja, wenn man nicht lesen will. Der aus Protest gegen den Weltkrieg Hungerstreikende? Auch das eine bequeme Legende. Stempel drauf: Nicht systemrelevant. „Können Sie denn nur die Worte hören, die ich ausspreche?“[2] Lesen Sie mal zwischen den Zeilen! Schon die Zeitgenossen nahmen das „stark stilisierte Selbstbild“ für bare Münze.[3] Eine Neubewertung ist überfällig.

– Also was wollen Sie mit dem Namen Scheerbart verbinden?

– Einen erstaunlichen Schriftsteller, der – erbittert *und* lachend – alle Ressourcen aufbietet für einen kompromißlosen Pazifismus. Einen kosmischen Visionär, der seine Urteilskraft in Wissenschaft und Technik erprobt, seine Phantasie in Literatur und Kunst spielen läßt. Einen hellwachen Intellektuellen, der seine Zeit scharf beobachtet, sie – getarnt! – in humoristischer Verzerrung beschreibt und Konsequenzen zieht, deren Tragweite uns heute vor Augen steht: ökologisch, politisch, kulturell. „Aus Wut bin ich sogar Humorist geworden“ – den viel zitierten Satz spricht ein „Schultze VII.“ (DH 238), ein rachsüchtiger Wüterich, Mörder des Rakkóx, Zerstörer seines Werkes.

1 Soergel: *Dichtung und Dichter der Zeit. Eine Schilderung der deutschen Literatur der letzten Jahrzehnte.* Neue Folge: *Im Banne des Expressionismus*, Leipzig 1925, 64.

2 PS: *Das neue Venedig* (unten, Nr. 18).

3 Mechthild Rausch, seit den 1960er Jahren die intensivste PS-Forscherin, hat hinter die Kulissen geblickt: Wg 559 u. 615 f., Rausch 1997, 13, 16, 28. PSs „Name und Werk“, notiert Michael M. Schardt, sei „durch Etikettierungen, Legendenbildungen und mancherlei Anekdoten verdeckt“ (Nachwort zu *Na prost!*, 1987; ÜPS I 173). Ähnlich Brunn 2000, 29 u. 33 f.

Damit meint Scheerbart aber nicht sich selbst. Sein Humor entspringt keiner Wut. Folgt man den Namen und Anspielungen, dann sieht man, wie er an reale Personen und Ereignisse anknüpfend alle Forschungszweige einbezieht. Er kann auch jene schwarze Tür öffnen, aus der Horrorszenen herauszischen, aber daß er über dem brodelnden Kessel der Ängste und Begierden den Kristallpalast freier Beschaulichkeit errichtet habe: das Schema ist hydraulisch, vulgärpsychologisch: Trieb und Verdrängung. Scheerbart muß nüchtern betrachtet werden. Ab hier kürze ich ab: PS.

– Es gab noch andere hellsichtige Warner damals.

– Sicher. Aber PS dachte nicht nur einzelne Errungenschaften und Mißstände voraus, er vernetzte alle Fäden so organisch dicht wie sonst kaum jemand. „Ich habe seit vielen Jahren immer nur eine kleine Zahl von Ideen gehabt – die aber halte ich fest."[4] Planetarische Architekturpoetik, Holismus, Ökotopie, Auflösung der Megacities, *glass peace, post-disaster housing,* Materialinnovation, transluzente, mobile Bauten … unzählige Spuren hat die *Glasarchitektur* hinterlassen, besonders in der anglophonen Diskussion. Die nach dem Zweiten Weltkrieg vorgeschlagene „aufgelockerte Stadt"[5] hat er weit vor dem Ersten Weltkrieg dringend angemahnt, auch als Schutz vor Luftangriffen. Seine Bühnenstücke nehmen das abstrakte Theater vorweg: Kandinsky, Oskar Schlemmer etc. Bis heute inspiriert er Künstler aller möglichen Richtungen, bibliophile und experimentelle Editionen blühen. In 25 Jahren veröffentlicht er 33 meist schmale Bücher und über 500 Kunstkritiken, Essays, Erzählungen, Theaterstücke, Gedichte. Zusammen rund 6.000 Druckseiten. Bekannt sind über 200 Zeichnungen, Illustrationen, Vignetten. Posthum erschienen drei Bände mit Briefen. Seit der Jahrtausendwende mehren sich Übersetzungen: Englisch, Französisch, Italienisch, Spanisch, Japanisch, Russisch, Türkisch, Schwedisch, Ungarisch … Dazu ungezählte Aufsätze, über 20 Dissertationen und Habilitationsschriften, von Egon Schoss (Prag 1935) bis zu Alex Belarev (Moskau 2017). Durch seinen Bewunderer Walter Benjamin gelangte PS in die Stromkreise um Jacques Derrida.[6]

Hier ist eine Fundgrube von Ideen für zukünftige Lebens- und Wohnformen. Die Spannungsfelder von Natur und Technik, Kosmos und Kunst,

---

4 PS an Bertha v. Suttner, 27.10.1909 (Wg 395).

5 Johannes Göderitz, Roland Rainer, Hubert Hoffmann: *Die gegliederte und aufgelockerte Stadt,* Tübingen 1957.

6 Derrida: *Ein Brief an Peter Eisenman* (1989), in Eisenman: *Aura und Exzeß. Zur Überwindung der Metaphysik der Architektur,* hg. Ullrich Schwarz, Wien 1995, 165–175.

Wissenschaft, Philosophie und „Humorreligion“ sind neu vermessen. PS hat den Menschen ästhetisch erhöht, schöpferische Autonomie aber auf die Grenzen hingewiesen, deren planetare Brisanz heute jedem vor Augen flackert. Übrigens ist PS längst digitalisiert: zerfetzt in wahllos zusammengeworfenen e-books voller Fehler, ohne Erklärungen – trübe Artefakte genau dessen, was er unermüdlich kritisierte: der sich von innen heraus lustvoll selbst zerstörenden alteuropäischen Kultur.

1. Ganz was Neues

> „Brüllmeyer aber hat ganz was Neues in Berlin gefunden – neunzehn Stückchen deutscher Literatur aus der Blütezeit der deutschen Dichtkunst – alte vergilbte Blättchen, die mit verschnörkelten, nicht leicht lesbaren Lettern bedruckt sind!“ *(Na Prost!)*

Salomo Friedlaender/Mynona unterstrich: „Von Scheerbart gilt wie von Schopenhauer: man soll *alles*, was er geschrieben hat, kennen.“[7] Im Nachwort einer Werkausgabe, die durch Konzeptionslosigkeit und alberne Aufmachung Ansehen und Wirkung ihres Autors beschädigt hat, schrieb Uli Kohnle 1996:

> „Selbstkritisch sei angemerkt, daß die Ausgabe nicht vollständig sein kann. Scheerbart hat sein ganzes Leben lang jede Veröffentlichungsmöglichkeit genutzt, so daß bei systematischer Auswertung aller verfügbaren Quellen sicher noch neue Texte ans Tageslicht kommen werden. […] Für eine umfassende Wertung Scheerbarts als Schriftsteller werden die jetzt veröffentlichten Texte genügen. Neue Texte können allenfalls einen Teilbereich in Scheerbarts Werk verstärken, wenn sie nicht nur Varianten bereits veröffentlichter Gedanken sind. Grundlegend Neues ist wohl nicht mehr zu erwarten.“ (GW 10, 843 f.)

Das klingt beruhigend, vor allem stolz: Die Arbeit ist getan, der Autor begraben, schließen wir die Akten. Aber muß ein Herausgeber nicht alle Türen offenhalten für Unvorhersehbares? Seitdem gab es weitere Sammlungen, die

7 Friedlaender/Mynona: *Gesammelte Schriften*, hg. Hartmut Geerken & Detlef Thiel, Bd. 30, Norderstedt 2020, 326.

bekanntes Material nur neu zusammenstellten.[8] Die Texte des vorliegenden Bandes, darunter einige der radikalsten, fehlen in den GW und wurden nie wieder gedruckt, außer Nr. 27, 37, 41, 55, 57 und 58. Online lesbar – wenn man sie findet – sind insgesamt 33 Texte, aber als alte Zeitungsdrucke in Fraktur, unkorrigiert, teils verstümmelt.

Manche publizistischen Strategien und Zusammenhänge werden deutlicher. So veröffentlichte PS in der *Täglichen Rundschau* (TR) vor 1900, unter der Redaktion von Heinrich und Julius Hart, „als literarischer Neuling zwei Erzählungen".[9] Der „damals noch unbekannte PS", notiert ein Zeitungsforscher, „erschien im Unterhaltungs-Feuilleton mit einem genialpoetischen Märchen ‚Die Prinzessin Rona', dessen originalitätstrunkener Text sich wie eine Insel aus der konventionellen Prosa hob."[10] Jetzt wissen wir, daß er in der TR noch einen Museumsbericht unterbrachte (Nr. 5) sowie zwei Erzählungen (Nr. 15 u. 19). Mit wenigstens zwei Mitarbeitern war er befreundet: Wolfgang Kirchbach und Willy Pastor.[11]

Im April 1911 berichtet PS von zwölf fertigen „Kulturnovelletten aus Assyrien, Palmyra und Babylon". Sie sollten zusammengefaßt werden zu „Der alte Orient".[12] Mechthild Rausch fand zehn Texte (gedruckt bis Juni 1913), veröffentlichte sie 1999 unter jenem Titel. Hier sind die zwei fehlenden: *Henkers Glück* und *Das Amulett* (Nr. 43 u. 45).

Aus der Berliner Zeitung *Die Welt am Montag* (WaM) war bislang nur eine Erzählung bekannt (*Der Kanal*, Nov. 1904; GW 7). Nun kommen die Erstfassungen von zwei später abgedruckten hinzu[13] sowie acht neue. PS brachte dort zwischen 1904 und 1910 also insgesamt elf Texte unter. Hellmuth v. Gerlach, Chefredakteur 1898–1901 und wieder seit 1906, prägte

---

8 Scheerbart: *Gerettet. Nilpferdgeschichten und ähnliche Merkwürdigkeiten* und *Die Welt von Eisen. Besonders nihilistische Geschichten*, beide hg. Bert Kasties, Aachen 1997. Christian Welzbacher schreibt PS einen Dialog zu, der von Horst Hussel stammt *(PCW und Willem, Kaiser von Germanien. Ein Dialog im Teehaus von Sanssouci*, 1986) und füllt sein so flottes wie gehässiges Nachwort mit Platitüden: *Meine Welt ist nicht von Pappe. Ein Paul Scheerbart-Lesebuch*, hg. Welzbacher, Berlin 2012.

9 Rausch 1997, 155.

10 Werner Henske: *Das Feuilleton der „Täglichen Rundschau" (betrachtet im Zeitabschnitt 1881–1905)*, Bleicherode am Harz 1940, 92 u. 119. Die zweite Erzählung: *Weltmacht* (1894).

11 Kirchbach (1857–1906), Journalist u. Schriftsteller im Friedrichshagener Kreis. Pastor (1867–1933), Schriftsteller u. Kritiker, mit Dehmel befreundet. Pastor und Franz Servaes sind in *Na prost!* verewigt; vgl. AO 138. Zu Servaes vgl. Materialien Nr. 21.

12 Wg 422; AO 141.

13 *Der gläserne Schrecken* (WaM, 17.5.1909; bekannt war bislang nur der Abdruck in *Düsseldorfer Nachrichten*, 1928; GW 7) und *Mikosai* (1.2.1909; in *Das große Licht*).

die republikanisch-demokratisch-pazifistische Linie des Blattes. Mitarbeiter waren Siegfried Jacobsohn (Theaterkritik), PSs Freund Erich Mühsam und Albert Weidner (siehe Materialien Nr. 20). Leitartikler Karl Schneidt wurde als Anarchist mehrfach verhaftet.[14]

Eine weitere Serie von zwölf Texten veröffentlichte PS zwischen November 1910 und Mai 1912 in der Berliner Zeitung *Die Zeit am Montag* (ZaM). Vier davon sind Erstdrucke von bereits bekannten.[15] Der Herausgeber, eben jener Karl Schneidt, schrieb die meisten Leitartikel sowie politisch-kulturelle Glossen (unter den Kolumnentiteln „Ragout fin" und „Bunte Bilder"). Mitarbeiter waren u. a.: Ret Marut (B. Traven), Robert Grötzsch (Arbeiterdichter), Sepp Oerter (Anarchist) sowie seit 1903 Fritz Schweynert (Theaterkritik), Pseudonym des in den Jahren 1910–12 mit PS befreundeten Peter Scher (siehe Materialien Nr. 43 u. 49). Schneidt ist am 10.3.1913 zum letzten Mal als Herausgeber genannt, dann wurden die Prosatexte im Unterhaltungsteil deutlich reduziert. Am 3.8.1914, zwei Tage nach Beginn der deutschen Mobilmachung, erschien die letzte Nummer.

Die vorliegende Sammlung kam auf oft verschlungenen Wegen zustande. Ein kurzer Suchbericht soll weitere Expeditionen anspornen.

Mechthild Rausch hatte aus zwei Zeitungen, *Hamburger Fremdenblatt* (HF) und *Hannoverscher Courier* (HC), Dutzende von Texten ausgegraben; einige gab sie dem Maler und Illustrator Horst Hussel (1934–2017), der sie in seiner bibliophilen Dronte-Presse veröffentlichte, in Auflagen von 90–150 Exemplaren. Zwei andere Texte erscheinen hier (Nr. 36 u. 39). In einer Spezialbibliographie hat Rausch auch die vier ersten Ausstellungsberichte (Nr. 1–4) aufgelistet, die aber nie wieder gedruckt wurden.[16]

Die wichtigste Quelle waren Mikrofilme von Zeitungen. Aus dem *Berliner Börsen-Courier* (BBC), den ich im Winter 2004/05 auf der Suche nach Friedlaender/Mynona durchsah (Jahrgänge 1913–32), kamen die beiden späten Geschichten ans Tageslicht (Nr. 59 u. 60). Im April 2007 fand ich in

14 Schneidt (1854–1945), seit 1880 in Brüssel, Paris, London, bekannt mit Kropotkin u. a., gab mehrere Zeitungen und Zeitschriften heraus. Sein Leitartikel *Moderne Irrenhausfolter* (ZaM, 25.11.1907) brachte ihm sechs Wochen Gefängnis ein.

15 *Luftschlösser* (Nr. 41), *Jean Baptiste auf Gummischuhen* (24.4.1911), *Tanzende Pflanzen – tanzende Wälder* (19.6.1911) und *Der kaltblütige Kommandant* (25.9.1911; GW 7). Die beiden letzteren tragen, wie so viele andere, den Vermerk. „Nachdruck verboten" – wenige Wochen später waren sie nachgedruckt in *Der Brenner* (1.9. und 15.10.1911), *Tanzende Pflanzen* nochmals im HF (4.11.1911).

16 Rausch 1997, 186. Dort 187 f. auch eine Liste aller Beiträge von PS im *Adels- und Salonblatt* 1894/5 – viele fehlen in GW.

der WaM (Jahrgänge 1902–10) acht neue Stücke. Ulrich Goerdten stieß 2008 auf zwei Texte in der *National-Zeitung* von 1904 (Nr. 16 u. 18); zwei weitere veröffentlichte er im Pirckheimer-Blog (Nr. 5 u. 56). Alle vier erscheinen hier in korrigierter Fassung. Nr. 9 war bislang nur lesbar auf einer website (http://scheerbart.de/fognin). Die Entwürfe zu *Vaterland* (Nr. 13) förderte Alexander Belarev, Scheerbartspezialist, im Gorki-Archiv in Moskau zu Tage, wir transkribierten sie im Sommer 2016. Andere Fundgruben waren die Österreichische Nationalbibliothek (http://anno.onb.ac.at), europeana-newspapers.eu sowie die tschechische Bibliothek http://www.digitalniknihovna.cz.

Briefe und Postkarten wurden nicht aufgenommen. Diese verstreuten Materialien müssen, nach der bahnbrechenden Auswahl von Mechthild Rausch (Wg) erst einmal systematisch gesammelt werden.

Die Orthographie ist exakt beibehalten, etwa in Nr. 1–4 „ägyptisch" neben „egyptisch", „assoziativ" neben „associativ" usw. Eindeutige Druckfehler wurden stillschweigend korrigiert, bei den Materialien die rein bibliographischen Angaben gestrichen.

Mag der Zufall manche Stücke dieses Bandes zusammengeweht haben, so zeigen doch die hin und her laufenden thematischen Fäden, wie dicht PSs Œuvre intern vernetzt ist. Die folgenden Abschnitte stellen seine Leitmotive vor, vergleichen einzelne Texte, geben Hinweise auf konkrete Anlässe und historische Hintergründe. So etwas trifft man in der Literatur leider nur selten an. Doch verdienen *alle* Arbeiten Scheerbarts wissenschaftsgeschichtliche, kultur- und literaturtheoretische Analysen.

2. Astropsychologie und Kosmotheismus

> „und darum haben die Staaten aufgehört zu existieren – Vaterländer gibt's nicht mehr – jedermann ist ewig im Auslande – Frau und Kind auch – überall gibt's nur noch Fremde." *(Der Traum des Aviatikers)*

Friedrich Albert Lange: *Geschichte des Materialismus* – „Das war mein Hauptbuch, als ich 19 Jahre alt war. Da hab ich auch die Erkenntnistheorie fest gefaßt u. nie wieder losgelassen."[17] Lange, Ökonom, Sozialist, Publizist, Professor in Zürich, dann in Marburg, trug mit seinem Buch, dem

17 PS an Kubin, 23.9.1906 (Wg 323). – Lange: *Geschichte des Materialismus und Kritik seiner Bedeutung in der Gegenwart* (1866, ^{2}1873/75, 2 Bde., zahlr. Ndr.).

meistgelesenen des Neukantianismus, zur Popularisierung Kants bei. Allerdings ersetzt er den Apriorismus durch Physiologie, gründet den Erkenntnisapparat auf unsere „psychophysische Organisation“ und reduziert die Anschauungsformen (Raum und Zeit) und Kategorien auf „Naturanlagen“. Ansprüchen auf Universalität, materialistischen und metaphysischen Dogmen begegnet er mit Skepsis. Die Erscheinungswelt sei ein Produkt der Sinne, des Verstandes und eines unbekannten Faktors. Will man diesen erfassen, so fällt man in Selbsttäuschung; Metaphysik hat Wert nur als „Begriffsdichtung“.[18]

PS übernimmt diese Skepsis und weist auf weitere Quellen hin: „Swift, Rabelais, Heinrich Zschokke und der Graf Zinzendorf – diese vier Pfaffennaturen standen mir sehr nahe. Künstlerisch dürften meine Hauptwerke in der romantischen Zeit stecken – besonders in Clemens Brentano.“[19] Swift nennt er seinen „Urgroßvater“,[20] sich selbst „gehorsamer Schüler Berkeleys“.[21] Dessen Skeptizismus sei „unwiderleglich, von consequentester Durchbildung der Anschauungsart; – indessen was nützt es uns, wenn wir wissen, daß Welt und Ich ebensoviel Existenzberechtigung und Daseinskraft besitzen wie eine wirre Traumerscheinung?“ Dieses Wissen legitimiert die Phantastik.[22] Zwar haben wir Sinneswahrnehmungen, aber sie besitzen keine Realität, „wir selber besitzen auch keine Realität für uns“ – das sei die „Grundmauer aller philosophischen Systeme“.[23]

Das hindert PS nicht, technische Entwicklungen und astronomische Forschungen zu beobachten, die universale Geltung von Naturgesetzen zu bezweifeln und dem Mainstream alternative Wissenschaft entgegenzusetzen. Auch Karl Popper betrachtete physikalische Theorien nur als falsifizierbare Hypothesen; sein untreuer Schüler Paul Feyerabend radikalisierte das zu einem epistemologischen Anarchismus. PSs Arbeit am Perpetuum mobile in den Jahren 1908–10 ruft kaum noch Stirnrunzeln hervor. Aber versuchte sich nicht ein zielstrebiger Kirchenpolitiker und rationalistischer Mystiker im 15. Jahrhundert, Nikolaus Cusanus, eifrig an der Quadratur

18 Vgl. Klaus Christian Köhnke: *Entstehung und Aufstieg des Neukantianismus Die deutsche Universitätsphilosophie zwischen Idealismus und Positivismus*, Frankfurt 1986, 252–258; Brunn 2000, 23 ff.

19 PS: *Paul Scheerbart* (autobiographische Skizze, 1904; GW 10, 328). Vgl. Rausch 1997, 13 f.

20 PS: Flugschrift, Kap. IX (GW 9, 360); Wg 104 u. 240.

21 PS: *Das Ende des Individualismus* (1895; GW 10, 257).

22 PS: *Die Phantastik in der Malerei* (1891, GW 10, 59). Vgl. Brunn 2000, 18 ff.

23 PS: *Das Mirakel* (GAT I 246).

des Kreises (und der Zirkulatur des Quadrats), um durch derlei Paradoxa auf neue Ideen zu kommen? Der ungeheure Hintergedanke ist doch, daß das Perpetuum mobile nicht von außen bewegt, folglich die Idee der Immanenz erfüllt und die Natur überlistet wird.[24] Das „Perpeh", verkündet PS, wird die Mobilität der Menschen erhöhen, Vaterländer und Militarismus auflösen.

In einer „kosmopsychologischen Betrachtung"[25] bemerkt er, Nietzsche, „der große Gott der Journalisten", habe das Wort ‚Individualität' aufgebracht, das in den letzten Jahren ein „paar Billionen mal" nachgeplappert wurde. PS weist es zurück: Niemand ist „apart", sondern alle Menschen sind *„Teile eines Erdorganismus"* – „auf Beweise laß ich mich überhaupt nicht ein, da ich das für ‚unphilosophisch' halte."[26] Statt dessen pocht er darauf, daß auch das „Originalste, das Individuellste", etwa ein ganz neuer Einfall, niemals nur bei einem einzigen Menschen isoliert auftritt. Immer liegt etwas in der Luft, als „Zeitgeschmack", „Zeitgeist".[27] Es sei nämlich die Erde, die durch ihre Organe, ihre Rindenbewohner denkt. Die Prinzipien einer solchen Kosmopsychologie, einer phantastischen Wissenschaft, habe Gustav Theodor Fechner entwickelt. Dieser erklärt 1851, er habe früher behauptet, „daß die Pflanzen beseelte Wesen seien. Nun behaupte ich, daß auch die Gestirne es sind, mit dem Unterschied nur, daß sie eine höhere Art beseelter Wesen sind als wir."[28] – „‚Fechner' hab ich erst kennen gelernt, als mir die Sterne als wirkl. lebende Wesen schon ganz geläufig waren."[29] Vermutlich geschah das in den 1890er Jahren im Friedrichshagener Monisten-Kreis. In *Lesabéndio* lehnt sich PS teils wörtlich an Fechner an.[30]

Fließende Grenzen zwischen ‚Leben' und ‚Tod', zwischen Organischem und Anorganischem; alles im Universum (bzw. dieses selbst) sei belebt, beseelt, besitze ein Bewußtsein, „wenn auch in unterschiedlichen Graden"[31]

---

24 Vgl. Hans Blumenberg: *Die Genesis der kopernikanischen Welt,* Frankfurt 1975, 553 ff.

25 PS: *Das Ende des Individualismus* (1895; GW 10, 250–258).

26 Das ist allerdings von Nietzsche übernommen: „Was sich erst beweisen lassen muß, ist wenig wert." *Götzen-Dämmerung,* Das Problem des Sokrates, 5.

27 Dies kehrt wieder in *Glasarchitektur,* Kap. XXX.

28 Fechner: *Zend-Avesta oder über die Dinge des Himmels und des Jenseits. Vom Standpunkt der Naturbetrachtung,* 1. Theil, Leipzig 1851, 1.

29 PS an Alfred Kubin, 23.9.1906 (Wg 324).

30 Vgl. Rausch 1997, 109 u. 1995, 104; AO 132 f.; Brunn 2000, 40 ff., 110 f., 293 ff. etc.

31 *„Individua […], quae omnia, quamvis diversis gradibus, animata tamen sunt";* Individuen, die alle, wenn auch in verschiedenen Graden, dennoch beseelt sind; Spinoza: *Ethik,* II, Lehrsatz 13, Anm.

– ein solcher Panpsychismus bzw. Hylozoismus findet sich in den frühesten Quellen abendländischer Philosophie und bleibt bis heute weit verbreitet. „Alles ist voll von Seelen und Dämonen“ bzw. „voll von Göttern“, behaupten Heraklit und Thales.[32] Die Stoiker Chrysipp und Poseidonius sehen den Kosmos als lebendigen Organismus in interaktiver Sympathie. Für Plotin ist er „ein einheitliches Lebewesen *(zoon)*, welches alle in ihm befindlichen Lebewesen in sich enthält, es hat eine einheitliche Seele *(psychen mian)*“.[33] „Das ganze All“, bestätigt Kepler, „ist von einem und demselben fortwährend gestaltenden Geist beseelt.“[34] Kant spricht von unserem „lebendig-gebärenden Glob“.[35] Seit der Renaissance verzweigt sich der Gedanke bei Paracelsus, Bruno, Spinoza, Leibniz, bei Goethe, Schelling, Lotze und Peirce bis zu A. N. Whitehead, Teilhard de Chardin, James E. Lovelock und neuerdings Bruno Latour – Biosphäre, Anthropozän …[36]

Der Ägyptologe Jan Assmann erinnert daran, daß der im späten 18. Jahrhundert geprägte Ausdruck ‚Kosmotheismus‘ als gemeinsamer Nenner „die ägyptische Religion, Hermetismus, Neuplatonismus, Stoizismus und Spinozismus verbindet“.[37] Der Glaube an vielerlei Götter mit interkulturell übersetzbaren Namen war ein pragmatischer Kompromiß, um den religiösen Hochspannungsbereich zu beruhigen; gemeinsamer Referent ist „die Idee eines funktional differenzierten und göttlich beseelten Kosmos, in dem die Menschheit ihren Platz findet.“ (ebd. 82) – Kosmotheistische Ideen hegten PS’ Freund Max Dauthendey (DH 728), Dehmels Freund Alfred Mombert (Wg 614), Rudolf Pannwitz und Kurd Laßwitz, der Fechners Panpsychismus weiter ausmalt.[38]

32 Diogenes Laertios: *Leben und Meinungen berühmter Philosophen,* IX 7; Aristoteles: *De anima* I 5, 411a 7; Platon: *Nomoi* 899b.

33 Plotin: *Enneade* IV 4 (28) 32.

34 „inesse vnum et eundem spiritum in toto vniverso *somatomorphounta* quotidie […]“, Johannes Kepler an David Fabricius, 11.10.1605, Nr. 20. Kepler: Gesammelte Werke, Bd. 15, hg. Max Caspar, München 1951, 258; vgl. Kepler: *Weltharmonik,* Übers. u. Einltg. Max Caspar, München 1939, Ndr. 2006, 382.

35 Kant: *Opus postumum,* Akademie-Ausgabe, Bd. 21 (1936), 570.

36 Vgl. Paul Edwards: *Panpsychism* (1967), in: *Encyclopedia of Philosophy,* 2nd ed., ed. Donald M. Borchert, Bd. 7, Detroit etc. 2006, 82–94; Latour: *Kampf um Gaia. Acht Vorträge über das neue Klimaregime,* Berlin 2020.

37 Vgl. Assmann: *Moses der Ägypter. Entzifferung einer Gedächtnisspur,* München/Wien 1998, 208.

38 Laßwitz: *Seelen und Ziele,* Leipzig 1908, 55 ff. Vgl. Laßwitz: *Aspira. Der Roman einer Wolke* und *Sternentau. Die Pflanze vom Neptunsmond* (Leipzig 1905 u. 1909) etc. PS erwähnt Laßwitz’ *Auf zwei Planeten* (*Der blaue Himmel,* 1909; GW 7, 249).

Jean-Louis Pons entdeckte am 15.7.1825 einen mit bloßem Auge monatelang sichtbaren „Großen Kometen" (C/1825 N1 (Pons)). PS spinnt daraus eine erotische Auflösung in Höherem: Der „Stierkomet vom Jahre 1825" nähert sich seiner Mutter, der Sonne, und will seine „wilden Gluthen in ... Mutter hineinströmen".[39] Immer spricht PS von einem „andern Zustand" als dem eines irdischen qualvollen Lebens und Sterbens,[40] vom Aufgehen in einem überpersönlichen Wesen. „Sehnsucht nach der ewigen Vereinigung mit dem großen Gott haben und sterben – sterben wollen ..." heißt es im düsteren zwölften Kapitel von *Tarub*. In *Na prost!* streifen die drei Flaschengeister zuletzt alles Menschliche ab. Die Wurmgeister in *Die wilde Jagd* wollen Sterne werden. *Die Seeschlange* endet mit Tod und Verwandlung. In *Liwûna* vollzieht sich die Vereinigung mit einem „Fliesenstern" als „Architekturwerdung eines Menschen."[41] In *Weltglanz* verfließt Realität mit Phantasie in der Vision eines Zehnjährigen; hier wieder eine Anspielung: „Der Komet kommt!" (DH 358) Istar, die mesopotamische Planetengöttin, Venus, Morgen- und Abendstern, heißt es in der gleichnamigen Erzählung, will immerzu die „Umwandlung unsres ganzen Lebens", der Tod ist „vielleicht das endgültige Aufgehen in einer Gottheit" (AO 79). In *Lesabéndio* saugen die Pallasianer die Sterbenden in ihren Körper ein, der Held löst sich unter Schmerzen in der lebendigen Wolke auf – das Buch sei „auch nur ein hohes Lied auf das Sichunterordnen dem Größeren gegenüber".[42] PS verzehrt sich nicht in Todessehnsucht, er sucht nach einem objektiven Wertesystem.

Der Kongreß der Erdgeister (Nr. 21) – Arbeit unterm Ätna beschreibt PS 1898 in der „Kratergeschichte" *Die hastigen Zyklopen* (in *Na prost!*). Später bezeichnet er die riesigen „Südpolgeister" auch als „Erdgeister" (DH 449 ff.).

Herr Knothe (Nr. 40) – Der alte Baron Münchhausen schilderte den Eskimos in Grönland seine eigene temporäre Verwandlung in einen Kugelstern.[43] Das jahrzehntelange Ringen um die Entdeckung des Nordpols soll

39 PS: *Der astropsychologische Dithyrambus* (1894; *Na prost!*, GW 2, 106 f.). Vgl. Rausch 1997, 30.

40 PS: *Der Tyrann* (GAT II 77).

41 Rausch 1995, 105 u. 1997, 181 bezeichnet das als „in der Literatur wohl einmalig". Es sei aber erinnert an den „Steinernen Gast" im Don Juan-Stoff und an die zur Salzsäule erstarrende Frau des Lot (Genesis 19,26). Weiteres bei Brunn 2000, 115 ff.

42 PS an Eberhard Buchner, 26.2.1910 (Wg 402).

43 PS: *Mikosai* (1909; in *Das große Licht*).

der Amerikaner Robert E. Peary am 6.4.1909 beendet haben. Drei Wochen später verkündet PS: „In dieser Woche noch fahr ich zum Nordpol – ich werde ‚vielleicht' Kaiser von Grönland werden. Aber – sprich noch nicht darüber."[44] In der Knothe-Geschichte ist es ein „pangermanischer Millionär", der das Nordpol-Entdecken systematisiert. PS illustriert die Freiheit des eingesperrten Schriftstellers durch den Einbruch des Phantastischen: die Vision der Gasriesen. Ironisch wirkt die Alliteration der Namen Knothe, Koch, Klempner-Dösebach.

In *Die Tränen des heiligen Laurentius* (Nr. 15) wird argumentiert, daß die offizielle Astronomie allzu simpel, noch gar keine Wissenschaft sei: ihre Anmaßungen verdienen Spott. „Die Größe der Welt" (Titel eines Gedichts von Schiller) übersteigt alle Vorstellungen, das Universum ist viel komplexer, als menschliche Vernunft zu begreifen vermag; nur Intuition und Phantasie helfen weiter. Dieser Anti-Reduktionismus beruht auf der Hypothese der Allbelebtheit. Es kann noch weitaus mehr Elemente geben als die auf der Erde bekannten. Was sind Meteoriten und woher kommen sie? „Wir haben täglich zehn Millionen Sternschnuppen in unserer Atmosphäre."[45] Heute berechnet man, daß täglich bis 50 Tonnen, jährlich etwa 19.000 Meteoriten landen, von denen nur zehn gefunden werden. Gibt es Gas-Meteoriten? Warum sollen die Perseiden nicht so etwas wie Tränen sein? „Heute kommt der Laurentius-Schwarm; ich habe entdeckt, daß das vom Kometen ‚losgelöste' Kometenbewohner sind."[46]

Das Thema wird fortgesetzt in *Luftschlösser* (Nr. 41). Man soll sich das Leben recht sauer machen, um zu höheren Freuden zu gelangen: so versteht PS das Sprichwort *per aspera ad astra*. Wie in *Lesabéndio* geht es um reale Annäherung an kosmische Phänomene. Die Atmosphäre könnte von Meteorgeistern belebt sein, die sich in den Seidenstickereien des Millionärs Andres bereits konkretisiert haben, als Ekphrasis, Bild im Bild.[47] – Knifflige Diskussionen folgen in der „kulturhistorischen Novellette" *Die Perseïden und die Leoniden* (1911; GW 7), datiert: Genf, Juni 1898. Hauptfigur ist Mlle. Dorothée Klumpke (1861–1942), Amerikanerin, die erste Frau, die

44 PS an Herwarth Walden, 26.4.1909 (Wg 378). PS erwähnt die Konkurrenten Peary und Frederick Cook mehrmals, z. B. in *Wellman, Wellman über Alles ...* (1910; GW 7).

45 PS. *Die Perseïden und die Leoniden* (1911, GW 7, 385).

46 PS an Erich Mühsam, 10.8.1908 (Wg 356).

47 Die Meteorgeister begegnen in *Der blaue Himmel* (1909; GW 7, 250) und in *Lesabéndio* (DH 710 f.).

an der Sorbonne in Astronomie promovierte;[48] sie finanzierte das Observatorium in Rouen.

Die sichtbaren Bewohner anderer Weltkörper (Nr. 16) – Im Brief an Herwarth Walden, 28.8.1904, erwähnt PS diesen „National-Zeitungs-Artikel".[49] Erläutert wird der materiale Zusammenhang von Sonnenflecken, irdischem Wetter, Politik und menschlichem Gemüt. Die Protuberanzen leben in der Sonnenatmosphäre wie die Nordlichter in der Erdatmosphäre. Konjekturen sind – anders als bei Popper – nicht neutral, sie können interessante Ideen verderben. So die staubaufwirbelnden Thesen des alten Herrn Bahrendorff, Privatwissenschaftler, gestorben um 1898 in Erlangen. Er hat bei PS einige Kollegen, etwa Professor Grobleben, Baron v. Querpapp oder Dr. Dankelmann, 87 Jahre alt, mit kleiner Sternwarte in Steglitz und dem Papagei Galilei.[50]

Die Astronomie als Wissenschaft (Nr. 25) – Newtons Anhänger behaupteten, das Attraktionsgesetz gelte nicht nur für die Erdoberfläche, sondern sei eine universelle Konstante. Newton schwieg dazu. Aber im Brief an Richard Bentley vom 25.2.1692/93 hält er es für „absurd" („so great an absurdity"), daß „die Gravitation der Materie wesentlich und anerschaffen sein sollte, so daß ein Körper auf den andern ohne Vermittlung durch den leeren Raum wirken könnte." Ernst Mach zitiert die Stelle. PS beruft sich auf diesen von ihm „sehr hochgeschätzten Physiker" und folgert: Der Energieerhaltungssatz kann nur auf die Erde beschränkt sein; Gravitation muß nicht überall wirken; die Himmelskörper, vielleicht auch das Sonnensystem haben jeweils eigene Atmosphären. Die Astrophysik wird erst dann Wissenschaft, wenn sie auch die Astropsychik berücksichtigt.[51]

Die Konsequenzen verdeutlicht PS in *Komet, Schwerkraft und Menschenfüße* (Nr. 39) anhand der praktischen Erfahrungen von Akrobaten. Es gibt keine Anziehung zum Erdzentrum, sie hängt vielmehr ab von den jeweiligen geographischen Massenverhältnissen, ist also relativ. Gewicht und Gravitation kosmischer Körper lassen sich nicht bestimmen, weil sie sich

---

48 Klumpke: *Contribution à l'étude des anneaux de Saturne,* Paris 1893.

49 Wg 245, von Rausch nicht ermittelt; erschienen am selben Tag.

50 PS: *Professor Grobleben über den „Weltkrieg"* (1914); *Ich warne Ungläubige* (1910); *Sternpyrometer* (1911). Mrs. Dankelmann aus Indien, 86 Jahre alt, spielt die Hauptrolle in *Das Rubin-Zimmer* (1911; alle in GW 7).

51 Mach: *Die Mechanik in ihrer Entwicklung,* Leipzig ^{6}1908, 200. Zitiert von PS in *Gelahrte Vergeßlichkeit* und in *Die mechanistische Weltanschauung* (beide 1910; GW 10). PSs Folgerung bereits in *Die Anziehungskraft als Hypothese* (1908; GW 10).

ändern, z. B. durch den Halleyschen Kometen.[52] Die Nebular- oder Wirbeltheorie von Kant-Laplace stammt „doch nur von Lucrez-Demokrit".[53]

Uranienborg (Nr. 44) – In seinem Labor auf der dänischen Insel Hven entdeckte Brahe am 11.11.1572 im Sternbild Cassiopeia einen sehr hellen Stern, den er „Nova" nannte: die Supernova SN 1572. Novae, behauptet PS, entstehen *nicht* durch Zusammenstoß.[54] – Einen anderen Astronomen würdigt PS in der „Patrizier-Novellette" *Frau Hevelius:* Johann Hevel in Danzig begründete die Selenographie und wurde 1643 Zunftmeister der Bierbrauer (1911; GW 10).

Buchheraldik vom dritten Neptunsmond (Nr. 58) – Der achte Planet, ein „Eisriese" und „Gasplanet", nach Leverriers Berechnungen 1846 von Johann Gottfried Galle entdeckt, begegnet bei PS 1897 in *Lakkarúdia* (in ILD). 1906 versichert Münchhausen, „daß hinterm Neptun noch mehrere andre Planeten zu finden sind."[55] Seine Visionen dieser Zone zeichnet PS für die *Jenseitsgalerie* (1907). Auch in zwei *Astralen Novelletten* geht es um den Neptun: *Professor Kienbeins Abenteuer* und *Die Kühnsten* (1908 u. 1910). Pluto, 1930 entdeckt, galt zunächst als neunter und äußerster Planet; nachdem im Kuipergürtel immer neue Objekte gefunden wurden, stufte man ihn 2006 zum Zwerg- oder Kleinplaneten zurück.

3. Kunstprogramm Phantastik

> „Ich beneide die Europäer, die heute noch leben. Schade, daß ich schon tot bin. […] Die Großstädte werden aufgelöst, die Parlamente werden aufgelöst, Heere und Flotten werden aufgelöst, die Sozialdemokratie will sich auch auflösen" *(Die gemütliche Gesellschaft)*

Der Traum mag reicher sein als die Natur, wenn wir auch deren Kern nicht kennen. Die Frage wird etwa in *Flora Mohr* (1908) besprochen: Läßt sich mit stofflichen Mitteln Geistiges herstellen, eine „Seele", der Eindruck des

52 Dies bereits in *Das Gewicht der Sterne* (1910; GW 10). Darüber debattiert PS Anfang 1911 öffentlich mit Friedlaender/Mynona: *Schwerkraft, Astrophysik und drückende Luft* und *Nochmals die verfluchte Schwerkraft* (beide GW 10).

53 PS an Kubin, 23.9.1906 (Wg 323). Die Nebulartheorie wird verabschiedet in *Der Halleysche Komet* (1909), *Der neunte Jupitermond* (1911) und *Professor Grobleben* (1914; GW 7, 476).

54 PS: *Die Nova* (1911; GW 10).

55 PS: *Die drei Baumstaaten*, in *Das große Licht* (1912).

Lebendigen erzeugen? Kann die Kunst etwas erschaffen, das man in der Natur nicht vorfindet? Dann wäre der Mensch selbst ein Schöpfer (DH 505 ff.).

Gegen den im späten 19. Jahrhundert in Kunst und Literatur blühenden Naturalismus, französischen und englischen Symbolismus stellt PS bereits mit *Das Paradies* (1889) sein Programm einer spezifischen Phantastik auf der Grundlage des oben genannten Skeptizismus: freie Neukombination realer oder natürlicher Elemente, Malerei „aus reinen Farben, die nichts vorstellen". Diese Ästhetik verschmilzt Immersion mit Reflexion, um die Quellen des Schöpferischen zu erkunden: „Der Begriff von den Künsten ist hier erweitert; nicht mehr die Darstellung, sondern die Erfindung von darstellbaren Dingen wird zur Hauptsache." – „Neue Thiere will ich erdenken, aus Schlangen, Löwenrachen und Hirschgeweihen versuche ich neue Leiber zu bilden."[56] PS gibt zahllose Beispiele dafür. Ein dem Gott der Heiterkeit geweihtes Glasgemälde führt die Kombinatorik stufenweise vor; nichtmimetische „Komposita" und deren Theorie werden beschrieben.[57] Eine Reihe von Essays entwickelt das Programm. Drei waren bisher bekannt: *Die Phantastik im Kunstgewerbe, Die Phantastik in der Malerei* (beide März 1891) und *Die Ästhetik der Phantastik* (Okt. 1894).[58] Nun kommen noch zwei Essays hinzu.

Moderne Programm-Malerei (Nr. 10) – PS unterstellt den Kritikern, sie könnten die Vielfalt der neuen Experimente, Gestaltungsarten und Kunstziele noch gar nicht erfassen. Der allseitige Aufbruch ähnele einem tausendarmigen Riesen. Zur Orientierung helfen vorerst nur Programmwerke. PS konzentriert sich auf ein Beispiel: Hermann Hendrich verschmelze Kunstwerke mit der Theorie, mit Agitation und höherem Journalismus. In dem Gemälde *Die blaue Blume* bleibe das Band zur Romantik bestehen, die Blume symbolisiert die Suche nach einer anderen, nicht realen Welt.[59] Doch viel intensiver als bei den alten Meistern trete nun ein musikalisches Element in der Malerei hervor. Stellen Arnold Böcklin und Ludwig v. Hofmann akustische Empfindungen dar, so zeigt Hendrich die Empfindungen des Tast-, sogar des Zentralsinnes (das ist seit Aristoteles *(De insomniis)* das Wahrnehmungsvermögen überhaupt, die Verknüpfung der einzelnen

56 PS: *Das Paradies* (GW 5, 249 u. 168). Vgl. Rausch 1997, 83.

57 PS: *Die Seeschlange* und *Münchhausen und Clarissa* (DH 294 f., 417 f. u. 466 f.).

58 GW 10, 50–69 u. 163–179. Der dritte Essay ist eine erweiterte Fassung des zweiten; vgl. Rausch 1997, 121, 126 f. u. 164 sowie Brunn 2000, 22 ff.

59 Nachklänge der Bildbeschreibung in *Die blaue Blume. Ein Hexenmärchen* (in *Immer mutig!*).

Sinne); es kann noch unentdeckte Sinnesorgane geben. Indem Hendrich Geister malt und den Schaum der Meereswellen, sucht er hinter die sinnlich erscheinende Fläche zu dringen, zu Kants Ding an sich.

Deutsche Phantasten in der Malerei (Nr. 11) – PS würdigt weitere zeitgenössische Maler aus nächster Nähe; zwei von ihnen, Franz v. Stuck und Julius Exter, sind seine Altersgenossen, Dreißigjährige; Thomas Theodor Heine vier Jahre jünger. Böcklin, bedeutendster Symbolist des 19. Jahrhunderts, habe die „formale Phantastik" erschaffen, indem er aus Elementen mythologischer Gestalten neue „Wunderwesen" bildete. Max Klinger und Stuck setzen das fort, wobei jener sich noch dafür entschuldigt, daß ihm der Realismus versagt bleiben müsse.[60] Hans Thoma, bekannt durch die Ausstellung im Münchner Kunstverein 1890, läßt sich nicht von der Natur inspirieren, er schöpft aus der Kunstgeschichte. PS schlägt vor, Realismus (Naturnachahmung) und Phantastik zu vereinen, die Sinneseindrücke zu einer „Phantasiekunst" neu zu kombinieren. Das führt er gegen „die ganze Kunstgeschichte" und „die ganze übrige Malerei" ins Feld – sofort interveniert ein ungenannter Redakteur, der nichts Geringeres als „die gesamte deutsche, germanische Kunstproduktion" in die Waagschale wirft: PS liefere keine „Kritik", beschreibe nur „Symptome".[61] Allerdings kritisiert PS etwa Klinger im Vergleich mit Stuck: beide seien „immer noch nicht kühn genug"; er gibt ein Beispiel: „Menschenleiber mit Krebsfüßen …" Hier liegt eine Wurzel seiner Graphiken, auch der Gestalten des *Lesabéndio*. Beispiele für Hybride oder Mischwesen finden sich bereits im alten Ägypten und Mesopotamien.

Die genannten Künstler eröffnen den Weg zu „neuen Kunstzielen". Dazu gehört neben der bloß formalen die „Farbenphantastik"; als Beispiel nennt PS erneut Hendrich. Die Phantastik will Blicke hinter die Wirklichkeit werfen, „das Andre" darstellen, jene blaue Blume. Die reale Welt gibt keinen Maßstab mehr, bleibt unverbindlich, wird losgelöst; mit ihren Elementen kann man wie mit Bausteinen frei spielen; Stoff und Realität sind ohne Bedeutung. Nochmals plädiert PS für eine Synästhetik, für die bildnerische Gestaltung von „Irisreizen" (Exter) bzw. von „Ohrenempfindungen" (Hofmann). Später empfiehlt er, die „auf der Erdrinde bekannten Organformen" zu ignorieren und „durch Weiterbildung und Umformung der bekannten tierischen und menschlichen Gliedmaßen neue Wesen zu erzeugen" (DH 404).

60 PS behandelt Klingers Broschüre *Malerei und Zeichnung* (1891), die er schon ausführlich besprochen hatte (*Max Klinger als Ästhetiker,* 1891); er widmet ihm noch den Essay *Klingers Kassandra* (1895; GW 10).

61 Zu weiteren redaktionellen Gegendarstellungen vgl. Rausch 1997, 89, 96 u. 122.

Mit Blick auf spätere Texte unterstrich Kai Pfankuch die „visionäre Kraft". PS habe Entwicklungen moderner Kunst vorweggenommen, ebenso „die formale Betriebsamkeit der heutigen Massenmedien und Unterhaltungsindustrie, deren Gegenstände der Befriedigung auf einen Rhythmus von Form, Farbe und Bewegung reduziert sind. Environments, kinetische Objekte, Lichtplastiken und Holographie gehörten bei ihm schon zum Inventar, lange bevor sie realisiert wurden."[62]

4. Der Alte Orient

> „Und in der Finsternis bewegt sich was.
> Und aus dem Bewegten schlagen hellblaue
> Flammen heraus.
> Und die Flammen bilden flackernde Buchstaben."
> *(Liwûna und Kaidôh)*

Die westeuropäische Orientschwärmerei im späten 19. Jahrhundert ergriff auch PS. Nach Schulabbruch beschließt er, freier Schriftsteller zu werden. 1884/85 lebt er in Leipzig und Halle, Zentren der Altorientalistik und der Arabistik. Mechthild Rausch hat einige Lektüren und ihre Spuren in seinen Schriften identifiziert.[63]

Die drei „orientalischen Kulturnovellen" von 1891–94, 1904 vereint zu *Machtspäße*, spielen in Mekka und Córdoba zur Zeit der Omaijaden-Dynastie; deren Herrschaft, in Damaskus im Jahr 750 von den Abbasiden gestürzt, dauerte in Spanien noch bis 1258. In *Tarub* (1897) erzählt PS u. a. vom Plan des Geheimbundes der „Lauteren Brüder" (Ichwān aṣ-Ṣafā) im abbasidischen Bagdad Ende des neunten Jahrhunderts. In *Der Tod der Barmekiden* schildert er, wie Kalif Harun ar-Raschid im Jahr 803 ein Netzwerk von Wesiren auslöscht. Noch andere Geschichten spielen in Mesopotamien. Ägyptisch imprägniert ist der Nilpferderoman *Immer mutig!* (1902).

62 Pfankuch: *Die Weltfluchten des PS* (1986), ÜPS I 147 f.

63 Rausch 1992, 217–236; AO 129–157. Die wichtigsten Bücher: Gustav Weil: *Geschichte der Chalifen* (1848), Flauberts Karthago-Epos *Salammbô* (1862, Übers. 1881); *Tausendundeine Nacht;* Adolf Friedrich v. Schack: *Poesie und Kunst der Araber in Spanien und Sicilien* (1865); Georg Ebers: *Eine ägyptische Königstochter* (Roman, 1868); Alfred v. Kremer: *Kulturgeschichte des Orients unter den Chalifen* (1877); Verzeichnis 1889; Hugo Winckler: *Die babylonische Geisteskultur in ihren Beziehungen zur Kulturentwicklung der Menschheit* (1907); Friedrich Delitzsch: *Geschichte Babyloniens und Assyriens* (1891) und *Sardanapal* (Pantomime, 1908).

Im frühesten Text, *Das altorientalische Museum* (Nr. 5), besichtigt PS die neuen Berliner Sammlungen, am Leitfaden der Chronologie von den ältesten Quellen über Tūrān, der mittelasiatischen Urheimat der Türken, und Assyrien bis zu den legendären Sabäern. Isdubar (Gilgamesch), der babylonische Nationalheld mit einem zappelnden Löwen in der linken Hand: das ikonographische Motiv kehrt wieder in *Das Amulett* (Nr. 45) und 1913 in *Marduk* (AO 20 u. 142). PS erkennt bereits die Bedeutung des Amarna-Archivs für die internationale, ‚moderne' Diplomatie und Politik der späten Bronzezeit; diese Fundstätte am Ostufer des Nil wurde erst ab 1891/92, nach dem Fund von Keilschrifttafeln, von Flinders Petrie systematisch erforscht. Im April 1892 führt PS die Leser durch *Das ägyptische Museum zu Berlin* (GW 10).

Henkers Glück und Ende (Nr. 43) erzählt von der blutigen Konfrontation eines Griechen mit einem Scharfrichter im Babylon des Jahres 514 v. C. Zwei Monate später wird eine scharfrichterliche Szene aus Palmyra gedruckt: *Von Leuten, die den Kopf verloren* (in AO).

Das Amulett (Nr. 45) ist verknüpft mit der „babylonische Sternwarten-Novellette" *Istar* (1911; AO). Hier wie dort tritt der Priester Kurgal-Nasir auf, Leiter der Sternwarte des Esaggil, des Marduk-Tempels in Babylon; und es wird ein Lehrstück vorgetragen, das PS noch öfter entfaltet: Die Erde ist eine ungeheure Blume. Auch die Kometen könnten „Kolossalblumen" sein, vermutet der Baron Münchhausen (DH 515).

Das irdische Geschehen, erklärt Oberpriester Balatu seinem König Marduk, ist „nur ein Spiegelbild des Himmels", „dort oben eingezeichnet", also prädestiniert (AO 27, vgl. 143.). Ein Echo der Astralreligion hallt nach im ältesten naturphilosophischen Kompendium, in Platons *Timaios:* Der Kosmos als „beseeltes und vernünftiges Wesen" entstand durch die Vorsehung *(prónoia)* des Gottes, die Gestirne sind lebendige Wesen, die Welt ein Abbild *(eikon)* des Gottes, die Zeit ein bewegtes Abbild der Ewigkeit.[64] Alles ist gut, versichert der Oberpriester, „wenn du dich mit deinem Gott eins weißt", denn das Größere, das in einem Menschen wirkt, kann nicht mit diesem zu Grunde gehen (AO 41). Auch das ist ein Echo Platons: Das Ziel des Lebens bestehe in der *homoiosis theou,* der Anähnlichung an Gott (*Theaitetos* 176b ff.).

64 Platon: *Timaios* 30bc, 38e, 92c u. 37d.

5. Kunstgewerbe, Glasarchitektur, Stadtplanung

> „Es waren lauter alte Symbole in den Teppich gewebt – und die schlossen sich zusammen wie ein formführendes Gedicht in geheimnisvollen Schriftzügen."
> *(Die Seeschlange)*

„Allerdings: ich habe mich ja jahrelang sehr intensiv mit Kunstgewerbe u. Architektur beschäftigt u. über ‚Alles' geschrieben – und so liegen mir neue Teppichmuster, Möbel, Stickereien [...], Stockgriffe, Juwelierarbeiten und alles Andre, was sonst noch zum Kunstgewerbe gehört".[65]

Die acht neuen Texte untermauern diese Aufzählung. Die vier Ausstellungsberichte von Februar/März 1890 sind, nach *Das Paradies* und der Rezension zu Louviers Goethebuch (Januar 1890), die frühesten Veröffentlichungen unter eigenem Namen. Es sind zugleich die ersten Schritte zu einer kulturellen Globalisierung, im Zeichen des von PS zeitlebens hoch geschätzten Ornaments. Aus der Schrift hervorgegangen, sei es „eigentlich selber nur Schrift", in der „sich die Seele des Volkes" offenbare; wer das Ornament studiere, betreibe „Volksseelenkunde" und „Volksgraphologie".[66] PS hatte die im 19. Jahrhundert entwickelte, bis 1920 durch Wilhelm Wundt systematisierte Völkerpsychologie im Blick; er antizipiert die 1908 von Wilhelm Worringer aufgestellte These, das Ornament, als Abstraktion, sei der Beginn der Kunst.

Da die Ausstellungen im Kunstgewerbemuseum nicht der Chronologie folgten, sucht PS sich in der Materialfülle zu orientieren und auch die Gegenwartskunst zu erfassen. Er formuliert Hypothesen, wägt Schlußfolgerungen ab, markiert offene Fragen, stellt Vernetzungen her. Er gibt Beispiele seiner „Übung im scharfen Sehen", mehrmals spricht er vom „herausfühlen". Er treibt „vergleichende Formstudien", verfolgt „Formgedanken", entwirft eine „Geschichte der symbolischen Formen" – 30 Jahre vor Ernst Cassirers berühmtem Programm.

In den beiden ersten Berichten (Nr. 1 u. 2) vergleicht PS ostasiatisches und europäisches Kunstgewerbe anhand der „Kulturfaktoren" Seide und Leinen. Vermutlich stützt er sich auf einen Autor, den er wenig später (Nr. 8) zitiert:

65 PS an Servaes, 2.7.1903 (Wg 213). PSs Feuilletons im BBC seit 1885 sind noch nicht eindeutig identifiziert. Als Lokalreporter des *Danziger Courier* berichtet er in rund 210 Beiträgen über alle Kunstformen, dazu über Gerichtstermine, Vereinstreffen, Tagesmeldungen, „Sonntagsplaudereien" (April-Dez. 1890, mit Namenskürzeln; von Rausch ebd. 251–258 erfaßt; vgl. 91–101).

66 PS: *Ein Ornament-Museum* (1911; GW 7, 306 f.)

Gottfried Semper (1860) sah im Textil die früheste, allen Formen zugrundeliegende „Urkunst". Wie das alte Ägypten, so PS, war auch China offen für Importe; als „Träger des Geschmacks" verteilten die reisefreudigen Araber Ornamente aus Nordafrika, Ägypten, Indien. Fernöstliche Symbolik kann PS nicht entschlüsseln; vielleicht regten persische Teppiche die in Japan beliebte Blumenmalerei an; Perser und Japaner seien „rationalistisch", „Aufklärer". Die chinesische Ornamentik ist gekennzeichnet durch naturalistische Darstellungen fliegender Tiere (Schmetterlinge, Vögel, Drachen) und durch Stilisierung der Wolken bis zu abstrakten Mustern. Von angeblich genuin europäisch-christlichen Formen zieht PS die Linien zurück zu assyrischen Sphinxen, babylonischen Einhörnern und zum ägyptischen Osirisstier.

Im Bericht über die Teppiche (Nr. 3) unterstreicht er deren Wertschätzung und kulturelle Funktionen bei den Muslimen, ihre Herstellung und vor allem ihren religiösen Ursprung. Die „Arabesken" haben tiefere Bedeutung, die Ornamente sind ein Nachklang ägyptischer Hieroglyphen, „kabbalistische" Geheimschrift, heute kaum noch entzifferbare Symbole. PS gesteht, seine Phantasie sei erregt – ignoriert er Champollion, um einem Pansymbolismus zu erliegen? Auch etwa Friedrich Schlegel wollte sich den Zauber der Hieroglyphen nicht nehmen lassen und hielt an einem Kulturstereotyp fest.[67] Später bekräftigt PS, die Ornamente seien Schriftzeichen, „Göttersymbole".[68] Platonisch-pythagoräische Drei- und Viereinigkeit und Zahlenmystik begegnen nochmals in *Tarub* (Kap. 17). Die Erwähnung eines „babylonischen Teppichs" im Zeustempel zu Olympia geht vermutlich auf Pausanias zurück (siehe Anm.). Semiotisch interessant ist die Unterscheidung: Das Bild weckt nur einzelne Assoziationen, das Symbol aber zahllose, die intensivsten Symbole die meisten.

Bei den Gobelins (Nr. 4) verschärfte sich der Dualismus von natürlichen und abstrahierten Formen (Ornamenten) in der Renaissance zu einem „Kampf". Wie bei der Phantastik schlägt PS vor, beide zu verbinden, vermittelt durch die dekorative Kunst. Seine revolutionäre Einsicht: „Andere Kunst*ziele* bringen andere Kunst*werke* hervor" bleibt zu vergleichen mit dem von Heinrich Brunn 1856 eingeführten und von Alois Riegl ab 1901 entfalteten Begriff des „Kunstwollens".

67 Vgl. z. B. Astrid Keiner: *Hieroglyphenromantik. Zur Genese und Destruktion eines Bilderschriftmodells und zu seiner Überforderung in Friedrich Schlegels Spätphilosophie*, Würzburg 2003.

68 PS: *Hat die Ornamentalkunst jemals nach Originalität gestrebt?* (1891; GW 10, 98); *Alte und neue Ornamentik* (1904; GS 9, 160 ff.).

Das Kreuz als Symbol (Nr. 6) – Dem Christentum entzieht PS das zentrale Symbol sowie die Trinität, um beides im alten Ägypten zu lokalisieren. Seine Relativierung greift noch nicht zurück bis ins Paläolithikum, das drei Jahrzehnte nach Johann Carl Fuhlrotts Entdeckung des Neandertalers (1856) stärker ins öffentliche Blickfeld rückte. PS nennt aber Altmexiko und die apokalyptische Literatur, er wiederholt seine Unterscheidung von Bild und Symbol.

Die modernen Möbel (Nr. 7) – Der „Überblick über die Geschichte des deutschen Mobiliars" seit dem 18. Jahrhundert richtet sich gegen den 200 Jahre dauernden Einfluß des französischen Empire und Rokoko. Schinkels Hellenismus – klassisch einfache Verhältnisse ohne Ornamente – war bereits eine Gegenreaktion, konnte sich aber nicht durchsetzen. Nach dem Krieg von 1870/71 griff man wieder zurück auf Renaissance und altdeutschen Stil, wuchtige Holzmöbel und Makart-Dekorationen. PS schlägt etwas ganz anderes vor: leichte japanische Bambusmöbel, die freilich nicht an den Wänden stehen dürfen – letzteres kehrt wieder in *Glasarchitektur* (Kap. VIII).

Glas ist das konstanteste Element. 1889 beschreibt PS eine gläserne Burg im Kontrast zu architektonischen Gebilden aus Naturformen.[69] Zwei Jahre später fordert er „*Buntes Glas* in der Hausfront" und eine „Glasstraße".[70] 1892 steht das Stichwort erstmals im Titel eines Aufsatzes (Nr. 8), es folgt der Essay *Die Glasarchitektur* (1893). Das gläserne Wohnhaus ist sein Spezifikum.[71] Freilich gab es Vorbilder, etwa die Glaspavillons des Botanischen Gartens in Berlin-Dahlem,[72] Joseph Paxtons *Crystal Palace* (Londoner Weltausstellung 1851) oder die in Glas und Eisen aufgelösten Mauerwände der Chicagoer Schule seit den 1880er Jahren. Im gotischen Dom erblickt PS das „Präludium" der Glasarchitektur; eine gläserne Alhambra schwebt ihm vor.[73] Größten Wert legt er auf die moralische Wirkung: „Hoffen wir, daß die Glasarchitektur den Menschen auch in ethischer Beziehung bessert." Seine planetarische Vision zielt auf ein Paradies hier statt im Himmel – die Erde umkleidet sich mit „einem Brillanten- und Emailschmuck".[74]

---

69 PS: *Das Paradies* (GW 5, 178 ff.); vgl. Rausch 1995, 102.

70 PS: *Die Polychromie in der Frontarchitektur* (1891; GW 10, 34 f.). „Glasstraße" nochmals in Nr. 8.

71 Vgl. Rausch 1997, 120.

72 PS: *Glasarchitektur,* Kap. III; vgl. Rausch 2000, 136 ff.

73 Wg 465; *Glasarchitektur,* Kap. LXVI; Rausch 2000, 140 f.

74 PS: *Glasarchitektur,* Kap. XVIII.

Das Glas in der Architektur und im Kunstgewerbe (Nr. 8) – Wiederum in Ägypten lokalisiert PS den Ursprung der Glasindustrie; deren Siegeszug beruht physiologisch auf dem Glanzeffekt, dem Glitzern. PS stützt sich auf Semper: Die technischen Verfahren bestimmen den Stil, und dieser soll symbolischer Ausdruck einer Kulturperiode sein. Folglich wäre das Glas, bei bewahrtem Pluralismus, der beste Ausdruck für „unser nervöses Zeitalter". Man verwende es in der Architektur, über bloße Ornamentik hinaus bis zum echten Glashaus!

„Der Militarismus in der Architektur" erzeugt „die Uniformität unserer Neubauten" und die geraden Straßen.[75] PS bezieht sich auf den Generalfeldmarschall v. Moltke, den Kunsthistoriker Berthold Riehl und den Stadtplaner Karl Henrici: Die Großstädte waren „indirekt und direkt" ein Produkt der französischen Revolution".[76] Die „Dampfbahn", die um 1840 Fahrt aufnehmende Wasserdampflok, führt zur Zentralisation der Menschen in Großstädten – wie Europa werde auch China bald ein soziales Problem haben.[77] Deshalb trägt PS das Konzept einer „Auflösung der Städte", einer „Decentralisation der Wohnstätten" in immer neuen Varianten vor. Zur gleichen Zeit entwickelt Frank Lloyd Wright den *prairie style*.[78] Bei PS steht Fechner im Hintergrund: „Die Sensibilität eines kosmischen Wesens wird indessen durch eine Vervielfältigung und Verfeinerung seiner Organe herbeigeführt. Nehmen wir an, daß die Städte und Dörfer […] die vorzüglichsten Organe der Erde sind …"[79]

Die Ersetzung der Dampfbahnen durch schnellere elektrische wird den „Zug nach dem freien Lande" fördern, das Leben in freier Natur im eigenen Haus.[80] Auch die leichte Zerstörbarkeit der Großstädte zwingt zur Dezentralisation: wie wäre es, öffentliche Gebäude in Höhlen zu verlegen?[81] Der Spaß vergeht einem angesichts heutiger Terrorakte, die es nahelegen, Wege für Menschen von Bahnen für Autos und Fahrräder zu trennen. „Die Glasarchitektur wird erst kommen, wenn die Großstadt in unserem Sinne aufgelöst ist."[82]

75 PS: *Die modernen Städte* (1892; GW 10, 125)

76 PS: *Der Militarismus in der Architektur* (1894; GS 10, 213).

77 PS: *Prophetentum und Wissenschaft* (Nr. 38); *Das Perpetuum mobile* (Abschnitt: Räder und Ringe); *China und Dampfbahn* (1899, GW 10, 307).

78 Vgl. Udo Kultermann: *PS und die Architektur im 20. Jahrhundert* (1963; ÜPS II 192).

79 PS: ILD, zu *Das Gewürm*.

80 PS: ILD, Vorwort.

81 PS: *Dynamitkrieg und Dezentralisation* und *Panik und Höhlenarchitektur* (1909; GW 10).

82 PS: *Glasarchitektur*, Kap. CII.

Doktor Eisenbart (Nr. 31) verspottet die Neurologie mit Jahrmarktszauber, aber auch mit Argumenten, die jetzt aktueller sind als je: „Verrücktheit", Wahn- bzw. Irrsinn entsteht durch Massensuggestionen in den Megacities und durch Straßenverkehrsüberlastung. Telepathie und Massenwahn behandelt PS mehrmals.[83]

Berlins architektonische Plastik (Nr. 9) ist ein erneutes Plädoyer für die polychrome Architektur, am Beispiel der Firma March. Zwei Jahre vorher hatte PS den „Kampf für die Farbe" geführt und Beispiele in Berlin genannt.[84]

Das neue Venedig (Nr. 18) – Der Ich-Erzähler, ein „flacher Schwätzer", vorlaut und tolpatschig, gerät in peinliche Situationen, verursacht den Selbstmord des Genius. Eine schwimmende Stadt auf dem Neptun beschreibt PS erstmals 1897.[85] Indem er dem Paradigma des Statischen eine variable Architektur entgegensetzt, gibt er zu verstehen, daß die bisherige Kunst festgefahren sei. Das Motiv eines „neuen Venedig" auf dem Lago Maggiore kehrt zehn Jahre später wieder; eine „Versuchsstation für See-Architektur" schwimmt auf Schiffen mitten im Aralsee.[86] Die imposantesten Beschreibungen mobiler Architektur liefert PS in *Münchhausen und Clarissa* (1906).

Onkel Tobias (Nr. 48) – Bogumil, Ersinner gläserner Luftschlösser, hat Züge eines Selbstporträts. Wie in *Flora Mohr* (1909) geht es um ein junges Paar, das zur Heirat ein bißchen Geld vom reichen Onkel erwartet; der Bräutigam ist Schlosser und heißt „Ernst Mach". In Telegrammform präsentiert sich auch *Das Ozeansanatorium für Heukranke* (1912; GW 7).

Der Kampf um die Baumannschaften (Nr. 59) schildert ein Wettbauen mit Fertighäusern in Chicago; die intriganten Dialogszenen erinnern an amerikanische TV-Soaps. Von dem Glaskünstler Louis C. Tiffany spricht PS stets mit Anerkennung; besonders lobt er die Anfang der 1890er erfundenen „Farbenwolken", spezielle irisierende Gläser (favrile).[87]

Der wüste Park (Nr. 60) – Monticello, Thomas Jeffersons Parkresidenz, liegt in Virginia, im Süden. Ein Mr. Jefferson in Milwaukee begegnet in der „Amerikanischen Sensationsgeschichte" *Tanzende Pflanzen – Tanzende Wälder* (1911; GW 7). Genüßlich lockt PS den Leser auf falsche Fährten; hinter dem Spott auf Nervenärzte und Juristen, Schlapp- und Zylinderhüte

---

83 PS: *Das Mirakel* (GAT I 242 ff.); *Eine moderne Kassandra* (1905; GW 7); *Wilhelm von Kaulbach und Richard Wagner* (1909; GW 10).

84 PS: *Die Polychromie in der Frontarchitektur* (GW 10, 24).

85 PS: *Lakkarúdia,* in ILD.

86 PS: *Glasarchitektur,* Kap. LVII; *Das graue Tuch,* Frankfurt 1988, 156 f.

87 PS: *Glasarchitektur,* Kap. XXII.

baut er die Spannung kunstvoll auf, bis „weibliche Schlauheit" – die kleine Großnichte – das Rätsel löst. Bereits 1897 hatte er notiert: „die Sonne ‚haßte' das hochaufgetürmte Eis – trotzdem es schöner aussah als die Berge von Stein".[88] Um gut 75 Jahre vorweggenommen ist damit die *Land Art*, speziell die *Ice Art* eines Andy Goldsworthy.

6. Contra Kriegsreligion und Luftmilitarismus

> „Die Diener krümmen sich vor Lachen, aber es kommt kein Ton über ihre Lippen; sie verzerren das Gesicht zu fürchterlichen Grimassen." *(Kometentanz)*

„Umkrempelung aller Dinge", „die Menschen umkrempeln" (DH 428 u. 382) – PS stellt eine ungeheure politische Aufgabe. In *Das Paradies* beschreibt er eine Hölle „als Hort kulturzerstorender Industrialisierung und eines menschheitsvernichtenden Militarismus". Der in soldatisch geprägtem Umfeld Aufgewachsene hatte ein ambivalentes Verhältnis zu Gewalt und Grausamkeit.[89]

Anschauungsmaterial gibt es immer mehr als genug. Für einen weltpolitischen Schock sorgte ein historischer Neuling: Am 9.2.1904 erklärte Japan Rußland den Krieg; anderthalb Jahre später waren 240.000 Menschen getötet und eine Großmacht besiegt; im Frieden von Portsmouth am 5.9.1905 erhielt Japan Port Arthur, die Südhälfte der Insel Sachalin und die Schutzherrschaft über Korea. PS beunruhigten die täglichen Zeitungsberichte. Er schrieb viele japanische Geschichten, in denen man, bei aller Hochachtung vor Kultur und Kunsthandwerk des Fernen Ostens, eine gewisse Angst spürt. Zwei Beispiele:

Lia-Zuno (Nr. 19) heißt ein ehrgeiziger Kerl, der, angespornt durch ein unheimliches Mädchen, eine Art Hexe, zum Terroristen wird. Handelt es sich wirklich um ein Stück aus der japanischen Literatur, wie die Redaktionsnotiz suggeriert? Bislang wurde es nicht nachgewiesen.

Die Mausefalle (Nr. 55) – In der auf Januar 1903, also vor dem Krieg datierten Geschichte spielt PS mit den nationalen Charakteren und stellt eine unauflösbare Situation her, die kaum ein Urteil erlaubt. Die Idee eines

88 PS: *Die unverständliche Sonne*, in ILD.

89 Rausch 1997, 30, vgl. 38 ff. Siehe etwa *Parademarsch*, in *Immer mutig!*

touristisch ausgebauten Bergwerks kehrt wieder in *Der Lichtclub von Batavia* (1912; GS 7).

Dem europäischen Kolonialismus und Imperialismus setzt PS Exotismen entgegen. In einem der führenden Blätter des deutschen Bohème-Anarchismus stellt er geopolitische Überlegungen an: „es werden sich andere Kulturzentren neben Europa bilden – in Amerika und in Ostasien“.[90] „Den Deutschen muß die Kriegsreligion beigebracht werden – mit Pulver, Dynamit und Blei.“ (GAT II 72)

Das vergossene Menschenblut (Nr. 17) – Das frühere Große Feld in Berlin, seit 200 Jahren als Exerzierplatz genutzt, erwähnt PS oft.[91] 1906 verkündet er: „Ich habs durchgesetzt, daß das Tempelhofer Feld nicht mehr zu Paradezwecken verwandt“, sondern zu einem „Stadtpark mit Melbourne-Skulpturen“ umfunktioniert wird (DH 427). Die „fürchterlich“ grinsende Dame entwickelt ein Argument, das heute noch infamer erscheint: Das in Strömen vergossene Menschenblut – ist es, von all jenen Theologien des Blutes abgesehen, nur verächtlich? oder nicht vielmehr heilsam und belebend für alte Menschen? Was also bräuchten die vergreisenden Gesellschaften Europas dann am dringendsten? „Eine ordentliche Rothaut muß in jedem Jahre zwei Mal Menschenblut riechen, sonst ist ihr nicht wohl.“ „Der Kaiser hatte die Absicht geäußert, den mit Menschenblut gefüllten Kanal dreimal zu durchrudern.“[92] – Zwar erfährt man nicht den Namen der 97-jährigen Dame, doch hat sie mindestens zwei Altersgenossen: Frau Albertine von der Marwitz und Graf Theophil von Katerbart.[93]

Die Zukunft des Pferdes (Nr. 20) – Pferde, von Automobilen vernichtet, mögen in der Kunst überleben, es genügt, wenn wir Renn- und Zirkuspferde behalten. Die Kavallerie ist nutzlos geworden, Fesselballons klären viel besser auf, und „Lenkbare“, d. h. Zeppeline arbeiten effektiver. Alle Laien sehen das ein, aber sie „*bezahlen* den Militarismus durch ihre Steuern“ (Flugschrift, Kap. VI).

Dichterelend (Nr. 24) – Türken, Serben, Österreicher gegeneinander im Krieg? wen kümmert's? Hauptsache *cash!* „Wenn man das sagt, was Alle

90 PS: *Rußlands Zukunft;* vgl. *Das Kaiserreich Polen und die vereinigten Staaten von Europa* (beide Feb. 1904), in: Kampf. Neue Folge. Zeitschrift für – gesunden Menschenverstand (Berlin, 1904/05, Ndr. Vaduz 1988). Elf der 25 Hefte wurden verboten bzw. beschlagnahmt.

91 PS: *Die internationale Militaristen-Ausstellung auf dem Tempelhofer Felde* (1910; GW 7).

92 PS: *Der Panzer der Gelassenheit* (in ILD); *Der Kanal* (1904; GW 7).

93 PS: *Der blaue Himmel* (1909); *Die Zukunft der exmittierten Potentaten* (1910); *Die Indiskretionen des Grafen Katerbart* (1911; alle in GW 7).

sagen, so wird man ganz bestimmt nichts Besonderes sagen." Prophezeiungen? „Die Zeit der Rassenkriege naht." Slawen gegen Germanen … Aber wer ist Slawe? und wer Germane? Manche Herren wissen's genau – PS wußte es anders: „In dem Augenblick, in dem die Germanen von den Slaven besiegt wurden, wurden die Slaven zu Germanen."[94]

Die geniale Tänzerin (Nr. 26) – Der deutsche Militarismus könnte viel umfangreicher werden als bisher, wenn er sich selbst finanzierte … So strömt das sensationslüsterne Volk wieder zu den Militärparaden auf dem Tempelhofer Feld (von Rüstungsexporten redet niemand). Der Köder solcher Shows, der Patriotismus, müßte sich wohl auch mit Balletteinlagen garnieren lassen. Einer anderen Frau schreibt PS zwei Wochen später ähnlich geniale Ideen zu: *Kathinkas Finanzreform* (1909; GW 7).

Das Komplott der Millionäre (Nr. 42) – Bei einer Entführung in amerikanischem Stil hat der Ich-Erzähler „zufälligerweise" kein Bargeld dabei. Aber er muß diesen Pressebericht schreiben über die obskure Gesellschaft, die Kriege gegen Staaten privat finanziert und organisiert. Es geht um die „praktische Seite", wie PS unermüdlich betont, z. B. in der Flugschrift (Kap. XVI). Die Geschichte endet ähnlich wie *Das Lachen ist verboten …* (1910; GW 10). Angesichts einer Versammlung der „heimlichen Könige der Erde" seufzt der Ich-Erzähler: „Daß Derartiges in dem phantastischen Berlin möglich ist!"

Die Idee eines Luftkriegs hat PS nicht erfunden, sie lag in der Luft – alles Gute kommt *nicht* von oben.[95] Aber PS formuliert seine hellsichtige Angst erstaunlich früh. *Rakkóx* (1900) beginnt in dämonischer Ironie mit einer Vorwegnahme der Flug- und Chemiewaffen. „Neues Militär" wäre problemlos aus Tieren herzustellen: „Die Krähenvölker ließen sich leicht mit Cyankalispritzen bewaffnen, und die Adler, Eulen und Störche könnten abgerichtet werden, kleine Dynamitbomben im richtigen Momente fallen zu lassen …" (DH 230 f.) Die 10.000 „submaritimen Torpedoboote" zielen eindeutig auf die Flottenpolitik Wilhelms II. Überhaupt könnten doch Maschinen „ganz alleine ohne Mannschaften" arbeiten (GW 9, 397). Heute programmiert man Kampfroboter.

---

94 PS: *Na prost!*, zu *Der Gierige*.

95 Rottensteiner (1976, 89) nennt Literatur: Emil Sandt. *Cavete. Eine Geschichte, über deren Bizarrerien man nicht ihre Drohungen vergessen soll* (1906, bei PSs Verleger Bruns in Minden), Rudolf Martin: *Berlin – Bagdad. Das deutsche Weltreich im Zeitalter der Luftschiffahrt 1910–1931* (1907; Martin schrieb wie PS in *Die Gegenwart*), H. G. Wells: *The War of the Air* (1908) usw. Vgl. Innerhofer 1996, 221–225.

Wilbur und Orville Wright melden Ende 1903 einen erfolgreichen Motorflug, fünf Jahre später zeigen sie in den USA und Frankreich erste öffentliche Schauflüge. Bald jagt ein internationaler Rekord den anderen. Louis Blériot überfliegt am 25.7.1909 den Ärmelkanal. PS reagiert sofort mit einer Idee von Berlin als Zentrale des globalen Luftschiffverkehrs[96] – wann wurde der BER eröffnet? Die friedliche Nutzung der Fliegerei ist ausgemalt in *Ober-Berlin* (Nr. 32). Die optische Verschönerung läßt sich nur aus der Luft genießen, doch in „drei Jahren" wird die allgemeine bzw. individuelle Luftfahrt realisiert sein. Der Ich-Erzähler, der Autor, kennt übrigens die Tausendmarkscheine „sehr gut" … Der „Brandenburgische Luftluxus" wird in *Theobald und Adelheid* (Nr. 36) zehn Jahre in die Zukunft verlegt; das Geld gibt ein Mr. Fuller aus Chicago. Ab September 1909 spricht PS von „Gleitfliegern" (GW 7, 170 f.), spätestens 1914 prägt er den Ausdruck „Raumfahrt" (DH 587). 1928 gelingt der erste Flug um die Erde.

Am 24.9.1909 berichtet PS dem Freund und Förderer Franz Servaes: „Ich habe rasend in diesem Sommer gearbeitet – 66 Manuskripte geschrieben! Luftgeschichten führten schließlich zur Flugschrift." (Wg 393) Am folgenden Tag erscheint sein Essay *Luftmilitarismus* (nicht identisch mit Nr. 51), zwei Tage später *Geflügelte Waffen* (Nr. 30). Wieder zwei Tage später, am 29.9., druckt die Prager Zeitung *Bohemia* Franz Kafkas Erstling: *Die Aeroplane von Brescia.* Anfang Oktober kommt PSs „Flugschrift" heraus. Im September 1910 resümiert er: „Ein ganzes Jahr hindurch habe ich über den für mich nun schon sehr alten Luftmilitarismus geschrieben –"[97] Im April 1911 rät ihm sein Onkel, der erwähnte Graf Katerbart, zur Selbstabschaffung: „Deine Tätigkeit in allen Luftsachen hat sofort aufzuhören … Deine literarische Laufbahn ist jetzt beendet." (GW 7, 320)

Unbeirrt wiederholt PS seine These: Antimilitarismus nützt nichts, denn der Luftkrieg wird durch seine Grausamkeit auf lange Sicht alle Militäraktionen beenden und die anderen Waffengattungen bedeutungslos machen; das durch deren Abschaffung frei werdende Geld ist für Luftwaffen zu verwenden. „Durch konsequente Fortentwickelung des Militarismus müssen wir doch den Militarismus zu Grunde richten."[98] Diese Strategie der *reductio ad absurdum* des Krieges hatte bereits Carl v. Clausewitz im Sinn: „Sobald also der Kraftaufwand so groß wird, daß der Wert des politischen

96 PS: *Aviatik und Baupolizei* (1909; GW 7).

97 PS: *Die Hauptstadt und die Festungen* (GW 10).

98 PS: *Die wilde Jenny. Ein Sensationsroman* (1905; GW 7, 108).

Zwecks ihm nicht mehr das Gleichgewicht halten kann, so muß dieser aufgegeben werden und der Friede die Folge davon sein."[99]

Frühlings-Spektakel (Nr. 23) ist vermutlich die früheste jener 66 Geschichten. Was auf den ersten Blick anmutet wie ein deplatziert sarkastischer Kommentar zur aktuellen Situation in Syrien, Libyen, im Jemen und anderswo, ist doch nur das Frühlingserwachen, der Streit von Schnee und Sonne, Eis und Wolken, militaristisch verunklärt – ein naturmystisches Ereignis, das gerade so lang dauert wie die Lektüre. Aus dem Boden, aus der Unterwelt werden immer neue Waffen gestampft, wie heute aus dem *dark net*, nur daß es hierbei an „30.000 höchst vergnügten Krankenschwestern" fehlt. Dann wären da noch kleinere Probleme: die Unsterblichkeit und die furchtbare Dummheit der Menschen …

Geflügelte Waffen (Nr. 30) – Den „Gleitflieger" habe ein Mr. Pickering in Milwaukee entwickelt. In dieser Stadt am Michigansee, ebenso im südlich gelegenen Chicago lokalisiert PS auffällig viele Szenen.[100] Tatsächlich war der Anteil deutscher Emigranten in Milwaukee seit 1850 sehr hoch, auch gab es mindestens eine große Glasfabrik, die T. C. Esser Company. Die Pickering-Geschichte wird fortgeführt in *Prophetentum und Wissenschaft* (Nr. 38). Die Börse hängt ab von Krieg und Frieden, hatte jene anonyme 97-jährige Dame behauptet. Sie hängt ab von den Sonnenflecken, sagte der Astronom Herschel. PS gibt ihm recht und erweitert das Kausalverhältnis auf politisch-soziale Ereignisse, speziell auf militärische Entwicklungen. Pickerings Gleitflieger heißen hier Drachenflieger. „Afrika wird nordamerikanische Kolonie." In anderen Texten erwägt PS allerhand Luftkriegskonstellationen: die USA gegen Europa, Europa gegen China, Japan gegen Deutschland …[101]

Der Vakuumsauger am Luftballon (Nr. 28) – Thema ist wieder das Ethos des Erfinders, das Pathos des Ingenieurs. Praktisch denken! Nur das zählt, was sich ausführen läßt. PSs altmodische Ausdrücke sollen nicht die geniale Idee verstellen. Der Luftballon ist der Fesselballon; der um 1870 in den

99 Clausewitz: *Vom Kriege. Hinterlassenes Werk* (1832). Vollständige Ausgabe im Urtext, hg. Werner Hahlweg, Berlin ^{19}1980, Kap. 5, 2 (Zweck und Mittel im Kriege).

100 Glasfabriken hinter Milwaukee (*Das Ozeansanatorium für Heukranke* und *Der Baron als Retter*, in *Das große Licht*); dort wohnt „Herr Hans Dösel" *(Luftwunder)*. In Chicago beginnt *Das graue Tuch*; von dort kommen „Mr. Cachling" *(Transportable Städte* und *Die Stadt auf Reisen)*, „Professor Burton" *(Die Luftschlange)*, „Crispin Dobberkatz" *(Luftquallen*; GW 7, 175, 260, 211, 239, 292, 434) usw. Vgl. unten Nr. 59 f.

101 PS: *Wellman, Wellman über Alles …; Amerikanische Geheimpolizei; Neue Kleinstaaterei in Sicht; Militaristische Zukunfts-Musik* (alle 1910; GW 10, 283 ff., 254 ff., 218 u. 472 f.).

USA erfundene Vakuum- bzw. Staubsauger wurde ab 1908 von der Firma Hoover produziert. Im selben Jahr läßt René Lorin ein Staustrahltriebwerk patentieren; Ludwig Wittgenstein erhält ein Patent für einen Flugzeugpropeller mit Rückstoßdüsen. Erst 1936 entwickeln Frank Whittle und Hans-Joachim Pabst v. Ohain Düsenantriebe.

Aeroplan-Torpedos (Nr. 35) – „In Nürnberg ist es der Firma Wirth, Beck u. Knauss gelungen, ein unbemanntes Motorboot drahtlos zu dirigieren."[102] In der Tat hatte Christoph Wirth in Nürnberg 1908 einen Wellenfernschalter vorgeführt.[103] PS erwähnt auch den schwedischen Raketenpionier Oberst Unge.

Geschwindigkeit ist keine Hexerei (Nr. 37) – PS schickt den Text, in dem er sein Argument einem Dreizehnjährigen in den Mund legt, an Franz Servaes, am 12.11.1909 fragt er nach und bedauert drei Tage später, daß die *Neue Freie Presse* „für Geschwindigkeit kein Verständnis hat".[104]

Luftmilitarismus (Nr. 51) – Noch einmal präsentiert PS Schritt für Schritt sein Argument, mit saftigem Sarkasmus: „beim besten Willen" können die ferngelenkten Torpedos ihr Ziel nicht verfehlen; und mit charakteristischer Selbstironie – „wie ich das in den letzten zwei Jahren schon hunderttausendmal erklärt habe". Die Abschaffung der klassischen Waffengattungen sei ein „großartiger Zersetzungsprozeß". Vor 50 Jahren habe man konstatiert: Luftkrieg ist Massenselbstmord.[105] Letzterer und zerschossenes Geld beenden den Krieg. Zwei Wochen vorher hatte PS geschildert, wie ein Dynamittorpedo „mitten am hellen Tage in ein Warenhaus" einschlägt (*Fliegendes Dynamit,* GW 7). War das noch eine Slapstick-Szene – was explodiert, ist bloß Mehl, vergackeiert sind Direktoren und Aufsichtsräte –, so beschreibt er in den zwei folgenden Erzählungen die grausame Rückseite dieser Ironie und treibt seine „Luftterrorismus-Prognosen" (Haude 2007, 273) auf die Spitze.

Tripolis (Nr. 52) – Angesichts heutiger islamistischer Verbrechen wirkt diese Erzählung unheimlich. Scheinbar teilnahmslos protokolliert PS, wie ein ‚Kampf der Kulturen' in Horrorszenen eskaliert – und zwar *zuerst* auf christlicher, *dann* auf islamischer Seite. Man muß den Hintergrund kennen.

---

102 PS an Servaes, 15.11.1909 (Wg 397), mit Verweis auf die Beilage „Technische Rundschau" (BT Nr. 44, 3.11.1909).

103 Vgl. Dinglers Polytechnische Rundschau (Berlin), Bd. 323, Heft 48 (28.11.1908), 766 f. http://dingler.culture.hu-berlin.de/journal/page/31503270Z?p=880.

104 Wg 396 u. 398. Haude (2007, 273 f. Anm. u. 343) zitiert aus dieser Erzählung.

105 Rottensteiner (1976, 89; vgl. ÜPS III 447) erinnert an den ungarischen Schriftsteller Mór Jókai: *Der Roman des künftigen Jahrhunderts* (1872).

Angesichts sozialer Probleme im eigenen Land wollten die italienischen Nationalisten Tripolitanien und die Cyrenaika (West- und Ostlibyen) als neue Siedlungsgebiete gewinnen. Premier Giolitti stellt am 26.9.1911 dem Sultan Mehmet V. das Ultimatum, diese Gebiete abzutreten, drei Tage später erklärt er dem Osmanischen Reich den Krieg. In seinem ZaM-Leitartikel vom 2.10. erhebt Karl Schneidt scharfe Anklagen gegen Italien: Landraub, Verstoß gegen das Völkerrecht, ruchloses Verhalten.[106] Am nächsten Tag rücken 40.000 Soldaten vor und beschießen die libysche Hauptstadt Tripolis. Erstmals in der Geschichte werden ab 1.11. auch Flugzeuge und Zeppeline mit Zwei-Kilogramm-Bomben eingesetzt. In zehn Tagen sind alle wichtigen Küstenorte erobert, ein brutales Besatzungsregiment beginnt. Der Krieg weitet sich aus, endet am 18.10.1912 mit dem Frieden von Ouchy. Der Sultan muß die libyschen Gebiete sowie die Inseln um Rhodos abtreten. Die Invasoren stoßen allerdings auf starken arabischen Widerstand, der Führer des Sanussiya-Ordens ruft zum Djihad auf. – Die Abwehr eines Luftangriffs hatte PS beschrieben in *Der kaltblütige Kommandant* (ZaM, 25.9.1911; GW 7). – Am 6.8.1914 wirft ein deutscher Zeppelin erstmals Bomben auf Lüttich, am 22.4.1915 greifen die Deutschen alliierte Stellungen in Ypern erstmals mit Giftgas an.

Der spanische Maler (Nr. 53) – Die Erwähnung der spanischen Vorliebe für Grausiges verweist auf Goya. Der Name Ramiro ist häufig, Rabiro ist PSs Variante. In die Luft gesprengte Bankhäuser mit Geldregen hatte er schon geschildert.[107] 1923 nennt Man Ray ein Metronom *Object to be Destroyed* (später: *Indestructible Object*); in den 1960ern erfindet Gustav Metzger den Ausdruck „auto-destructive art“ – siehe John Latham, Jean Tinguely, Wolf Vostell u. a.

Auf der Dachterrasse des Marquis Fi-To (Nr. 47) inszeniert ein chinesischer Adliger ein kaleidoskopisches Farbenspiel, das ein japanisches Brillant-Luftfeuerwerk überbieten soll. PS rühmt das chinesische Kunsthandwerk, aber für die politischen Verhältnisse im Reich der Mitte hat er nur subtilen Spott übrig.[108]

Der Kampf mit dem Drachen (Nr. 61), bisher nur in einem Nachdruck von 1925 bekannt, gehört zweifellos zu jenen 66 Geschichten. PS selbst stellt den Bezug zu Schillers gleichnamigem Gedicht her. Ging es dort um

106 Schneidt. *Der Raubzug nach Tripolis*, ZaM Nr. 40 (2.10.1911).

107 PS: *Die gefährlichen Millionäre* (1909; GW 7, 173 f.).

108 PS: *Frisches Menschenfleisch* (1902), *Der Wetterprophet* und *Massenpsychologie* (beide 1909; alle drei in GW 7).

die Tötung der Bestie, des Feindes, genauer um christliche Bezwingung des eigenen Willens, um Gehorsam und Ruhmverzicht, so beschreibt PS, wie die ersten Absichten unversehens umschlagen. Der Wurm „sonnet sich auf warmem Grunde" – bei PS „räkelt sich der Wurm im Mondenschein." Die zerschmetterte Vase kündigt es an: das kurz aufblitzende Wunderbare wird zerstört. Der Dummheit, der Rachsucht und der Technik wirft PS seine Verachtung hin. – „Glasseen" hatte er 1902 in *Die große Revolution* beschrieben, eine „Naturglaslinse" 1908 in *Der neue Abgrund* (*Astrale Novelletten*), mittelaustralische Naturglasseen in *Die Heimat des Känguruhs* (1911; GS 7), dort begegnet wieder Mr. Burridan. Die einzige bekannte Fundstelle von Impaktglas, entstanden durch den Einschlag eines Großmeteoriten oder eines Asteroiden vor rund 30 Millionen Jahren, liegt in der Libyschen Wüste, in ägyptischem Gebiet. Aus dem meist apfelweinfarbigen Material wurde z. B. der Skarabäus im Brustschmuck des Tut-ench-Amun gefertigt.

7. Kulturkritik, Umfragen, Projekte

> „Diese Lampen flackerten immer heller, und er wollte sie auslöschen mit Keilschrift – Keilschrift in sie hineinschreiben. Doch sie brannten immer heller und heller. Und er schrie entsetzt auf –" *(Ninip, der Lichtgott)*

Mit *Die Prostitution des Mannes* (Nr. 12) reagiert PS auf die Broschüre der Feministin und Sexualreformerin Johanna Elberskirchen (Impressum 1896; 31 S.). Der nicht abgeschickte Briefentwurf wurde 1925 von Alfred Richard Meyer, Verleger und gastrosophischer Wortakrobat, ausgegraben. Über männliche Prostitution und das Unbewußte als prä- oder protopsychische Zone unterhalten sich bei einer Shisha die blauen Löwen in *Der Tod der Barmekiden* (GW 3, 427). Mit den *sexmaniacs,* den „Geschlechtsochsen" rechnet PS öfter ab.[109] Er widerspricht bereits der wenig später von Freud aufgestellten These, „daß sämtliche Kunstwerke immer nur einer unbefriedigten sexuellen Affäre ihr Dasein verdanken".[110]

Der Verein zur Förderung der ausländischen Literatur (Nr. 14) – Die Satire bietet u. a. die Stilparodie auf einen Nachruf. Die berühmten früheren

109 PS: *Im Atelier von Anna Costenoble* (1896; GW 10); ILD.

110 PS: ILD, zu *Der rauhe Pfad,* vgl. ebd. zu *Der Biß.*

deutschen Schriftsteller, sind sie nicht „liebenswürdig und neidlos“? Ihre Aktivitäten reduzieren sich auf Essen Trinken Rauchen Schlafen … Der Ich-Erzähler will „überall schauspielerisch mitwirken“, um in den Vordergrund zu kommen … Wir sollen ausländische Literatur fördern, weil in Deutschland nichts mehr geschrieben wird? ist das paradox? oder aktuell europäisch gedacht? eigene Interessen erfordern die Beachtung anderer Interessen …

Die Krankheit des Rentiers (Nr. 29) – Ob es eine „neue Krankheit“ sei, wird gefragt. Es ist ein uraltes mythisch-literarisches Motiv: Gyges und sein Ring, geschildert etwa von Platon (*Politeia* 359c ff.). Allerdings stellt PS seinen Kranken in eine ausweglose Situation. Durchgreifbare Körper und Felsen gibt es in *Liwûna und Kaidôh* (1902) und in *Lesabéndio* (DH 527).

Tabakgenuß und geistige Arbeit (Nr. 33) – PS lehnt es ab, Geist materialistisch aus dem Körper zu erklären. Nur zwei Sätze schrieb er zu der ersten, im Oktober 1906 von Dr. Carl Ferdinand van Vleuten durchgeführten Umfrage unter 115 Schriftstellern: „Dichterische Arbeit und Alkohol (GW 10, 355). Die zweite Umfrage, beantwortet von über 40 Autoren und Künstlern, wurde mehrfach ausführlich und mit Zitaten gewürdigt, auch in den USA.[111] PS antwortete 1912 noch ein drittes Mal (Nr. 54) zum Thema Rauchen. Zur Umfrage *„Muß sie klug sein?“* (Nr. 56) bemerkt Ulrich Goerdten:

> „Selten hat das männliche Überlegenheitsgefühl seine Vorurteile so offen zur Schau gestellt wie in dieser Textsammlung, die dem Studium der Gender-Forscher und -Forscherinnen sehr empfohlen werden kann. Paul Scheerbart vermeidet die hier vorherrschende ungewollte Selbstentblößung, indem er den männlichen Überlegenheitswahn zum Zentrum seiner ‚um die Ecke gedachten‘ Argumentation macht. Ein verschmitztes Stück Scheerbartscher Gesellschafts-Verulkung.“[112]

Schädigt die Verfilmung eines Romans den Absatz des Buches? (Nr. 57) – Die Umfrage, vom Börsenblatt in mehreren Nummern im Sommer 1913 ausgebreitet, gehört ins Kapitel ‚Frühgeschichte deutscher Filmtheorie‘. Tatsächlich hatte PS bereits 1897 einen Film *geschrieben:* In *Der Tod der Barmekiden* operiert er mit Schnitten, Überblendungen, Doppelbildern, Zeitraffer, Bildrissen usw.

111 (Anonym): *Tabakgenuß und künstlerisches Schaffen,* Salzburger Volksblatt Nr. 238 (18.10.1909), 7; *Effect of Tobacco on Mental Work,* The New York Times (24.4.1910), 9.

112 Goerdten: *Die kluge Frau um 1912,* http://pirckheimer.blogspot.de

PS lebte im Medium der Zeitungen und Zeitschriften. Er war 1898 Chefredakteur des Humorblattes „Lachende Welt", ein Schwindelprojekt, das nach drei Monaten platzte. 1905 saß er ein halbes Jahr in der Redaktion der Kinderzeitschrift *Heim der Jugend,* die nach einem Jahr eingestellt wurde. Anton Kippenberg, Leiter des Insel-Verlags, zeigte 1906 an dem Zeitschriftenprojekt „Pax" kein Interesse (Wg 330 f.). Dann plante PS die Tageszeitung „Die vereinigten Staaten von Europa", eine Zeitschrift für Städtebau, „Urbs", eine dritte für Luftschiffahrt, „Morgenluft und Abendluft" sowie eine Halbmonatsschrift „zur Kritik der Tagespresse" (Wg 358 u. 386 ff.). 1912 dachte er an ein Blatt „Die Millionäre Berlins. Erste deutsche Quartalszeitung für die höher Gebildeten" (Wg 430 f.).

Konkreter wurde das zusammen mit Erich Mühsam im Sommer 1903 vorbereitete Projekt „Das Vaterland. Organ der europäischen Kultur-Partei" (Nr. 3). Gemeint ist „jene weitere Heimat", „die keine Grenzen hat und den ganzen Kosmos umfaßt". Die Wochenschrift sollte nur „Lügen mit Hintergrund" enthalten.[113] Am 25.8. lud man Herwarth Walden brieflich zur Vorbesprechung ein (Wg 221). Zwar trägt dieser Brief die Namen von Mühsam und PS, doch letzterer schrieb am 4.9.1903 eine Postkarte an den „Redakteur am Vaterland, Erich Mühsam": „Die ‚gemeinsame' Erklärung ist mir aber noch nicht ‚saftig' genug – ich dachte, Du würdest mir [das] Manuskript zur Unterschrift senden."[114] Mühsam kontaktierte den Verleger Eduard Eisselt, der in der *Vossischen Zeitung* inseriert hatte, daß er Zeitungen kaufen wolle. Doch Eisselt nahm bald seine Zusicherung zurück: er könne nicht gleichzeitig zwei Soldatenblätter und eine antimilitaristische Zeitschrift herausgeben. Wie PS auf die Absage reagierte, hat Stanislaw Przybyszewski geschildert.[115] Im Mai 1932 las Mühsam im Radio aus den Entwürfen vor.[116]

Vermischtes (Nr. 22) – Die fünf vorausdatierten Berichte, Glossen oder Kommentare geben eine Vorstellung davon, wie eine Scheerbartsche Zeitung ausgesehen hätte.

In den Jahren 1909–11 publiziert PS über 200 Geschichten und Essays. Im November 1911 nimmt er das Großprojekt „Überirdische Reisen" bzw.

113 Mühsam: *Scheerbartiana,* Vossische Zeitung Nr. 14 (17.1.1928); ders.: *Namen und Menschen. Unpolitische Erinnerungen,* hg. Fritz Adolf Hünich, Leipzig 1949, zahlr. Ndr., Berlin 1977, 72–81; ÜPS II 138–144, bes. 141 ff.; Wg 527.

114 Mühsam: *In meiner Posaune muß ein Sandkorn sein. Briefe 1900–1934,* hg. Gerd W. Jungblut, Bd. 1, Vaduz 1984, 25 f.

115 Vera Hauschild: *Nachwort* zu *Die große Revolution,* Leipzig/Weimar 1983, 198 (ÜPS I 124).

116 K. S.: *Rundfunkbegegnungen mit PS,* BT 22.5.1932 (ÜPS III 548 f.).

„Meteorgeister" in Angriff, das 333 seiner „narrativen kurzen Texte" in Romanform binden sollte.[117] Im Juni 1912 waren drei, am 1.8.1912 elf Bände fertig, der Verleger Georg Müller zahlte bereits die erste Rate (Wg 438 u. 466). Es wäre die größte Sammlung geworden, doch die Manuskripte sind verschollen. PS ist deprimiert, krank, trinkt täglich Bier bei Papa Hoffmann, am Bahnhof Botanischer Garten. Ab 1913 verebbt die Produktion, im Todesjahr 1915 erscheint gar nichts mehr.

8. Materialien

> „Mit dreihundert Automobilen läßt sich also eine Stadt von hundert Häusern bauen und immer wieder weiter transportieren. Das ist natürlich moderne Nomadenkultur. Am Anfange der Kultur war der Mensch ein Nomade, und am Ende ist ers auch."
> *(Transportable Städte)*

Die Rezensionen zeigen, daß seine Freunde PS mehr förderten als bisher bekannt. Franz Servaes schreibt einsichtig über *Münchhausen und Clarissa* und *Astrale Novelletten* (Nr. 21 u. 47). Von Franz Graetzer waren bisher nur drei posthume Würdigungen bekannt.[118] Nun kommen fünf Hymnen hinzu, die PS noch lesen konnte, plus vier posthume. Graetzer erwähnt den elfbändigen Roman und PSs „bis heute unveränderte Weltanschauung".[119] Er betont, PS sei Missionar, Erzieher, Ethiker, Politiker (Nr. 62), empfiehlt nachdrücklich den Einakter „Der zweite Mond" (Nr. 65 f.). PS hatte das Stück Anfang 1908 an Herwarth Walden gesandt, es ist verloren.[120] – Neu sind die Namen Albert Weidner (Nr. 20 u. 38), Otto Pick (Nr. 39) und Jean Paul d'Ardeschah (Nr. 46 u. 53).

So einhellig die Schriftstellerkollegen PS bewundern, so klar beweisen die Kulturbeamten ihre Verständnislosigkeit. Nach bewährter Methode machen sie dem Autor Vorschriften (Dannegger, Nr. 6; Schaukal, Nr. 7 u. 14), treten als „gesunde Literaturbeurteiler" auf (Nr. 28) oder nehmen aus der Wiener

117 PS an Dehmel, 27.11.1911 (Wg 429 ff. u. 577).

118 Eine lange Rezension zu *Lesabéndio* (1917) und zwei Hommagen zum 70. Geburtstag (1933; ÜPS III 223–226, 650–653 u. 660 ff.).

119 Das wird 1964 von Paul Raabe bestätigt (Nachwort zu *Lesabéndio;* ÜPS I 60).

120 Wg 347, 339 u. 384 f. sowie Brunn 2000, 273 f.

Provinz völkisch geifernd jene dekadente Berliner Bohème unter eine angemaßte Moral-Lupe (Nr. 31). Den Literaturprofessor Eduard Engel, der seine sprachpuristische Zerstörungswut hämisch an PSs frühen Gedichten ausließ, etwa an der *Phantastensure* von 1892 (Nr. 68), hatte PS bereits 1911 füsiliert.[121]

PS sah, daß seine Flugschrift „kritische Erörterungen in der Presse" brauche – „Ich gäbe so viel dafür, die Ansicht eines höheren deutschen Officiers zu erfahren." Er bat Servaes am 12.11.1909 um die Adresse eines Oberleutnants (Wg 396 u. 398). Wenig später äußert sich Carl M. Danzer in seiner Armee-Zeitung (Nr. 36).

Die öffentlichen Auftritte und die Theaterveranstaltungen erscheinen hier in weitaus hellerer Beleuchtung als bisher. Der anonyme Bericht über das Blumenfest 1899 (Nr. 2) faßt ein unbekanntes „Festspiel" von PS zusammen: es war ein „Rebus", das niemand entschlüsselte. Über den sechsten Abend des Vereins für Kunst im Januar 1905 (Nr. 16 u. 17) war bisher nur Herbert Asmodis begeistert poetischer Bericht bekannt: ca. 350 Gäste, kosmische Dichtung sei „jetzt sehr verbreitet" (ÜPS III 537 f.). Von der als „pointillistische Dramatik" angekündigten Nachtaufführung von fünf Stücken im Berliner Figaro-Theater, Februar 1907, wußte man bislang nur durch die lobende Besprechung von Arthur Neisser.[122] Jetzt ist das Bild plastisch in den von Bewunderung bis zu Gehässigkeit reichenden Urteilen (Nr. 24 ff.).

Erstmals werden die Ausstellungen breiter dokumentiert. Ob diejenige in Wien überhaupt stattfand, war 1990 „noch ungeklärt".[123] PS gesteht,

> „daß ich gar nicht zeichnen kann – ich begann damit erst im Sommer 1902" … „Ich entdeckte mein Talent in Minden, als ich aus purer Noth für ‚Immer muthig' ein paar Dutzend Vignetten zeichnete" … „In den letzten 9 Monaten hab ich über 1000 (tausend) Zeichnungen ‚verfertigt'. Vieles ist bunt –" … „Ich habe c 1000 Zeichnungen (zumeist mit Bleistift) seit 1. Juni 1902 angefertigt – manchen Tag 40–50 Stück hinter einander. Manches ist auch danach. Ich muß mir noch sehr viel Mühe geben."[124]

---

121 PS: *Wir leben nicht im Zeitalter der Qualität* (1911; GW 10).

122 ÜPS III 538 ff. Vgl. PS an Walden, 7.2.1907 (Wg 332), Wg 551 f. (mit Zitaten aus dem BT) u. 557; AO 130 f. sowie Maegie Koreen: *Immer feste druff. Das freche Leben der Kabarett-Königin Claire Waldoff*, Düsseldorf 1997, erw.: *Claire Waldoff: Die Königin des Humors. Eine Biografie*, Gelsenkirchen 2014, 38, 42 f. u. 313–316.

123 Gerda Wendermann: *Jenseitskarikaturen. PS als Zeichner*, in: *Jenseitskarikaturen* (1990); ÜPS I 200.

124 Wg 402, 203 f. u. 207.

Im Mai 1903 verhandelt Servaes über dreizehn Zeichnungen mit dem renommierten Wiener Kunsthändler und Galeristen Hugo Othmar Miethke, der „einfach nobel" zu honorieren scheint und für den Herbst eine Ausstellung plant (Wg 212). PS liefert nochmals dreizehn Zeichnungen; Servaes verkauft alle 26 für 400 Kronen an Miethke.[125] Um den 10.12.1903 wird die Ausstellung eröffnet. PSs Blätter wandern im Februar 1904 in die Kunstsäle von Louis Bock & Sohn in Hamburg, zusammen mit Werken des belgischen Bildhauers Jef Lambeaux und des symbolistischen Karl May-Illustrators Sascha Schneider.[126] Die Urteile der Wiener Rezensenten gehen wieder in die Extreme; alle zeigen sich fasziniert von den „Gansschlangen", einer vermerkt: Man lacht *mit* PS, sobald man seine Satiren erkennt (Nr. 10). – Unbekannt war die posthume Veranstaltung in Rothgießers Bücherhalle 1923 (Nr. 70 f.).

Er „zeichne momentan nur mit der Feder [momentan *nur* Punktmanier … Format 13 × 18 cm]", berichtet PS an Alfred Kubin am 23.9.1906.[127] Die *Jenseitsgalerie* sollte elf Blätter plus Titelblatt umfassen, gedruckt wurden nur zehn. Sie mögen von Fechner und Haeckel inspiriert sein, wie Rausch (1984, 350) beobachtet. Die elfte Zeichnung war bislang nicht publiziert; auf der Rückseite steht eine Widmung an den Freund Friedlaender/Mynona.

> „Wir Frauen sind weniger furchtsam. Deshalb bringen wir auch ganz allein die Weltgeschichte ein wenig vorwärts. Was würde aus der ganzen Welt, wenn der Mut der Frauen nicht da wäre?" *(Der Lichtklub von Batavia)*

Für Materialien, Hinweise und Informationen danke ich Mechthild Rausch, Daniel Aebli, William C. Bamberger, Alexander N. Belarev, Björn Bordon, Clemens Brunn, Jens-Fietje Dwars, Ulrich Goerdten, Egon Günther, Horst Hussel †, Roland Innerhofer, Hiroo Nakamura, Volker Pirsich, Micky Remann, Matthias M. Schardt, Rolf Schütte, Klaus Völker, Joachim Wesser, Stephan Witthöft und Ulrich Holbein, der einen begeisterten Verleger finden half.

125 Vgl. Wg 217 f., 220, 228 ff. u. 234.

126 Vgl. Wendermann (ÜPS I 200 ff.); Wg 530.

127 Wg 322 f. Ähnlich an Mühsam, 2.10.1906 (Wg 325).

Abbildung 2: PS: Exlibris S. Friedlaender

Texte von Paul Scheerbart

1

Die Ausstellung der Stickereien und Webereien von China und Japan

(Februar 1890)

Wer jetzt den Lichthof des Kunstgewerbemuseums betreten [hat], wird zuweilen gedacht haben, einem Kostümballe beizuwohnen. Die Farbenpracht der Gewandstoffe, der prunkhafte Seidenglanz gewähren einen Anblick, der die Phantasie zu Reminiscenzen an üppige Gartenfeste mit bunten Lampions und fremdartigen Reizen verleitet. Die Schätze des Museums entfalten einen fürstlichen Reichthum.

Da die Stickereien vorzugsweise den Damen anziehend erscheinen und diese manches zu eignen Arbeiten verwerthen möchten, so dürfte die Mehrzahl der Besucher zunächst der technischen Fertigkeit ihre Aufmerksamkeit widmen. Sie werden die Feinheit des Gewebes bewundern und über die verschwenderische Seidenfülle erstaunt sein. Die Kostbarkeit der Festkleider und Tapetenmuster, der Tabaksbeutel, Gürtel und Teppiche wird nicht zuletzt in Frage kommen. Den Künstler aber muß der bunte Farbenzauber entzücken; das Glänzende, vielfarbig Schillernde, Gleißende der Seidengewirke verleiht den Farben noch besondere Wirkung. Die Formen sind zumeist ausschweifend phantastisch; Schlangen, Drachen, Schmetterlinge, Wolken und Vögel und stilisirte Blumen machen sich hauptsächlich bemerkbar. Die eigentlichen Arabesken muthen aber weniger seltsam an und manches Stoffmuster nimmt sich scheinbar ganz modern aus.

Beschäftigt man sich eingehender mit den einzelnen Stücken, so konnte sehr bald das Inhaltliche der gestickten Darstellungen interessiren. Die Drachen, Schlangen, Ungeheuer sind gewöhnlich *Wappen.* Kleine Pagoden aber und Krüge, Stühle, Vögel werden häufig so seltsam auf einer Seidenfläche zusammengestellt, daß ihnen eine speziellere Symbolik innewohnen muß, falls man nicht vieles für geschmackswidrig halten soll, wozu sonst keine Veranlassung vorliegt. Die *symbolischen* Elemente sind es nun, die eigentlich das lebhafteste Interesse hervorrufen müßten, denn aus ihnen wäre alles das herauszulesen, was für das Ideenleben der Ostasiaten maßgebend geworden. Wir erwähnen vorläufig nur, daß die Profan-Symbolik die religiöse verdrängt zu haben scheint, vorzüglich bei den Japanern.

Doch kann schon der Reichtum der Farbenpracht den Beschauer verwirren, so muß ein näheres Eingehen auf Einzelnheiten geradezu fruchtlos dünken, wenn man bemerkt, daß von jeglicher chronologischen Anordnung abgesehen wurde. Wir haben hier die Entwickelung eines Kunstgewerbes vor uns, das Jahrtausende hindurch die mannigfaltigsten Umwandlungen erfahren. Wer würde sich zurecht finden, wenn man die europäischen Stickereien der letzten vier Jahrhunderte durch einander stellte? – Nicht weniger reichhaltig an Form und Inhalt sind die Erzeugnisse von China und Japan. Sicherlich haben auch diese Länder verschiedene Renaissancestile, besondere Zeitalter des Auf- und Niederganges.

Um den Anfang unserer Zeitrechnung gelangte die Seide über Kleinasien nach Europa, und in den folgenden Jahrhunderten läßt sich eine Einführung chinesischer Muster sowohl in Kairo wie später in Venedig nachweisen, der Einfluß des chinesischen Geschmacks ist sogar in Deutschland im Keime vorzufinden gewesen. Wenn wir nun die verschiedenen Kunstepochen in den chinesischen Geweben betrachten, so macht sich bei den älteren eine auffallende Einfachheit, ein Verwerthen der Drei- und Viertheiligkeit etc. bemerkbar. Wird man geneigt sein, eine Ähnlichkeit der kleinasiatischen und chinesischen Muster auf die Gleichartigkeit der Webetechnik zurückzuführen, so dürfte man auch wohl kühnere Schlüsse ziehen. Nicht denkbar scheint es, daß China jeden Einfluß von außen ständig abwehrte. Die Araber pflegten in der Blüthezeit ihrer Kultur große Reisen zu unternehmen, die sowohl wissenschaftlicher wie kaufmännischer Natur waren; sehr viele ihrer Reisenden kannten Spanien und China zu gleicher Zeit, sie dehnten ihre Macht bis nach Hinterindien aus, und ein Druck auf den chinesischen Geschmack von ihrer Seite scheint nicht allein denkbar, sondern wahrscheinlich. Noch ein anderes Moment tritt hinzu: die Japaner, welche nicht vor dem sechsten Jahrhundert unserer Zeitrechnung zu selbstständiger Entwicklung gelangten, weisen einen Import von Persien her auf und die größere Bevorzugung der Blumenmalerei läßt sich vielleicht direkt auf persische Teppiche zurückführen. In diesen Jahrhunderten, die so regen Verkehr in ganz Asien duldeten, dürfte es nicht als unmöglich erscheinen, daß die alten kleinasiatischen Muster auch ihren Weg in das Reich der Seide gefunden. Man ist davon zurückgekommen, das alte Egypten für ein abgeschlossenes Land zu erklären, und mit dem alten China sollte man nicht ohne Grund eine ganz einzig bestehende Ausnahme machen. Selbstverständlich wirken die einzelnen Formideen nicht so unmittelbar auf einander, daß sie für den ersten Blick erkennbar werden. Ebenso wie aus maurischen Formelementen der gothische Stil herausgewachsen, so muß man sich auch den chinesischen Stil entstanden denken. Daß einheimische Ideen dem Ganzen ihren *besonderen* Stempel verliehen, und daß hier viele sehr wenig bekannte Faktoren zusammenwirkten, ist niemals zu vergessen.

Dadurch, daß sich derartige Behauptungen schwer beweisen lassen, fällt ihre Bedeutung noch nicht zusammen. Wenn wir uns bemühen wollen, den Charakter der chinesischen Ornamentik zunächst in seiner Gesammtheit besser zu begreifen, so müssen wir einige Erklärungsversuche geben. Das endgültige Resultat zu ziehen, bleibt natürlich der umfassenden Forschung aufgespart.

Greifen wir einzelne charakteristische Merkmale der chinesischen Ornamentalkunst heraus, so werden wir als hervorstechende Züge die mehr naturalistische Behandlung von Schmetterlingen, Vögeln und Drachen bemerken. Die Wolkenstilisirung nimmt den vornehmsten Raum ein, aus der Wolke haben sich augenscheinlich die meisten spezifisch chinesischen Arabesken und Schnörkel herausgebildet. Die alteren Muster zeigen, wie schon erwähnt, die regelrechte Wiederholung von Ringen, Kugeln, Blättern, Linien, Fisch-, Vogel- und Pflanzenstilisirung; Kleinasiens Teppiche reizen hier unwiderstehlich zum Vergleich. Indessen sind die heiligen Thiere andere geworden, wie überhaupt das symbolische Element nicht in ähnlicher Form mit hinübergenommen werden konnte und dadurch mehr und mehr zurücktrat, was, wie gesagt, bei den Japanern leicht zu beobachten, die scheinbar die Rationalisten für den Osten sind, wie es die Perser für den Westen Asiens waren.

Auf die weitere Entwicklung nach der malerischen Seite hin wollen wir nicht näher eingehen; China bringt vor Allem die stilisirte Landschaft ohne Perspektive wie die der Egypter, aber luftiger, [vor allem im]......... Wolkenbereich. – Japan zieht die Blumen- und Vogel[malerei vor], ... mit einem Anflug zur naturalistischen Natur[darstellung.] ....

Vielleicht läßt sich, wenn eine sehr gewagte [Vermutung erlaubt ist,] .... der chinesische Landschaftsstil und die W............rauchen in ein gewisses Verhältniß setzen............ [wobei die] Malerei der Japaner lebhaft an Makart oder .... [erinnert.]

Wir können den Werth dieser großen Seidenausstellung nicht hoch genug schätzen, doch könnte dieselbe möglicher Weise die Anregung zu einer größeren, *historisch* geordneten geben. Dem Kenner mag allerdings die chronologische Reihenfolge ein sehr weit entferntes Ziel zu sein scheinen, aber immerhin dürfen wir es nicht aus den Augen lassen. Läßt es sich doch gar nicht leugnen, daß China und Japan – sonst als Länder des Zopfes geschmäht – heute schon einen sichtbaren Einfluß auf das europäische Kunstgewerbe ausgeübt haben – allerdings weiß das Rokoko bereits von chinesischer Form. Es wird aber eine angenehme Aufgabe sein, zu beachten, wie sich die Stickereien der Damenwelt zum chinesischen Musteralbum verhalten werden. Eine entsprechende Bewegung hätten wir dem Museum für Kunstgewerbe zu danken.

XIX. Jahrgang. Abend-Ausgabe. Dienstag, 4. Februar 1890.

Berliner Tageblatt

und Handels-Zeitung.

Eine nationale Ausstellung in Berlin.

Die Ausstellung der Stickereien und Webereien von China und Japan.

Abbildung 3: PS: *Die Ausstellung der Stickereien …* (Text Nr. 1), abgerissene Seite

2
Die Ausstellung der europäischen Leinenstickereien
(Februar 1890)

Der ganze Reichthum an Linnenzeug, den eine altdeutsche Hausfrau sonst in Kisten, Bänken, Truhen und Schränken verborgen, scheint vor uns ausgebreitet. Der Lichthof des *Kunstgewerbe-Museums* hat durch die hellen Leinenstoffe, die nur sparsam bunte Farben verwendet zeigen, alles Prunkhafte verloren, giebt sich anspruchslos, sauber, einfach. Braune Holzwände mit Zinn- und Kupfergeräth, niedrige Decken und blank gescheuerte Dielen hätten den besten Rahmen für diese Ausstellung gebildet.

Doch das große Gebiet ornamentaler Formen, die wir hier zu überschauen haben, führt uns weit über Deutschland hinaus. Fast sämmtliche Länder Europas sind durch Stickereien vertreten. Wie die Seide für China das charakteristische Merkmal der dortigen Kultur geworden, so wurde der Leinenstoff für die europäischen Länder zum Kennzeichen volksthümlicher Eigenart. Wir müssen Leinwand und Seide als wichtige Kulturfaktoren betrachten, die auf Leben und Kunst von großem Einfluß gewesen.

Die beiden Stoffe unterscheiden sich hauptsächlich dadurch von einander, daß Leinenzeug waschbar ist, zum Waschen zwingt, während dieses die Seide nicht verlangt. Daraus ergab sich für das erstgenannte die vorsichtige Verwendung *farbiger* Stickereien; nur waschechte Garne durften benutzt werden, und wir finden zumeist nur gelb, roth, blau und das wenig dauerhafte Schwarz verwerthet. Diese Verschiedenheit drückte der ganzen Kultur und Kunst ihren besonderen Stempel auf; das Glänzende der Seide leitete zum Lackiren des Holzes, die Leinwand zum Beizen; Zinn und Kupfer stehen dem spiegelhellen Porzellan gegenüber. Die Formen mußten ohne Farben mehr zur Geltung gelangen. Dort in China grelle Farbenpracht und in Europa feinsinnige Zartheit. Auf der einen Seite bethätigt sich der Luxus im Verschwenden des Stoffes, auf der anderen in der Verschwendung von mühsamer Arbeit. In der Leinenstickerei haben wir demzufolge nicht geringere künstlerische Bedeutung zu vermuthen als im Seidengewebe. Bleibt China im einfachen Ornament befangen, so können wir im Westen die Spitzenklöppelei von Venedig und Brabant als das herrlichste Erzeugniß, als den Gipfelpunkt der gesammten Nadel- und Webetechnik bezeichnen.

Vielleicht dürfte nicht allgemein bekannt sein, daß Leinenzeug zuerst von den Kelten und Germanen getragen wurde. Um die Zeit der Völkerwanderung gelangte es nicht allein in den Süden Europas, sondern auch über Egypten und Kleinasien zu den Arabern und sogar zu den Persern; es wurde zum vornehmsten Gebrauchsartikel der Haremsfrauen, auch mit Seideblumen durchstickt und schien wie bisher bei uns für die nothwendigsten Bekleidungsstücke ganz unentbehrlich.

Im Orient wurde der Leinenstoff in denkbar größter Feinheit hergestellt, während im Abendlande noch bis heute gröberes Tuch im Gebrauch ist. Die Araber haben auch die feineren Seifen erfunden, selbst das Wort „Seife" stammt vom arabischen „*sief*". Wir haben nun den feinen wie den groben Stoff zunächst nur als Untergrund für die Stickerei zu betrachten. Die Lage der Webemaschinen war immer quadratförmig, indessen konnte man zwischen den einzelnen Fäden jeden beliebigen Zwischenraum lassen, so daß auch der moderne Kannevas, die filetartigen Netze hierher gehören. Die nicht gleich sichtbaren gazeartigen Stoffe brachten die Stickerei zu erhöhter Wirkung. Eine sehr vielartige Technik der Nadelführung mußte sich auf den verschiedenen Unterlagen ausbilden können. Wir sehen, daß manche Muster nur durch einfache Garnfäden markirt sind. Auf der andern Seite ließen sich die komplizirtesten Nadelwege zum vielseitig schillernden Ausdruck bringen. Daß dabei Seide, Garn und Wolle zum Sticken benutzt wurde, konnte die Mannigfaltigkeit des Eindrucks nur vermehren.

Wenn wir die Erinnerungen an alt- und neudeutsche Spinnstuben vorläufig vergessen, so werden wir den scheinbar unzähligen Formgedanken das größte Interesse entgegenbringen. Nur müssen wir gleich herausfühlen, daß die Musterkarte der Europäer ebenso wenig unüberschaubar ist, wie die der anderen Völker. Es wird sehr selten Neues erdacht; wir haben gewöhnlich nur Varianten alter, bereits unverständlich gewordener Themata.

Südslavische Stickmuster sind hier sehr instruktiv, sie lehren uns, wie gerade die Völker, welche die am wenigsten ausgeprägte Kultur besitzen, ein gesteigertes Interesse beanspruchen, weil sie die Gedanken der zum Theil untergegangenen Kunstvölker aufbewahrt haben. Die uralten symbolischen Zeichenelemente der Kleinasiaten haben ihren Weg auch nach Norden bis zu den Schweden gefunden. Die slavischen und russischen Schürzen etc. und die Kultusgegenstände zeigen immer dieselben quadratischen Muster, die nicht allein durch die einfache Herstellbarkeit erklärt werden können. Einige Stücke aus Madeira von primitivster Fassung zeigen Kreisformen, was vielleicht Beweiskraft haben dürfte. Wie viel bedeutsame Merkmale älterer Kultur die slavische Ornamentik verwerthete, läßt sich wirklich sehr leicht erkennen. Es ist nur natürlich, daß die ungebildeten Völker die Formgedanken der gebildeten ohne Weiteres aufnehmen. Falls sie zur Kritik kommen, heißt sie Alles antiquirt, hölzern, dumm und überflüssig, wie es dem jugendlichen Streber immer eigen; sie schaffen dann nach Art der Renaissancevölker Italiens eigene Muster mit großer Neigung zu naturalistischer Wiedergabe. Wir können die Renaissanceepochen auch als Protest gegen die von Sizilien ausgehenden Einflüsse der arabischen Kultur betrachten. Daß diese die asiatischen, egyptischen und nordafrikanischen Formen ebenfalls nur in sich aufgenommen, verschmolzen und nicht in erster Linie weitergebildet, wird leicht begreiflich sein. Es ist so häufig darüber geklagt worden, daß in unserer Zeit so Vieles in Architektur und Kunstgewerbe von älteren Epochen herübergenommen wurde. Das ist nur ein Zeichen dafür, daß sich unser Zeitalter von keinem anderen wesentlich unterscheidet. Doch dieses fortwährende Hin- und Wiedernehmen haben wir ungefähr zu verfolgen, wenn wir die Stickereien Europas weder chronologisch noch ethnologisch geordnet vor uns sehen.

Nicht viel mehr läßt sich hierbei thun, als einzelne Bemerkungen beifügen. Die Stücke aus Spanien, die sich auf der Ausstellung befinden, lassen uns an afrikanische Strohgeflechte denken. Bekannt ist wohl, daß schwarze Negerdamen zeitweilig den Geschmack der spanischen Edelleute beeinflussen konnten. Ein Teppich, der als „indisch-portugiesisch" bezeichnet ist, deutet auf Indien hin; nicht uninteressant wäre, wenn man einmal näher die Einwirkung Indiens auf Barock- und Rokokozeit untersuchte. Die Wege, welche durch Jahrhunderte von Kultur und Geschmack gewandelt, werden sich nicht immer mühelos aufspüren lassen. Immerhin muß es dem Spezialstudium überwiesen bleiben, die endgiltigen Meinungen zu äußern.

Wie weit manche Gedanken durchzudringen wußten, merken wir bei assyrischen Sphinxen mit Flügeln und bärtigem Männerkopf und bei Pferden, die ein Horn an der Stirne haben, wie die Einhornkapitells in Babylon – solche Gestalten finden wir auf altdeutschen Stickereien wieder. Daß Löwen, Kentauren, Sirenen etc. gleichfalls auf fränkischen Gewändern erscheinen, will uns nicht mehr wundern, weil wir an hellenischen Einfluß gewöhnt sind. Doch nach dem Gesagten dürfen wir vielleicht auch ein Lamm Gottes mit dem Osirisstier in mittelbare Verbindung bringen. Stilisirte Thürenzinnen wird man ohne Weiteres für ursprünglich deutsch halten, und doch ließen sich ähnliche Momente im asiatischen Teppich und in egyptischen Hieroglyphen aufdecken. Sind aber Buchstaben und Burgzinnen nicht weit entfernt von einander, so möchte sich augenscheinlich jede Behauptung über gegenteilige Beziehung halten lassen, und wir werden gezwungen, die weitere Verfolgung der Formgedanken einstweilen aufzugeben. Jedenfalls bietet die Ausstellung, die von fast allen europäischen Ländern einige Tuchstücke vorgeführt, einen prächtigen Überblick, der die Erinnerung an eine Anzahl halb vergessener mythologischer, ethnologischer und kunsthistorischer Fragen wieder wachruft.

Die Renaissancezeit behält unzweifelhaft die größte Fülle neuer Ideen, auch in den Leinenstickereien – die englischen Weißstickereien seien noch besonders erwähnt. Es scheinen nur wenige Kulturepochen aufzuragen, die wie die Renaissance ein relativ unabhängiges Aussehen bewahrt haben. Wenn wir unsere Zeit mit den vorangegangenen vergleichen, so werden wir die unsere nicht recht zu überblicken vermögen. Man scheint im Baustil und Kunstgewerbe die Barockelemente durch Frührenaissance leichter, faßlicher und sinngemäßer ausgestalten zu wollen. Die Ehre des Barockstiles will man retten, aus ihm eine ganz neue Ornamentbehandlung schöpfen. Die Stickmuster stehen wie immer am auffallendsten im Geschmackskreise der Zeit. Aber wenn man schon die symbolischen Sachen unverhohlen für altes Eisen erklärt, so muß man sich wundern, weswegen nicht die unendlich vielen Naturformen stilisirt werden, die weder symbolisch noch sonst wie verwerthet sind. Nimmt es sich doch so aus, als ob Eisblumen, Pilze, Spinnen, Schneekrystalle, Fontänen, Feuerzungen ihre Stilisirung gar nicht mehr zu erwarten wüßten.

3
Die Ausstellung der orientalischen Teppiche
(*Spezialbericht des Berliner Tageblatts*)
(März 1890)

I.

In einen Tempel scheint der Lichthof des *Kunstgewerbe-Museums* umgewandelt zu sein. Von der Brüstung der oberen Galerie hängen die großen, schweren Teppiche auf allen Seiten bis zu den Steinfliesen hinab und umgrenzen den weiten Raum in festlicher Weise. Die mit dieser Anordnung erzielte Leere der umfangreichen Bodenfläche verleiht der ganzen Halle das einfach ernste Gepräge altorientalischer Gotteshäuser. Die lange Reihe der diesjährigen Stoffausstellungen erhielt demgemäß einen beinahe feierlichen Abschluß.

Wir sind in unserer Zeit sehr geneigt, den Teppich als einen Gegenstand zu betrachten, der wie Schränke, Tische, Stühle von der gewöhnlichen

Zimmereinrichtung garnicht zu trennen ist. Auf unseren Holzdielen ist aber eine dicke warme Decke durchaus nicht natürlich, weil das Holz nicht den zwingenden Kältegrad besitzt, und selbst wenn das wäre, so würden wir nach unserer Geschmacksrichtung ein Thierfell dem eigentlichen Ornamentteppich sehr gern vorziehen; wir pflegen dem Boden keine so große Aufmerksamkeit zu widmen. Unsere besondere Art, auf den Stühlen und Polstern zu sitzen, lenkt den Blick mehr auf den Tisch oder auf die Wände. Durch unsere Temperaturverhältnisse sind wir genöthigt in sehr beschränkten Räumen zu wohnen, und dementsprechend unsere Zimmer mit viel Mobiliar auszufüllen, das den Wirkungskreis eines Teppichs erheblich beschränkt. Ganz anders liegen die Raumverhältnisse bei den Orientalen, von denen wir den Fußteppich überkommen haben. Der Araber kann weite Hallen bewohnen, ohne dadurch zu wesentlich größeren Ausgaben gezwungen zu sein.

Im Orient bedeckt der Teppich die ganze Bodenfläche, bildet den Hauptschmuck des Zimmers und wird in seiner Wirkung durch Möbel fast garnicht beeinträchtigt. Tische und Stühle in unserem Sinne giebt es ja dort nicht. Wenn wir die Werthschätzung der Teppiche näher ins Auge fassen, so dürften wir uns ein wenig über orientalischen Geschmack und Lebensart verwundern. Während in Europa Wand und Decke mit Kunstwerken, Gemälden und Ornamenten geschmückt werden, hat der Orientale den Fußboden mit dem kostbarsten Gegenstande ausgestattet. Der Teppich wird wie ein werthvolles Gemälde geschätzt; die hockende Sitzart der Muslimen giebt Gelegenheit, die Blumen und Muster der vielfarbigen Knüpfereien Stunden und Tage hindurch anzuschauen. Allerdings werden auch die Wände mit Teppichen verhängt oder durch diese besonders abgeschlossene Gemächer hergestellt, aber berechnet sind die Arabesken für den Boden; unter dem Gesichtswinkel des Sitzenden gelangt der Glanzeffekt am besten zur Geltung.

Wenn wir weiter verfolgen, welcher Staat mit einem Teppich getrieben wird, wie er bei keinem Feste fehlen darf, wie er überall prunkend der Straße, vornehmlich der Feststraße, zur Zierde gereicht, so werden wir nicht umhin können, den persischen und kleinasiatischen Teppichen einschneidende kulturelle Bedeutung zuzuschreiben.

Die Gebetteppiche nehmen eine ganz besondere Stellung ein; auf ihnen verrichtet der Muslim seinen Gottesdienst, das Antlitz nach Mekka gewandt; dort wie in anderen Tempeln werden Teppiche als Weihgeschenke dargebracht, und diese behandelt man später als Reliquien. Es wird sich schwerlich im Orient noch ein anderer Gegenstand finden, dem eine derartig ehrfürchtige Verehrung zu Theil würde.

Im Hause des Orientalen bildet der Teppich einen geradezu geweihten Raum, auf dem alle wichtigen Ereignisse vor sich gehen. Das Leben im Reiche der Gläubigen wäre ohne Teppich heute gar nicht mehr denkbar. Und welche Sorgfalt verwendet man auf diese Wollknüpferei; vor dem Gebrauche muß ihr zuerst das Gepräge des Alters gegeben werden; sie wird tagelang systematisch mit den Füßen geknetet. Uns mag das nicht sehr verständlich scheinen, gewiß ist aber, daß sich dort das Ehrwürdige Niemand neu zu denken weiß. Die überaus mühselige Herstellungsart der Knüpferei läßt nicht in letzter Linie ihre Bedeutsamkeit erkennen. Eine größere Decke verlangt, daß einige *Millionen* Wollfäden *einzeln* in die starken Grundmaschen *eingeknüpft* werden, so daß immer die beiden Pole aufragen, die nachher zu beschneiden sind. Würde das Werk ein Einzelner vollbringen, so dürfte das durchschnittlich 25 Jahre, ein halbes Menschenalter unausgesetzter Arbeit in Anspruch nehmen. Solcher Aufwand von physischer Kraft muß doch eine tiefer liegende Ursache haben. Sogar Gold und Edelsteine sind zuweilen in die Wolle hineingestickt. Diese Verschwendung von Zeit und Kostbarkeit dürfte selbst an den üppigen Königshöfen der Perser und Inder nicht leicht ein Seitenstück finden.

Wie das größte *Heiligthum* betrachtet der Orientale seinen Teppich, und nach dem Gesagten werden wir nur für natürlich halten, wenn wir die Bedeutung des Teppichs auf einen *religiösen Ursprung* zurückführen.

Schon im Tempel des Zeus zu Olympia überspannte ein babylonischer Teppich den heiligen Raum, um die Wirkung des Oberlichtes zu dämpfen. Das Allerheiligste der älteren Tempel pflegte gewöhnlich dunkel oder nur spärlich erleuchtet zu sein, die Steinfliesen wurden durch das Absperren des Lichtes kalt, und daraus ergab sich wohl ohne Weiteres die Nothwendigkeit, eine wärmende Decke über den Boden zu breiten. Daß man diesem in ornamentaler Hinsicht dieselbe Aufmerksamkeit schenkte, wie den Säulen und Wänden, scheint nur natürlich. Da die letzteren aber hauptsächlich mit Hieroglyphenschrift verziert waren, so müssen wir im Teppich einen Nachhall der heiligen Schriftzeichen bemerken. Und vergleichen wir nun z. B. die egyptischen Buchstaben mit den Stilisirungsmotiven der Teppichornamente, so werden wir die gegenseitigen Beziehungen nicht leugnen können.

Die heiligen Vögel und Thiere, die Sphinxe, Krokodile, Tempelpforten etc. finden wir massenhaft in den hieroglyphischen Inschriften als Buchstaben verwerthet, die sich in tausendfach umgeschliffener Form über die ganze Welt verbreitet. Und dieselben Thiere, die Greife, Löwen, Adler etc. bemerken wir auf den arabischen Teppichen der letzten Jahrhunderte

– allerdings häufig bis zur Unkenntlichkeit *stilisirt.* Wie oft auch die einfacheren Zeichenformen stilisirt wurden, läßt sich leider nicht mehr mit ähnlicher Sicherheit nachweisen, doch wir hätten genügenden Grund, auch in den einfachen Zeichen und Buchstaben – Symbole zu vermuthen.

Allmälig müssen wir ganz davon abkommen, sie in der landläufig natürlichen Art entstanden zu denken. Nur zu oft wird man meinen, der alte Ägypter hätte sich zuweilen hingesetzt, einen Stab genommen und in den Sand ein paar Figuren aus dem Kopfe gezeichnet und diese Formen beliebig verändert ganz nach Laune und Geschmack. Das entspricht nicht dem Kulturgrade, nur in Ausnahmefällen mag es bei uns oder bei den Persern vorgekommen sein. Daß der Schöpfungsprozeß nicht so, wie erwähnt, vor sich gegangen, daß der Ornamentzeichner, in seinen Vorbildern *befangen,* nur *religiöse Symbole* als *Stilisirungsmotive* benutzte, das ist gerade der Grund, weshalb die orientalischen Teppiche noch bis heute ihren unschätzbaren Werth behalten haben. Man kann in der Ornamentalkunst nicht gar zu selten ohne Grund behaupten, daß das Geschmackvolle das Uninteressante ist. Die assoziativen Vorstellungen, die phantastischen weit hergeholten Vergleichspunkte haben in der Arabeske derartige Bedeutung, daß die Vernachlässigung des vieldeutig Symbolischen ein unersetzbarer Verlust wird. Es wirken *nicht allein* die Formen, die Muster sind *keine* Kaleidoskope, sondern *vielbedeutende,* sinnvolle Schriften, deren Entzifferung zu besonderen Studien Anlaß giebt.

Fassen wir den Begriff des Symbols im einzelnen Fall, so haben wir z. B. im gleichseitigen Dreieck zugleich die Vorstellung von Zelt und Pyramide, von Flußdelta und Buchstabe, von Triangel und Tempeldach, Kopfbedeckung und Pfeilspitze, alles Dreiseitige, Dreispitzige, Dreieinige – innen mit dem Strahlenringe ein Zeichen für die dreieinige Gottheit etc. Eine solche Zahl von associativen Vorstellungen muß nun jede Ornamentform, die auf symbolischen Werth Anspruch macht, hervorzurufen vermögen.

Die Zahlen sind ganz besondere Symbole, sie können jedes Mal eine Reihe von Eindrücken wachrufen, die in der bestimmten Anzahl zusammen aufgetreten. Wer von der „Gemeinschaft der lauteren Brüder", die in Bagdad um das 9. Jahrhundert n. Chr. lebten, gehört hat, wird wissen, daß diese sich selbst emsig mit den Zahlen nicht allein vom mathematischen, sondern auch vom mystisch phantastischen Standpunkt aus beschäftigten: sie gruben in Ägypten, in Alexandrien die alte Weisheit der Alt- und Neu-Pythagoräer und der Neuplatoniker noch einmal aus. Das Dreieinige und Viereinige stand im Vordergrunde, tief hineingetaucht in die mythologischen Geheimlehren des Osiris- und Dionysos-Kultes. Die heilige Sieben und die anderen Zahlen waren oder wurden sämmtlich in mystische Systeme gebracht, deren Hauptreiz die phantastischen associativen Vorstellungen boten.

Sehen wir also im arabischen Teppich Drei- und Vierecke, in drei- bis vierfacher Anordnung ewig wiederholt, mit Kreuzen, drei- bis siebenarmigen Leuchtern oder Blumen durchwebt, fortwährend wiederkehren, so ist das auf die altegyptische *religiöse* Zahlenmystik zurückzuführen, die ein besonderes Kapitel in der *Geschichte der Mythologie* bildet. Wir werden somit das geometrische Muster *nicht* mehr für *bedeutungslose* Spielerei halten. Über den Werth solcher Linienmuster, die eigentlich nur zur Assoziierung der Vorstellungen *auffordern,* für den Phantasten zunächst da sind, ließe sich wohl streiten; doch erwähnen müssen wir, daß die komplizirtesten Gemälde eines Tizian oder Rembrandt gleichfalls nicht einmal ein an der [in anderer] Weise als nur durch das assoziative Element zu wirken wußten.

Wir haben nur die Buchstaben und Zahlen auf ihren symbolischen Gehalt hin geprüft. Ihr Zusammenhang mit den *Religionssystemen* läßt sich hier leider nicht deutlicher klar legen. Doch haben wir noch mehr symbolische Elemente. Nehmen wir an, daß von Egypten und Babylon die Hauptströmungen mythologischer Formen ausgingen und sich hauptsächlich in Kleinasien vereinigten, so dürfen wir selbstverständlich nicht vergessen, daß sich die Symbole an den verschiedenen Orten und mit den verschiedenen Zeiten äußerst merklich veränderten, umwandelten, sich abschliffen, bedeutungslos oder rein ornamental wurden, was Alles den Nachweis des religiösen Symbols in den jetzt noch bekannten Teppichen erschwert. Indessen *spurlos* untergegangen ist fast garnichts. Bei einiger Übung im scharfen Sehen muß man immer wieder an die alten Gestalten und Gedenkzeichen zurückdenken.

Es ist eben das Eigenthümliche, das Unbegreifliche, daß die uralte, religiöse Formsprache garnicht verschwinden *will* oder es wirklich nicht mehr *kann.* Die Zähigkeit, mit der am Alten festgehalten wird, gewinnt durch das anderseitige vergebliche Streben nach neuen Formen von den alten ähnlicher Zauberkraft einen fast tragischen Anstrich. Begreiflich wird es vielleicht, wenn viele Orientalisten eine Rede vom Kulturfortschritt im Wesentlichen *nicht begreifen* und diesen einfach leugnen oder – belächeln.

Das Symbol der alten Orientalen ist auch in anderen Gegenständen aufbewahrt, jedoch könnte man an den Teppichen am leichtesten die *Geschichte der symbolischen Formen* studiren. Wenn wir den Teppich so zu seinem religiösen Ursprung wieder in Beziehung bringen wollten, so würden wir einen vollen Maßstab für die Werthschätzung der Knüpfereien besitzen. Die *Stilisirungsmotive der Orientalen* sind in ihren Hauptformen weder figürlicher noch pflanzlicher Art, sondern *tragen unverlöschlich den religiösen Symbolcharakter.*

II.

Das *Museum für Kunstgewerbe* giebt wiederum Gelegenheit, vergleichende Formstudien zu betreiben. Die größte Zahl der Teppiche wurde als *persische* bezeichnet. Wenn diese Bezeichnung auch nicht überall richtig oder von Werth sein sollte, so bieten doch die persischen Knüpfereien das interessanteste Material. *Chinesischer Einfluß* ist hier als die neueste Entdeckung zunächst ins Auge zu fassen. Ein halbes Dutzend Stücke dürfte davon überzeugen können. Charakteristisch ist die Neigung zur Wolkenstilisirung und die kurz abgebrochene Schneckenlinie. Die Merkmale sind sehr frappant, immerhin scheint aber die Ähnlichkeit zwischen der indischen Arabeske und den Stilarten der europäischen Renaissance unvergleichlich deutlicher ausgeprägt. Wir erwähnen nur noch, daß der Einfluß der Inder auf China außer Frage steht, wiederholen, daß ein Import von Persien nach Japan stattfand, daß sich aber eine Wechselbeziehung zwischen Persien und Indien noch nicht nachweisen läßt. Das ließe sich durch das besondere Kunstgewerbe der Inder motiviren, die eine dicke wollene Decke mit ihren durchbrochenen Arbeiten wohl nicht in Einklang zu bringen wußten, und demgemäß in Knüpfwaaren keine Handelsbeziehung zu Persien aufrecht hielten. Neuerdings werden aber in Calcutta und anderen Städten Teppiche mit sehr langen Polen geknüpft.

Die rationalistischen Perser haben eine sehr große Empfänglichkeit für den Geschmack der umliegenden Länder entfaltet. Die wenig stilisirten, großblumigen Muster, die auf den Seidenstickereien nicht selten durch ihre nichtssagende Anordnung verletzen, werden wir in den Teppichen nicht in ähnlicher Weise wiederfinden. Als Bagdad noch eine Weltstellung hatte, stand auch Persien im Mittelpunkte des Weltverkehrs und wir müssen es für sehr erklärlich halten, daß die kleinasiatischen Muster ebenso leicht eingeführt wurden, wie die egyptischen und die der Euphratländer. Die Beziehungen waren nach allen Himmelsrichtungen gleich rege. Durch die eigenthümliche Stellung der persisch-zoroastrischen Religion schienen aber die Perser von vornherein zum Volke der Aufklärung prädestinirt. Sie haben auch die alten Symbolmuster nicht kritiklos aufgenommen, sondern begannen, unabhängig von der Tradition, die überkommenen Formen umzuwandeln, eleganter durchzubilden. Daß sie durch ein derartiges Verfahren zuweilen flach, bedeutungslos geworden, daß sie dort, wo die Alten etwas sagten, häufig nur ein reinornamentales Bogengeschlinge boten, ergab sich von selbst. Indessen ging das Abschleifen der alten Formen, vorzüglich bei den Teppichen, keineswegs so weit, daß wir den alten Gehalt nicht wieder hineindeuten könnten. Die Perser führten auch ihre eigene Symbolik, die vom Lebensbaum, von anderen Pflanzen etc., in den Kreis ihrer Ornamentalkunst ein; und wie schon Anfangs erwähnt, kann man bei ihnen scharf unterscheiden zwischen den Natur-Arabesken der Webereien und Stickereien und den traditioneller gehaltenen der Knüpfereien.

Mekka hat sich auch ein großes Verdienst um die Übertragung und Durchmischung der Musterformen erworben. Die Gläubigen, die von Spanien und Afrika, aus ganz Asien nach Arabien wanderten, brachten sämmtlich ihre Teppiche mit, ließen sie bei der Kaaba als Weihgeschenke zurück und schufen dadurch in der Stadt des Propheten einen ungeheuren Stapelplatz für die Knüpfarbeiten der verschiedensten Länder und Völker. Unter diesen zeichneten sich wohl die Ägypter und Nord-Afrikaner ganz besonders aus. Vor Allem dürfen wir die Bedeutung der letzteren nicht unterschätzen. Marokko und das umliegende Gebiet müssen als alter Kulturherd angesehen werden. Eine Neigung zur Farbe, zum gluthvollen Dunkel machte sich da geltend.

Auf der Ausstellung haben wir Stücke aus Scutari, die recht geschmackvoll sind – Beispiele für die Auflösung der symbolischen Geheimmuster, deren Werth den Modernen einfach unverständlich geworden ist. Die Stücke aus Spanien zeigen mehr den rein arabischen Charakter, der sich durch die Pietät gegen das Alter angenehm bemerkbar macht. Die Araber sind auch die eigentlichen Träger des Geschmacks bis zum heutigen Tage geblieben, und man sollte den orientalischen Teppichen besser den Sammelnamen der „arabischen“ geben. Das arabische Volkselement hat die geistige Führung im Orient noch nicht aufgegeben.

Daß die Europäer wie die Perser auch versucht haben, *neue* Formen zu schaffen, wird nicht überraschen, aber merkwürdig ist es, daß der allgemeine Geschmack doch wieder den ältesten Mustern nachgegangen. Die Lösung dieses Räthsels läge nach unserer Meinung im symbolischen Gehalt der alten Teppiche.

Wenn wir vom rein malerischen Standpunkt aus eine Knüpferei anschauen, so werden wir allerdings durch den Farbenglanz besonders ergriffen sein, indessen ein Brokatgewand, Sammet und Seide wirken ohne Frage noch viel mehr, und der rein künstlerische Werth der Teppiche kann bei den Malern, die solche gemalt haben, nicht allein Ausschlag gebend gewesen sein. Auch unbewußt wirkt hier mehr die kabbalistische Geheimschrift auf unsere Vorstellungsorgane. Sehen wir ein Viereck, ein Kreuz, immer genau abgezählte Streifen, steife dreiblüthige Blumen, immer wieder kleine Kreise, Fabelthiere von wunderlichster Form, die zugleich Kameel und Katze, Pyramide und Pferdekopf sein können, so verläuft sich unsere Phantasie so heftig in Wüstenbilder, geheime Religionsgesellschaften, mystische Gefühle etc., daß ein eigenthümlicher Erregungsgenuß nicht ausbleibt.

Die intensivsten Symbole sind sicherlich die vieldeutigsten, die die größte Zahl assoziativer Vorstellungen erwecken. Diese Symbole werden aber zugleich die einfachsten sein müssen. Ein Kreis, ein Dreieck und ein Viereck – das sind Formen, die eine Unzahl Nebenvorstellungen wachrufen können, wie es komplizirtere Formen nicht in dem Maße zu vollbringen wußten.

In dem soeben Gesagten scheint die speziellere Motivirung für die Werthschätzung der alten Muster zu liegen. Zugleich damit ist das sogenannte Einfache mehr in anderer Weise beleuchtet. Nicht weil wir *wenig* Vorstellungen aufnehmen wollen, ziehen wir Viereck, Kreis etc. den anderen Formen vor, sondern weil wir durch die einfachen Formen gerade zu so sehr *vielen* associativen Vorstellungen geleitet werden.

Jedoch das Symbolische bedarf allzeit einer heilig ernsten oder religiösen Atmosphäre. Daß diese in den besprochenen und ähnlichen Fällen thatsächlich vorhanden, kann bewiesen werden, würde aber eine spezielle Abhandlung verlangen. Wir möchten hier nur an die göttliche Dreieinigkeit erinnern, deren eigentliches Wesen eben so alt wie interessant und bedeutsam ist. Das Lächeln der Rationalisten war *hier* nicht angebracht.

Wir werden nicht immer die Beziehungen zur Religion, zu ernsteren oder heiligen Dingen ohne näheres Eingehen herausfühlen. Die zum Verständniß der Teppiche nöthigen Erörterungen werfen so weitausschauende, fast gänzlich unbekannte Fragen auf, daß es schwer hält, in wenigen Worten nicht unverständlich zu sein. Jedenfalls wird es nicht immer leicht, das Religiöse vom Philosophischen und Künstlerischen scharf zu trennen, oft will auch das rein phantastische Gedankenspiel so energisch in den Vordergrund, daß es wirklich verführt, den Scherz mit Ernst und umgekehrt den Ernst scherzhaft zu behandeln. Doch wollen ja die Worte, die einer Frage näher zu treten suchen, diese selbst nicht aus der Welt schaffen, sondern das im Gegentheil verhindern. Auch zu religionshistorischen Studien verleiten die Teppichmuster.

Unter den Symbolen, die noch in unserer Zeit verständlich, nehmen Kreuz, Anker, Herz die erste Stelle ein. Das Dreieck, in dessen Mitte sich ein Auge befindet, ist nicht christliche Erfindung, sondern uralt egyptisch. Die Freimaurer haben Handwerkzeuge zu Symbolen erhoben, das ist ein richtiger Weg für den, der neue Sinnzeichen finden will. Die Mysteriengeräthe: Wein, Brot, Licht etc. dürften gleichfalls bahnweisend sein. Ob anderen Formen zugleich ein alter und ein heiliger Charakter aufgeprägt werden kann, ist fraglich. Neue Symbole oder zum Mindesten noch unverwerthete Symbole zu neuen Mustern durchstilisiren, das wäre eine echt moderne Aufgabe. Unmöglich dünkt uns die Lösung nicht zu sein. Der Versuch müßte hier Vieles lehren. Es ist wohl auch klug, moderne Geschmacksrichtungen nicht zu übersehen, wie sie z. B. in Literatur und Malerei zu Tage treten.

Wir stehen nicht mehr im Banne des Realismus – das fantastische Banner der Mystik ward wieder hervorgeholt. Die Orientalistik möchte dieser zum Siege verhelfen, wenn es die Beschäftigung mit dem Hypnotismus nicht schon vordem gethan haben sollte.

Glücklicher Weise kann das Symbolische neuester Erfindung nicht schlechtweg unbedeutend sein. Aber leider ist das Alte bereits häufiger das neue gewesen. *Variatio* delectat.

4
Die Gobelin-Ausstellung
(*Spezialbericht des Berliner Tageblatts*)
(März 1890)

Um der *Juwelen-Ausstellung* im *Kunstgewerbe-Museum* einen prunkenden Rahmen zu schaffen, hat man zugleich mit dieser eine Übersicht der *Wandteppiche* geboten. Sie begrenzen die Hallen des Lichthofes in der natürlichsten Weise, gewähren einen palastartigen, fürstlichen Eindruck und bilden in der Doppel-Ausstellung gleichzeitig das *dekorative* Element.

In der Neuzeit macht sich die Kunst der Teppichwirkereien nur wenig bemerkbar. Wir sind nicht selten geneigt, ein gewirktes Bild für müßig zu halten. Und doch dürfte eine derartige Darstellungstechnik nicht geringeres Ansehen beanspruchen, als die Freskomalerei; die Chancen für die vollendete Wiedergabe von Form und Farbe sind auch im naturalistischen Sinne beiderseits so ziemlich dieselben. Im 15. und 16. Jahrhundert lieferten die ersten Künstler die Zeichnungen für die Gewirke, deren Herstellungsmanier sowohl in Italien, wie in den Niederlanden in höchster Blüthe stand. Die größten derartigen Schöpfungen befinden sich in Berlin in der Rotunde des alten Museums; wenn selbst *Rafael* für den Vatikan die Zeichnungen entwarf, so zeugt das sicherlich für die Bedeutung der Gobelins.

Die eigentliche Technik des Wirkens war bereits den alten Ägyptern bekannt und ist im Orient bis in die Neuzeit lebendig geblieben. Die Wolle wird in den quadratischen Leinengrund derart hineingewirkt, daß die Kettenfäden verschwinden und auf beiden Seiten ungefähr dasselbe Muster zum Vortrage bringen; indessen pflegt man auch durchgehende Schußfäden zu verwenden. Während nun im Orient zumeist geometrische Muster beliebt sind, weist die Renaissance die ganze Stufenleiter der Formenwelt auf, von den einfachsten reinornamentalen Linien bis zur naturalistischen Naturwiedergabe, die allerdings nicht über die dekorative Behandlung hinauskommt.

Häufig wird behauptet, das Rokoko sei ein Zeichen des Verfalls, weil es naturalistische Elemente in sich aufgenommen. Leider kann man dasselbe von der frühesten Renaissance ebenso gut behaupten. Wir haben in der ganzen Renaissancezeit einen Kampf zwischen den reinornamentalen, überkommenen Formen und den Naturformen. Die Gobelins geben Gelegenheit, die aus diesem Kampf entstandenen dualistischen Wirkungen überall zu verfolgen. Mit einer Zeit haben wir es zu thun, die sich höchst rationalistisch benahm, ohne doch das Alte rücksichtslos bei Seite zu schieben – vielleicht aus Sorglosigkeit. Demgemäß könnten die ausgestellten Teppiche ein gesteigertes Interesse wecken. Die Ornamentkunst ist nie wieder mit den Formen der natürlichen Welt in so nahe Berührung gekommen, wie in Europa im Mittelalter.

Während die Maler nur selten den Rahmen in das Gemälde selber hineinziehen, wie es beispielsweise Feuerbach und Max Klinger zuweilen gethan, finden wir in den Wirkereien die Rahmenfassung gewöhnlich als Hauptfaktor verwerthet; das Bildliche tritt gegen die Rahmenbehandlung zurück oder fällt nicht selten ganz fort. Wir müssen einen Wandteppich in ein festes Verhältniß zu den reich geschmückten Renaissancesälen setzen. So wie Decken, Thürfüllungen etc. aussahen, so mußten auch die Wandmalereien auftreten. Letztere standen zur Architektur in engster Beziehung. Und wie in den Loggien des Vatikans, in den Uffizien zu Florenz, so bemerken wir noch in den Gobelins eine Verbindung von reinornamentalen Linien mit pflanzlichen und figürlichen Elementen. Wenn man aber hier von einer innigen Verschmelzung reden will, so muß man dem widersprechen. Im Einzelnen mag häufig eine einheitliche Wirkung erzielt sein, im Allgemeinen fühlen wir immer den erwähnten Kampf von zwei entgegengesetzten Prinzipien heraus. Das Figürliche scheint hin und wieder etwas stilisirt, Blumen, Vögel, Früchte sind es äußerst selten; nur das Pflanzliche schmiegt sich leichter den Kurven an. Die Naturmotive der Deckenmalerei sind ohne Variation auch in die Wände übergeleitet. In den reinen Linien ist höchste Grazie entwickelt, aber man sieht, daß die Ornamentmotive nicht original gedacht wurden, sonst hätte das Beiwerk naturalistischer Art verschwinden müssen.

Indessen weiß diese Mischung von Alt und Neu, von reiner Formsprache und lebensfroher Naturwiedergabe den Eindruck von höchster Üppigkeit, verschwenderischer Fülle, von glänzendem Reichthum hervorzuzaubern. Und deshalb vermögen auch die Gobelins so lebhaft anzuziehen als Zeugen einer großen, prunkliebenden Zeit, die gewiß der geistreichen Züge nicht entbehrte. Orientalische Teppiche sind auf der Ausstellung des Kontrastes wegen den mittelalterlichen gegenübergestellt; sie lassen uns die unbesiegbare Bedeutung des einfachen Linienmusters immer wieder erkennen. Italien schüttelte die mauresken Einflüsse von sich ab, wurde dadurch allerdings um so empfänglicher für den Naturalismus und für die Einflüsse von anderer Seite, was hier schon öfters angeführt wurde.

Die Teppiche, die bewußt das Ornamentale verschmähen und mit den Gemälden wetteifern wollen, müssen wir gesondert betrachten. Wir werden hierbei die bedeutendsten Maler Italiens und der Niederlande wiederfinden, und dürfen die eingewirkten Darstellungen den mit Ölfarbe wiedergegebenen nicht hintenansetzen. Die Beurtheilung des Bildlichen kommt hier nicht in Frage, was aber die Wirkerei vom Ölgemälde unterscheidet, ließe sich in Kürze sagen. Obgleich in beiden Fällen bei vollkommen entwickelter Technik dasselbe zu erzielen wäre, so liegen doch die Schwierigkeiten bei der Gobelinwirkerei so nahe, daß man sich nicht wundern darf, wenn sie einfach umgangen wurden. Man verzichtete von vornherein auf jeden Realismus und behandelte Alles *dekorativ,* hauptsächlich in der Farbengebung.

Wenn ein Kunstwerk in Komposition und Farbe nur der Dekoration dienen will, wie das ja die Deckengemälde Veroneses gleichfalls erstrebten, so kann man solchen Werken gegenüber von einer *vermittelnden* Kunst sprechen, die ihren Platz zwischen Ornament und Natur darstellender Kunst erhalten kann. Die Stellung einer derartig vermittelnden Behandlungsweise muß für sich betrachtet werden, sie verlangt ihr Recht wie jede andere. Wenn Jemand den Himmel grün und die Bäume schwarz, die Erde roth etc. malen möchte, so dürfen wir ihn deswegen nicht tadeln und durch die

Naturfarben widerlegen wollen; er will ja gar nichts von der Natur wissen. Andere Kunst*ziele* bringen andere Kunst*werke* hervor. Ohne daß sich eine Gemäldekomposition der Architektur unterordnet, kann sie doch frei von jeder Natürlichkeit sein – eine selbständige *Arabeske mit Naturformen.* Der rhodische Laokoon ist eine solche Arabeske. Ob der borghesische Fechter höher zu schätzen, das ist eine andere, ganz spezielle Frage.

Mit Recht wird immerfort betont, daß der naturalistische Zug in der Ornamentalkunst den Niedergang bedeutet. Es liegt in der Natur der Sache, daß die strikte Wiedergabe der natürlichen Erscheinung die Bedeutung der *abstrahirten* Formenwelt befehdet. Entweder bleibt man bei der naturfeindlichen Musterzeichnung oder man folgt der Natur ohne Rückhalt. Beides thun wollen, erzeugt den Dualismus der Renaissancestyle.

Nun scheint aber doch noch ein anderer Weg offen, der sich den beiden extremen Richtungen nicht anschließt. Wir nannten vorhin die *dekorative Kunst* – eine *vermittelnde.* Sie darf keine mißlungene naturalistische sein, darf auch unabhängig von der Architektur selbstständig auftreten.

Man kann der Natur nachgehen und ihr Alles ablauschen und zuletzt doch die Komposition so willkürlich arabeskenhaft ausgestalten, die Gruppirung, das Arrangement so rein formalistisch viel oder wenig stilisirt durchbilden, daß der *Ornamentcharakter trotz der Naturverwerthung gewahrt* erscheint.

In den Gobelins herrscht eine Vorliebe für Muster, die ganz mit Pflanzenwerk, mit Streublumen bedeckt sind; große Blätter über und neben einander werden so mit verschleierter Arabeskenführung komponirt, daß sie ein Ganzes erzeugen, welches ebenso ornamental wie naturalistisch aussieht. Derartige Teppiche haben einheitlichen Charakter. Wird das Figürliche etc. hinzugebracht, aber nicht in das Blattwerk hineinstilisirt, nicht mit demselben verschmolzen, was Beides nicht leicht möglich zu machen, so muß dann das Blatt- oder Blumenwerk gänzlich zurücktreten, darf nur als Unter- oder Hintergrund dienen. Daß man derart sehr oft verfuhr, zeigt eine große Zahl der ausgestellten Gewirke, die sich merklich von den übrigen unterscheiden.

Demgemäß läßt sich also von einer Verbindung des Naturalismus mit der Ornamentkunst sprechen. Doch ist wohl deutlich geworden, daß diese Verbindung noch nicht zu den häufiger dokumentirten Thatsachen gehört. Wir bemerken noch einmal, daß die Renaissancemuster im Allgemeinen an einem unversöhnlichen Dualismus leiden. Die abstrahirte Linie stößt alles Lebendige von sich, ein natürlicher Vogel in mathematisch abgezirkelten Kurven ist unserem Geschmack nicht entsprechend.

Doch sprüht aus dieser sorglosen Verspottung unserer Harmonielehren und Einheitsgedanken ein übermüthiger, üppiger, reicher Geist hervor, der nur an den glänzenden Höfen italienischer Mäcene aufkommen konnte. Wir müssen daher auch zugestehen, daß sich kein besserer Rahmen für die Ausstellung von Juwelen und Diamanten, von Gold- und Silberschmuck, Kronen und Perlenbändern finden ließ als ein Kranz von Gobelingewirken.

5
Das altorientalische Museum zu Berlin
(April 1890)

Durch Ministerialerlaß vom 8. Juni 1885 war die Vereinigung der vorderasiatischen Alterthümer mit der ägyptischen Abtheilung im Erdgeschoß des neuen Museums angeordnet. Es wurde damit der Museumsverwaltung die Aufgabe zu Theil, ein altorientalisches Museum in Berlin zu schaffen, das füglich dem modern-orientalischen Museum in Wien gegenübergestellt werden dürfte.

Indessen beschränkte sich damals der Besitz an vorderasiatischen Alterthümern auf eine Anzahl assyrischer Skulpturen und auf eine Sammlung asiatischer Gemmen und Siegelsteine, welche letzteren im Antiquarium untergebracht waren. In den vergangenen 5 Jahren ist es nun gelungen, den Bestand nach allen Richtungen dermaßen zu vermehren und durch Ausgrabungen und Forschungsreisen in ganz Vorderasien so viel Neues anzuwerben, daß man heute schon von der Neuschöpfung eines besonderen Museums sprechen kann. Die Kommerzienräthe J. und L. Simon haben sich durch Überweisung der auf den Leichenverbrennungsstätten Surgul und El Hibba 1886–87 gefundenen Tafeln, Gefäße, Keilschrifttexte u.s.w., sowie durch die geschenkten Thontafeln von El Amarna ein ganz besonderes Verdienst erworben. Die babylonische Kultur wurde bei den neuen Ankäufen hauptsächlich berücksichtigt, eine große Reihe von Thontafeln aus allen Zeiten, Bauzylindern, Terrakotten, Ziegeln u.s.w. sind der Abtheilung zugeführt. 1886 kamen noch südarabische Alterthümer, 1887 armenische Bronzen und 1888 palmyrische Skulpturen hinzu.

Die wesentlichste Förderung hat die Verwaltung von den Bemühungen des „Orient-Komitees“ auch fernerhin zu erwarten. Bisher sind durch die Ausgrabungen des Komitees chetitische Alterthümer aufgedeckt, die einen eigenen Saal, den kleinasiatischen, füllen; hieran schließen sich die

Skulpturen aus der Zeit Antiochus I. von Commagene. Auch phönizische, cyprische und punische Stücke kann die Sammlung aufweisen, so daß jetzt fast sämmtliche Länder der alten Orient-Kultur vertreten sind.

Die Länder am Euphrat und Tigris sind als Kulturherd gerade so bedeutungsvoll, wie das Nilthal, aber sie haben keine so ruhige Entwicklung genossen, wie das durch Meer und Wüste abgeschlossene Ägypten. Seit den frühesten Zeiten scheint bereits die eigenthümliche Formation der östlich vom Kaspischen See gelegenen Steppen für die Kultur gefährlich gewesen zu sein. Die geologisch merkwürdige Landerhebung jener Gegenden, mit der eine stete Zunahme der Bodenentwerthung stattfindet, zwingt die Steppenvölker von Jahrtausend zu Jahrtausend, ihre Heimath zu verlassen und eine Völkerwanderung nach der anderen hervorzurufen. Wir finden im Babylonien der ältesten Zeit sumerische Bevölkerung, deren Stammbaum, dem Urtheil einiger Gelehrten zufolge, turanisch sein soll. Dieses Volk können wir schlechthin als Autochthonen betrachten; von ihnen stammt auch die älteste Kultur der Euphratländer. Aber sehr frühzeitig finden wir auch die von Norden eingewanderten Semiten vor, welche alles Sumerische übernommen haben, auch deren strichförmige, aus einer Bilderschrift entstandene Keilschrift.

Babylon ist allem Anscheine nach eine der ersten und urältesten Städte der Welt, den ägyptischen an Alter ebenbürtig. Das scheint eine Inschrift des babylonischen Königs Nabonedos (555–538 v. Chr.) zu beweisen. Nach einem seiner Bauzylinder, die mehrfach als Urkunden in die Grundsteine der Tempel- und Palastbauten eingelassen wurden, war die Regierungszeit des Königs Sargon I. um das Jahr 3750 v. Chr. Möglich ist natürlich, daß die letzten Babylonier das Alter ihrer Vorgänger höher angaben, doch sprechen andere Gründe für die Richtigkeit dieser Chronologie. Da nach Lepsius die älteste Dynastie der Ägypter um 3892 zu regieren begann, so dürfte man demgemäß nicht behaupten, daß vom Nil die Kulturbewegung der alten Welt ausgegangen, es wären vielmehr Wechselwirkungen anzunehmen.

Anfangs trat jedoch das südliche Babylonien, wo die Städte Sumer und Akkad lagen, in den Vordergrund. Wir haben in der Sammlung Inschriften vom König Eaunadu und von Priesterkönig Gudea, der in der Stadt Sirpula herrschte. Um 3000 sollen die beiden Fürsten gelebt haben; von dem Letzteren ist auch ein Standbild vorhanden, das zum Vergleich mit ägyptischen Statuen zwingt. Erst im 23. Jahrhundert ersteht die erste babylonische Dynastie mit größerer Machtsphäre, doch sind die Denkmäler weiterhin bis in's 15. Jahrhundert äußerst spärlich. Die Kossäer, die noch Xenophon kennt, sind während dessen von Norden her eingedrungen und vermischten sich mit den Semiten und Sumeriern. Von einem kossäischen Könige Burraburiasch, der um 1420 in Babylon lebte, stammen einige Thontafeln aus el Amarna (Mittelägypten). Sie geben Zeugniß von dem ungemein regen Verkehr, der mit Ägypten gepflogen wurde. Aus dem Briefwechsel zwischen Amenophis IV. und Burraburiasch geht hervor, daß Babylon in der Goldschmiedekunst den Ägyptern überlegen gewesen sein muß. Die Beziehungen zwischen den einzelnen Staaten der alten Welt können nicht rege genug gedacht werden.

Die Leichenverbrennung der Babylonier zeigt dagegen, wie selbständig ihre Kultur trotz aller ägyptischen Einflüsse gewesen. Die Funde von Surgul und el Hibba, zwei Hügeln, die nur durch den Verbrennungsprozeß entstanden, dürften noch von kunsthistorischem Interesse sein. Das Museum besitzt außer der großen Zahl von altbabylonischen Thontafeln mit Keilschrifttext noch bedeutende Sammlungen von Siegelzylindern, deren figürliche Darstellungen durch Rollen auf dem feuchten Thongrund eingedrückt wurden. Die Siegelsteine sind von hohem Werthe für mythologische Studien, die Stilbehandlung weist nur wenig Verwandtschaft mit der ägyptischen auf. Die Jagd spielt hier überall die Hauptrolle, der Izdubar, der babylonische Löwentödter und Nationalheld, ein Seitenstück zum deutschen Siegfried, scheint mit Vorliebe wiedergegeben. Bis in das 8. Jahrhundert wußte sich Babylon gegen das Andringen der nördlichen Assyrer, die ihre Kultur vom Süden erhalten, zu wehren. Doch schon Tiglatpileser III. von Ninive (745–727) trug gleichzeitig die Krone von Babylon. Die fortwährenden Aufstände der Babylonier führten schließlich unter dem Assyrerkönig Sardanapal (668–626) zur beklagenwerthen Zerstörung der uralten Stadt, zum Ende des altbabylonischen Reiches.

Bevor wir uns den Assyrern zuwenden, müssen wir noch einen zweiten weiter westlich gelegenen Kulturherd betrachten. In Nordsyrien breitete sich im 16. und 15. Jahrhundert das Reich Mitanni, von den Ägyptern Naharina genannt, aus. Die Fundgrube von el Amarna hat auch den Briefwechsel eines Mitannikönigs mit Amenophis III. zu Tage gefördert. Der große König Duschratta verhandelt da mit dem Pharao über Heirathsangelegenheiten, Thronwechsel und Intriguen, und verfaßt augenscheinlich höchst diplomatische Schriftstücke, aus denen namentlich hervorgeht, daß Mitanni der ägyptischen Macht ebenbürtig gegenüberstand.

Um 1440 sind die Chetiter an die Stelle des Königreichs Naharina getreten, sie hatten die Ägypter in mancher Schlacht geschlagen und wollten offenbar deren Einfluß in Asien vernichten. Unser Museum besitzt eine stattliche Fülle chetitischer Skulpturen, die sich durchaus selbständig geben, was den ägyptischen Einfluß trotzdem nicht ausschließen soll. Die Flügel an Sphinxen und Göttern sind bemerkenswerth. Es wäre immerhin nicht unmöglich, daß Assyrien, welches die geflügelten Sphinxe so scharf ausbildete, von den Chetitern beeinflußt wurde, die einen asiatischen Nationalcharakter erstrebten; später mag sich wieder das umgekehrte Verhältniß entwickelt haben. Leider bestand um 1100 dieses kräftige Reich nicht mehr, es war in kleine Fürstenthümer zersplittert. Auch die chetitische Kultur ist durch eine Völkerwanderung zu Grunde gegangen, deren Entstehen wohl wieder die nordasiatische und die südrussische Steppe verschuldet. Die Chetiter besaßen neben der babylonischen Keilschrift eine noch nicht entzifferte Hieroglyphenschrift. Der Stil ihrer Bildwerke ist unentwickelt, aber von deutlichster Eigenart. Die ausgestellten Ausgrabungen verlangen eine gesonderte Besprechung und ein weitgehendes Studium, das jedenfalls noch viele Hypothesen zeitigen dürfte.

Der assyrische Staat mit seinen Hauptstädten Ninive und Arbela wird als Kolonie der Babylonier betrachtet, seine Kultur ist babylonischen Ursprungs. Schon um 1300 verjagten assyrische Könige die Kossäer aus Babylon und behaupteten seitdem die Stellung einer Großmacht in Asien. Ein erhöhter Aufschwung ist zur Regierungszeit Assurnasirpal's (884–860) zu bemerken. Aus seinem von Layard 1850 in Nimrud bei Ninive ausgegrabenen Palast stammen die größten Skulpturplatten des Museums, in denen die assyrische Kunst am reichsten und besten vertreten ist. Salmanassar II. (860–824), der Sohn Assurnasirpal's, baute einen zweiten Palast in dem heutigen Nimrud. Der Gipsabguß eines von ihm errichteten Obelisken befindet sich im babylonischen Saal des Museums, das von allen wichtigen Skulpturen Abgüsse besitzt.

Eine glänzende Reihe von Herrschen folgte nach Tiglatpileser III. (745–727). Alle Staaten ringsum senden nach Ninive, wo unablässig gebaut wird, ihren Tribut. Das Reich der Assyrer entwickelt sich zum Weltreich. Mit Sargon II. (722–705) besteigt eine neue Dynastie den Thron. Der von Botta und Place entdeckten Sargonsburg ist der riesige Isdubar entnommen, der spielend einen Löwen mit der linken Hand umschlossen hält. Unter Sargon's Kriegen ist der gegen den König Rusa von Armenien wichtig; ein besonderer Schrank zeigt armenische Alterthümer, deren Stil assyrisch ist. Die Kämpfe gegen Babylon dauerten fort, aber auch nach Westen dehnte sich das Weltreich aus. Cypern unterwarf sich freiwillig, schickte eine Gesandtschaft nach Ninive mit Gold und Schätzen, und der große König Sargon errichtete auf Cypern zum Andenken an die freiwillige Unterwerfung der Insel ein Denkmal, das die Hauptzierde unseres Museums bildet. Der König ist im Relief in vornehmster, majestätischer Haltung dargestellt und die Keilschrift ist in einem Tone verfaßt, den man erhaben nennen muß.

Von cyprischen Skulpturen u.s.w. hat Berlin einen sehr reichen Besitz. Ein Kopf mit mongolisch geschlitzten Augen beweist vielleicht ein vereinzeltes Vordringen dieser Rasse schon zu jener Zeit. Ein Hathorkopf ist ganz ägyptischen Charakters, wie denn überhaupt die cyprische Kunst ein Produkt der Ägypter und der Phönizier war. Die Stellung der Letzteren berührte weniger die asiatischen Verhältnisse. Das Verdienst der Punier, die in jeder Hinsicht die ägyptische Kultur angenommen hatte, besteht darin, daß sie diese Kultur den Ländern am Mittelmeere vermittelten; eine Reihe punischer Alterthümer aus Tyrus, Sidon und Karthago ist den Sammlungen beigefügt. Eine höhere Bedeutung hat bekanntlich die Schrift der Phönizier erlangt. Der Ursprung der Schriftzeichen scheint überall auch bei der Keilschrift schwer festzustellen, da alles Bildliche dermaßen abgeglättet wird, daß nur vereinzelte Züge kenntlich bleiben, diese deuten aber doch bei den Puniern gleichfalls nach Ägypten zurück, was allerdings nicht aus einem einfachen Vergleiche mit den Hieroglyphen hervorgeht.

Unter den Königen Sanherib (705–681), Assarhaddon (681–668) und Assurbanipal (668–626), genannt Sardanapal, erreicht der assyrische Staat den Gipfel seiner Macht. Ob diese in der ungeheuerlichen Bauthätigkeit oder in den vielen Siegen über Ägypter, Babylonier, Armenier, Syrer bestand, ist immer unentschieden. Das Museum enthält gerade aus dieser Zeit viele Abgüsse und Thontafeln mit Keilschriften u.s.w., die auch von der Literatur des Landes einen großen Begriff geben.

Sardanapal kämpfte gegen seinen Halbbruder Saosduchin, der in Babylon herrschen wollte; zum letzten Male rangen die beiden alten Reiche mit einander. Das alte Babel ging dabei gänzlich zu Grunde. Saosduchin fand in den ungeheuren Flammen der uralten Stadt seinen Tod.

Doch schon im Jahre 606 erstand Babylon von Neuem. Nabopolassar rächte sein Land durch die gänzliche Zerstörung von Ninive. Nabukudurusur (604–561), genannt Nebukadnezar, baute ein neues Babylon auf und gründete ein neues babylonisches Reich, das jedoch unter seinem Nachfolger Nabonedos schon wieder zugrunde ging. 538 eroberte Cyrus die neue Stadt und Persien trat die Erbschaft der beiden Weltreiche an.

Die Achämeniden beherrschten den ganzen Orient, bis sie dem gewaltsamen Vordringen der Griechen und Alexander dem Großen weichen mußten. Der hellenische Einfluß in Syrien war so nachhaltig, daß noch später in Bagdad „Aristoteles“ in syrischer Übersetzung gelesen wurde. Während sich nun im Osten die persische Macht unter der Arsaciden-Dynastie vom Jahre 248 v. Chr. ab wieder sammelte, blieb im Westen in Syrien die Stellung der Saleuciden noch bis zu Christi Geburt unerschüttert. Die Denkmäler, die Antiochus I. von Commagene (69–34 v. Chr.) hinterlassen und die vom deutschen Orient-Komitee ausgegraben sind, zeugen von hochentwickeltem Kunstsinn. Der König ist mit der Zackentiara abgebildet.

224 nach Chr. fanden die Arsaciden durch die Sassanidendynastie ihren Untergang, und aus dieser letzteren Epoche sind der Denkmäler sehr viele, besonders Gemmen, Ringe, Siegelsteine erhalten. Eine noch interessantere Sammlung ist die der palmyrenischen Skulpturen in unserm Museum. Das Königreich Palmyra, eine Schöpfung der Römer, gelangte um das 3. Jahrhundert nach Chr. mit der berühmten Königin Zenobia zu zeitweiliger Bedeutung. Die Skulpturen sind künstlerisch von geringem Werthe, doch geben sie ein Bild von der damaligen Tracht, namentlich der Frauenkleidung, die augenscheinlich die Araber später wieder in Aufnahme brachten. Die Araber waren die Letzten, die im 7. Jahrhundert die Weltstellung der Vorderasiaten erbten, als sie dem Reiche der Sassaniden ein Ende bereiteten.

Es sind nur noch einige sogenannte sabäische – altarabische Alterthümer anzuführen, mit denen zusammen die ganze Sammlung von vorderasiatischen Alterthümern eine ziemlich allseitige Übersicht der altorientalischen Kulturepochen gewährt und zugleich eine Perspektive auf die modern-orientalische, insbesondere die arabische Kulturblüthe eröffnet. Arabien hat sicherlich im frühen Alterthum zu Babylon in engeren Beziehungen gestanden und scheint vor Allem in mythologischer Hinsicht bedeutsam; die Sterngötter waren den Babyloniern geläufig, und es fragt sich nur, ob oder wie viel die Wüstenbewohner zur Entwicklung der Mythologien Selbständiges beitrugen. Chwolsohn in Petersburg hat mit seinem zweibändigen Werke „Die Ssabier und der Ssabäismus“ die ersten Grundsteine zu weiteren Forschungen gelegt.

6
Das Kreuz als Symbol
(Februar 1891)

Jeder hat sein Kreuz zu tragen, das weiß alle Welt, und es scheint uns gar nicht absonderlich, daß in dieser deutschen Redensart Kreuz und Qual identifizirt wurde. Das Kreuz steht in Millionen von Exemplaren auf den Kirchhöfen der Christenheit, es prangt im strahlenden Golde hoch oben auf den Kuppeln und Spitzen unserer Dome und wir denken bei dem Worte Kreuz an Leid und Schmerz und – an den Kreuzestod Christi. Seit Jahrhunderten hat man nach dem eigentlichen Ursprunge und der eigentlichen Bedeutung des Kreuzes nicht mehr gefragt, das Kreuz hat ohne Beanstandung für das Symbol der Christenheit gegolten. Das ist nun selbstverständlich nicht zu leugnen. Indessen muß doch als Irrthum bezeichnet werden, wenn man glauben wollte, der Kreuzestod Christi allein hätte genügt, um das Kreuz zum Symbol der christlichen Kirche zu erheben. *Das Kreuz ist als Symbol ein paar Jahrtausende älter als die christliche Religion.*

Bekannt ist, daß in den ersten Jahrhunderten unserer Zeitrechnung die innigsten Wechselbeziehungen zwischen den Christen und den Neupythagoräern und Neuplatonikern bestanden. Die beiden letzteren versuchten hauptsächlich in Alexandrien, noch einmal die alte egyptische Religion mit all ihrer Mystik und Symbolik zu neuem Leben zu erwecken. Die neupythagoräische Weltanschauung beherrschte fast drei Jahrhunderte hindurch die ganze alte Welt, und in dieselbe Zeit fiel die Ausbreitung des Christenthums. Man hat jene Zeiten als ein Zeitalter der Decadence betrachtet, man hat sie mit unserer heutigen Zeit verglichen; das mag für ungerecht oder für zutreffend erklärt werden, abweisen läßt sich nicht, daß das Christenthum mit den alexandrinischen Anschauungen eng verwachsen war. Diesem Umstande ist die spätere gewaltige Ausbreitung des Christenthums nicht in letzter Linie zuzuschreiben. Das Kreuz hat sich deshalb so rasch zum Symbol der neuen Lehre ausgestalten können, weil es auch zugleich ein Symbol der alten Lehre und der Philosophen von Alexandrien war. Große Bewegungen entstehen niemals durch die selbstthätige Theilnahme der ungebildeten Volksmassen, sondern durch die Gemeinde der Gebildeten, deren Begriffe und deren Symbole, deren Bekenntnisse und Überzeugungen den Zeitgeist produzirten, der damals neupythagoräisch oder neuplatonisch geworden. Es war ein Zeitgeist, der sich an der Mystik berauschte, der ganze Serien von Offenbarungen in der Literatur hervorbrachte, der nach einer Geisterwelt lechzte, sich in metaphysischen Spekulationen erschöpfte. Die Offenbarung St. Johannis steht nicht allein da, in Persien und Karthago, in Syrien und Kleinasien, überall entstanden Apokalypsen, eine Wanderung durch die sieben Himmel schrieb damals jeder namhafte Literat, eben so wie heute jeder Dichter ein soziales Thema behandelt. Die schwärmerische Persönlichkeit des Kaisers Julian war seiner Zeit völlig modern, jene Epochen entbehrten durchaus nicht der großen Ziele, man kann ebenso gut von einem Zeitalter des übernatürlichen Aufschwunges sprechen; es ist recht schwer verständlich, weshalb man Mystik und Phantasterei für

Symptome der Decadence gehalten; die Neigung, die Reize des Geheimnißvollen, Unverständlichen, Übersinnlichen durchzukosten, bestand zu allen Zeiten. Daß der Untergang der alten Welt schließlich zum Ereigniß geworden, ist wohl hauptsächlich der Völkerwanderung Schuld zu geben, die auch zu verschiedenen Malen die Kultur in Vorderasien bis an den Rand der Vernichtung getrieben; fast regelmäßig von Jahrtausend zu Jahrtausend wird durch die Terrainerhebung der asiatischen Steppen eine Gefährdung der Kultur herbeigeführt. Aber wie hoch oder wie tief man auch die alexandrinische Epoche schätzen mag, es wird natürlich scheinen, daß der Zeitgeist in den ersten Jahrhunderten nach Chr. das Reich der Symbolik mit offenen Armen willkommen hieß. Die Symbole gelangten zu größerer Bedeutung denn je, und auch *das Kreuz hatte damals eine viel größere Bedeutung als jetzt.*

Die Alexandriner, die sich Neupythagoräer nannten, hatten den alten Pythagoras wieder zu Ehren gebracht. Dieser aber hatte seine Systeme in Egypten gesammelt, in denselben spielte die *Zahlenmystik* die Hauptrolle. Aus ihr entstand auch die Dreieinigkeit der Christen, die alexandrinischen Ursprunges ist. Und mit der Dreieinigkeit steht die Symbolik des Kreuzes im engsten Zusammenhange. Unter den egyptischen Hieroglyphen finden wir auch ein regelmäßiges Kreuz, das von einem Kreise umschlossen wird, dieses Zeichen bedeutet die *Welt.* Der Kreis ist die Nil-Okeanos-Schlange, das Kreuz zeigt die vier Windrichtungen an, ein Bild der Erde, wie es sich die Alten dachten. Jedoch man ging weiter und verband mit diesem Zeichen auch den Begriff der viereinigen Gottheit, die der Zeit und des Raumes, des Geistes und der Materie. Diese Viereinigkeit ist der Kern der egyptischen Mythologie; in ihr steckt zugleich ein Hauptthcil der alten Philosophie, die in egyptischen Anschauungen wurzelte, deren Nachklänge auch heute noch nicht verklungen sind. Aus dieser Viereinigkeit ist dann später im Laufe von Jahrtausenden unter Mitwirkung anderer Religionssysteme eine Dreieinigkeit geworden, und das Kreuz ist auch ein Zeichen für diese, wenn nämlich wie bei den Christen das eine Kreuzende länger gezogen wird, als die drei anderen. Somit ist *das Kreuz* zugleich ein *Symbol der Welt* und ein *Symbol der Gottheit.* Eine größere Bedeutung dürfte man billiger Weise von keinem anderen Symbole verlangen können. Wir glauben nicht zu viel zu sagen, wenn wir das Kreuz für *das bedeutendste Symbol der Erde* erklären.

Mit diesem Hinweis ist die Bedeutung des Kreuzes allerdings noch lange nicht erschöpft. Jetzt beginnt erst das Reich der Mystik; der in die Mysterien eingeweihte Myste sah in seinen Symbolen, in Brod, Wein etc. viel mehr als andere Sterbliche, lange Serien von Vorstellungen und Gedankengängen, die zum Theil Geheimniß geblieben, verknüpften sich mit den einfachen Dingen, und das Kreuz ist ebenfalls durchaus als Mysterien-Symbol aufzufassen. Das Geschlechtliche spielte dabei nicht die letzte Rolle, die Eltern und ihr Kind sind auch eine Dreieinigkeit, rein begriffliche Dinge, wie Glaube, Liebe, Hoffnung, standen zum Kreuz gleichfalls in einem Verhältnisse. Durch die vielfache Verwendung des Kreuzes sind wir gezwungen, anzunehmen, daß das Kreuz für die Alexandriner sowohl wie für dic Christen eine tiefsinnige Formel gewesen. Es hieße, ein Werk über Zahlenmystik im Allgemeinen und über die Drei und Vier im Besonderen schreiben, wenn wir den Ideengehalt der Kreuzessymbolik, der selbstverständlich variabel war, hier nur annähernd ausschöpfen wollten. Wir wollen nur erwähnen, daß auch Philosophie und Wissenschaft nicht unberührt von der Zahlenmystik geblieben, daß z. B. die vier Elemente, Feuer, Wasser, Luft und Erde, die Empedokles zusammengestellt haben sollte, gleichfalls egyptischen Ursprunges sind, daß fast alle Lebensverhältnisse von den heiligen Zahlen berührt wurden, daß wir überall, wo wir der Drei oder Vier, ihrer Zusammenstellung, Verdoppelung oder Verdreifachung begegnen, immer wieder an altorientalische Vorstellungen zurückdenken dürfen und Beziehungen aufdecken können. Wir haben an die Araber zu erinnern, die mit Begeisterung Zahlenmystik betrieben, schließlich sei auch auf die Kreuze und Zahlenverhältnisse bei den altorientalischen Teppichen aufmerksam gemacht. Man sagt kaum zu viel, wenn man behauptet, fast sämmtliche denkbaren Vorstellungskomplexe bildeten den Ideengehalt der Kreuzessymbolik in den ersten Jahrhunderten unserer Zeitrechnung.

Wir haben das Kreuz als Symbol auf Skulpturen entdeckt, die im römischen Nordafrika ausgegraben wurden und aus der Zeit nach der Zerstörung Karthagos stammen. Das Kreuz als Symbol soll auch auf altmexikanischen Skulpturen bemerkt sein. Daß mit dem Kreuze schließlich geradezu gespielt worden, beweisen die verschiedenen Variationen der Kreuzform, das griechische Kreuz, das des Johanniterordens etc. Selbst im Mittelalter wurde das Kreuz mit Haken und Schleifen versehen, und altdeutsche Kupferstecher verwandten solche Kreuze als Namenszeichen. Die Fundamente der gothischen Dome bilden die größten Kreuze der Welt, und wir sehen die Kreuzform in jedem Hause, an jedem Fenster; vielleicht könnte man sogar nachweisen, daß auch die quadratische Form unserer modernen Straßennetze zu dem symbolischen Kreuz in entfernteren Beziehungen steht.

Heute wird es kaum mehr möglich sein, den ganzen durch Zeit und Umstände so variabel gewordenen Symbolgehalt wieder zu ordnen und historisch zu durchforschen. Nur allmälig kann sich das düstere Reich der Symbolik erhellen. Wenn unsere Zeit aber der alexandrinischen ähnlich sehen soll, so haben wir zunächst das Wesen der Symbolik zu analysiren und an das Tageslicht zu ziehen. Um ein Symbol schlingen sich mächtige Gedankenketten, die in den Religionssystemen vergangener Jahrtausende verankert scheinen. Giebt uns ein einfaches Bild nur eine gewisse Zahl einzelner associativer Vorstellungen, so ist das Symbol von großen Komplexen associativer Vorstellungen umgeben. Längst begrabene Kulturepochen werden bei forschender und vergleichender Betrachtung der Symbole gleichsam von elektrischen Scheinwerfern durchleuchtet. Die Symbole sind die Ehrenwächter an der Eingangspforte der altorientalischen Welt.

7
Die modernen Möbel
(April 1891)

Wer im Norden oder Osten Berlins in einen einfachen Möbelladen blickt, wird sich bald mit Unbehagen von den hellgelben Schränken und den in derselben Farbe polirten Spiegelrahmen, Tischen und Stühlen abwenden. Man denkt kaum mehr daran, daß auch jene Möbel einmal modern gewesen, und daß die Mode, zu der die großgeblümten, englischen Teppiche nebst grün bezogenem Sessel und Sopha gehörten, kaum zwanzig Jahre alt ist. Das dunkel polirte Mobiliar mit ähnlich, doch geschmackvoller geschweiften Formen ist älter und darf als Nachklang der romantischen Zeit betrachtet werden. Die Variationen, die der Möbelgeschmack bei den Deutschen im neunzehnten Jahrhundert erzeugte, sind bis in die siebziger Jahre nicht grundsätzlich von einander verschieden, nur der Einfluß Schinkels hat zeitweise den einfachen, nur auf Rhythmik bedachten Formen eine größere Stellung geschaffen. Im Großen und Ganzen aber wurden die Empire- und Rococoformen, die sich bei uns allerdings bis zur Unkenntlichkeit abgeschliffen und verbildet zeigten, für modern gehalten.

Wie in Frankreich noch heute Rococo und Empire den Geschmack beherrschen, durch keine Revolution behindert sich fortentwickeln konnten, so haben auch in Deutschland dieselben Strömungen ihren Einfluß behauptet, jedoch in derselben Art, wie das im vorigen Jahrhundert vor sich ging; die französischen Formen wurden in Deutschland nicht ohne weiteres kopirt, sondern in unbeholfener Weise verbildet, verbauert und von unbeholfenen Händen zu selten geschmackvollen Gebilden umgewandelt, in denen zwar ein Streben nach Eigenart nicht verkennbar war, jedoch gerade durch die gegebene Richtung verhindert wurde. Daß das Rococo von deutschen Ästhetikern so häufig angefeindet worden, das hat in erster Reihe das deutsche Fabrikat verschuldet. Das Schinkelsche Ebenmaß einfacher Verhältnisse war eine natürliche Reaktion gegen Frankreich. Wie stets bei solchen nationalen Bestrebungen, warf man sich hier einem neuen Einfluß, dem Hellenismus, in die Arme. Das ist eine Erscheinung, der man in der Kunstgeschichte eine Reihe von Analogien an die Seite stellen kann. Indessen Schinkel hat das seine gethan, um in Deutschland einen selbstständigen Geschmack vorzubereiten. Das anfängliche Verzichten auf jeden ornamentalen Schmuck mußte schließlich neuen Formen und Ornamenten den Weg zu ebnen wissen. Leider war der damalige Versuch, den Deutschen selbstständige Kunstziele zu schaffen, verfrüht; die ganze Fülle sämmtlicher Geschmacksrichtungen mußte noch einmal auf uns wirken, bevor an ein rein nationales Kunststreben und Kunstgewerbe gedacht werden durfte.

Bald nach dem deutsch-französischen Kriege ward Renaissance bei uns die Mode des Tages. Florentinische Renaissancemuster galten allein für stilvoll und der Möbelgeschmack erfuhr dadurch eine grundsätzliche Wandlung. Hand in Hand mit dieser Richtung entwickelte sich die Neigung zur altdeutschen Zimmereinrichtung, und es ist allbekannt, wie tiefgreifend alles Altdeutsche auf unser Mobiliar gewirkt hat. Die schweren massiven Holzschränke, die starken Holztische, Holzstühle, die Krüge und Trinkhörner an den Wänden wurden so modern, daß eine Reaktion auch hier nicht ausbleiben konnte. So manchem Kunstfreunde wurde das Holz allmälig verhaßt, selbst die besten Holzschnitzereien befriedigten nicht mehr. Sophas und Sessel mit einfarbigem oder gemustertem Stoffüberzuge, der das Holz gänzlich verbarg, gehörten demnach für kurze Zeit zur Tagesordnung, Mit der Vorliebe für Renaissance und altdeutsche Möbel kam aber auch gleichzeitig der orientalische Teppich in Mode. Die prächtigen, kleinasiatischen Teppiche gelangten allerdings in einem Zimmer, das rings von wuchtigen, hohen Möbeln angefüllt war, wenig zur Geltung, es standen zudem noch Tische und Sessel auf der feinen Knüpfarbeit, so daß deren kabbalistische Musterung nur stückweise gesehen werden konnte. Das trug schließlich auch dazu bei, die anspruchsvollen, altdeutschen Möbel hinauszudrängen.

Man griff aber nicht wieder zur Renaissance zurück, sondern versuchte es mit dem Barock. In der Architektur schuf sich der Barockstil einige Jahre hindurch gebietende Stellung, im Mobiliar merkte man seinen Einfluß vornehmlich an den Stoff- und Stickmustern; die Stühle mit den hohen Lehnen entsprechen ebenfalls dem Geschmack des siebenzehnten Jahrhunderts. Nach der Einführung der Teppiche gewannen auch die Makart'schen Stoff-Dekorationen im Zimmer die Oberhand; und während an der Hausfront die wuchtigen Barockschnörkel dominirten, ward das Innere der Häuser immer mehr das Reich der Dekorateure, die schweren Wollstoffe verbanden sich mit der leichteren Seide zu eleganten Arrangements, der einheitliche Stilcharakter ging dabei völlig verloren, man verwandte fast alles, was man kannte, und es wurde dann allgemein von der Stillosigkeit unserer Zimmereinrichtung gesprochen. Das ebnete dem in sich abgeschlossenen Rococo den Weg.

Das direkt aus Paris importirte Rococo ist heute modern und das Empire will auch bereits modern sein. In Paris beherrschen die beiden Richtungen das ganze Kunstgewerbe, und die Deutschen wenden sich abermals nach Frankreich; das Streben nach Selbstständigkeit ist wieder vergessen. In der Architektur sind die Barockformen bereits in die Ecke gedrückt, die Architekten bemühen sich, die blumenreichen Arabesken des vorigen Jahrhunderts zu variiren. Eine Milderung der kecken Formen ist dabei zu bemerken, die Kurven werden bei uns ruhiger zusammengeschmiegt.

Wir haben anfänglich ausgeführt, daß Rococo und Empire sich bis in die moderne Zeit hinein in Paris unbehindert fortentwickelten und daß in Deutschland im Großen und Ganzen dasselbe geschah, nur bei uns nicht mit dem konsequenten Stilbewußtsein wie jenseits des Rheins. Wir standen also unter französischem Einfluß seit vollen zwei Jahrhunderten, haben in den letzten zwanzig Jahren alles Mögliche angestrebt, um uns von Paris zu emanzipiren, aber der Pariser Geschmack hat sich abermals in Deutschland Bahn gebrochen.

Sollen wir nun die Emanzipationsgelüste wieder aufgeben und einfach Empire und Rococo auch für modern erklären? Das hieße doch die Waffen strecken und an deutscher Kunst verzweifeln. Mag das deutsche Kunstgewerbe auch vielfach unbeholfen sein, so schwach ist es in keinem Falle, daß die Hoffnung auf geistige Selbstständigkeit aufgegeben werden müßte.

Der selbstständigen Bestrebungen sind sogar mehr zu finden, als bisher erwähnt. Der deutsche Drechsler hat manches Eigenartige geleistet. Wir sind in Deutschland auch von anderer, als von französischer Seite beeinflußt worden, aber die Strömungen sind selten an die Oberfläche getreten, Gothik und Byzantinismus wurden im Kunstgewerbe nicht maßgebend. Romanismus galt in München sehr viel, und englische Waare fand in Berlin guten Absatz, aber das sind alles Nebenrichtungen, die wenig Spuren hinterließen und bei einem summarischen Überblick über die Geschichte des deutschen Mobiliars nicht in Betracht kommen.

Das Beste scheint wohl, so vorzugehen, wie es jede nationale Strömung that. Wie Schinkel dem Rococo entfloh durch völliges Aufgehen im Hellenenthum und in der Ornamentlosigkeit, so müssen wir uns auch dadurch retten, daß wir uns vorläufig von einem anderen Geschmacke leiten lassen. Von den Deutschen eine neue nationale Kunst verlangen, ohne Anschluß an fremde Entwicklung, das ist ungerechtfertigt. Sämmtliche kunsthistorischen Erfahrungen stehen dem im Wege. Selbst die Italiener bei Beginn der Renaissancezeit konnten sich nur dadurch dem maurischen Einfluß entziehen, daß sie sich anderen Einflüssen überließen. Die Deutschen widerstanden im frühen Mittelalter der romanischen Kunst, indem sie sich dem Ausbau der französischen Gothik widmeten. Der Deutsche von 1891 wird sich vom französischen Geschmack vielleicht dann am leichtesten befreien, wenn er sich vorläufig bemüht, die *von Japan* entlehnten Formen auszubilden.

Mit skeptischem Lächeln dürfte die Behauptung, daß alles Heil von Japan kommt, aufgenommen werden. Man könnte verwundert fragen, warum denn Japanerthum besser sei als Rococo? Es sieht so aus, als ob wir nichts gewinnen, wenn wir statt des letzteren das erstere wählen. Doch das scheint so nur auf den ersten Blick; die Vortheile herzuzählen, ist gar nicht schwer. Zunächst ist an ein Kopiren japanischen Mobiliars nicht zu denken, schon weil wir nicht so viel davon vor Augen haben. Es handelt sich nur um den Einfluß, den japanische Waare auf unsere Zimmereinrichtung ausüben kann. Daß wir bereits mit der Verarbeitung japanischer Formen energisch begonnen haben, das beweist ein Blick in ein größeres modernes Möbellager. Das sind schon die Illustrationen zu dem Japanismus, der dem Rococo und Empire die Stirn zu bieten vermag.

Das Bambusrohr ist siegreich nach Europa gedrungen, und statt der Holzgestelle für Tische, Stühle, Schränke, Regale etc. können wir Bambusgestelle benutzen, wie es Japan thut. Deswegen sind wir durchaus nicht gezwungen, mit dem Rohre so zu verfahren wie der Japaner, wir können hier mit Leichtigkeit nach unserer Art komponiren.

Der Japanismus enthebt uns in erster Reihe der Ornamentfrage. Wir haben vorläufig nicht nöthig, neuartige Arabesken denen des Rococo gegenüberzusetzen. Der Reiz der Rohrstäbe liegt allein in der pikanten Winkelstellung; diese immer neu und geschmackvoll zu arrangiren, ist zunächst die einzige Aufgabe des Kaufgewerbes. In dieser Ornamentlosigkeit treffen

Japanismus und Schinkelgeschmack zusammen, beide bahnen mit ihr den Weg zu neuen Formen. Ein zweites Moment ist, daß wir uns die anderen japanischen Gegenstände, um die großen Vasen, Wandschirme, Ebenholzmöbel etc. noch gar nicht zu kümmern brauchen – wenn wir es nicht wollen. Japanische Fächer, Lampions, Schirme, Lackwaare, Schalen etc. gehören allerdings zu den gangbarsten Luxusartikeln, die Deutschland besitzt.

Die Bambusstühle können nach reinen Utilitätsprinzipien konstruirt werden, unser sonstiger Zimmerschmuck steht dem nicht entgegen, wenn wir die schweren Holzschränke fallen gelassen haben und uns von den dicken Polstern abwenden. Der moderne Geschmack will eine hohe Wand und niedrige Kommoden, Tische etc. Das paßt zu den Rohrmöbeln. Die Dekoration der Wände und Nischen mit schweren und leichten Tuchstoffen ist dann zwar wieder aufzunehmen, speziell hat die Seide das Recht, an allen Seiten die Flächen zu beleben. Indessen ist die Wanddekoration ein besonderes Kapitel.

Die japanischen Tische mit mehreren Etagen sind eine sehr praktische Bereicherung des Mobiliars. Die feinsinnig angeordneten Blumentische, Vasenhalter, offenen Schränke etc. sind zwanglos in die Mitte der Zimmer zu stellen, hinzurücken, wohin es beliebt. Der Manier nach altfränkischer Sitte sämmtliche Möbel an die Wände zu schieben, entgehen wir mit den leichten Gegenständen ohne weiteres. Die neuen Möbel sind leicht, graziös, elegant; daß sie auch für modern gehalten werden, ist bekannt. Im capriciösen Arrangement vermag der Japanismus das Rococo sicherlich zu übertrumpfen. An Bequemlichkeit wird auch kein Mangel sein, denn die Rohrstäbe gestatten jegliche Form, was dem Holze nicht nachzusagen ist. Schließlich werden wir die einfachen Sachen mit deutschen Ornamenten leichter schmücken können als einen überkommenen, in sich abgeschlossenen Stil. Was wir von Japan herübernehmen, ist nicht der japanische Geschmack im Allgemeinen, es dreht sich nur um die Rohrmöbel, die uns zu anderen Pfaden leiten sollen.

Die neuen Möbel sind in vielen Variationen vorhanden, die schon von einer Art Entwickelung zeugen. Der künstlerische Wert kann häufig bestritten werden, aber die größere Nachfrage wird sicherlich auch die Eleganz der einzelnen Stücke vermehren. Der Japanismus ist natürlich auch nur ein Nothbehelf für den nationalen deutschen Stil, aber vielleicht entwickelt sich dieser eben durch den ostasiatischen Einfluß. Ganz original ist auch das Rococo durchaus nicht und das Empire ebenfalls nicht. Wir haben zwei Jahrhunderte hindurch den französischen Einfluß auf uns wirken lassen

– fast unbehindert. In den letzten zwei Jahrzehnten haben wir uns durch alle möglichen Mittel zu emanzipiren versucht – nicht immer ohne Glück. Sollen wir jetzt wieder in das alte Fahrwasser zurücktreiben? Die Caprice der Franzosen ist doch nicht unser Glück, wir sind schwerfälliger und verlangen überall Tiefe; wenn wir etwas erreichen sollen, müssen unsere Ziele unserem Volksgeist entsprechend sein. Schon in den von Schiller und Goethe herausgegebenen Xenien steht, daß den Deutschen alles Mögliche gelinge, daß sie sich anderen Völkern in mustergiltiger Weise zu assimiliren verständen, indessen niemals sei den Deutschen geglückt – der gallische Sprung.

8
Das Glas in der Architektur und im Kunstgewerbe
(Januar 1892)

Die Völker Afrikas pflegen noch heute das Glas so hochzuschätzen, daß sie zuweilen bereit sind, bunte Glasperlen mit Gold aufzuwiegen. Man ist gewöhnlich geneigt, diese Werthschätzung des Glases auf die Wirkung des Glases zurückzuführen. Das Glitzernde, Blendende, Glänzende soll den schärfsten Effekt auf die Sinne der Naturvölker auszuüben im Stande sein. Physiologisch mag dieses unbestreitbar sein, es läßt sich aber gleichzeitig nicht leugnen, daß der Glanzeffekt auch den entwickelten Sinnen des Kulturmenschen ebenso fühlbar geblieben wie den Negern; wir können sogar an uns selber beobachten, daß jedes grelle Glanzlicht empfindlicher unser Auge reizt als die grellste Farbe, die keine Lichtquelle spiegelt.

Ist aber die Wirkung des Blanken bei sämmtlichen Völkern, ob sie nun kulturell hervorragen oder nicht, von derselben Bedeutsamkeit, so können wir die übertriebene Werthschätzung des Glases bei den Negern nicht auf die kindliche Freude am Glanzeffekt allein zurückführen. Wir müssen vielmehr annehmen, daß die Schätzung der Glasperlen traditionell geworden. Es läge nahe, hier einen Einfluß des alten Egyptens zu vermuthen. Die Glassachen waren den alten Ägyptern ebenso theuer wie den modernen Negern, und somit ist wahrscheinlich, daß die letzteren Geschmack und Neigung von dem ältesten Kulturvolk empfangen und bis in die heutige Zeit bewahrt haben.

Bei den Kulturvölkern hat sich jedoch die Glasindustrie seit den Tagen der alten Ägypter so großartig entwickelt, daß ohne Glas das moderne Kulturleben gar nicht mehr denkbar wäre. Die Geschichte des Glases ist die Geschichte eines großen Siegeszuges. Das Glas eroberte allmälig den größten Theil der Hausgeräthe, in der Architektur finden wir das Glas bald als einen Hauptfaktor wieder, der wie in gothischen Domen den Gesammtcharakter des Bauwerkes bestimmt. Das ganze Kunstgewerbe besteht heute fast zur Hälfte aus Erzeugnissen der Glasindustrie.

Die Verwendbarkeit des Glases ist auch im neunzehnten Jahrhundert noch immerfort im Wachsen begriffen, und es ist durchaus nicht ausgeschlossen, daß das Glas plötzlich in *unverhältnißmäßig* größeren Quantitäten verwendet wird und dann die erste alles beherrschende Rolle in der Architektur und im Kunstgewerbe spielt.

Im Alterthume hat das Glas keine eigene besondere Stilform zu erzeugen gewußt. Es wurde zunächst bei Schmucksachen verwendet; wir finden das Glas als Email auf Gold und Silber und als Glasperle neben den kostbarsten Metallen und Steinen. Wo aber das Glas zu Gefäßen und anderen Gebrauchsgegenständen ausgebildet wurde, da bemerken wir keine eigenartige Formstruktur. Die Formen der Glasgefäße sind sämmtlich denen der Keramik entlehnt. Sowohl bei den Völkern des alten Orients wie auch in der ostasiatischen Kultursphäre sehen wir anfänglich immer die Stilrichtung der Thonkeramik für die Formgebilde der Glaskeramik maßgebend bleiben.

In Europa hat sich ein der Glastechnik eigenthümlicher Stil erst zur Renaissancezeit durchzubilden vermocht. Im Mittelalter hatten sich allmälig die farbigen Gläser, die schon im Alterthume bei den Römern vielfache Verwendung erfuhren, ein reineres glänzenderes Aussehen verschafft, die opalisirenden Glasarten waren ebenfalls effektvoller verwerthet, man erfand das Rubinglas, das mit weißen Fäden durchzogene Filigranglas, das geschliffene Krystallglas und das rauhe schwere Eisglas, und mit der Erfindung dieser verschiedenen Glasarten wurden gleichzeitig auch neue bisher unbekannte Formen in den Schüsseln, Kelchen, Krügen etc. gebräuchlich. Vor allen anderen Städten glänzte *Venedig* durch den originalen Formenreichthum seiner Glasindustrie. Die mit entzückender Feinsinnigkeit erdachten Schmuckgläser, die als Blumenbehälter etc. verwandt werden können, haben der altvenetianischen Glasindustrie eine Bedeutung verliehen, der gegenüber unsere heutige Glasindustrie machtlos ist. Die modernen feinsten Glaswaaren sind demgemäß zumeist nur Kopien der altvenetianischen Vorbilder, die mit ihren Seepferdchen, phantastischen Schlangen, Vögeln und Fabelthieren etc. in tausend Farben prunkenden Gebilden für bislang unerreichte Muster gelten dürfen. Das Kunstgewerbe hat im Mittelalter das Glas zeitweise so ausschließlich bevorzugt, daß es zuweilen scheinen möchte, als wäre der denkbare Formenschatz erschöpft, und die moderne Industrie hätte sich nur noch mit der Kopirung der vorhandenen Glasarbeiten zu befassen. Wir müssen wohl erkennen, daß der Glas*konsum* sich in der Neuzeit in großartigem Maßstabe gesteigert hat – indessen die weitere künstlerische Ausbildung der kunstgewerblichen Glasgegenstände ist in der letzten Zeit durchaus nicht in einer dem Konsum entsprechenden Weise gefördert worden.

Auf einer anderen Seite liegt der Schwerpunkt der modernen Glasindustrie. Die Glasfabriken haben in der neuesten Zeit weniger Gelegenheit, die Interessen des Kunstgewerbes wahrzunehmen, als vielmehr – *die Interessen der Architektur.*

In der modernen Frontarchitektur nehmen die Glasscheiben der Fenster den größten Flächenraum ein. Die Bedeutung einer Façade ist oft genug nur im pikanten Arrangement der Fenster enthalten. Der Rhythmus, in dem die Fenster auf der Fläche vertheilt sind, ist in erster Linie für den architektonischen Charakter einer Front bestimmend. Wenn somit das Glas in der modernen Architektur eine entscheidende Rolle spielt, so dürfte man sich zuweilen fragen, weswegen das Glas nicht zur weiteren rhythmischen Gliederung auch in den festen Frontheilen zur Verwendung gelangt. In letzter Zeit hat man bereits einzelne Berliner Neubauten mit schwarzen Glasgurten umgeben. Warum aber verwendet man nicht *farbiges Glas?* Ist es nicht auch verwunderlich, daß man bislang noch nicht ein einziges Mal eine ganze Hausfront mit Glas gedeckt hat? Man hätte das doch schon deshalb thun können, um einmal die Glaswirkung im Großen kennen zu lernen. Wenn mehr als die Hälfte des Flächenraums einer Façade aus Glas besteht, was bei der luxuriösen Verwerthung der Spiegelscheiben eine nicht zu leugnende Thatsache ist, so könnte doch einmal der Versuch gemacht werden, auch die festen Fronttheile mit buntfarbigen Glasgurten etc. zu bedecken. Der Quadratmeter hinlänglich starker Glasscheiben kostet durchschnittlich 5 Mark, theuer würde demnach der Versuch nicht sein.

Die Stilfrage ist gewöhnlich nur eine Materialfrage. Schon *Semper* betonte, „daß z. B. das *Treiben* des Metalles einen anderen Stil erfordere, als das *Gießen.*" Wie viel mehr muß da ein ganz neues Kunstmaterial Veranlassung sein, einen neuen Kunststil zu erzeugen? Auch bei allen kunstgewerblichen Geräthen, bei Möbeln, Wanddekorationen, bei der gesammten dekorativen Kunst, zu der auch die Architektur zum größeren Theile gehört, ist die Stilfrage nur eine Materialfrage. Ein neues Kunstmaterial bringt immer einen eigenthümlich gearteten Stil hervor –, in Folge dessen haben wir nach neuem Material ständig auszuschauen. *In der Architektur* aber ist *das Glas* ohne Frage *ein neues Kunstmaterial,* wenn es auf den festen Fronttheilen verwandt wird. Am interessantesten würden die vollen Glaswände selbstverständlich an einer ganz frei stehenden Villa wirken.

Nun würde man natürlich weder im Barockgeschmack noch in Rokokoarabesken die Gesimse und Füllungen verzieren können, die runden Säulen müßten ebenfalls vorläufig wegfallen. In dieser zwingenden Eigenschaft des Materials besteht aber gerade der Stilwerth des Glases. *Polychromie* ist ohne weiteres Nothwendigkeit, wenn das Glas zur Wirkung gelangen soll. Wie sich nun die weitere Ornamentik gestalten könnte, das läßt sich begreiflicherweise nicht heute gleich absehen, daß aber auch dem Ornament ganz neue Wege gewiesen werden dürften, scheint mehr als wahrscheinlich. Die Glasarchitektur soll natürlich nicht *der* Stil unserer Zeit sein, sondern nur *ein* Stil derselben. Das neue Kunstmaterial will zu einer ganzen Reihe von neuen Kunststilen und Kunstzielen die Wege ebnen.

Allerdings soll der Stil, um noch einmal in Gottfried Sempers Anschauungsart zu sprechen, der symbolische Ausdruck eines Zeit- oder Volkscharakters, der Geschmacks- oder der Ideenrichtung einer Kulturperiode sein. Jedoch das Glas – dürfte es nicht charakteristisch unser nervöses Zeitalter charakterisiren können?

Unsere Zeit erstrebt überall die glänzenden, blanken Spiegelwirkungen, man sehe daraufhin die Asphaltstraßen an, die Equipagen, die Lackarbeiten, die blanken Maschinentheile – die Soldatenknöpfe etc. Unsere Zeit neigt zum Glatten und Blanken bereits äußerlich. Wir leben im blendenden Lichte der elektrischen Funken – eine glitzernde, gleißende, funkelnde Glasstraße würde demnach wirklich ein symbolischer Ausdruck des erregten Charakters unsrer Kulturperiode sein. Daß der Effekt der strahlenden Glaspaläste den harmonisch angelegten Naturen nicht sympathisch sein wird, versteht sich von selbst. Ein Stil kann jedoch niemals Allen gefallen, ein neuartiger Geschmack muß stets des Widerspruchs gewärtig sein.

Ich verzichte darauf, durch ein blendendes Zukunftsbild das bisher Gesagte zu illustriren. Jeder individuelle Geschmack will in der phantastischen Ausmalung einer Zukunftsarchitektur besondere Reize entdecken – die fruchtbare Phantasiethätigkeit darf nicht behindert werden.

Um schließlich auf die Einleitung zurückzukommen – sollten wir in der modernen Neigung zum glänzenden, in die Augen stechenden Glaseffekt eine Geschmacksverrohung erblicken? Die Neigung zu grellen Kontrasten ist den gebildetsten wie den ungebildetsten Völkern in gleichem Maße eigen. Der raffinirteste Geschmack greift zu den einfachsten Mustern zurück – ein Semper hat selbst die Fellnahtornamentik der Indianer für vortrefflich erklärt. Sollten wir darnach nicht auch die krassen Glanzeffekte für ähnlich einfache Elemente erklären dürfen wie die einfachen Muster? Der Reichthum eines Eindruckes wird nicht durch seinen Formen- oder Farbencharakter bestimmt – nur die Fülle der durch einen Eindruck aufreizbaren Vorstellungen wird den Eindruck zu einem reichen gestalten können. Nichts vermag aber unsere Sinne derartig aufzureizen wie – der Glanz.

9
Berlins architektonische Plastik
(1893)

Immer bunter wird's in Berlin. Bald wird man nicht mehr leben dürfen, ohne Farbe zu bekennen. Man wird seine Lieblingsfarben bekennen müssen – nicht nur an Rock und Weste – nein auch an Haus und Hof, Giebel und Dach, Thor und Flur, Erker und Schornstein etc.

Die plastischen Arbeiten an den Giebelfronten der Berliner Häuser und Paläste haben der Polychromie in der Frontarchitektur die Wege gebahnt. Es ist das eine ganz natürliche Entwickelung. Die Plastik hat vor Jahren am heftigsten für die Bedeutung der Farben Propaganda gemacht. Und da nun die Plastik seit den ältesten Zeiten immer mit der Architektur zusammenging, so war ihr ohne weiteres nahe gelegt, die letztere in die eigenen Geschmacksbahnen hineinzulenken.

Die architektonische Plastik darf demnach das besondere Interesse weiterer Kreise beanspruchen.

Alle Bildhauerarbeiten, die an unseren Giebelfronten zur Ausbildung gelangen, zeigen ein ganz bewußtes Hinstreben zur farbigen Behandlungsweise. Und damit ist naturgemäß ein Aufschwung der polychromen Architektur im Allgemeinen verbunden. Die bunten Figuren und die bunten Reliefornamente der Façaden zwingen auch zur bunteren Behandlung der glatten Flächen.

Wenn wir nun Berlins architektonischer Plastik eine eigene Besprechung widmen, so liegt nahe, die polychrome zunächst zu berücksichtigen.

Immer häufiger finden wir jetzt in Berlin die farbige Majolika in der Front der neuerbauten Häuser. Am bekanntesten ist wohl der schon viele Jahre alte plastische Façadenschmuck am Wohnhaus Pringsheim in der Wilhelmstraße. Auch das Café Helms neben dem alten Schloß darf sich einer gewissen Berühmtheit erfreuen. Als mustergültig in dieser Richtung darf aber die Schöpfung des leider zu früh verstorbenen Gropius, das Kunstgewerbemuseum, bezeichnet werden, neben welchem die Reichsdruckerei, sowie verschiedene Markthallen und Schulgebäude nicht unerwähnt bleiben dürfen. Geradezu Aufsehen erregte vor zwei Jahren das neue Patzenhofer-Restaurant in der Friedrichstraße. Die blaue, rothe, grüne Majolika an den Giebeln fällt noch heute wie etwas Neues auf.

Das Neueste im Gebiete der polychromen Architektur ist die neue Volks-Badeanstalt im kleinen Thiergarten zu Moabit. Da haben wir an Kuppel, Thor und Fries eine solche Fülle von Farben, daß der an Grau und Braun gewöhnte Berliner Bürger mit dem Kopfe schütteln wird. Indeß zu weit gegangen ist der Architekt an dem erwähnten Hause durchaus nicht – ich möchte sogar die gegentheilige Ansicht vertreten. Wenn man die Neubauten Berlins heute verfolgt, so wird man eine solche Masse Polychromie finden, daß auch die Gegner schlechterdings dieselbe für „modern" erklären werden.

Namentlich sind es die Villen, die hier für den farbigen Geschmack der Neuzeit Zeugniß ablegen.

Die erwähnten Majolikaarbeiten sind nun alle aus einer einzigen Berliner Thonwaaren-Fabrik hervorgegangen, aus der von March in Charlottenburg. Wir können somit die Berliner Plastik in den großen March'schen Fabrik-Etablissements in Charlottenburg am allerbesten studiren. Die Fabrik hat einen großen Theil der Berliner Frontskulptur geliefert. Vornehmlich ist das Berliner Rathhaus hier zu nennen, sodann sind die plastischen Ornamente der Passage von March, das Generalstabs-Gebäude, die Kriegs-Akademie, Theile der Schloß-Kuppel, des neuen Museums, der Petri-, Markus-, Michaelis-, Zions- und Dankes-Kirche, unzählige Villen etc. – alle diese haben ihren plastischen Façadenschmuck aus der Thonwaaren-Fabrik von March-Charlottenburg empfangen. Dort sind auch die Reliefs des Gräfe-Denkmals, – die kühnste That der modernen Polychromie – ausgeführt.

March's Fabrik-Etablissements sind überhaupt so eng mit der Entstehungsgeschichte der Großstadt Berlin verknüpft, daß ein Bild unserer modernen deutschen Residenz mit dem Namen March immer in Zusammenhang gebracht werden wird. Im Jahre 1836 kaufte Ernst March, der Vater bzw. Großvater der jetzigen Besitzer, die alte Ölmühle zu Charlottenburg auf dem damaligen Thiergartenfelde (jetzt Sophienstraße und am Kanal, dem Polytechnikum gegenüber) und richtete sich dort ein.

Ernst March war in seiner Jugend durchaus mittellos; das Bild der Fabrik im Jahre 1836 nimmt sich winzig aus im Verhältnis zu den heutigen großartigen Anlagen. Jedoch dem Begründer dieser Werkstätten gelang es, auf dem

Gebiete der Thonwaarenfabrikation viel Neues zu schaffen und auch in künstlerischer Beziehung bahnbrechend zu werden. Sein Geschäft vergrößerte sich rasch. Anfänglich wurden nur ordinäre Töpferwaaren, unter welchen Blumentöpfe und Zuckerformen die Hauptartikel bildeten, geliefert. Bald aber nahmen Ziergefäße, Vasen, Figuren, Bauornamente die volle Thätigkeit der Fabrik in Anspruch. Sodann wurden die Hindernisse überwunden, die der allgemeinen Anwendung der Bauornamente von gebranntem Thon damals im Wege standen. Mit der Ausbreitung der Rohbaues, namentlich während der großen Bauthätigkeit Berlins unter Friedrich Wilhelm IV., ist die Anwendung der Erzeugnisse der March'schen Fabrik, welche anfänglich nur auf Kirchen, und andere öffentliche Gebäude beschränkt war, auch im Privatbau heimisch geworden. Bauornamente von gebranntem Thon wurden in sehr großer Anzahl hergestellt. Ernst March verstand es auch, das Interesse eines größeren Publikums anzuregen. Er schuf für die erste Berliner Ausstellung im Jahre 1844 einige Figuren und Vasen aus Chausseestaub, und der kunstsinnige König Friedrich Wilhelm IV., der immer die Fabrik mit Aufgaben und Mitteln zu unterstützen wußte, sagte bei der ersten Besichtigung dieser Chausseestaubplastik zu seiner Gemahlin: „Siehst Du liebe Elisabeth, hierbei haben wir auch mitgeholfen." Und der König gedachte lächelnd seiner vielen Kutschfahrten zwischen Berlin und Charlottenburg …

Ernst March starb leider schon 1847. Seine Söhne haben aber den Aufschwung der Thonwaaren nach allen Richtungen zu fördern fortgesetzt. Die architektonische Plastik ward zum Centralinteresse der regsamen Fabrik. Dieselbe stand seit Stüler und Strack bis auf unsere Zeit mit allen Berliner Architekten in engster Verbindung.

Die Kaiserin Augusta war ebenfalls eine große Gönnerin der Fabrik; die Rheinanlagen bei Koblenz legen ein ganz besonders Zeugniß für das Interesse der Kaiserin ab.

Bei Ernst March Söhne sind auch Büsten im Geschmack der della Robbia angefertigt, ebenso die sandsteinfarbenen Büsten gefeierter Feldherrn in den Waffensälen des Kgl. Zeughauses nach den Modellen namhafter Künstler. Wenn wir einen Spaziergang durch die großen Räumlichkeiten der Fabrik unternehmen, so finden wir alle möglichen Arten von Thonwaaren in Arbeit. Selbst der Chemiker beschäftigt heute die Fabrik, es werden alle möglichen Apparate für die chemische Industrie, Galvanoplastik und verwandte Gewerbe fabrizirt, Kühlschlangen, Hähne, Säurepumpen etc. Wir bekommen gleichzeitig einen Begriff von der Technik der Töpferei und der Thonbrennerei. Zunächst finden wir auf dem Hofe den Thon in großen

Behältern unter Wasser vor – er wird dort abgeschlemmt und gereinigt. In den umliegenden Gebäuden sehen wir dann die verschiedenen Stadien der Fabrikation. Auf den Drehscheiben werden große zentnerschwere Krüge, Röhren, Wannen etc. mit der Hand geformt, in anderen Sälen sieht es so aus wie in den Ateliers der Bildhauer; wir finden da für die neuen Kirchen Berlins große Apostelgestalten, außerdem Figuren für den Garten und für Grabmonumente, Vasen und dergleichen mehr in Arbeit.

Das Hauptinteresse nehmen aber die Bauornamente – die architektonischen Bildhauerarbeiten in Anspruch. Stilisirte Löwen und Fensterrosetten, Medusenmasken und Sphinxe, gothische und maurische Arabesken, Gesimse und Geländer, Engel und Reliefs … das steht da alles und trocknet – die freistehenden Theile umhüllt. Dieses Trocknen des Thones ist der schwierigste Theil der Arbeit. Einzelne Theile der Figuren, wie die Arme, trocknen schneller – und dieses Schnellertrocknen erzeugt Risse und Sprünge – das muß durch Papierhüllen, die das schnelle Trocknen aufhalten, verhindert werden. Einige Öfen finden wir in Thätigkeit; in denen werden die Figuren etc. ummauert; sie stehen in sogenannten „Pillen", die mit Chamotteplatten, „Bumse" genannt, bedeckt sind. Diese Öfen haben sehr große Dimensionen, und es sind ihrer eine lange Reihe vorhanden. – Indessen würde wohl ein näheres Eingehen auf die technische Seite der Thonplastik hier zu weit führen. Wenden wir uns den Gartenanlagen zu!

Da sind fast sämmtliche plastischen Werke der Fabrik in Gruppen und einzeln aufgestellt. Dieser Garten gewährt einen Überblick über die 56jährige Thätigkeit dieser Thonwaaren-Fabrik. Und es treten uns da eine große Zahl von Bildwerken entgegen, die wir in Berlin schon oft gesehen haben – ein Stück Berliner Architekturleben!

Im Jahr 1873 lieferten Ernst March Söhne für die Wiener Ausstellung eine Prachtgartenbank mit einer Viktoria und bunten Terrakotten – eine sehr reizvolle Arbeit, im damals beliebten Renaissancegeschmack, die heute noch den Garten der Fabrikanlage schmückt.

Noch mehr aber überrascht die große Auswahl der dort aufgestellten Zierstücke, welche jegliche Ansprüche, seien sie auf die Ausschmückung von Parkanlagen oder auf die Belebung bescheidener Gärten durch Figuren, Fontainen oder Vasen gerichtet, zu befriedigen im Stande ist.

Unter den hellsandsteinfarbenen Figuren und rothen Ornamenttheilen des Gartens heben sich die bunten prächtigen Majolikafarben besonders hervor. Sie mahnen uns immer wieder an die Zukunftsbahnen unserer architektonischen Plastik in Berlin …

Jedoch die March'schen Fabrikate sind über ganz Deutschland verstreut. Zu Königsberg und Rostock, auf der Dirschauer und Marienburger Brücke, sowie im Westen Deutschlands – überall hat sich die Thonplastik an den Gebäuden eine hervorragende Stellung zu verschaffen gewußt.

Daß aber die neueste Geschmacksrichtung in der architektonischen Plastik wirklich eine polychrome genannt werden muß, das beweisen die neuesten Aufträge der Fabrik … auch der Centralbahnhof in Köln soll demnächst in bunter farbenvoller Majolika prangen – und Ernst March Söhne werden auch hier wieder für die Polychromie in der Architektur Propaganda machen.

Und der Kaiserstadt Berlin können wir deshalb nur wünschen, daß sie auch immer bunter wird. Berlin kann niemals bunt genug sein. Berlins architektonische Plastik muß die Farben wieder zu Ehren bringen – ich glaube, das ist ihre große Zukunftsaufgabe.

Hoffentlich werden die Berliner beim Anblick der farbigen Zukunftsarchitektur mit Emphase sagen: „Lieber des Guten zu viel als farblos!" – denn der Geschmack ist in letzter Linie doch nur – Geschmacksache, die Berliner Kritik wird aber stets dafür Sorge tragen, daß der gute Geschmack die Oberhand behält.

10
Moderne Programm-Malerei*
(August 1893)

Wieder suchen wir in allen Künsten – das Andere. Mit der größten Anstrengung ringt man überall nach einer neuen Gestaltungsart. Man will in anderer, neuer Weise der Natur beikommen. Wir suchen unseren Empfindungen mit neuen Hilfsmitteln einen Ausdruck zu verleihen. Wir wollen uns in anderen Formen äußern. Auch unsere Zeit soll eine neue Zeit sein. Es beginnt allmälig eine förmliche Jagd nach neuen Kunstzielen.

Bequeme Leute, die gerne in stiller, trautseliger Ruhe leben, sprechen natürlich auch heute wieder den Neuerern die Existenzberechtigung ab. Genau so, wie die Bestrebungen des sogenannten Realismus vor einigen Jahren vom Geiste der Trägheit zurückgewiesen wurden, so werden auch

---

* Wir bringen diesen Aufsatz, ohne uns irgendwie mit seinen Ansichten zu identificiren, weil er uns mit Geschick die Meinungen zu formuliren scheint, welche jetzt einen Theil der Berliner Künstlerschaft beherrschen.
Anm. d. Schriftltg.

unsere heutigen Kunstbestrebungen zurückgewiesen werden. Wieder wird man sagen, daß nur die Sucht nach dem Auffälligen, Barocken, Aparten diese neue Kraftanstrengung erzeugt habe. Man wird den Neuerern skurrile Bizarrerie vorwerfen und die ganze neue Kunst für die Ausgeburt jugendlicher Originalitätssucht halten … in den bequemen Leuten, die dem Neuen in jeder Gestalt abhold sind, herrscht eben der Geist der Trägheit.

Diesen Geist der Trägheit hat Adalbert v. Goldschmidt im zweiten Theile der „Gäa“ so trefflich und mit so überlegenem Humor geschildert, daß ich mir hier die ärgerlichen Bemerkungen über die Nichtswürdigkeit dieses Trägheitsgeistes erlassen kann.

Die neuen Kunstziele der modernen Maler dürften uns rasch die unsterblichen Neinsager in Kritik und Publicum vergessen lassen.

Es passirt heute wirklich wieder was Neues, wenn auch Tausende von Künstlern den raschen Schritt der Entwicklung nicht mehr für natürlich halten … etwas Flunkerei ist selbstverständlich dabei – – – daß aber auch wirklich ganz neue Wege eröffnet und geebnet werden, das müssen wir *auch* zugeben – wenn wir ehrlich sein wollen.

Ich weiß nicht, ob man's in größeren Kreisen bemerkt hat, daß Böcklin in einer langen Reihe von Gemälden vornehmlich *Gehörempfindungen* zur Darstellung und Empfindung bringen wollte – jedenfalls hat er's gethan – und er hat damit einen ganz neuen Weg der Malerei gewiesen. Ludwig v. Hofmann hat dieses musikalische Element noch mit größerer Deutlichkeit in die Malerei hineinführen wollen – das sind sicherlich neue Kunstbestrebungen, deren Bedeutung nicht unterschätzt werden darf. Wenn Rafael oder Rubens heilige Cäcilien malen, so könnte man meinen, das wäre auch ein wenig musikalische Malerei – – wohl wahr, nur sollte man Böcklin und Hofmann mit den Alten näher vergleichen, und man würde bald einsehen, daß die alte musikalische Malerei vor der neuen gänzlich verblaßt.

Aber die künstlerischen Strömungen des Jahres 1893 nach Christo sind nicht mehr mit ein paar Schlagworten zu charakterisiren. Die Kunst unserer Zeit sieht aus wie ein großer Polyp, dessen Fangarme nach allen Seiten ausgreifen. Die neue Kunst ist noch nicht einmal mit einem Dutzend von Schlagworten charakterisirt, und diese Fülle von neuen Bestrebungen hat in manchen Köpfen, die nicht selbstthätig an der Entwicklung theilnahmen, eine große Verwirrung angerichtet. Man hat überhaupt auf die Schlagworte verzichten wollen und dabei gar nicht in Betracht gezogen, daß diese Richtungsnamen doch nur für das Publicum und für die Kritik erfunden wurden, nicht für den schaffenden Künstler. Man hat etwas anarchistisch Auflösendes in unserer

Kunst entdecken wollen – dem steht aber doch die Thatsache entgegen, daß wir in einer höchst productiven Zeit leben; der ästhetisirende Theoretiker ist in den Hintergrund gerückt, er kann mit dem schaffenden Künstler nicht mehr mitkommen. In solchen Zeiten der gesteigerten Productivität ist es sehr natürlich, daß die Künstler selber in ihren Schöpfungen ästhetisirende Themata zu Kunstwerken ausgestalten. Wir leben im Zeitalter der Programmkunst.

Wenn Alles zum Experiment drängt, wenn die Künstler fortwährend neue Darstellungsmittel und neue Compositionselemente entdecken wollen, so sind sie nur zu häufig gezwungen, ihrem Programmstandpunkte Worte zu verleihen. Die nüchterne theoretische Aussprache genügt dem schaffenden Künstler nicht, er will sein Programm in ganzen Kunstwerken zur sprechenden Erscheinung ausgestalten.

In einem Zeitalter des Experiments wird man täglich etwas überwinden. Man wird immer geneigt sein, seinen Standpunkt von gestern überwinden zu wollen, um zu neuen Höhen und Aussichtspunkten gelangen zu können. Wie ein hundertarmiger, tausendarmiger Riese strebt die heutige Kunst empor. Was man heute hält, läßt man morgen fallen, man spottet der festen Gesetze und verhöhnt diejenigen, die nicht genug Beweglichkeit besitzen, um der hastig vorwärtskletternden Kunst mit den Blicken folgen zu können. Entsteht aber eine derartige Entwicklungsfrische, so sind Programmwerke als Zeitillustrationen sehr wichtig – sie sind eine Art höherer Journalistik. In der Malerei finden wir solche Werke.

Der Rahmen eines Feuilletons gestattet allerdings nur, *ein Beispiel* anzuführen. Hermann Hendrich's neuestes vollendetes Gemälde „*Die blaue Blume*" scheint mir augenblicklich das beste Beispiel für die moderne Programm-Malerei zu sein.

Ich wüßte nicht, über wen ich lieber schriebe, als über Hendrich – ein journalistischer agitatorischer Zug verbündet mich mit ihm. Auch die phantastische Richtung seiner Themata reizt mich immer mehr und mehr – ganz gegen meinen Willen. Wenn man eine Persönlichkeit nur so ungefähr in großen Umrissen bezeichnen will, so kann man sagen: Hendrich ist ein Product von Wagner und Böcklin – so wie Goldschmidt ein Product von Wagner und Goethe ist …

Hendrich ist der Journalist unter den Malern – deßwegen reizt er alle Kritiker so heftig heraus – man kann über Hendrich viele Spalten und ganze Bogen schreiben. Jedes neue, gerade in der Luft liegende Thema greift Hendrich rasch auf. Er malt Geister und zwingt damit den Spiritismus in die Kunst hinein, das heißt die meisten seiner Geisterbilder tragen nur agitatorischen Charakter. Hendrich will Propaganda machen für eine neue Kunst. Und oft scheint ihm gar nicht daran zu liegen, daß er die hervorragenden Werke einer neuen Kunstepoche schafft. Hendrich ist Symbolist und Allegoriker, Phantast und Geistermaler, er componirt Fabelthiere und Wunderfarben – und vor allem Anderen will er immerfort zunächst nur die Programmwerke der neuen Kunst schaffen.

Und Hendrich's „blaue Blume“ ist wohl das beste Programmgemälde, das neuerdings geschaffen wurde. Es zeigt uns, daß der Künstler unserer Zeit das Theoretisiren nicht den Kritikern überläßt – der Künstler gestaltet heute seine Kunstwerke zu Theorien und seine Theorien zu Kunstwerken aus.

Das ästhetische Tendenzstück steht im vordersten Vordergrunde der neuen Kunst.

Das ist sehr natürlich – obschon diejenigen, die da glauben, daß die Geburt des Genies in einer ähnlichen Form vor sich gehe, wie die Geburt der Venus, das ästhetische Tendenzstück nicht für etwas „Natürliches“ halten werden.

Doch lassen wir diese Geburtsunkundigen. Mögen sie immerhin die bahnbrechenden Künstler für gedankenlos halten. Wenn man immer mehr ästhetische Programmwerke sehen wird, so wird man sich auch allmälig von der ästhetischen Bildung der schaffenden Künstler überzeugen. Die Ästhetik haben eben die Kritiker nicht für sich allein gepachtet.

Aber Hendrich's „blaue Blume“ ist ein Bild von mittlerer Größe. Wir sehen ein tiefdunkelblaues Meer – ein Gluthblau – darüber einen Himmel, durch dessen Wolken eine hellgrüne Mondscheibe hervorglänzt. Vor dem Meere sitzt auf braunem Gestein ein nacktes Weib, bekleidet nur mit spinnefeinem blauen Schleiergewebe, das lässig zerknittert an die weißen Beine sich anschmiegt. Man sieht dieses Gewand gar nicht, wenn man nur flüchtig hinblickt – der weißen Frauengestalt zu Füßen blüht die blaue Blume.

Was das Bild programmatisch zunächst sagen soll, ist ja klar – die blaue Blume ist die neue Romantik. Daß alle unsere modernen Kunstbestrebungen an die romantische Zeit anknüpfen, ist ja bekannt. Selbstverständlich sieht die blaue Blume unserer Zeit anders aus, als vor achtzig Jahren – manchen Künstlern erscheint sie schwarz, anderen hellgrün. Aber trotzdem bleibt sie doch immer „die blaue Blume“ – ein Symbol der Sehnsucht nach einer anderen, nicht realen Welt. Unsere Kunst will eben „jenseits von Mensch und Erde“ ein anderes, ein neues Reich entdecken …

Hendrich's Bild ist ein Programmwerk, dessen symbolischer Sinn wohl verständlich ist. Es gibt ja eigentlich in der Kunst nur zwei große Richtungen, eine ans Reale gebundene und eine frei mit der Phantasie componirende …

Dieser letzteren redet Hendrich das Wort. Wir leben eben nicht mehr in der realistischen Epoche – die kommt erst wieder im Jahre 1905 n. Chr.

Nun sehe ich aber in der Hendrich'schen Frauengestalt ein zweites „Anderes".

Wie diese Frau dasitzt und sich auf die Hände, nein, auf die Fingerspitzen stützt – das ist unbeschreiblich. Einem wird, als ginge ein elektrischer Strom durch die Finger, die Frau *fühlt* in den Fingern – ihr ganzer Körper fühlt. Das ist nicht musikalische, das ist *Gefühlsmalerei* – die Tastsinnempfindung wird dargestellt.

Man wird zugeben müssen, daß es bedeutsam und ein ganz neues Kunstziel ist, wenn der Maler Tastsinnempfindungen darzustellen oder zu erzeugen sucht.

Ich sehe hier sogar ein Suchen nach einer Centralsinnesempfindung. Der Tastsinn steht zum Centralsinn in innigster Beziehung. Beide Sinne könnten sogar dasselbe bedeuten. Denn schließlich ist das Auge und das Ohr doch auch nur auf Tastempfindungen zugeschnitten.

In diesem Auskosten des Tastsinnes liegt mir auch ein Suchen nach neuen, noch nicht entdeckten Sinnesorganen …

In der blauen Blume sehen wir auch das Blau in eine Beziehung zum Grün gebracht, diese Farbenzusammenstellung wirkt immer mystisch – vielleicht weil wir bei derselben so viel associative Vorstellungen bekommen, an die vielen Eindrücke denken, bei denen blauer Himmel und grüne Bäume mitwirkten …

Hendrich ist nicht mit den einfachen Sinneseindrücken zufrieden, er macht ständig heftige Propaganda für das Complicirtere. Deßhalb malt er auch so gern den Schaum der Meereswellen, der Gelegenheit bietet, uns ein Bild übereinanderliegender Flächen zu schaffen – dasselbe Streben, das die Inder mit durchbrochenen Elfenbeinarbeiten zu befriedigen suchen. Hendrich will sowohl mit den Schaum- wie mit den Geistergeschichten nur hinter den flächenartig wirkenden Sinneseindruck kommen – – – unsere heutige Kunst sucht eben „das Ding an sich" in einer ganz besonderen Art – nicht wie die Philosophen es thun – – – doch haben Künstler und Philosophen dieselbe Methode und dieselbe Grundlage – – – daher auch das Auftauchen tiefsinniger symbolistischer Allegorien etc. im Reiche der neuen Kunst, die sehr complicirt ist – was Vielen schon sehr unbequem geworden.

Die Künstler vom Jahre 1893 sprechen nur zu einem ganz erlesenen Publicum, deßwegen hat man diese Künstler „Décadents" genannt … Ja, ja – Bauernkunst ist's halt nicht.

11

Deutsche Phantasten in der Malerei

(Dezember 1893)

Die phantastische Kunstart ist nicht in einem kurzen Programm zu definieren; die Phantastik sieht bei jedem Künstler ganz anders aus. Und man könnte fast geneigt sein, für jeden einzelnen Phantasten ein besonderes Programm zu entwerfen. *Hans Thoma* entwickelte kürzlich in einem Gespräch über die Bedeutung des Goldgrundes, daß es doch die Hauptaufgabe des Künstlers sei, mit seinem Kunstwerk *nicht* den Eindruck eines Naturwerkes hervorzurufen – er bezeichnete sich dadurch ohne weiteres als einen Phantasiekünstler, den man aber auch zu den Phantasten zählen muß – denn er geht mit den empfangenen Sinneseindrücken ganz tollkühn um.

Thoma läßt seine Sensibilität nicht durch Natureindrücke, sondern durch Eindrücke, die Kunstwerke auf ihn ausüben, steigern. Und das zeitigt eine ganz neue kompliziert geistreiche Phantastik, in der symbolische Bedeutung mit tiefsinniger Poesie und kecken kapriziösen Gedankensprüngen einen unnachahmlich originalen Empfindungscharakter erzeugen. Thoma wendet mit vollem Bewußtsein allem Wirklichen verächtlich den Rücken; das hat neuerdings namentlich sein stilisiertes Ölgemälde „Mars und Venus" gezeigt. Da ist Mann und Weib, Wald und Wiese, Pferd und Kind – eben alles ganz anders als in der Natur. Man müßte sich sehr umständlich äußern, wenn man da den ganzen Empfindungszauber in seine einzelnen Teile zerlegen wollte. Man wird an alle möglichen älteren Gemälde erinnert – auch an neuere. Thoma hat seine Sinneseindrücke nur zum kleineren Teile von der Natur – er hat die Kunstwerke aller Zeiten auf sich als Sinneseindrücke wirken lassen. Er wirkt daher oft archaisierend, selten ursprünglich – aber ein Neues bietet er trotzdem, und dieses Neue ist so vielseitig infolge der komplizierten Natur der aufgenommenen Sinneseindrücke, daß man eigentlich die ganze Kunstgeschichte mit in Betracht ziehen müßte, wenn man das phantastische Programm Thomas schärfer charakterisieren wollte.*

* *Vorbemerkung der Redaktion.* Wir geben den nachstehenden Betrachtungen über einige der bedeutendsten unter der jungen Malergeneration gerne Raum, weil sie den die gesamte deutsche, germanische Kunstproduktion allmählich beherrschenden Zug zu neuen künstlerischen Idealen, das Aufstreben aus den Banden des Naturalismus kennzeichnen. – Wir teilen durchaus nicht alle Meinungen des Verfassers, da es sich jedoch nicht um eine *Kritik*, sondern um die Darstellung von Symptomen der Kunstentwicklung handelt, so glauben wir bei unseren Lesern Interesse für die nachstehenden Ausführungen erwarten zu sollen.

Klinger und *Stuck* haben ihre künstlerische Entwicklung anfangs zum allergrößten Teile dem Einfluß Böcklins zu verdanken gehabt. Sie sind daher den Phantasten ohne weiteres beizuzählen. Will man ihre wesentlichen Eigenschaften näher kennen lernen, so muß man den Einfluß Böcklins noch schärfer ins Auge fassen. Nur dadurch kann die schließlich jetzt entstandene Eigenart der beiden Künstler klar hervortreten.

Böcklin hat sich an den Hellenen gebildet, und sein künstlerisches Denken ist vornehmlich formal. Er hat daher auch zum Meißel gegriffen. Böcklin hat die formale Phantastik geschaffen. Er führt uns in das Reich der Kentauren und Satyrn. Die Gestalten der griechischen Mythologie plastisch greifbar durchzuführen und weiter auszudenken, ihnen ein eigenes phantastisches Leben einzuhauchen, – das ist das Hauptwerk Böcklins gewesen. Er hat dann die Fabelwesen noch wesentlich vermehrt und alle möglichen Teile von Tierleibern zu organisch-gebildeten Wunderwesen zusammengeschmiedet. – – Indessen die Farbenexperimente Böcklins waren dagegen nur Resultate einer willkürlichen Fortsetzung der einmal betretenen phantastischen Bahn …. Dieses formale Element in dem Altmeister hat Klinger vollkommen begriffen und daher auch in der farblosen Radierung die Böcklinschen Gemälde kongenial zur Geltung zu bringen gewußt.

Sowohl Klinger wie Stuck haben zeitweise, im Böcklinschen Geiste fortfahrend, plastische Kunstwerke geliefert; sie sind eben auch Vertreter der formalen Phantastik. Das ist besonders bei Klinger bemerkbar, dessen vor Jahren erschienene Broschüre „Malerei und Zeichnung" den formalen Künstler auf jeder Seite offenbart. Gleichzeitig finden wir in dieser so vielfach interessanten Broschüre einige Bemerkungen, die darauf hinweisen, daß Klinger wohl gern ein realistischer Künstler sein möchte, daß seine Natur ihm aber nicht die Zeit dazu läßt, daß er sich immer *schnell* äußern muß und daß er das nur mit dem Griffel des Radierers zu können glaubt. Die Radierung gestatte, so meint der Künstler, die kecke, frische Aussprache eines Gedankens in tendenziös-symbolischer Form, die Radierung verlange nicht die subtile Ausführung in allen Teilen wie das Gemälde …. kurzum, Klinger entschuldigt sich eigentlich, daß er nur ein formaler Phantast – und kein realistischer Maler sein kann. Damals, als die Broschüre entstand, waren alle Künstler noch so sehr in der realistischen Ästhetik befangen, daß es niemand wagte, zu opponieren.

Heute ist das schon ganz anders. Wir können alle die schönen Theorien vom Realismus für richtig halten und – dennoch Phantasten sein. Es kann eben kein Mensch gegen seine Natur. Wohl ist die Welt das Schönste und das Beste, das wir auf der Welt haben. Wir können immer nur mit den von der sogenannten Wirklichkeit empfangenen Eindrücken denken, wir können niemals über unsere fünf Sinne hinaus. Und in jedem einzelnen Sinneseindruck können wir auch Katharsis weckende Momente herauslesen. Das ist alles ganz richtig. Aber es verpflichtet uns kein Mensch und kein Gott, unsrer Phantasie fortwährend Zügel anzulegen. Wir können die alten Sinneseindrücke beliebig komponieren – und diese Komposition wird dann wenigstens als solche etwas Neues sein. Hieraus aber entsteht eine neue Kunst – eine Phantasiekunst, die der Wirklichkeitskunst gegenüber zu stellen ist als etwas andres – und zwar als etwas „wirklich" andres.

Daß die Phantasiekunst „wirklich" etwas andres zu schaffen vermag – das können wir besonders an Stuck sehen, dessen originale Kompositionen bahnbrechend wirken werden. Stuck ist *auch* formal, aber er ist frischer, heftiger, schneller, schwungkräftiger als der in sich gekehrte Klinger, der zum Archaisieren neigt und alles so gewaltig vertiefen und beseelen möchte, daß die rein künstlerische Expression darunter leiden muß. Stuck ist ein seines Wollens sich ganz bewußter Phantast. Klinger ist noch immer – fast Phantast wider seinen Willen. Klinger hält sich vielleicht für nachlässig, wenn er seiner phantastischen, zumeist auch satirisch grimmigen Stimmung in einer impressionistisch skizzierten Radierung freien Lauf läßt. Stuck dagegen forciert zuweilen einen Stimmungsausbruch. Zu beklagen ist nur, daß Klinger sowohl wie Stuck immer noch nicht kühn genug in ihrer Phantastik sind, und daß sie in letzter Zeit archaisierende Elemente in sich aufkommen lassen – als wenn nur in der hellenischen Mythologie die phantastische Laune frisch aufblühen könne. Gerade die formale Phantastik eröffnet uns eine weite große Perspektive. Wir haben noch keine Menschenleiber mit Krebsfüßen und Muschelohren, mit Schildkrötenhaut und Schlangenarmen in der Malerei gesehen und so viel andres, das denkbar ist, auch nicht – die Formenwelt der formalen Phantastik ist so endlos wie die alles umschließende Welt selbst. Böcklin, Klinger und Stuck haben erst die ersten Schritte in der phantastischen Formenwelt gethan … Sie haben aber den Weg zu den neuen Kunstzielen eröffnet, und das ist ein Verdienst, das den dreien niemand streitig machen darf.

Den Deutschen ist immer der Vorwurf gemacht worden, daß ihre Fähigkeiten zu viel formaler Natur wären. Der Vorwurf scheint denn doch nicht ungerechtfertigt zu sein. Wenn ich einen deutschen Farbenphantasten nennen soll, der ganz und gar mit seinem Anschauungsleben in der Farbe wurzelt – wie Cornelius in der Form – so wüßte ich nur *Hermann Hendrich* zu nennen;

Hendrich ist aber nicht ein so großer Farbenphantast, daß man über seinen Farben alles andre vergißt; er ist im Gegenteil eine sehr vielseitige Natur … Doch nehmen wir ihn zunächst als Farbenfanatiker! Da hat Hendrich hauptsächlich ein „Meerleuchten" gemalt, in dem das Wasser zu flüssigen Brillanten geworden ist, die Farbenpracht dieses bunten leuchtenden Meeres ist so berückend farbenschäumend, daß man unwillkürlich fühlt, wie der Künstler hier die Farben nur als Farben empfunden, und wie für ihn der empfindungserregende Reiz der Farbe schon auf der Palette dagewesen ist. Die Farben so zu empfinden, wie der Musiker die Töne – das ist in Deutschland nur selten einem Maler gegeben. Deshalb können wir heute von der reinen Farbenphantastik noch viel weniger reden, als von der Formenphantastik. Indessen Hendrich hat seit vielen Jahren verschiedene Arten von Phantastik in sich großgezogen. Er ging davon aus, daß die Wirklichkeit an sich für ihn keine Reize haben könnte. Er suchte daher *hinter* die Erscheinungswelt zu kommen – und er malte Geister, durch deren Leib man durchsehen konnte, er malte spritzende Schaummassen, durch die man dahinter sitzende Gestalten erkennen konnte. Kurzum, Hendrich wollte durch den Sinneseindruck hindurchblicken. Außerdem versuchte der Künstler, Landschaften so zu malen, daß sie zugleich etwas andres vorstellten – wie die „schlafende Brünhild", die gleichzeitig als Landschaft nur ein Gebirge mit Abendsonnenrot darstellt. Diese Sehnsucht nach dem Andren hat Hendrich auch zum Schattenmaler gemacht. „Nach Siegfrieds Tode" sehen wir unheimlich ernst die Schatten des Totenzuges an der Felswand vorüberziehen.

Dann malt Hendrich, der von Wagner und Böcklin zugleich beeinflußt wurde, mit Vorliebe nordische Sagengestalten und Drachen – riesige Ungeheuer – und Märchenstoffe versteht er auch ganz seltsam zu behandeln. Aber selbst in die Märchengebiete hinein verfolgen ihn die ungeheuren Riesenschlangen, die von seiner Phantasie nicht loszulösen sind. Indessen – alle diese scheinbar verschiedenen Stoffe entstehen nur aus der phantastischen Sehnsucht, das Andre darzustellen – die Schlange und der Lindwurm sind auch nur Symbole dieser Sehnsucht, die in Hendrichs „blauer Blume" den prächtigsten Ausdruck empfangen hat. Diese „blaue Blume" ist geradezu das Programmwerk der neuen phantastischen Kunst. In diesem Bilde, das eine Meernixe vor der eben gefundenen blauen Blume darstellt, ist gleichzeitig eine neue Gefühlsmalerei versucht. Es sind gleichzeitig Tastsinn-Empfindungen in dem nervösen Körper der Nixe zur Darstellung gebracht … Hermann Hendrich ist in seinem gesamten künstlerischen Streben, das in letzter Zeit auch symbolistische Motive zeitigt, ein ganzer

Phantast, der überall der Wirklichkeit entfliehen möchte, um in ein neues künstlerisch neuartig erregendes Empfindungsreich zu gelangen.

Da ist ferner *Exter,* der seine Empfänglichkeit durch ein fortwährendes Aufnehmen von Farbeneffekten steigerte und damit eine ungemein zarte, weichfühlende Sensibilität in sich erzeugte. – Exter mußte diese Sensibilität durch ganz freie Phantasiekompositionen auflösen; durch der Wirklichkeit entsprechende Bilder hätte Exter niemals eine Befriedigung seiner Natur erreicht. Dieselbe drängte unablässig nur zu den Perlmutterglanzfarben hin, wie sie ja eben nur durch Aufnehmen dieser irisierenden Perlmutterglanzfarben ihre eigentümliche Struktur empfangen hatte. Exter hatte eben bei allen Sinneseindrücken nur einen ganz bestimmten Kreis von Farbennuancen auf sich wirken lassen, nun mußten diese sich wieder in den Gemälden des Künstlers äußern; er nahm die sieben Regenbogenfarben, die's ihm an seinem Himmel angethan, und machte aus diesen sieben Farben ein Bild – und er bekümmerte sich nicht darum, ob diesem Bilde etwas in der sogenannten Wirklichkeit entsprach oder nicht. So ist es gekommen, daß jetzt eine Leinwand, auf der Exter ein paar Gänse malte, fast ebenso auf uns wirkt wie sein „Adam und Eva" betiteltes Gemälde. Der Stoff und seine Wirklichkeit verloren hier vollkommen ihre Bedeutung.

Exter hat durch die Kühnheit, nur eine beschränkte Farbenskala zu benutzen, eine ganze Reihe von höchst seltsam wirkenden Gemälden hervorgebracht. Alle zeigen Perlmutterfarben, und sie berühren den Beschauer mit prickelnder Zartheit, in der sich gleichzeitig eine wunderbar weich sich fühlende Schmiegsamkeit hervorthut. Es ist sehr interessant, bei Exter zu beobachten, in welchem Verhältnis die empfangenen Sinneseindrücke zu dem aus ihnen resultierenden Kunstwerke stehen. Der Künstler geht öfters am Meeresstrande, wenn sich die Abendwolken zu zeigen beginnen – da fesseln ihn dann natürlich die Spiegeleffekte, die sich auf dem von den Wellen angefeuchteten Sande immer wieder und wieder entfalten. Aus diesen Reflexstudien entsteht unter anderem ein Gemälde, das „*Die Welle*" genannt wird. Da sieht man nun die gleißenden Perlmuttertöne des Wellenstrandes über das ganze Bild zerstreut – alles ist in die weichen farbentrunkenen Spiegellichter getaucht – sowohl die Frauengestalt, die die Welle symbolisch verkörpert, wie die eigentlichen Meerwellen, wie der Himmel und der Sand – alles wurde in die Irisreize hineingewoben, die Sinneseindrücke wurden mit naivem Freimut durcheinandergeworfen – sodaß ein echtes Phantasienstück entstand, das nur demjenigen kein Rätsel ist, der die Produktionsweise des Künstlers ungefähr nachzufühlen vermag.

Ludwig von Hofmann will Gehörempfindungen in Farben umsetzen – schon an sich eine phantastische Idee .... solchen künstlerischen Absichten gegenüber kann man von Wirklichkeitskunst nicht mehr sprechen. Wenn der Künstler ein Maler ist und dabei von allen Ohrenempfindungen am meisten gereizt wird, dann wird ein Phantast aus diesem Maler; er muß es werden. Seine Sensibilität wurde durch Waldesrauschen und Pferdegetrappel, durch Wagenrollen und Windgesurr am meisten gesteigert, diese Ohrempfindungen müssen nun in seinen Gemälden wieder zum Ausdruck gelangen, damit sich die Sensibilität wieder lösen kann. Soll das aber geschehen, so ist an Gemälde vor der Natur – an Wirklichkeitsgemälde nicht mehr zu denken. Der Künstler muß dann ganz frei mit den Farben schalten und walten.

Man wird vor Hofmanns Gemälden unwillkürlich in eine lauschende, wartende Stimmung versetzt. Das liegt zum größten Teile daran, daß Hofmann die Ohren seiner Knaben und Frauen recht sichtbar dem Beschauer zudreht. Des Künstlers Gestalten horchen zumeist aufmerksam mit abwesenden Blicken in die Natur hinein. – Dadurch wird der Beschauer auch zum Horchen verleitet. Derartig hat schon Böcklin Gehörempfindungen zur Anschauung gebracht. Hofmann geht aber noch weiter – er setzt die Töne wirklich in Farben um – das sieht man gleich der ganzen unrealistischen Farbengebung an. Wenn man sich dem Empfindungsleben eines musikalischen Malers inniger zu nähern versucht, so wird man leicht begreifen, wie einzelne Farben schließlich einzelnen Tönen vollkommen entsprechen können, wie eine Melodie zu einem Gemälde werden kann u.s.w. Aber selbstverständlich ist dann auch der eigentümlich klingende phantastische Zug in diesen Gemälden. Vor einem Hofmann muß man die gesamte übrige Malerei vergessen,* denn da sind ja die einzelnen Farben von ganz andrer Bedeutung – die einzelnen Figuren sind da nur zur Unterstützung der Lautreize da. Eine Wiese soll eigentlich gar keine Wiese sein u.s.w.

Hofmann hat vielleicht monatelang das Getrappel der Pferdebahnpferde in sich aufgenommen – nun fängt er schließlich an zu malen – und da muß denn das Hufeklappern, das Klirren, Rasseln, Klingen und Knarren in Farben einen seltsamen Ausdruck annehmen. Wer die Produktionsweise des Malers nicht in Betracht zöge, würde seine Gemälde für vollständig unverständlich erklären müssen.

---

* Eine Zumutung, gegen die sich vielleicht mancher mit Recht auflehnen wird. D. Red.

Wir könnten noch so manchen Phantasten in der deutschen Malerei entdecken. Doch wir wollen hier nur noch *Theodor Heine* kurz erwähnen. Er hat den *„Gang zum Standesamt“* gemalt und damit in der diesjährigen Berliner Kunstausstellung das allergrößte Aufsehen erregt. Das Gemälde ist durchweg symbolistisch, selbst das Meer von schwarzen Schwänen hat seine symbolistische Bedeutung. Und wenn auf dem Stege, der zum Standesamt im Meere führt, die Frau mit dem Schwert dem Manne folgt, dem die Ziege vorangeht, so wirkt das alles wie eine moderne Allegorie. Der phantastische Zug in dieser Allegorie wirkt wie ein greller schneidender Spottruf. Dieses Heinesche Gemälde ist ein programmatisch zugespitztes Protestbild gegen den bislang herrschenden Realismus. Wohl haben wir die Phantasiekunst ganz gewiß nicht allein in allegorischen und symbolistischen Werken zu erblicken. – Das Reich der Phantasten ist viel viel größer als das der Symbolisten. – Diese jedoch werden stets den Phantasten beizuzählen sein.

Jedenfalls ist durch die vorstehenden Zeilen bewiesen, daß an Phantasten in der deutschen Malerei kein Mangel ist. Die Gegenströmung, die gegen den Realismus ankämpfen will, ist jedenfalls in der Malerei jetzt voll und ganz zum Durchbruch gekommen.

12
Die Prostitution des Mannes
(November 1895)

Anmerkung: Im Verlags-Magazin J. Schabelitz (Zürich) erschien Ende 1895 eine Broschüre von Johanna Elberskirchen „Die Prostitution des Mannes“ mit der Unterbezeichnung „Auch eine Bergpredigt – Auch eine Frauenlektüre“ und mit dem Motto „Und du wirst ein Ärgernis sein allen Frommen und Gottlosen“. Die Verfasserin sandte diese Broschüre auch an den Dichter Paul Scheerbart, der „der Sphinx von Lugano“ November 1895 folgendermaßen antwortete. Jedenfalls fand ich im Nachlaß diesen Briefentwurf, der für den großen Humoristen und „Antierotiker“ sprechen möge.

Alfred Richard Meyer

Sehr geehrtes gnädiges Fräulein!

Verbindlichsten Dank für die Zusendung Ihrer Broschüre. Ich habe sie sofort mit größtem Interesse gelesen. Anfangs erschien mir die ganze Geschichte sehr toll und grob – es reizte mich alles zum derbsten Spott

– verzeihen Sie, daß ich das so offen sage. Aber es muß einem Manne der Schluß auch als „starker Tabak“ erscheinen – die Frauen sind nicht das „zarte“ Geschlecht – das darf man nicht vergessen – sonst kann man Ihre Arbeit nicht lesen.

Indessen – hat man sich des öfteren gesagt, daß eine Frau ihrer Natur nach nicht anders als grob und roh sein *kann* – so ist man bald imstande, den guten Kern aus Ihrer Broschüre herauszuschälen.

Sie wollen nach meiner Meinung in erster Linie die primitive Betätigung des Sexualtriebes bekämpfen – das tu' ich auch – und wir sind einer Meinung!

Mir ist alles Erotische in tiefster Seele zuwider. Ich könnte, wenn ich gegen das „Weib“ schriebe, ebenfalls am Schlusse ausrufen – „bin ich doch unabhängig von Euch, bin ich doch *über* Euch –

Bin ich doch *frei* von Euch!“

Und in diesen Worten, die mir anfänglich wie ein lächerlicher Hohn auf die Weltgeschichte klangen, steckt mir der süße Kern Ihrer rauhen Broschüre.

Sie bekämpfen die Prostitution des Mannes! Das kam mir zuerst wie ein Kampf gegen Windmühlen vor – denn – verzeihen Sie – in den literarischen Kreisen Berlins, denen ich angehöre, kümmert sich kein Mensch um die Prostituierten. – Man spricht kaum mal von sexuellen Dingen – und tut man's, so tut man's so, daß die Sache höchstens ein wissenschaftliches Interesse erregen könnte. Würden Sie die besseren Kreise der Berliner Literatur, die allerdings für Frauen gewöhnlich nicht leicht zugänglich sind, kennen, Sie würden in Ihrer Broschüre nicht gleich so summarisch mit den Männern verfahren haben …

Auf Seite 23 sieht es so aus, als wollten Sie plötzlich in unlogischer Art eine Lanze für die wahre ehrliche „Liebe“ brechen – das machte mich sehr stutzig … die wahre Liebe soll *gelten?*

Das ist – erlauben Sie – nicht konsequent. Wenn Sie für die Abstinenz der „gebildeten Europäer“ sich begeistern, so dürfen Sie die platonische Freundschaft zwischen Mann und Frau, die immer auf höchst *un*platonische Geschichten zurückzuführen ist, nicht verteidigen – Sie dürfen nicht von den „Offenbarungen der höheren Liebe“ reden – das ist inkonsequent.

Am allerwenigsten dürfen Sie irgendeine gewöhnliche Art der Monogamie zu schützen suchen. Die Ehe ist für die „Unbedeutenden“ ganz gut – sehr notwendig –, aber die Differenzierten dürfen nicht an den gemeinen Geschlechtsgenuß denken – und hauptsächlich nicht an den, den sie „wahre Liebe“ nennen – dem nur die überflüssigen Nachkommen entspringen.

„Wahrhaft bedeutende Menschen" bedürfen keiner Nachkommen und verachten deshalb die eheliche und außereheliche „Brutanstalt".

Oder hab ich Sie mißverstanden? Halten Sie die Reden über die „Seele" (s. S. 24) wirklich für etwas „Differenziertes"?

Glauben Sie wirklich, daß jener „seelische" Verkehr zwischen Mann und Weib ganz besondere Kräfte und ganz außergewöhnlich erlebenswerte Empfindungen erzeugt? Ja?

Sie sagen S. 24, Zl. 5 „Wüßtet Ihr davon …"

Hm! Ich glaube *viel* davon zu wissen – und doch – ich kann's mir nicht denken, daß mir hundert seligste Augenblicke der Liebe einen einzigen Augenblick der dichterisch schaffenden Ekstase ersetzen könnten – jener Ekstase, in der ich „ganz besonders" *mehr* bin als Geschlechtstier … (Das Gehirn töten die Geschlechtsempfindungen – nicht?)

Ich glaube, Sie wollen *auch* mehr sein als Geschlechtstier – glauben Sie aber, die „reinen" Liebesstimmungen *sind* bereits *mehr* als geschlechtlich? Oh – Sie müssen mir davon erzählen – vielleicht empfindet *ein Weib mehr* – vielleicht ist das sexuelle Leben des Weibes tausendmal intensiver als das des Mannes – oder ganz anders – länger – dauernder – vor- und nachvibrierend … ich weiß ja nicht.

Aber ich möcht' es wissen – könnten Sie die differenzierteren Liebesempfindungen der Frau nicht dichterisch darstellen?

Ich will einige orientalische Frauengestalten schaffen, die teils religiös, teil sozial gewirkt haben sollen – und möchte daher so gern was vom Weibe wissen, was ich noch *nicht* weiß! Es ist nicht *Neugier.*

Doch anitzo ist's wohl genug! Sie sehen wohl, Sie haben mich nicht verletzt – hoffentlich verletzte ich auch Sie nicht – ich bin nur sehr *skeptisch* und gräßlich *radikal* – Halbes mag ich nicht!

Ich will in der Literatur besonders die Romane und Novellen vernichten und dafür Reinkünstlerisches – Höheres setzen – bin grober *Anti*erotiker – und würde eher Zyniker als Erotiker sein. In meinem letzten Buche, das bald hier bei Storm erscheint – schildere ich die Liebe zu einem weiblichen Wesen, das es nirgendwo wirklich gibt – die Liebe zu einem Wüstengeist – zu einem Idol. Es ist sexueller Illusionismus! Wenn Sie so freundlich sind – mir ein bißchen zu antworten – so schicke ich Ihnen die Bücher, die ich bisher veröffentlichte, zu. Da finden Sie das Antierotische, die Bekämpfung des ganzen Sexualsystems auf jeder Seite – sehr viel Neues!

Aber, bitte – schreiben Sie nur so *grob,* wie Sie wollen – ganz temperamentvoll!! Ich bin zwar ein sehr großer Freund der Liebenswürdigkeit

– aber wenn ich ganz radikal *anti*erotisch sein will – darf ich ja auch nicht einmal „Freund der Liebenswürdigkeit" sein! Deshalb entschuldigen Sie gütigst, daß an ein paar Stellen mein Ton etwas *hart* klang! *Pardon!*

Ich bitte Sie sehr um Verzeihung, daß ich auf solchen Blättern schrieb. Ich dachte jedoch – Ihnen einen ganz „raffinierten" Brief zu schicken und wollte alles noch mal *abschreiben* (ich bin manchmal Pedant).

Indessen – ich glaube, Sie zürnen mir nicht – es *sollte* wohl was „Berechnetes" herauskommen – es ging aber nicht – ich bin doch zu ehrlich …, wirklich!

Ich bin sogar so ehrlich, daß ich Ihnen die Versicherung geben kann, daß ich „eigentlich" ganz anders – schrecklich nichtswürdig und boshaft – schreiben wollte …, wirklich!

Daraus ist nun nichts geworden!

Ich würde mich sehr freuen, wenn Sie mir auch so ganz dem Moment nachgebend schreiben wollten – wie ich!

Eigentlich wollt' ich Sie auch auffordern, mit mir zusammen einen „literarischen Tugendbund" zu gründen – doch – die Geschichte – meint' ich halb im Spaß – halb im Ernst!

Ob ich nun *ganz* ehrlich bin?

Ich glaube, das ist *sehr schwer!* Sie müssen viel zwischen den Zeilen lesen.

Wenn ich ernsthaft bin – hab' ich immer gleich was Spaßhaftes hinter mir.

Doch bin ich scherzend – niemals ohne eine große Portion Ernst. Tatsächlich!

In jedem Falle bin ich voll Verehrung Ihrem Temperament gegenüber. Vieles, was Sie denken und was Sie bewegt – ist jetzt – namentlich unter den Frauen sehr modern. Mit den verbindlichsten, lustigsten Grüßen ganz

Ihr *Paul Scheerbart.*

Nachbemerkung: Selbstverständlich ist dieser Briefentwurf niemals zu einem abgesandten Brief geworden. Das „schrecklich Nichtswürdige und Boshafte" aber findet sich in zahlreichen Bleistiftnotizen, mit denen der übermütige Dichter jede Seite der Broschüre versah, die er den „Anfang der gesetzlichen Polygamie" nennt und der „agitatorisches Talent, nicht sehr differenziert – aber für den Kriegsruf sehr reif", zuerkennt. „Dies ist ein Buch, nach dessen Lektüre es sehr schwer fällt, keine Satire – auf die ‚weibliche Seele' zu schreiben. O, Hänne, mußt du Männer gehabt haben! – ich danke schön. Und du willst fein sein? Hanne! werd's!"

13
Entwürfe für die Zeitung *Vaterland*
(1903)

[Titelentwurf, mit Zeichnungen]
Der falsche systematisch erfundene Bericht
Das Vaterland.
Friedrichstr. Ecke Zimmerstr.
Erich Mühsam Paul Scheerbart

[Notizen, mit Zeichnung]
Der falsche systematisch erfundene Bericht
reguläre Kriegsberichterstattung.
- Revolutionsberichterstattung.
- Wissenschaft.
- Kunst.

Der falsche systematisch erfundene Bericht
evtl. Theater-Zeitung

Politik

Das neue und letzte Urteil im Hüssener-Process, das mit veritablem Hohne noch 7 Tage Festung zusetzt, ist von der gesammten Kulturpartei mit veritablem Jubel aufgenommen worden – da es ja ein köstliches Agitationsmaterial gegen den Militarismus bedeutet. Unsre Partei kann lachen. Wir kommen unentwegt in jeder Nummer unseres Blattes auf den Hüssener-Dolch zurück. Es lebe der Hüssener-Dolch! Hurrah! Hurrah! Hurrah!

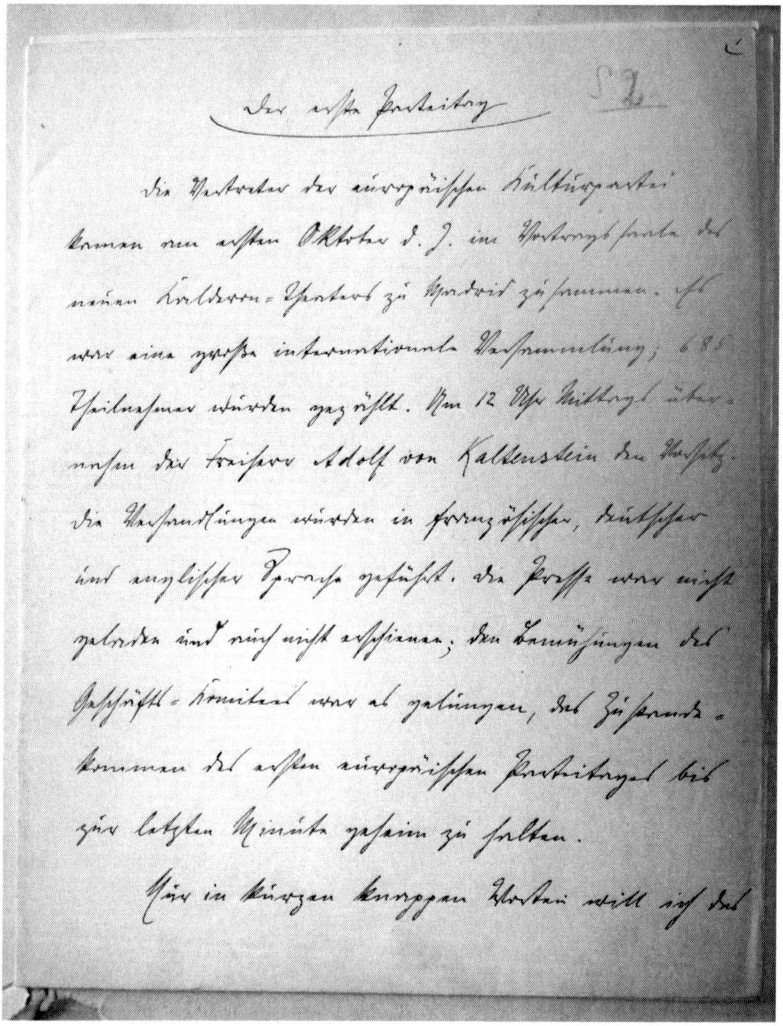
Der erste Parteitag
Die Vertreter der europäischen Kulturpartei
kamen am ersten Oktober d. J. im Vortragssaale des
neuen Kalderon-Theaters zu Madrid zusammen. Es
war eine große internationale Versammlung; 685
Theilnehmer wurden gezählt. Um 12 Uhr Mittags über-
nahm der Freiherr Adolf von Kaltenstein den Vorsitz.
Die Verhandlungen wurden in französischer, deutscher
und englischer Sprache geführt. Die Presse war nicht
geladen und auch nicht erschienen; den Bemühungen des
Geschäfts-Komitees war es gelungen, das Zusammen-
kommen des ersten europäischen Parteitages bis
zur letzten Minute geheim zu halten.
Nur in kurzen knappen Worten will ich das

Abbildung 4: PS: Manuskript *Parteitag*, Blatt 1, 1903 (Foto: Alexander N. Belarev)

Der erste Parteitag.

Die Vertreter der europäischen Kulturpartei kamen am ersten Oktober d. J. [des Jahres] im Vortragssaale des neuen Kalderon-Theaters zu Madrid zusammen. Es war eine große internationale Versammlung; 685 Theilnehmer wurden gezählt. Um 12 Uhr Mittags übernahm der Freiherr Adolf von Kaltenstein den Vorsitz. Die Verhandlungen wurden in französischer, deutscher und englischer Sprache geführt. Die Presse war nicht geladen und auch nicht erschienen; den Bemühungen des Geschäfts-Komitees war es gelungen, das Zustandekommen des ersten europäischen Parteitages bis zur letzten Minute geheim zu halten. Nur in kurzen knappen Worten will ich das Wichtigste von diesem ersten Oktober mittheilen:

Es kam gleich nach der Eröffnung der Versammlung zu einer tumultuarischen Scene; die Franzosen und Spanier riefen fortwährend: „Ecrasez l'infâme!" Und für das Infame erklärten sie den Militarismus. „Der Militarismus ist der Schandfleck der europäischen Kultur!" Das war das Schlagwort, dem ein Lärm folgte, der von einer elementaren Erbitterung zeugte. Die Vorschläge, die zum Niederschlagen des Militarismus in der ersten Erregung gemacht wurden, werden vorläufig nicht bekannt werden – sie ließen aber, soviel darf ich verrathen, an rabbiater Rücksichtslosigkeit nichts zu wünschen übrig.

Nachdem zwei Stunden hindurch die Hauptredner ihrer maßlosen Empörung über den kläglichen Verfall der europäischen Kultur Luft gemacht und alle Schuld dem Militarismus zugeschoben hatten, begann es ruhiger zu werden; einzelne Redner versuchten, in vorsichtigen Worten den Militarismus in Schutz zu nehmen. Es gelang aber nicht; es wurde allseitig konstatirt, daß der allgemeine Kulturverfall seit der Mitte des vorigen Jahrhunderts datire und einfach als Begleiterscheinung der militaristischen Entwicklung aufzufassen sei, Das „Ecrasez l'infâme!" gewann wieder die Oberhand.

Die weiteren Erörterungen über die Ursachen des Kulturverfalls ergaben jedoch nach einigen Stunden ein etwas anderes Resultat, das der Vorsitzende, Herr Baron von Kaltenstein, schließlich in den folgenden Worten zusammenfaßte:

„Diejenigen Herren, die mehr der Entwicklung der ~~socialistischen~~ demokratischen Gedanken, die auch erst um die Mitte des vorigen Jahrhunderts stark zu werden begannen, den europäischen Kulturverfall zuschieben, vergessen, daß der ~~Socialismus~~ Demokratismus auch blos wieder eine Begleiterscheinung des Militarismus ist. (Lebhafte Oho-Rufe.) Massenansammlung auf der einen und auf der anderen Seite. Solche äußerlich ähnlichen Erscheinungen hangen auch innerlich mit einander zusammen; der Militarismus schwebte eben niemals in der Luft, er hing immer mit einer Reihe andrer Lebenserscheinungen innig zusammen – der Militarismus kam auch – und nicht in letzter Linie – durch die rapide Entwicklung der Technik in die jetzige Höhe hinein. Wir haben also auch in der Technik etwas Kulturfeindliches zu erblicken."

Und nach dieser Rede standen denn bald ganz fest *drei* Kulturfeinde auf der Tagesordnung:

Der Militarismus.
Der ~~Socialismus.~~ Demokratismus
Die Technik.

Es geht nicht an, Alles, was über diese drei Kulturfeinde geredet wurde, hier in diesem kurzen Berichte zu berühren – nur das Folgende möge erwähnt werden:

Man kam darin überein, daß die Entwicklung der Technik, ohne es zu wollen, auch noch nach andren Seiten hin unheilvoll wirkte – die Ueberproduktion der mit der Elektricität arbeitenden Unternehmungen trug zu der wirtschaftlichen Kalamität bei – und die Förderung des Sports zur geistigen Kalamität.

Bei Erörterung des Sports wurde der Versammlungston abermals sehr heftig, und man beklagte lebhaft, wie durch Radfahrerei und Rennreiterei und durch die Automobilraserei – die Thätigkeit des Gehirns gelähmt sei. „Schon das alte Hellas ging", so sagte ein Italiener, „hauptsächlich durch die Pflege des Sports zu Grunde." Dem widersprachen Einige – aber im Allgemeinen mußte doch zugegeben werden, daß eine stärkere Muskelthätigkeit jederzeit eine schwächere Gehirnthätigkeit zur Folge habe.

Sodann wollten sehr Viele den ~~Socialismus~~ Demokratismus nicht als kulturfeindlich gelten lassen – und – und mußten doch zugeben, daß eine *Bevorzugung* des mechanischen, nur mit der Hand und im Auftrage Andrer arbeitenden Arbeiters (welche Bevorzugung doch jeder ~~socialen~~ demokratischen Bewegung in allen Gliedern liegt) nie und nimmer – eine Bevorzugung der Intelligenz, die doch allein die Kultur schafft, darstellen kann.

Ueber die Gemeingefährlichkeit des Militarismus waren aber schließlich Alle einer Meinung – und die Zornadern schwollen wieder mächtig unter den Sturmrufen des „Ecrasez l'infâme!" an – nach denen der Baron von Kaltenstein um 12 Uhr Nachts die Versammlung auflöste.

Demnächst mehr über die Fortsetzung!

C.W. ~~K.O.~~

Wissenschaft

Auf der Sternwarte zu Monte Carlo sind bei den Beobachtungen des letzthin sichtbaren Kometen photographische Aufnahmen gemacht, die bei mikroskopischer Untersuchung eine unendlich große Anzahl von Kometenbewohnern ans Licht gebracht haben. Wir sind die erste Zeitschrift, denen [!]

eine Abbildung dieser merkwürdigen ~~Bewoh~~ Kometenbewohner bringen dürfen. Die Sternwarte zu Monte Carlo bereitet einen [!] großes Werk vor, daß [!] eingehend über die mikroskopischen Untersuchungen der am Teleskope gewonnenen Photographieen berichten wird – mit zahlreichen Illustrationen. Die epochemachende Entdeckung macht in Gelehrtenkreisen ein ebenso großes Aufsehen wie seinerzeit die Röntgenstrahlen.

In der nächsten Nummer mehr darüber.

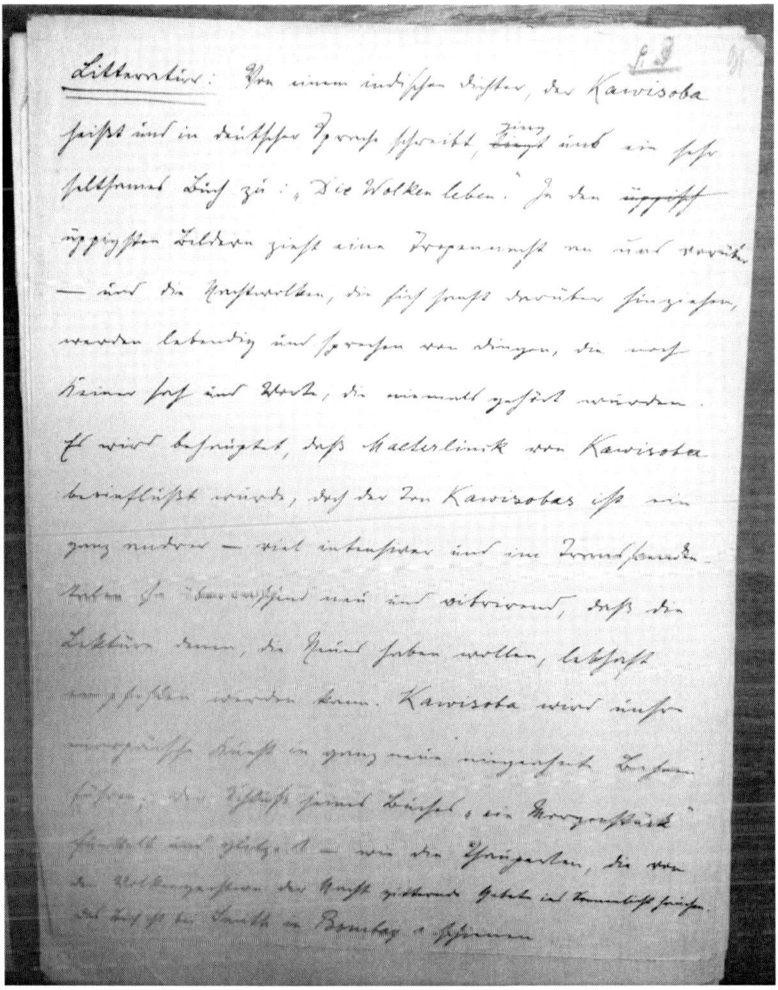

Abbildung 5: PS. Manuskript *Kawisoba,* 1903 (Foto: A. N. Belarev)

Litteratur:

Von einem indischen Dichter, der Kawisoba heißt und in deutscher Sprache schreibt, ~~liegt~~ ging uns ein sehr seltsames Buch zu: „Die Wolken leben". In den ~~üppisch~~ üppigsten Bildern zieht eine Tropennacht an uns vorüber – und die Nachtwolken, die sich sanft darüber hinziehen, werden lebendig und sprechen von Dingen, die noch Keiner sah und Worte, die niemals gehört wurden. Es wird behauptet, daß Maeterlinck von Kawisoba beeinflußt wurde, doch der Ton Kawisobas ist ein ganz andrer – viel intensiver und im Transscendentalen so überraschend neu und vibrirend, daß die Lektüre denen, die Neues haben wollen, lebhaft empfohlen werden kann. Kawisoba wird unsre europäische Kunst in ganz neue niegeahnte Bahnen führen; der Schluß seines Buches „ein Morgenstück" funkelt und glitzert – wie die Thauperlen, die von den Wolkengeistern der Nacht zitternde Gebete ins Sonnenlicht hauchen.

Das Buch ist bei Smith in Bombay erschienen.

Architektur:

Eine Berliner Aktiengesellschaft hat ~~den Bau schwimmender Hotels~~ die Absicht, eine Anzahl *schwimmender Hotels* zu erbauen. Diese schwimmenden Hotels, ~~die durch Schleppdampfern auf den Hauptströmen Deutschlands sollen~~ die zunächst auf den Hauptströmen Deutschlands fahren sollen, werden der Physiognomie der deutschen ~~Haupt~~Städt~~en~~ einen besonderen architektonischen Reiz verleihen und später auch durch den ständigen Wechsel ihres Aufenthalts ~~auch~~ die größeren ~~Seepr~~ Seelandschaften neuartig beleben. Die architektonischen Entwürf~~en~~ dieser transportabelen Paläste werden im Frühling 1904 in Berlin ausgestellt werden. Denen, die eine eigenartige Sommerfrische den bereits bekannteren vorziehen, dürfte diese Nachricht sehr willkommen sein; und nur die Badedirektionen ~~als peinliche peinliche Concurrenzerscheinung nicht sehr wünschenswerth vorkommen.~~ dürften bedenklich die Köpfe schütteln – was nicht verwunderlich wäre.

Abbildung 6: PS: Manuskript *Kawisoba,* 1903 (Foto: A. N. Belarev)

14
Der Verein zur Förderung der ausländischen Literatur
(August 1904)

Vor einigen Tagen hat sich hier in Berlin ein Verein gebildet, der die Absicht hat, die ausländische Literatur in Deutschland tatkräftig zu unterstützen und zu fördern.

„Es ist ja eine bekannte Tatsache," heißt es u. a. in einer Prospekterörterung, „daß es in Deutschland eine Literatur im eigentlichen Sinne nicht mehr gibt; ‚deutsche' Romane, Dramen usw. werden in Deutschland nicht mehr geschrieben. Damit nun in deutschen Landen das Interesse für die Literatur nicht ganz und gar erstirbt, ist es Pflicht jedes Deutschen und jeder Deutschin, denen an der Erhaltung der deutschen Kultur etwas gelegen ist, die ausländische Literatur zu fördern."

Jeder, der die einschlägigen Verhältnisse kennt, wird diesen Ausführungen des Prospekts mit herzlicher Freude zustimmen; die Förderung der ausländischen Literatur ist allgemach in Deutschland ein tiefempfundenes Bedürfnis geworden.

„Es wäre aber verfrüht," heißt es im Prospekt an anderer Stelle, „wenn man glauben möchte, der ausländischen Literatur wäre durch gute Übersetzungen, gute Kritiken, gute Inserate usw. heute schon in der richtigen Weise gedient. So leicht ist leider das deutsche Publikum für eine ausländische Angelegenheit nicht zu erwärmen; da müssen schon schärfere Reizmittel in Aktion treten."

Mit Spannung hielt ich inne, als ich so weit gelesen hatte, und ich flüsterte leise und schwermütig:

„Ja, ja! Wie schwer ist es, den Deutschen klar zu machen, daß die Interessen des Auslandes nicht vernachlässigt werden dürfen, wenn die Interessen des Inlandes gedeihen sollen."

Dann las ich mit Spannung weiter in dem mir vorliegenden interessanten Prospekt:

„Durch das allmähliche Einschlummern der deutschen Literaturbestrebungen, die in den letzten Jahren eigentlich vollkommen verschwanden, ist dem deutschen Publikum das Interesse und leider wohl auch das Verständnis für literarische Angelegenheiten abhanden gekommen. Es handelt sich also zunächst darum: das Abhandengekommene langsam wieder zurückzubringen. Und um dieses zu bewerkstelligen, muß man in durchaus volkstümlicher Weise vorgehen. Volkstümlich ist nun immer in erster Linie alles Persönliche gewesen. Es würde also darauf ankommen, die

Vertreter der ausländischen Literatur nach Deutschland zu befördern und hier dem Volke zu zeigen und persönlich näher zu bringen. Leider sind die Bestrebungen unseres Vereins nach dieser Richtung hin als gescheitert zu betrachten. Die Herren behaupten zumeist, sie würden in ihrer Heimat so innig und herzlich und in so gemüterfrischender Weise verehrt, – daß ein Verlassen der heimatlichen Ovations-Atmosphäre ihrer Gesundheit nachträglich sein könnte. Unser Verein hat nun gleich geschrieben, daß er um alles in der Welt nicht eine Gesundheitsschädigung der ausländischen Literaturvertreter beabsichtige, – und daß er demnach (hier fieberte ich vor Spannung) durch die Schauspielkunst Ersatz schaffen wolle."

Da der Prospekt jetzt sehr umständlich wird, so will ich nur in kurzen Worten zusammenfassen, was man eigentlich beabsichtigt:

Man will in Berlin einen großen Saal mieten und in diesem Saal auf allen Seiten kleine Zimmer anbringen, in denen die einzelnen Literaturvertreter des Auslandes von deutschen Schauspielern dargestellt werden sollen, – in ihren einfachsten häuslichen Lebensäußerungen. So soll der alte Ibsen besonders bei seiner Morgen-Toilette dargestellt werden, zu deren sorgfältiger Herstellung er bekanntlich drei und eine halbe Stunde braucht. Der Graf Tolstoi wird im Kreise seiner Familie – oder durch ein panoramaartiges Fenster beim Kartoffelpflanzen gezeigt. Maeterlinck wird mit seiner Theatertruppe vorgeführt und außerdem in geschäftlichen Gesprächen. Strindberg wird mit der Kaffeemühle und mit seinen sämtlichen Frauen zur Darstellung gelangen usw.

Es läßt sich nicht leugnen, daß ein derartiges gemütlich-joviales Näherbringen der Persönlichkeiten mit Hilfe von deutschen erstklassigen Schauspielern das Interesse des deutschen Publikums in lebhaftestem Maße erregen dürfte.

Dieses ist der einzig-richtige Weg, ins Publikum zu kommen, – die durchaus dramatische Idee des neuen Ausländer-Vereins ist einfach bahnbrechend auf diesem Gebiete.

Das Publikum will besonders eine Befriedigung seines Gemütes, und dem muß Rechnung getragen werden. Man bedenke nur, wie instruktiv und stilbildend es wirken muß, wenn schon die Schüler der höheren Lehranstalten den ausländischen Dichtern beim Arbeiten, Essen, Trinken, Rauchen und beim Disput mit guten Freunden und Hausgenossen zuschauen und zuhören dürfen! Das ist ja gleich eine Förderung der Sprach- und Sittenkenntnisse. Das heißt: eine Literatur dem Volke näherbringen!

Der tote Buchstabe des gedruckten Buches *kann* ja gar nicht so eindringlich wirken, – wie die dramatische Vorführung der Autoren.

Und so werden wir in der kommenden Saison wieder einmal vor literarischen Ereignissen stehen.

Leider ist der Verein noch nicht in der Lage, so viele Schauspieler zu engagieren, wie nötig sind, da doch in dem gemieteten Saale allabendlich mindestens zwei Dutzend Ausländer theatralisch dargestellt werden sollen.

Aber da sieht man wieder, wie liebenswürdig und neidlos diejenigen sind, die mal vor Jahren das bildeten, was man deutsche Literatur benamset hat: fast ausnahmslos haben sich diese Herren bereit erklärt, die ausländische Literatur in ihren häuslichen Funktionen – besonders im Essen, Trinken, Rauchen und Schlafen – in den richtigen Masken und in den richtigen Gesten dem deutschen Publikum vorzuführen.

Ich selber habe mich ebenfalls bereit erklärt, überall schauspielerisch mitzuwirken; der gute Zweck sollte auch diejenigen, die noch etwas zögernd im Hintergrunde stehen, veranlassen, ebenfalls im Vordergrunde zu erscheinen.

Das Bureau des Vereins befindet sich Berlin W., Lützowstr. 1a.

Für die ersten drei Vorstellungsabende sind Eintrittskarten nicht mehr zu haben.

Das Nähere wird an den Anschlagsäulen zu lesen sein.

Dem Unternehmen ist jedenfalls eine gedeihliche Weiterentwicklung zu wünschen; es ist ja nicht unmöglich, daß man sich später mal, wenn es so weit ist, entschließen könnte, auch die deutsche Literatur in der oben geschilderten gemütvollen Art vorzuführen.

Damit es aber soweit kommt, muß erst einmal eine deutsche Literatur wieder da sein, was ja – wie alle Beteiligten wohl wissen – heute noch nicht der Fall ist.

Aber gerade darum ist es nötig, den „Verein zur Förderung der ausländischen Literatur“ tatkräftig zu unterstützen.

15
Die Tränen des heiligen Laurentius
Ein Nachtgespräch

(August 1904)

Es war in Padua – im August des Jahres 1901.

An der Mittagstafel eines paduanischen Hotels hatte ich einen Astronomen kennen gelernt.

Und dieser Astronom – ein Dr. Zahn aus Konstanz – leitete gerade die Sternwarte eines verreisten Fürsten. Und da gerade die Tränen des heiligen Laurentius als Sternschnuppen sichtbar wurden, so fragte ich den Astronomen, ob ich ihn nicht des Abends auf seiner Sternwarte besuchen könnte.

Die Antwort, die ich erhielt, war nicht gerade sehr einladend – denn der Herr Doktor litt an einer nervösen Heftigkeit.

„Glauben Sie," rief er scharf, „daß Sie Ihre Kenntnisse auf meiner Sternwarte bereichern werden?"

„Nein," versetzte ich ruhig, „ich bin nur überzeugt, daß Sie da oben eine gute Aussicht haben."

Darauf sagte er nichts weiter; er lud mich nur mit sehr kühlen Worten ein, ihn des Abends um 10 Uhr auf seiner Sternwarte zu besuchen.

Und ich folgte der Einladung.

Und ich hatte es nicht zu bereuen; der Herr Doktor hatte Münchener Bier auf Eis und befand sich in einer Laune, die mich in Bewegung brachte.

„Seien Sie froh," sagte er, „daß Sie nicht Astronom sind; die Astronomie ist eine Wissenschaft, die den gutmütigsten Menschen zum wahren Satan machen muß. Wissen Sie, was wir wissen?"

Ich verneinte die Frage, und er fuhr fort: „Ich weiß es momentan auch nicht zu sagen. Aber viel ist es wirklich nicht – sonst würde ich's nicht so oft vergessen."

„Ich möchte", warf ich ein, „nur das wissen, was man von den Sternschnuppen und Meteoren weiß – und welchen Zusammenhang diese mit den Kometen haben."

Da sprang der Doktor Zahn von seinem Stuhl auf und rannte in dem Laboratorium herum wie ein Tiger in seinem Käfig.

„Kommen Sie hinaus auf unser großes Dach!" rief er dann heftig.

Und wir gingen hinaus und setzten uns auf dem großen Dach in bequeme Korbsessel; der Diener brachte das Bier und die Zigarren auch heraus.

Da saßen wir denn unter der Milchstraße und unter den funkelnden Sternen. Die Luft war warm. Von Zeit zu Zeit flog ein Meteor durch den Sternenraum. Wir rauchten und tranken und sahen hinauf.

„Wissen Sie," sagte der Dr. Zahn, „manche Leute tun so, als wäre es längst bewiesen, daß alle Sternschnuppen Meteore seien."

„Ich dachte doch," erwiderte ich, „daß verschiedene Meteoritenfälle gleich nach dem Aufleuchten einer Feuerkugel beobachtet wurden."

„Ganz richtig," versetzte der Dr. Zahn grinsend, „ich glaube schon, daß ein Dutzend Meteorfälle im Zusammenhange mit Feuerkugeln steht. Aber soll ich deswegen auch glauben, daß sämtliche Sternschnuppen ganz einfach Meteorfälle sind?"

Ich war etwas verblüfft, und er fuhr fort:

„Haben Sie denn gar nicht beachtet, daß alle die Berichte, die wir von Meteorfällen besitzen, immer mit sehr glänzenden, stark leuchtenden sogen. ‚Feuerkugeln' in Zusammenhang gebracht werden? Sind denn diese Feuerkugeln, die oft blaue, grüne und rote Farben zu gleicher Zeit zeigen, identisch mit den gewöhnlichen Sternschnuppen? Was ganz anders aussieht, wird doch wohl auch was anderes sein."

Ich trank langsam ein volles Glas aus, ohne abzusetzen, trocknete mir meinen Schnurrbart mit meinem Taschentuch ab und sagte.

„Schön! Demnach haben wir in den Sternschnuppen noch mehr zu sehen als einfache Meteore!"

„Bombensicher!" versetzte der Dr. Zahn.

„Aber", meinte ich zögernd, „die Zahl der Meteoritenfälle, die beobachtet wurden, soll doch eine größere sein – man man spricht doch von tausend beglaubigten."

„Das ändert doch", gab der Doktor zurück, „an der ganzen Sache gar nichts. Andererseits behauptet man doch mit Recht, daß die Erde täglich mehrere Millionen Sternschnuppen zu sehen bekommt. Was bedeuten dagegen tausend in hundert Jahren beobachtete Meteoritenfälle! Ich bestreite ja gar nicht, daß ein kleiner Teil der Sternschnuppen sehr wohl mit kompakten Meteoren identisch ist. Aber der größere Teil der Sternschnuppen muß eben einer *nicht* kompakten Masse entsprechen. Sonst würden doch viel mehr Aerolithe herunterkommen müssen. Wir nehmen an, daß wir auf der ganzen Erde täglich zehn Millionen Sternschnuppen beobachten könnten – andrerseits können wir aber nur annehmen, daß täglich höchstens fünf Meteorsteine den Erdboden erreichen. Glaubt man also, daß täglich zehn Millionen Meteoriten weniger fünf in der Erdatmosphäre verdampfen? Oder glaubt man, daß die meisten Meteore ungefähr fünfzehn Meilen über dem Erdboden zu glühen beginnen und dann weiterfliegen, ohne von der Erde angezogen zu werden? Mein verehrter Herr, die Hypothesen der Astronomie sind noch zu simpel. Der Astronom nimmt immer noch an, daß die ganze Welt nur die Elemente kennt, die auf der Erde entdeckt worden sind. Ach nein! Die Welt ist eben immer noch viel komplizierter, als wir annehmen. Und deswegen können wir auch von den Sternschnuppen durchaus nicht behaupten, daß sie sämtlich Meteore sind – oder aber: wir müßten den Begriff ‚Meteor' wesentlich erweitern und unter diesem Begriffe nicht bloß die kompakten Stein- und Eisenmeteore verstehen, die wir auf der Erde sehen und betrachten können. Wenn wir den größeren Teil der Meteore für Gas-Meteore halten möchten – das ginge schon eher. Dann könnten wir aber auch annehmen, daß viele Sternschnuppen aus einer uns vollkommen unbekannten Äthermasse bestehen – und dann können wir in den Sternschnuppen auch noch *ganz* andere Stoffkompositionen erblicken, von deren Natur wir nicht die blasseste Ahnung besitzen. Wenn wir in den meisten Sternschnuppen Weltgebilde erblicken, die uns total unbekannt sind – dann dürften wir wohl das Richtige treffen. Wir kommen eben in der Astronomie immer wieder zu dem großen Unbekannten – so daß es einfach komisch wirkt, wenn man die Astronomie eine Wissenschaft zu nennen wagt."

„Ich bin aber", sagte ich nun ruhig, „eigentlich stets sehr entzückt, wenn die Wissenschaft als solche sich blamiert und nicht weiterkann. Dadurch wird doch die Großartigkeit und Vielseitigkeit der sogenannten Welt immer deutlicher. Würde alles so einfach sein, wie die Wissenschaft scheinbar möchte, so würden wir alles bald begreifen lernen – und was man bald begreifen lernt, schätzt man bald nicht mehr sehr hoch ein."

„Nieder mit der Wissenschaft!" schrie der Doktor danach höchst lebhaft – und ich mußte plötzlich darüber so laut und lange lachen, daß sich mein Wirt verlegen hinter den Ohren kraute und leise sagte:

„Warum lachen Sie denn so – herausfordernd?"

„Weil Sie", erwiderte ich, „doch von der ‚Wissenschaft' leben – und weil es Ihnen eigentlich gar nicht Ernst mit der Verachtung Ihrer Wissenschaft ist. Sie wollen wohl bloß neue Momente in den Vordergrund bringen. Und das ist mir natürlich sehr interessant. Halten Sie denn diese Tränen des heiligen Laurentius – diese Perseïden – nicht auch für Kometentrümmer?"

„Aber", rief er rasch, „nicht für ‚massive' Trümmer, da die Kometen natürlich noch viel komplizierter sind als all die anderen Weltgebilde."

„Warum?" fragte ich.

„Nun," rief er heftig, „die Kometen kommen aus weiten Fernen zu uns. Und es ist doch natürlich, daß das, was weit her ist, anders aussieht als das, was uns immer näher blieb. Außerdem: daß verschiedene Sternschnuppenschwärme in einer Bahn zu finden sind, in der sich auch ein Komet bewegt, das beweist doch noch nicht, daß dieser Komet aus demselben Stoffe besteht wie der Sternschnuppenschwarm; in der Erdbahn könnten sich doch noch ebenfalls andere Körper bewegen – ohne aus ‚irdischen' Stoffen zu bestehen."

„Wie denken Sie denn", fragte ich jetzt unruhig, „über diese Perseïden, die man die Tränen des heiligen Laurentius nennt?"

Da ward der Herr Dr. Zahn aus Konstanz ganz traurig und ließ das Kinn auf die Brust fallen und seufzte und sprach dann leise:

„Wie auch Sie schließlich so gedankenlos fragen können – das begreife ich nicht. Ich dachte, ich hätte mich deutlich genug ausgedrückt. Ich halte die Perseïden für himmlische Gebilde, über deren Natur wir nicht unterrichtet sind."

„Ja," versetzte ich lebhaft, „ich glaube aber annehmen zu können, daß Sie die Perseïden mit dem Kometen vom Jahre 1862 in einer ganz besonderen Art in Zusammenhang bringen."

Da lächelte er und sagte:

„Ich besitze das Tagebuch eines alten Kapuziners. In diesem Tagebuch steht etwas über die Perseïden, was Sie vielleicht interessieren dürfte."

Ich war neugierig, und er ließ das Tagebuch holen. Der Diener mußte ein paar Kerzen anstecken, und der Astronom las mir folgende Tagebuchzeilen vor:

„Ich, der ich ein alter Kapuziner bin, kann die Manieren der Wissenschaftsleute nicht ausstehen; diese bilden sich so viel ein – als hätten sie eine Ahnung von der Größe der Welt. Die Leute tun so, als wäre der einfache Volksglaube, der z. B. in den Perseïden die Tränen des heiligen Laurentius erblickt, ein vollendeter Unsinn. Und dabei wissen wir von der Natur dieser Perseïden ebensowenig – ach nein: noch weniger! – als von der Natur des Sterns, auf dem wir leben, und den wir Erde nennen. Warum sollen die Perseïden *nicht* Tränen sein? Könnte jener Sternschnuppenschwarm, der in der Bahn des dritten Kometen vom Jahre 1862 dahinsaust, nicht ein großer Geist sein, der alljährlich die Erde berührt und die Entwicklung des Menschengeschlechtes verfolgt? Und – *wenn* er das täte, müßte er dann nicht Tränen vergießen über die fürchterliche Langsamkeit dieser Entwicklung? Wahrlich – wer in den Perseïden Tränen sieht, ist wohl noch geistreicher als der, der in diesen Sternschnuppen nichts als glühende Steine sieht. Die Welt besteht aber nicht bloß aus materiellen Klumpengebilden – es gibt auch noch feinere Substanzen mit feineren Gebilden."

„Ah!" rief ich. „Die Anschauungen dieses alten Kapuziners darf ich wohl mit Ihren eigenen Anschauungen in Zusammenhang bringen, nicht wahr?"

„Das können Sie!" sagte Dr. Zahn gutmütig.

Und danach schwiegen wir, tranken das Münchener Bier, rauchten unsere Zigarren und blickten hinauf in die Milchstraße hinein und zu den anderen Sternen.

Und aus dem Sternbilde des Perseus kamen immer wieder unzählige Sternschnuppen heraus und zogen in glänzenden Streifen durch den Weltenraum.

„Vielleicht sind's lebende Wesen aus einer anderen Substanz!" sagte der Dr. Zahn.

Und ich erwiderte leise:

„Vielleicht – ist die Sache noch komplizierter."

Da nickte der Dr. Zahn aus Konstanz, und im Osten zeigten sich rötliche Wolken.

Und die Sterne verblaßten – es wurde auf der Erde wieder Tag.

16
Die sichtbaren Bewohner anderer Weltkörper
(August 1904)

„Es gibt schon", sagte der alte Herr Bahrendorff, „viele Wesen auf der Erde, die sich mit den Bewohnern anderer Weltköper unterhalten."

„Darüber", versetzte ich schnell, „möchte ich gern Näheres hören."

Der alte Herr Bahrendorff sagte darauf leise:

„Das glaube ich schon."

Und danach mußte ich die alte große Wasserpfeife stopfen.

Herr Bahrendorff war mein Onkel und ein großer Sonderling, mit dem kein Mensch gerne zusammenkam, da er furchtbar grob sein konnte.

Sein Wohnzimmer – er lebte ganz allein – sah stets wie eine alte Trödelbude aus; da lagen überall Bücher, Kleider, Tabaksrollen, Kochtöpfe, Chemikalien, Skripturen auf einander. Doch der alte Herr wußte, *wo* alles lag, und behauptete, daß seine Ordnung die schönste Ordnung der Welt sei.

Der Staub lag auf manchen Büchern fast fingerdick, doch mein Onkel liebte diesen Staub und pflegte oftmals zu bemerken:

„Wenn man nicht in seinen Zimmern wie ein Hanswurst herumspringt, so bleibt der Staub ganz still liegen, wo er liegt, und tut keinem Menschen ein Leid an."

Als wir nun beide aus langen Schläuchen rauchten, daß das Wasser nur so knatterte, sprach mein Onkel folgendermaßen zu mir:

„Die Atmosphäre der Sonne, die dem, was wir Erdatmosphäre nennen, entspricht, wird, wie Du wohl weißt, Chromosphäre genannt. Diese ist über tausend Meilen hoch und nicht so ruhig wie die Erdatmosphäre und uns auch nicht so bekannt wie die Sphäre, in der wir atmen, da die Chromosphäre ein Element besitzt, das uns gänzlich unbekannt ist und dort eine Rolle spielt, die uns auch gänzlich unbekannt ist. In dieser über tausend

Meilen dicken Atmosphäre sehen wir jederzeit die sogenannten Protuberanzen, die sich zuweilen über fünfzehntausend Meilen hoch emporranken, – also aus der Chromosphäre herauskommen und in die Corona hineinragen. Die Corona ist die äußere Sonnenatmosphäre, die zwei- bis dreihunderttausend Meilen dick ist. Die Corona ist uns auch ein unbekanntes Reich, da in dieser Corona ein Element zu finden ist, das wir Coronium nennen, ohne eine Ahnung von seinen Eigenschaften zu haben. Kurzum: die Protuberanzen leben in der Sonnenatmosphäre. Sie leben, sage ich!"

Ich hörte zu rauchen auf und sah meinen Onkel lange an und sagte dann leise:

„Man nimmt doch an, daß diese Protuberanzen vulkanische Eruptionen sind – und daß sie mit den Sonnenflecken im Zusammenhange stehen."

„Stehe Du", sagte der alte Herr, „zunächst auf und mach' uns etwas Zitronenlimonade zurecht. In der Küche findest Du alles. Du weißt ja Bescheid."

Ich stand auf und tat, wie er wollte.

Und als wir nun getrunken, begann ich wieder zu rauchen und war neugierig, was jetzt kommen würde.

„Die Sonnenflecke", sagte mein Onkel, „sehen wir nur in ganz bestimmten Zonen auf der Oberfläche der Sonne. Dagegen finden wir die Protuberanzen überall. Demnach ist es doch ausgeschlossen, daß die Sonnenflecke einfach Kraterbildungen sind, aus denen die Protuberanzen herausgeschleudert werden. Wenn die Protuberanzen auch dort erscheinen, wo niemals Sonnenflecke zu sehen sind, so können doch die Sonnenflecke und die Protuberanzen *nicht* im Zusammenhange stehen. Es ist doch ganz unlogisch, zwei Dinge zusammenzubringen, die man an tausend Stellen nicht zusammen sieht."

„Das gebe ich zu," sagte ich schnell, „nun sage mir nur: wofür hältst Du denn die Protuberanzen? Lassen wir die Sonnenflecke ganz fort, wenn sie mit den Protuberanzen nichts zu tun haben."

Mein Onkel trank feierlich ein Glas Limonade, räusperte sich und sprach langsam:

„Ich halte die Protuberanzen für Lebewesen, die in der Sonnenatmosphäre leben – so wie die Menschen in der Erdatmosphäre leben. Aber – um Dich gleich völlig aufzuklären: auf der Erde entsprechen den Protuberanzen nicht die Menschen, – sondern – die – Nordlichter!"

Ich hörte abermals zu rauchen auf und rief lachend:

„Lieber Onkel, das ist ein bißchen zu viel auf einmal. Einerseits soll ich im Handumdrehen begreifen, daß die Protuberanzen wirkliche Lebewesen und nicht bloß Kratereruptionen sind, – und dann soll ich auch noch gleich begreifen, daß die Nordlichter ähnlich geartete Wesen sind? Das ist zu viel für mich."

Mein Onkel lächelte, rauchte ruhig weiter und sprach dann nach einer Weile:

„Was wirst Du aber erst sagen, wenn ich behaupte, daß sich die Protuberanzen mit unseren Nordlichtern unterhalten? Ich sagte doch gleich anfangs, daß es auf der Erde Wesen gibt, die sich mit Bewohnern anderer Weltkörper unterhalten. Diese Wesen auf der Erde sind unsre Nordlichter: sie unterhalten sich mit den Protuberanzen der Sonne."

Da sprang ich auf und lief im Zimmer herum und schlenkerte mit den Beinen.

„Spring' doch", rief mein Onkel, „nicht wie ein Hanswurst in meinem Wohnzimmer herum – Du wirbelst ja den Staub auf."

Ich bat um Entschuldigung, trank ein Glas Zitronenlimonade und setzte mich wieder.

„Du, Onkel," rief ich dann heftig, „die Nordlichter sehen aber doch ganz anders aus als die Protuberanzen. Wenn zwei Dinge ganz verschiedene Gestalt haben, so kann man sie doch nicht für ähnlich halten – und unterhalten können sie sich dann doch auch nicht. Wie machen sie denn das?"

Da wurde mein Onkel ebenfalls heftig und sagte:

„Köstlicher Einwand! Die Nordlichter siehst Du von der Erdoberfläche aus – Du stehst selbst in der Atmosphäre, in der die Nordlichter leben. Daß Dir da die Gestalt der Nordlichter anders vorkommt als die Gestalt der Protuberanzen, die Du drüben in der Sonnenatmosphäre siehst – das ist doch nur natürlich. Stündest Du auf der Sonne, so würden die Nordlichter so wie Protuberanzen auf Dich wirken – und vielleicht würdest Du noch mehr irdische Protuberanzen sehen. Die Corona der Erde kann doch fast ebenso groß sein wie die Corona der Sonne. Die Corona der Erde können wir natürlich nicht sehen – und demnach auch nicht alle die Wesen, die in ihr leben. Aber die Nordlichter zeigen uns, daß auch unsere Erd-Corona bewohnt ist."

„Halt! Halt!" rief ich, „lieber Onkel, bring' jetzt nicht noch weitere Entdeckungen an die Oberfläche. Ich habe an den Protuberanzen und Nordlichtern ganz genug. Erkläre mir nur näher, wie Du Dir die Protuberanzen als Lebewesen denkst. Das wären ja die ersten sichtbaren Bewohner anderer Weltkörper. Sprich nur von diesen und schweife nicht ab."

Jetzt legte mein Onkel den Pfeifenschlauch fort, stand auf und holte seinen alten Kräuter-Likör und plauderte dann, während wir ein Gläschen nach dem andern tranken, von seinen Protuberanzen wie von alten lieben Bekannten.

„Du mußt Dir", meinte er lächelnd, „die ganze Geschichte nicht so schwierig vorstellen. Bedenke nur: Du darfst niemals vergessen, daß uns mehrere Stoffe in der Sonne gänzlich unbekannt sind. Und aus unbekannten Elementen entstehen immer Lebewesen, die uns unbekannte Eigenschaften haben müssen. Was müssen das für Riesen sein, die an die fünfzehntausend Meilen sich aufrecken können. Welch ein Sonnenleben offenbart sich uns da! Ob die Sonnenflecke Löcher sind, durch die unsre Protuberanzen durchkönnen – ins Innere der Sonne – das können wir natürlich nicht wissen. Aber es ist nicht so phantastisch, wenn wir's annehmen."

Ich wollte nun einige Vermutungen über die körperlichen Eigenschaften der Sonnenriesen hören, und mein Onkel fuhr fort:

„Daß Du so erpicht darauf bist, gleich die Sonnenriesen von oben bis unten kennen zu lernen, das ist ja sehr begreiflich. Aber Du wirst auch zugeben müssen, daß man sehr vorsichtig mit diesen Vermutungen sein muß."

„Warum?" rief ich lustig, „Vermutungen tun doch keinem Menschen was zu Leide."

„Da bist Du", versetzte der alte Herr, „auf dem Holzwege: mit Vermutungen kann man die Menschen fürchterlich kränken. Wenn man etwas zu kühn vorgeht in derartigen unbekannten Materien, so kommen die Leute gleich und sagen: ach, das ist ja alles nur ein lustiger Abendscherz mit Kräuterlikör. Und dann wird das Kind mit dem Bade ausgeschüttet. Alles lacht und denkt nicht weiter über die Sache nach. Daß ich die Protuberanzen mit den Nordlichtern in Zusammenhang bringe, – das sagt doch schon genug. Wir wissen, daß die Nordlichter mit dem Erdmagnetismus im Zusammenhange stehen – und demnach neige ich zu der Ansicht, daß auch die Protuberanzen magnetischer und elektrischer Natur sein können. Vielleicht gibt es auf der Sonne noch interessantere Dinge als Magnetismus und Elektrizität. Wenn da schon uns neue Elemente existieren, dann können da doch auch noch uns neue ‚Kräfte' existieren."

„Lieber Onkel," rief ich heftig, „schweif' nicht zu weit ab. Sag' mir bloß noch, wie Du Dir die Unterhaltung der Protuberanzen und Nordlichter denkst."

„Sie werden", versetzte er ganz ruhig, „wahrscheinlich über die Weltgegenden sprechen, durch die unser Sonnensystem durchgefahren ist oder demnächst durchfahren wird. Das muß doch für alle größeren Sternbewohner von allergrößtem Interesse sein. Es wäre doch möglich, daß wir in Weltgegenden gelangen, in denen die Natur des Äthers so verschiedenartig von dem bisher durchlaufenen Äther sein könnte, daß unser ganzes Leben dadurch verändert werden könnte."

Hiernach wurde der alte Herr äußerst gereizt und schimpfte auf die irdischen Wissenschaften und auf die Menschen im allgemeinen und im besonderen und erklärte, daß die Menschen, die sich über die Existenz der Sonnenriesen nicht freuen könnten – daß diese Menschen vernichtet werden müßten.

Und dann wurde der alte Herr sehr traurig, und – der Abend klang eigentlich recht unharmonisch aus; ich weiß nicht mehr, wie es kam – aber der Abschied war sehr kurz.

Und drei Tage später war mein Onkel tot; er war an einem Herzschlage gestorben.

Auf seinem Schreibtisch lag ein Zettel – auf dem stand nur:

„Ich danke für Obst!“ Bahrendorff.

Ein Testament hatte mein Onkel nicht gemacht, und ich wollte nur in den Besitz seiner Skripturen gelangen.

Aber da stellte es sich bald heraus, daß er seine sämtlichen Skripturen verbrannt hatte.

Da habe ich bitterlich geweint – wie nie in meinem Leben.

Und ich habe immer wieder beklagt, daß ich meinen alten Onkel nicht öfters besuchte.

Mein Onkel Bahrendorff ist jetzt schon über sechs Jahre tot; er starb in Erlangen.

17
Das vergossene Menschenblut und die Telepathie
Ein Omnibus-Gespräch
(Oktober 1904)

„Da kommen schon die blutroten Husaren!“

Also rief neben mir eine ganz alte Dame.

Wir saßen zusammen auf einem alten Omnibus, und dieser alte Omnibus stand auf dem Tempelhofer Felde; es war am zweiten September dieses Jahres, und wir sahen uns die Herbstparade der preußischen Garderegimenter an.

Die alte Dame neben mir putzte ihren Operngucker und sagte dabei leise zu mir:

„Sie interessieren sich wohl auch sehr für das Militär, nicht wahr?“

„Ja,“ sagte ich, „aber nur aus ganz bestimmten Gründen.“

Die alte Dame, die *sehr* alt war, achtete nicht auf meine Antwort und fuhr lebhaft fort:

„Ja, denken Sie nur, in meiner Jugend habe ich noch die Schlacht bei Waterloo mitgemacht. Ich war damals kaum acht Jahre alt. Aber ich erinnere mich noch so genau an die große Zeit, als wäre es gestern gewesen. Am Morgen des Schlachttages habe ich noch dem alten General Wellington den Schnupftabak parfümiert. Der Schnupftabak war damals an Schlachttagen ein wichtiger Gegenstand – viel wichtiger als heutzutage. Bedenken Sie nur, daß für feinere Naturen der Blutgeruch sehr gefährlich werden kann. Der alte Wellington soll am Abend des Schlachttages mein Parfüm sehr gerühmt haben. Sie lächeln, aber die Geschichte ist wahr. Diejenigen, die mir das vom Abend des Schlachttages erzählt haben, sind heute alle tot und können die Wahrheit meiner Erzählung nicht mehr bestätigen. Ich bin älter, als Sie denken."

Ich zog in Gedanken acht von fünfzehn ab, da ja die Schlacht bei Waterloo anno 1815 geschlagen wurde, und kam somit zu dem Resultat, daß die Dame im Jahre 1807 geboren sein müßte. Demnach sagte ich ruhig:

„Gnädige Frau, Sie sind erst 97 Jahre alt."

„Das stimmt ja genau," rief die alte Dame, „können Sie aber raten!"

Ich verbeugte mich höflich und wollte mich verabschieden, aber die alte Dame legte ihre rechte Hand auf meinen linken Arm und sagte sehr höflich:

„Bleiben Sie noch einen Augenblick hier. Sie haben hier eine vorzügliche Aussicht. Sehen Sie, da drüben kommen die Kanonen, die erinnern mich jetzt wieder an all das viele Menschenblut, das jetzt wieder in der Mandschurei vergossen wird."

Ich seufzte tief auf, denn ich fürchtete, daß die alte Dame jetzt sehr langweilig werden könnte – aber ich irrte mich, denn sie fuhr lebhaft fort:

„Das Menschenblut! Ach, die meisten Menschen wissen gar nicht, welche köstliche Sache durch ihre Adern rinnt. Haben Sie schon mal Menschenblut gerochen? Ich meine nicht das Blut eines einzelnen Menschen – ich meine: wenn es so in Strömen dahinrauscht! Verzeihen Sie, wenn ich so poetisch von einer scheinbar wenig appetitlichen Sache rede. Sie haben noch keine Schlacht mitgemacht, nicht wahr?"

Ich verneinte die Frage lebhaft, doch dabei wurde mir die alte Dame interessant, und ich sah sie mir genauer an; sie hatte tiefliegende, kleine Augen, eine lange, spitze Nase, einen tief zurückgehenden Mund, sodaß das Kinn auch so spitz wie die Nase vorstach – und tausend Runzeln in gelber Pergamenthaut, und dazu schneeweiße Haare. Das Gesicht wurde mir plötzlich so interessant, daß ich auf die Kleidung gar nicht achtete; ich erinnere mich nur an ein paar farbige Bänder unterm Kinn, deren Farben so „verschossen“ aussahen – und bei den bunten, verschossenen Farben mußte ich unwillkürlich an die Kanonen denken, die gerade rasselnd übers Paradefeld dahinfuhren – wie ein Donnerwetter.

Die alte Dame saß ganz ruhig da, als ich sie so lange ansah, dann aber sagte sie leise:

„Ich errate Ihre Gedanken: Sie versuchen, mein Gesicht mit wildem Schlachtgetümmel in Verbindung zu bringen, und das fällt Ihnen sehr schwer. Nun – ich werde Ihnen helfen! Daß ich als achtjähriges Mädchen die Schlacht bei Waterloo in allernächster Nähe mitmachen durfte – das hat mein ganzes Leben in seltsamer Art beeinflußt. Ich habe damals Blut gerochen – sehr viel Blut – rotes Menschenblut. Und Sie wissen nicht, wie das tut. Wer das riecht, kommt in ganz andere Gemütsverfassung; alle Nerven werden belebt, und ein Fieberschauer folgt dem andern, und die Gedanken flitzen man so durchs Gehirn, und alle Glieder fangen an, sich zu drehen und zu heben, daß man springen und tanzen möchte. Und in den Ohren hört man eine wilde Musik, und wenn man auch im Sterben läge – der Geruch des vergossenen Menschenblutes würde uns wieder emporreißen und zu neuem Leben erwecken. Blut – ist ein besonderer Saft.“

Das Gesicht der alten Dame verzog sich zu einem fürchterlichen Grinsen, und mir ging ein kalter Schauer über den Rücken, ich sah zum Paradefelde hinüber und wollte meine Gedanken ablenken – und bewunderte die riesigen Staubwolken, die von der Kavallerie aufgewirbelt wurden.

Meine alte Dame sprach aber neben mir ganz ruhig weiter:

„Glauben Sie vielleicht,“ sagte sie leise, „daß das Menschenblut, das in Strömen vergossen wird, nur im Umkreise einer kleinen Meile wirksam ist? Da irren Sie sehr; das weiß ich besser. Der Geruchssinn mag vielleicht nur für das Näherliegende empfänglich sein, aber wir haben noch einen anderen Sinn, mit dem wir auch das empfinden können, was tausend Meilen von uns entfernt ist. Wir sprechen von der ‚Telepathie‘, wenn wir an diesen Fernsinn denken. Und nun vergessen Sie nicht, was ich Ihnen sage: das jetzt in Ostasien vergossene Menschenblut wirkt auf die Menschen der ganzen Erde, wirkt auf unsern Fernsinn, mit dem wir auch das Weitentlegene aufzunehmen vermögen – genau so, wie das Blut, das in unserer Nähe vergossen wird.“

„Wie wollen Sie denn das beweisen?“ fragte ich heftig.

„Ich bin 97 Jahre alt“, versetzte sie grinsend, „und habe als achtjähriges Mädchen Menschenblut gerochen und weiß, wie’s wirkt. Und als im Jahre 1864 wieder mal viel Menschenblut vergossen wurde, da habe ich, ohne daß ich dabei in der Nähe eines Schlachtfeldes lebte, genau dieselben

Empfindungen gehabt – wie damals im Jahre 1815. Glauben Sie, daß ich mich getäuscht habe? Ich habe stets bei allen Kriegen immer wieder die belebende Wirkung des vergossenen Menschenblutes auch telepathisch empfunden. Und ich glaube, daß ich nur so alt geworden bin, weil ich in den letzten Jahrzehnten so oft Gelegenheit hatte, die belebende Wirkung des vergossenen Menschenblutes ‚telepathisch' zu empfinden. Auch damals, als Napoleon III. seinen Krimkrieg führte, hat das Menschenblut auf mich gewirkt. In der letzten Zeit ging es mir schon ganz schlecht – aber als der japanische Krieg ausbrach – da ging mir's gleich besser; alle meine alten Nerven und Sehnen belebten sich wieder, als würde ich verjüngt; ein Jungbrunnen kann nur aus fließendem Menschenblut bestehen."

Mir wurde einfach unheimlich, und ich wollte mich mit den anderen Menschen unterhalten, die auch oben auf dem Omnibus saßen. Aber diese andern sahen mit ihren Operngguckern so aufgeregt ins Paradefeld hinein, daß an Unterhaltung mit diesen andern nicht zu denken war.

Und die alte Dame hatte so leise gesprochen, daß nur ich sie verstehen konnte.

Ich drehte mich nun lächelnd zur alten Dame nochmals um und sagte:

„Das ist ja eine Vampyr-Phantasie! Sie tun ja gerade so, als wenn alle großen Männerschlachten nur dazu da seien, um Ihren alten Körper in der nötigen Erregung zu erhalten."

„Da mögen Sie", erwiderte sie grinsend, „nicht so Unrecht haben. Aber Sie tun *mir* Unrecht, wenn Sie glauben, daß *ich* nur den Vorteil von dem großen Blutvergießen genieße. Andere Leute werden auch durch das Kriegsmalheur aufgerüttelt. Nach Ausbruch eines großen Krieges werden alle alten Leute gleich neu belebt und sehr unternehmungslustig. Das können Sie auch im Geschäftsleben beobachten. Wissen Sie denn nicht, daß das ganze Leben der Börse eigentlich nur von Krieg und Frieden abhängt? Der Krieg ist die Flut und der Friede die Ebbe. Wissen Sie nicht, daß der alte Moltke ein alter zusammengebrochener Greis war *vor* 1870? Und wissen Sie nicht, daß er sofort wieder seine ganze Energie bekam, als der Krieg von 1870 durchgesetzt wurde? Oh, Sie unterschätzen immer noch die seltsame Kraft, die im vergossenen Menschenblute steckt – und Sie vergessen ganz besonders, daß sich diese Kraft auf telepathische Art verbreiten kann und in alle empfänglichen Menschenseelen hineinfließen kann. Mir tun ja alle die vielen Soldaten, die jetzt im fernen Osten ihren Tod finden, wirklich in der Seele leid, und ich beweine dieses Blutvergießen täglich und bitte immer den lieben Gott, doch allen armen Verwundeten einen leichten Tod zu geben – andererseits kann ich aber auch nicht umhin, mich immer wieder zu freuen, daß durch das große Kriegsgetümmel meine Nerven wieder aufgefrischt werden – und daß ich dadurch so fest am Leben erhalten bleibe. Glauben Sie mir: so, wie mir – so geht es unendlich vielen alten Herren und alten Damen, wenn sie's auch nicht eingestehen. Der Krieg erhält die alten Leute am Leben; er ist gut. Schimpfen Sie nicht auf den Krieg. Wenn Sie älter werden – oder wenn Sie mal schwer erkrankt sind –, dann werden Sie ohne weiteres empfinden, wie vergossenes Menschenblut telepathisch auf eine geschwächte Konstitution einwirkt."

Die Dame nahm ihr Taschentuch vor und trocknete sich ein paar Tränen ab, die über ihre gerunzelten Wangen herunterrollten.

Ich sagte leise:

„Haben Sie vielleicht noch von dem parfümierten Schnupftabak, den Sie dem alten General Wellington verabfolgten?"

Die Dame grinste und bot mir eine Prise in einer entzückenden Schnupftabaksdose, die mit einem Bilde Napoleons des Ersten geschmückt war.

Ich nahm eine Prise, bedankte mich sehr, gab die Schnupftabaksdose zurück, und die alte Dame erhob sich und sagte grinsend:

„Ich glaube, daß ich heute abend noch tanzen werde."

Dann stieg die Dame leichtfüßig vom Omnibus hinunter und trippelte tänzelnd über den Fahrdamm, daß alle Umstehenden laut lachten.

Ein Schutzmann sagte unwirsch:

„Diese alte Schachtel!"

Währenddem ritten übers Paradefeld einige Hofbeamte in gestrecktem Galopp – so schnell dahin – wie auf der Rennbahn.

18
Das neue Venedig
Ein Reise-Erlebnis
(Oktober 1904)

In Locarno am Lago Maggiore lernte ich zu Anfang dieses Jahres einen Herrn kennen, der sich Signor Mantokani nannte und einen langen pechschwarzen Vollbart hatte.

Wir waren sehr oft zusammen, und ich lernte durch ihn auch die Ufer des Lago Maggiore kennen. Aber die borromeischen Inseln mußte ich ganz allein besuchen; da wollte er nicht mit.

Und es hatte natürlich einen ganz besonderen Haken, warum er dahin nicht mitwollte; eines Morgens nach sehr stilvoll durchzechter Nacht erzählte er mir, warum er die Isola Bella und die Isola Madre nicht ausstehen könnte.

Wir stiegen gerade zur Madonna del Sasso empor und übersahen 156 Meter oberhalb Locarnos den ganzen Lago Maggiore – die Gebirge ringsum im glühenden Morgenrot – und die Stadt Locarno zu unseren Füßen.

Und in der großen Säulenhalle neben der Kirche blickten wir hinunter in den dunkelblauen See und hinauf zu den roten Bergesgipfeln. Und Signor Mantokani erzählte mir das Folgende:

„Vor zehn Jahren", sagte er wehmütig, „hatte ich einen großen Plan; ich wollte eine kleine Stadt erbauen. Aber ich wollte die Stadt nicht auf einem Felsen erbauen – auch nicht hier an den herrlichen Ufern des Lago Maggiore. Ich wollte die Stadt überhaupt nicht auf der Erde erbauen."

„Aha!" rief ich, „Sie wollten die Stadt auf köstlichen Morgenwolken erbauen. Dort über dem Tamaro sind so prächtige Wolken – sie sind augenblicklich orangefarbig mit Karminrändern. Ich glaube schon, da zwischen den Karminrändern müßte eine Stadt wundervoll wirken."

„Sie scherzen," versetzte er müde, „aber ich wollte meine Stadt nicht auf dem Erdboden, sondern dort unten auf dem dunkelblauen Wasser des Sees erbauen. Es sollte ein neues Venedig werden – aber ein schwimmendes Venedig. Ich wollte eine schwimmende Stadt bauen."

Da bat ich um Entschuldigung, daß ich von einer Wolkenstadt gesprochen hatte, und bat den Herrn Mantokani, doch das Nähere zu erzählen.

Und er strich sich seinen langen schwarzen Vollbart, blickte hinüber zu den hohen Bergen, die noch immer ganz rot aussahen, und fuhr dann fort:

„Unten in meiner Villa könnten Sie die Entwürfe und Modelle sehen, die ich für meine schwimmende Stadt anfertigen ließ. Aber ich zeige die Sachen nicht gern. Es steckt in ihnen der schönste Traum meines Lebens. Ich habe Jahre hindurch immer gehofft, daß noch mal etwas ausgeführt werden könnte. Jedoch ich habe das Geld nicht zusammenbekommen, und alles ist liegen geblieben. Sehen Sie nur, wie entzückend jetzt die Farben auf dem See werden. Da unten wollte ich mit meiner Stadt herumfahren und jeden Morgen an einem anderen Punkte des Sees erwachen. Sie müssen doch zugeben, daß eine schwimmende Stadt das alte Venedig übertrumpft hätte; es würden unzählige Fremde in meinen schwimmenden Hotels gelebt haben. Das neue Venedig, das ich da unten haben wollte, hätte alljährlich mindestens ebenso viele Besucher gehabt, als die Isola Bella. Und gerade deswegen mag ich die borromeischen Inseln nicht mehr sehen."

„Weswegen?“ fragte ich sanft, „weil Ihre Stadt ebenso viele Besucher gehabt hätte – als die Isola Bella? Deswegen?“

„Oh,“ rief er laut, „können Sie denn nur die Worte hören, die ich ausspreche? Alle Leute, die sich für meinen Plan interessierten, sagten, daß meine schwimmende Stadt die Konkurrenz der Isola Bella nicht aushalten würde. Und diese drohende Konkurrenz entzog meinem Unternehmen den Boden. Und es war schon alles so bis ins Kleinste durchdacht. Die Sache hätte garnicht so viel gekostet. Ein paar große Dampfer hätten die Stadt täglich eine halbe Meile weitergezogen. Und die einzelnen Häuser wären täglich anders gruppiert worden. Die Stadt würde täglich ganz anders ausgesehen haben. Türme, Galerien und Blumenterrassen sollten nicht fehlen. Und zwei Mal sollte sich täglich die Stadt um sich selber drehen. Glauben Sie, daß es unseren Häusern an Mietern gefehlt hätte? Ach nein! Es wäre ja die erste schwimmende Stadt der Erde gewesen!“

„Ja“, sagte ich, „es wäre sicherlich etwas Neues gewesen. Wie kam es denn, daß Sie für ein derartig neues und originelles Unternehmen nicht das genügende Kapital erhielten?“

„Sie sprechen“, versetzte er hart, „wie ein neugeborenes Kind. Sie tun ja gerade so, als wenn heutzutage das Neue und Originelle beliebt wäre. Tun Sie doch nicht so. Sie wissen selbst, daß heute das Alte viel stärker ist als das Neue. Die alte Isola Bella hat den Zauber des Alten für sich, und meine schwimmende Stadt kann dagegen mit allem Zauber des Neuen nicht aufkommen. Wissen Sie, wie die Sache vielleicht gegangen wäre?“

Ich war neugierig, und er fuhr fort:

„Man hätte aus meiner schwimmenden Stadt eine ständige Antiquitäten-Ausstellung machen müssen – dann hätte sich vielleicht das Kapital angefunden, um diese schwimmenden Paläste zu erbauen. Oh, wenn diese Paläste aus Stein gemacht werden konnten – dann war's vielleicht auch noch gegangen. Aber gegen die leichteren Baumaterialien hatte man so viel einzuwenden; man hielt die Geschichte nicht für solide genug. Man behauptete, daß die Stadt immer viel zu modern ausgesehen hätte. Und dem gegenüber konnte ich nur sagen, daß das Moderne doch ebenfalls sehr reizvoll gemacht werden könnte. Da hätten Sie nur hören sollen, was ich alles zu hören bekam. Wollen Sie in dieser Neuzeit etwas Neues machen? Mein Herr, wenn Sie das wollen, sind Sie zu beklagen. Man will das Neue garnicht mehr. Man hat Neuigkeiten genug. Wir leben auch in künstlerischer Beziehung im Zeitalter der Reaktion.“

„Hören Sie auf!“ rief ich heftig, „glauben Sie, daß Sie damit mir oder irgend einem Menschen der Erde etwas Neues sagen? Das Alte ist heute modern, und das Neue ist heute veraltet. Indessen – erzählen Sie doch mehr von Ihrer schwimmenden Stadt. Wie hatten Sie sich die Hauptstraße und den Marktplatz gedacht?“

„Täglich anders,“ erwiderte der Signor Mantokani, „das war ja der Kern meiner Idee, daß die ganze Stadt täglich anders aussehen sollte. Die einzelnen Häuser ließen sich doch so leicht an eine andere Stelle schieben. Durch dieses ständige Verschieben der einzelnen Straßenpartien hätten sich doch die wundervollsten Wirkungen erzielen lassen. Leichte bunte Glaswände wären bald da und bald da zum Abschluß oder zur Verlängerung einer Terrassenpartie verwandt worden. Können Sie sich denn die Geschichte nicht vorstellen? Täglich hätten die Bewohner ein anderes Seepanorama gehabt. Einzelne Zimmer konnten auch fahrstuhlartig bald oben und bald unten sein. Eine bewegliche Architektur wollte ich vorführen. Eine bewegliche Architektur! Ach, es ist zum Lachen! Momentan ist es so furchtbar schwer, etwas Künstlerisches in Bewegung zu setzen. Und wer die Architektur in Bewegung bringen will – der wird schließlich nur bewegliche Klagelieder hervorbringen. Die Kunst ist heute festgefahren. Es geht alles zurück – vorwärts geht garnichts.“

„Wollen wir“, rief ich lustig, „nicht ein Glas Wein trinken – auf das Wohl der Kunst, die noch immer vorwärts geht?“

„Welche Kunst“, flüsterte müde der Signor Mantokani, „meinen Sie denn?“

„Ich meine“, erwiderte ich lachend, „die sogenannte Zukunfts-Kunst.“

„Ach so,“ sagte er da, „Sie scherzen wieder. Sie haben immer noch den Mut, lustig zu sein. Entschuldigen Sie, daß ich da nicht mit kann. Ich habe zehn Jahre hindurch Himmel und Hölle in Bewegung gesetzt, um eine schwimmende Stadt mit einer beweglichen Architektur in die Welt zu setzen. Und mir ist es nicht einmal möglich gewesen, meinen Plan teilweise zu verwirklichen; nicht ein einziges Haus schwimmt auf dem Lago Maggiore. Wenn ich so sehe, wie schwer es ist, die Menschen für einen neuen Plan zu begeistern – so werde ich ganz schwermütig. Und ich muß Ihnen geradezu erklären, daß mir Ihre Lustigkeit nicht gefällt. Sie müssen, verzeihen Sie meine Offenheit, im Grunde eigentlich ein recht flacher Mensch sein, daß Sie es fertig bringen können, immer noch mit Heiterkeit an eine sogenannte Zukunfts-Kunst zu denken. Ich habe das Lachen allmählich verlernt.“

„Ich aber“, rief ich nun sehr heftig, „habe das Lachen noch durchaus nicht verlernt. In drei Jahren kann es Dutzende von schwimmenden Städten geben – auf allen italienischen Seen. Die Rentabilität der Idee ist doch so einleuchtend, daß man auf eine Durchführung bestimmt rechnen kann.“

„Daß es auch noch“, sagte er da leise, „solche unverbesserliche Optimisten wie Sie heute geben muß – das setzt unserer schönen Neuzeit so recht die Krone auf. Entschuldigen Sie aber, daß ich mich für einen Augenblick ein wenig entferne; ich habe wirklich das Bedürfnis, allein zu sein.“

Ich fing an, mich zu ärgern.

Und ich sagte müde:

„Gehen Sie doch, wohin Sie wollen. Meinetwegen können Sie sich totschießen. Ich habe nichts dagegen. Die Zukunfts-Kunst wird sich auch dann entwickeln, wenn Sie tot sind. Und Ihre schwimmende Stadt wird auch noch mal schwimmen.“

„Sie sind“, versetzte er heiser, „ein ganz flacher Schwätzer, der sich immer nur an seinen alten Zukunftsphrasen berauscht. Sie können meinetwegen ruhig leben bleiben. Ich habe auch nichts dagegen. Leben Sie wohl, mein Herr!“

Nach diesen Worten ging der Herr Mantokani durch den langen Säulengang durch, blieb dann plötzlich stehen, zog einen Revolver hervor und schoß sich ins Gesicht – und fiel gleich vornüber zu Boden.

Die Echos machten den Knall zum langen Donnern.

Mehrere Mönche eilten herbei und trugen den Selbstmörder fort. Ich ging den Mönchen nach und hörte, daß der Signor Mantokani tot sei.

Ich erzählte den Mönchen den Inhalt unseres Gespräches, aber die Mönche hörten mir nicht aufmerksam zu, da sie nur sehr wenig von der deutschen Sprache verstanden.

Wundersam glühten die Farben auf dem Lago Maggiore, und es war mir ganz unmöglich, mit dem Selbstmörder Mitleid zu haben; ich sagte das auch auf Italienisch den Mönchen.

Da sahen die mich aber mit ganz großen Augen an, und einer von ihnen behauptete ganz im Ernste:

„Mein Herr, wenn wir nicht Augenzeugen des Vorfalles gewesen wären, müßten wir annehmen, daß Sie nach Ihren Äußerungen wohl die Hauptschuld an dem Selbstmorde des Signors Mantokani tragen könnten.“

„Ich“, schrie ich nun auf, „mit meinem unerschütterlichen Optimismus soll andere Leute zum Selbstmorde treiben?“

„Das ist“, erwiderte der Mönch im vollsten Ernste, „durchaus nicht unmöglich, da der Anblick von Leuten, die ohne Grund immer hoffnungsvoll und heiter sind, einem ernsten Menschen wohl das Leben verekeln kann.“

Mir kam's auf einmal so vor, als wenn der gute Mönch Recht haben könnte.

Ich sagte stotternd:

„Entschuldigen Sie, daß ich – so gute – Laune – hatte. Entschuldigen Sie – gütigst."

Danach ging ich eilig von dannen und trank in der nächsten Wirtschaft zwei Glas Wein auf das Wohl des Selbstmörders.

19
Lia-Zuno
Ein japanisches Märchen*
(Dezember 1904)

Lia-Zuno war ein kleiner Porzellanmaler mit einem spitzen Munde, der spitz vorstand – so weit, daß die Nasenspitze hinter dem spitzen Munde zurückblieb; häßlich sah der kleine Maler aus, und die Leute nannten ihn das Nagetier.

Lia-Zuno lebte in einem kleinen Dorfe, das neben den großen Gärten lag, die alle dem Kabisi gehörten. Kabisi aber war der Gott der bunten Feste und so reich, wie alle Götter sind.

Nun wollte der kleine Lia-Zuno auch in den Gärten des Kabisi leben.

„Da muß es herrlich sein! Da muß ich auch dabei sein. Und wenn's den Kopf kostet!"

Also sprach der kleine, häßliche Maler, ging hin zum Gott der bunten Feste und legte ihm die feinsten Porzellanschalen zu Füßen; die Porzellanschalen waren ganz mit entzückenden Blumen bemalt.

Aber Kabisi, der Gott der bunten Feste, wurde sehr unwillig, als den häßlichen Maler sah, stieß mit dem Fuße die Porzellanschalen entzwei und ließ den Maler zur Türe hinauswerfen.

„Ich will keine Porzellanblumen!" rief er heftig aus.

Lia-Zuno hörte, was der Herr Kabisi sagte, ging in sein Dorf zurück und bemalte Papierlampions mit bunten, köstlichen Blumen.

Aber mit den Papierlampions ging es dem Maler ebenso wie mit den Porzellanschalen.

„Ich will dieses Nagetier nicht mehr sehen!" rief dabei der Herr Kabisi heftig aus.

---

* Dieses für japanische Anschauungen charakteristische Märchen ist die Nachdichtung eines modernen japanischen Originals, das Herrn P. S. von einem Japankenner erzählt wurde. Der deutsche Bearbeiter ist nur für die gewählten Eigennamen verantwortlich. D. Schriftl.

Da biß der kleine Maler die Zähne aufeinander, so daß ihm der Mund nicht mehr spitz vorstand – und er malte sein Gesicht auf einen blanken, schwarzen Stein und schickte diesen Stein mit seinem Gesicht dem Gott der bunten Feste und ließ untertänigst bitten – um gnädigste Audienz.

Der Gott der bunten Feste lachte laut auf, als er das verzerrte Bildnis des kleinen Malers sah. Aber er sandte ihm das Bildnis zurück und ließ ihm sagen, er könne ihn nicht brauchen.

Da wurde der Lia-Zuno ganz wild, und er verkroch sich im nahen Walde in einer Höhle und dachte nach, wie er sich rächen könnte.

Da kam die lustige Maka an der Höhle vorbei und sah den häßlichen Maler, und er mußte ihr alles erzählen.

Und als er ihr alles erzählt hatte, sagte er mit blitzenden Augen:

„Liebe Maka, jetzt mache ich mir aus seinen bunten Festen gar nichts mehr. Laß er doch Feste feiern, soviel er will; ich will sie ihm nur noch versalzen. Aber ich weiß nicht, wie ichs anfangen soll. Die Mauern, die seine Gärten umgittern, sind hoch – und die Wächter, die hinter den Mauern aufpassen, sind wachsam. Ich möchte ihm alle Blumen, die in seinen Gärten wachsen, mit scharfer Lauge begießen, daß sie die Köpfe hängen lassen – für alle Ewigkeit. Und dann möchte ich ihm seine Papierlampions anzünden, daß sie zu Asche werden. Aber – wie fange ich das an?“

Die Maka dachte nach und sagte dann:

„Warum nennt man Dich das Nagetier, da Du doch nicht nagen kannst?“

„Wie meinst Du das?“ rief der Lia-Zuno.

„Ich meine,“ versetzte die Maka, „wenn Du ein Nagetier wärest, könntest Du Dir doch unter der Mauer einen Höhlengang nagen.“

„Ah,“ rief der Lia-Zuno, „und dann ihm die Wurzeln seiner Blumen benagen! Das wäre was! Aber soviel nagen kann ich doch nicht, daß ich ihm alle seine Gärten unterwühle. Ich bin doch kein Maulwurf. Ich bin doch nur das kleine Nagetier, das der Gott der Feste nicht sehen mag.“

Der Kleine weinte und ballte die Fäuste und knirschte mit den Zähnen, daß die lustige Maka laut auflachen mußte.

Da wurde der Lia-Zuno ganz still und sah sie lange an –, und dann glaubte er plötzlich, sie ganz genau zu verstehen, und er flüsterte leise:

„Du meinst, ich soll einen unterirdischen Gang graben und dann nachts, wenn es stürmisch ist, oben durch die Decke des Ganges durchbrechen, in den Garten hinaufklettern und da die Blumen und Lampions ruinieren. Oh, das würde mir einen großen Spaß bereiten. Aber er, der Gott der Feste, wird mich sicherlich aufgabeln lassen. Der unterirdische Gang wird dem

Herrn Kabisi nicht verborgen bleiben; er wird mich aufgreifen lassen und wird mich dann aufhängen lassen."

„Dann bist Du aber", erwiderte die Maka, „doch in seinen Gärten gewesen und hast ihm seine Feste ein wenig versalzen. Was willst Du noch mehr?"

„Ihm noch mehr versalzen!" gab der Kleine rauh zurück, und seine Augen funkelten wie Katzenaugen; es war schon ganz dunkel im Walde geworden, und der Maler konnte das Gesicht der lustigen Maka nicht mehr deutlich erkennen.

Die Maka faßte die Hand des Lia-Zuno an, drückte sie heftig und sagte teilnehmend:

„Was willst Du denn machen, wenn er Dich hängen läßt?"

„Ich möchte ihm zuletzt", sagte der Maler, „nur noch einmal die Füße küssen – aber so, daß sie gleich zerrissen werden – in tausend Stücke."

Die Maka saß ganz ruhig.

„Warte nur!" rief sie heftig.

Und sie dachte lange Zeit nach – wohl eine ganze halbe Stunde.

Dann packte sie das linke Ohr des Nagetiers und flüsterte hinein: „Du mußt eine kleine Bombe in den Mund nehmen – eine Bombe, die so groß ist wie eine Haselnuß. Und wenn Du dem Herrn Kabisi die Füße küssen tust, mußt Du die Bombe aufknacken. Dann wird Dein Kopf auseinandergerissen, aber seine Füße werden auch auseinandergerissen. Das wird Dir wohltun, denn Du bist gleich tot. Ihm aber wird es nicht wohltun, denn er wird nicht gleich tot sein."

„Kannst Du mir", fragte der Maler, „solche Nußbombe besorgen?"

„Ja!" sagte das Mädchen.

„Besorge mir", fuhr der Maler fort, „auch eine Mütze aus Stahl. Sie muß aber so mit Tuch überspannt sein, daß man den Stahl nicht bemerkt."

Die Maka versprach ihm auch die Mütze.

Und der kleine Maler ging hin und grub seinen Höhlengang.

Und die lustige Maka besorgte die Bombe und die Mütze mit der Stahleinlage.

Und dann brach Lia-Zuno in einer dunklen Nacht oben durch die Decke seines Ganges durch und kletterte in den Garten hinauf und verwüstete dort alle Bäume nach Herzenslust.

Nach seiner nächtlichen Tat verschwand er wieder in seinem Höhlengange.

Der Gott der bunten Feste wütete wie ein rasender Stier, als er hörte, daß in dem einen seiner Gärten alle Blumen mit scharfer Lauge begossen worden waren – von einem bösen Feinde.

Der Lia-Zuno kam nun öfters nachts aus seinem Höhlengange heraus, vergiftete die Blumen und steckte die Lampions an, daß die Wächter glaubten, böse Geister wüteten nachts in den Gärten des reichen Herrn Kabisi.

Und da die Wächter vor den bösen Geistern einen höllischen Respekt hatten, so wurde der Höhlengang des Lia-Zuno lange Zeit hindurch nicht entdeckt, und das häßliche Nagetier konnte sich rächen – immer wieder, daß der Herr Kabisi ganz außer sich geriet vor Zorn.

Und die lustige Maka lachte aus vollem Halse, wenn das Ungetüm von seinen Heldentaten berichtete – von seinen Heldentaten, die bloß den Köpfen der Blumen ein klägliches Ende bereiteten, denn Kabisis Kopf wurde dadurch nicht verwirrt.

Da wurde dem kleinen häßlichen Maler die Geschichte eines Nachts langweilig, und er ließ sich von den Wächtern einfangen.

Und als er nun vor den Gott der bunten Feste geführt wurde, gestand er alle seine Schandtaten ein und tat furchtbar reumütig.

Kabisi befahl, den Maler aufzuhängen – wie einen Dieb.

Lia-Zuno bat nochmals demütig um Verzeihung und wollte nur noch dieses Eine: dem Gott der bunten Feste noch einmal zum Abschiede die Füße küssen.

Der Herr Kabisi ward sehr gerührt und gewährte dem häßlichen kleinen Kerl diese harmlose Bitte.

Und das Nagetier küßte dem Gott der bunten Feste demütig die Füße und knackte dabei seine Bombe auf, daß ihm der Kopf mit der Stahlhaube in tausend Stücke zerrissen wurde.

Und die Stücke des Kopfes mit den Schädelknochen und den Stahlhaubenstücken rissen dem Gott der bunten Feste beide Beine in tausend Stücke, daß der Rumpf des Gottes schwer wie ein Stück Blei in den Garten fiel.

Der Gott schrie furchtbar und die lustige Maka, die den Schrei hinter der Mauer hörte, lachte hell auf.

Der Gott der bunten Feste starb drei Tage später unter furchtbaren Qualen und wurde begraben in seinen Gärten nicht weit von dem Höhlengange des Lia-Zuno.

Von der lustigen Maka hörte man aber seitdem nichts mehr; sie war spurlos verschwunden.

20
Die Zukunft des Pferdes
Ein Stallgespräch
(Juni 1905)

Es gibt heutzutage Leute, die noch immer glauben, jeder Stallmeister sei ein glücklicher Mensch.

Ja – was die Leute alles glauben!

Das Glück ist nicht so leicht zu erjagen – und sehr schwer festzuhalten.

Vor zehn Jahren konnte noch jeder Stallmeister vertrauensvoll in die Zukunft blicken – heute gehts nicht mehr, da sich die Automobile täglich vermehren und die Freunde der Pferde täglich vermindern.

Als mir von einem alten Bekannten erzählt wurde, daß man in Stallmeisterkreisen entsetzlich lamentiere – über die verdammten Automobile, da mußte ich zunächst laut auflachen.

Dann aber lernte ich in einem Rennstall einen jüngeren Stallmeister kennen, der mir folgendes bemerkte:

„Mein sehr verehrter Herr," sagte er, „Sie nehmen die Zukunft des Pferdes sehr leicht, denn Sie hängen vom Pferde nicht ab, da Sie ja gar kein Pferd besitzen und auch nicht reiten können."

Schmunzelnd bestätigte ich diese beiden Bemerkungen. Der Herr Stallmeister fuhr aber lebhaft gestikulierend fort:

„Ich indessen, der ich ein Stallmeister bin, muß Ihnen erklären: von der Zukunft des Pferdes hängt auch *meine* Zukunft ab."

„Könnten Sie nicht", warf ich dazwischen, „was anderes ergreifen?"

Jedoch da wurde der Herr Stallmeister sehr böse, und er sprach Worte, die ich nicht vergessen werde.

„Sagen Sie mal," sagte er, „wenn ein Künstler gezwungen wäre, seine Kunst aufzugeben, weil der die Existenzberechtigung bestritten wird – würden Sie da den Künstler nicht bemitleiden? Und wenn ein Stallmeister gezwungen wäre, sein Pferd aufzugeben, weil dem die Existenzberechtigung bestritten wird – würden Sie da den Stallmeister nicht ebenfalls bemitleiden müssen? Glauben Sie, daß diese beiden Fälle nicht miteinander verglichen werden dürften? Glauben Sie, daß der Künstler eine so große Liebe zu seiner Kunst hat, daß diese Liebe mit der Liebe, die der Stallmeister seinem Pferde entgegenbringt, nicht verglichen werden darf?"

Ich zog einen Apfel aus meiner Rocktasche und begann, ihn zu schälen. Und ich sagte leise dabei:

„Nu, seien Sie nur wieder gut und erzählen Sie mir das Faktische. Glauben Sie denn wirklich, daß die Pferde bald allesamt abgeschafft werden?"

Der Stallmeister erwiderte ernst:

„Die Sache steht viel schlimmer, als Sie denken. Die Geschichte vom klugen Hans ist ein ausgeklügeltes Manöver, das dem Publikum einen kleinen Stich geben sollte; man will das Pferd retten um jeden Preis, und die Pferdeliebhaber werden noch weiteres tun, um das Pferd im besten Lichte zu zeigen. Es wird für das Pferd *agitiert* werden! Oh, es ist weit genug gekommen! Aber alles wird vergeblich sein. Das Schlimmste ist, daß wir mit der Abschaffung der Militärpferde rechnen müssen. Die gesamte Kavallerie kann schon im Verlaufe von anderthalb Jahren abgeschafft sein. Hat sich das Pferd in Ostasien bewährt? Da sehen Sie! Ja – wenn's noch Seepferde gegeben hätte! Wissen Sie noch nicht, was ein ausländischer General neulich hier bei der Parade geäußert hat? Er sagte wörtlich: Schwert und Pferd sind keinen Heller wert. Und das sagt im Geheimen jeder europäische Offizier. Die Kavallerie wird eben abgeschafft – wahrscheinlich schon im nächsten Jahre. Verlassen Sie sich darauf. Heute geht alles sehr schnell. Und ich kann im Jahre 1906 schon brotlos sein. Sie werden ja ohne weiteres zugeben, daß auch die Rennställe jeden Wert verlieren, wenn die Kavallerie nicht mehr existiert. Die Automobile werfen eben das gesamte Pferdematerial über'n Haufen. Sie dürfen auch nicht vergessen, daß es heute nicht mehr vornehm ist, eine Kutsche mit Pferden zu besitzen; wer nicht ein Automobil hat, ist ein Plebejer. Das Automobil hat gesiegt, und das Pferd liegt im Graben. Zu retten ist an all den Gäulen nichts mehr; ihre Zukunft liegt auf dem Schindanger. Und lächerlich macht sich der, der noch glauben möchte, die Zukunft des Pferdes wäre noch zu retten. Das Pferd hat keine Zukunft mehr. Neulich ist ja auch eine Broschüre erschienen, die sich nannte: „Das Pferd und der Sozialismus". In der Broschüre wird ganz deutlich bewiesen, daß das Pferd bislang zu viel gefressen habe – und daß der Haferbau sehr überflüssig sei. Dabei wird dem Pferde gleich ordentlich was versetzt. Ich glaube, der Verfasser behauptet zuletzt, an der ganzen sozialen Misere unserer Zeit trage nur das stets wohlgenährte Pferd die Schuld. Mein Herr, man will jetzt den Pferden mächtig zu Leibe. Und die Pferde werden zu Grunde gehen, auch wenn in jedem Rennstall ein neuer kluger Hans gefunden würde. Der kluge Hans rettet uns nicht mehr. Und das Ende des Pferdes ist auch das Ende des Stallmeisters."

Ich hatte während dieser Rede drei Äpfel gegessen und den Stallmeister immerzu mitleidig angeblickt. Öfters wollte ich ihn unterbrechen – aber es gelang mir nicht. Jetzt war er still. Und da sagte ich nun ganz ernst:

„Verzagen Sie nicht, Herr Stallmeister! Es scheint so, als wäre das Pferd total verloren. Aber – trösten Sie sich! – es scheint nur so. Sie haben die Künstler vergessen. Von den Künstlern wird Pferd und Stallmeister gerettet werden."

Der Stallmeister sah mich ganz verständnislos an und sagte dann traurig:

„Sie wollen sich wohl über mich lustig machen, nicht wahr?"

„Nein," rief ich, „Sie irren sich durchaus. Ich bin durchaus der Meinung, daß alle künstlerisch empfindenden Menschen das Pferd nicht werden missen wollen. Das Pferd ist das köstlichste Tier der Erde. Und das wissen besonders die Künstler. Und deswegen werden die Künstler – besonders die Bildhauer – das Pferd retten, daß es nicht zu Grunde geht."

„Sie sind", sagte er lachend, „ein Idealist. Sie denken, die Leute werden sich Tiere bloß zum Luxus halten. Denken Sie, man hält sich Hunde, weil sie so schön aussehen? Hunde werden gehalten – zum Renommieren und zum Schutze! Ein Pferd schützt uns aber nicht – und zum Renommieren taugt es nichts mehr, da das Automobil viel mehr Ansehen und Wucht verleiht. Das Pferd ist veraltet. Man wird ein paar Pferde in Menagerien aufbewahren und die übrigen Pferde abschlachten."

„Gegen Sie", rief ich, „ist aber auch garnicht aufzukommen. Sie sind ein *zu* großer Pessimist. Wissen Sie was? Wenn man so kalkulieren würde, wie Sie – auch in anderen Materien –, so könnten noch manche andere Leute ebenfalls verzweifeln. Ich denke dabei nicht nur an die Droschkenkutscher. Viele Handarbeiter könnten auch verzweifeln, da sie die Konkurrenz der Maschinen auf die Dauer sicherlich nicht vertragen werden. Und den Künstlern könnte *sehr* bange werden, da sie doch auch den Einfluß der Automobile als kunstfeindlich erkennen müssen; wer immerzu in der Welt herumfährt, hat doch keine Zeit, ruhig ein Kunstwerk in sich aufzunehmen. Wir wollen jetzt aber nicht unsere Zeit mit wertlosen Klagen verlieren. Wir wollen lieber zusehen, wie sich die Zukunft des Pferdes sicherstellen läßt. Wie denken Sie über eine „Gesellschaft zur Rettung der Pferde und der Stallmeister"? Ich glaube, eine solche Gesellschaft dürfte sehr zeitgemäß sein. Wollen wir die Sache zusammen gründen? Ich bin ans Gründen gewöhnt und gründe sehr gern."

Da sah mich der Stallmeister durchdringend an, aber ich blieb ganz ernst – und er wußte nicht, was er aus meinen Worten machen sollte.

Schließlich sagte er:

„Wir können uns ja die Sache überlegen. Sie werden in Deutschland sehr viele reiche Leute finden, die für die Zukunft des Pferdes etwas übrig haben

– es könnte sogar *sehr* viel Geld für die Sache zusammenkommen. Aber – ob ich als Stallmeister diesem Projekt nähertreten kann – das müßte ich mir noch überlegen."

Da wurde *ich* erregt und rief heftig:

„Mein Herr, wenn Sie nicht mitmachen wollen – so schlage ich mich einfach zur anderen Partei und kämpfe für die Vernichtung des Pferdes. Vielleicht ließe sich auch das Pferdefleisch durch anderes Futter und andere Lebensweise der Pferde schmackhafter machen – dann läge die Zukunft des Pferdes zwischen Ochs und Kuh."

Da sprang der Stallmeister auf und wandte mir den Rücken und ging sporenklirrend von dannen.

Ich sah ihm lange nach.

Und ich holte dann meinen vierten Apfel aus der Tasche und begann, ihn langsam zu schälen.

Da wieherten zwei Pferde hinter mir zu gleicher Zeit.

Ich aß meinen Apfel auf und verließ den Rennstall.

21
Der Kongreß der Erdgeister
(März 1909)

Es ging durch einen ganz dunklen Gang. Und ich wußte nicht, wo ich war. Da gab es plötzlich einen fürchterlichen Knall, und ich stand in einem hellen riesigen Grottensaal. Überall – an den Decken, Wänden und unten – prächtiges Geschmeide. Das glänzte und funkelte; alles Licht kam von diesem Geschmeide. Und mir war so, als würde etwas Trübes vor meinem Auge fortgezogen. Da sah ich, daß das Geschmeide lebendig wurde. Viele große Glutaugen funkelten in dem Geschmeide – Geister waren's – Erdgeister. Es waren wohl 30 000 Erdgeister in dem großen Grottensaal versammelt. Ich stand in einer Ecke und konnte mich nicht bewegen. Aber ich hörte, daß sie sprachen – in einer fremdartigen Sprache. Doch ich verstand Alles.

Ein Erdgeist, in dem rubinartige Augen flackerten, sagte:

„Wir können's nicht länger aushalten. Es geht nicht. Das Menschenvolk muß aufgerüttelt werden. Tun wir ihnen Gutes, werden sie lethargisch. Führen wir sie so, daß sie die kolossalsten Entdeckungen machen, so blähen sie sich auf und benehmen sich wie Kinder – geben sich mittelalterliche Titel und Orden mit Raubtieren."

„Es ist zu schrecklich," sagte ein andrer Geist, „daß so seltsame Mittel nötig sind, um eine fabelhafte Energie zu erzeugen. Wir können uns doch den Menschen nicht noch deutlicher bemerkbar machen. Es geht doch nicht. Dann würden sie ja nur glauben, daß sie nichts als Organe der Erdgeister sind, und sie würden dann gar nichts mehr tun."

„Das Tempo beschleunigen!" rief ein dritter Geist.

Und ein Vierter sagte milde: „Das ist schließlich nur durch ein großes Sterben zu erzielen. Die Völker sind ja noch lange nicht erwacht. Heute leben ja nur Einzelne. Und deshalb können wir wohl ein großes Sterben zur Aufrüttelung des Menschengeschlechts anwenden."

„Das können wir! Das können wir!" rief man da von allen Seiten.

„Wenn es Völkern schlecht geht," sagte ein Geist mit harter Stimme, „dann entwickelt sich ihr Geistesleben viel besser als sonst. Das sehen wir an Rußland."

Da rief eine Stimme hoch oben in der Decke:

„Auf! Auf! Am Ätna haben wir zu tun! Es kommt gleich!"

Im selben Augenblick wurde es finster.

Und dann hörte ich ein donnerndes Knirschen.

Die Erde bebte.

22
Vermischtes
(April 1909)

– *Eine Schreckensfahrt auf dem Waggon eines Expreßzuges.* Petersburg, 16. April. Eine grauenerregende Fahrt machte, wie die Uralzeitung berichtet, vor kurzer Zeit die junge Fürstin Strashnitzkaja, die Gattin des *grusinischen* Fürsten Strashnitzki, auf dem Waggon eines Expreßzuges, auf dem sie mit Stricken gefesselt war und in diesem Zustande eine ganze Nacht durch die Steppen Rußlands raste. Als der Expreßzug in Wilomsk am Morgen hielt, gewahrten die Beamten oben auf der Decke eines Eisenbahnwaggons einen Gegenstand, der anscheinend dort nicht hingehörte. Sie machten sich sofort daran, zu untersuchen, was es damit für eine Bewandtnis habe und sahen zu ihrem Schrecken und zu dem Schauder der Mitreisenden, daß eine junge Frau hier oben fest verschnürt und gefesselt angebunden lag und leblos zu sein schien. Man stand vor einem Rätsel, da man bestimmt wußte, daß am Tage vorher bei Abgang dieses Expreßzuges die junge Frau dort nicht gelegen habe, und man sich nicht erklären konnte, wie es möglich war, daß Menschenhände dieses Kunststück machen konnten. Bald aber klärte sich der ganze Vorgang auf und stellte sich als die Tat eines Eifersüchtigen dar, der sich an seiner treulosen Frau rächen wollte, die im Begriff war, mit ihrem Geliebten zu flüchten. Der ganze Vorgang stellt sich folgendermaßen dar: Als man die junge Frau aus ihrer fürchterlichen Lage befreit hatte, bemühten sich sofort mehrere Ärzte, die im Zuge mitgefahren waren, um sie und stellten zur Freude aller Mitreisenden fest, daß die junge Frau noch lebte. Nach kürzerer Zeit kam sie auch wieder zur Besinnung, ohne allerdings zu wissen, wo sie sich befinde, noch was mit ihr vorgegangen war. Erst als sie ihren Namen Fürstin Strashnitzkaja nannte, konnte die Behörde die notwendigen Schritte ergreifen, um die Sachlage aufzuklären. Fürst Strashnitzkis Güter liegen in der Nähe der Bahnstation, auf der der Expreßzug zum letzten Mal vor seiner Nachtfahrt hält. Nun hatte Fürst Strashnitzki, der seine Frau vor wenigen Monaten geheiratet hatte, davon Kenntnis erhalten, daß seine Frau mit dem Verwalter seiner Güter, dem Kujas Darschin, schon des öfteren geheime Zusammenkünfte gehabt habe. Strashnitzki beobachtete nun seine Gattin genauer und überzeugte sich davon, daß sie ihm untreu sei. Durch den Verrat eines Dieners erhielt er davon Kenntnis, daß die Liebenden beschlossen hatten, gemeinsam zu flüchten, da Darschin seine Geliebte auf diese Weise vor den Mißhandlungen ihres Ehegatten schützen wollte. Strashnitzki faßte nun einen teuflischen Plan, sich zu rächen. An dem Tage, an dem die Flucht bewerkstelligt werden sollte, ließ er plötzlich Darschin von seinen Knechten festnehmen und in ein sicheres Gewahrsam bringen. Auch seine Gattin schloß er ein und sagte zu ihr: „Wart', mein Täubchen, Du sollst heute eine schöne Reise machen!" Was weiter mit ihr vorging wußte die Fürstin Strashnitzki nicht anzugeben. Ihr schien es nur dunkel in Erinnerung zu sein, als ob sie betäubt und müde eingeschlafen wäre; und dann glaubte sie geträumt zu haben, als ob sie immerfort in einen tiefen Abgrund stürze. Bald aber war sie wieder eingeschlafen und konnte sich an nichts mehr erinnern. Über den Vorgang selbst wurden die Behörden nur durch Aussagen der festgenommenen Knechte unterrichtet. Die Frau des Fürsten Strashnitzki wurde tatsächlich betäubt und dann von den Knechten gefesselt, die den Auftrag hatten, sie in einen Sack gehüllt zur Bahnstation zu bringen. Unter dem Schutze der Nacht und mit Hilfe einer wüsten Zecherei, durch die die Aufmerksamkeit der Eisenbahnbeamten abgelenkt wurde, mußten sie nun die unglückliche Frau auf dem Waggon des letzten Wagens des Expreßzuges, in dem sich keiner der Reisenden befand, mit starken Riemen festbinden. Bei dem langen Aufenthalt, den die Eisenbahnzüge in Rußland auf den Stationen haben, war dies leicht zu bewerkstelligen, zumal niemand in dem Paket einen Menschen vermutet hatte, und sich keiner darum kümmerte, was die Arbeiter hinten in dem Gepäckwagen machten. Mehrere Reisende erinnerten sich sehr wohl daran, daß am Abend vorher sich einige Knechte mit einem Sack an dem Zuge zu schaffen machten. Erst am nächsten Morgen erhielten sie die grauenhafte Aufklärung des Falles. Die Fürstin Strashnitzkaja hat übrigens diese Schreckensfahrt verhältnismäßig gut überstanden, wenn sich auch ein leichtes Nervenfieber mit Weinkrämpfen eingestellt hat. Die Ärzte hoffen aber, daß nachteilige Folgen die Fahrt nicht haben wird. Fürst Strashnitzki ist mit allen seinen Spießgesellen verhaftet worden. Der Prozeß wird ihm für seine unglaublich rohe Tat in kurzer Zeit gemacht werden.

– *Der Frauenüberschuß in England.* Auf dem Festland erscheint es manchmal unverständlich, warum die Frauenbewegung in dem sonst nüchternen England die tollsten Blüten treibt. Haben sich doch die Londoner „Suffragettes", nachdem sie vergebens versucht, das Parlament zu stürmen, jüngst dem Minister Asquith durch die Post „zu eigenen Händen" als Briefe zuschicken lassen, um ihn zu zwingen, sie zu empfangen. Freilich versagte auch dieses Mittel, denn der Portier hatte den Auftrag, dem Briefträger zu erklären, daß der Minister die Annahme dieser lebenden Briefe verweigere. Fragt man nun, was die Frauenrechtlerinnen gerade in England zu so grotesken Vorstößen veranlaßt, so findet man eine überzeugende Erklärung dieser Erscheinungen in der Statistik, nämlich in dem zahlenmäßigen Verhältnis der Frauen und Männer in England. Während z. B. in Nordamerika die Zahl der Männer die der Frauen um etwa 2 Millionen übersteigt, besteht in England ein Überschuß von 1.300.000 Frauen. Man muß nur die Folgen dieses verhängnisvollen Verhältnisses ins Auge fassen, um den verzweifelten Charakter der englischen Frauenbewegung zu begreifen. Es ist festgestellt, daß nicht alle Männer, sondern etwa nur zwei Drittel von ihnen heiraten. Es sind demnach nicht bloß 1.300.000, sondern noch weitere Millionen weiblicher Wesen in England zur Ehelosigkeit gezwungen. Liebe und Mutterschaft sind ihnen, wenigstens in den von der Gesellschaft anerkannten Formen, für immer versagt. Aber auch die ganze soziale Stellung der Frauen leidet unter diesem Mißverhältnis. In den Vereinigten Staaten von Nordamerika liegen die Dinge ganz anders. Dort gibt es einen erheblichen Überschuß an Männern; man schätzt ihn auf etwa zwei Millionen

Individuen. Wie das wirtschaftliche Leben, so wird auch das Verhältnis der Geschlechter durch das eherne Gesetz von Angebot und Nachfrage geregelt. So erklärt sich die bevorzugte Stellung der Frau in Amerika, die gedrückte Lage in England. Nur daß das Schicksal der überschüssigen Frauen in England ein viel traurigeres ist als z. B. das der überschüssigen Industriearbeiter. Diesen verschafft eine günstigere wirtschaftliche Konjunktur Arbeit. Die englischen Frauen aber müssen damit rechnen, daß über anderthalb Millionen von ihnen nie ihren angeborenen Beruf werden ausüben können. Der Mangel an Unterhaltsmitteln einerseits, die innere Leere andererseits zwingen sie, Beschäftigung zu suchen. In keinem Lande der Welt gibt es so viele weibliche Schriftsteller wie in England. Aber auch alle anderen Berufe überfüllen sie als gefährliche Konkurrentinnen der Männer, die sich naturgemäß mit so niedrigen Bezügen wie die Frauen nicht begnügen können, weil sie Familien zu erhalten haben. Ja ihrem verzweifelten Bestreben, sich eine Existenz zu verschaffen, haben sich die englischen Frauen neuerdings sogar dem – Soldatenberuf zugewendet. In London wurde ein „Korps berittener Krankenpflegerinnen" organisiert, das für Kriegszwecke bestimmt ist. Die sehr schmuck gekleideten Amazonen – roter Mantel, blauer Rock, hohe Lackstiefel, kokettes Käppi – sollen in der Schlacht den kämpfenden Reihen folgen und die Verwundeten, nachdem sie ihnen erste Hilfe gebracht, sofort zu Pferde nach den Lazaretten transportieren. Die Londoner Frauen planen auch schon, sich um die Funktionen von Quartiermeisterinnen im Kriege zu bewerben. Daß es selbst schon weibliche Pastoren in England gibt, ist bekannt. So wird es bald wohl keinen frauenfreien Beruf mehr in England geben. Kein Wunder, wenn man erwägt, daß dort jede zehnte Frau von der Ehe ausgeschlossen ist.

– *Die Seligsprechung der Jungfrau von Orleans.* Unter feierlicher Anwesenheit von vielen tausend Katholiken ist Sonntag in Rom die Seligsprechung der Jeanne d'Arc vom Papste vorgenommen worden. Diese Verherrlichung gilt nicht allein der rettenden und siegenden, sondern auch der jungfraulichen Johanna. In letzterem Punkte erhoben sich indes große historische Zweifel. Allerdings mühten sich katholische Forscher, wie Wallon und Coubé, eifrig, den Beweis anzutreten, daß Johanna eine göttliche und „reine" Jungfrau war. Aber dem Material, das diese beiden Forscher und mit ihnen gesinnungsverwandte Schriftsteller Frankreichs lieferten, stehen quellenmäßige Darstellungen gewissenhafter Forscher gegenüber. Henri Martin gelangte zu dem Schluß, daß Johanna eine der vielen Maitressen Karls VII. war, dem sie einen Sohn geschenkt hat. Der Historiker Lacroise behauptet, daß Johanna als Opfer der Gegenpartei des Königs gefallen sei, weil letzterer Johannas Sohn, aus Haß gegen seine Gemahlin, zum Thronerben einsetzen wollte. Ernst v. Lesigne vertritt die Meinung, daß Johanna gar nicht als Opfer gestorben ist, sondern vom König befreit, einen Herrn d'Armoises geheiratet habe, dem sie viele Kinder geschenkt haben soll. In jüngster Zeit haben Anatole France und der Professor Thalamas sich bemüht, die Mär von der Jeanne d'Arc zu zerstören. France hielt Johanna für eine Visionärin, die an sich glaubte und, vom bischöflichen Einfluß bestimmt, die Macht eigener Gefühle verlor. Thalamas deutet die „göttlichen Stimmen" der Johanna, die diese deutlich zu vernehmen erklärte, als Gehörshalluzinationen. Dafür wollte auch die klerikale und nationalistische Jugend, die so um ihre Träume gebracht wird, dem Herrn Professor den Schädel einschlagen.

– *Das Schnapsgläschen der belgischen Parlamentarier.* Im belgischen Parlament herrscht eine merkwürdige Sitte. Obgleich in belgischen Landen der Alkohol in Folge des allzu starken Konsums ziemlich verpönt ist, obgleich eine Steuer von 3 Francs pro Liter auf dem Trink-Alkohol lastet und zum Beispiel in den belgischen Eisenbahn-Restaurationen der Branntwein nur in ganzen Flaschen verkauft wird, macht man doch im Parlament selbst eine Ausnahme, indem den Abgeordneten, die eine besonders lange Rede halten, von den Parlamentsbedienten Branntwein und Wasser auf Kosten des Landes verabreicht wird. Einige besonders Boshafte unter den Vertretern des Volkes behaupten, daß manche ihrer Kollegen ihren Diskurs nur darum so lange ausdehnen, um des Vorteils des ihnen zustehenden Schnapsgläschens teilhaftig werden zu können.

– *Die Verkehrsfragen und die Kanonen.* Neulich fragte ich einen ehemaligen Leutnant, warum er eigentlich Offizier geworden sei. Und da sagte er mir, ohne eine Miene zu verziehen: „Um die Kanonen näher kennen zu lernen, denn nur von den Zukunftskanonen können die schwierigen Verkehrsfragen unsrer Zeit gelöst werden." Natürlich war mir diese Antwort nicht verständlich, und ich sagte das. Da fuhr er fort: „Kannst Du Dir denn nicht eine so große Kanone denken, die einen Omnibus von München nach Nürnberg schießen kann? Deine vielgerühmte Phantasie ist wohl leidend geworden. Die richtigen Fangapparate sind doch mit Leichtigkeit herzustellen."

Ich bat meines schwachen Aufnahmevermögens wegen um Entschuldigung.

23
Frühlings-Spektakel*
Ein Wiesenspaß
(April 1909)

„Das wird famos!“, sagte der kleine Lehmann zum kleinen Köhler, „wir werden uns raufen wie echte Menschen.“

Kleine, ganz echte Teufel waren die beiden – soeben aus der Erde herausgekrochen – so groß wie ein Menschenarm – aber Hörner hatten sie auf dem Kopf – und zinnoberrote Röcke mit goldenen Tressen an – und auf schneeweißen Ziegenböcken saßen diese Teufel; an ihren glänzenden, ganz hohen, schwarzen Stulpstiefeln funkelten unten goldene Sporen mit Brillantenspitzen.

Sehr windig war's. Große, graue Wolken fuhren am Himmel herum, und die große Wiese war noch ganz hart gefroren, nur Schneeglöckchen zeigten an, daß der Frühling nahte.

„Bei der Unmenge von Frühling“, rief der kleine Köhler, „sollen wir ganz vernünftig sein? Nein, das fällt uns nicht ein. Einen Teufelskrieg wollen wir führen. Lehmann, du bist jetzt mein Feind, stampf dein Heer aus dem Boden, – ich tu's auch.“

Nach diesen Worten ritt er blitzschnell auf seinem weißen Ziegenbock über die gefrorene Wiese. Lehmann sah ihm schmunzelnd nach.

Köhler verschwand am Horizont, und Lehmann holte ein kleines silbernes Horn aus seiner roten Rocktasche heraus und blies darauf, daß alles zitterte.

Und da kamen rechts und links von Lehmann große Reiterscharen aus dem Boden heraus in gelben, blauen und roten Uniformen – alle Reiter saßen auf weißen Ziegenböcken – und so groß wie ein Menschenarm waren alle diese teuflischen Reiter. Und sie brüllten alle „Hurrah“ und zerstreuten sich blitzschnell auf der großen gefrorenen Wiese.

---

* Von den zahlreichen Veröffentlichungen Paul Scheerbarts (geb. 1863 in Danzig) ist noch wenig über engere literarische Kreise hinaus gedrungen. Seine entfesselte Phantasie, die bald einen visionär-utopistischen, bald einen tiefsinnig-burlesken Zug aufweist, bald kosmische Sphärenharmonien, bald das helle Geklingel der Narrenschelle ertönen läßt, hat ihm seinen besonderen Platz in der jetzigen Dichtergeneration verschafft. Von der eigenen Art seines phantastischen Humors gibt die folgende Skizze, die den Vorfrühling in der Natur für eine Art „Zukunftsschlacht“ von kleinen Erd- und Wiesenteufelchen symbolisiert, eine charakteristische Probe. D. Red.

Und dann kamen die Automobilkanonen rechts und links vom kleinen Lehmann aus dem Frühlingsboden heraus. Und gleich wurde fürchterlich geschossen. Die großen Bomben flogen über die Wiese. Und dann kam Lehmanns Generalstab – auch auf weißen Ziegenböcken. Und Lehmann holte seine Schlachtpläne aus der Tasche und erteilte seine Befehle: die Adjutanten rasten auf ihren Ziegenböcken blitzschnell bald dahin und bald dorthin. Schließlich erschien auch Lehmanns Infanterie auf Fahrrädern.

Währenddem konferierte der kleine Köhler auf der anderen Seite der Wiese mit dem kleinen Mielke, der eine riesige Luftflotte besaß.

Mielke wollte nicht recht ran, er sagte heftig:

„Ach was! Nachher werden mir alle meine Luftschiffe so kaputt geschossen, daß ich acht Tage gebrauche, um sie wieder ganz zu machen. Warum wollen wir nicht mal vernünftig sein? Wenn ihr durchaus und durchum Krieg führen wollt, so laßt mich doch einfach von oben aus zusehen. Warum soll ich mich denn an jedem eurer Späße beteiligen? Außerdem – ich könnte ja auch dem kleinen Lehmann beistehen."

„Könntest du!" erwiderte Köhler, „aber du weißt doch, daß Lehmann so seine transportablen Festungen, die ganz aus Eisen sind, besitzt; diese verdammten Festungen machen doch den Lehmann stärker als mich – und du wirst doch nicht dem Stärkeren beistehen wollen! Ich stehe dir auch wieder mal bei anderer Gelegenheit bei."

Mielke in himmelblauem Rock streichelte die Hörner seines weißen Ziegenbocks, Köhlers Kanonen donnerten fürchterlich – und schon schlugen Lehmanns Bomben rechts und links in Köhlers Heerscharen, daß die Köhlerleute schockweise umfielen und dalagen wie zerschmetterte Frösche.

Mielke sah das, und plötzlich flackerte das kriegerische Feuer auch in seinen Augen auf, er sprang vom Ziegenbock und pfiff auf seiner Teufelspfeife – und da erschienen oben in den grauen Wolken zweitausend graue Luftschiffe.

Und jetzt wurde der Kanonendonner oben in den Lüften so stark, daß der Kanonendonner unten auf der Wiese nicht mehr zu hören war.

Lehmann hörte diese neue Himmelsmusik und ließ sofort seine transportablen Festungen auf die Wiese 'raufrollen. Und in diesen Festungen fand Lehmanns Heer zum größten Teil eine Unterkunft.

Nun prasselten Mielkes Luftschiffbomben auf die eisernen Festungen runter, und diesen schadeten die Bomben nicht.

Jetzt ging aber Köhler mit seinen Automobilkanonen gegen Lehmanns Festungen los, und gleichzeitig stürmten sämtliche Radfahrer des Herrn Köhler auf die Festungen ein. –

Da gabs ein gräßliches Handgemenge.

Doch Lehmann ließ gemächlich seine kolossalen Festungskanonen auf Mielkes Luftschiffe schießen. Und alle Luftschiffe wurden oben zerstört – Mielke fiel mit allen seinen Luftleuten auf die Wiese herunter, und die Luftschiffe fielen auch herunter.

Das Siegesgeheul der Lehmannstruppen wurde ohrenzerreißend.

Indessen – auf diesen Moment hatte der kleine Köhler gewartet. Während die Lehmänner alle in ihren Festungen nach oben blickten, gingen die Köhlerianer auf ihren Fahrrädern ganz dicht an die Festungen heran, drangen hinein und metzelten im Innern der Festungen alles nieder – alles.

Köhler kam dann mit allen seinen Automobilkanonen über die Wiese und zwang den Lehmann zum Rückzuge.

Lehmann saß auf seinem Ziegenbock ganz träumerisch da und wußte nicht, wie ihm geschah – sein Generalstab rang die Hände vor Verzweiflung.

Und nun lockerte sich rings um den Punkt, auf dem Lehmann mit seinem Generalstabe war, der Wiesenboden – und Köhlers Pioniere stiegen aus der Erde heraus – Lehmann wird gefangen genommen – mitsamt seinem ganzen Generalstabe.

Fürchterliches Gebrülle der Köhlerleute! „Viktoria! Viktoria!“ schrien sie immerzu.

Köhler sprengte auf seinem Ziegenbocke zum gefangenen Lehmann, lachte wie ein Besessener und umarmte seinen gefangenen Feind.

Dann aber schrie Köhler: „Das Sanitätskorps! Das Sanitätskorps!!!“

Und Lehmann schrie das auch.

Und da kamen rasch alle Ärzte und die Lazarettgehilfen und dreißigtausend höchst vergnügte Krankenschwestern. Die Schwestern sammelten die abgerissenen Gliedmaßen der Gefallenen. Und bald hatten die Ärzte die beiden Heere wieder hergestellt, da sie im Zusammenleimen der Gliedmaßen eine außerordentliche Gewandtheit besaßen.

Allerdings – die kleinen teuflischen Krankenschwestern hatten mehrere Stunden alle Hände voll zu tun, da von den Bomben die Teufelsknochen oft sehr weit von einander gerissen wurden.

Mielke rief, als er wieder zusammengeleimt war, sehr heftig:

„Da hat man sich nun *doch* verleiten lassen, aus reinem Übermut diesen Frühlingskrieg mitzumachen. Und ich hab's ja geahnt, daß alle meine Luftschiffe kaputt gemacht würden. Und so ist es auch geschehen. Wo ist der kleine Köhler? Verhauen werde ich den Bengel. Acht Tage haben wir jetzt mit der Reparatur der Luftschiffe zu tun. Wo ist dieser verdammte Köhler?“

Da sprengte dieser Köhler auf seinem Ziegenbock über die Wiese und wollte den Mielke auch umarmen. Da kam er aber schön an – Mielke zog seine Browning-Pistole aus der Rocktasche und schoß dem Köhler eine Kugel in den Leib, daß der über den Kopf des Ziegenbockes weg auf die Wiese flog.

Nach dieser Tat mußte Mielke hell auflachen.

Sofort kamen die Ärzte und machten den kleinen Köhler wieder gesund.

„Du Teufel,“ sagte Köhler, „du hast mich also totgeschossen? Na warte nur – das vergeß ich nicht. Famos find ich das. Jetzt brauch ich dir bei der Reparatur deiner Luftschiffe nicht beizustehen. Du hast ja Verrat am Freunde und Waffenbruder verübt! Haha! Jetzt könnt' ich mich totlachen vor Vergnügen, wenn ich nicht unsterblich wäre.“

Da lachte der kleine Mielke ebenfalls und er sagte noch immer lachend:

„Natürlich! Wie oft hätten wir uns schon totlachen können! Aber wir sind ja unsterblich. Wir können uns ja gar nicht totlachen. Das Tollste aber ist, daß die Menschen uns Teufeln das Kriegführen nachmachen wollen, während die Menschen doch nicht so unsterblich sind wie wir.“

„Die Menschen“, rief Köhler lachend, „haben ja auch gar nicht so freundliche teuflische Krankenschwestern, die die abgeschossenen Gliedmaßen zusammensammeln.“

„Und sie haben“, rief Mielke, „auch keine Ärzte, die alles – alles – wieder lebendig machen können.“

Da sagte Lehmann, der inzwischen auch auf seinem Ziegenbock herangeritten war:

„Die Menschen sind doch furchtbar dumm, daß sie uns das Kriegführen nachmachen wollen. Man könnte sich totlachen über die Menschen.“

„Glücklicherweise“, sagte Mielke, „geht das nicht; wir sind ja unsterblich.“

Da brach die Sonne durchs Gewölk und beleuchtete das ganze Schlachtfeld.

Und viele Schneeglöckchen blühten auf – auf der Wiese.

24
Dichterelend und Kriegspoesie
Eine Dachstubengeschichte
(Mai 1909)

Meinem Freund Fritz Dressel ging es sehr schlecht; er lebte als Dichter und Schriftsteller hoch oben in einer Dachstube und dachte unablässig darüber nach, wie er es wohl anfangen könnte, viel Geld zu verdienen.

Er sagte öfters zu mir:

„Man muß mit der Zeit mitgehen. Man muß aktuell sein. Was alle Menschen lebhaft interessiert, das muß man schreiben. So nur kann man vorwärtskommen. Aber ich weiß leider nicht, was alle Menschen interessiert. Ich komme immer mehr dahinter, daß sie sich eigentlich für gar nichts interessieren ... ganz bestimmt nicht für das, was ich schreibe. Wenn ich nur wüßte, wie ichs anfangen soll, aktuell zu schreiben."

So und ähnlich sprach Fritz Dressel sehr oft, und es wurde mir schon langweilig.

Da entstand plötzlich das große Kriegsgeschrei tief unten in der Türkei ... die Serben und die Österreicher wollten Krieg führen miteinander.

Als das Fritz Dressel las, veränderten sich seine Gesichtszüge, nahmen einen gemeingefährlichen Ausdruck an, und er sagte dazu mit heiserer Stimme:

„Jetzt weiß ich, was alle Menschen interessiert: der Krieg interessiert alle Menschen ... ich schreibe Kriegspoesie ... damit muß ich Geld verdienen."

„Willst Du", fragte ich, „gegen den Krieg schreiben ... oder für den Krieg?"

„Das", rief er lachend, „weiß ich noch nicht. Das ist aber nach meiner Meinung ganz egal, denn Beides muß gehen. Jetzt heißt es zunächst ..."

„Was?" fragte ich neugierig.

„Leben!" brüllte er, „zunächst muß man leben, Eindrücke sammeln, Studien machen, Bier trinken, Herumfahren, Reden!"

„Ja," fragte ich nun weiter, „willst Du nach Serbien fahren oder bloß nach Wien?"

„Das", sagte er ganz gelassen, „ist nach meiner Meinung alles ganz egal. Wo man lebt, ist ganz gleich ... wenn man nur lebt."

Kurzum: vierundzwanzig Stunden später hatten wir einen großen Katzenjammer, und Fritz Dressel hatte vierzehn Tage später auch noch einen großen Katzenjammer, und von seiner Kriegspoesie bekam ich nicht viel zu sehen.

„Den Volkston", sagte er, „muß man treffen. Die Kriegspoesie darf um alles in der Welt willen nicht geistreich sein. Und nach bekannten Melodien muß alles gesungen werden können. Das zieht. Das wirkt auf alle, und wenn sich alle für eine Sache, die geschrieben ist, interessieren, so hat man sehr viele Leser ... vielleicht Millionen von Lesern. Dann hat man sein Ziel erreicht, und man ist der Mann des Tages. Mit der Zeit muß man mitgehen .... aktuell sein ... das ist die Hauptsache."

„Das ist", bemerkte ich lächelnd, „eine merkwürdige Art von Popularität. Wenn man das sagt, was Alle sagen, so wird man ganz bestimmt nichts Besonderes sagen."

„Ach," versetzte er heftig, „wenn man was Besonderes sagt, so wird man nur von Wenigen begriffen; man muß aber von allen begriffen werden, und darum darf man nicht sehr geistreich sein."

Auch dieses wiederholte er so oft, daß es mir bald langweilig wurde.

Nun „lebte" er in sehr leichtsinniger Weise weiter, nur um Anregungen zu sammeln ... und während dem wurde plötzlich der Friede verkündet, und alle Kriegsgerüchte verstummten.

Fritz Dressel war anfangs starr, dann aber lächelte er wieder sehr verschmitzt und sagte mir eines Tages ganz ruhig:

„Du denkst natürlich, jetzt werde ich die Kriegspoesie an den Nagel hängen. Darin irrst Du aber. Langsam, aber sicher kommt eine neue Zeit heran. Die Regierungen der einzelnen Staaten haben selbstverständlich ein großes Interesse daran, den Frieden zu erhalten. Die Völker aber .... und das ist nicht zu bestreiten ... denken gar nicht daran, immerfort in Eintracht und Freundschaft mit einander zu leben. Die Zeit der Rassenkriege naht. Davon kannst Du fest überzeugt sein. Ob Du für den Krieg oder gegen den Krieg bist, das ist ganz egal. Die Rassengegensätze lassen sich nicht überwinden. Und diese Rassengegensätze werden zu großen Rassenkämpfen führen ... zunächst zu langen schweren Kriegen zwischen den Slaven und den Germanen. Das ist meine bombenfeste Überzeugung."

Er schwieg nach diesen Worten, und ich schwieg auch, denn ich halte es allmählich für etwas unvorsichtig, allzu klar und bestimmt über zukünftige Dinge zu reden ... wenn man sich zu oft irrt, so werden die Menschen immer ungläubiger .... und sie hören schließlich gar nicht mehr auf das, was man sagt.

Ich sah danach meinen Freund Fritz Dressel vierzehn Tage lang nicht. Und als ich ihn dann auf seiner Dachstube wiedersah, war er sehr nervös und rannte wie ein Besessener immerfort in seinem Zimmer herum. Und ich wußte nicht, was er eigentlich wollte.

Plötzlich brachte er einen ganzen Stoß Papier herbei, auf dem unzählige Verse geschrieben waren. Seine Handschrift war aber so unleserlich, daß ich mich mit bestem Willen nicht entschließen konnte, irgend etwas zu lesen.

Ich fragte ihn nur, für welche Partei er denn die Kriegslieder schreibe ... für die germanische oder für die slavische.

Er sah mich zunächst verständnislos an, und nach einer Weile sagte er leise:

„Du bringst mich auf eine glänzende Idee. Aber ... sprechen wir zunächst nicht davon. Selbstverständlich! Um Deine Frage zu beantworten, muß ich Dir natürlich feierlich erklären, daß ich zunächst nur für die germanische Partei Kriegslieder geschrieben habe. Das erscheint sehr natürlich. Aber es scheint wohl nur so. Jedenfalls bitte ich Dich momentan nicht weiter darüber zu sprechen. In acht Tagen wirst Du mehr von mir hören."

Ich war ganz zufrieden mit dieser Erklärung und recht froh, daß wir nun wieder von anderen Dingen sprechen konnten.

Als wir uns aber nach acht Tagen abermals in seiner Dachstube wiedersahen, erkannte ich Fritz Dressel kaum noch wieder: er strahlte eine Glückseligkeit aus, die einfach bezaubernd wirkte.

Und er legte gleich einen Band Gedichte vor mir auf den Tisch, und als Titel des Bandes las ich:

„Kriegslieder – für den großen demnächst bevorstehenden germanoslavischen Rassenkrieg (für alle Rassen Europas – auch für die neutralen)."

Ganz verblüfft legte ich das Manuskript wieder hin. Aber Fritz Dressel war damit keineswegs zufrieden, er beschwor mich, doch etwas wenigstens zu lesen.

„Sieh!" sagte er, „man muß durchaus versuchen, es Allen recht zu machen. Ich habe entdeckt, daß heutzutage eigentlich kein Mensch mit gutem Gewissen sagen kann, er sei Germane. Und es kann auch keiner mit gutem Gewissen sagen, er sei Slave. Und darum bin ich der Meinung, daß der slavo-germanische Rassenkrieg eigentlich ganz und gar von den guten oder bösen Willen des Einzelnen abhängt. Es weiß ja kein Mensch ganz genau, mit wem seine Vorfahren blutsverwandt waren."

Jetzt sah ich meinen Freund Fritz Dressel etwas verständnislos an.

Er aber fuhr fort:

„Und darum habe ich meine Kriegspoesie gleich für beide Parteien geschrieben. Zuerst kommt ein Gedicht für die Germanen, und dann kommt gleich ein Gedicht für die Slaven ... und so abwechselnd. Schließlich sind auch noch Verse für die unparteiischen Romanen und Türken da. Das Übersetzungsrecht hab ich für alle Sprachen sofort frei gegeben."

Ich begriff allmählich, und ich las im Manuskript. Und ich sagte lachend: „Also: Du bist wahrhaftig der Mann für Alle. Im ersten Gedicht sagst Du: ‚Haut den Slaven! Haut den Slaven!‘ und im zweiten Gedicht steht feierlich: ‚Laßt im Germanen keinen Tropfen Blut – das tut nicht gut!‘ Ich bewundere diese Vielseitigkeit und diesen echten einfachen Volkston."

Acht Tage später rannte Fritz Dressel mit seinem Manuskript in der Stadt herum und suchte einen Verleger. Sodann erhielt ich von meinem Freunde ein Postkarte, auf der stand kurz:

„Erfolg gehabt! Bin soeben Agent einer Lebensversicherung geworden. Die Kriegspoesie wird mir schon weiter helfen. Heil! Dein Fritz."

Ich habe mir die Postkarte einrahmen lassen.

25
Die Astronomie als Wissenschaft
(Mai 1909)

Es gibt eine alte präassyrische Sprache – wenn ich nicht irre, wird sie *Huzvarêsch* genannt – von der kannte oder kennt man nur einzelne Buchstaben – nicht alle. Nun ist es natürlich sehr schwer – wenn nicht unmöglich – eine Sprache zu verstehen, von der man noch einmal alle Buchstaben entziffert hat.

An diese Sprache muß ich immer denken, wenn ich die Astronomie als Wissenschaft betrachten möchte. Auch in der Astronomie kennt man noch lange nicht das große ABC, und trotzdem redet man immer so, als wäre man bereits in der Lage, vom sogenannten Kosmos in vollem Ernst zu reden; man vergißt immer wieder, daß der größte Teil unsres astronomischen „Wissens" nur aus sehr kühnen, zumeist nicht einmal wahrscheinlichen, oft sogar ganz unmöglichen Hypothesen besteht.

Und somit ist es notwendig, die Astronomie als Wissenschaft mit mißtrauischen Augen anzublicken.

Der Astronom gebärdet sich oft wie ein feierlicher Hoherpriester, wenn er von dem „obersten aller Gesetze" – von dem Gesetze, das von der Erhaltung der Kraft handelt, zu sprechen beliebt. Und dabei ist dieses „Gesetz" nichts anderes als eine waghalsige Hypothese – es ist eben schlechterdings noch lange nicht nachgewiesen, daß die Kräfte, die wir auf der Erdrinde kennen – auch in unsrem ganzen Sonnensystem in der uns bekannten Form existieren.

Es ist eben eine ganz unwissenschaftliche Art, eine Hypothese für ein Gesetz auszugeben – so was kann gar nicht oft genug gerügt werden.

Es ist sehr unwahrscheinlich, daß sich die Weltkörper so einfach anziehen, wie der fallende Apfel vom Erdboden angezogen wird; wäre das der Fall, so müßten wir schon Zusammenstöße von Weltkörpern erlebt haben. Ein solcher Zusammenstoß ist aber noch nicht beobachtet worden; das Aufflammen neuer Sterne beweist noch lange nicht einen Zusammenstoß. Daß Meteorschlacken mal zur Erde herunterkommen, beweist ebenfalls nicht, daß ein einziger Meteorit als Ganzes in unsrer Erdatmosphäre zugrunde ging. Die Annahme, daß die Sternschnuppen einfach verpuffende Meteoriten sind, ist eine Hypothese, die sich nicht beweisen läßt.

Wenn man von „kosmischer" Anziehungskraft spricht, so müßte man auch fragen, ob sich auch die Sonnensysteme gegenseitig anziehen. Die Sonnen sind so weit von einander entfernt! Wenn man sich die Sonnen in Erbsengröße denkt und man die eine Erbse auf den Nordpol der Erde legt, so müßte man die zweite Erbse auf den Südpol der Erde legen – will man ein Bild davon bekommen, wie weit unsre Sonne von der nächsten entfernt ist.

Wäre eine Anziehungskraft überall da, so müßte sie auch zwischen diesen beiden weit entfernten Sonnensystemen da sein – und auch zwischen den Milchstraßensystemen. Und das wirkt doch sehr ungeheuerlich.

Es ist somit nicht richtig, ganz bescheiden und ruhig dazusitzen, wenn jemand salbungsvoll sagt:

„Hier, meine Damen und Herren, ist das Prinzip von der Erhaltung der Kraft, das überall im Universum seine Gültigkeit besitzt."

Es empfiehlt sich, solchen anmaßlichen Worten kühler zu begegnen und einfach zu fragen:

„Sind Sie schon überall im Universum gewesen?"

Und wenn das verneint wird, so muß man einfach fortfahren:

„Reden Sie nur von Dingen, die Ihnen bekannt sind."

Und da wird die Erbitterung nicht ausbleiben. Man wird den Astrophysiker mit seiner „Kraftreligion" verspotten, und das wird ihn sehr ärgerlich machen.

Und es wäre doch eine Verständigung so leicht möglich: es ist doch nur nötig, daß der Astrophysiker zwischen dem, was er weiß, und dem, was Hypothese ist, zu unterscheiden vermag.

Man widerspricht denen, die vom Himmel reden, so selten, und deshalb sind sie so kühn geworden, daß sie das Erwünschte für das Erreichte hielten.

Die Astrophysik hat sehr viele Themata in ein starres System gebracht – so auch das von der Atmosphärenlosigkeit des Erdmondes – und dabei ist es bekannt, daß man „Spuren" von Atmosphäre auf diesem Erdmond entdeckt hat. Wenn man nun noch eine Atmosphäre hundert Meilen über der Erdoberfläche konstatiert hat, so muß man doch sagen, daß alle Hypothesen von den Sternatmosphären einer gründlichen Revision bedürfen. Schließlich ist es doch gar nicht so kühn, wenn man unserm ganzen Sonnensystem eine gemeinsame Atmosphäre zuschreibt.

Mit feierlicher Miene erklärt auch der Astrophysiker, daß alle Stoffe in unserem Sonnensystem gleicher Art sind – und dabei zeigt uns das Sonnenspektrum eine Unmenge von Linien, die nicht mit irdischen Stoffen in Zusammenhang gebracht werden können. Es gibt also auf der Sonne sehr viele Stoffe, die wir ganz und gar nicht kennen – davon wird man ja wohl auch bald mal überzeugt sein – – wenn man auf das Gute zu warten gelernt hat.

Auch halten es viele für ein Axiom, daß die Sterne alle kugelrund sind, obschon den Kometen das Kugelrunde nicht immer nachgesagt werden kann – und den Meteorschlacken, die zur Erde herunterkamen, auch nichts Kugelrundes anhaftete. Außerdem zeigte der Asteroïd Eros (1898) eine längliche Form.

Aus letzterem geht doch hervor, daß wir durchaus nicht berechtigt sind, auch die vielen Asteroïden als kugelrunde Körper anzusprechen. Der Saturnring besteht wahrscheinlich ebenfalls nicht aus kleinen Kugeln.

Das Kugelartige haben wir bei astralen Körpern eher als etwas Anormales hinzunehmen.

Es läßt sich nicht leugnen, daß die Astronomie noch weit davon entfernt ist, eine Wissenschaft darzustellen wie die Zoologie oder die Botanik.

Die wichtigste Aufgabe der Astronomie scheint mir zunächst diese zu sein: daß man untersuche, ob man die astralen Weltkörper auch fürderhin als sinnlos sich drehende Stoffklumpen behandeln darf.

Die *psychischen* Eigenschaften der Sterne wären zunächst zu entdecken.

Es ist – das wird doch wohl niemand bestreiten – jedenfalls sehr komisch, wenn man behaupten will, daß nur die Wesen, die auf Stern*rinden* in kleinster Gestalt ein sehr beschränktes Leben fristen, ganz allein die Gabe der Vernunft beanspruchen dürfen – während die großen Sterne, auf denen diese kleinen Vernunftwesen herumkrabbeln, ganz und gar nicht ein Recht haben, als vernünftige Lebewesen behandelt zu werden.

Das Furchtbar-Ridiküle solcher Denkweise springt wohl klar ins Auge – darüber ist nichts mehr zu reden – könnte man meinen!!

Indessen – naturgemäß wird der Astrophysiker fragen, wo die Organe der Sterne sind – wo besonders die Organe der Erde sind.

Obgleich ich nicht für notwendig halte, daß ein astrales Lebewesen seine Organe frei zur Schau trägt – des Menschen Organe sind doch auch zum größeren Teile in seinem Inneren verborgen –, so möchte ich doch nur daran erinnern, daß uns Nord- und Südpol der Erde noch immer unbekannt sind. Auch die beiden Polargegenden der Sonne zeigen ganz besondere Eigentümlichkeiten. Könnten diese nicht mit einem Organcharakter in Zusammenhang stehen?

Und – können wir bei den Kometen nicht die Coma mitsamt der Schweifbildung als organartige Gebilde bezeichnen?

Es erklärt sich sehr vieles viel leichter in astralen Körpern, wenn wir diesen den Charakter vernunftbegabter Wesen verleihen. Ich glaube, daß man lange genug in der Astronomie unhaltbaren Hypothesen, die immer nur überall das Unvernünftige voraussetzen, ein freundliches Entgegenkommen bewiesen hat.

Könnten wir nicht auch mal solchen Hypothesen im vollen Ernste näher treten, die das Vernünftigste in astralen Lebewesen voraussetzen?

Oder – glaubt man dadurch dem „wissenschaftlichen" Ansehen der Astronomie zu schaden?

Man täusche sich doch nicht: das wissenschaftliche Ansehen der Astronomie ist in den weitesten Kreisen so vollständig erschüttert, daß man momentan nicht einmal ein Interesse für astronomische Angelegenheiten in den Kreisen der Nichtastronomen entdecken kann. Und das ist besonders in pekuniärer Hinsicht sehr beklagenswert.

Dieses Interesse (mit dem pekuniären Hintergrunde) würden die Astronomen zweifellos erregen, wenn sie das Astrophysische mit dem Astropsychischen in Verbindung bringen könnten.

26
Die geniale Tänzerin
Eine Steuergeschichte
(Juni 1909)

Es gibt sehr viele Tänzerinnen in Berlin, und von diesen haben einige noch keinen führenden Impresario. Man sollte es nicht für möglich halten, aber es ist so. Eine von diesen kenne ich persönlich, und sie schrieb mir folgenden Brief:

Sehr geehrter Herr!

Sie wissen, daß ich schon seit langer Zeit darüber nachdenke, wie man es wohl anfangen könnte, durch eine ganz neue geniale Tanzgeschichte mit einem Schlage „berühmt“ zu werden.

Jetzt endlich habe ich eine Idee. Sie werden staunen. Und die große Welt, in der man sich öfters langweilt, wird auch staunen.

Mein Plan ist etwas großartig. Aber gerade das Großartige bringt doch das meiste Geld ein.

Sie wissen, daß das Deutsche Reich nicht weiß, wie man die große Steuerfrage regelt.

Ich aber weiß es.

Die Sache ist doch eigentlich so sehr einfach.

Sie werden natürlich nicht wissen, in welchem Zusammenhange die Steuerfrage und die Tanzfrage zu einander stehen – aber das kommt gleich, werden Sie nur nicht ungeduldig. Meine politische Einleitung ist etwas lang, doch die Tanzgeschichte kommt schon nachher. Darauf können Sie sich verlassen.

Also: ich frage Sie zunächst, warum wir so viele neue Steuern brauchen. Und Sie werden mir einfach antworten: um die Militärlasten zu bezahlen.

Sie haben ja so recht. Ihre Antwort ist vorzüglich. Wissen Sie nun aber, was ich darauf antworte?

Nun – ich will mich kurz fassen: ich sage, wenn das Militär so viel kostet, so muß auch das Militär bemüht sein, die Kosten „aufzubringen“.

Glauben Sie, daß das dem Militärfiskus so schwer fällt? Glauben Sie das wirklich?

Ich bitte Sie, bedenken Sie, wie begeistert die Berliner sind, wenn auf dem Tempelhofer Felde eine Parade stattfindet. Gehen nicht Tausende hin? Gehen nicht Hunderttausend hin? Na – wenn nun diesen Leuten eine Paradesteuer von drei Mark auferlegt wird – wird sich da ein einziger Patriot weigern, diese drei Mark Paradesteuer zu bezahlen?

Das würde also 300.000 Mk. abwerfen.

Wenn nun die Soldaten an jedem Sonnabend eine Parade aufführen, so macht das im Jahr 52 × 300.000 Mk.

Na – rechnen Sie’s zusammen, Kopfrechnen ist nicht mein Fall. Aber es macht doch eine hübsche Summe, nicht wahr?

Doch – ich bin noch nicht am Ende.

Wie viel könnte nicht eine Flottenparade abwerfen? Für die zahlt doch jeder Patriot mindestens zwanzig Mark, nicht wahr? Wenn man jeden

Sonntag eine Flottenparade arrangiert, so macht das 20 × 52 × 500.000 Mk. – denn das versteht sich doch von selbst, daß bei jeder Flottenparade mindestens eine halbe Million Zuschauer da sind. Also 500.000 × 20 × 52 = 520.000.000, in Buchstaben fünfhundertzwanzig Millionen Mark!!

Nun können auch Festungsbelagerungen arrangiert werden – dann können auch die Manöver sich für Geld sehen lassen, nicht wahr?

Und wenn man alle diese militärischen Schauspiele nur gegen Eintrittspreis arrangiert, so kommen doch unbändig viele Millionen zusammen.

Hab' ich recht oder nicht?

Ich weiß, Sie geben mir recht.

Auch die Besichtigung der Kasernen, der Schlachtschiffe und Festungen kann gegen Eintrittsgeld gestattet werden. Das wirft so viel Geld ab, daß der deutsche Militarismus einen noch viel größeren Umfang erreichen kann als bisher.

Ich glaube, es läßt sich gar nicht mehr zusammenrechnen, wie viele Milliarden durch diese Besteuerungsart zusammengebracht werden könnten. Der Reichstag könnte im Golde nur so wühlen – es wäre unheimlich schön.

Was sagen Sie zu diesem Steuerplan? Was sagen Sie?

Ach, ich weiß, Sie springen in der Stube herum und rufen immerzu:

„Diese Ludmilla ist genial! Ludmilla ist genial!"

Jetzt werden Sie gerne wissen wollen, wie ich als Tänzerin mir die Beteiligung des Balletts dabei denke, nicht wahr?

Sie sollen aber vor Neugierde ganz entzwei gehen – ich sag's Ihnen nicht eher, als bis Sie mir geschrieben haben, daß ich wirklich genial bin.

Mit verbindlichstem Gruß!

Ludmilla Senta,
Weltballetteuse.

Ich war wirklich sehr neugierig, und ich schrieb der Dame umgehend, daß sie nach meinem Dafürhalten die genialste Tänzerin in unserem ganzen Sonnensystem sei.

Erst nach zwei Tagen erhielt ich eine Antwort.

Sie schrieb:

Geehrter Herr!

Es hat mich nicht sehr gefreut, daß Sie mich nur für die Primaballerina unseres Sonnensystems halten. Ich erwartete, daß Sie mich für die Obertänzerin der ganzen Welt halten würden. Fällt es Ihnen so schwer, das Wort

„Welt“ auszusprechen? Das spricht man heute doch bei jeder Quarkerei aus. Aber ich will Sie nicht länger auf die Folter spannen und werde Ihnen gleich sagen, was Sie hören wollen – denn ich brauche Ihren Rat und Ihre Mitarbeiterschaft.

Können Sie nicht ein Ballett schreiben, das den Titel „Der deutsche Steuertanz“ führt? Ich möchte dabei so gerne als „Liebesgabe“ auftreten. Tanzende Agrarier könnten mich umschwärmen. Meine Freundin Frida, die furchtbar mager ist, möchte als Streichholzsteuer auftreten usw. usw. Sie werden ja schon wissen, wie dieses „politische“ Ballett aussehen müßte.

Also schreiben Sie dieses Ballett – dann erzähle ich Ihnen auch den Knalleffekt meiner Geschichte. Ich weiß, daß er mich mit einem Schlage „berühmt“ machen wird. Die Idee ist einfach nicht zu bezahlen. Die Erträgnisse der Paraden- und Manöversteuern werden durch meine Idee einfach verzehnfacht. Sie können Brief und Siegel darauf nehmen. Sie werden staunen, und die Welt wird ebenfalls staunen. Schicken Sie bald das Manuskript.

Mit Weltgrüßen!

Ludmilla.

Die Schlauheit der Dame machte mir riesigen Spaß. Aber natürlich dachte ich nicht daran, dieses Steuerballett zu schreiben.

„Meine Gnädigste,“ antwortete ich ihr, „wenden Sie sich doch an einen Leutnant, der wird Ihnen das Steuerballett viel besser schreiben als ich. Die Leutnants schreiben heute alle, und, wie Sie wohl wissen, gibt es keinen deutschen Offizier, der nicht für eine unbekannte Tänzerin zu interessieren wäre.“

Umgehend kam darauf ein dritter Brief an.

Sie schrieb sehr energisch, wie folgt:

Mein Herr!

Sie scheinen zu meinen, daß ich spaße. Es ist mir aber gar nicht spaßhaft zu Mute. Ich habe Schulden und muß unter allen Umständen, in den nächsten vierzehn Tagen, „berühmt“ werden – oder meinem Leben ein Ende machen. Es geht auf Tod und Leben – und Sie können noch Scherze machen? Pfui! Das ist erbärmlich. Und Sie sind gar nicht neugierig auf meine geniale Idee? Das ist beleidigend. Was habe ich Ihnen getan?

Ich will Sie nun nicht weiter mit meinem Steuerballett quälen. Lassen wir das vorläufig ruhen.

Aber – ich frage Sie: glauben Sie, daß die Militärschauspiele jahraus und jahrein ihre Anziehungskraft behalten werden?

Glauben Sie das wirklich?

Beantworten Sie mir diese eine Frage, so will ich Sie nicht länger auf die Folter spannen.

Mit Steuergrüßen!

L. S.

Nun dachte ich längere Zeit über diese sonderbare Frage nach und kam zu keinem Resultat.

„Gnädigste," schrieb ich, „wenn ich auch öfters behauptet habe, daß ich etwas von der Zukunft wüßte, so bin ich doch nicht in der Lage, eine so schwierige Zukunftsfrage wie die von Ihnen gestellte zu beantworten. Sie dürfen nicht vergessen, daß doch der deutsche Generalstab dafür sorgen würde, durch immer neue Massen- und Farbenarrangements die Reichhaltigkeit der Parade- und Manöverbilder zu erhöhen. Sie dürfen auch nicht vergessen, daß die vielen neuen Luftschiffe den militärischen Festschauspielen immer wieder einen ganz neuen Reiz geben müssen. Denken Sie auch an bombenvolle Nächte hoch oben in den Lüften. Welche Nachtmanöver kann das geben! Die müßten dreifache Steuern einbringen. Indessen – was soll das Ballett bei diesen kriegerischen Arrangements? Sagen Sie mir das endlich."

Ich setzte der Dame noch auseinander, daß sie zweifellos die Primaballerina der Welt sei und bat schließlich um eingehende Nachricht.

Und die kam denn auch – sie schrieb:

Lieber Freund!

Sie sind schrecklich schwerfällig im Begreifen. Und das fällt mir, die ich doch Balletteuse bin, auf die Nerven – oder meinetwegen Beine. Sie fragen immer noch, was die Balletts im Militarschauspiele sollen? Ahnen Sie noch immer nichts? Wozu sind die Balletts in der großen Oper da? Wissen Sie das nicht? Um die Anziehungskraft der großen Oper ins Ungemessene zu steigern. Nun – ich brauche wohl nicht fortzufahren. Sie merken, wodurch ich den Militärschauspielen zum absoluten Siege verhelfen möchte: durch Balletteinlagen! Denken Sie nur: eine Parade mit Balletts von zwanzig- oder dreißigtausend Tänzerinnen! Busch und Schumann würden vor Neid platzen. Der Zirkus wäre überwunden. Hab' ich Sie jetzt auch überwunden? Schreiben Sie das „Steuerballett"? Bitte antworte Sie gleich

Ihrer Freundin

Ludmilla.

Ich staunte die unvergleichliche Genialität der Dame bedingungslos an, erklärte mich bereit, das Ballett zu schreiben – und weiß jetzt, daß das Steuerproblem endgültig gelöst ist.

27
Moderne Amazonen
Eine japanische Novellette
(Juli 1909)

Der japanische Kapitän Tasebu wurde vor Port Arthur im Jahre 1904 schwer verwundet. Im Lazarettschiff wurde er dann von der japanischen Krankenschwester Ikavela so vortrefflich gepflegt, daß er schon im Februar 1905 wieder die Führung eines Kanonenbootes übernehmen konnte.

Drei Monate später wurde Tasebu abermals sehr schwer verwundet – an der linken Schulter. Und nur der vorzüglichen Pflege, die er zum zweiten Male bei der Krankenschwester Ikavela fand, war es zuzuschreiben, daß er mit dem Leben davon kam. Er nahm nicht mehr an den Kämpfen teil, wurde jedoch sehr bald zum Admiral ernannt und heiratete Fräulein Ikavela.

Das war aber nicht eine Heirat aus Dankbarkeit. Ikavela war eine sehr temperamentvolle Dame und für das Kriegshandwerk dermaßen begeistert, daß der Admiral Tasebu seine helle Freude daran hatte. Täglich kam die Ikavela zu ihrem Gatten mit einer neuen militärischen Idee – und manche von diesen Ideen hatten einen sehr abenteuerlichen Charakter, so daß der Admiral oft so lachen mußte, daß ihm die Tränen stromartig über die gebräunten Wangen rollten.

Und der Ikavela gefiel dieses Lachen ihres Herrn Gemahls ganz und gar nicht.

„Ihr bildet Euch ein," sagte sie mal, als sie von der Reiterei sprachen, „daß Ihr die Weisheit selber seid, wenn ihr das, was die Europäer sagen, nachschwatzt. Die Pferde sollen immer so vorzüglich sein, unebenes Terrain schnell kennen zu lernen. Als wenn das mit einem Fesselballon nicht viel schneller zu machen wäre! Kannst Du das denn immer noch nicht einsehen? Ein paar Fesselballons kosten doch wahrlich nicht so viel wie diese überflüssige Reiterei, die nur dazu da ist, daß sich die Herren der Schöpfung imponierend hoch zu Roß in höherer Position zeigen können. Und dabei kann man im Fesselballon ein paar hundert Mal so hoch steigen. Für die alten Indianer mag ja das Pferd immer noch seine große militärische

Bedeutung besitzen, für den Krieger Japans ist aber das Pferd ein kindliches Spielzeug – das viel kostet und nichts einbringt. Zur Verfolgung des fliehenden Feindes brauchen wir die Pferde ebenfalls nicht. Fahrrad und Automobil genügen dafür auch, und auf unebenem Terrain kann doch der Sieger ebenso schnell laufen – wie der Besiegte. Zudem: – warum führt Ihr nicht das Fahrrad bei allen Fußtruppen ein? Warum nicht? Denkt Ihr, die Japaner könnten den europäischen Parademarsch verlernen? Oh – wie lächerlich Ihr seid! Fahrt nur fort, immerfort nach dem veralteten Europa mit Bewunderung hinüberzublicken – da könnt Ihr tatsächlich sehr viel lernen, besonders von der Geschichte des Militarismus – von dem, was einst Bedeutung hatte. Aber – vom modernen Militarismus versteht doch der Europäer nichts; ihm lastet doch die Tradition auf den Schultern. Der Japaner aber kann die europäische Tradition so leicht abschütteln – das kann er doch! Warum gebt Ihr nicht den Befehl, daß er's endlich tut? Warum nicht?"

So und so ähnlich redete Ikavela öfters, und dabei trug sie europäische Kleider und hatte einen europäischen Salon, in dem viele Ingenieure verkehrten, mit denen sie nur von militaristischen Reformen und Revolten sprach.

Und dabei verlernte der Admiral sein lustiges Lachen; er wurde immer ganz schweigsam, wenn seine Gemahlin von den kriegerischen Dingen in ganz phantastischer, sehr rücksichtsloser und oft sehr ungebildeter Form sprach. Herrn Tasebu wurde der Kriegsfanatismus seiner Gattin allmählich peinlich, er litt darunter – sagte allerdings nichts, da er ja ganz genau wußte, daß alle seine Gegenreden dieser Ikavela gegenüber machtlos wären; diese rabiate Amazonennatur behielt doch immer das letzte Wort und war schon so an die Bekämpfung aller Offiziersmeinungen gewöhnt, daß sie gar nicht mehr anders konnte. Ihr ging in der japanischen Armee alles zu langsam – zu temperamentlos – zu europäisch. Aber die extravaganten Ansichten der Ingenieure – für die schwärmte die Ikavela – am liebsten hätte sie alle Offiziersstellen mit Ingenieuren besetzt. Und das ärgerte natürlich die Offiziere, so daß diese allmählich den europäischen Salon der Madame Ikavela zu meiden begannen; sie kamen nur noch zuweilen des Herrn Tasebu wegen. Und der verstand, warum sie so gerne in der Ferne weilten; er wäre am liebsten auch mit ihnen von dannen geeilt, denn es ist nicht ratsam, mit dem Feuer der Furien zu spielen. Öfters sagte Tasebu: „Die Amazonen waren übrigens nicht verheiratet – das erklärt Alles!"

Und als nun nach zwei Jahren der lenkbare Luftballon und der lenkbare Gleitflieger endgiltig eingeführt wurden, da stieg das der Ikavela dermaßen zu Kopfe, daß sie mit den Ingenieuren nur noch von der militaristischen Bedeutung der Lenkbaren redete. Und als in Tokio ein Herr Masio eine *Luftrevue* herausgab, da war Herr Masio im Salon der Madame Ikavela einfach das Orakel. Wehe dem, der den Großen nicht aussprechen ließ!

Und wehe dem, der dem Großen zu widersprechen wagte!

Jetzt blieben die Offiziere ostentativ in der Ferne; sie kamen gar nicht mehr und bedauerten den alten Tasebu, der zur Rechten von seiner Frau, zur Linken von seiner kranken linken Schulter gepeinigt wurde.

Und die Ikavela bekam es fertig, den Herrn Masio zu bestimmen, in seiner *Luftrevue* ganz energisch gegen die japanische Heeresverwaltung Front zu machen.

„Wagen Sie es nur," sagte sie ihm, „wenn was gegen Sie im Gange ist, werde ich es schon durch Tasebu in Erfahrung bringen – und dann sollen Sie nach drei Minuten verständigt werden."

Und der Herr Masio wagte es, der Heeresverwaltung des japanischen Kaiserreichs ganz grimmig den Text zu lesen.

„Wie lange werden wir uns denn", sagte er in seiner *Luftrevue*, „besinnen, bevor wir eine Luftarmee schaffen? Wie lange soll das noch dauern? Sollen uns die krebsfüßigen Europäer zuvorkommen? Die gesamte Armeeverfassung ist doch nach Entdeckung der lenkbaren Luftvehikel einfach veraltet. Wir haben auch Amerika im Auge zu behalten und haben nicht mehr Zeit zu verlieren. Die Amerikaner könnten uns ebenfalls zuvorkommen. Die Ausgaben für Flotte und Landheer sind auf ein Minimum zu reduzieren, damit das Luftheer möglich wird. Wir haben die Luftschiffe mit den neuesten Bomben auszurüsten. Wir haben auch Bomben mit Giftstoffen herzustellen. Wenn das alles nicht bald in Angriff genommen wird, werden wir schon Mittel und Wege finden, die faulen und bequemen Offiziere unserer Armee aus dieser zu entfernen. Wir haben das Volk hinter uns. Das ganze japanische Volk will ein Luftheer haben. Landheer und Flotte können uns nicht mehr den genügenden Schutz bieten, können uns niemals befähigen, eine wirkliche Weltmacht zu werden. Wenn wir nicht rechtzeitig mit dem Bau der Luftflotte beginnen, so wird es bald zu spät sein."

So und so ähnlich leitartikelte Herr Masio in jedem Monat zweimal. Und die Offiziere lächelten und dachten gar nicht daran, daß ihnen diese Anrempelei jemals gefährlich werden könnte.

Dem Admiral Tasebu wurde die Sache im Jahre 1908 dermaßen peinlich, daß er beschloß, diesem Treiben seiner Gemahlin ein Ende zu bereiten.

Er sagte eines Tages zu Frau Ikavela:

„Masios *Luftrevue* wird jetzt sehr eifrig in der Admiralität gelesen. Und ich habe sehr scharfe Bemerkungen über die Leitartikel des Herrn Masio gehört. Wenn das nur kein böses Ende nimmt."

Brühwarm teilte Frau Ikavela diese Bemerkungen ihres Gatten Herrn Masio mit.

Und dabei waren diese Worte des Herrn Admiral einfach gelogen; kein einziger Offizier erwähnte die *Luftrevue*.

„Wir würden ja", sagten alle heiter, „so gerne alles Mögliche machen, wenn wir nur wüßten, woher wir das Geld dazu nehmen sollen."

Zwei Tage später aber sprach Tasebu abermals besorgniserregend von der kühnen Revue.

Und abermals zwei Tage später sagte der Admiral in gekünstelter Erregung zu seiner Gattin:

„Masio soll verhaftet werden; ich habe den Haftbefehl bereits gelesen."

Drei Minuten später wußte dieses Herr Masio – und danach kam Frau Ikavela zu ihm – und beide zusammen – flohen.

Nach drei Monaten erhielt Tasebu ein Telegramm aus Paris, das folgenden Wortlaut hatte:

„Es mußte sein. Hier werden wir weiter arbeiten zum Wohle unseres Vaterlandes. Du wirst bald mehr von uns hören. Ikavela."

Tasebu aber schmunzelte; er wußte, daß den Beiden niemand nachstellte.

„Der Masio tut mir eigentlich leid", sagte er ganz leise vor sich hin, „die Amazonen sollten sich niemals verheiraten."

28
Der Vakuumsauger am Luftballon
Eine Erfindergeschichte
(August 1909)

Sehr gesprächig war der alte Herr, Andreas war sein Name, und wir saßen in einer alten Weinstube. Ich hatte gerade behauptet, daß heutzutage wohl etwas zu viel erfunden würde. Doch da geriet der alte Herr in großen Zorn und sagte hastig:

„Zu viel? Zu viel? Nein, mein Herr, viel zu wenig – viel zu wenig, obschon wir allein in Deutschland dreimalhunderttausend Erfinder haben, die Tag und Nacht nichts anderes tun – als erfinden. Aber sie haben alle leider nicht die richtigen Einfälle. Was erfinden denn diese Erfinder? Neue

Stiefelknechte, Seifen und Kravatten – Knöpfe, Federhalter und künstliches Leder – künstliche Steine und andere Kleinigkeiten, aber das, worauf es ankommt, erfinden sie leider nicht. Man ist eben so schnell beruhigt. Sieht man, daß die lenkbaren Luftschiffe mit Motorschrauben gegen den Wind ankommen, so ist man gleich zufriedengestellt. Und dabei ist die Idee schon dreißig Jahre alt – oder noch älter. Darüber nachzudenken, wie man die Motorschrauben ersetzen könnte – das fällt niemandem ein. Aber kleine Quarkereien erfinden, das möchten sie alle, weil dabei so viel Geld zu verdienen ist. Ja, ja! An das Große denken sie alle nicht, alle wollen gern reich sein – aus dem Großsein machen sie sich nichts, denn das bringt heutzutage nicht viel ein; es ist eben nicht modern. Aber der Quark ist modern; ja, der ist modern."

Und er trank hastig sein Glas aus und goß sich ein neues ein, und ich sagte lächelnd:

„Es wäre ja ganz hübsch, wenn wir die Motorschrauben durch etwas anderes ersetzen könnten. Doch was soll an ihre Stelle treten? Glauben Sie wirklich, daß man noch nicht darüber nachgedacht hat?"

„Nein!" rief er lachend, „darüber hat noch niemand nachgedacht. Sonst wäre man längst dahintergekommen."

Nun wurde ich neugierig und wollte mehr wissen. Er aber sagte plötzlich ganz langsam:

„So einfach ist die Sache nicht. Doch ich habe die richtige Idee. Es handelt sich vielleicht gar nicht darum, die Schrauben zu ersetzen. Es handelt sich vielleicht nur darum, ihre Tätigkeit durch einen anderen Apparat zu unterstützen. Die Schrauben haben sich ja in der Luft ebenso gut bewährt wie im Wasser. Warum sollte man etwas, das sich bewährt hat, so leichtsinnigerweise wegwerfen? Nein, das will ich nicht befürworten. Aber klar ist es doch, daß die Schrauben einem Orkan gegenüber nicht so recht genügen. Das müssen Sie doch einsehen, nicht wahr?"

„Selbstverständlich!" rief ich schnell, „das sehe ich wohl ein. Aber vielleicht könnte man eine Fesselkugel abschießen – eine Kugel, die an einer Kette befestigt ist. Die Kugel müßte doch das Luftschiff schneller nach vorn reißen. Das wäre wohl schon eine Idee. Ob sie sich praktisch verwerten läßt, weiß ich nicht. Vielleicht – wissen Sie, ob es so geht. Ich bin ja nicht Ingenieur."

„Ich bin's," sagte er lächelnd, „doch Sie irren, wenn Sie glauben, ich möchte auf Ihre phantastische Kettenkugelidee eingehen. Ich habe wahrlich nicht so viel Zeit, um mich mit allen abenteuerlichen Erfindereinfällen abzugeben. Ich sehe immer nur das, was sich leicht und praktisch ausführen läßt.

Der Ingenieur muß Praktiker sein – und nur praktisch ausführbare Ziele im Auge behalten und nicht mit leeren Hirngespinsten seine Zeit vergeuden."

„Das ist", erwiderte ich ruhig, „auch ganz meine Meinung. Aber ich bin ja nicht Ingenieur. Und deswegen kann ich nicht so praktisch denken. Ich möchte das wohl gern von Ihnen lernen. Wenn's ginge, wäre ich Ihnen sehr dankbar."

Der alte Herr Andreas blickte lange in sein wieder leer gewordenes Glas und schwieg, dann tippte er mit dem rechten Zeigefinger senkrecht auf die Tischplatte, tat das nochmals und dann zum drittenmal und meinte dann mit hochgezogenen Augenbrauen:

„Heute abend hätte ich noch ein Stündchen Zeit. Wenn Sie mich begleiten möchten – in meine Wohnung, so würden Sie wohl bald lernen, was es heißt: praktisch denken!"

Ich erklärte mich sofort bereit, ihn zu begleiten, und wir verließen dann die Weinstube.

Eine Atelierwohnung hatte Herr Andreas. Hoch oben im fünften Stock wohnte er; wir fuhren mit dem Fahrstuhl hinauf. Auf dem Türschild stand: „Andreas, Ingenieur."

Ich war sehr erstaunt, als ich im Atelier an die hundert Marinebilder sah.

„O!" sagte ich da, „daß Sie sich auch mit der Marinemalerei beschäftigen, das habe ich nicht geahnt. Die Marinemalerei ist auch sehr praktisch. Ja – das weiß man ja. Für Meerbilder ist immer ein Interesse vorhanden. Es ist keineswegs unpraktisch, Meerbilder zu malen."

Herr Andreas sah mich etwas unsicher an, legte die Stirn in Falten und sprach hart:

„Wie meinen Sie das?"

Ich erwiderte lachend:

„Mißverstehen Sie mich nicht! Ich habe keine bösen Gedanken. Ich meine also so, wie ich's sagte. Sie sind für das Praktische, und darum glaube ich, Sie nicht zu kränken, wenn ich annahm, daß Sie auch aus praktischen Gründen – des Pekuniären wegen – Marinemaler geworden seien. Sollte das nicht der Fall sein, so bitte ich um Entschuldigung. Doch ich konnte ja nicht ahnen ..."

„Ich habe", unterbrach er mich kalt, „eine große Vorliebe für das gewaltige Meer. Darum habe ich diese Meerbilder gemalt. Ich verkaufe sie gar nicht, so daß von pekuniärem Interesse dabei nicht die Rede sein kann."

„Das ist mir sehr peinlich," sagte ich leise, „verzeihen Sie mir! Ich habe wirklich nichts Böses sagen wollen. Das konnte ich doch nicht wissen, daß

Sie so viel vom Praktischen sprachen. Sie wollten mir ja gerade Anleitung im praktischen Denken geben."

„Das wollte ich!" versetzte er scharf, „aber deswegen waren Sie doch nicht berechtigt, meine Kunst wie eine Geschäftssache zu behandeln. Das hat mir noch niemand angetan."

Nun war ich wirklich in Verlegenheit, und ich mußte wohl eine ganze halbe Stunde reden, bis ich den alten Herrn wieder freundlicher gestimmt hatte. Ich sagte ihm dabei so viel Liebenswürdiges über seine Meerbilder, daß er allmählich wieder auf die Technik zurückkam. Da wurde ich schließlich so neugierig, daß ich ungeduldig aufsprang.

„Jetzt", rief ich heftig, „müssen Sie mir aber erzählen, wie Sie sich die Unterstützung der Motorschraubentätigkeit denken. Ich will das Praktische – nur das Praktische! Vergessen wir die Fesselkugel für alle Zeiten. Die Idee kommt mir auch sehr unpraktisch vor. Ich habe meine Idee ja nur geäußert, um die Ihre zu hören."

„Ah," rief er nun zornig, „Sie wollen also, daß ich Ihnen klipp und klar meine neueste Erfindung vorführe? Das wollen Sie, gut mein Herr, Sie sollen haben, was Sie wollen!"

Ich wußte abermals nicht, wie ich meine unvorsichtigen Worte verbessern sollte. Doch er ließ mir nicht mehr Zeit zum Nachdenken, zog eine gelbe Gardine von einer langen schwarzen Leinwand zurück, und auf dieser sah ich mit weißer Kreide ein langes Zeppelin-Schiff aufgemalt, und vor der Spitze des Ballons befand sich ein riesiger Apparat, der ungefähr so wie ein großes Nebelhorn aussah.

Ich sagte leise:

„Das sieht ja fast wie ein Nebelhorn aus."

„Ist es", versetzte der alte Herr, „durchaus nicht. Das ist ein Vakuumreiniger im großen – ein Vakuumsauger, wenn Sie das Wort Sauger bevorzugen. Durch diesen Sauger wird eben die Luft aufgesogen – wie bei der Zimmerreinigung der Staub von dem Vakuumsauger aufgesogen wird. Dadurch entsteht, wenn das Aufsaugen der Luft schneller vor sich geht als die Windschnelligkeit, gleichsam ein leerer Raum vor dem Ballon. Und in diesen leeren Raum muß der ganze Ballon natürlich hineinfallen. Sehen Sie, mein Herr! Das ist eine praktisch ausführbare Idee – die wird die Tätigkeit der Motorschrauben vortrefflich ergänzen. Wissen Sie nun, was es heißt: praktisch denken?"

Am liebsten hätte ich gesagt:

„Mein Herr, Ihre Meerbilder gefallen mir viel besser als Ihr Vakuumsauger am Luftballon."

„Sie sind also von dem praktischen Wert meiner Erfindung durchaus überzeugt. Nun handelt es sich nur darum, demnächst ein Modell herzustellen, das den Vakuumsauger in Funktion zeigt. Das Modell kann drei bis vier Meter lang sein. Aber es kostet viel, sagen die Mechaniker. Es fragt sich ja noch, ob dieser Vakuumsauger entsprechend zu vergrößern ist, so daß er vor einem Zeppelin-Luftschiff auch funktionieren kann."

„Ja," erwiderte ich, „das fragt sich."

Nun sagte der Herr Andreas, daß ich mich an den Kosten des Modells und an der ganzen Erfindung beteiligen könnte …

Da ich mich sehr bald als Nichtkapitalist entpuppte, wurde der alte Herr sehr kühl, und ich verabschiedete mich sehr bald.

Auf der Treppe sagte ich:

„Jetzt weiß ich endlich, was es heißt: praktisch denken!"

29
Die Krankheit des Rentiers
Eine rätselhafte Geschichte
(August 1909)

Es war im Mai des Jahres 1909 um 4 Uhr morgens. Ich saß im Tiergarten auf einer Marmorbank in der Siegesallee. Vor mir stand ein Denkmal in weißem Marmor. Und auf der anderen Seite der Allee gingen drei Berliner Schutzleute langsam und schweigend vorüber. Da kam plötzlich ein sehr korpulenter Herr und setzte sich auch auf die Bank, auf der ich saß.

Er sagte höflich: „Guten Morgen!"

Ich erwiderte den Gruß. Und nun saßen wir fünf Minuten lang schweigend im Maimorgen und wunderten uns über die große Stille – nur Vogelstimmen ließen sich hören – von Menschen war weit und breit nichts zu bemerken. Die drei Schutzleute sah man nicht mehr.

„Ein herrlicher Maimorgen!" sagte ich.

Und der korpulente Herr nickte mit seinem dicken Kopf und sagte hastig:

„Ja! Ja! Wenn ich nur nicht so krank wäre!"

„O!" sagte ich und zündete mir eine Zigarre an.

Und der Korpulente fuhr fort.

„Wissen Sie, ich leide an einer Krankheit, die so unheimlich und so merkwürdig ist, daß mir alle Ärzte der Welt nicht helfen können."

„O!" sagte ich wieder, „ist es vielleicht eine ganz neue Krankheit?"

„Sie haben's erraten!" versetzte er müde, „und ich will Ihnen von der Krankheit erzählen. Ich leide nun schon zwei Jahre an der Geschichte. Und das merkwürdigste dabei ist, daß ich keinem Menschen die Geschichte glaubhaft machen kann. Und kein Arzt glaubt daran, daß ich wirklich krank bin. Und ich bin's doch. Aber ich kann's keinem beweisen."

„Da bin ich aber neugierig!" rief ich lachend.

„Sie sollen gleich hören," fuhr er fort, „was es ist. Vor zwei Jahren passierte mir folgendes: ich gehe spazieren und will im Café Josty eine Tasse Kaffee trinken. Ich setze mich an einen Tisch vor der Türe und winke einem Kellner. Doch der tut so, als wenn ich gar nicht da wäre. Die andern Kellner beachten mich ebenfalls nicht. Ich will rufen, bemerke aber gleich, daß mir etwas in der Kehle stecken muß. Ich mache den Mund immer auf und zu, aber ich höre meine Worte nicht. Die Sache wird mir unheimlich. Ich stehe auf und gehe auf einen Kellner zu und will ihn am Arme anfassen. Doch der Kellner kümmert sich gar nicht um mich, und ich fühle, daß sein Rockärmel eiskalt ist. – Da kam es mir plötzlich so vor, als wenn alle Gegenstände sich um mich drehten. Und mir wurde schwindlig, und ich verlor das Bewußtsein – ich fiel hin. Als ich nach einer guten Weile wieder zu mir kam, sah ich, daß ich immer noch im Vorgarten des Cafés auf den Dielen lag. Viele Herren und Damen gingen an mir vorüber und beachteten mich auch nicht."

Tränen rannen dem korpulenten Herrn über die vollen Wangen, ich wußte nicht, ob ich ihn bedauern sollte, und sagte schließlich:

„Ja, da müssen Sie doch den Leuten nicht sichtbar gewesen sein. Es ist doch unmöglich, auf dem Fußboden da zu liegen, ohne daß man aufgehoben wird, wenn Menschen zugegen sind. So human ist doch jeder. Außerdem leidet doch kein Wirt, daß man in seinem Lokal auf dem Fußboden daliegt. Das ist ja höchst eigentümlich. Was taten Sie nun?"

„Ich", fuhr er fort, „stand auf und verließ das Lokal, und stieg in eine Elektrische. Ja – und da beachtete mich der Schaffner auch nicht. Er tat so, als wenn ich Luft wäre. Ich wollte schreien. Aber meine Stimme hörte ich nicht. Da nahm ich meinen Stock und haute dem Schaffner mit aller Kraft auf den Kopf. Ja – wissen Sie, was da passierte?"

„Das möchte ich wissen," rief ich heftig, „denn jetzt bin ich neugierig."

„Der Stock", sagte der Dicke wehmütig, „ging durch den ganzen Mann durch, ohne daß der mit der Wimper zuckte. Ich schlug mit dem Stock durch die Glasscheiben, und die Scheiben blieben ganz. Ich stieß mit meinem Kopf durch die Scheibe hinter mir, und das Glas ging nicht entzwei. – Ich stoße meiner Nachbarin, einer sehr korpulenten Dame mit dicken Brillanten in beiden Ohren, mit der Faust durch die Brust. Und es ist so, als wenn ich in ein Nichts hineinstoße. Kein Mensch nimmt Notiz von mir. Da springe ich wütend auf und will aus dem fahrenden Wagen rausspringen. Und das geht ohne weiteres, ich gehe einfach durchs Fenster durch, schwebe ein paar Augenblicke in der Luft und berühre dann mit beiden Füßen den Erdboden und stehe mitten auf dem Damm. Ein Automobil kommt heran, ich gehe drauf los, schlage wütend mit meinem Stock auf den Wagen, und der fährt glatt durch mich durch, ohne daß ich was davon bemerke. – Ich sagte mir nun, daß ich träume, empfand aber plötzlich eine große Sehnsucht nach meinem Wohnzimmer. Ich fuhr mit einer anderen Elektrischen schnell nach Hause und stürze in mein Zimmer und fange an zu schreien. Und da höre ich plötzlich wieder meine Stimme. Und dann rief ich meine Wirtin und fragte sie, ob sie bemerkt hätte, daß ich vor zwei Stunden wegging. Und da sagte sie, sie sei nicht zu Hause gewesen. Ich legte mich zu Bett, fieberte sehr heftig, ließ den Arzt kommen und erzählte ihm die Geschichte. Der Arzt hielt die Sache für einen einfachen Nachmittagstraum."

„Hm!" erwiderte ich, „dafür halte ich die Geschichte zunächst auch. Hat sich nun dieser Zustand wiederholt?"

„Das ist es ja eben," sagte er unter Tränen lächelnd, „die Sache hat sich noch elfmal wiederholt. Und sie kann täglich wiederkommen. Und mir liegt nur daran, einmal in Gegenwart eines anderen Menschen in diesen unsichtbaren Zustand zu verfallen. Ich bitte Sie, bedenken Sie nur, daß *dieser Stock* auch plötzlich unsichtbar, unfühlbar, unhörbar wurde."

Ich mußte nach diesen Worten laut auflachen. Aber da wurde der Korpulente sehr böse, und ich bat um Entschuldigung, nannte ihm meinen Namen und bat ihn, fortzufahren.

Und er sagte ganz ernst und wehmütig:

„Ich bin der Rentier Johann Piesecke, alter Junggeselle und so wohlhabend, daß ich's wirklich nicht nötig habe, irgend etwas zu arbeiten. Für Scherze habe ich kein Verständnis. Ich bin sehr ernst veranlagt. Allerdings will ich Ihnen gleich gestehen, daß mich mein Vater stets für sehr dumm hielt, und meine Mutter meinte dann immer, daß ich ja den Verstand gar nicht so nötig hätte, da ich ja genug Geld hätte."

Da verging mir das Lachen. Ich sah, daß der Herr an Aufrichtigkeit nichts zu wünschen übrig ließ. Der war kein Spaßvogel. Und es mußte wohl etwas Wahres hinter dieser Krankheit stecken.

„Was haben Sie", fragte ich nun sehr höflich und teilnehmend, „getan, um Ihren sonderbaren Krankheitszustand beobachten zu lassen?"

„Als ich“, fuhr er fort, „zum zweiten Male in diesen Zustand verfiel, wohnte ich gerade in einem Hotel in Mannheim. Und da wiederholte sich alles. Für mich hatte die ganze Stadt Mannheim nicht mehr ein körperliches Wesen an. Ich ging überall durch. Ging in fremde Häuser hinein – durch die Türen und Wände durch – ganz wie ich's wollte, wohnte häuslichen Familiengesprächen bei, ohne bemerkt zu werden – und hatte schließlich wieder die größte Sehnsucht nach meinem Hotelzimmer – da konnte ich wieder sprechen. Nach diesem zweiten Abenteuer fieberte ich aber nicht mehr.“

„Oha!“ rief ich da, „jetzt ist die Sache ganz einfach: Sie müssen sich doch erinnern, wie die Leute aussahen, die Sie da besuchten. Erinnern Sie sich nicht, was sie sagten? Wenn Sie diesen Leuten sagen können, was sie gesprochen haben, dann kann man nicht mehr zweifeln, daß Sie unsichtbar bei ihnen waren.“

„Ja!“ sagte nun Herr Rentier Piesecke. „Sie haben's ja leicht. Aber sehen Sie: ich bin ein wenig beschränkt – ich sagte Ihnen das schon. Und darum ist es mit meinem Erinnerungsvermögen und mit meiner Auffassungsgabe nicht so gut bestellt. An bestimmte Kleinigkeiten erinnere ich mich ja. Die Ärzte haben alles mögliche aufgestellt, in Mannheim die Familie ausfindig zu machen, bei der ich war. Aber ich konnte festere Angaben nicht machen. Das merkwürdigste ist, daß ich immer wieder dorthin zurückkehre, wo ich unsichtbar wurde. Einmal fuhr ich in diesem Zustande mit dem Schnellzuge – so weit ich kommen konnte. Aber nachher half mir's nicht, ich mußte mit einem anderen Schnellzuge wieder an den Ausgangsort zurück. Und dort hatte man meinen Fortgang nicht bemerkt. Neun Monate ließ ich mich Tag und Nacht beobachten. Aber das kostete selbst mir zu viel. Und auf die Wärter konnte ich mich auch nicht verlassen. Der eine Wärter verschwand einmal, und als ich ihn suchen wollte, da merkte ich plötzlich, daß ich unsichtbar war. Ich nahm dann drei Wärter, aber die kosteten erst recht zu viel, auch passierte nichts, als sie da waren. Kaum aber hatte ich sie fortgeschickt, so kam der Zustand wieder. Ich ging durch fahrende Eisenbahnzüge durch, stellte mich vor eine Kanone und ließ eine Kanonenkugel durch mich durchschießen. Ich ging in einen Berg hinein – da war's aber so finster, daß ich schleunigst umkehrte. Nun könnte ich ja die drei Wärter wieder engagieren. Aber es passiert ja nichts, wenn sie da sind.“

„So seien Sie doch froh“, sagte ich lachend, „übrigens muß ich Ihnen gestehen, daß ich furchtbar gern auch an dieser Krankheit leiden möchte. Es muß doch höchst interessant sein, ungesehen überall hin zu kommen, wo man will.“

„Das haben“, erwiderte Herr Piesecke, „meine Ärzte schon gesagt. Sie haben mir außerdem gesagt, ich sollte sie mal selber besuchen, und dann nachher erzählen, was ich alles gehört und gesehen hätte. Aber in dem beschriebenen Zustande war es mir ganz unmöglich, mich an die Adresse der Herren zu erinnern."

Nun wurde ich doch etwas stutzig und überlegte, ob mein Nachbar nicht nur an krankhaften Träumen leide, wie die Ärzte von Anfang an behauptet hatten.

Als hätte er meine Gedanken erraten, sagte er:

„Ich möchte ja selber gerne wissen, ob ich träume oder nicht. Aber ich glaube, daß ich *nicht* träume. Träume sind ganz anders."

Er stand auf und reichte mir die Hand.

Und dann ging er fort, und als ich ihm nachsah, dachte ich immer wieder:

„Ob er wohl plötzlich unsichtbar werden wird?"

Aber er blieb sichtbar.

Und als er in die nächste Seitenallee einbog und nun in sehr natürlicher Art für mich unsichtbar wurde, stand auch ich auf und ging kopfschüttelnd nach Hause …

„Die Dummen haben doch immer das größte Glück!"

Das sagte ich mir immer wieder.

30
Geflügelte Waffen
Amerikanische Geschichte
(September 1909)

Im vorigen Monat war ich bei Mr. Pickering in Milwaukee. Er führte mich gleich in sein Laboratorium, das wie eine große Ausstellungshalle aussah – mit unzähligen blanken Maschinen. Aber die Maschinen standen alle ganz still.

„Da haben Sie", sagte er hastig, „mein Laboratorium! Da drüben an der Wand sehen Sie einen Gleitflieger. Es ist ein ganz vorzüglicher Gleitflieger. Behalten Sie ihn im Auge, Sie werden von ihm bald Wunderdinge hören. Rauchen Sie eine Zigarre! Es ist starker Tabak!"

Wir zündeten uns nun eine Zigarre an, und ich setzte mich auf einen Tisch und war gespannt, was mir Mr. Pickering erzählen würde.

Der ging erst unruhig auf und ab, blieb dann vor mir stehen und sprach langsam:

„In Europa denkt man immer, man hätte es schon sehr weit gebracht. Man macht sich gegenseitig gravitätische Komplimente, schüttelt sich selig die Hände und verspeist ein Festessen nach dem anderen. Sie sehen manches ein. Das ist nicht zu bestreiten. Die europäischen Militaristen haben eingesehen, daß Festungen, Flotte und Landheer schon ganz überflüssig geworden sind. So weit sind Sie ja schon. Ich verbeuge mich vor dem Scharfsinn dieser großen Europäer."

Er verbeugte sich vor mir ganz tief und lachte laut auf.

Ich aber sprang vom Tisch und schrie:

„Mr. Pickering! Halt! Halt! Ich weiß nichts davon, daß die Europäer Festungen, Landheer und Marine für überflüssig erklärten. Das ist mir ja ganz neu. Ich bin starr."

„Seien Sie", sagte er ruhig, „lieber nicht starr. Das hat gar keinen Zweck. Sie kennen ja die maßgebenden militaristischen Persönlichkeiten in Europa noch lange nicht. Ich aber weiß mehr wie Sie. Man lacht in diesen maßgebenden Kreisen über die Beschlüsse der Haager Konferenz, die da verbieten will, Sprengstoffe vom Luftballon während eines Krieges auszuwerfen. Man baut die Lenkbaren nur zu diesem Zweck – darauf können Sie sich verlassen. Und diese neue Kriegstaktik macht natürlich die ältere überflüssig. Was wollen Sie? Wenn man eine feindliche Festung mit ein paar hundert Zentnern Dynamit bewirft, so ist doch der Feind schon ziemlich lautlos. Die Ärzte haben dann nichts mehr zu tun – höchstens die Totengräber. Dagegen kann doch die alte Kriegstaktik nicht aufkommen. Also: es ist klar, daß die Land- und Seearmee abgewirtschaftet hat. Das haben die Europäer glücklich erkannt. Und ich verbeuge mich nochmals vor dem scharfsinnigen europäischen Militär."

Und er verbeugte sich tief vor mir abermals in der lächerlichsten Manier. Und ich wurde beinahe geduldig, und ich sagte kalt:

„Mir ist von dieser europäischen Einsicht nichts bekannt. Ich bestreite lebhaft, daß sie existiert, davon müßte man doch etwas gehört haben. Es ist ausgeschlossen, daß so was von irgend einem Europäer ausgesprochen ist."

Mr. Pickering lächelte und ging wieder auf und ab. Und ich setzte mich wieder auf den Tisch. Er kam aber lachend auf mich zu, hob beide Arme zum Himmel empor und rief mit gewaltiger Stimme:

„Ich kann Ihnen beweisen, was ich sagte. Die Engländer haben den Vereinigten Staaten von Amerika ihre ganze Flotte mit allen Unterseebooten für den Spottpreis von zwanzig Milliarden Dollars angeboten. Was sagen Sie dazu? Na? Was sagen Sie dazu, mein lieber Herr? Sind Sie überzeugt?"

„Wenn das", sagte ich ruhig, „wahr ist, so muß ich natürlich überzeugt sein. Was haben denn die Amerikaner zu diesem Angebot gesagt? Das möchte ich gern wissen."

„Die Amerikaner", versetzte er lachend, „haben einfach gesagt: Sie können sich Ihre veralteten Kriegsvehikel sauer kochen."

„Donnerwetter!" rief ich nun lachend, „und da haben wir noch keinen Krieg zwischen England und Amerika? Das wundert mich doch sehr, mein lieber Mr. Pickering."

Der aber erwiderte ganz ruhig:

„Sie mißverstehen mich. Man hat natürlich das, was ich sagte, in die diplomatische Sprache übersetzt und mit höflichsten Ornamenten eingefaßt. Aber der Kern der Antwort war doch so, wie ich sagte."

„Ach so!" rief ich nun erleichtert, denn ein Krieg zwischen England und Amerika erschien mir doch sehr gefährlich, und ich hatte mir schon vorgestellt, wie unangenehm während eines solches Krieges meine Rückkehr nach Europa werden könnte. Und ich wollte sehr bald wieder zurück.

Ich sagte nun bedächtig:

„Mein lieber Mr. Pickering! Nach einer derartig anstrengenden und aufregenden Unterhaltung sind Sie unter allen Umständen verpflichtet, mir einen Whisky mit Soda vorzusetzen – sonst bringen Sie mich um."

„Was hätte ich davon?" sagte er ruhig, „gleich sollen Sie das Gewünschte haben."

Und das kam denn auch.

Er aber fuhr fort:

„Sie denken natürlich, daß die Einsicht der europäischen Militärs einen großen Eindruck auf uns macht. Da sind Sie aber schief gewickelt. So leicht lassen wir uns nicht verblüffen. Wir sind noch ein bißchen weiter als die Herren Europäer. Sehen Sie sich doch den Gleitflieger dort drüben an der Wand genauer an. Ahnen Sie nicht, daß der eine ganz besondere Zukunft hat? Ahnen Sie nicht seine militärische Zukunft?"

„Naturlich," erwiderte ich, „das kann ja jedes Kind sagen, daß man diesen Gleitflieger mit Soldaten besetzen kann. Und wenn man ein paar tausend solcher Gleitflieger mit Soldaten besetzen kann, so hat man eine hübsche Luftarmee. Diese militaristische Zukunft des Gleitfliegers steht mir ganz klar vor den Augen. Verbeugen Sie sich vor meiner Einsicht."

Er aber verbeugte sich dieses Mal *nicht* vor mir, ging wieder langsam auf und ab und sagte dann schmunzelnd:

„Sie haben doch keine Ahnung. Sie sind so der richtige Europäer. Sie sagen und denken nur, was in den Zeitungen steht, und Sie bilden sich ein, ein sehr einsichtsvoller Herr zu sein. Ach, du liebe Güte!"

Er schüttelte sich vor Lachen.

Ich wurde ärgerlich und trank meinen Whisky aus, ließ das Sodawasser stehen und wollte mich verabschieden.

Er aber hielt mich zurück und sagte leise:

„Sie müssen doch erst noch die Hauptsache hören. Sie sollen doch diese Hauptsache in Europa erzählen. Hören Sie noch einen Augenblick zu. Sie können sich nur vorstellen, daß man auf diesem Gleitflieger, der da drüben an der Wand steht, Soldaten raufsetzt. Können Sie sich nicht vorstellen, daß man auch ein Dynamit-Torpedo auf diesen Gleitflieger raufsetzt und alleine fahren läßt? Können Sie sich das tatsächlich nicht vorstellen? Sie haben, wie es scheint, sehr wenig Vorstellungsvermögen. Sie sollten sich hier in Amerika ein schnelleres Denken angewöhnen."

Ich sah mir den Gleitflieger an und erwiderte:

„Mr. Pickering! Ich gebe zu, daß Sie hier in Amerika weiter sind als wir in Europa. Sie wollen also geflügelte Waffen einführen. Die Idee ist ganz hübsch. Mit solchen Waffen kann man ein ganzes Land ruinieren, ohne daß der Angreifer einen Mann verliert. Das nenne ich mechanische Kriegstaktik – die steht allerdings noch höher als die Taktik der Lenkbaren – denn die laufen immer noch Gefahr, runtergeschossen zu werden."

„Sie haben", rief Mr. Pickering feierlich, „jetzt endlich die Geschichte kapiert. Das freut mich. Jetzt sollen Sie in kurzen Umrissen erfahren, was wir zunächst vorhaben. Bleiben Sie aber ganz ernst. Ich verbitte mir jedes Gelächter!"

Ich versprach natürlich, ganz ernst zu bleiben, und er fuhr sehr hastig fort:

„Mit diesen geflügelten Waffen können wir ganz Afrika erobern. Wir werden rasch die wilden Tiere und die schwarze Bevölkerung mit diesen Waffen vernichten. Afrika wird nordamerikanische Kolonie. Und dann setzen wir uns in Nordafrika an der Küste des mittelländischen Meeres den Europäern gegenüber und können dann natürlich von Euch verlangen, was wir wollen. Wenn Ihr nicht pariert, schicken wir Euch unsere geflügelten Waffen zu, und die werden Euch dann ganz schnell und schmerzlos ins Jenseits befördern. Und dann wird Europa ebenfalls eine nordamerikanische Kolonie. Dieses Laboratorium ist ein Symbol für Amerika. Augenblicklich ist hier alles still. Aber in jedem Moment kann's losgehen! Passen Sie auf!"

Nach diesen Worten drückte Mr. Pickering auf einen Knopf, und sofort entstand ein Höllenlärm, daß ich mir die Ohren zuhalten mußte. Alle Räder schnurrten und brummten, und ein Hämmern entstand, daß der Boden zitterte. Mr. Pickering aber lachte dazu.

Ich rannte rasch zur Tür und war froh, als ich wieder draußen war.

Ich ging gleich danach zur Bahn und fuhr mit dem nächsten Zuge nach Newyork und von dort auf dem größten Dampfer der Erde nach Europa zurück.

31
Doktor Eisenbart
Eine Kongreßgeschichte
(September 1910)

In Berlin tagte vor kurzem der internationale Kongreß der *Nervenärzte.* In der Schlußsitzung aber ereignete sich etwas – und davon ist nichts in der Presse bekannt geworden, da der ganze Kongreß unter Ausschluß der Öffentlichkeit stand. Dieser war sehr notwendig, da die meisten Themen, die zur Diskussion standen, eine öffentliche Erörterung tatsächlich nicht gestatteten.

In der Schlußsitzung hatte nun Doktor Lohmeyer (Altona) einen Vortrag über Spiritismus und Hypnose gehalten – und zwar mit Experimenten. Der Saal war während der Experimente öfters verdunkelt worden. Nur das Podium blieb immer ziemlich hell. Da ereignete sich plötzlich etwas – und zwar hinter dem Rücken des Vortragenden. Da wurde nämlich plötzlich eine alte schwere Barocktüre sichtbar – dort, wo so lange nur eine leere Wand zu sehen war. Einzelne Kongreßteilnehmer sprangen auf, man rief heftig: „Was ist denn das?" Und dann rief man dem Vortragenden rasch zu: „Herr Doktor, drehen Sie sich doch um! Eine Türe! Eine Türe!"

Dr. Lohmeyer (Altona) drehte sich um, taumelte entsetzt mit hoch erhobenen Armen zurück und stürzte rücklings vom Podium herunter, wurde aber von den vorn sitzenden Herren aufgefangen, sodaß er nicht zu Schaden kam.

Gleichzeitig aber öffnete sich die große schwere Barocktüre – die Türe knarrte in den Angeln, und es erschien im Türrahmen ein alter Herr in der Tracht des 17. Jahrhunderts mit weißem spanischen Kragen und in schwarzem Samtrock mit ganz hohen braunen umgeschlagenen Schaftstiefeln. In der Linken hatte der alte Herr einen schräg ansteigenden, schmalkrempigen spanischen Zylinderhut und in der Rechten ein hohes spanisches Rohr mit blinkendem Goldknopf, der sich langsam dem rasierten Kinn des Alten näherte.

Die Erscheinung trug einen langen weißen Schnurrbart, wie ihn zur damaligen Zeit die polnischen Starosten zu tragen pflegten. Der gebräunte Schädel des alten Herrn war kahl, nur über den Ohren sah man ein paar weiße Haare, die hin und her flatterten. Und unter den weißen sehr großen Augenbrauen brannten zwei pechschwarze Augen so hypnotisierend, daß die Versammelten wie gelähmt dastanden und dasaßen und sich nicht zu regen wagten.

Der alte Herr schritt langsam nach vorne und stellte sich hinter das Rednerpult. Die Barocktür blieb weit geöffnet; man sah eine Holztreppe durch die geöffnete Tür. Niemand dachte daran, den Saal wieder hell zu machen. Und es hätte auch nichts genützt, wenn jemand daran gedacht hätte, da allen jede Bewegung der Gliedmaßen unmöglich geworden war.

Und der alte Herr sprach leise – fast flüsternd – mit hohler unheimlicher Stimme:

„Die Herren haben hier umständlichst vierzehn Tage hindurch die Ursachen der Nervosität und der damit verbundenen sogenannten Verrücktheit erörtert. Die beiden Hauptursachen aller modernen Nervenübel sind aber garnicht schärfer ins Auge gefaßt worden: ich aber sage Ihnen hiermit, daß das *Großstadtleben* und das maßlos gesteigerte *Verkehrsleben* die beiden Hauptelemente sind, die zur Entwicklung des menschlichen Nervenleidens beitragen. Das haben Sie bislang nicht genügend berücksichtigt. Bedenken Sie die nervenzerstörenden Geräusche, die ohne Unterbrechung die Großstadt durchbrausen. Meeresrauschen ist dagegen viel leichter zu ertragen, denn es hört doch zuweilen auf. Der Großstadtspektakel dagegen ist ein perpetuierlicher Spektakel. Er pausiert nicht einmal in der Nacht. Das wissen Sie alle ganz genau. Und ich muß mich sehr wundern, daß Sie das Großstadtleben als Ursache der Nervosität nicht schärfer ins Auge gefaßt haben. Der Spektakel, der das Ohr trifft, ist es ja nicht allein. Durch die lächerliche Konzentrierung der Menschheit in den Großstädten wird auch eine gegenseitige Beeinflussung auf dem Ihnen ja wohlbekannten Wege der Telepathie herbeigeführt. Es ist so, [wie] wenn die gesamten Großstadtmenschen Tag und Nacht immerfort in Volksversammlungen lebten. Wer soll dann die Unzahl aller dieser Eindrücke von allen Seiten immerzu ertragen? Hinzu kommt, daß die Zahl der Vergnügungsgelegenheiten eine ungeheuerliche geworden ist. Das hat doch einen Massentaumel zur Folge gehabt. Glauben Sie denn, daß die Mehrzahl der Großstadtmenschen als geistig zurechnungsfähig betrachtet werden darf? Jawohl – wenn die Herrschaften schlafen, dann können sie wohl für halbwegs unschädlich und vernünftig gelten

– im wachen Zustande aber nur *sehr* selten. Das alles ist Ihnen bekannt. Aber Sie denken nicht daran, dieses Hauptübel zu beseitigen, weil Sie wahrscheinlich fürchten, Ihre gut zahlenden Kunden durch Beseitigung dieses Hauptübels loszuwerden. Ich appelliere an Ihr Menschlichkeitsgefühl und fordere Sie hierdurch auf: kämpfen Sie dafür, daß die Großstädte bald aufgelöst werden! Warnen Sie Ihre Patienten vor der Großstadt! Wenn erst die Großstadt von den Reichen gemieden werden wird, wie ein Pestilenz-Zentrum, so werden die weniger Gutbemittelten auch alles daran setzen, um wieder ins freie Land hinauszukommen, wo keine nervenzerstörenden Spektakel, Massenversammlungsinstinkte und Massenvergnügungen an allen Ecken und Kanten auftauchen und kaum zu umgehen sind. Ferner bitte ich Sie, auch auf die Gefahren der unaufhörlichen Fahrerei hinzuweisen. Machen Sie, daß die Fahrpreise der Dampfbahnen und elektrischen Bahnen teurer werden, damit jedermann nur noch fährt, wenn er nicht anders kann. Wer zur Erhaltung seines Lebens der Arbeit wegen fahren *muß*, der kann ja durch billige Wochenkarten vor der Überteuerung geschützt werden. Aber – man fahre nicht mehr so viel zum Vergnügen. Das Fahren *war* mal ein Vergnügen. Heute ist es eine Qual für jeden, der durch dieses *moderne* Leben in seinem Nervensystem empfindlich sich angegriffen fühlt. Um Ihnen das recht eindringlich zu sagen, bin ich aus meinem Grabe auferstanden und Ihnen hier als veritabler Geist erschienen. Jetzt gehen Sie zu Ihrem Abschiedsessen. Machen Sie schnell, denn hier wird gleich ein kleiner Brand ausbrechen, wenn Sie sich nicht beeilen. Ich bin, damit Sie's gleich wissen, der alte, sattsam bekannte Doktor Eisenbart."

Hiernach gab's einen starken Knall, und alles war plötzlich finster.

„Licht! Licht!" schrien die Ärzte.

Aber sie drängten dabei zu den Ausgängen, denn ein Brandgeruch machte sich schon bemerkbar.

Als herbeieilende Diener wieder Licht gemacht hatten, sah man hinter dem Podium nur noch die leere Wand. Und niemand dachte daran, diese Wand zu untersuchen, da der Brandgeruch stärker wurde.

Herr Dr. Lohmeyer (Altona) verließ als letzter durch eine Hintertür den Saal und kam da in einen finsteren Gang.

„Wollen Sie", fragte ihn da eine leise Stimme, „mir nicht gleich die zweite Hälfte des Honorars verabfolgen?"

„Nein!" versetzte Dr. Lohmeyer, „Geistern halte ich grundsätzlich nicht mein Wort. Sie haben schon 1500 Mark empfangen. Ihnen nochmals eine so hohe Summe zu geben, dazu halte ich mich nicht verpflichtet. Geistern braucht man nicht sein Wort zu halten. Das steht im Strafgesetzbuch. Richten Sie sich danach. Machen Sie, was Sie wollen."

Mit diesen Worten schritt Dr. Lohmeyer (Altona) dem Ausgange zu, und er war bald wieder bei den anderen Nervenärzten, die sich im nahegelegenen Restaurant zu einem Abschiedsessen versammelt hatten.

Man lachte.

Dr. Lohmeyer (Altona) blieb aber ernst und sagte: „Ich weiß nicht, warum Sie lachen. Sie sind doch alle zusammen *hypnotisiert* worden – von diesem Doktor Eisenbart."

Einzelne Herren wollten das bestreiten.

Der eine sagte:

„Schweigen ist doch nicht gleichbedeutend mit hypnotisiert sein."

Aber das half nicht viel: die meisten gaben dem Dr. Lohmeyer (Altona) recht, als er sagte, daß hier ein Fall von Massensuggestion vorläge.

Und als die Mitternachtsstunde heranrückte, wurden alle abermals etwas unruhig.

Und Lohmeyer (Altona) sagte lächelnd:

„Wir haben hier einen zweiten Fall von Massensuggestion, der Sie sich nicht entziehen können. Sie fürchten, daß der Doktor Eisenbart zum zweiten Male erscheint. Geben Sie sich keine Mühe, ein Gelächter zu erzeugen. Es gelingt Ihnen nicht."

Und es wurde plötzlich ganz still im Saale.

„Sehen Sie?" rief Dr. Lohmeyer triumphierend, „jetzt haben wir den dritten Fall von Massensuggestion."

Da gingen die Flügeltüren auf, und herein trat abermals der Herr Dr. Eisenbart.

Jetzt aber stürzten gleich fünf Herren zu gleicher Zeit auf den alten Doktor los – und fühlten, daß er aus Fleisch, Knochen, Blut und Nerven bestand.

„Was wollen Sie hier?" rief man auf allen Seiten dem Doktor Eisenbart zu. Der aber sagte mit dem Fuße aufstampfend: „Fünfzehnhundert Mark *Resthonorar*."

„Sollen Sie gleich haben!" sagte Dr. Lohmeyer (Altona) und überreichte ihm lächelnd das Gewünschte.

Alle atmeten erleichtert auf – besonders der alte Doktor Eisenbart. Aber niemand zeigte ein verwundertes Gesicht: man hatte durchaus den Scherz des Herrn Dr. Lohmeyer (Altona) begriffen. Es wurde recht gemütlich.

32

Ober-Berlin
Eine Gründungsgeschichte

(Oktober 1909)

Vor acht Tagen erhielt ich einen blau geränderten Brief; sowohl das Kuvert wie der Briefbogen zeigten einen dunkelblauen Rand. Da stand geschrieben:

„Geehrter Herr! Wir brauchen Ihren Rat und Ihre Mitarbeit in einer neuen Gründungssache. Dürfen wir Sie bitten, uns zwischen 9 und 12 Uhr vormittags aufzusuchen? Wir werden Ihnen dankbar sein. Hochachtungsvoll! Laura Eisenhardt, Direktrice der Berliner Gründungs-Zentrale."

Diese „Zentrale" befand sich in der Potsdamer Straße. Und ich ging natürlich hin, da ich sehr neugierig war.

Ein handfester Portier im langen blauen Mantel öffnete mir, verbeugte sich tief vor mir und führte mich in das Empfangszimmer, allwo zwei andere Diener in langen blauen Mänteln mich ebenfalls mit tiefster Verbeugung begrüßten. Dann öffneten diese beiden Diener eine große Flügeltüre, standen ganz stramm wie alte Soldaten und ließen mich in ein zweites Zimmer treten, allwo abermals zwei Diener in blauen Mänteln sich verbeugten und um meinen Namen baten. Sie meldeten mich und ich trat in einen kleinen Salon, in dem eine junge Dame vor einem großen Schreibtisch saß.

– Ich danke Ihnen, – sagte sie freundlich, – daß Sie gekommen sind. Setzen Sie sich. Rauchen Sie eine Zigarette oder eine Zigarre und gießen Sie sich einen guten Kognac ein. Es steht alles vor Ihnen. Sie müssen sich ein wenig stärken, denn was ich Ihnen zu erzählen habe, das kann nur ein sehr starker Mann vertragen.

Ich dachte an die fünf starken Diener in blauen Mänteln und tat – wie ich sollte.

– Ich bin sehr neugierig, – sagte ich.

– Es handelt sich, – fuhr die Dame fort, – um einen kleinen Riesenplan, dessen Ausführbarkeit aber nicht im Reiche der Unmöglichkeit liegt. Wir leben ja in einer so lebhaft bewegten Zeit, daß der Boden für wirklich großzügige Unternehmen gar nicht schwer aufzufinden ist. Wir wollen, um es kurz zu sagen, ein Ober-Berlin schaffen. Sie verstehen mich natürlich noch nicht. Aber Sie werden gleich so weit sein. Wenn Sie Berlin von der Gondel eines Luftballons betrachten, so merken Sie gleich, daß alle Straßen … von Häusern nicht bebaut sind. Lachen Sie nicht! Die Geschichte ist mir eine sehr ernste Angelegenheit. Ich meine natürlich nicht, daß wir jetzt die

Straße ebenso bebauen wollen wie das andere Bauterrain. Aber – ich habe mit vielen Ingenieuren gesprochen – eine andere Bebauungsart der Straßen ist sehr wohl möglich und ausführbar. Denken Sie sich Bauten, die auf eisernen Säulen ruhen, und denken Sie sich diese Säulen höher als die meisten Häuser der Stadt, so werden Sie sich vorstellen können, daß die Straßen sehr wohl auch bebaut werden können, ohne daß der Verkehr unterbunden wird. Das ergäbe also ein Ober-Berlin – und das würde einen vortrefflichen Eindruck vom lenkbaren Luftballon aus machen. Berlin muß eben etwas ganz Besonderes haben, um die Aufmerksamkeit der ganzen Welt auf sich zu lenken. Wir haben ja damit zu rechnen, daß wir in drei Jahren Tausende von lenkbaren Luftschiffen besitzen. Für die Reisenden auf diesen Lenkbaren muß ein besonderer Magnet hergestellt werden. Und – Ober-Berlin kann sehr wohl ein solcher Magnet werden. Wollen Sie das bezweifeln?

– Keineswegs! – sagte ich ganz ernst und goß mir einen zweiten Kognac ein.

Die Dame aber fuhr abermals fort:

– Sie werden natürlich über die praktische Ausführbarkeit Informationen haben wollen. Die kann ich Ihnen gleich geben: durch die unselige Steuergeschichte in diesem Sommer werden weite Kreise sehr in Unruhe geraten, und es könnte vorkommen, daß die Zahl der Geld- und Arbeitslosen in Berlin zu groß werden könnte. Da heißt es nun: die Aufmerksamkeit auf neue große Unternehmungen zu lenken, damit man die langweilige Steuermisere vergißt. Wie aber müßten denn solche großzügigen Unternehmungen aussehen? Doch so, daß man gar nicht darüber wegsehen kann, nicht wahr?

– Freilich! – erwiderte ich lebhaft, – über ein Ober-Berlin kann man nicht so leicht hinwegsehen – man müßte schon in einer Luftballongondel sitzen, um darüber hinwegzusehen. Von der Straße aus gehts nicht. Werden aber dann nicht sämtliche Straßen so dunkel sein, daß man Tag und Nacht Licht brennen muß?

– Natürlich! – erwiderte Laura Eisenhardt, – aber schadet das denn etwas? Wundert man sich darüber, daß Berlin in der Nacht erleuchtet ist? Es denkt doch niemand daran, sich darüber zu verwundern. Also: warum sollte man sich darüber wundern, wenn das Unter-Berlin auch am Tage durch elektrisches Licht erleuchtet wird? Zur Verwunderung liegt gar keine Veranlassung vor. Die Untergrundbahn wird doch auch am Tage elektrisch erleuchtet, und man wundert sich nicht darüber. Ober-Berlin muß selbstverständlich nach einheitlichem Plane entzückend gebaut werden – mit

Blumenterrassen, bunten Glasdächern, Säulenarrangements für Beleuchtungszwecke, Lufthäfen und Bahnhöfen neuester Konstruktion. Alles Dachartige muß so großartig gebaut werden, daß es von der Ballongondel aus einen imposanten Anblick gewährt. Hier haben natürlich die Architekten zu zeigen, was sie können. Und man muß auch im Auge behalten, daß später eine architektonische Überbauung der Dächer von Unter-Berlin möglich werden könnte – Berlin muß die köstlichste Stadt der Erde – von oben aus gesehen – werden. Dann wird der gesamte Luftschiffverkehr in Ober-Berlin eine glänzende Zentrale erhalten. Die Sache ist durchaus nicht so schwierig durchzuführen, da wir ja mit diesem Kolossalunternehmen soziale Gefahren beseitigen oder doch abschwächen könnten. Sie verstehen wohl, wo ich hinaus will. Der Staat selbst – die Regierungskreise – müssen für diese große Idee gewonnen werden. Und sie sind zu gewinnen, wenn wir ihnen klar machen, daß dadurch die Wirkung der unseligen Steuern abgeschwächt wird. Und – so werden wir im Handumdrehen im Besitze von großen Geldern sein, die uns die Ausführung dieses Riesenplans womöglich schon in diesem Jahre ermöglichen. Nun liegt uns natürlich zunächst daran, durch richtig geschriebene Prospekte Staat und Stadt in Mitleidenschaft zu ziehen. Wollen Sie die Güte haben, diese Prospekte zu schreiben?

– Selbstverständlich! – sagte ich und goß mir den dritten Kognac ein.

– Ich werde, – sagte Laura Eisenhardt lächelnd, – Ihnen gleich einen kleinen Vorschuß zahlen, – und sie legte zehn Tausendmarkscheine vor mir einzeln auf den Tisch.

Ich dachte natürlich gleich:

Wenn sie nur echt wären!

Ich untersuchte jeden Schein einzeln ganz genau, da ich diese Scheine sehr gut kenne – und überzeugte mich sehr bald, daß auch nicht ein einziger falscher Schein dabei war.

– Der Vorschuß ist so glänzend wie das ganze Ober-Berlin! – sagte ich lachend, steckte die Scheine in meine Banknotentasche zu den Hundertmarkscheinen, die darin waren, goß mir noch einen Kognac ein, trank ihn aus und erhob mich.

– Meine Gnädige, – sagte ich, während ich der Dame die Hand küßte, – Sie werden von meinen Prospekten ebenso entzückt sein – wie ich es von Ihrer wahrhaft hervorragenden Idee bin!

Danach verließ ich Laura Eisenhardt. Ich wollte noch fragen, ob sie verheiratet sei, ließ das aber, da die Frage doch falsch gedeutet werden konnte. Laura hatte prächtige weiße Zähne, braune Augen und rötliche Haare.

Im zweiten Vorzimmer kam der Portier auf mich zu und sagte flüsternd:

– Mein Herr! Sprechen Sie kein Wort, wenn Ihnen Ihr Leben lieb ist. Aber geben Sie gefälligst sofort die zehn Tausendmarkscheine heraus.

Ich machte natürlich ein sehr verdutztes Gesicht. Aber da kamen die vier anderen Diener mit langen Browning-Pistolen und hoben diese langsam in die Höhe – dazu wirkten die langen blauen Mäntel sehr imposant. Ich aber griff in meine Rocktasche und holte die zehn Tausendmarkscheine hervor und gab jedem der fünf starken Diener zwei von diesen glänzenden Scheinen.

Danach verbeugten sich die starken Diener und der Portier sage listig:

– Mehrere Geheimpolizisten folgen Ihnen und werden Sie nicht einen Augenblick unbeobachtet lassen. Wir raten Ihnen also: gehen Sie ja nicht auf ein Polizei-Bureau, es könnte Ihren Tod zur Folge haben. Sie werden sehr bald Weiteres zu hören bekommen. Gehen Sie nach Hause.

Ich ging nachdenklich zur nächsten Elektrischen und fuhr nach Hause. Am Abend erhielt ich wieder ein Brief mit blauem Rande – da stand:

„Geehrter Herr! Verzeihen Sie einer Dame, die sich langweilte, den kleinen Scherz, den ich mir erlaubte? Die Diener handelten in meinem Auftrage. Ich verreise. Schreiben Sie eine Geschichte über die Gründung. Hochachtungsvoll, bin ich Ihre Laura Eisenhardt, Direktrice in einem Schuhwarengeschäft."

33
Tabakgenuß und geistige Arbeit
Eine Umfrage von Dr. C. F. van Vleuten
(Oktober 1909)

Ein schnelleres Verknüpfen von Sinneseindrücken wird nach meinen Erfahrungen durch den Tabaksgenuß zweifellos hervorgerufen. Die Pfeife wirkt am heftigsten und schnellsten auf mich – schon nach zwei bis drei Minuten. Ich rauche regelmäßig jeden Tag sieben bis acht große leichte Zigarren. Pfeife nur noch sehr selten. Ich rauche vor und nach der Arbeit, nie während der Arbeit. Ich glaube, daß die Gedankentätigkeit beschleunigt wird durch den Tabak – nicht die Stimmungsintensität. Andrerseits wirkt der Tabak *nach* der Arbeit auch wieder beruhigend – wohl dadurch, daß er die Gedankentätigkeit auf andere Dinge lenkt. Alkohol ist jedenfalls zur Beruhigung (Vereinfachung) besser. Ohne Tabak habe ich wohl seit fünfundzwanzig Jahren nie gelebt. Ich kann somit nicht sagen, wie das Ausbleiben der Tabakwirkung sich äußert. Die Beeinflussung der Produktion durch den Tabaksgenuß erscheint mir zweifellos. Es findet schnelle Komposition von Bildern und Vorstellungsreihen statt. Die Verstandestätigkeit wird sehr gesteigert – aber auch nur diese. Die maßgebenden künstlerischen Stimmungsfaktoren werden vom Tabak nicht berührt. Bei einem Raucher wird also das Klare und Nüchterne überwiegen – das könnte man wohl behaupten. Jener Preußenkönig, der das Tabakskollegium gründete, war doch auch sehr nüchtern. Aber – das Geistige aus dem Körperlichen erklären wollen, führt doch ins Materialistische. Und das wollen wir doch nicht mehr. Jedenfalls ziehe ich dem Tabak andere Erregungsmittel nicht vor.

34
Acht Aphorismen
(Oktober 1909)

Es ist keine Sache so böse, daß man an ihr nicht eine gute Seite entdecken könnte.

Es ist keine Sache so trivial, daß man an ihr nicht eine künstlerisch interessante Seite entdecken könnte.

Es gibt auch keine Menschen, die so böse oder so trivial sind, daß man an ihnen nicht gute oder künstlerisch interessante Seiten entdecken könnte.

Es gibt auch nichts Gutes, an dem nicht eine böse Seite zu entdecken wäre.

Es gibt auch nichts Ernstes, an dem nicht eine lächerliche Seite zu entdecken wäre.

Wer die Vorzüge der Armut nicht erkennt, wird auch die Nachteile des Reichtums noch nicht bemerkt haben.

Wer die Dummheit hassenswert findet, wird von den entzuckenden Pikanterien der Naivität keine blasse Ahnung haben.

Wenn ein Künstler in einer trivialen Sache keine Feinheiten entdecken kann, so ist er nicht sehr geistreich.

35
Aeroplan-Torpedos
(Dezember 1909)

Paul Scheerbart, der durch geistvolle und phantastische Bücher bekannte Schriftsteller, sendet uns folgende Darstellung. Wir überlassen den Fachleuten die Entscheidung, ob Scheerbart hier im Scherz oder Ernst seine jedenfalls höchst anregenden Vorschläge macht. Er schreibt:

Alle Welt seufzt unter den vielen Steuern, die wir dem Militarismus zu verdanken haben. Nun habe ich aber in meiner Flugschrift „Die Entwicklung des Luft-Militarismus und die Auflösung der europäischen Landheere, Festungen und Seeflotten"* ganz klar und logisch nachgewiesen, daß wir den bisherigen Militarismus nicht mehr brauchen und der *Luftmilitarismus* dem bisherigen gegenüber ganz minimale Kosten verursacht. Man sollte annehmen, daß diese „frohe Botschaft" begrüßt werden müßte. Aber die meisten Europäer sind so lethargisch, daß sie „skeptisch" das Haupt schütteln; sie meinen, die Sache wäre wohl noch nicht spruchreif – nach einem Menschenalter könnte man wohl so weit sein usw. Die Sache ist aber bereits spruchreif, und die europäischen Parlamente, die doch das Geld für den bisherigen Militarismus zu bewilligen haben, sind in der Lage, dieses Geld demnächst zu verweigern. Die stürmische Lebhaftigkeit, mit der man überall den Luftschiffahrtinteressen entgegenkommt, muß sich auch auf den Luftmilitarismus übertragen. Die ganze Technik hat sich in den letzten Jahrzehnten mit rapider Schnelligkeit entwickelt, und da sollte der Militarismus, der ganz und gar von der Technik abhängig ist, einfach zurückbleiben? Das ist nicht gut möglich.

Der Luftmilitarismus hat eine vollkommene *„Flugwaffe"* zur Verfügung, die alle „Schußwaffen" verdrängen muß. In Nürnberg ist es der Firma Wirth, Beck und Knauss gelungen, ein unbemanntes Motorboot durch drahtlose Telegraphie beliebig zu steuern und zu lenken. Da es eine Tatsache ist, daß das möglich wurde, so ist es auch eine Tatsache, daß ein unbemannter Gleitflieger, mit Torpedo belastet, zu lenken ist. Und somit haben wir jetzt die ideale Flugmaschine, die alles trifft. Einer solchen furchtbaren Waffe gegenüber können sich alle Dreadnoughts und alle Riesenkanonen *nicht mehr halten* – für militärische Zwecke sind sie plötzlich wertlos geworden. Da die elektrischen Wellen nur auf die Steuervorrichtung des Aeroplans

* Erschien soeben bei Oesterheld & Co. Berlin W 15.

wirken und diese Steuervorrichtung in verschiedenen Formen hergestellt und außerdem so angebracht werden kann, daß sie dem Feinde unsichtbar bleibt, so ist auch eine Ablenkung des Aeroplans von feindlicher Seite nicht zu befürchten. Das Aeroplan-Torpedo ist mithin da, und der gesamte Militarismus hat fürderhin in erster Linie nur mit dieser idealen Zukunftswaffe zu rechnen. Und es ist irrtümlich, wenn man vermeint, daß man mit der Einführung dieser Waffe lange zögern wird. Die Ingenieure werden schon dafür sorgen, daß diese Waffe bald Verwendung findet. Wie lebhaft alle Waffenfabriken sich für die Zukunftswaffe interessieren, geht auch daraus hervor, daß die Firma *F. Krupp* ein Patent des schwedischen Oberst Unge unter der Bezeichnung *„Lufttorpedo"* für alle Staaten außer Schweden angekauft hat. Ich weiß nicht, ob dieses Lufttorpedo ein Aeroplan-Torpedo ist, aber etwas Ähnliches wird es doch wohl sein. Es ist mithin in energischer Form darauf aufmerksam zu machen, daß die großen stehenden Heere und die Seeflotten überflüssig geworden sind. Der Luftmilitarismus ist aber billiger als der bisherige Militarismus; die Steuerkraft der Europäer wird demnach auf weitere Proben nicht gestellt werden. Die Sache ist spruchreif; Militaristen, Parlamentarier und Presse haben dazu Stellung zu nehmen. Ein Totschweigen der Angelegenheit ist schlechterdings nicht möglich.

36
Theobald und Adelheid
Eine Warenhausgeschichte aus dem Jahre 1919
(Dezember 1909)

„Diese Luxusabteilung", sagte Herr Theobald Schneider, „beunruhigt mich beinahe."

„Dazu aber", rief nun der Oberingenieur Klein, „haben Sie doch gar keinen Grund. Die Luxus-Ballons werden doch gekauft. Das Terrain für die Lenkbaren und Gleitflieger ist jetzt bereits zehn Kilometer lang und zwei Kilometer breit. Bedroht ist ja davon nur ein kleiner Teil. Doch die ganze Abteilung macht einen famosen Eindruck. Und Damen sind doch immer da, die kaufen wollten und auch kaufen können."

„Ja! Ja!" rief der Herr Warenhausinhaber Schneider sehr lebhaft, „zumeist sind aber nur Damen da, die nicht kaufen *dürfen*. Natürlich – heute im Jahre 1919 gehört ein gutes Luftvehikel ebenso zur vollständigen Garderobe einer Weltdame wie früher ein geschmackvoller Hut; die Zeiten sind sehr luxuriös geworden. Viele Damen wollen jeden Tag ein anderes Luftvehikel haben – gewiß. Doch das kostet etwas mehr – als früher eine ganze Garderobe kostete. Lieber Herr Klein, ich bekomme Briefe, die unbezahlbar sind. Besonders sind die Väter sehr bösartig."

Herr Klein lächelte und meinte kleinlaut:

„Im Luftsport hat aber doch der Luxus seine Berechtigung. Die Materialien kosten sehr viel, und die Form der Ballons und Gleitflieger wird heute von Künstlern gemacht, die sehr anspruchsvoll sind. Billiger kann ich nicht arbeiten; es geht nicht. Die Ansprüche sind zu groß, und den Ansprüchen des kaufenden Publikums müssen wir doch genügen. Wir haben auch die Konkurrenz in Paris und London zu fürchten."

„Reden Sie", sagte Herr Schneider, „nicht so weiter. Ich bin doch nicht Ihr Kunde, dem Sie was aufschwatzen müssen. Ich weiß ja, was Sie sagen wollen. Aber wir müssen uns trotzdem eine größere Sparsamkeit angewöhnen – es wird nicht mehr möglich sein, Paris und London zu überbieten. Die Stadt Brandenburg, in der wir hier bei Berlin leben, ist ja sehr angesehen in den Luftsportkreisen, doch – ich kann jetzt nicht weiteres Geld in die Luxusabteilung hineinstecken – zehn Kilometer ist sie jetzt schon lang – länger darf sie nicht werden. Ich kann nicht mehr geben, Herr Klein, als ich habe."

„Es ließen sich aber doch", sagte Herr Klein, „wohl neue Geldquellen entdecken. Ich bin fest überzeugt, daß sie da sind und Ihnen zugänglich werden könnten."

„Wie meinen Sie das?" fragte Herr Schneider.

„So wie ich es sagte," erwiderte Herr Klein, „ganz im allgemeinen."

„Ich will Ihnen", fuhr nun Herr Schneider fort, „einen Spezialfall vorlegen – da Sie so nur im allgemeinen reden wollen. Sie kennen ja Mr. Fuller aus Chicago. Wissen Sie, was der mir geschrieben hat?"

Herr Klein schüttelte den Kopf und erhielt nun von dem Brandenburger Warenhausbesitzer einen Brief, der folgendermaßen lautete:

„Lieber Herr Schneider! Ihre Luftwagen sind köstlich. Der große Lenkbare in Gestalt von großen Weintrauben hat hier großen Eindruck gemacht. Auch die stilisierten Ballonkompositionen wirken durch Farbe und Form sehr lebhaft. Die Gleitflieger finden der Farben wegen Beifall, die formale Behandlung zeigt aber noch nicht viele neue Ideen. Nun – das wird ja noch kommen. Eines möchte ich nur bemerken: Ihre Rechnungen gefallen mir nicht. Aber ich werde sie bezahlen. Ich bin ein gutmütiger Mensch. Indessen – leider ist meine Tochter Adelheid, wie Sie wissen, jetzt auch in

Brandenburg – mit drei Tanten. Und diese Tanten sind nicht vernünftiger als meine Tochter. Ich verstehe Sie nicht, Herr Schneider! Sie können meiner Tochter doch nicht jeden Tag ein neues Luftvehikel verkaufen. Sie haben ihr in 14 Tagen 12 Stück verkauft. Halten Sie ein! Ich will's bezahlen. Ich bin ein gutmütiger Mensch. Aber außer diesen 12 Luftwagen bezahle ich nichts mehr. Das vergessen Sie nicht. Lassen Sie sich nicht durch meine Tochter verführen, noch ein zweites Dutzend herzugeben. Das erste hat 2½ Millionen deutscher Reichsmark gekostet. Was denken Sie sich eigentlich, mein lieber Herr Schneider? Glauben Sie, ich wär Ober-Kaiser von Amerika? Das bin ich nicht. Und selbst der könnte sich wohl einen solchen Brandenburgischen Luftluxus nicht leisten. Bleiben Sie mir gewogen! Leben Sie wohl! Voll Achtung! Fuller."

Als der Oberingenieur der Schneiderschen Luxusabteilung für Luftsport und verwandte Gebiete diesen Brief gelesen hatte, sagte er leise:

„Das muß ja ein famoser alter Herr sein. Solchen Papa hätte ich mir auch gewünscht, als ich noch jünger war. Ich beneide diese Miß Fuller. Indessen – Herr Schneider!"

„Was wollen Sie denn von mir?" rief dieser barsch. Herr Klein aber sagte mit erhobenem Zeigefinger und hochgezogenen Augenbrauen:

„Da haben wir ja die Geldquellen!"

„Wie meinen Sie das?" fragte Herr Schneider.

Und Herr Klein erwiderte wieder ganz kleinlaut:

„Ich meine, daß Sie noch nicht verheiratet sind."

Da blickte Herr Schneider durch sein hochgelegenes Fenster in seine Luxusabteilung hinein und sah, daß sie von der Sonne hell erleuchtet wurde – alle Ballons leuchteten in hunderttausend Farben, und die Gleitflieger leuchteten auch. Und viele Vehikel fuhren in der Luft über der Abteilung. Das sah des plötzlichen Sonnenscheines wegen so wunderbar schön aus, daß Herr Schneider gänzlich vergaß, was Herr Klein gesagt hatte.

Und nach einer Weile sagte Herr Theobald zerstreut:

„Ich weiß nicht, wie Sie das meinen?"

Da sagte Herr Klein:

„Herr Schneider! Heiraten Sie doch Miß Adelheid! Dann hat sie täglich ein neues Luftvehikel, und Sie haben neues Betriebskapital. Ich bin ja kein großer Geschäftsmann, aber manchmal hab ich doch einen ganz brauchbaren Einfall."

Da lachte Herr Theobald laut auf und schüttelte seinem Oberingenieur so kräftig die Hand, daß es dem sehr weh tat.

„Sie sind doch“, rief er lachend, „zuweilen klüger, als ich dachte.“
Klein versetzte:
„Wundern muß ich mich nur, daß Sie auf den Einfall noch nicht selber gekommen sind. Sie sind doch zuweilen dümmer, als ich dachte. Pardon! Entschuldigen Sie gütigst.“
Herr Theobald aber nahm das nicht übel, er nahm seinen Hut, setzte ihn auf und sagte:
„Klein! Wenn alles klappt, wird das Luxusluft-Terrain nochmal so lang – darauf können Sie sich verlassen!“
„Ich verlasse mich darauf,“ erwiderte Herr Klein, „ich hab's ja gleich gesagt, daß sich die Geldquellen finden werden.“
Theobald entfernte sich und hatte bald im großen Lufthafen seines Warenhauses Miß Adelheid Fuller gefunden; sie kam ihm gleich lebhaft entgegen und sagte, während ihre drei Tanten ganz merkwürdige Gesichter schnitten:
„Mr. Schneider, die Berliner Luft-Revue hat bereits drei Tage hindurch nicht eine Zeile über meinen Luftwagenpark gebracht. Ich muß unter allen Umständen einen ganz aparten Lenkballon haben. Ich denke an einen Ballon in Fabeltierform mit kompliziertem Ballonleib und einem Schildkrötenkopf, der an beweglichem langem Halse sitzt. Der Hals muß sich verlängern lassen. Oder – haben Sie etwas Stilisiertes, das für mich passen würde? Nebenbei, Herr Schneider, hat mein Papa die letzte Rechnung bezahlt?“
Theobald bejahte und die Dame fuhr gleich fort:
„Ich werde von jetzt ab alles von meinem Taschengelde bezahlen. Papa hat wohl Migräne. Haben Sie nicht Ballonkompositionen, die wie großes Brillantengeschmeide aussehen? Die Versteifung des Ballons ist Ihnen doch geglückt, nicht wahr? Jetzt lassen sich also Ballons in eckigen Formen herstellen, und ich möchte die erste sein, die damit fährt.“
Theobald lächelte und sagte demütig:
„Wenn Sie die Güte hätten, mit mir die Gondel meines Inspizierungsballons zu besteigen, so könnten wir ein paar Mal über der Abteilung auf- und abfahren und sehen, wie weit die Ingenieure mit ihren neuesten Arbeiten gekommen sind.“
Das geschah denn auch gleich, die drei Tanten blieben auf der Terrasse des Lufthafens – sie schützten Unpäßlichkeit vor.
Und als nun Theobald und Adelheid hoch oben in der Gondel dahinsausten, sagte Theobald:
„Meine Gnädige, Sie sehen hier Hunderte von neuen Ballons, und ich verstehe wohl, daß Sie eigentlich jeden Tag in einem anderen Ballon fahren

möchten. Wie gern würde ich Ihnen das Vergnügen machen, Ihnen jeden Tag einen anderen Ballon zur Verfügung zu stellen. Aber das ginge gegen meine Geschäftsprinzipien. So einfach ist das alles nicht. Der Papa …"

„Ich weiß schon," versetzte Adelheid heftig, „er hat Migräne und momentan einen Mangel an aeronautischer Begeisterungsfähigkeit. So was kommt ja öfters bei alten Herren vor. Aber – das wird sich alles legen. Kommt Zeit, kommt Rat. Mein Taschengeld ist ja nicht so klein, und ich kann ja in anderen Dingen sparsam sein. Die Tanten schneiden ja Gesichter, hilft ihnen aber nicht viel. Ich bin im Lande der Freiheit erzogen. Und die Luft ist das Freieste auf dieser Erde. Sind Sie nicht auch dieser Ansicht?"

Währenddem waren sie schon durch die ganze Abteilung durchgefahren und hatten keinen Blick auf die vielen Ballons und Gleitflieger geworfen, die unten in Paradestellung da lagen – einige Ballons waren immer so ziemlich vollständig gefüllt, um die Kauflust mehr zu reizen.

Jetzt drehte der Steuermann den Lenkbaren um und machte einen großen Bogen und fuhr dann wieder zurück. Theobald aber sagte: „Meine Gnädigste, eine Frage, möchten Sie nicht jeden Tag in einem neuen Luftvehikel fahren?"

„Freilich!" rief Miß Adelheid, „aber wie machen wir das? Sie sagten schon, daß das nicht so einfach sei."

Theobald rieb sich die Hände und rief ganz laut: „Schreiben Sie Ihrem Papa, daß Sie mich heiraten werden. Dann können Sie jeden Tag in einem anderen Luftwagen über Berlin und Umgegend herumgondeln. Die Luft-Revue bringt dann täglich Nachrichten über Ihren Luftwagenpark."

Miß Adelheid saß ganz still und starrte in die Wolken, und Mr. Theobald dachte schon, er hätte die Partie verloren. Aber sie sagte nach einer Weile: „Steuermann, fahren Sie in den Lufthafen, ich muß eiligst einen Brief an meinen Papa schreiben. Hier in der Gondel kann man doch nicht ordentlich schreiben." Theobald sah sie lange an, dann lächelten alle beide sehr verschmitzt. Und Adelheid flüsterte:

„Ich habe mir immer einen sehr klugen Gatten gewünscht. Ihre Klugheit läßt nichts zu wünschen übrig."

„Sie können", erwiderte Theobald, „sehr von Glück sagen, daß Sie mich gefunden haben."

Danach kamen sie zu den Tanten, die sehr erstaunte Gesichter machten, als sie hörten, daß Adelheid sich so schnell verlobt hatte. Adelheid schrieb den Brief, und Mr. Fuller in Chicago telegraphierte umgehend, daß er mit dieser Lösung der Luftsportfrage zufrieden sei. Herr Klein verlängerte bald darauf das Terrain der Luftluxus-Abteilung um das Doppelte.

37
Geschwindigkeit ist keine Hexerei
Eine „moderne" Kindergeschichte
(Juli 1910)

Das Meer lag ganz still, und am Strande spielten zwei Kinder im Sande.

„Lieschen," sagte der Fritz, „ich würde doch an deiner Stelle in jedem Falle das Ingenieurfach studieren – etwas anderes paßt doch gar nicht in unsere Zeit. Wir müssen zur Entwicklung der Menschheit etwas beitragen. Vor hundert Jahren kannte man noch keine Eisenbahn und kein Dampfschiff. Niemand ahnte, welche riesigen Umwälzungen durch diese beiden Monstren hervorgerufen werden würden. Daß wir aber jetzt im 20. Jahrhundert noch immer nicht ahnen wollen oder ahnen können, welche Umwälzungen uns die lenkbare Luftschiffahrt bescheren wird – das ist einfach ein Skandal."

„Meinst du," fragte nun Lieschen, „daß es wirklich so schlimm werden wird? Mein Vater, der doch auch Ingenieur ist, sagte, daß man gar nicht wissen könne, was daraus wird."

Fritz lächelte; er war über dreizehn Jahre alt, hatte sehr viel gelesen und sehr viel aufgeschnappt.

„Auch mein Vater", sagte er, „ist Ingenieur, aber er hat so viel zu tun, daß er über Kulturentwicklungen gar nicht nachdenken kann. Er lacht immer, wenn ich mit ihm darüber sprechen will. Er ist Fachmann – nur Fachmann – und Fachmänner interessieren sich nicht für ‚Kulturentwicklungen'. Du kannst mir schon glauben, daß uns eine sehr bewegte Zukunft bevorsteht. Die alten Leute glauben ja noch nicht daran. Aber das schadet ja nichts. Blériot ist über den Ärmelkanal geflogen, und zwischen Friedrichshafen und Frankfurt a. M. wird demnächst ein regelmäßiger Luftschiffverkehr existieren. Das besagt doch alles. Die Folge davon muß doch sein, daß wir in zwei Jahren ein paar Tausend Flugapparate und mindestens ein paar Hundert lenkbare Luftschiffe besitzen. Wer das nicht glaubt, hat doch ein Brett vor'm Kopf. Fahrrad und Automobil haben sich doch auch sehr schnell entwickelt. Glaubt man denn, daß die Luftvehikel eine Ausnahme von der technischen Regel unserer Zeit bilden werden?"

Lieschen sah voll Bewunderung den Fritz an; sie war ebenso alt wie der Fritz.

Und Lieschens Vater saß mit Fritzens Vater in einer Laube, die drei Meter höher lag als der Spielplatz der Kinder – auf einem Dünenhügel.

Die beiden Väter hörten jedes Wort ihrer Kinder, sahen sich ganz verwundert an und lauschten.

„Da kann man ja recht viel von seinen Kindern lernen!“ flüsterte Fritzens Vater. Lieschens Vater nickte.

Lieschen sagte darauf sehr laut:

„Du meinst also: es wird alles sehr schnell gehen – so schnell, daß die alten Leute nicht mehr mitkönnen, nicht wahr? Ja, ist denn eigentlich da so viel Schlimmes dabei? Schnelligkeit ist doch keine Hexerei!“

„Das ist“, erwiderte der Fritz, „eine Reminiszenz aus dem Varieté-Theater. Aber diese alte Redensart könnte man unserer Zeit auf die Stirn kleben. Es ist bei uns alles sehr schnell. Denk’ nur, wie schnell in Deutschland die neuen Steuern gekommen sind. Da lag Tempo drin. Der Fall ist typisch für unsere Zeit. Auch politische Konstellationen werden sich ebenso schnell verändern. Diese Schnelligkeit im öffentlichen Leben ist aber nur eine Folge derjenigen Schnelligkeit, die sich vor uns im technischen Leben abspielt. Und du fragst nun, ob da eigentlich so viel Schlimmes dabei sei? Nun – diese Frage läßt sich eben nicht so schnell beantworten. Wer hätte gedacht, daß die Erfindung der Dampfmaschine auch sehr viel schlimme Geschichten hervorbringen könnte? Damals, als sie eben erfunden war, hat daran bestimmt niemand gedacht. Indessen – wir sollten jetzt ein wenig weitsichtiger sein und auch die Schattenseiten des Luftverkehrs sehen. Zunächst werden sich bei diesem neuen Sport sehr viele Leute Arme und Beine brechen. Aber das war immer so bei jedem Sport – Dampfbahn, Fahrrad und Automobil haben auch unzählige Menschenleben gefordert.“

Hier unterbrach Lieschen den Fritz und sagte:

„Verzeih mir, lieber Fritz, daß ich dir nicht so schnell folgen kann. Sage mir nur, warum die Erfindung der Dampfmaschine so viel Unheil hervorbrachte – – worin bestand das Unheil?“

„Lieschen,“ erwiderte der Fritz, „die Großstädte des 19. Jahrhunderts entstanden durch die Verwertung der Dampfkraft. Ist das nicht Unheil genug? Niemand kann doch bestreiten, daß diese vielen Großstädte das große Leiden unserer Zeit darstellen; sie sind gleichsam die Nervositätsgeschwüre der Erdoberfläche. Da wird alles so gesteigert, daß die Verrücktheit nicht ausbleiben kann. Leider ist diese Verrücktheit zumeist gleichbedeutend mit Gedankenlosigkeit und empörender Oberflächlichkeit!“

Leise flüsterte Fritzens Vater: „Ein furchtbar naseweiser Bengel!“

„Wo er das nur her hat!“ flüsterte Lieschens Vater. Und die beiden Herren tranken ihr Glas Wein, ohne anzustoßen.

Fritz aber fuhr fort: „Die Schattenseiten des Luftverkehrs werden nicht ausbleiben. Darauf kannst du dich verlassen. Es ist auch zu bedenken, daß Räubereien mit einem Lenkbaren sehr leicht auszuführen sind. Da werden wir bald eine ganz neue Räuberromantik haben. Es kann schön werden. Auch Entführungen von Frauen werden mit Hilfe des Lenkbaren sehr modern werden. Du wirst gut tun, stets dafür zu sorgen, daß mehrere starke Männer in deiner Nähe sind."

„Ja," rief Lieschen entsetzt, „wie soll ich das denn machen? Man kann ja wirklich Angst bekommen, wenn man dich so reden hört."

Fritz lachte laut auf, wurde jedoch gleich wieder ganz ernst und sagte:

„Die Entführungsgeschichten sind Nebensache. Schlimmer ist es, daß jeder Lenkbare jederzeit sehr viel Dynamit mit sich führen kann. Und wenn sich jemand bösartig rächen will, so fährt er mit Dynamit nachts über dem Hause seines Feindes hin und her und schmeißt ihm schließlich seine ganze Dynamitladung auf den Kopf. Dann steigt der Dynamitonkel wieder schnell empor und verschwindet in den Wolken – kein Mensch wird ihn festnehmen können. Diese Rachepraxis wird besonders im politischen Leben eine unheimliche Rolle spielen. Wir werden dabei was erleben. Und der ganze Militarismus wird rasch zum Luft-Militarismus werden. Und da können wir dann noch mehr erleben. Die alten Leute sehen noch immer nicht, was uns die Zukunft bescheren wird. Und das ist ein Skandal. Ich sagte es schon. Leider bin ich noch nicht alt genug, um an die Öffentlichkeit zu treten. Aber in fünf bis sechs Jahren bin ich an der Universität, und dann werde ich nicht schweigen."

„Willst du", fragte Lieschen, „Ingenieur werden? Du sagtest, ich sollte das Ingenieurfach ergreifen. Wenn du das auch tätest, so wäre das doch sehr nett."

„Liebes Lieschen," erwiderte der Fritz, „wir haben eine so wildbewegte Zukunft vor uns, daß es einfach leichtsinnig wäre, wenn ich mich schon jetzt an ein bestimmtes Fach binden würde. Dir kann das Fachstudium nur gut tun, denn Frauen müssen es lernen, sich zu konzentrieren. Bei Männern ist das Umgekehrte nötig."

„Ich verstehe diese Kinder nicht mehr," sagte Fritzens Vater leise, „die entwickeln sich ja noch geschwinder als die Luftballons. Mir wird unheimlich zumute. Ich glaube, daß es doch eine Geschwindigkeit gibt, die man Hexerei nennen könnte."

„Geschwindigkeit", sagte der Fritz, „ist ganz bestimmt keine Hexerei, das werden besonders die Militärs einsehen, wenn sie die schnelle Wirkung des Dynamits, das von oben herab kommt, erkannt haben."

„Da müßte man“, sagte Lieschen, „eigentlich wieder in Höhlen wohnen.“

„Eine vortreffliche Idee“, rief der Fritz, sprang auf und ging raschen Schrittes an den Strand; Lieschen folgte ihm langsam.

Fritzens Vater aber lachte so laut, daß sich der Fritz erstaunt umdrehte und zur Laube hinüberblickte. Danach ließen sich die beiden Väter sehen und winkten den Kindern.

Und als die in der Laube waren, fragte Fritzens Vater seinen Sohn:

„Sage mal: mit wem gehst du denn um? Wo hast du denn das alles her?“

„Ich lese“, erwiderte der Fritz, „Zeitungen und Bücher und Broschüren, und auch Fachzeitschriften kann ich öfters in der Schule bekommen. Daraus habe ich mir ein Bild von der Zukunft gemacht. Das ist ja noch nicht ganz klar. Aber du wirst doch zugeben, lieber Vater, daß wir uns einer sehr bedenklichen Zukunft nähern, in der Schnelligkeit tatsächlich keine Hexerei ist. Im übrigen finde ich es sehr unverständlich, daß du dich nicht durch Husten bemerkbar gemacht hast. Es ist doch nicht Sitte, andere Menschen zu belauschen.“

Da runzelte Fritzens Vater die Stirn, reichte dann aber seinem Sohn die Hand und sagte ruhig:

„Entschuldige, lieber Fritz! Aber deine Reden machten mich sprachlos. Die Schnelligkeit deiner Zukunft machte mich so verwirrt, daß ich momentan alle Anstandsregeln vergaß. Verzeih’ mir, Fritz! Es soll nicht wieder geschehen.“

„Ich war dir ja niemals böse!“ sagte der Fritz und gab seinem Vater einen Kuß auf die Stirn.

Und dann gingen die Vier in ihre Sommerwohnung, um Mittag zu essen.

38
Prophetentum und Wissenschaft
Ein Essay
(Juli 1910)

In der Wissenschaft genießt der Prophet wenig Achtung. Nur der Wetterprophet hat sich im Laufe der Jahre eine stärkere Stellung erobern können. Die Wetterbeobachtungen an verschiedenen Orten gestatten uns einen Blick in die Zukunft des Wetters, allzuweit kann man nicht vorhersehen, aber für die nächsten vierundzwanzig Stunden können wir doch schon im allgemeinen etwas Sicheres prophezeien. Natürlich – die Geschichte ist noch etwas sehr unvollkommen. Davon zeugen ja die beklagenswerten Unglücksfälle der Luftschiffe in letzter Zeit zur Genüge. Indessen – im großen und ganzen müssen die Wissenschaftler doch dem Wetterpropheten eine Daseinsberechtigung einräumen.

Vom Wetter zu reden, ist aber ein Gesprächsthema allerletzten Ranges. Politische Katastrophen vorherzusagen, das dürfte schon mehr Interesse erregen. Der Astronom Herschel war einer der ersten von denen, die unser irdisches Leben mit dem Leben auf der Sonne in Zusammenhang bringen wollten. Herschel wollte nicht nur das Luftwetter der Erde mit der Sonne zusammenbringen, er wollte auch das gute und schlechte Wetter an der Börse von der Sonne abhängig machen. Man hat viel darüber gelacht und gelächelt. Schließlich ist man aber heute doch in wissenschaftlichen Kreisen durchaus nicht mehr so abhold dieser Theorie.

Es ist zweifellos festgestellt, daß die Häufigkeit der Sonnenflecke einen Einfluß auf die Erde hat. Die Maxima in den Sonnenfleckenperioden erzeugen auf der Erde die sogenannten magnetischen Stürme, die die Magnetnadeln und die Telegraphenleitungen beeinflussen. Und außerdem gibts zu dieser Zeit der größten Häufung der Sonnenflecke sehr viel mehr Polarlichter als sonst.

Man hat gefunden, daß ein Maximum von Sonnenflecken alle 11½ Jahre eintritt. Und man hat diese Periode mit dem Umlauf des Jupiter um die Sonne in Zusammenhang gebracht. Der Jupiter braucht allerdings fast zwölf Jahre, um die Sonne einmal zu umkreisen. Wir haben aber die Sonnenflecke erst ungefähr hundertundzwanzig Jahre beobachtet. Und es ist doch wohl möglich, daß in den Schätzungen Fehler enthalten sind. Es ist somit „vorläufig" noch nicht gerechtfertigt, den Jupiter so ohne weiteres für die Sonnenflecke verantwortlich zu machen.

Andererseits läßt sich aber nicht leugnen, daß die Maxima in der Sonnenfleckenperiode doch schon über hundert Jahre beobachtet worden sind – und ihr Einfluß auf Magnetnadel, Telegraph und Nordlicht ist zweifellos festgestellt.

Jetzt kommt aber das Folgende hinzu: die größten Maxima wurden 1789, Ende der dreißiger Jahre des vorigen Jahrhunderts, 1871 und 1905 konstatiert. Das sind drei große Revolutions- und Kriegsjahre, und Ende der dreißiger Jahre im vorigen Jahrhundert kam die Dampfbahn durch, die unsere kolossale Menschen-Zentralisation in den Großstädten zur Folge hatte. 1848 gabs übrigens auch ein Maximum von Sonnenflecken.

Wollen wir dieses Zusammentreffen von großen politischen und sozialen Ereignissen als ein zufälliges hinstellen? Ich glaube nicht, daß wir dazu so ohne weiteres berechtigt sind. Ich glaube, daß wir zu der kühnen

Hypothese des alten Herschel, der die Börse als abhängig von der Sonne hinstellen wollte, doch wieder ernster Stellung nehmen müßten.

Tun wir das aber, so müßten wir die Maxima auch in den früheren Jahrhunderten verfolgen. Es ist ja das sehr leicht: man braucht nur von 1789 aus rückwärts immer wieder das zu betrachten, was 11½ Jahre vorher geschah – immer weiter zurück bis in die Zeiten Cäsars, Alexanders des Großen und Amenophis des Dritten.

Es werden sich viele in Europa damit beschäftigen. Man braucht dazu nur ein halbwegs gebildeter Historiker zu sein und über viel freie Zeit zu verfügen. Ich glaube, daß bei diesen Untersuchungen ganz interessante Resultate zutage treten könnten. Die fünf großen Ereignisse in einem Jahrhundert, von denen ich vorhin sprach, dürften wohl ermutigen.

Aber über diese früheren Jahrhunderte hier zu sprechen, würde doch momentan zu weit führen. Die fünf Daten, die ich anfänglich gab, dürften doch wohl Überzeugungskraft genug haben. Es ist unmöglich, diese politischen und sozialen Erregungshöhepunkte als ganz unabhängig von der Sonnenfleckenperiode hinzustellen. Wenn die Sonnenflecke auch nicht allein maßgebend gewesen sind, einen gewissen Einfluß müssen wir doch für wahrscheinlich halten.

Geben wir aber einen „gewissen" Einfluß zu, so könnten wir doch sehr stark geneigt sein, für die nächste Zukunft vom Standpunkte der astronomischen Wissenschaft aus etwas zu prophezeien. Die Wissenschaft hat kein Recht mehr, diesem Prophetentum entgegenzuarbeiten. Hier hört das Prophetentum einfach auf, leere Phantasterei zu sein.

Man sollte sich nur davor hüten, immerzu Krieg und Revolution zu prophezeien. Es kann ein Volk in großem Erregungszustande sich befinden, und es kommt trotzdem weder zu Krieg noch zu Revolutionen. Aber – die Erregung kann sich in anderer Art äußern. Als Ende der dreißiger Jahre die Lokomotive eine Herrscherrolle zu spielen begann, da ist zweifellos allen Gebildeten der damaligen Zeit die kolossale Wichtigkeit der neuen Verkehrsart immer deutlicher geworden. Schon Goethe sprach ganz prophetisch von den Umwälzungen, die die Dampfkraft hervorbringen würde.

Wenn wir also prophezeien, so können wir der Dampfgeschichte ähnliche Entdeckungen als maßgebend für die Zukunft hinstellen.

Die nächste Maximalzeit in der Sonnenfleckenperiode haben wir 1916 zu erwarten. Wir können wohl annehmen, daß bis dahin eine andere neue Entdeckung ungeheure Umwälzungen in unserem sozialen und politischen Leben hervorgerufen haben wird. Und – es klingt beinahe selbstverständlich, wenn ich behaupte oder prophezeie, daß bis dahin die lenkbare Luftschiffahrt so weit entwickelt sein wird, daß sie abermals eine ungeheure unblutige Umwälzung hervorbringen muß.

Heute gibt es immer noch sehr viele Gebildete, die an die außerordentliche Bedeutsamkeit der Lenkbaren und der Drachenflieger nicht glauben möchten. Vor zwei Jahren noch hielten fast alle Menschen die Existenz einer Luftflotte für eine lächerliche Phantasterei. Heute – nach nur zwei Jahren – wird es kaum noch einen Gebildeten geben, der es bestreiten möchte, daß Deutschland nach weiteren zwei Jahren eine Luftflotte von fünfzig oder hundert Lenkbaren besitzen wird – England und Frankreich werden dann ebensolche Luftflotten besitzen. Das wird heute jeder zugeben – wenn er nicht grundsätzlich den verneinenden Skeptiker spielen möchte.

Was aber nach Herstellung dieser großen Flotte kommen muß, das will man vorläufig noch nicht einsehen. Gut Ding will Weile haben. Erkenntnisse übertragen sich nicht von heute bis morgen. Aber in drei – vier – fünf Jahren dürften sich doch die Folgen der lenkbaren Luftflotten fühlbar machen – und zur Zeit des nächsten Sonnenfleckenmaximums wird alle Welt von der furchtbaren Wirksamkeit der großen Luftflotten gepackt sein. Man wird dann einsehen, worin ihre fürchterliche Wirksamkeit besteht.

Schon heute nehmen die vorgeschrittenen Militaristen als selbstverständlich an, daß man von den Lenkbaren aus hauptsächlich Dynamit auswerfen wird. Man weiß auch bereits, daß sich Dynamittorpedos auf unbemannte Drachenflieger legen – und daß sich diese vom Lenkbaren aus drahtlos dirigieren lassen. Das ist eine unfehlbar treffende Flugwaffe. Sie übertrumpft alle Schußwaffen. Und es ist darum nur naturgemäß, wenn man annimmt, daß die Schußwaffen nach Einführung der Flugwaffen als veraltet in die Ecke gestellt werden.

Diese Erkenntnis hat sich heute *noch nicht* Bahn gebrochen. Man will *noch nicht* daran glauben. Aber ich prophezeie, daß man in fünf Jahren, wenn die Maxima der Sonnenflecke wieder da sind, die Geschichte kapiert haben wird. Sie kommt uns heute noch ganz ungeheuerlich vor. Man will nicht glauben, daß jedes Kriegsschiff, das auf dem Wasser schwimmt, rettungslos einem drahtlos dirigierten Drachenflieger-Torpedo ausgeliefert ist. Auch die Parlamentsgebäude, Kriegsministerien und alle öffentlichen Bauten sind nicht zu schützen vor diesen fürchterlichen Flugwaffen. Festungen werden einfach überflogen. Im Kriege werden sofort die Hauptstädte von oben aus mit Dynamit überschüttet.

Die lenkbare Luftschiffahrt ist mindestens so bedeutend wie die Einführung der Dampfbahnen in den dreißiger Jahren des vorigen Jahrhunderts.

Brachten diese eine einschneidend wirkende Zentralisation der menschlichen Wohnstätten und die Bildung großer Staatsverbände hervor, so hat das lenkbare Luftschiff eine Dezentralisation der Wohnstätten und *die Bildung kleinerer Staatsverbände* zur Folge; die kleineren bieten eben eine kleinere Angriffsfläche dar. Die Erkenntnis von der Wichtigkeit dieser bevorstehenden Umwälzung wird in den nächsten fünf Jahren sich Bahn brechen. Vom Standpunkte der astronomischen Wissenschaft ist diese Prophezeiung ganz im Ernste auszusprechen – denn die berühmten Maxima sind 1916 wieder da. …

39
Komet, Schwerkraft und Menschenfüße
Ein Akrobatengespräch
(Oktober 1910)

Hinter den Kulissen eines großen Varieté-Theaters passierte mir neulich ein sehr seltsames Abenteuer. Immer hatte ich geglaubt, daß die Entwicklung der Körperkräfte der Entwicklung geistiger Tätigkeit nicht förderlich, sondern hinderlich sei. Ich sollte eines Besseren belehrt werden.

Ich lernte an einem Vormittag während der Probe die beiden Schlangenmenschen Moritz und Maria kennen. Und Frau Maria las eifrig in dem bekannten Buche von Ernst Mach: „Die Mechanik in ihrer Entwicklung".

„So gelehrte Bücher lesen Sie?" fragte ich.

Und Frau Maria sagte lakonisch:

„Sie sehen's ja. Wundern Sie sich doch nicht so auffällig. Das gehört hier nicht zum guten Ton."

Herr Moritz bemerkte darauf mit rechts zur Seite gebogenem Kopfe:

„Wir arbeiten nicht immer als Schlangenmenschen. Wir arbeiten zuweilen auch als Akrobaten am pendelnden Trapez. Außerdem sind wir die brillantesten Springer der Gegenwart."

„Ja," versetzte ich langsam, „und deshalb studieren Sie noch in allem Ernste Mechanik?"

„Freilich," versetzte der Akrobat, Schlangenmensch und Meisterspringer, „auch die Leute vom Trikot sind heute genötigt, sich mit den Wissenschaften zu befassen. Ohne Berücksichtigung der Wissenschaften ist eine ersprießliche Weiterentwicklung der Kultur heute nicht mehr möglich."

Ich setzte mich auf einen Stuhl.

Und Frau Maria sagte:

„Wir Akrobaten müssen vor allem zunächst mal wissen, was eigentlich die Schwerkraft ist. Sehen Sie, mein Herr, die Schwerkraft wollen wir doch überwinden. Und wir können doch nur ein Ding überwinden, das wir kennen gelernt haben. Oder – meinen Sie, daß wir auch das uns Unbekannte überwinden könnten?"

„Ich bin sprachlos!" rief ich keuchend.

„Dann rede du, Maria, ruhig weiter!" sagte Herr Moritz in tiefstem Baß.

Ich wunderte mich über den tiefen Ton der Stimme, sagte aber nichts.

Frau Maria jedoch fuhr fort:

„Wir haben schon auf dem Äquator gearbeitet. Und wir haben auch schon auf Island und Spitzbergen vor den Herren Walfischfängern gearbeitet. Auf Island und Spitzbergen war die Arbeit furchtbar schwer. Mit Entsetzen denken wir daran. Die Arbeit wurde ja da oben sehr gut bezahlt – aber – aber – so bald nicht wieder."

„Da lernten wir", bemerkte Herr Moritz, „die Schwerkraft in ihrer wahren Gestalt kennen. Wir lernten das Schwerste kennen."

„Du sprichst", sagte Frau Maria, „noch nicht deutlich genug. Der Herr versteht dich ja nicht. Sehen Sie, mein sehr verehrter Herr, Sie wissen ja wohl, daß ein Pfund Blei und jeder andere Gegenstand auf dem Äquator ein Erhebliches leichter ist als auf dem Polargebiet. Deshalb arbeitet sich's auf dem Äquator, wenn im Saale für die nötige Kühlung durch Eiswände gesorgt ist, sehr leicht, wogegen sich's auf dem Polargebiet sehr schwer arbeitet. Die Physiker sagten bislang, daß auf dem Äquator die Erdrinde weiter vom Mittelpunkt der Erde entfernt sei als auf dem Polargebiet, da ja die Erde an den Polen abgeplattet ist. Und darum, sagten die Physiker, könnte das Erdzentrum dort unten nicht so wirksam wie da oben sein. Nun – wir sind anderer Meinung. Wir glauben, daß auf dem Äquator zentrifugale Kräfte alles leichter machen. Denn – mit der Anziehung nach dem Mittelpunkte der Erde ist es doch nichts. Das sagt bereits Ernst Mach. Verstehen Sie nun – oder ahnen Sie – warum wir Mechanik studieren? Ohne diese Wissenschaft würden wir's nicht so weit in unserer Kunst bringen."

Jetzt kam mir die Sache abenteuerlich vor.

„Ein solches Abenteuer!" rief ich heftig, „habe ich in meinem ganzen Leben noch nicht erlebt!"

Unbeirrt fuhr Frau Maria abermals fort:

„Die Schwerkraft! Ach, du liebe Zeit! Die Nichtfachleute haben, selbst wenn sie Physiker von Beruf waren, schrecklich viel Unpassendes über die Schwerkraft gesagt. Wir wissen doch nur, daß alles, was auf der Erdrinde und ein wenig darüber ist, von der Erde angezogen wird. Die Schwere ist immer etwas Relatives. Und ich freue mich nur, daß Mach nicht mehr eine Anziehung nach dem Mittelpunkte der Erde konstatiert. Darum kann man jetzt auch nicht mehr das Gewicht der Erde bestimmen. Das Pendel, das von einem Berge abgelenkt wird, gibt uns nicht mehr das Recht, Berg- und Erdmasse nebeneinander zu stellen und aus diesem Vergleich das Gewicht der Erde zu bestimmen. Mach hat das noch nicht begriffen, obgleich er so deutlich erklärt, daß Anziehung zum Erdmittelpunkte nicht zu konstatieren ist. Jeder Berg lenkt ja schon ab. Das heißt aber: wir wissen gar nicht, was anzieht und wohin angezogen wird. Wir müßten im Rigi-Hotel viel leichter arbeiten als auf dem flachen Lande – wenn der Erdmittelpunkt anzöge –, da wir ja diesem im Rigi-Hotel ferner sind. Wir arbeiten aber auf jedem Berge ebenso schwer wie im Tal. Ja! Die Schwerkraft! Alle Sterngewichtsberechnungen sind ganz überflüssig geworden, da sie falsch sind. Wir können aus der Anziehungsarbeit der Erde keine Schlüsse auf ihre Schwere ziehen – und somit fallen alle Schwergewichtsbestimmungen der Sterne ebenfalls in die Rumpelkammer zum alten Eisen."

„Jetzt, Maria," rief Herr Moritz plötzlich, „erzähle endlich das Allerneueste. Sonst wird der Herr hier zu sehr angestrengt und kann das Allerneueste nicht mehr kapieren. Das Publikum ist ja heute so schwerfällig, daß es neue Dinge immer nur mit großer Mühe kapieren kann."

„Es handelt sich", hub nun Frau Maria von neuem an, „hauptsächlich um die Menschenfüße. Sie wissen doch, mein Herr, daß vor kurzem der Halleysche Komet der Erde ganz nahe kam. Wenn der uns so nahe kommt, so hat das immer für uns etwas zu bedeuten. Na – seien wir kurz! Dieses Mal muß der Halleysche der Erde eine ganz merkwürdige Geschichte mitgeteilt haben – oder er ist ihr in anderer Weise zu nahe getreten. Jedenfalls steht meinem Moritz und mir ganz bombenfest, daß sich die Anziehungskraft der Erde in diesem Sommer verstärkt hat. Auswiegen können wir das natürlich nicht, da alles auf der Erdrinde zu gleicher Zeit schwerer geworden ist. Ein Pfund Blei ist natürlich für uns noch immer ein Pfund schwer. Aber Pfund von heute ist nicht Pfund von morgen. Wir dürfen auch nicht vergessen, daß das Gewicht am Äquator leichter ist als im Polargebiet. Das Gewicht ist eben nichts Konstantes. Es ist nichts Ungeheuerliches, daß wir alle zusammen in diesem Sommer etwas schwerer geworden sind. Schwer zu begreifen ist es natürlich. Aber – Kometen vermögen eben einen Stern in ganz unheimlicher Weise zu beeinflussen. Wer weiß, welche grausige Geschichte dahin tersteckt. Vielleicht – es ist ja wohl möglich – steckt auch eine sehr lustige

Geschichte dahinter. Jedenfalls bemerkten wir, daß mit uns alles Erdenrindentum schwerer geworden ist. Wir merken's an den Füßen. Wir werden schärfer von der Erde angezogen als bisher. In der Eiszeit soll ja eine derartige Verstärkung der irdischen Anziehungskraft auch schon mal stattgefunden haben. Ist es Ihnen nicht bekannt, daß in diesem Sommer die meisten Menschen – besonders die Frauen – über Schmerzen in den Füßen klagten?"

„Jawohl, das ist mir bekannt!" versetzte ich sehr rasch. Herr Moritz lächelte und sagte:

„Da wir beide – Meisterspringer sind, so können Sie sich denken, daß wir heute nicht mehr so hoch springen können wie vor einem Jahre. Das sagt doch genug, nicht wahr?"

„Jawohl, das ist mir bekannt!" versetzte ich abermals sehr rasch, erschrak aber, als Frau Maria drohend den Finger erhob und dazu bemerkte:

„Bekannt kann Ihnen das nicht sein, daß wir nicht mehr so hoch springen können wie bisher. Wir haben das noch nicht verraten. Sie sind wohl durch das Gehörte ein wenig verwirrt worden. Wir raten Ihnen aber, das, was wir Ihnen mitteilten, nicht etwa verächtlich als Akrobatenweisheit auszugeben. Wir sind in den Wissenschaften viel weiter, als Sie denken. Wir sind echte Schwerkraftfachleute – das vergessen Sie nicht."

Da bemerkte ich plötzlich, daß diese beiden Schlangenmenschen im Trikot dasaßen. Ein Diener kam und bat die beiden, auf die Bühne zu kommen.

Sie standen auf.

Und der Herr Moritz sagte feierlich:

„Einzelne Menschen führen auch das seltsame Wetter in diesem Sommer des Jahres 1910 auf den Halleyschen Kometen zurück. Das ist irrtümlich. Das Erdwetter hängt hauptsächlich mit dem Monde zusammen. Die merkwürdige Konstellation von Erde und Mond hat das seltsame Wetter erzeugt. Das hat ein Herr Brand aus Hildesheim genau nachgewiesen und auch richtig vorhergesagt. Ich weiß nicht, ob der Herr wirklich Brand heißt – jedenfalls ist er ein Landgerichtsrat."

Moritz und Maria verbeugten sich und begaben sich zur Bühne.

Ich verbeugte mich auch und starrte den beiden längere Zeit nach. Danach klopfte mir jemand auf die Schulter, und ich sah den Direktor des Varieté-Theaters neben mir.

„Famose Leute das!" sagte er jovial, „und gebildet, nicht wahr? Sie haben die Krone der ganzen Akrobatenzunft kennen gelernt. Ich gratuliere Ihnen von ganzem Herzen zu dieser Bekanntschaft."

Wir schüttelten uns gerührt die Hände.

40
Herr Knothe und der Kaiser von Grönland
(November 1910)

In einer warmen Julinacht fuhr Herr Friedrich Knothe in seinem Motorboot von Kuxhaven nach Hamburg.

Er saß in seiner wasserdichten Kabine und schrieb eine Geschichte, die im höchsten Norden spielte – eine Geschichte, die den Kaiser von Grönland verherrlichen sollte.

Am Anfang des zwanzigsten Jahrhunderts wollte man den Nordpol mit Gewalt entdecken. Und einzelne Herren behaupteten, daß sie den Nordpol bereits entdeckt hätten. Aber sie konnten das leider nicht beweisen. Und so sah man bald ein, daß man mit der Heftigkeit die große Sache nicht viel förderte.

Da nahm sich denn ein großer pangermanischer Millionär der Sache an; Koch hieß dieser Herr.

Herr Koch wollte System in das Nordpolentdecken hineinbringen; er machte sich zum Kaiser von Grönland und versammelte die sämtlichen Eskimos von ganz Grönland um seinen Thron.

Nun hatte Herr Knothe gerade des Millionärs Thronbesteigung anschaulich geschildert und gleichzeitig von seiner ersten Regierungshandlung berichtet; der neue Kaiser hatte gleich ein Kabel nach Europa gelegt, um jederzeit in der Lage zu sein, von seinen neuesten Entdeckungen Mitteilung zu machen.

Kaum aber hatte das Herr Knothe niedergeschrieben, so gab es draußen einen lauten Krach und der Schreibende fiel mit dem Füllfederhalter in der Hand vom Stuhl.

„Das ist ja eine Gemeinheit!" rief Herr Knothe, „das muß mir grade an der interessantesten Stelle meiner Geschichte passieren! Klempner-Dösebach!" – so hieß der Bootsführer – „können Sie denn nicht vernünftig fahren? Wissen Sie denn nicht, daß ich hier die interessanteste Geschichte aller Zeiten schreibe? Wissen Sie nicht, wer der Herr Koch war? Kaiser von Grönland war der Herr Koch – als Koch der Erste bestieg er seinen Thron, der ganz aus Glas bestand – aus Eisglas! Wissen Sie das nicht? Und – da fahren Sie wie ein alter Nachtwächter? Das ist doch empörend. Nicht einmal auf der Elbe können Sie vernünftig fahren? Ei! Ei! Klempner-Dösebach, wenn das noch mal passiert, so ziehe ich Ihnen ganz einfach hundert Mark vom Gehalt ab. Ich lasse nicht mit mir spaßen – besonders dann nicht, wenn ich über den Kaiser von Grönland schreibe. Das merken Sie sich, mein lieber Klempner-Dösebach."

Hierbei erhob sich der Herr Knothe, setzte sich auf seinen Stuhl und schrieb weiter; das elektrische Licht schien hell und klar.

Da gab es nochmals einen Ruck.

Dieses Mal wars aber nicht so schlimm. Herr Knothe fiel nicht vom Stuhl, doch er schrie wie ein Besessener:

„Verdammte Zucht! Sie verdammter Klempner-Dösebach! Jetzt ziehe ich Ihnen glatt hundert Mark vom Gehalte ab. Ich werde Ihnen zeigen, was es heißt: den Kaiser von Grönland zu beleidigen. Diese saumäßige Fahrerei ist eine Beleidigung für den ehrwürdigen Eiskönig. Eigentlich sind hundert Mark für Koch den Ersten viel zu wenig. Ich werde Ihnen zweihundert Mark vom Gehalt abziehen. Mein lieber Klempner-Dösebach, Ihnen solls nicht einfallen, noch mal so – anstandswidrig zu fahren."

Herr Knothe schrieb nun eifrig weiter von Kochs Entdeckung der Nordpolbewohner …

Indessen – Klempner-Dösebach hatte von Knothes Schimpferei nichts mehr vernommen, denn bei dem ersten Stoß war er mit dem Motorboot gegen einen großen Dampfer gerammt und dabei gleich in großem Bogen aus dem Motorboot raus- und in die Elbe hineingefallen.

Das Motorboot sank unter und stieß dann auf dem Grunde der Elbe fest auf – wodurch der zweite Stoß entstand – für den Klempner-Dösebach zweihundert Mark bezahlen sollte.

Doch der Missetäter schwamm auf der Elbe und schrie so fürchterlich um Hilfe, daß der Dampfer stoppte und mit Scheinwerfern den Hilfeschreienden suchte – er war bald gefunden und wurde an Bord gebracht, wo er gleich rief:

„Schnell! Taucher in die Tiefe! Mein Herr – der Herr Knothe – sitzt in seiner Kabine und schreibt über den Kaiser von Grönland. Er weiß wahrscheinlich gar nicht, daß sein Boot untergesunken ist. Fenster und Türen seiner Kabine sind wasserdicht, das elektrische Licht brennt wohl noch, so daß das Boot leicht gefunden und gehoben werden kann."

Mit den Rettungsarbeiten wurde sofort begonnen; drei Taucher stiegen vorsichtig in die Tiefe

Herr Knothe schrieb jetzt ganz ruhig weiter – wie folgt:

„Koch der Erste freute sich natürlich gar nicht wenig, als er mit seinen Eskimos dem Nordpol immer näher kam. Und siehe – da kam ihn plötzlich die Gegend so vor, als wäre sie bewohnt. Darüber wunderte er sich. Die

Eisblöcke waren mit regelmäßigen Kanten versehen und mit ganz glatten, hochaufragenden Flächen, und der Schnee lag da – so ordentlich wie ein Ackerfeld in Deutschland, wenn der Frühling ins Land kommt. Die Überraschung war keine kleine. ‚Aber', meinte Koch der Erste, ‚das müssen ja ganz merkwürdige Lebewesen sein, die hier hausen. Was fangen die denn mit dem Schnee und mit dem Eise an?' Kaum hatte der Kaiser das gesagt, so ließ sich schon einer von den Nordpolmenschen sehen. Der sah aber sehr seltsam aus – so als wäre er aus lauter Seifenblasen zusammengesetzt. Es war ein Gasmensch – und der war durchsichtig; selbst das Nordlicht hinter ihm war deutlich zu sehen. Zehn Meter hoch war dieser Gasriese. Der Kaiser reichte ihm freundlich die Hand. Jedoch da zeigte der Riese seine Arme – und siehe – da waren keine Hände dran. Der Gasmensch war gar nicht so einfach gebaut. Viele Gasblasen bildeten den Körper – große und kleine Gasblasen. Und mit diesen Gasblasen, die nur zum Teile Kugelform hatten, verbanden sich Extremitäten, die mehr elektrischen Ausstrahlungen glichen. Der Kaiser konnte sich nicht vorstellen, wozu diese Extremitäten dienen könnten. Und so erkundigte er sich nach ihrem Zweck. Da mußte er aber leider bemerken, daß diesen Gasriesen das Reden wohl schwer fallen dürfte – denn sie hatten gar keinen Mund."

Wie dieses Herr Knothe geschrieben hatte, gab es abermals einen hörbaren Ruck. Da sprang er wütend auf und brüllte:

„Frecher Klempner-Dösebach! Jetzt werde ich Sie verhaften lassen. Ist das die Ehrfurcht, die Sie dem ehrwürdigen Kaiser von Grönland entgegenbringen wollen? Ha! Sie sollen es büßen! Sie sollen für zehn Monate ins Gefängnis. Gerade beim interessantesten Kapitel unterbrechen Sie mich und bringen mich ganz aus dem Text."

Er wollte die Türe seiner Kabine aufreißen. Aber sie wurde von außen fest zugehalten. Die Taucher hatten die Türe verrammelt, da sie ja voraussahen, daß Herr Knothe hinauszukommen bestrebt sein würde.

Herr Knothe sah nun durch die Fenster seiner Kabine und sah, daß Ketten und Stricke um sein Motorboot gewunden wurden. Und da erst bemerkte er, daß er auf Grund geraten war. Er sah ein, daß er sich in einer lebensgefährlichen Lage befand. Doch als er fühlte, daß das Boot langsam und vorsichtig hinaufgezogen wurde, setzte er sich wieder an seinen Schreibtisch und schrieb weiter von den Gasriesen, die der Kaiser von Grönland, Koch der Erste, entdeckt hatte.

„Der Kaiser", schrieb er, „war natürlich über seine Entdeckung hocherfreut und wollte rasch das Nötige darüber nach Europa kabeln. Doch das ging nicht so schnell, da ja das Kabel nicht bis zum Nordpol gelegt war. Er dachte nun scharf darüber nach, wie er sich wohl mit den Gasriesen, die nun in großer Anzahl heranschwebten, verständigen könnte. Beine hatten die Herren auch nicht. Der Kaiser erfand darauf eine Zeichensprache mit größeren und kleineren Schneebällen. Aber die Riesen sahen mit ihren großen opalisierenden Augen die Schneebälle an, schüttelten den Kopf und – verschwanden plötzlich."

Nach diesen Worten drang das Morgenlicht in Herrn Knothes Kabine; er wurde herausgeholt und Klempner-Dösebach umtanzte seinen Herrn wie ein Toller.

Doch der Herr Knothe sagte scharf:

„Zweihundert Mark werden Ihnen von Ihrem Gehalt in Abzug gebracht, weil Sie den Kaiser von Grönland beleidigt haben."

Die Mannschaft des Dampfers wunderte sich darüber. Und der Kapitän arrangierte sofort eine kleine Sammlung für Klempner-Dösebach, der nach ein paar Minuten in der Lage war, die zweihundert Mark Herrn Knothe in Gold- und Silbermünzen zu überreichen.

41
Luftschlösser
Eine peruanische Geschichte
(Januar 1911)

Mr. Andres, ein amerikanischer Millionär, lag auf seinem Diwan und rauchte. Und er knirschte mitunter sehr vernehmlich mit den Zähnen; er war gar nicht sehr vergnügt.

Da wurde der Ober-Astronom Mr. Paulson gemeldet, ein etwas griesgrämiger Herr.

Mr. Paulson sagte:

„Das Wetter ist heute wieder abscheulich."

Danach nahm er gleich eine der herumliegenden Zigarren, setzte sich auf einen sehr bequemen Stuhl und steckte sich die Zigarre umständlich an.

„Haben Sie", fragte Mr. Andres, „meinen Brief gründlich gelesen?"

„Selbstverständlich," erwiderte Mr. Paulson, „aber ich vermag nicht einzusehen, was diese neue Idee der Sache nützen soll. Wir sitzen hier in Peru, und Sie haben schon auf allen freien Bergspitzen kleine Sternwarten erbaut – die reinen Luftschlösser. Dreißig Luftschlösser haben Sie gebaut. Jetzt wollen Sie noch fliegende Luftschlösser haben – ganz ächte. Was das soll, weiß ich nicht. Sind die dreißig Bergspitzenschlösser nicht schon genug? Wir wollen doch nur den Laurentiusstrom beobachten – vom 9. bis zum 11. August. Wollen Sie nun vom Luftballon aus auch noch beobachten lassen? Das ist doch nicht so einfach, wie Sie denken."

„So einfach", erwiderte Mr. Andres höhnisch auflachend, „ist überhaupt nichts. Und besonders ist hier in Peru gar nichts einfach. Meine Architekten und meine Astronomen sind – auch nicht einfach; sie machen alles so kompliziert und umständlich, daß man einfach wild werden könnte."

„Sie sagen ja immer," versetzte Mr. Paulson, „daß man sich das Leben recht sauer machen müßte – nur so käme man zu den höheren Freuden des Daseins. So erklären Sie sich auch den amerikanischen Sport. Na – mir solls recht sein. Meinetwegen! Wenn wir nun aber alles gründlich und dementsprechend umständlich anfangen, so knirschen Sie natürlich mit den Zähnen und schimpfen wie ein alter Irokesenhäuptling. Wahrscheinlich – um *uns* das Leben auch ein wenig sauer zu machen. Was aber zu viel ist, das ist eben zu viel; Sternwarten in Luftballongondeln sind nach meiner Meinung ein veritabler Blödsinn. Diese Luftschlösser könnten Sie wohl in die Rumpelkammer werfen. Wie stellen Sie sich denn eigentlich die Beobachtung mit einem Fernrohr in schwankender Gondel vor?"

„Sie soll ja gar nicht schwanken," rief heftig Mr. Andres, „außerdem sind die Beobachtungen von den Luftballons aus doch nötig, denn wir könnten doch viele Wolken am Himmel haben. Die könnten wir doch nur mit den Ballons überfliegen. Und – wenn die Gondel mal zu stark schwankt, so kann man ja in der Beobachtung ein paar Momente pausieren. Ich sehe immer wieder, daß die Herren Astronomen nur machen wollen, was *sie* wollen, aber nicht, was *ich* will. Und ich bezahl' doch alles. Warum also diese Widersetzlichkeit? Weil Sie sich einbilden, Fachleute zu sein? Auf Ihr Fachmannstum pfeife ich. Sie haben übrigens noch nicht die Ausstattung meines Zimmers bewundert. Ich bitte sehr um Bewunderung. Die Luftballons – fünf Stück – werden jedenfalls hergestellt – mit brillanter Gondelkajüte, die geschlossen ist. In jeder Gondel werden drei kleine Fernrohre angebracht."

Mr. Paulson sagte – an den Fingern zählend:

„Also dreimal fünf Gondelfernrohre machen fünfzehn Fernrohre. Auf jeder der dreißig Bergspitzensternwarten sind auch drei Fernrohre. Neunzig und fünfzehn machen zusammen einhundertundfünf Beobachtungsstellen. Keine üble Leistung, das muß ich sagen. Wenn wir da nicht ein

Resultat erzielen, so haben wir uns jedenfalls vergeblich bemüht. Das läßt sich an den Fingern leicht zusammenrechnen. Schade um das schöne Geld und um die grandiose – Arbeit! Und – man soll sich ja das Leben möglichst sauer machen, um zu den höheren Freuden des Daseins zu gelangen. Wenn's auch nichts nützt – der Astronomie! Vielleicht nützt es dem Magenbehagen. Haben Sie einen Kognak hier?"

„Erst bewundern!" sagte Mr. Andres.

Da drehte sich Mr. Paulson um und blickte umher.

Ein bunt ornamentiertes Fenster war ganz oben dicht unter dem braunen Holzgetäfel der Decke, ziemlich breit, aber drei Meter über dem Fußboden. Auf diesem lag ein einfarbiger, dunkelvioletter Sammetteppich. An den Wänden schwarze Seide, zwischen vielen hellbraun polierten Holzpfeilern, die senkrecht von unten nach oben gingen. Auf der schwarzen Seide aber waren bunte Gestalten aufgestickt. Die Gestalten hatten Rüssel und Schlangenbeine und harnischartige Rümpfe, erinnerten nicht an die Wesen, die es auf der Erde gibt.

Mr. Paulson sah sich diese Gestalten lange an, schüttelte mit dem Kopfe und sagte dann:

„Das sollen wohl die Meteorgeister sein, die Sie entdecken wollen, Mr. Andres! Haben Sie die Zeichnungen für die Stickereien selber angefertigt?"

„Jawohl!" versetzte Mr. Andres, „gefallen Ihnen diese Ungeheuer? Ich glaube eben daran, daß derartige Ungeheuer in unserer Erdluft herumsausen. Jeden Tag fahren zehn Millionen derartiger Fabelwesen durch unsere Atmosphäre. Das ist so meine Meinung – wenn Sie wollen – meine Phantasiegrille. Aber ich glaube eben daran. Zehn Millionen Sternschnuppen haben wir eben täglich in unserer Atmosphäre. Das werden Ihnen alle Astronomen bestätigen. Das wissen Sie ja. Ich brauch's Ihnen nicht zu beweisen. Sie sind ja selber Astronom. Deswegen wollte ich ja meine Luftschlösser bauen. Auf den Bergspitzen haben wir die schon. Ich will eben sehen, ob ich nicht recht habe. Hinter das eigentliche Wesen der Meteore müssen wir doch mal kommen. Zur Erde kommen die zehn Millionen Meteore zumeist nicht. Was runterfällt, sind nur ein paar winzig kleine Krustentrümmer. Nun sagen die Astronomen, daß die meisten dieser zehn Millionen Meteore in der Luft verbrennen. Welche absurde Anschauung! Ich muß immer lachen, wenn ich daran denke. Nein! Sie müssen mal für meine Idee ein größeres Interesse zeigen, mein lieber Mr. Paulson! Wir müssen doch mal dahinter kommen, was eigentlich unsere Meteore sind. Darum will ich auch veritable Luftschlösser bauen – Luftschlösser, die von Ballons getragen werden. Sie werden schon hergestellt. Die Aufträge sind schon gegeben worden. Es kostet recht viel. Aber ich glaube doch, daß alle meine Luftschlösser nicht vergeblich sein werden. Die fliegenden Luftschlösser sind den Meteoren doch näher als die unten auf den Bergspitzen. Verstehen Sie mich nun ein wenig?"

„Ganz und gar!" sagte Mr. Paulson kalt, „ich bewundere die hübschen abenteuerlichen Zeichnungen. Das ist doch mal was anderes. Würden in Europa zweifellos großes Aufsehen erregen. Sie könnten Geschäfte damit machen. Ich glaube sogar, daß damit in Amerika ein Geschäft zu machen wäre."

„Hören Sie auf," rief Mr. Andres, „hier haben Sie einen Kognak. Sie haben genug bewundert."

Er schenkte ein, und Mr. Paulson trank drei Kognaks, lächelte, steckte sich eine neue Zigarre an und sagte:

„Die jungen Astronomen, die ich engagiert habe, werde ich gehörig instruieren, damit wir vielleicht doch ein kleines Resultat erzielen. Wir haben aber hundert Astronomen hinzu zu engagieren. Nun – aus Deutschland werden wohl einige kommen – die sind billiger als die unsrigen – auch solche Idealisten und Forschungsfanatiker wie Sie, Mr. Andres. Immerhin – hoffen wir, daß die Sache nicht ganz und gar vergeblich ist. In den Photographien haben sich die Meteore bisher immer nur als einfache Linien gezeigt!"

* * *

Im August war auf den Luftschlössern des Mr. Andres alles in der größten Bewegung – die fünf Ballons stiegen zunächst gefesselt auf, wurden aber öfters wieder runtergezogen.

Und dann kam der 9. August, und dann der 10. und 11. Und diese drei Tage waren prächtig. Über 25.000 Photographien von Meteoren wurden aufgenommen.

Als nun die Photographien alle vorlagen, ergab sich, daß sich die Meteore *keineswegs* als einfache grade Linien zeigten; die Linien waren zum Teil zackig und immer wieder von verschiedener Lichtstärke.

„Aha!" rief da Mr. Andres, „Sie erkennen daraus, daß die Meteore nicht einfache Kometentrümmer sind. Wir haben's hier mit komplizierten Gebilden zu tun. Wir haben es ganz bestimmt mit *unregelmäßigen* Gebilden zu tun; anders ist die ungleichmäßige Lichtverteilung und das Zackige in den photographierten Linien nicht zu erklären. Was wollen Sie mehr, meine Herren? Ich komme meinem Ziele schon näher."

Die Astronomen sahen sich gegenseitig betreten an, und Mr. Paulson sagte:

„Vielleicht könnte man die Unregelmäßigkeit der Linien auch anders erklären."

Da rief Mr. Andres heftig:

„Erklären Sie, so viel Sie erklären wollen. Mir soll's gleich bleiben. Jedenfalls fahren wir in unsern Untersuchungen fort. Und ich bin der festen Überzeugung, daß ich auf dem richtigen Wege bin. Sie werden mich nicht irritieren."

Sagt es, und geht hinaus, schlägt die Türe mächtig hinter sich zu und geht wieder in sein Arbeitszimmer, in dem auf schwarzer Seide die phantastischen bunten Meteorgeister mit Rüsseln, Schlangenbeinen und Harnischrümpfen eingestickt sind. Er sieht alle seine Geister lächelnd an – und pfeift dazu.

Mr. Paulson aber spricht zu den anderen Astronomen im Flüstertone:

„Wissen Sie, meine Herren, es ist ganz nutzlos, mit einem Fanatiker zu streiten. Der hat immer Recht und ist immer auf dem richtigen Wege – mag's kommen wie es will. Jedenfalls verdienen wir ja mit der Narrheit dieses Mr. Andres ein schönes Stück Geld, und darum wollen wir uns ruhig in unsere Luftschlösser begeben, allwo es ja ganz gemütlich ist. Wir photographieren da ruhig weiter – – – Meteorgeister. Europa wird uns um diese peruanischen Luftschlösser beneiden. Geschäft bleibt Geschäft."

Alle lächelten – und man frühstückte zusammen – nach der schweren Arbeit – in sehr opulenter Manier.

42
Das Komplott der Millionäre
Eine Großstadtgeschichte
(Januar 1911)

Die Nacht war warm. Aber es war schon sehr spät. Und in der Straße, durch die ich langsam im Mondschein dahinging, war's menschenleer wie nachts auf einem Kirchhof. Nur ein paar Laternen brannten noch. Jedoch der Mond schien ganz hell. Die Häuser verbreiteten nur so große Schatten.

Da kamen zwei Herren um die nächste Straßenecke. Sie sahen mich und flüsterten hastig miteinander. Es kam mir nicht verdächtig vor, da die beiden Herren glänzende Zylinderhüte trugen.

Der eine der beiden Herren rief mir da ganz leise zu:

„Bitte bleiben Sie sofort stehen, wenn Ihnen Ihr Leben lieb ist."

Ich tat, wie man wollte, denn ich wußte, daß ich Wertgegenstände nicht bei mir trug. Ich lächelte darüber; bares Geld hatte ich zufälligerweise auch nicht – nur ein paar Groschen in der Westentasche. Das Abenteuer kam mir aber doch etwas unheimlich vor.

„Was wollen Sie denn?" fragte ich ruhig.

„Das werden Sie gleich erfahren!" sagte der andere der beiden. Und danach pfiff er ganz laut den Radetzky-Marsch. Und da bog ein großes Automobil um die Ecke. Die beiden baten mich höflichst, einzusteigen.

„Meine Herren," sagte ich spöttisch, „das ist eine Freiheitsberaubung. Ich steige nicht ein."

„Machen Sie doch keine Umstände", sagte hastig der Chauffeur. „Ihnen passiert nichts Böses. Ich gebe Ihnen mein Ehrenwort darauf."

Da sah ich, daß jeder der beiden Herren einen blanken Revolver in der rechten Hand hielt.

Kurz entschlossen stieg ich wortlos ein und zündete mir dort umständlich und behaglich eine Zigarre an.

„Sie gestatten wohl," sagte da wieder der Herr, der mich zuerst angesprochen hatte, „daß ich Ihnen mit dieser schwarzseidenen Binde die Augen verbinde. Dann werden wir Ihnen alles Nähere mitteilen. Sie sind doch wohl neugierig."

„Das", sagte ich, „bin ich allerdings; Sie haben's erraten. Es gehört viel Scharfsinn dazu. Meine hochachtungsvolle Verbeugung! Binden Sie! Aber bitte so, daß ich ungestört weiterrauchen kann."

Man band. Und ich wurde nun immer neugieriger.

Nach qualvollen fünf Minuten sagte dann wieder der eine, ich wußte nicht welcher von den beiden, mit großer Hast:

„Wir werden Sie in eine Gesellschaft von Millionären führen."

„Fein!" rief ich. „Millionäre imponieren mir. Glauben Sie, daß ich auch ein Millionär bin?"

„Glaubensbekenntnisse abzulegen," sagte er hart, „dazu ist hier nicht der Ort. Auch ist es dazu viel zu spät. Sie irren sich auch, wenn Sie uns für Prediger halten. Wir wissen aber, daß Sie Schriftsteller sind und haben in der einsamen Straße auf Sie gewartet. Wir verlangen von Ihnen, daß Sie über das Abenteuer, das Sie in dieser Nacht erleben werden, in der Presse Berichte abstatten. Wenn Ihnen Ihr Leben lieb ist, so tun Sie das schon morgen in aller Frühe. Wollen Sie zur Anregung noch ein paar Glas Portwein trinken?"

„Ich danke!“ sagte ich einfach.

„Wir haben noch zwanzig Minuten zu fahren,“ sagte der Revolvermann, „trinken Sie doch! Der Wein ist gut.“

„Ich verzichte!“ sagte ich sehr kühl und rauchte und ärgerte mich, daß ich meine Rauchwolken nicht sehen konnte.

Währenddem fuhren wir immer zu. Das Automobil fuhr sehr schnell, aber beinahe lautlos. Niemand von uns sprach ein Wort.

Dann hielt das Automobil. Wir stiegen aus, ich warf meinen Zigarrenstummel fort. Und der eine Herr faßte mich sanft unter dem linken Arm an – und der andere unterm rechten Arm.

Als mir die Binde abgenommen wurde, stand ich in einem Saal, dessen Wände ganz mit schwarzem Tuch ausgeschlagen waren. Auch Fußboden, Tische und Stühle hatten schwarzen Belag. Es kam mir etwas lächerlich vor. Viele Kerzen brannten. Der schwarze Stoff glänzte nicht. Dafür funkelten an den Händen der Herren, die überall schweigend dasaßen, sehr viele Brillanten. Die Herren trugen sämtlich schwarzseidene Gesichtsmasken, die nur die Augen frei ließen. Meine Begleiter hatten sich auch Gesichtsmasken vorgebunden. Niemand von den Anwesenden nahm Notiz von mir. Man bat mich durch befehlende Handbewegung, an einem kleinen Tische Platz zu nehmen. Schreibzeug war da – natürlich auf schwarzer Tischdecke.

„Sie werden wohl“, sprach ich scharf, „gütigst gestatten, daß ich mir eine Zigarre anzünde.“

Keine Antwort.

Ich steckte mir kaltblütig eine neue Zigarre an und fing an, mir Notizen zu machen.

Ich schrieb:

„Ich glaube, daß ich soeben nach West-Amerika gefahren bin. Die amerikanischen Millionäre rauchen alle nicht. Darüber muß ich mich wundern. Ich hab's hier zweifellos mit einem Komplott der Millionäre zu tun. Ich werde nicht versäumen, die Öffentlichkeit von diesem Komplott in Kenntnis zu setzen.“

Den Zettel reichte ich dem mir zunächst Sitzenden. Er las und lachte kurz auf, reichte den Zettel weiter, und fast jeder, der ihn las, lachte kurz auf.

Dann erhob sich ein Herr, der an dem umfangreichsten Tische saß und sprach:

„Meine Herren! Wir leben in einer neuen Zeit. Die meisten von uns sind ja Amerikaner, aber es sind auch Japaner und Chinesen unter uns – sogar ganz echte Europäer. Wir haben uns hier in Berlin ein Rendezvous gegeben, weil man hier ganz ungestört zusammenkommen kann. Sie wissen ja alle, was wir eigentlich wollen. Die Zeiten, in denen nur die Staaten oder die Potentaten Krieg führten, sind endgültig vorüber. Heute können auch die Millionäre Krieg führen, da große Volksheere für den Erfolg eines kriegerischen Unternehmens nicht mehr maßgebend sind. Die lenkbaren Luftschiffe, die Drachenflieger und Gleitflieger setzten uns ja in die Lage, mit einer kleinen Anzahl von technisch geschulten Aviatikern selbst einem großen Staate gefährlich blutende Wunden zu schlagen. Lufttorpedos auf unbemannten Drachenfliegern lassen sich durch drahtlose Telegraphie sicher lenken, sodaß sie ihr Ziel beim besten Willen nicht verfehlen können. Wir sind also in der Lage, einer Hauptstadt so gefährlich zu werden – wie einst nur ein wahnsinnig gewordenes Volk in echter Revolution. Jawohl! Es steht also fest, daß ein einzelner Millionär sehr wohl in der Lage ist, mit einem größeren Staate erfolgreich Krieg zu führen."

Die Schwarzmaskierten klatschten hierauf alle lebhaft in die Hände. Und die Herren lachten, als hätte jemand einen Witz gemacht.

„Es handelt sich aber", fuhr nun der Redner fort, „keineswegs um einen Witz. Wir wollen die praktische Seite der Sache nicht aus den Augen verlieren. Wenn einer von uns etwas durchsetzen will, das ohne Waffengewalt schlechterdings nicht durchzusetzen ist, so kann er doch nicht so ohne weiteres einen kleinen Luftkrieg persönlich in Szene setzen. Wir müssen demnach gemeinsam vorgehen. Und deshalb habe ich mit einigen Freunden beschlossen, eine Kriegsgesellschaft m. b. H. in der Nähe von Portorico zu gründen. Wir stellen dort alle nötigen Luftfahrzeuge und die Sprengstoffe her. Und wenn jemand Krieg führen will, braucht er uns nur zu beauftragen. Es ist uns sehr erwünscht, daß die Sache in die Öffentlichkeit kommt, damit wir Respekt einflößen. Was das Wort Portorico zu bedeuten hat, wissen ja die Beteiligten. Der Berichterstatter kann der Öffentlichkeit gegenüber ruhig erklären, daß die G. m. b. H. in Portorico ihren Wohnsitz hat. Wir wissen es ja besser."

„Bravo!" schrieen die Versammelten.

„Es sind jetzt", fuhr der Redner abermals fort, „nur noch die Summen zu zeichnen, die für unsere Portorico-Gesellschaft nötig sind."

Er legte dabei ein kleines Notizbüchlein mit Goldschnitt vor den Herrn zu seiner Rechten hin. Und der zeichnete langsam und bedächtig mit dem Füllfederhalter ein paar Zahlen in das Notizbüchlein.

Das Notizbüchlein ging von Hand zu Hand und jeder zeichnete Zahlen hinein.

Es war still wie in einer Kirche um die Mitternachtsstunden. Die Kerzen flackerten, und jeder schrieb Zahlen in das Notizbüchlein. Als das wieder dem Redner ausgehändigt wurde, las der jede Seite, ohne durch eine Bewegung zu verraten, was er dachte.

„Es genügt!“ sagte er schließlich.

Die beiden Herren, die mich an diesen düsteren Ort geführt hatten, traten wieder auf mich zu, legten mir wieder die schwarzseidene Binde um die Augen und führten mich zum Automobil zurück. Ich steckte mir eine Zigarette an und sagte kein Wort. Die beiden Herren sagten ebenfalls nicht ein Wort.

Man setzte mich dort ab, wo man mich aufgenommen hatte und ich setzte mich zu Hause sofort hin und schrieb schlicht nieder, was ich erlebt hatte. Das Abenteuer machte einen sehr amerikanischen Eindruck auf mich und ich wunderte mich, daß man derartiges in der Reichshauptstadt Berlin erleben kann.

43
Henkers Glück und Ende
Eine Geschichte aus der Zeit des alten Darius

(Januar 1911)

Im achten Jahre nach der Thronbesteigung des Perserkönigs Darius lebte in Babylon an den Ufern des Euphrat ein griechischer Kaufmann mit Namen Aristides. Und der handelte mit Spezereien und Wohlgerüchen – besonders mit Ambra. Und er hatte grade eine große Ladung Ambra an einen reichen Herrn aus Egbetane mit beträchtlichem Verdienst verkauft; zwanzig Kamele waren nötig gewesen, um die Ladung fortzuschaffen.

„Nun habe ich“, sagte Aristides, „so viel hier in diesem barbarischen Babylon verdient, daß ich wohl an die Heimkehr nach Griechenland denken kann; zu lange in der Fremde bleiben, taugt nicht viel und bringt schließlich doch nur Schaden.“

Und er ging, als die Sonne sich langsam dem Horizonte wieder näherte, an den Ufern des Euphrat spazieren und dachte an Athen, wo eine seiner Schwestern lebte, die er besuchen wollte.

„Ob sie noch lebt?“ sagte er ganz laut.

Da trat plötzlich aus dem Myrthengebüsch neben dem Wege eine Frau auf ihn zu. Sie war unverschleiert, hatte große schwarze Augen und pechschwarzes

Haar, ein karmninrotes Oberkleid und dicke goldene Ohrringe, an denen kleine Perlen an kurzen Ketten langsam hin- und herschaukelten.

Die beiden sahen sich ein paar Augenblicke scharf an. Aristides hatte gekräuselte Haare wie die Babylonier und die reicheren Perser, aber man sah ihm doch an, daß er ein Fremder war; die hellere Hautfarbe verriet ihn – auch in der Tracht zeigte sich viel vom babylonischen Geschmack Abweichendes.

Fünfundzwanzig Jahre schon war es her, daß der Perserkönig Cyrus die große Stadt Babylon eroberte; doch was sind fünfundzwanzig Jahre im Orient? Da verändern sich die Bewohner des Landes nicht so schnell; man ist da sehr dauerhaft.

Das dachte die Frau, die aus dem Myrthengebüsch herausgetreten war; sie erkannte in Aristides den Fremdling und sagte leise:

„Fremder Mann, ich will dir sagen, was du denkst. Denn mir ist es gegeben, in den Gedanken anderer zu lesen wie auf einer Tontafel. Du denkst an deine Heimat und willst zurück in deine Heimat. Aber du suchst hier noch jemand, der dir bei deinen Geschäften helfen kann. Du suchst jemand, der dir sagt, was die andern denken, wenn du ein Geschäft abschließen willst, denn du bist ein Kaufmann – und dir fehlt eine Gedankenleserin."

Sie verzog dabei das Gesicht zu einem ganz seltsamen Lächeln, und in ihren Augen wurde es so stumpf, als wenn sie blind würde. Doch nach ein paar Sekunden waren die Augen wieder hell und flackernd.

Aristides sagte einfach:

„Willst du mit mir kommen?"

Sie erwiderte leise:

„Bleib dort stehen. Komm nicht näher. Ich bin eine Sklavin. Ich heiße Sabelituda."

„Ich will dich kaufen!" versetzte Aristides ebenso leise.

Aber die Sklavin fuhr fort:

„Das läßt mein Herr nicht zu. Er ist ein alter Herr und ein Geizhals. Wir wohnen hier ganz allein. Aber mein Herr ist sehr stark und sehr vorsichtig – so wie ein listiges Raubtier. Er ist alt und häßlich. Es ist der berüchtigte Henker Guzann. Ich kann mir allein nicht helfen. Er ist zu stark und zu vorsichtig. Hilf du mir. Dir kann's gelingen, denn er sieht dir den Fremden an, und er verachtet die Fremden, und darum wird er dir gegenüber unvorsichtig sein – unvorsichtiger als mir oder einem Babylonier gegenüber. Komm morgen mit einem kurzen Dolch um dieselbe Zeit. Geh mit Guzann dorthin am Ufer entlang. Da drüben ist es einsam."

Sie zeigte den Weg entlang und ging raschen Schrittes einer kleinen Lehmhütte zu. Dann besann sie sich und kehrte wieder um, und Aristides sah, daß sie auf die Knie sank und die Hände zum Himmel emporhob. Und er hörte, wie sie betete – ganz leise:

„Bel erhabener, Marduk allmächtiger! Hört mich, ihr Götter, und gebt dem Fremden Glück! Schlagt Guzann mit Blindheit, daß er so frech und täppisch wird wie ein alter Hammel."

Dann verschwand die Sklavin in der kleinen Lehmhütte.

Aristides schüttelte den Kopf und ging zur Stadt zurück – aber je näher er der Stadt kam, um so häufiger wiederholte er den Namen der Sklavin.

„Sabelituda!" sagte er wohl hundert Mal.

„Sabelituda", sagte er zu Hause, „ist wohl die, die ich suche – die mehr weiß vom Leben als die andern Menschen. Sie weiß mehr als ich."

Und er kaufte sich von einem Händler einen kurzen Dolch, persischen Frauenschmuck aus Silber mit Türkisen, einen goldenen Trinkbecher und einen goldenen Ring mit einem grünen Stein.

Am nächsten Tage gegen Abend war Aristides wieder dort, wo er am Abend zuvor gewesen war.

Von Sabelituda sah er nichts.

Da rief eine Stimme hinter ihm:

„Fremder Mann, was suchst du hier?"

Aristides drehte sich um und sagte, obgleich er niemand sah:

„Regenwürmer für meine Molche. Weißt du, wo ich viele Regenwürmer finde?"

Nun kam Guzann aus seinem Versteck hervor, und er sah aus wie ein alter Pavian, er grinste und sagte in schlechtem Babylonisch:

„Werde zeigen dir – Regenwürmer. Komm mit, heute ist mein Geburtstag. Hast du viele Molche?"

Aristides rief laut:

„Ich habe sehr viele Molche."

Nun gingen die beiden langsam am Ufer des Euphrat dahin, und die Sonne näherte sich wieder dem Horizont; Aristides fragte den alten Henker:

„Ist dein Geburtstag in jedem Jahr an diesem Tage?"

Da lachte der Alte und er schlug sich auf seinen dicken Bauch, und die Tränen rollten ihm in seinen weißen Bart, und seine dicken Lippen wurden noch dicker, als er sagte:

„Dir merkt man gleich den Fremden an. So dumme Fragen hörte ich noch nicht im alten Babylonien. Dir werd' ich erzählen von meiner

Jugendzeit, damit du wirst klüger. Bist gar nicht jung mehr und noch so dumm? Weißt nicht, daß man Geburtstag hat in jedem Jahr nur an einem einzigen Tag? O du Dummkopf!"

Und er krümmte sich wieder vor Lachen.

Aristides blieb ganz ernst und blickte in den Euphrat, dessen Wellen am Ufer etwas rauschten, denn es war windig geworden.

„Du wolltest", sprach der Grieche sanft, „von deiner Jugend erzählen. Wenn ich auch dumm bin, so höre ich doch aufmerksam zu. Wenn ich etwas nicht verstehe, so frage ich. Erzähle nur: ich höre!"

„Weißt du," rief nun Guzann plötzlich ganz wild, „wer ich bin? Wen du vor dir hast?"

„Wie soll ich das wissen?" versetzte der Grieche wieder sehr sanft.

„Wo bist du her?" fragte Guzann.

„Aus Athen!" gab der Grieche zurück.

„So!" rief nun Guzann, „und ich bin der große Henker Guzann, der schon vielen hundert Menschen den Kopf abgeschlagen hat. Hast du sehr große Angst vor mir?"

„Warum", versetzte Aristides lächelnd, „sollte ich denn Angst haben vor dir?"

„Sag'," rief nun Guzann, „wo hast du alle deine Dummheit her? Du fragst wie ein alter Nachtwächter. Weißt du, wie einem zumute ist, wenn einem der Kopf abgeschlagen wird?"

„Wie sollt' ich das wissen?" gab wieder der Grieche sehr sanft und leise zurück.

Da krümmte sich der Henker vor Lachen und tanzte auf einem Bein und rief:

„Der Regenwurmsucher ist lustig – ist aus Athen und fragt wie alte Nachtwächter. Er hat den Kopf noch niemals in seinem Leben verloren. Ich aber will dir erzählen, mein Freund, wie einem zumute ist, wenn man einem andern Menschen den Kopf abschlägt."

Der Henker drehte sich langsam dreimal auf einer Hacke um sich selbst. Aristides sah den Rücken des alten Mannes dreimal und wurde dabei ganz kalt.

Der Guzann setzte sich auf einen Stein, legte seinen dicken rechten Zeigefinger an seinen dicken rechten Nasenflügel und sprach.

„Das ist, o Fremdling, das größte Glück! Hei, das ist ein Vergnügen! Zum Totlachen herrlich! Wenn man wetzt den Säbel! Und wenn man dann zuhaut – aufs Genick, daß die Wirbelknochen knirschend zerbrechen! Und wenn dann spritzt Blut – ganz rotes – aus Rumpf raus – wie rotes Wasserfall. Oh – das ist Glück! Kopf rollt im Sande. Augen im Kopf verdrehen sich. Schmunzelnd nimmt man Geld für die feine Arbeit, steckt es ein. Oh das ist das größte Glück! – So abhacken den Kopf!"

Und Guzann sprang auf und tanzte herum wie ein Besessener. Immer wieder schrie er ganz laut:

„Das ist das höchste Glück! So abhacken den Kopf! Dann spritzt das Blut."

Aristides stand ganz ruhig da und sagte nun:

„Du wolltest mir Regenwürmer zeigen."

Da sah ihn Guzann mit verglasten Augen an und flüsterte:

„Er redet von Regenwurm – ich von abgehacktem Kopf. Hier Babylon – dort Athen. Gehen wir weiter. In Athen habt ihr keinen Henker?"

„Ich weiß es nicht!" versetzte Aristides; er ging links neben dem Henker – und stieß diesem babylonischen Henker plötzlich den kurzen Dolch in die linke Seite. Er hatte sehr stark zugestoßen, so daß der Dolch durch einen Ledergürtel glatt durchging. Guzann schwankte und fiel. Und Aristides stieß ihm noch zwölfmal mit dem Dolche in die linke Seite der Brust.

Scheu blickte der Grieche umher. Doch war keiner zu sehen, der was bemerkt haben konnte.

Aristides beschwerte den Körper mit Steinen und warf ihn in den Euphrat, verwischte mit weißem Sand die Spuren der Tat.

Dann warf sich der Athener, der in seiner Jugend die Eleusinischen Mysterien kennen gelernt hatte, auf beide Kniee und rief:

„Gewaltiger Dionysos, ich danke dir, daß du mir vergönnt hast, diesen viehischen Schurken niederzustechen. Laß alle andern Schurken auch so niedergestochen werden. Das ist auch ein Glück! Ja, ich empfinde, daß das Niederstechen von Schurken ein Glück ist. Und ich danke dir, o Dionysos, daß ich das empfunden habe."

Einen Monat später saß Aristides mit der Sklavin Sabelituda in einer Barke auf dem Euphrat und ließ sich von zehn kräftigen Männern stromauf rudern nach Cilicien – und weiter – nach Griechenland.

Sabelituda sagte:

„In Griechenland bin ich frei, nicht wahr? O – ich danke dir, Aristides. Die Freiheit ist auch ein großes Glück."

44
Uranienborg
Eine Nova-Novellette
(Februar 1911)

Es war der 11. November des Jahres 1572.

„Wir werden ja", sagte der Herr Tycho Brahe, „vom Unglück verfolgt – bei diesen Bauarbeiten. Dieser Gerüsteinsturz ist nun schon das dritte Malheur. Erst kam die Bodensenkung, die ist ja nun beseitigt. Aber dann kam der Einsturz des halbfertigen Nordwestturms – und jetzt dieser Gerüsteinsturz. Wie geht es denn dem armen Zimmermann, der das Bein dabei gebrochen hat? Glücklicherweise ist er der einzige, der bei all dem Unglück mit Schaden fortgekommen ist."

Der Baumeister Johannsen, der dem Herrn Tycho Brahe das Schloß Uranienborg auf der Insel Hven erbaute, hatte gehört, was der Bauherr sagte, und erwiderte nun ganz langsam und bedächtig:

„Der arme Zimmermann fühlt sich den Verhältnissen nach ganz wohl. Der Arzt sagt, daß das Bein wohl nach einem halben Jahre wieder zu gebrauchen sein wird, wenn sich der Patient so lange ganz ruhig verhält. Und es ist ja ein ganz ruhiger Mann. Indessen, Herr Brahe, daß wir so vom Unglück verfolgt werden – bei dem Bau dieser Uranienborg, einem ganz groß angelegten Schloßbau in bestem italienischem Renaissancegeschmack, wie er heute allerort so beliebt ist, kann ich eigentlich nicht zugeben. Unglück und Malheur kommt bei jedem Bau vor. Das ist einmal nicht anders. Hier aber bei der Uranienborg haben wir doch recht viel Glück bei unsern Malheurs gehabt. Selbst bei dem Turmeinsturz, der doch nur eine Folge der Bodensenkung war, ist kein Mensch zu Schaden gekommen. Und die Bodensenkung haben wir tadellos kuriert, die kommt nicht wieder vor. Daß das Gerüst nicht festgehalten hat, das lag nur an dem Orkan, der achtzehn Stunden hindurch tobte. Hätten wir das Gerüst vor drei Tagen ganz fest verankern können, wie ich's anbefohlen hatte, so wäre der Einsturz nicht möglich gewesen. Darauf können Sie … Aber was ist Ihnen, Herr Brahe?"

Die beiden Herren waren mittlerweile im Gespräch durch die Südpforte auf den großen inneren Hof der Uranienborg gekommen. Und mitten auf dem Hofe, kurz vor der Tür, die zum Observatorium führte – Herr Tycho Brahe war einer der größten Astronomen seiner Zeit – da stand Herr Tycho plötzlich still und starrte zum Himmel empor, gestikulierte mit den Armen und Händen, zeigte zum Sternbilde der Kassiopeia, das ganz oben, nicht fern von dem Polarstern, am Himmel stand, bewegte die Lippen auf und ab, verzerrte sein ganzes Gesicht und konnte kein Wort herausbringen.

Es war fünf Uhr abends, und alle Sterne funkelten ganz hell am Himmel.

„Was ist Ihnen denn?“ fragte abermals sehr besorgt der Herr Johannsen.

„Das ist“, rief endlich Herr Brahe, „ein ganz neuer Stern. Ein neuer Stern über meiner Uranienborg. Das bedeutet ein großes Unglück für die da oben. Holt meine Frau, meine Töchter, meine Schwägerin. Der Stern ist neu da oben. Das ist eine Nova. So nennt man einen neuen Stern, Herr Johannsen. Nova nennt man ihn. Lauft schnell! Ich gehe ins Observatorium. Ein großes Unglück!“

Und mit drei Sprüngen war der Herr Brahe in der Tür, die zu seinem Observatorium führte.

Herr Johannsen sah ihm immer noch nach – immer noch, als der Astronom längst hinter der Tür verschwunden war.

„Was das mit dem Bau der Uranienborg zu tun haben soll,“ murmelte Herr Johannsen, „das möchte ich auch wissen. Aber die Menschen sind recht undankbar, sehen immer nicht das Glück beim Unglück. Na – ich werde jetzt Alarm schlagen. Eine Nova! Eine Nova!“

Und eilig schritt Herr Johannsen links ab ins Haus hinein. In der großen Treppenhalle des Erdgeschosses, das von zehn breiten Pfeilern getragen wurde, schrie der Herr Johannsen:

„Ein neuer Stern ist am Himmel – über der Uranienborg. Das bedeutet Glück dem neuen Hause, das ja bald fertig sein wird. Kommt rasch alle hinaus. Der Vater ist schon auf dem Observatorium. Das ist heute ein großer Tag, den müssen wir im Kalender rot anstreichen. Es ist der 11. November des Jahres 1572 post Christum natum.“

Das hörten die beiden Töchter und die Schwägerin des Herrn Brahe. Die eine Tochter holte gleich die Mutter, Frau Maria Brahe. Die aber war eine sehr erregte Dame. Kaum hatte sie gehört, um was es sich handelte, so bekam sie einen Weinkrampf und schrie immerzu: „Zum Vater! Zum Vater! Er ist in Gefahr.“

„Niemand“, rief Herr Johannsen, „ist in Gefahr.“

Doch das half ihm blutwenig. Die Damen waren in Aufregung. Und was jetzt folgte, spottet jeder Beschreibung. Das ganz Dorf wurde gleich alarmiert. Und allen Bewohnern des Dorfes mußte Herr Johannsen den neuen Stern zeigen.

„Was ist das?“ riefen viele.

„Eine Nova!“ sagte Herr Johannsen.

Da jedoch wurde allen sehr unheimlich zu Mute. Sie wußten nicht, warum. Der eine brachte den Stern mit dem Gerüsteinsturz und mit der Bodensenkung zusammen – der andere mit dem Turmeinsturz. Und so waren alle, als Herr Brahe oben im Observatorium immer noch durch das große Rohr das Wunder anschaute, davon überzeugt, daß dem Hause Uranienborg ein furchtbar großes Unglück bevorstehe. Seine beiden Töchter halfen oben dem Astronomen, die ersten Aufzeichnungen über den neuen Stern zu machen.

Unten ging währenddem das Wort „Nova“ von Mund zu Munde. Und fast alle hatten keine Ahnung, was das Wort eigentlich bedeutete – es bekam aber dadurch mystischen Beigeschmack. Von der Erklärung Johannsens, daß Nova nur das Neue bedeute, nahm niemand mehr Notiz.

Und so wurde Herr Tycho Brahe, als er wieder nach unten zu den Seinen zurückkehrte und an der Haustür alle die Dorfbewohner sah, wie ein beklagenswerter Unglücksmann begrüßt.

Das kam ihm etwas unheimlich vor, und er sagte zu seiner Frau: „Nun denke nur ans Abendbrot. Hierbei ist doch für uns arme Menschen nichts weiter zu machen. Man muß eben alles hinnehmen, wie es ist. Es wird schon noch alles ganz gut werden. Gib den Leuten ein kleines Faß Bier und drei von den großen Flaschen mit dem dänischen Korn.“

Frau Maria gab händeringend der Dienstmagd den Auftrag, sank auf ein Knie und deutete schluchzend zur Kassiopeia, während sie die Linke ihres Gatten leidenschaftlich küßte.

Herr Brahe hob seine Frau auf und sagte:

„Nun beruhige dich nur. Denke ans Abendbrot. Ich habe sehr großen Hunger. Die Aufregung hat mich mächtig mitgenommen. Aber das ist eine Nova. Es ist herrlich, daß ich so etwas erleben konnte. Es hat schon öfter in früheren Jahrhunderten eine Nova gegeben. Es wird schon alles gut werden. Mit dem armen Zimmermann, der das Bein gebrochen hat, soll’s ja schon ganz gut gehen. Man schicke ihm geraucherte Aale und eine Flasche dänischen Korn.“

Eine alte Aufwärterin sagte rasch: „Das werde ich gleich besorgen. Vielleicht hilft es etwas. Wenn nur das Unglück bald vorüber wäre.“ Und fort war sie.

Herr Brahe aber griff sich an die Stirn und rief plötzlich:

„Kinder, was redet Ihr denn da immerzu von Unglück? Für uns ist das Erscheinen des neuen Sterns doch kein Unglück. Ihr habt mich alle, wie es scheint, mißverstanden. Na, Herr Johannsen, kommen Sie nur mit uns zum Abendbrot. Da will ich Euch einen Vortrag über die Nova halten."

Als sie oben in das große Speisezimmer kamen, da rieben sich die Herren ganz vergnügt die Hände. Die Mägde hatten schon dreißig Kerzen angezündet. Und es war ganz warm. Und Herr Brahe rief lachend:

„Das ist heute ein großer Tag. Mägde, bringt zehn Flaschen spanischen Weines herauf – den aus Oporto, den wir im vorigen Monat bekamen. Sehr lange hat er ja noch nicht gelagert."

Und dann setzten sie sich an den großen Speisetisch mit den großen gedrehten Füßen. Und Herr Brahe trank mit Herrn Johannsen zusammen erst ein paar Schnäpse – dänischen Korn.

Auf der spiegelblank polierten Tischplatte standen große Schüsseln mit geräucherten Flundern, die Schnapsflasche und die zehn Flaschen spanischen Weines. Vor jedem der Speisenden lag ein weißes kleines Tischtuch, auf dem der bunt bemalte Teller stand.

Herr Brahe nahm seine steife Halskrause ab und reichte sie einer Dienstmagd. Auch nahm er seine goldene Halskette ab und legte sie auf den Tisch, öffnete am Halse die blaue Samtweste, drehte seinen lang herunterhängenden Schnurrbart und sagte:

„Man wird in der Erregung öfter ganz verwirrt. Ich sprach von einem Unglück. Und ich sehe, daß die Meinigen geglaubt haben, ich spräche von einem Unglück, das uns auf meiner Uranienborg passieren könnte. Das aber habe ich mit dem Worte Unglück nicht sagen wollen. Ich glaube, Herr Johannsen, Sie haben mich ebenfalls mißverstanden, nicht wahr?"

Herr Johannsen nahm auch seine steife Halskrause ab und sagte: „Jetzt freue ich mich aber. Ich habe Sie mißverstanden. Aber ich habe den Damen nichts von Unglück gesagt."

„Da muß ich nun", fuhr Herr Brahe fort, „zunächst erklären, was ich mit dem Worte Unglück meinte: ich wollte sagen, daß da oben im Himmel ein großes Unglück passiert sein könnte. Aber Ihr seht mich ja jetzt ganz heiter. Und daraus könnt Ihr entnehmen, daß ich nicht mehr an ein himmlisches Unglück glaube. Viele Astronomen nehmen an, daß eine Nova stets durch einen Zusammenstoß zweier Sterne entsteht. Was nehmen wir Astronomen nicht alles an! Doch vieles von dem, was wir sagen, hat gar keinen vernünftigen Hintergrund. Wir wissen von den fernen Sternwelten im unendlichen Raume heute noch so wenig, daß es uns gar nicht zukommt, Lichtwunder wie eine Nova so ohne weiteres zu erklären. Es kann auch ein großer Haufen kleiner Sterne plötzlich beleuchtet werden von einer uns unsichtbaren

Sonne, die hinter einer dunklen da ist. So kann auch eine Nova entstehen. An einen Zusammenstoß von zwei großen Sternen glaube ich nicht. Ich halte ihn für ein Absurdum. Die Sterne, die wir in unserem Sonnensystem kennen, gehen alle so vorsichtig und akkurat ihre Bahn, daß ein Zusammenstoß gar nicht stattfinden kann. Und so vorsichtig werden nach meiner Meinung die Sterne, die weiter ab von uns im freien Raum sich drehend bahnwandeln, ebenfalls sein. Es liegt kein Grund vor, der uns zwingen könnte, etwas anderes anzunehmen. Sterne stoßen sich nicht so leicht – gehen nicht so leicht entzwei wie Eierschalen. Gebt mir ein paar harte Eier, Und dann wollen wir ein Glas Wein trinken. Heute ist ein festlicher Tag. Die Nova bedeutet nicht für uns ein Unglück. Und an sich ist die Nova auch nicht ein Malheur – sondern wahrscheinlich nur ein großes Beleuchtungswunder. Ach, Kinder, wir wissen so wenig von den fernen und von den nahen Sternen, daß es wirklich absurd wäre, wenn wir einer Nova wegen die Fassung verlören – wie es mir selber vorhin passierte. Ein großes Ereignis ist sicherlich eine Nova – aber wir haben keinen Grund, anzunehmen, daß es ein schmerzliches Ereignis im Weltenraum vorstellt."

Er trank darauf ein volles Glas Portwein aus auf einen Zug. Und dann unterhielt er sich mit Herrn Johannsen über astronomische Fragen so eifrig, daß bald die sechste Flasche herankam.

Wenn aber die beiden Herren geglaubt hatten, daß die Rede über die Nova Eindruck bei den Damen gemacht hätte – so waren sie im Irrtum. Gar nicht hingehört auf das gelehrte Gerede hatten die Damen.

Und daß dem so war, sollte Herr Brahe gleich nach Weihnachten erfahren.

Da entdeckte er plötzlich, daß drei Schneiderinnen aus dem Dorfe im Schlosse saßen. Und die arbeiteten alle an schwarzen Kleidern.

Herr Tycho Brahe war sprachlos. Dann aber packte ihn der Zorn, und er ging wutschnaubend zu seiner Gemahlin und rief: „Zum Kuckuck noch mal! Wer ist denn hier gestorben?"

Betreten schwieg Frau Marie. Da jedoch ging dem Herrn Brahe ein Licht auf und er sagte ganz leise:

„Ach so! Ihr habt die Nova noch nicht vergessen. Gleich alle schwarzen Kleider in große Säcke stecken und in mein Observatorium tragen! Dort sollen die Säcke unberührt bleiben, so lange die Nova zu sehen ist."

Erst im März des Jahres 1574 – nach siebzehn Monaten – wurde die helle Nova, die zeitweise sogar am Tage sichtbar blieb, wieder ganz unsichtbar.

Da ließ Herr Brahe im Beisein des Herrn Johannsen, der sich anschickte, abzureisen, da alle Bauarbeiten ohne jedes weitere Malheur beendet waren, die großen Säcke mit den Kleidern am Strande verbrennen – spät abends nach halb acht.

Und danach tranken die beiden Herren wieder Portwein und dänischen Korn im großen Speisesaal der glücklich – sehr glücklich! – zu Ende gebauten Uranienborg.

Der arme Zimmermann mit dem gebrochenen Beine konnte wieder gehen – ohne Krücken.

45
Das Amulett
Eine babylonische Geschichte
(März 1911)

Unter der Regierung des großen Königs Nebukadnezar wars – in Babylon – an den Ufern des Euphrat.

Da saß die Sklavin Kascha mit dem kleinen Nabo vor einer kleinen Lehmhütte dicht am Wasser. Auf dem Wasser fuhr eine große Barke vorüber. Die Sonne näherte sich im Westen dem Horizont.

Der kleine Nabo war erst neun Jahre alt, sah aber sehr verschmitzt aus; seine schwarzen Augen gingen immer hin und her. Und da sah er, daß die Kascha, eine nicht mehr ganz junge Sklavin, etwas in den Falten ihres Kleides verbarg.

„Was hast Du da?" rief der Kleine lebhaft, „ich sag's dem Onkel, wenn Du mir nicht sagst, was Du hast."

Der Onkel war ein großer Priester im Tempel Esaggil, der nicht weitab hoch aufragte – mit Türmen, Mauern und bunten Dachgärten.

Lauernd und langsam sagte die brauen Kascha:

„Wenn Du mich verraten würdest, mach ich's entzwei. Dann nützt es keinem mehr."

„Was kann's denn nützen?" fragte wieder der neugierige Nabo, und er näherte sich der Kascha.

Die aber fuhr langsam fort:

„Wer das hat, was ich hier habe, der wird groß und stark – so stark wie der König."

„Warum wirst Du denn nicht so stark?" fragte wieder der Nabo.

Und die Kascha sagte:

„Es nützt nur den Männern. Besonders aber den Knaben. Dir könnte es viel helfen. Aber Du darfst mich nicht verraten."

„Oh!“ rief da der Nabo, „so schenk’s mir doch. Ich verrate Dich auch nicht. Ich möchte wohl gerne so stark werden wie der König. Warum ist denn der König so stark?“

„Du Dummkopf,“ erwiderte lachend die Kascha, „sonst wäre er doch nicht König. Aber schenken will ich Dir dies hier nicht. Du mußt mir 60 Sekel Silber dafür besorgen. Komm her. Sieh Dir’s an.“

Und sie zeigte ihm eine kleine fingerlange Elfenbeinrolle, die wie ein alter Spiegelzylinder aussah, mit dem man früher seinen Namen auf nassen Ton aufrollte. Durch den Zylinder ging eine Silberstange, die an einer starken Hanfschnur hing. Wenn man die Schnur um den Hals legte, so hing der Zylinder nach unten. Auf dem Elfenbein war ein König erhaben aufgeschnitzt, der hielt in jeder Hand einen Löwen am Schwanze hoch, sodaß die Hinterbeine in der Luft schwebten. Ein Goldring mit funkelndem Rubin hielt unten die Elfenbeinrolle zusammen.

Nabo sah sich alles ganz genau und schweigend an.

„Das ist“, sagte er, „ein König, denn er muß sehr stark sein. In jeder Hand ein Löwe! Aber warum beißen denn die Löwen nicht den König in die Beine?“

„Du Dummkopf,“ sagte wieder die Kascha, „der König kneift doch den Löwen so in den Schwanz, daß die immerzu brüllen müssen vor Schmerz. Da können sie doch nicht zubeißen; beim Brüllen können sie doch nicht das Maul zumachen.“

„Ach so!“ sagte der kleine Nabo verschmitzt lächelnd, „daran hab ich gar nicht gedacht.“

„Du denkst an Manches nicht,“ fuhr die Sklavin fort, „auch nicht daran, wie Du mir die 60 Sekel Silber besorgst. Du bist doch so klug. Du hast doch einen großen Onkel. Du kannst, was Du willst. Du bist sehr schlau, nicht wahr, mein kleiner Nabo? Groß und stark werden muß Du. Aber – Du darfst mich nicht verraten. Sonst mach ich dies kleine Ding entzwei. Und es hat niemand was davon.“

Der Kleine sah immer wieder den Rubin an, und er drehte den Ring, daß die Farben des Steins ihn in die Augen brannten. Und er schloß die Augen und sagte kurz:

„Gib mir’s für 40 Sekel.“

„Denke nicht daran,“ versetzte die Sklavin, „aber ich will’s Dir für 50 lassen.“

„Laß mir’s“, rief der Kleine heftig, „für 45 Sekel.“

„Denke nicht daran“, sagte die Kascha, und damit verbarg sie die kleine Rolle wieder in den Falten ihres Kleides.

„Du wirst wohl wissen, wie Du es anzufangen hast, um diese kleine Rolle zu bekommen."

Das sagte sie, indem sie aufstand und in die Hütte ging und den Kleinen allein ließ, der in die Wellen des Euphrats hineinblickte, die jetzt ganz bunt schimmerten beim Sonnenuntergang.

Eine Stunde später war der Nabo bei seinem Onkel, dem Priester Kurgal-nasir in einem hochgelegenen Dachgarten des Tempels Esaggil. Unten im Tempel war der Sitz des Gottes Marduk – zwischen Gold und Edelsteinen und prächtigen Purpurgewändern, an denen kleine silberne Kugeln hingen – tausende. Viele kostbare Geräte standen in seiner Nähe.

Der kleine Nabo hatte nur einmal den Gott gesehen, und er schloß immer die Augen, wenn er daran dachte – so sehr hatte ihn damals der Glanz all der vielen unzähligen Tempelschätze geblendet.

Heute dachte er nur an den Rubin der Kascha. Er blickte zum Himmel empor; unter ihm funkelten die unzähligen Sterne. Und da lächelte der Kleine plötzlich, sah aber gleich wieder ganz ernst aus und sagte zu seinem Onkel:

„Ich habe was Sonderbares erlebt. Ich erzähle Dir's, wenn Du mir 100 Sekel gibst – ja, Onkel?"

Der Priester Kurgal-nasir war ein Geizhals, und er dachte, daß sein kleiner Neffe nicht recht bei Sinnen sei – 100 Sekel!

Aber er sagte: „Erzähle mir erst, was ich Dir neulich auseinandergesetzt habe. Dann kannst Du mir auch erzählen, was Du Sonderbares erlebt hast."

„Aber," rief nun der Nabo, „Du versprichst mir auch, daß Du mit die 100 Sekel geben wirst, nicht wahr, lieber Onkel!"

Der Onkel strich sich seinen sorgfältig gekräuselten langen schwarzen Bart und sagte lächelnd: „Erst erzählen!"

„Gut," sagte der Kleine, „ich habe alles wohl behalten. Die Erde ist eine große, große Blume. Und die wackelt immer von einer Seite zur andern. Am Tage dreht sie sich langsam nach der einen Seite. Und das merken wir nicht. In der Nacht aber dreht sie sich nach der andern Seite. Und das merken wir, denn die Sterne gehen scheinbar an uns vorüber. Daraus erkennen wir, daß die große Erdblume nach der andern Seite überkippt. Wenn die Sonne kommt, dreht sich die Erde wieder nach der andern Seite um. Und den Mond beleuchtet die Sonne von unten – das heißt: wenn sie unter der Erde ist. Auf den Mond fallen auch große Schatten, daß er sich oft verdunkelt."

„Das hast Du ja", sagte der Priester mit großen leuchtenden Augen, „ganz vortrefflich behalten. Du bist ein kluges Kind. Ich lobe Dich."

Der kleine Nabo aber ging an den Rand des Dachgartens, rieb sich die Augen, beugte sich über die niedrige Randmauer und rief heftig: „Du wirst es nicht glauben, Onkel! Du wirst es nicht glauben! Aber es ist so. Ich sehe alle Sterne als Rubine – ganz rot – und funkelnd. Ich reibe mir immerzu die Augen. Doch es nützt nichts. Es bleibt so. Das ist es, was ich erlebt habe. Bin ich nun krank, lieber Onkel?"

„Ist das wahr!" fragte dieser.

„Es ist wahr," rief das Kind, „Du kannst es mir ganz bestimmt glauben. Und wenn ich nun krank bin, so gib mir auch die 100 Sekel; vielleicht machen die mich wieder gesund. Ich will Gutes damit tun, lieber Onkel. Böses habe ich nicht vor. Doch ich habe Angst meiner Augen wegen. Gib mir – die hundert ...."

„Du bist wohl toll," schrie der Priester wütend, „dafür kann man sich ja drei Sklavinnen kaufen. Ein Kind – und 100 Sekel! Ich habe Dir gar nichts versprochen. Wir wollen Dich von einem alten Arzt untersuchen lassen."

Da ging wieder ein verschmitztes Lächeln über des Kleinen braunes Gesicht, und er sagte leise: „Versprichst Du mir die 100 Sekel, wenn ich Dir die Wahrheit sage? Versprich schnell! Bitte! Bitte! Schnell!"

„Wenn Du mir die Wahrheit sagst," erwiderte der Onkel, „so will ich Dir die 100 Sekel gerne geben. Also sage, wie Du dazu gekommen bist, all die Sterne als Rubine zu sehen. Wie kam's? Na? Sage die Wahrheit! Nur dann bekommst Du das Silber. Und ich will nicht wissen, wozu Du es brauchst."

Da drehte sich der kleine Nabo um, stand auf einem Beine, hopste auf einem Beine herum, machte seinem Onkel eine lange Nase und fing an zu lachen, daß ihm die Tränen über die braunen Wangen rollten. Und dabei warf er sich auf den feinen weißen Kies und wälzte sich da.

„Was machst Du für dumme Geschichten!" schrie zornig der große Priester Kurgal-nasir.

Aber der Nabo rief frohlockend: „Weil ich klüger bin als Du, lieber Onkel! Ich will Dir die Wahrheit sagen – und Du wirst sie glauben: ich sehe die Sterne so goldig, wie Du sie siehst. Meinen Augen fehlt garnichts. Ich habe Dich belogen. Aber nun gib mir rasch die 100 Sekel. Was ein Priester verspricht, muß er halten."

Der Onkel wollte nach ihm schlagen. Doch der Kleine sprang in ein Gebüsch und flüsterte mit zischender Stimme: „Ich sag's den anderen Priestern, wenn Du nicht gibst."

Da gab denn der Priester Kurgal-nasir in seinem in der Nähe gelegenen Studierzimmer schimpfend und fluchend die 100 Sekel Silber.

Und der Nabo bekam am nächsten Morgen das Amulett, das ihn stark machen sollte.

Und die Kascha ließ sich für das Geld von einem Gewürzhändler ankaufen.

Der kleine Nabo bekam einen jungen Priester, der den Knaben erziehen sollte – und er wurde sehr stark ....

46
Die deutsche Uniform-G.m.b.H. in fieberhafter Tätigkeit
Ein Erlebnis
(April 1911)

Mein Diener Florian trägt grünen Rock mit Goldstickerei an Hals und Handgelenk, perlgrüne Beinkleider, Lackstiefel und weißes Haupthaar. Das alte Gesicht ist rasiert.

Ich sitze in meinem kleinen Bibliothekssaal und studiere Thontafeln mit assyrischem Keiltext. Florian kommt leise hinzu und sagt mit gedämpfter Stimme:

„Herr von Maimaier, Oberpräsident der deutschen Uniform-G.m.b.H. ist im Wartesaal mit zwei Staatsschutzmännern."

„Lassen Sie", sagte ich zerstreut, „die drei Herren nur hierherkommen. Antworten werde ich ihnen nicht schuldig bleiben; sie können alles auch schriftlich haben – auch in Keilschrift."

Florian ging, und die drei Herren kamen.

Herr von Maimaier sprach:

„Ich möchte von Ihnen, der Sie doch das *Perpetuum mobile* erfunden haben, Ideen für die Uniformgesellschaft haben."

„Mit den Ideen", erwiderte ich, „kann ich sofort aufwarten. Aber – ich weiß noch nicht, ob mein *Perpetuum mobile* auch wirklich geht. Das letzte Modell ist noch immer nicht fertig."

„Das", rief von Maimaier pathetisch, „schadet ja nichts. Wenn Sie nur das Dings erfunden haben. Das ist die Hauptsache. Freue mich sehr über Ihre Bereitwilligkeit, uns Ideen für die Uniformgesellschaft zu unterbreiten. Schreiben Sie nur gleich das erste Ideenbündel auf. Die beiden Schutzleute hier habe ich der Sicherheit wegen mitgenommen, damit Sie auch gleich alles fertigstellen. Herr Männlein I und Herr Männlein II, ächte Staatsschutzmänner, werden sich die Ehre geben, Ihrer Ideenproduktion gütigst beizuwohnen."

„Bringen Sie“, sagte ich zu Florian, „Benedictiner, Chartreuse und echte Upmanns – die ganz großen – es sind die besten.“

Florian schob den beiden Herren Männlein große Großvaterstühle aus Krokodilsleder zu. Männlein I und Männlein II behielten den Helm auf – die Schuppenkette unterm Kinn – und setzten sich. Die beiden Herren hatten senkrecht in die Höhe stehenden Schnurrbart. Die Enden der Schnurrbärte – sie waren schneeweiß – berührten die Zimmerdecke –, ein Ende strich gleich eine angetrocknete Fliege von der Decke runter.

Als die beiden Herren sich gesetzt hatten – von Maimaier ging im Saal aufgeregt umher – berührten die Schnurrbartspitzen *nicht* mehr die Zimmerdecke; mein kleiner Bibliothekssaal ist nur vier Meter hoch.

Nun kam Florian mit dem guten Likör und mit den guten Zigarren. Sofort nahm sich jedes Männlein eine große Zigarre und gleichzeitig flogen ihre beiden Säbel aus der Scheide. Und mit den Säbeln hauten sie der Upmann die Spitze ab. Dabei ging natürlich der Säbel tief in die Tischplatte aus achtem assyrischen Tapranholz hinein. Mir traten die Tränen in die Augen, ich sagte aber nichts, ich schrieb schnell nieder:

Das erste Ideenbündel

Selbstverständlich müssen *alle* Deutschen von oben bis unten uniformiert werden. Einfach Uniformrasse herzustellen! Die Einführung der farblosen mausgrauen Uniform beim Militär zwingt uns, alle andern Stände farbig zu uniformieren.

Die Schlächter haben sich rot zu kleiden, Barbiere und Kellner weiß – was ja schon heute geschicht.

Die schwarze Farbe ist eigentlich nur bei Totengräbern und Schornsteinfegern angebracht – die blaue bei Weinküfern und Brauereibeamten – die grüne bei Grünkramhändlern und Schülern.

* * *

Ich mußte innehalten. Herr von Maimaier riß aufgeregt das Manuskript an sich. Tränen traten dem ehrwürdigen Herrn in die Augen, er reichte das Blatt dem Männlein I. Der las und erhob sich.

Männlein II las auch und erhob sich ebenfalls.

Beide zogen gleichzeitig ihren Säbel, schwenkten ihn dreimal in der Luft herum und riefen einstimmig: Es lebe der König!

Mir wurde schwül zu Mute.

„Will man mich zum König machen?“

Also fragte ich in Gedanken.

„Nein!“ rief ich da ganz laut, „ich bin kein Freund von Gedanken. Ruhe ist die erste Bürgerpflicht.“

„Hurrah!“ schrien die beiden Schutzleute, und sie setzten sich und tranken Benediktiner.

Aber Herr von Maimaier sagte ganz sanft:

„Jetzt wollen wir das zweite Bündel sehen.“

Und ich schrieb es rasch nieder:

Das zweite Ideenbündel

Die Kopfbedeckung ist eine der wichtigsten Angelegenheiten bei Einführung der allgemeinen Volksuniformen.

Die blanken Kürassierhelme, die beim Militär abgeschafft wurden, sind bei anderen Berufsarten wieder einzuführen.

Das Seifenbecken auf dem Kopf der Barbiere wird diesen ein kriegerisches Ansehen verleihen. Man wird dabei öfters an Don Quixote denken; dessen Dichter Cervantes war bekanntlich auch ein sehr kriegerischer Mann.

Die Blecheimer sind jedenfalls für Klempner und Schlosser zu Hüten umzuformen.

In dieser Richtung ergeben sich die Ideen von selbst.

Die früher so beliebten Epaulettes sind auch wieder einzuführen – beim Volke natürlich in anderer Form.

Ich schlage vor, den Tischlern Hobel-Epaulettes zu verleihen, den Maurern Backstein-Epaulettes, den Kellnern Bierglas-Epaulettes usw. usw.

* * *

Ich konnte wieder nicht weiterschreiben.

Herr von Maimaier riß mir einfach das Manuskript fort und las es gleich vor; Männlein I und Männlein II *standen* dabei. Sie zogen wieder den Säbel und brüllten nach der Vorlesung siebenmal so laut: Hurrah! – daß Florian ganz erschrocken ins Zimmer stürzte und dort mit offenem Munde stehen blieb. Er verstand den Sinn nicht.

Herr v. Maimaier sagte:

„Da werden sich ja die Herren vom Prüfungskomitee maßlos freuen. So kann die patriotische Angelegenheit doch rasche Fortschritte machen.

Schreiben Sie, Herr Ideenerfinder, gleich das dritte Bündel! Herr Männlein II, gießen Sie mir einen Chartreuse ein!“

Dieses geschah.

Und ich schrieb hastig weiter; ich sehnte mich schon nach meinen Thontafeln mit assyrischem Keilschrifttext zurück:

Das dritte Ideenbündel

Jeder deutsche Bürger ist so zu uniformieren, daß er sofort erkenntlich ist.

Die Lampenanzünder haben stets eine kleine Lampe im Gürtel, die Barbiere und die Maler dicke Pinsel zu tragen.

Die Ausländer haben nach Betreten des deutschen Landes sofort die Uniform anzulegen, die ihnen zusteht, haben aber als Fremde nicht das Recht – Farben zu tragen – müssen mausgrau uniformiert werden – wie das Militär – dann sind sie gleich erkenntlich.

Die Frauen sind entsprechend dem Berufe ihrer Männer zu uniformieren.

Die Frauen, die eigenen Beruf haben, müssen besonders uniformiert sein, auch wenn sie verheiratet sind. Das wird die Frauenrechtlerinnen sehr erfreuen, und sie werden alles tun, um die neuen Uniform-Ideen zu verwirklichen.

Selbstverständlich kommt dadurch die Damen-Mode in Fortfall. Wertheim und Tietz sind sofort zu verständigen, daß sie nicht mehr die jetzt noch üblichen Modewaren anschaffen. Auch die anderen Modegeschäfte sind sofort zu benachrichtigen.

Das Uniformieren der Kinder wird nicht leicht sein. Aber – so lange sie noch keinen festen Beruf haben, können sie ja alle nach einem Schnitt uniformiert werden.

Ich schlage für die Knaben blaue Uniformen mit zinnoberrotem Hals- und Handgelenkkragen vor.

Für die Mädchen empfehle ich zinnoberrote Röcke mit blauem Besatz an Hals und Oberarm.

Die Köche können übrigens kleine Bratpfannen – rot und blau emailliert – als Epaulettes tragen.

Über die Uniformierung der Haus- und Hofhunde habe ich noch nicht nachgedacht.

Ich kann nicht mehr …

* * *

Erschöpft ließ ich den Füllfederhalter zu Boden sinken.

Das Manuskript wurde wieder von den drei Herren gelesen und dann sangen die drei:

„Hoch soll er leben!"

Und damit meinten sie – mich.

Mir traten abermals die Tränen in die Augen.

Man schüttelte mir so herzlich die Hand, daß mir die Armgelenke knackten – ich schrie auf.

Aber Florian geleitete die drei Herren ehrfurchtsvoll hinaus.

Als meine Frau gleich darauf die von den Heldensäbeln der Staatschutzleute Männlein I und Männlein II zerschlagene Tischplatte aus assyrischem Tapranholz entdeckte, wollte sie zu rasen beginnen.

Ich aber sagte beschwichtigend:

„Laß, Gemahlin, das Rasen sein. Das ist eine herrliche Erinnerung an Männlein I und Männlein II. Das schreiben wir in Keilschrift auf die Platte, legen dann Glas darüber und befestigen das Ganze mit einem eleganten Goldrahmen – zur Erinnerung an die Einführung der neuen – der neuuniformierten Zeit. Laß dich umarmen!"

Meine Frau war ganz sprachlos. Als ich ihr aber von der Frauen-Uniform erzählte, da gewann sie die Sprache wieder und ging mit fliegenden Fahnen ins Oppositionslager über.

Ich lächelte, denn ich weiß, daß ihr das nichts nützt.

47
Auf der Dachterrasse des Marquis Fi-To
Chinesische Geschichte
(Juli 1911)

„Ein Feuerwerk", sagte der chinesische Marquis Fi-To, „ist immer nur ein Schauspiel für die großen Massen des Volkes. Eigentlich steht ein derartiges Schauspiel mit den Militär-Paraden auf einer Stufe."

Ein allgemeines „Oh! Oh!" war die Antwort.

„Was wollen Sie", fuhr der Marquis fort, „dagegen sagen? Auf der einen Seite sind die Farben das Entscheidende – und auf der anderen Seite auch."

Man saß im Garten des französischen Gesandten zu Peking. Ein Diplomaten-Abend war's. Viele dunkelrote Lampions brannten im Garten. Und der Vollmond stand hoch am Himmel. Nur 21 Herren und 9 Damen hatten sich eingefunden. Man trank viel Limonade und aß Eis. Es wollte noch immer nicht kühler werden. Die meisten Herren rauchten.

Nun sagte der japanische Major Li-musai:

„Ein modernes Feuerwerk kann man ja zweifellos den ganzen modernen Militarismus nennen – meinetwegen ein Brillantfeuerwerk. Aber dieses zu unterschätzen, will mir doch nicht in den Sinn. Wir hatten vor drei Monaten das Vergnügen, bei Tokio einem Brillantfeuerwerk beizuwohnen. Es sind ja nur einige von den Anwesenden dabei gewesen."

Hier klatschten die drei Japanerinnen höchst vergnügt in die Hände – eine der Damen rief auf Englisch: „Einfach himmlisch wars!"

„Nun ja!" fuhr der Major fort, „aber ich muß es wohl ein wenig schildern. Die drei Damen aus Europa sind zweifellos neugierig."

Diese nickten lächelnd.

Die drei Damen aus China verhielten sich ganz still, um bei den Chinesen nicht anzustoßen, die gerade in Feuerwerksangelegenheiten nicht unerfahren sind.

Nun erzählte Herr Li-musai:

„Wir hatten fünf Lenkbare und einige Aeroplane zur Verfügung. Auch ließen wir zwei Fesselballons aufsteigen. Und da wurde dann ein Feuerwerk arrangiert, das nicht vom Erdboden zum Himmel emporstieg – sondern von oben herabkam. Wie da die Leuchtkugeln horizontal wirkten! Oh! Alles immer in den feinsten Parabelkurven. Und das, was im knappen Bogen gleich herunterfiel, wirkte wie Schneeblüten. Und die Aeroplane und die Lenkbaren schossen ihre Brillanten gegeneinander, daß sich die Leuchtkörper aneinander verfingen. Dieses Prachtmanöver hätten die Herrschaften sehen sollen! Ich glaube, es wird niemand, der dabei war, behaupten, daß ein derartiges Farben-Glanz- und Funken-Schauspiel überboten werden könnte."

Wieder klatschten die drei Japanerinnen vergnügt in die Hände, die anderen sechs Damen verhielten sich schweigsam; ihre Phantasie reichte nicht aus, sich dieses Luftfeuerwerk zu vergegenwärtigen.

Und der Marquis Fi-To schlug mit einem kleinen Obstmesser an sein Limonadenglas und sagte ganz ruhig:

„Ich bin gern bereit, dieses Luftfeuerwerk für sehr reizvoll zu halten, kanns mir sogar so ziemlich vorstellen. Trotzdem behaupte ich, daß ich Ihnen ein Farbenspiel auf der Erdrinde zeigen könnte, das noch viel reizvoller ist."

Der Major Li-musai rief gleich:

„Da wette ich aber eine größere Summe, daß Ihnen das, Herr Marquis, nicht möglich sein wird."

Da wurde alles lebhaft; eine Wette versprach einen Heidenspaß. Das Wetten war ein Lebenselixier in der schwülen Abendluft bei dem hochstehenden Vollmond. Außerdem – der Marquis galt für sehr reich.

Nun wurde gewettet: hier Tokio – hier Marquis Fi-To. Man setzte ganz enorme Summen. Und schließlich stand eine halbe Million der anderen halben gegenüber. Der Marquis selbst hatte das meiste gesetzt.

„Wer soll Schiedsrichter sein?" fragte der Hausherr – der französische Gesandte.

„Die Damen!" rief lächelnd der japanische Major.

Und die Damen waren einverstanden.

Und der Marquis sagte: „Ich bitte die Herrschaften, mich heute über acht Tage auf meinem Landsitz zu besuchen. Sie werden mit Ihren Automobilen etwas frühzeitig aufbrechen müssen. Aber Sie werden vor Sonnenuntergang bei mir sein."

Der Japaner wurde etwas unruhig.

„So schnell!" rief er, „dann haben Sie das, was Sie uns zeigen wollen – dieses Farbenspiel auf der Erdrinde – schon lange vorbereitet."

Der Chinese antwortete nicht.

Und die Diener brachten Champagner.

Acht Tage später fuhren 15 Automobile durch das weite chinesische Land. Und es wurde allen sehr heiß; die Sonne brannte mit einer glänzenden Energie. Pferde hätten die Tortur nicht ausgehalten. Aber gegen Abend ward es kühler, und man kam in eine hügelige Landschaft und auf dem größten Hügel befand sich die sogenannte Dachterrasse des Marquis Fi-To.

Die Automobile fuhren ins Innere des Hügels durch einen langen bunt erleuchteten Höhlengang. Zum Schluß gings im Fahrstuhl zur Spitze des Hügels – direkt auf die Dachterrasse.

Da bot sich allen ein sonderbarer Anblick dar. Der ganze Hügel war – allerdings unregelmäßig – in stufenförmige Terrassen umgearbeitet. Und auf allen diesen Terrassen glänzten kleinere und größere Teiche. Kein Baum! Kein Strauch! Nicht einmal Gras ließ sich erblicken. Zwischen den Teichen befanden sich breite, nur mit bunten Porzellanfliesen gepflasterte Wege. Die vielen Treppen hatten Geländer mit bunten Glasampeln. Das Glas blitzte in der Abendsonne. Und auf den Teichen erregte die Abendsonne ein wunderbares Farbenspiel. Dieses Farbenspiel befand sich tatsächlich auf der Erdoberfläche; es ließ sich nicht leugnen.

Die Herren aus Europa glaubten, daß der Marquis dieses Wasserfarbenwunder gemeint habe – und sie erklärten gleich:

„Das überbietet tatsächlich jedes Feuerwerk. Es ist nicht zu leugnen, Herr Marquis!"

Da lächelte dieser und erwiderte ironisch:

„Sie scheinen leicht zufrieden gestellt. Sie haben in Europa wahrscheinlich nicht Gelegenheit gehabt, mit anspruchsvolleren Wünschen einem reichen Manne gegenüberzutreten. Mein Haus ist natürlich nur ein Stall. Ich bitte um Verzeihung, daß hier alles so ärmlich ist. Aber die Sonne geht jetzt unter. Wenn Sie den Sonnenuntergang genossen haben, so könnten Sie wohl meine Waschschüsseln usw. dort drüben unter der Terrasse besuchen, um sich von der langen Fahrt zu säubern. Währenddem werden die Tische gedeckt werden."

Die Gesellschaft verschwand, nachdem die Sonne verschwunden war.

Und als die Damen und Herren wieder in frischer Toilette erschienen, leuchteten bereits die Sterne am Himmel und der Halbmond stand tief unten am Horizont.

Und alle bunten Glasampeln an den Treppengeländern strahlten – und spiegelten sich in den Teichen – ganz bunt – es wirkte einfach feenhaft.

Da riefen die Damen aus Europa:

„Das wars! Der Herr Marquis Fi-To hat die Wette glänzend gewonnen. Das ist herrlicher als die herrlichsten Luftfeuerwerke."

Der Marquis lächelte abermals, sagte aber nichts; nach einer Weile hob er die Hand hoch zum Himmel empor. Und gleichzeitig verlöschte das ganze Teichfarbenspiel. Es wurde ganz dunkel. Als sich das Auge an die Dunkelheit gewöhnt hatte, sah man, daß sich die Sterne des Himmels und der Halbmond in den Teichen spiegelten.

Die Europäer klatschten in die Hände.

Nun aber wurden die äußeren Teiche plötzlich blau – sie leuchteten. Und die weiter nach oben gelegenen wurden rot. Und dann wurden die am nächsten liegenden Teiche grün.

Hiernach entstand ein kaleidoskopartiges Farbenspiel in allen Teichen, daß den Herrschaften oben die Augen schmerzten.

Und dann klatschten alle oben in die Hände; auch die Japaner und die JapanerInnen klatschten.

Dann kamen Diener und schoben von vier Seiten hohle Glasspiegel heran, die fügten sich in der Mitte zusammen, daß die gedeckten Tische von einer hohlen Spiegelschale überwölbt wurden.

Da funkelten die gesamten Teichkaleidoskope plötzlich *über* der Gesellschaft; ein prächtiges, aber sehr bewegliches Licht funkelte auf den Tischen.

Der Marquis Fi-To hob abermals wieder die Hand, und es wurde zum zweiten Male ganz dunkel.

Nach einer Weile schossen aus allen Teichen farbige Scheinwerfer nach oben – und blieben starr im Spiegelglas – und warfen ein buntes, doch ruhiges Licht auf die Tische.

Der Marquis bat mit einer feinen Handbewegung seine Gäste, Platz zu nehmen. Und er entschuldigte sich, daß das Schauspiel bisher nur im Stehen zu genießen gewesen sei.

Man kehrte den Teichwundern den Rücken, setzte sich und blickte in den Hohlspiegel.

Der Major Li-musai sagte heiser:

„Jetzt wollen wir unsere Schulden bezahlen! Was sagen die Damen?"

Die Europäerinnen erklärten mit leuchtenden Augen, daß dieses Farbenspiel auf der Erdoberfläche nicht zu überbieten sei. Die Japanerinnen sahen ihre Gatten an und sagten mit gedämpfter Stimme: „In Tokio war's noch schöner."

Zwei chinesische Damen enthielten sich der Stimmabgabe, die dritte sagte: „Ich kann mir doch denken, daß ein Luftfeuerwerk noch köstlicher ist."

Der Marquis hatte die Wette verloren.

Er lächelte und meinte ruhig: „Es freut mich aber doch, daß die Damen aus Europa die größte Freude an diesem kleinen Scherz hatten. Europas Enthusiasmus ist bewundernswert."

48
Onkel Tobias Postkarten-Novelle
(September 1911)

Portorico, 5. Mai 1910.

Lieber Onkel! Du schreibst mir, daß Du nur Postkarten von mir lesen willst. Nun – ich verstehe das; zehn Jahre einsam in Australien leben, macht lakonisch. Du bist nun ein sehr reicher Mann. Ich bin's noch nicht. Aber ich wünsche – daß ich's eben werde. Kannst Du nicht herkommen? Was willst Du denn in Berlin? Hier ist alles viel großartiger; darauf kannst Du Dich verlassen. Ich bin einer Gesellschaft beigetreten, die hier – Glashäuser baut. Lach nicht; laß mich ausreden. Die Geschichte läßt sich auf *einer* Postkarte nicht so leicht klar machen; ich schreibe Dir deshalb gleich zwei oder drei hintereinander. Es ist *kein* Spaß. Glashäuser mit doppelten Wänden lassen sich sehr leicht kühlen. Wir fabrizieren sehr viel Eis. Natürlich verwenden wir nur buntes Glas in Ornamenten, die alle gut verbleit sind. Sitzt sich herrlich in den Zimmern. Willst Du nicht auch in einem solchen Glaszimmer sitzen oder liegen? Die Sonne wirkt wundervoll, und es ist doch ganz kühl. Und des Abends glänzt das elektrische Licht innen und außen ganz herrlich. Komm doch und sieh's Dir an. Schreibe umgehend. Es grüßt Dich Dein Neffe Bogumil Tobias. Villen wirken von außen wie köstliche Lampions.

Steglitz, 15. Mai 1910.

Lieber Bogumil! Deine Karte wirkt beinahe verlockend. Aber ich bin nicht so leicht zu verführen. Habt Ihr auch eine eigene Glasfabrik? Und – habt Ihr gute Schlosser? Die sind für diese Luftschlösser sehr wesentlich. In einem hast Du recht: Berlin bietet tatsächlich herzlich wenig. Ich finde die Bauart hier äußerst primitiv. Maurer und immer wieder Maurer! Man vermauert ja ganz. Die übrigen Kalauer kannst Du selber machen. Deiner Schwester Mieze zeigte ich auch Deine Karte; sie machte ein recht erschrockenes Gesicht. Sie will heiraten. Und ihr Zukünftiger braucht viel Geld. Schreibe umgehend mehr von den Glasbauten auf Portorico. Es grüßt Dich Dein Onkel Michael Tobias. Habt Ihr auch recht viele Blitzableiter? Wieviel Glasvillen stehen schon? Mehr! Mehr! Mehr schreiben! – *Drei* Postkarten!

Stendal, 16. Mai 1910.

Lieber Onkel! Bogumils Karte hat mich doch recht beunruhigt. Laß Dich doch ja nicht auf phantastische Unternehmungen ein. Ich weiß nicht, wo Bogumil das Geld hergenommen hat. Die Geschichte muß ja furchtbar kostspielig sein. Ernst sagte gleich: so was ist doch nur für Millionäre. Und Portorico liegt so weit fort. Willst Du denn dem alten Europa schon wieder den Rücken kehren? Denk doch an uns. Wir können doch gar nicht heiraten, wenn Du nicht etwas Größeres für uns tust. Ernst baut ja nur mit Backsteinen. Aber die brauchen doch nicht innerlich gekühlt zu werden. Das mit dem Eis ist doch eine große Verschwendung. Wir grüßen Dich in großen Sorgen. Deine Mieze.

Steglitz, 17. Mai 1910.

Liebe Mieze! Weine nur nicht. Noch bin ich in Steglitz und wie stets Dein O. To.

Die Backsteine Deines lieben Ernst imponieren mir aber ganz und gar *nicht*.

Stendal, 19. Mai 1910.

Lieber O. To.! Zürne uns nur nicht der Backsteine wegen. Ernst ist ja gern bereit, zu den großen Zementplatten überzugehen. Nur will er sich nicht auf phantastische Unternehmungen einlassen. Er sagt: Bauten kosten so wie so schon immer mehr, als man anfänglich glaubte – gewöhnlich drei Mal so viel. Die Geschichte in Portorico aber hält Ernst einfach für abenteuerlich. Laß Dich doch ja nicht darauf ein. Wir grüßen Dich. Deine Mieze.

Steglitz, 20. Mai 1910.

Liebe Miez! Die Zementplatten imponieren mir *auch* nicht. Glaubst Du, ich sei nach Europa gekommen, um mich langweilen zu lassen. Gruß O. To.

Stendal, 22. Mai 1910.

Hochverehrter Herr Tobias! Es liegt mir durchaus fern, in Bauangelegenheiten eigensinnig zu sein. Aber – bedenken Sie doch, was die Geschichte kostet. Ich glaube nicht, daß Sie so viel Geld in Australien erobert haben, um derartige Unternehmungen unterstützen zu können. Dabei wäre alles weggeworfen. Und Sie haben nachher den Ärger, wenn schließlich doch nichts aus der Sache wird. Wir könnten ja mal ungefähr kalkulieren. Ich glaube, Sie würden dann begreifen, daß das doch zu kostspielig ist. Ein kleiner Pavillon mit doppelten Glaswänden würde kaum für 1000000 Mark herzustellen sein. Vielleicht gestatten Sie mir eine Unterredung. Hochachtungsvoll grüßend Ernst Mach.

Steglitz, 23. Mai 1910.

Geehrter Herr Mach! Wir sind ja noch gar nicht so weit. Ich habe ja von Bogumil erst eine einzige Karte erhalten. Warten Sie doch das Weitere ab. In Portorico kann man ja viel weiter sein, als wir denken. Nur keine Überstürzung! Ich bin doch nicht unvorsichtig. Ich bin Ihr O. To.

Portorico, 25. Mai 1910.

Aber Herzensonkel! Du bist ja großartig. Natürlich: Du sollst gleich einen ausführlichen Bericht haben! Stelle Dir ein hügeliges Gelände vor. Oben auf jedem Hügel eine Glasvilla – die größeren Hügel haben die größeren Bauten – Konzerthallen, Restaurants, Kirchen, Schulen. Nun bitte behalte zunächst eins: glaube nicht, daß wir nur das Gradlinige und Rechteckige machen wollen. Wir bringen *alle* Formen – ganz komplizierte Kurven. Und im Säulenarrangement würdest Du Wunder erleben. Diese Säulen sind natürlich ebenfalls innerlich zu erleuchten und strahlen phantastische Blumen in die Nacht hinein – natürlich ornamental stilisierte. Blitzableiter überall! Ich bin total Dein Bogumil.

Portorico, 25. Mai 1910.

Nun, lieber Onkel, mußt Du Dir die einzelnen Hügel durch Brücken miteinander verbunden denken. Diese Brücken sind das Charakteristische der ganzen Anlage. Es ist beinahe unmöglich, ihre Pracht zu schildern. Sie sind ja im Ganzen genommen eigentlich nur Luxus. Ein paar Treppen hätten ja ebenfalls genügt. Aber man will doch nicht gerne Treppen steigen. Ich glaube, daß Dir das auch nicht sehr sympathisch ist. Stelle Dir nur vor, daß alle Pfeiler, auf denen die Brücken ruhen, ganz aparte Formen haben – mal unten breiter, mal in der Mitte breiter. Und überall mit buntem Glas umgeben. Alles – mit Glas umgeben – auch die tragenden Schwungbögen. Und das alles in der Nacht elektrisch erleuchtet – bunt strahlend – an große Kolibris – an große brasilianische Schmetterlinge wird man erinnert. Denk an den blauen Seidenglanz dieser Schmetterlinge. Übrigens: dieser Seiden glanz auch vom Glase wiederzugeben. Ich bin ganz Dein Bo. Komm bald! Es ist sehr nötig.

Portorico, 25. Mai 1910.

Nun, lieber Onkel, kommt das Imposanteste. Denke Dir große Schalen – am Ufer – über dem Meere. Wenn man von den Villenterrassen auf den höheren Hügeln darauf hinuntersieht, so glaubt man, da lägen bunte Schildkröten – besonders des Abends im elektrischen Licht wirkt die Geschichte schildkrötenartig. Unter diesen Schalen, die natürlich ebenfalls von doppelten bunten Glaswänden gebildet sind, kann man famos dinieren und sou pieren. Unter den Tischen hört man das Meer leise plätschern. Viele Enten schwimmen neugierig um das Ganze rum. Mehr aber *kann* ich Dir nicht sagen. Glaube mir: ich bin erschöpft. Oh – wärst Du bald hier bei Deinem

Dich so verehrenden, immer noch nicht sehr wohlhabenden Bo. To. In fünf Minuten fährt der Postdampfer ab.

Steglitz, 7. Juni 1910.

Lieber Bo. To.! Du hast aber nicht geschrieben, ob Ihr die besten Schlosser da habt. Die wollte ich ja eventuell mitbringen. Sie sind doch beinahe das Wichtigste. Auch weiß ich nicht, ob Ihr eigene Glasfabriken habt. Dich scheint die Sache etwas verwirrt zu haben. Sehr klar ist Deine Darstellung gerade nicht. Ihr müßt ja schon ein fabelhaftes Vermögen verpulvert haben. Und dabei bist Du immer noch nicht sehr wohlhabend? Ich weiß nicht recht, was ich darüber denken soll. Wenn man in solchem Licht- und Farben-Gelände wohnen kann mit so vielen Glasbrücken und Schildkröten – dann hat man doch eigentlich genug. Was will man denn *noch* mehr in diesem Leben haben? Schreibe, wieviel Schlosser ich mitbringen soll. Ich bin Dein alter O. To.

Stendal, 10. Juni 1910.

Aber Onkel! Was willst Du tun? Ich glaube, dieser Bogumil ist verrückt geworden. Ernst schüttelt auch immer wieder den Kopf, wenn er Bogumils Karten liest. Er hat sie schon hundertmal gelesen. Ernst hat ausgerechnet, daß diese Anlagen in Portorico mindestens 100 Millionen gekostet haben. Das ist ja eine wahnsinnige Verschwendung. Onkel Michael! Wenn Du noch einen Funken von Liebe zu uns hast, so komm nach Stendal und bleibe hier einige Zeit. Oder – geh in ein Sanatorium; Bogumil kann uns, glaube ich, alle noch mal ins Irrenhaus bringen. Deine trostlose Mieze.

Steglitz, 12. Juni 1910.

Liebe Miez! Deine Karte hat mir viel Spaß gemacht. Damit Ihr mich nicht in das Sanatorium bringen könnt, fahre ich sofort nach Portorico. Da werde ich ja sehen, wie der Hase läuft. Nur nicht gleich so furchtbar weinen. Es wird schon noch alles gut werden. Ich schreibe die nächste Karte auf Portorico. Und ich bin Euer sehr vergnügter, reiselustiger O. To.

Portorico, 28. Juni 1910.

Liebe Miez! Dieser Bogumil ist einfach großartig. Er wohnt hier in einem kleinen Landhäuschen, das draußen weiß angekalkt ist. Das Glas, das hier ist, kann ich auf einer Karre forttragen. Aber – Phantasie hat dieser Bo.! Denke Dir: all die Glasschlösser sind veritable Luftschlösser. Ausgeführt ist noch gar nichts. Aber nun wollen wir was ausführen. Bo. hat sehr viele Zeichnungen, famose Pläne und Modelle. Er sieht nur ein bißchen schlecht genährt aus. Aber wir soupieren und dinieren so fleißig, daß der Körper sich bald erholen wird. Komm mit Deinem Ernst fix hierher. Dann könnt Ihr heiraten. Ich bin Euer alter O. To.

Liebe Miez! Komme! Wir machen Verschiedenes – wenn auch nicht gleich alles! Grüße meinen Schwager; er muß uns helfen, wenn's ihm auch schwer fällt. Ich bin Euer Bo. To. Onkels Geld langt für vier.

49
Der weise Portier
(Oktober 1911)

Das mußte man dem alten Herrn lassen: vornehm sah er aus, und seine Gesinnung war auch sehr vornehm. Dieses Letztere bewies er durch seine Bereitwilligkeit, Geld zu pumpen – seine letzten Ersparnisse gab er hin, selbst wenn der Gläubiger gar keine greifbaren Unterlagen bieten konnte.

Allerdings: er war nur Portier – dieser alte Herr von Gramatzki. Portier war er im Hotel „Zur Krone" – nicht weitab von Stettin am Ostseestrande.

In dem Hotel verkehrten sehr viele Aviatiker. Eigentlich kamen Leute, die nicht zum Fliegerkorps und auch nicht zur Ballonkorb-Gesellschaft gehörten, gar nicht hinein in dieses Hotel.

Und so ging's da oft sehr hoch her, da ja alle Luftleute an das Leben in höheren Sphären gewöhnt sind.

In der Portierloge des Herrn von Gramatzki gab's nur die exquisitesten Weine, auch der Whisky war da ausgezeichnet.

Und Gramatzki spielte in seiner Loge mehr den freundlichen Wirt als den Portier. Seine blaue Mütze mit Goldtressen hatte er in seiner Loge stets abgelegt. Dafür aber trug er sein dunkelblaues Jackett mit Gold an Hals und Armgelenk – und die Beinkleider zeigten breite goldene Admiralsstreifen.

Gramatzki wirkte in seiner Häuslichkeit tatsächlich wie ein alter Admiral; seine weißen Bartkotelettes erhöhten noch die Würde seines Ansehens. Und das schwarze Monokel am breiten schwarzen Bande gab dem Ganzen den Rest; eine vornehmere Portiererscheinung konnten sämtliche Badeorte des Nord- und Ostseestrandes beim besten Willen nicht aufweisen.

Und außerdem: Herr von Gramatzki wurde nicht mit Unrecht auch der *weise* Portier genannt.

Und das kam von den politischen Gesprächen her.

Die Aviatiker waren allesamt im Hotel „Zur Krone" von einer kleinen politischen Raserei ergriffen; sie sprachen immerzu über die Zukunft Deutschlands und Europas – mit besonderem Hinblick auf die Entwicklung der Luftschiffahrt im Aeroplan und im Lenkbaren.

Da sagte denn oft der alte Gramatzki, wenn er eine neue Flasche Madeira entkorkte:

„Meine Herren! So schnell wirds doch nicht mit der Entwicklung gehen, denn das Alte ist gar nicht so schnell abgesägt, wie Sie denken. Das Junge fliegt eher mal runter als das Alte, das sich fest eingewurzelt hat. Das ist meine ganze Weisheit – daß ich das erkannt habe. Sterben müssen wir ja alle mal, aber die Alten sterben nicht so schnell wie die Jungen. Denken Sie an die vielen Abstürze vom Aeroplan in letzter Zeit. Denken Sie an die Malheurs in Frankreich und in den Südstaaten."

„Denken Sie", fiel da der Dr. Krone ein, „an Napoleon, Robespierre und Danton. Die starben auch sehr bald ab. Aber das Alte erhielt sich trotzdem. Denken Sie an den alten Herrn von Gramatzki. Der stirbt überhaupt nie. Dagegen ist die Zahl der Todesfälle grade unter den Säuglingen überaus groß. Das wollen wir nie vergessen – nie – nie! Es lebe das konservative Genie – auf deutsch: unser alter ehrwürdiger Herr von Gramatzki – der weise Portier!"

Man stieß an.

Gramatzki fühlte sich sehr geehrt und klemmte sich wieder das Monokel ins linke Auge und zündete sich eine echte Importe an – ganz schweren Kalibers – denn dieser Portier konnte die schwersten Dinge vertragen – und jede Verulkung nahm er als Verehrung – darum hieß er ja der Weise.

Nun war noch ein Herr Zuhr da.

Der nahm den weisen Portier am Arm und führte ihn in ein Nebenzimmer. Dort sprach Herr Zuhr hastig:

„Können Sie mir dreihundert Taler leihen? Aber es muß gleich sein. Ich bin in fataler Verlegenheit. Gehts? In acht Tagen geb ichs zurück."

„Habe", versetzte Gramatzki freundlich, „gerade noch so viel auf der Bank. Aber – es sind meine letzten Ersparnisse. Sie sollen gleich den Scheck haben. Lassen wir die Zinsen auf der Bank – so ist doch etwas noch da."

Das Geschäft wurde gemacht.

Die Beiden betraten wieder die feudale Portierloge.

Zuhr verabschiedete sich.

Und Doktor Krone sprach wieder zu Herrn von Gramatzki mit Eifer und mit pädagogischer Gewandtheit:

„Sehen Sie, Herr von Gramatzki, Ihre konservativen Anschauungen in allen Ehren. Aber wir wollen doch das Eine nicht vergessen: Die Aeroplane und Lenkbaren haben die Verhältnisse auf dem Erdboden in ganz neue Bahnen gelenkt. Erklären Sie mir nur, warum das die meisten Menschen noch immer nicht einsehen? Wenn Sie so weise sind, so müssen Sie das doch auch wissen."

Herr von Gramatzki lächelte scharmant und erwiderte darauf das folgende:

„Lange habe ich darüber nachgedacht. Und mein Nachdenken hat ganz greifbare Resultate gezeitigt. Sie behaupten, daß das Kriegswesen jetzt ein anderes werden müsse; die Festungen sind leicht zu überfliegen, die Kriegsschiffe sind zum Schutze der großen Städte nicht zu verwenden, das Fußvolk und die Reiterei können nicht so schnell vorwärts wie die Herren der Lüfte. Also haben diese das ganze Terrain zu beherrschen. Diesen Herren der Lüfte sind die gesamten Zukunftskriege in die Hände zu legen, das Erdrindenmilitär kann einpacken und nach Hause fahren. Also sagen Sie. So ungefähr ists ja wohl, nicht wahr?"

„Na ja," tönte es da zurück, „so ungefähr ist's ja wohl. Das Dynamit überwindet eben das Pulver."

„Hm!" fuhr da Herr von Gramatzki fort, „nun vergessen Sie aber nicht die zähen Wurzeln des Alten."

„Die neuen Uniformen der preußischen Armee", versetzte Dr. Krone, „sind noch gar nicht so alt."

„Aber", rief Gramatzki eifrig, „die Festungen sind viel älter als diese Uniformen. Die Festungen stammen in Deutschland zum Teil aus der Römerzeit. Das ist eine borstig alte Zeit. Was so alt ist, hat eklig starke Wurzeln. Das ist ja meine ganze Weisheit: ich sage euch, alles, was alt ist, kann nicht so schnell zugrunde gehen als das neue."

„Nun hört sich alles auf," donnerte Dr. Krone, „also unser weiser Portier will behaupten, daß die ganze lenkbare Luftschiffahrt viel eher zugrunde gehen kann als der alte, höchst überflüssige Pulvermilitarismus."

„Das Alte", wiederholte von Gramatzki, „hat zähe Wurzeln. Das habe ich immer gesagt. Mehr habe ich gar nicht zu sagen. Alte Zustände, alte Sitten, alte Gewohnheiten sind nicht so rasch auszurotten. Das vergessen Sie immer wieder. Wenn das Alte auch in so mancher Hinsicht als überflüssig empfunden wird, zähe Wurzeln hats doch. Bedenken Sie doch, wie schwer man sich von einer einmal lieb gewonnenen Zigarrensorte trennt! Bedenken Sie, daß ich meine Importe nun schon volle fünfzehn Jahre rauche. Und sie ist so schwer, daß Sie alle diese Zigarre nicht zu Ende rauchen können. Aber dies Kraut hat auch feste Wurzeln und ist in meinem Hause nicht auszurotten, obwohl sein Preis eigentlich meine Verhältnisse übersteigt."

Dr. Krone bat den alten Herrn, eine neue Flasche Madeira zu besorgen.

Und das geschah.

Und Dr. Krone sagte, während der Alte hinausging, zu den anderen Herren:

„Ich möchte zu gern diesem alten Erzkonservativen einen Denkzettel geben und hören, wie er einsieht, daß seine ewige Rede von den festen Wurzeln gar nicht für alle Verhältnisse stimmt. Der Militarismus unserer Gegenwart kann innerhalb dreier Jahre total verschwunden sein."

Dieses letztere hörte der Alte, der zurück kam, und er sagte:

„Alte Leute wissen, daß auch sie mal sterben müssen. Das ist nun mal so in der Welt. Aber alte Zustände, die sich festgewurzelt haben ..."

„Hören Sie auf!" rief nun die ganze Gesellschaft.

Da erfuhr nun nach einigen Tagen der Dr. Krone, daß Herr Zuhr, sein Freund, den alten Portier mit 300 Talern reingelegt hatte.

Dr. Krone sagte nichts.

Herr Zuhr stieg in seinem Aeroplan gleich darauf in die Lüfte empor. Es war ziemlich windig. Herrn Zuhrs pekuniäre Verhältnisse waren sehr schlechte. Herr Zuhr stürzte ab und starb.

Als Dr. Krone diese Nachricht dem weisen Herrn v. Gramatzki überbrachte, ließ dieser ganz wehmütig den Kopf sinken.

„Sehen Sie," sagte er leise, „daß das Neue viel schneller stirbt als das Alte. Ich lebe immer noch."

„Aber", versetzte Dr. Krone, „Ihre letzten Ersparnisse sind auch verloren. Auch das Alte geht leichter zugrunde, als Sie denken: Ihre Goldstücke waren doch ebenfalls sehr alt."

„Ich sehe", sagte wehmütig der Alte, „jetzt ein, daß auch dem Alten sehr schnell der Garaus gemacht werden kann. Wurzeln können auch mürbe werden. Es waren meine letzten Ersparnisse. Ich kann meine Importen nicht mehr bezahlen."

Der alte Herr weinte.

Dr. Krone sammelte für den weisen Portier. Aber es kamen nur 23 Mark und 35 Pfennige zusammen, und Gramatzkis Importen kosteten pro Stück – eine Mark und fünfzig Pfennige.

50
Die Luft-Babette
Eine Aeroplan-Geschichte
(Januar 1912)

Der alte Herr von Krause war ein alter Geizhals. Er hatte eine sehr große Angst vor den bösartigen Einbrechern und sich deshalb eine diebessichere Villa auf einer kleinen Ostseeinsel bauen lassen.

Die Türen waren in dieser Villa allesamt sehr verschmitzt; wer nicht sehr, sehr vorsichtig mit einer dieser Türen umging, dem flog sie vor der Nase zu – und dann konnte nur ein gewandter Kunstschlosser die Öffnung nach stundenlanger Arbeit bewerkstelligen.

Herr von Krause war mit seinem Motorboot auf den Fischfang hinausgefahren; er aß nur die Fische, die er selber fing.

Er war schon um vier Uhr morgens davongefahren.

Und jetzt war es zehn Uhr vormittags.

Babette, die Kammerzofe, stand an dem Fenster ihrer Kammer und rüttelte an den eisernen Stangen, die das Fenster vergitterten.

Auf dem blauen Meere glitzerte die Sonne.

Da gab eine Stange am Fenster nach.

Und die Babette hielt die Stange frei in der Hand. Das kam der Zofe merkwürdig vor. Jetzt konnte man frei durchs Fenster.

Unten an der Stange war eine Schraube rausgefallen. Die Babette schraubte die Stange rasch wieder an und blickte aufs Meer hinaus.

Es war eine ganz kleine Schraube.

Jetzt merkte man dem Fenster nicht mehr an, daß man da durchkommen konnte.

„Welche Vorsichtsmaßregeln dieser alte Herr hier an Fenstern und Türen verschwendet hat!"

Also die Zofe.

Die Babette wurde überall Luft-Babette genannt; sie interessierte sich nämlich so lebhaft für die Luftfahrten im Aeroplan, war auch schon vier mal im Aeroplan mitgefahren – und schwärmte nun immer noch von ihren großartigen Luftfahrten.

Jetzt starrte sie in die blaue Luft und dachte an die Luftschiffahrt.

Und siehe – da entdeckt sie am Himmel einen schwarzen Punkt.

Und – es ist ein Aeroplan.

Er landet ganz in ihrer Nähe auf dem großen Asphalthof des Herrn von Krause.

Kein Mensch außer ihr hat diese Landung bemerkt.

Sie begrüßt den Luftfahrer mit vollendeter Höflichkeit und bittet ihn unter tausend Entschuldigungen, daß auf der Insel alles noch schläft, doch in die Villa des Herrn von Krause zu kommen, der auf dem Fischfang sei .... usw.

Die Babette wagt aber nicht, den Herrn in die Empfangszimmer zu führen, sagt, daß die alle verschlossen sind – was aber gar nicht wahr ist ...

Und sie führt den Herrn in ihre Kammer und sagt in großer Aufregung:

„Pardon! Pardon! Aber ich hole gleich Wein und Erfrischungen. Einen Augenblick!"

Und sie ist raus und zieht die Türklinke in der Verwirrung nach.

Und die Türe kracht ins Schloß.

Und die Türe ist nicht mehr zu öffnen.

Der Luftfahrer ist plötzlich in Babettens Kammer – eingesperrt.

Die Kammerzofe verliert vor Schreck die Sprache; sie weiß nicht, was sie tun soll.

Und dann holt sie, während der Luftfahrer noch gar nicht weiß, was ihm passiert ist, Wein und eine große Portion Delikatessen – geräucherte Fische, Kaviar, Kalbskotelettes und Büchsen-Hummer, eingemachte Früchte, Zigarren und Zigaretten.

Das bringt sie alles zur verschlossenen Tür, legt es auf den Fußboden und weiß gar nicht, was sie sagen soll.

„Warten Sie noch einen Augenblick!" schreit sie dann und rennt wieder fort – zum schlauen Robert, den Diener für alles, der aber gar nicht schlau ist – nur schlau genannt wird.

Dem erzählt sie, daß ein fremder Herr in ihrer Kammer eingesperrt ist.

Robert legt den Finger an die Nase und sagt bedächtig:

„Wollen ihn schnell fragen, woher er kommt – was er will – wieviel Geld er hat – welche Beziehungen – dann wird sich schon alles ergeben. Verlaß dich nur auf mich."

„Ach, Robert," ruft die Babette, „ich fürchte, du verdirbst alles."

„Bewahre!" sagt Robert, „der Herr kann ja nicht raus. Was ist da zu verderben?"

Nun beginnt das Verhör an der Kammertür.

„Woher kommen Sie?" fragt Robert.

„Direkt aus dem Himmel!" tönt es von drinnen zurück.

„Wie heißen Sie?“ fragt Robert weiter.

„Müller XIII!“ erwidert der Herr drinnen, „machen Sie auf. Ich habe Durst und Hunger. Hier kann man ja nicht raus. Die Tür ist ja verschlossen. Und die Fenster sind vergittert. Ich bin doch hier nicht in einem Sanatorium. Was soll das denn heißen? Antworten Sie mir. Jetzt reißt mir die Geduld.“

„Nun,“ erwidert der Robert, „ich will Sie aufklären. Ich bin zunächst der schlaue Robert, daß Sie's nur wissen. Merken Sie sich das. Und die Fenster und Türen sind so fest geschlossen, damit wir die Einbrecher fangen können. Nun ehrlich! Gestehen Sie: Sind Sie ein Einbrecher? Gehören Sie einer Einbrechergesellschaft an? Gestehen Sie! Es hilft Ihnen alles nichts, wenn Sie nicht gestehen.“

Eine Weile ist's danach still. Dann sagt der Herr in der Kammer:

„Ich gestehe Ihnen alles, was Sie haben wollen. Ich bin der Direktor der größten Einbrechergesellschaft von ganz Europa und Amerika. Über tausend Aeroplane stehen zu unserer Verfugung. Wir brauchen aber Helfer. Sie können uns helfen, lieber Herr Robert! 50 Prozent bekommen Sie von jedem Einbruchsdiebstahl, den Sie vermitteln. Das Fräulein bekommt ebensoviel.“

„Schwindel! Schwindel!“ schreit Robert, „dann bleibt ja für Sie nichts. Sie sind verhaftet. Ich hole die Polizei und den Schlosser. Sattle mir gleich drei Pferde und reite ins Dorf. Bin in zwei Stunden wieder hier.“

„Ich sprenge das Schloß mit Dynamit!“ schreit der Herr in der Kammer.

„Sprengen Sie das ganze Schloß. Ich reite davon!“

Also der Robert.

Und weg war er.

Nun fing die Luft-Babette zu weinen an.

„Hören Sie!“ rief sie. „Eine Stange am Fenster ist leicht loszulösen. Eine kleine Schraube ist unten. Versprechen Sie mir, mich im Aeroplan mitzunehmen?“

„Ich kenne Sie ja gar nicht!“ versetzte der Herr Müller XIII sehr kühl.

„Ich habe“, sagte wieder die Babette, „hier Wein und Eßsachen. Ich bin die Luft Babette. Ich habe schon vier Fahrten im Aeroplan mitgemacht. Vollständigen Aeroplan-Anzug habe ich auch. Ich ziehe mich sofort an und komme rasch mit den Eßsachen zum Aeroplan. Steigen Sie zum Fenster hinaus. Beeilen Sie sich. Hören Sie? Da reitet der schlaue Robert schon mit seinen Pferden zum Dorf. Dem ist alles zuzutrauen. Er bekommt von Herrn von Krause eine große Belohnung. Der muß in zwei Stunden auch vom Fischfang zurück sein. In einer Viertelstunde bin ich in Ihrem Aeroplan.“

Und fort war sie, ohne eine Antwort abzuwarten.

Der Herr in der Kammer lachte und ging zum Fenster und war da bald durch.

Und am Aeroplan traf er die Luft-Babette.

Sie stiegen ein und schwebten zur Höhe.

Die Propeller knatterten.

Und das große blaue Meer lag in der Mittagssonne unter ihnen wie eine riesig große dunkelblaue Schale.

Robert beeilte sich sehr und war bald wieder in der Villa des Herrn von Krause – gerade, als dieser vom Fischfange zurückkehrte.

„Einbrecher?" schrie Herr von Krause. „Robert! Herrlich! Die knebeln wir! Ha! Ha! Robert, wir beide sind schlau."

Und dann ging's im Laufschritt in die Villa zur Kammertür der Luft-Babette.

„Sie Einbrecher," schrie Herr von Krause, „Sie sollen mich kennen lernen. Prügel sollen Sie zunächst bekommen. Robert, hol' die Gummischläuche. Herr Polizist, ziehen Sie Ihren Säbel."

Währenddem arbeitete der Schlosser an dem Schloß der Kammertüre, Robert brachte die Gummischläuche.

„Wo ist die Babette?" schrie Herr von Krause.

Robert zuckte die Achseln.

„Sie, Einbrecher!" schrie Herr von Krause, „wo ist die Babette geblieben? Werden Sie sofort antworten? Sie werden sonst so verprügelt, daß Sie liegen bleiben. Antworten Sie, Einbrecher!"

Aber in der Kammer blieb alles still.

Nichts regte sich in der Kammer.

Der Schlosser hörte einen Augenblick auf, zu arbeiten.

Alle vier lauschten.

Doch es blieb still in der Kammer.

Da ward der Schlosser mit seiner Arbeit fertig, und die Tür öffnete sich.

Und es war niemand in der Kammer.

Herr von Krause sah die gelöste Stange.

Er schrie: „Holt die Babette! Holt die Babette!"

Aber die Luft-Babette war weit ab – hoch über dem blauen Meer, das unter ihr lag wie eine riesig große dunkelblaue Schale.

Niemand hat erfahren, wo die Luft-Babette mit Herrn Müller XIII landete.

Auch von diesem Herrn Müller XIII hat niemand wieder etwas erfahren.

Herr von Krause aber blickt täglich stundenlang mit dem Fernrohr zum Himmel; jetzt fürchtet er die Einbrecher, die von oben kommen ....

51

Luftmilitarismus

(Januar 1912)

Die diesjährigen Herbstmanöver haben nun endlich dem gesamten deutschen Heerwesen offenkundig dargetan, daß die Aeroplane für die Aufklärung ganz vortrefflich sind.

Und darum soll das Kriegsministerium mit einer Forderung für Vermehrung der militärischen Flugzeuge an den Reichstag herantreten – besonders deshalb, weil die Franzosen in der Militäraviatik bereits weiter sind als die Deutschen.

Das ist ein bedeutsamer Schritt, den der Luftmilitarismus macht; er wirkt beinahe turbulent.

Der Reichstag hätte dieser sicherlich recht erheblichen Mehrbelastung des Militäretats nur ganz unumwunden folgendes hinzuzusetzen:

Wenn die Aeroplane für die Aufklärung so vortrefflich sind, so machen sie die Aufklärungsdienste der Kavallerie überflüssig. Dieser ist damit die Existenzberechtigung abzustreiten. Durch Auflösung der Kavallerie kann der Aufwand für die neu zu bildenden Fliegerkorps bestritten werden.

Das wäre logisch und würde mit großer Freude begrüßt werden.

Will aber das Kriegsministerium die Kavallerie beibehalten, so bemühe man sich in den militärischen Kreisen, die Existenzberechtigung der Kavallerie klar und deutlich nachzuweisen.

Dieser Nachweis wird den Militaristen ein wenig schwer werden; das Bessere verdrängt eben das Gute – das ist nicht so leicht zu widerlegen.

Mit dieser Diskussion über den Wert der Kavallerie setzt aber die Agitation für die Luftflotte ein.

Gibt man die Kavallerie preis, so muß man auch daran denken, die Zahl der Lenkbaren zu vermehren.

Und dann wird's sehr bald kein Halten mehr geben. Mit der Einführung von einigen hundert Lenkbaren im deutschen Heere führt man einfach das Dynamit als Hauptwaffe ein.

Und hier verdrängt abermals das Bessere das Gute; das Dynamit wirkt eben besser als das Pulver.

Die Agitation für die Luftflotte bedeutet also eine Agitation gegen die veralteten Pulverwaffen.

Und dann bleibt nur noch folgendes:

Man wird sich überlegen müssen, was die Festungen wert sind.

Und man wird bald zu der Überzeugung gelangen, daß auch die Festungen uns nicht gegen feindliches Dynamit zu schützen verstehen.

Fallen aber die Reiterei und die Festungen für den Luftmilitaristen als überflüssig ganz fort, so ist natürlich der Wert der Kanonen gar nicht mehr einzusehen.

Es ist zweifellos, daß die Agitation für die Luftflotte, die jetzt tatsächlich in großem Stile einsetzt, den gesamten Militarismus in einen Luftmilitarismus verwandeln muß.

Und für das Pulver wird jetzt nur noch das schneller wirkende Dynamit verlangt werden.

Hat nun die Bevölkerung Veranlassung, dieser Entwicklung der Luftflotten mit Unwillen oder mit Freude entgegenzusehen?

Es ist nicht einzusehen, warum der Unwille aufkommen sollte.

Voraussetzung ist nur, daß veraltete Institutionen (wie Kavallerie) nicht beibehalten werden.

Wir haben es hier mit einem großartigen Zersetzungsprozeß des Militarismus zu tun.

Diesem Zersetzungsprozeß kann die Bevölkerung mit Freude zusehen.

Wenn die Agitation für die Luftflotte jetzt weitere Schritte macht, so bringt sie den ganzen Erdbodenmilitarismus um.

Und diese Agitation kann nicht mehr einen Schritt rückwärts.

Es ist somit durchaus zu empfehlen, diese Agitation mit allen Mitteln zu unterstützen.

Durch die lenkbare Luftschiffahrt ist erst das Dynamit in die herrschende Rolle gekommen.

Das Dynamit, das von oben kommt, wird ohne weiteres den Hauptstädten eines Landes gefährlich.

Und das war doch immer das Hauptziel aller Taktik von Alexander dem Großen bis zu Moltke.

Man hat vor fünfzig Jahren immer wieder gesagt, daß die Verschärfung der Waffen den Krieg aus der Welt schaffen müsse.

Eine größere Verschärfung der Waffen aber als die Dynamittorpedotechnik der Luftflotten ist beim besten Willen nicht zu denken.

Es gehört auch gar keine große Phantasie dazu, sich die Wirkung dieser aus der Luft kommenden Dynamittorpedos vorzustellen.

Man denke sich nur den Effekt, wenn ein solches Torpedo mitten am hellen Tage in ein Warenhaus einschlägt.

Diese Torpedos sind zudem noch durch drahtlose Telegraphie zu lenken.

Wir haben es hier also mit veritablen Freischütz-Kugeln zu tun, die ihr Ziel nicht verfehlen.

Auf dem Wannsee bei Berlin hat Herr Wirth ein unbemanntes Motorboot vorgeführt, das er mit seinem Wellenfernschalter auf drahtlosem Wege aus der Ferne dirigierte.

Was auf dem Wasser möglich ist, ist aber, wie ich das in den letzten zwei Jahren schon hunderttausendmal erklärt habe, auch in der Luft möglich; vom Lenkbaren aus ist auch ein unbemannter Aeroplan mit Herrn Wirths Wellenfernschalter drahtlos zu lenken. Liegt auf dem Aeroplan ein Dynamit-Torpedo, so kann dieses sein Ziel beim besten Willen gar nicht verfehlen.

Solchen Waffen gegenüber aber von der Bedeutung der Kanonen zu sprechen, geht doch nicht mehr an.

Das Bessere ist der Feind des Guten.

Und darum sollte man der Agitation für die Luftflotte nicht entgegentreten; diese wirkt auf den gesamten Pulvermilitarismus wie ein zersetzendes Gift.

Haben wir erst eine Luftflotte, so können wir ruhig fragen: Wie gedenkt das Kriegsministerium die Bevölkerung vor der feindlichen Luftflotte zu schützen?

Darauf wird man die Antwort schuldig bleiben.

Wie sich die Luftflotten gegenseitig bekämpfen werden – das ist noch ein Problem.

Das Einfachste ist natürlich dieses:

Wenn z. B. ein Krieg zwischen Frankreich und Deutschland stattfinden soll, so fährt die deutsche Luftflotte nach Paris und sendet ihr Dynamit in die Tiefe. Und die französische Luftflotte macht dasselbe über Berlin. Dann haben die beiden kriegslustigen Staaten für einige Zeit genug, denn das Geld auf den Banken wird schwer flüssig zu machen sein, wo das Dynamit „gearbeitet" hat. Ohne Geld ist aber ein Krieg nicht zu führen – das ist weltbekannt.

Wie die Hauptstädte sich vor einem Angriff der feindlichen Luftflotte schützen sollen, ist nicht einzusehen; es wären hundert Lenkbare zum Schutze von Berlin nicht hinreichend. – Da der feindliche Angriff besonders in der Nacht und bei Nebel zu erwarten ist, so dürften nicht einmal 10 000 Lenkbare zum Schutze einer Millionenstadt ausreichen.

Luftkrieg ist also auch gleichbedeutend mit Massenselbstmord.

Man wirds nicht so leicht dahin kommen lassen.

Darum wäre die Agitation für die Luftflotte, die übrigens ein Halt nicht kennt, mit Freuden zu begrüßen. Und auch die Feinde des Kriegs sollten diese Agitation ganz energisch unterstützen.

52
Tripolis
(März 1912)

„Der Orient ist noch lange nicht tot!“ sagte in Tripolis der Major Ibn Jachrid zu seinen Offizieren, „das werden wir dem Occident ganz handgreiflich beweisen.“

Und dabei funkelten dem Major so wild die Augen, daß den jüngsten Leutnant ein Schwindel ergriff; der Leutnant stürzte zu Boden und mußte ins Lazarett getragen werden.

Währenddem kamen bei der italienischen Armee zwanzigtausend Handgranaten an für das Fliegerkorps; die Flieger sollten die Handgranaten nachts von den Aeroplanen aus ins feindliche Lager werfen.

Und das geschah.

Im Dunkel der Nacht konnte man die Wirkung nicht gleich übersehen; man hörte nur ein furchtbares Gebrüll und Gekreische. Der Schmerzensschrei der Verwundeten und Verstümmelten war fürchterlich.

Aber der ganze Umfang des Unglücks wurde erst bei Aufgang der Sonne sichtbar.

Major Ibn Jachrid war unversehrt geblieben. Er hatte eine Pistole in der rechten Hand und gestikulierte damit in der Luft herum und setzte dabei einigen älteren Offizieren auseinander, was nach seiner Meinung jetzt geschehen müsse. Und die älteren Offiziere nickten mit dem Kopf und gaben dem Major in allen Punkten Recht.

Währenddem gingen die Lazarettgehilfen mit den Bahren, auf denen die Verwundeten lagen, zu einigen halbzerstörten Baracken; man wußte gar nicht, wo man mit den Verwundeten und Sterbenden hinsollte. Und das Wutgebrüll war noch stärker als das Schmerzensgebrüll. Die meisten waren einfach wahnsinnig.

Und der Major Ibn Jachrid wurde nach Konstantinopel gesandt – in geheimer Mission.

*

Am Bosporus liegt das Schloß des Generals Abdul Maza. In seinem großen Rosengarten empfing dieser General den Major Ibn Jachrid in geheimer Audienz.

Die Rosen dufteten.

Das Meer war blau.

Und auf der Terrasse, auf der die Audienz stattfand, waren weißlackierte Korbsessel und weißlackierte große Tische.

Der General saß.

Der Major stand und sprach heftig gestikulierend in den Morgenwind hinein.

Der General sagte schließlich:

„Ja, das ist alles ganz richtig. Vom militaristischen Standpunkte aus habe ich nichts dagegen einzuwenden. Indessen – vom menschlichen Standpunkte aus will mir die Sache doch bedenklich erscheinen. Ich kann meine Einwilligung zu einer derartigen Tat nicht so ohne Weiteres geben."

Die Rosen dufteten sehr stark.

Der alte General bat den Major, doch Platz zu nehmen; dieser jedoch sagte:

„Herr General, zum Sitzen habe ich jetzt keine Zeit. Verzeihen Sie, daß ich stehen bleibe. Ich will Ihnen schildern – die Wirkung der Handgranaten, die von den Aeroplanen herunterkamen. Es war Nacht. Die Sterne funkelten am Himmel. Ich stand vor meinem Zelt und blickte hinauf. Da sah ich die Feinde kommen. Die Propeller rasselten. Und es flogen die Handgranaten zu uns herunter."

Der Major fuhr in der Schilderung fort.

Die Augen des alten Generals wurden immer größer. Entsetzen ergriff ihn. Er krümmte sich zusammen wie ein Raubtier. Und es leuchtete ein unheimliches Feuer in seinen Augen auf.

Ein Diener schnitt unten auf der Terrasse, die dicht am Meeresufer aufragte, Rosen ab und stellte die Rosen in ein Wasserglas auf einen weißlackierten Tisch.

Der Major sah die Augen des Generals und wurde plötzlich ganz ruhig. Er setzte sich auf einen Korbsessel und zog sein Zigarettenetui hervor; dabei sprach er langsam:

„Kann ich die Tat vollbringen? Es wird alles geheim bleiben. Ich werde sehr vorsichtig vorgehen."

Der General blickte finster zu Boden.

Dann rief er plötzlich:

„Ja! Ja! Und wenn man uns auch für Barbaren hält. Die Europäer sind noch größere."

Der Major steckte sich eine Zigarette an, küßte des Generals Hand – und verabschiedete sich.

Bald danach fuhr er im weißen Motorboot übers blaue Meer.

Der General Abdul Maza saß noch lange in seinem Rosengarten, ohne sich zu bewegen.

*

Acht Wochen später fuhr der Major Ibn Jachrid auf einem Dampfschiff zum Bosporus hinaus – gen Westen.

Und neun andre Dampfschiffe folgten dem Schiffe des Majors. Nichts wirkte kriegerisch an dieser kleinen Flotte.

Aber – jedes Schiff hatte vier Aeroplane an Bord.

Und auf dem Schiff des Majors befanden sich viele Offiziere. Der Major hatte den Oberbefehl auf der geheimen Expedition.

Man sprach auf der ganzen Reise kein Wort. Nur die Augen der Offiziere brachten eine sehr lebhafte Sprache zum Vorschein; sie leuchteten in der Nacht – wie Raubtieraugen leuchten.

Der Major hatte die Fanatiker der türkischen Armee um sich versammelt – fanatische Orientalen.

An der Westküste Italiens blieben die zehn Dampfschiffe in einer Nacht liegen – eine Meile von einander entfernt.

Die Sterne funkelten.

Und der Vollmond leuchtete.

Und von jedem Dampfschiff aus stiegen vier Aeroplane langsam und majestätisch zu den ewigen Sternen empor.

Die Propeller knatterten durch die laue Luft. Auf den Dampfschiffen wars ganz dunkel.

Und dann fuhren die vierzig Aeroplane in prächtigen Hyperbelkurven zur Stadt Rom hinüber.

Rom schlief.

Die Nachtwächter gingen ganz still durch die Straßen und wunderten sich sehr über das Geknatter der Propeller in den Lüften.

Aber ein alter Nachtwächter sagte:

„Was gehts uns an? Wir haben für die Ruhe in den Straßen zu sorgen – weiter nichts. Was in der Luft passiert, kann uns ganz egal bleiben. Ein vernünftiger Mensch mischt sich nicht in Dinge, die ihn nichts angehen."

Die große Kuppel der gewaltigen Peterskirche leuchtete im Mondenschein.

Der Papst in seinem Vatikan hörte auch das Geknatter der Propeller und sagte zu seinem Kardinal:

„Ei, was knattert denn da so? Sollten das wieder englische Touristen sein, die da sehen wollen, wie der Vatikan von oben und in der Nacht bei Vollmondschein aussieht?“

„Heiliger Vater,“ versetzte der Kardinal mürrisch, „Sie täten besser, wenn Sie einschlafen möchten. Wenn Sie sich so lebhaften Touristen-Phantasien hingeben, können Sie doch nicht einschlafen. Das täte aber Ihrer Gesundheit Schaden. Einer der Jüngsten sind Sie doch wahrlich nicht mehr. Sie haben ein sehr schweres Amt zu verwalten. Schlafen Sie!“

Da aber wurde das Geknatter der Propeller so furchtbar, daß der Papst schrie:

„Auf! Auf! Wir müssen sehen, was das ist. Die Welt geht unter! Auf! Auf!“

Oben in den Lüften hatten sich währenddem alle vierzig Aeroplane versammelt; sie fuhren hintereinander in einer Spirale – und warfen jetzt plötzlich Dynamit hinunter – hintereinander – achtzig schwere Bomben. Vierzehn Bomben trafen die Peterskirche und den Vatikan.

Als der Morgen graute, waren die türkischen Aeroplane bereits wieder auf ihren Dampfschiffen.

Die Dampfschiffe fuhren mit Schnelldampf davon.

Major Ibn Jachrid sagte, als er vom Aeroplan abstieg:

„Der Orient wird den Europäern unvergeßlich bleiben. Das steht bombenfest.“

Peterskirche und Vatikan waren am darauf folgenden Morgen zwei wüste Trümmerhaufen.

Niemand konnte sagen, wie viele Menschen unter diesen Trümmerhaufen zu Grunde gingen.

Der Papst und viele seiner Kardinäle lebten nicht mehr.

Unsäglich viele Kunstschätze waren zerschlagen.

Die großen schweren Dynamittorpedos hatten in der ganzen Stadt unheimliche Verheerungen angerichtet.

Eine Schilderung dieser Verheerungen ist unmöglich.

Das Bild der zerstörten alten Stadt Rom war ein grauenhaftes; der große Brand unter dem alten Kaiser Nero wirkte wie ein Kinderspielzeug diesem Entsetzlichen gegenüber.

An vielen Häusern, die stehen geblieben waren, klebten menschliche Gliedmaßen und manche Fassaden waren von oben bis unten mit Blut überströmt.

Als in Europa die Tat bekannt wurde, ertönte ein wilder Wutschrei. Man wollte die Täter bestrafen. Aber wer waren die Täter? Es kam gar nicht raus, daß der Major Ibn Jachrid die Tat vollbracht hatte.

Rom war ja in jener Nacht so verschlafen gewesen, daß niemand an die Verfolgung der Aeroplane gedacht hatte.

Drei Tage später waren in ganz Italien nicht mehr hundert Fremde zu entdecken; die anderen flohen in wilden Haufen.

53
Der spanische Maler oder Das Ende der Stadt Berlin
(Mai 1912)

Die Märzsonne brannte dem Dr. Neubert das Gesicht braun. Und er rauchte dabei und trank seinen Morgentee. Ihm war so recht behaglich auf seinem Balkon.

Da brachte die Wirtin des Herrn Doktor einen kleinen rosaroten Brief.

Die Wirtin sah dem Doktor forschend in die Augen, doch er nahm ganz ruhig den Brief und las ihn laut vor – also:

Hochverehrter Herr!

Weiß längst, daß Sie in Berlin die besten Kunstkritiken schreiben. Bitte, besuchen Sie mich doch morgen, Dienstag, in meinem Panorama-Atelier, Westend, Akazien-Allee 3.

Ich bin Ihr ergebener
Don Rabiro.

„Ein dummer Kerl!" rief der Doktor. Und er warf den Brief in seinen Papierkorb und hatte die Einladung nach fünf Minuten total vergessen.

Aber drei Tage später war wieder ein herrlicher Frühlingstag. Und da kam die Zimmerwirtin des Dr. Neubert wieder zu ihrem Zimmerherrn und sagte schlicht: „Der Herr Graf ist da."

„Welcher Graf?" rief Neubert.

Da kam er aber auch schon persönlich – mit Edelweiß im Knopfloch und sagte feierlich – es war ein ganz kleiner Herr, den man wohl einen Zwerg nennen konnte:

„Ich bin der Don Rabiro! Nehmen Sie's mir nur nicht übel. Ich bin ein spanischer Maler. Und Sie müssen schon in mein Atelier kommen. Ich bin hier in Berlin noch ziemlich unbekannt. Aber Sie kennen offenbar hier alle Verhältnisse – die öffentlichen wie die nichtöffentlichen."

Neubert kraute sich hinter den Ohren; die Wirtin machte einen altmodischen Hofknix und verschwand.

Und nach fünf Minuten saßen Neubert und Don Rabiro in einem Automobil und sausten dahin – durch Tempelhof nach Berlin und durch Charlottenburg nach Westend.

In der Akazien-Allee betrat Neubert das Panorama-Atelier des spanischen Malers Don Rabiro.

Ein Diener empfing die beiden Herren und geleitete sie in ein kleines Gewächshaus. Hier frühstückten die Beiden, und Don Rabiro sagte:

„Sie müssen sich zunächst ein wenig stärken, denn die Sache, die Sie sehen sollen, ist ziemlich stark. Ich bin nicht nur Maler, ich bin auch im Nebenberuf Techniker. Das werden Sie gleich merken. Techniker muß man heute schon sein. Mit der Kunst allein ist heute nicht viel zu machen."

„Zur Sache! Zur Sache!" rief Dr. Neubert sehr lebhaft. „Halten wir uns nicht zu lange mit dem vielen Frühstücken auf. Sie behaupten, daß Sie die Kunst renovieren wollen. Ich bin gespannt. Und ich bin auf das Stärkste gefaßt. Aber es muß bald kommen, sonst wird mir die Geschichte langweilig. Ich habe meine Zeit auch nicht gestohlen, das können Sie mir glauben."

„Sie reden", versetzte der kleine Spanier, „schon beinahe so langweilig wie ich selbst. Sie haben mich begriffen: je langweiliger man redet, um so interessantere Taten kann man vollbringen. Kurzum: folgen Sie mir!"

Sie betraten das Atelier.

Ein Panorama der Stadt Berlin wars.

Alle Kirchtürme ragten deutlich in den blauen Himmel hinein.

Und Don Rabiro sprach:

„Nun dürfen Sie, mein Herr, nicht glauben, daß dieses Panorama ein gewöhnliches Panorama ist. O nein! Ich bin nicht nur als Maler ganz hervorragend. Ich bin auch als Techniker sehr hervorragend. Entschuldigen Sie, daß ich mich selber so lobe. Doch es ist ja niemand hier, der mich loben könnte. Sie kennen mich ja noch zu wenig. Passen Sie auf, was ich jetzt sage: Sie stehen vor einem lebendigen Panorama. Das werden Sie gleich bemerken. Es ist ja noch nicht alles fertig. Doch vieles funktioniert schon ganz famos. Sehen Sie, hier drücke ich auf diesen kleinen Knopf. Und – was sehen Sie?"

„Luftschiffe und Aeroplane erscheinen!" rief Dr. Neubert ganz erstaunt.

„Richtig!" fuhr der kleine Spanier fort, „es sind aber die feindlichen Luftflotten. *Das Ende der Stadt Berlin* wird Ihnen vorgeführt. Da hinten fällt ein Kirchturm. Achten Sie auf die Erschütterung des Fußbodens, auf dem

Sie stehen. Diese Erschütterung wird auch durch meine technischen Kniffe ausgeführt."

„Aber, mein Herr," sagte Dr. Neubert, „halten Sie das für Kunst?"

„Ach was!" fuhr der Kleine fort, „das ist eben die neue Kunst. Gleich wird wieder ein Kirchturm fallen. Da drüben!"

Man hörte ein donnerndes Geräusch. Und der Fußboden zitterte so heftig, daß sich Dr. Neubert auf einen Stuhl setzen mußte.

Don Rabiro aber sprach abermals:

„Der Luftkrieg muß dem werten Publikum handgreiflich deutlich gemacht werden, damit den Leuten klar wird, daß im Luftkriege nur die großen Städte angegriffen werden. Ich werde nun noch drei weitere Kirchtürme einstürzen lassen. Passen Sie auf!"

Was Don Rabiro gesagt hatte, geschah gleich darauf. Und der Spektakel wurde so groß, daß Dr. Neuberts Worte vom Spanier nicht mehr gehört wurden.

Als es wieder ruhig war, sagte der Spanier:

„Das ist nur eine kleine Episode für den Anfang. Die Ouvertüre der großen Vernichtungsoper. Danach können [Sie] aber noch viel hübschere Scherze erleben. Passen Sie auf: gleich wird ein Bankgebäude in die Luft fliegen!"

Ein lenkbares Luftschiff flog in einer Entfernung von etwa hundert Metern vorüber und warf Dynamit hinunter. Ein Regen von Goldstücken und Kassenscheinen spritzte zum Himmel empor.

Dr. Neubert klatschte in die Hände und schrie lebhaft: „Bravo! Bravissimo!"

Der kleine Maler verbeugte sich und dankte verbindlichst für die liebenswürdige Ovation und sagte lächelnd:

„Dieses kleine Theaterstück kann ich nun Stunden hindurch zum Ergötzen der Zuschauer vorführen. Aber Sie haben ja wohl die Hauptsache begriffen. Jetzt nur noch etwas Grausigeres. Als Spanier bin ich natürlich sehr für das Grausige. Die spanische Malerei ist ja gerade im Blutrünstigen sehr bedeutend. Das wissen Sie ja als Kunsthistoriker. Ich will Ihnen nun, da Sie ja zarte germanische Nerven haben, eine kleine Szene mehr in der Ferne vorführen. Sie sehen da drüben eine Kaserne im Sonnenschein. passen Sie auf!"

Der Don Rabiro drückte auf einen andern Knopf, und ein Dutzend Aeroplane sauste durch die Luft, und die Kaserne flog in Stücken himmelwärts – aber mit den Mauerteilen flogen auch Menschenrümpfe, abgerissene Köpfe, Arme, Beine in die Luft. Es sah schauerlich aus.

Dr. Neubert sagte mit heruntergezogenen Mundwinkeln langsam:

„Das also soll nach Ihrer Meinung die neue Kunst sein. Eine herrliche Neuheit! Ich gratuliere Ihnen zu diesem fortschrittlichen Vorgehen aufs herzlichste."

Die Herren schüttelten sich die Hände.

Der kleine Spanier sagte:

„Die Köpfe, Rümpfe und Gliedmaßen können auch in allernächster Nähe in die Luft fliegen. Aber ich will Ihre überzarten, fast hysterischen, germanischen Nerven nicht allzu heftig angreifen – sonst fallen Sie mir noch um. Und dann können Sie nicht einen kleinen Endspaß genießen, der mir wirklich prächtig gelungen ist. Sehen Sie, bitte, jetzt nach unten. Da reitet über den Platz eine Schwadron Feldjäger. Sie sehen, wie sie reiten, nicht wahr?"

„Jawohl," sagte Dr. Neubert, „ich sehe die Feldjäger ganz deutlich."

„Nehmen Sie hier", fuhr der Maler fort, „das Opernglas. Sie sehen mit dem Glase, daß die Feldjäger in diese belebte Straße einbiegen. Beugen Sie sich über die Brüstung. Wenn Sie senkrecht unter sich die Feldjäger sehen, so kommt ein Hauptspaß."

Und der kam.

Ein Aeroplan-Torpedo sauste in die Kavallerie hinein.

Und das Folgende war so schauderhaft, daß Dr. Neubert empört das Opernglas zu Boden warf.

„Sie sind", sagte er heftig, „ein ekelhafter Narr."

„Noch einmal," rief der Maler, „bücken Sie sich über die Brüstung, dann werden Sie das nicht noch mal sagen."

Dr. Neubert tat's.

Und da sah er, daß zwischen den Leichenteilen Schutzleute langsam auf und niedergingen, mit dem Helm in der Hand.

„Aus dem Helm trinken die Herren", sagte der Maler, „ein wenig Nordhäuser. Die Herren haben den Verstand verloren. Passen Sie auf, was jetzt kommt. Vergessen Sie den Fuselgeruch nicht, der jetzt emporsteigt. Da alles hier verrückt wird, werde ich's auch. Ich stürze mich hinab. Merken Sie sich das Gelächter!"

Mit heiserem Gelächter stürzte sich Don Rabiro in die Tiefe.

Dem Dr. Neubert wurde unwohl, aber er sagte sich gleich:

„Da muß ich ja zur Polizei. Sonst komme ich ja in den Verdacht, daß ich den Esel totgeschlagen habe."

Er ging zur Polizei.

Zehn Polizisten und ein Polizeileutnant kamen in die Wohnung des Don Rabiro.

Aber sie wurden gleich sehr freundschaftlich von eben diesem Don Rabiro empfangen.

„Doktorchen," sagte der Maler, „das war ja nur mein Haupttrick. Dachten Sie, ich hätte mir was zuleide getan? Doktorchen, ich bin ja der beste Techniker des zwanzigsten Jahrhunderts!"

Da fand der Doktor Neubert kaum die Sprache wieder.

Aber der Spanier setzte den zwölf Herren ein delikates Frühstück vor. Und alles war gut.

54
Rauchen Sie?
(Umfrage, Juni 1912)

Einer Umfrage, die die Fachzeitschrift „Vereinigte Tabak-Zeitung", Berlin, unter den führenden Männern unserer Zeit auf geistigem und künstlerischem Gebiete veranstaltet hat, entnehmen wir einige markante Aussprüche über die Wirkung des Rauchens, die auch unsere Leser interessieren dürften. Die Fragen lauteten:

1. Rauchen Sie?
2. Was rauchen Sie? (Zigarre, Zigarette oder Pfeife) und
3. Fühlen Sie sich durch das Rauchen angeregt?

1. Selbstverständlich.
2. Zigarren.
3. Ohne Tabakgenuß erscheint mir jedes geistige Schaffen ganz unmöglich. Ich bin der Meinung, daß die Abneigung gegen das Rauchen nur auf die mittelalterliche Vorstellung vom Teufel zurückzuführen ist, der immer mit „Höllenrauch" auftrat.

Paul Scheerbart

55
Die Mausefalle
Eine japanische und mysteriöse Geschichte
(Juli 1912)

Es war im Januar des Jahres 1903. In Tokio wars. Viele Europäer wird es nicht mehr geben, die sich an diese höchst seltsame Geschichte erinnern: durch die größten politischen Ereignisse kam sie bald in Vergessenheit. Aber – es sei nichts hinzugesetzt und nichts fortgelassen. Die Geschichte begann durch ein merkwürdiges Zirkular, das in die Hände sämtlicher Europäer in Tokio gelangte. Das Zirkular erschien in französischer, englischer, italienischer, deutscher und russischer Sprache. Kleine Japaner wanderten damit von Haus zu Haus. Der deutsche Text zeigte, daß der Überset zer nicht allzu gewandt im Ausdrucke war. Der Text lautete:

„Hochwohlgeborener Herr! Uns ist kund und zu wissen, daß Sie in Folge der trostlosen Zustände in Ihrem fernen Vaterlande an jedem Tage öfters selber in sehr trostlosem Zustande sind und das Köpfchen hängen lassen wie der kleine Vogel, der da weiß, daß ihm das Köpfchen sehr bald abgedreht sein wird. Sie sind dann so traurig wie eine Trauerweide. Alles hängt an Ihnen herunter und kann sich nicht emporheben. Solche Trauerzustände sind sehr beklagenswert und der Gesundheit nicht zuträglich. Darum tut Ihnen, Hochwohlgeborener Herr, eine Kur not. Sie müssen unbedingt für drei bis sechs Monate in ein einsames, von der rauschenden Welt entferntes Kurhaus. Ein Bergwerk, das nicht mehr benutzt wird von unseren Bergleuten, haben wir deshalb komfortabel ausgestattet. Wenn Sie, Hochwohlgeborener Herr, ganz zurückgezogen von dem Strudel des Lebens in diesem Bergwerk einige Zeit leben, so wird Ihnen besser werden. Und dann werden Sie wieder helläugig wie ein Rehkalb in die Welt hineinschauen und alles Trostlose im Diesseits und Jenseits nicht mehr so schwer nehmen. Alle Häuser in diesem Bergwerk sind, da ja dort kein Wind weht, ganz leicht aus Bambus gebaut. Die Wände bestehen aus farbigem Papier. Und die elektrischen Lampen an den Wänden stecken in farbigen Papierkästen. Unsäglich viele Lampen sind da; wir haben zwanzig in der Nähe befindliche Wasserfälle zur Herstellung der Elektrizität benutzt. Wohlgerüche erfüllen das ganze Bergwerk, in dem stets die Temperatur gleichmäßig ist und nichts an das Getriebe des Lebens außerhalb gemahnt. Unterschied zwischen Tag und Nacht nie zu bemerken. Vom Balkon aus herrlicher Blick in die Papierhauskolonie und in die schauerliche Tiefe. Alle Wände sind transparent. Wie Lampions wirken die Häuser. In der

Tiefe sind zwei Orgeln. Orgelspieler und Glockenspieler kommen aus Europa an. Die Preise sind sehr mäßig, wenn man die schwere Einrichtungsarbeit und die vorzüglichen Parfüms bedenkt. Näheres in unserem Bureau! Mit vollständiger Hochachtung empfiehlt sich

Die japanische Bergwerksgesellschaft."

So lautete in deutscher Sprache das krausgehaltene Zirkular dieser neuen Kolonie. Die meisten Europäer lachten und hielten die Geschichte für einen kleinen Spaß.

Aber das Bureau bestand. Die Preise waren verblüffend hoch, doch keineswegs unerschwinglich für die meisten Europäer.

Die europäische Kolonie kam nun am nächsten Sonnabend zusammen, um über die trotz des vielen elektrischen Lichtes dunkle Angelegenheit zu beratschlagen.

Die Franzosen waren begeistert, die Engländer rauchten kaltblütig ihre Shag-Pfeife, die Russen sagten gar nichts, aber die Deutschen teilten sich bald in zwei Lager.

Der deutsche Gesandtschaftsattaché Freiherr von Wächter hielt eine wohlgesetzte Ansprache; er sprach französisch und sagte ungefähr folgendes: „Meine Damen und Herren! Es wird uns ja hier in etwas fremdländischer Art ein ganz hübsches Vergnügen offeriert. Die Lampionvillen in diesem Bergwerk müssen tatsächlich entzückend wirken. Transparente Architektur können wir plötzlich haben. So was hat man nicht in Europa. Und außerhalb der Bergwerke ist das Transparente wohl nicht zu placieren, daß es bewohnbar werden könnte. Aber – – vergessen Sie das Eine nicht: wir leben in einem Lande, dessen Sitten und ethische Anschauungen den unseren diametral entgegenstehen. Wir wissen, daß man hier mit dem menschlichen Leben nicht allzu zart umgeht. Wir werden außerdem hier eigentlich nur geduldet. Passiert uns etwas, so wissen die Japaner und Chinesen, daß sie viele Leute als Schuldige mit Kopfabschlagen bestrafen können. Das nützt uns leider nichts, wenn wir nicht mehr zu den Daseienden zählen. Kurzum: Ich halte dieses Bergwerk für eine Mausefalle. Gehen wir da in größerer Zahl hin, so ist es ein Leichtes, einen Felsrutsch zu veranstalten. Und dann kehrt keiner von uns aus der Tiefe zurück. Und die Japaner werden lamentieren über das große Unglück und noch ein paar Verbrecher uns nachsenden. Aber die Regierungen unserer Staaten werden mit Recht sagen: Warum sind diese Dummköpfe in diese Mausefalle hineingetapert? Nun – ich werde nicht zu den Dummköpfen gerechnet werden. Tun Sie also, was Sie nicht lassen können. Ich habe warnend gesprochen. Bedenken Sie, was Sie tun."

Die Rede machte einen großen Eindruck. Die Franzosen stimmten dem lebhaft zu und erklärten, daß sie auch gar nicht einsehen könnten, daß in ihrem Vaterlande trostlose Zustände herrschten. Und da entstand ein großes Gelächter, und die Europäer in Tokio versicherten fast alle, daß ihre Vaterländer gar nicht trostlos seien – und sie selber erst recht nicht.

Die deutsche Kolonie war aber nicht einig. Der Herr von Stassen führte die Opposition und sagte in gereiztem Tone: „Vorsicht ist zweifellos eine große Tugend. Und ich will durchaus nicht sagen, daß wir Hasenfüße wären, wenn wir nicht hingingen. Aber – warum ich mir dieses Vergnügen untersagen soll, sehe ich nicht ein. Ich bin Architekt, und mich interessiert dieser transparente Spaß ungemein. Luftballonfahrten sind auch mit Lebensgefahr verbunden. Außerdem: ich glaube doch, daß Sie den Fremdenhaß der Japaner sehr überschätzen. Ich gehe hin. Mögen Sie bleiben, wo Sie wollen."

Diese Rede war in deutscher Sprache gehalten worden und wirkte nur auf einen Teil der Deutschen. Die Franzosen sagten: „Man sieht doch, daß die Deutschen niemals einig sein können, auch im Auslande nicht."

Und dabei hatten sie gar nicht verstanden, was Herr von Stassen gesagt hatte. Man trennte sich in sehr animierter Stimmung, da, wie gewöhnlich, wieder sehr viel Champagner getrunken wurde.

Herr von Stassen brach viel früher auf als sonst. Und er befand sich sehr bald persönlich in diesem Bergwerk mit den transparenten Villen – in dieser Mausefalle. Allerdings – er sagte den Japanern keine Silbe von dem Verdacht des Freiherrn von Wächter. Und auch die Damen und Herren, die Herrn von Stassen mutig begleiteten, sprachen nichts von dem Verdachte. Und so erfuhr man nicht, ob die Bergwerksgesellschaft etwas Schlimmes im Schilde führte; eine diesbezügliche Anfrage hätte ja auch komisch gewirkt.

Eins aber war sehr bald klar: diese Gesellschaft brauchte Geld; sie hatte bei der ganzen Anlage verschwenderisch gewirtschaftet und tatsächlich eine große Sehenswürdigkeit geschaffen. Man wunderte sich sehr, daß die Europäer nicht in größerer Zahl anrückten.

Der Architekt von Stassen schrieb in sein Tagebuch folgendes: „Diese Hasenfüße! Mögen sie doch in Tokio bleiben! Hier ist wirklich eine ganz neue Architektur geschaffen. Freilich – sehr haltbar sind diese Papierwände nicht. Aber das Transparent wirkt doch famos. An die Stelle des Papiers könnte man auch Glas setzen. Das Glas wäre haltbarer und sicherlich noch viel effektvoller. Die Balkone sind einfach entzückend. Im ganzen Bergwerk hängen unzählige Papierlampions herum. Und die haben alle denkbaren Farben und Formen. Und die Lichtverschwendung ist imposant. Die Preise leider ebenfalls. Drei Monate halt' ich's gar nicht aus – kaum drei Wochen. Zwei Orgeln sind übrigens unten nicht. Es ist ein Harmonium da – das steht auf Rädern. Die Räder befinden sich auf Schienen, so daß bald in der einen, bald in der anderen Ecke gespielt werden kann. Das hört sich natürlich so an, als wären zwei Harmoniums da. Das Glockenspiel kommt noch nicht: die Glocken müssen erst in Holland gegossen werden."

Das Tagebuch mit diesen Notizen ist nach Deutschland gekommen, Herr von Stassen ist aus Japan nicht zurückgekehrt. Man weiß nicht, ob er noch lebt. Er hielt es im Bergwerk nur vierzehn Tage aus. Die ihn begleiteten, fuhren schon früher ab, da die Preise für Essen und Trinken, Bäder und Bahnfahrten in den Lampionbahnen einfach unverschämt waren. Die Wände der Bahnwagen bestanden auch aus buntem Papier.

Die Bergwerksgesellschaft wurde auch zu den Europäern sehr gereizt; man wollte wissen, warum nicht mehr Europäer kamen.

Schließlich nahm die Gesellschaft mit japanischen Familien vorlieb; die brachten leider nicht genug ein. Und so konnte sich das Unternehmen kaum bis zum Ende des Jahres halten. Da übernahm die japanische Regierung das lichtvolle Etablissement und richtete dort eine große geheime Waffenfabrik ein; bei der wurde Licht gespart und die Elektrizität für die Maschinen verwertet.

Ob der Freiherr von Wächter recht mit seinem Verdachte gehabt hat, läßt sich nicht entscheiden. Ein Felsrutsch fand aber im Jahre 1905 statt. Danach ist das Bergwerk nicht wieder benutzt worden. Es liegt ganz finster und öde da. Niemand kümmert sich darum. Ob da was gegen die Europäer geplant wurde, das weiß man nicht: das Bergwerk bleibt in mysteriöses Dunkel gehüllt ...

56
Muß sie klug sein?
(Antwort auf eine Umfrage, Dezember 1912)

Die Beantwortung dieser Frage ist gleichbedeutend mit einer Lösung des ganzen Eheproblems. Hier meine Antwort: Sie muß klug *scheinen*, darf aber niemals klug *sein*.

Das sieht verblüffend einfach aus, ist es aber nicht – sonst hätten wir ja kein „Eheproblem". Die Sache liegt doch so: „Er" will immer in irgendeiner Beziehung *sehr groß* dastehen; ist Er ein guter Familienvater, so will Er der beste aller Familienväter sein – und die Frau braucht nur so klug zu sein, daß Sie Ihm das so sagt, daß Er's glaubt. Das geht nun so durch alle Berufsarten: legt jemand Wert auf seinen Geheimratstitel, so will Er auch „Wirklicher" und schließlich auch „Ober" sein – Aufgabe der Frau auch hier: das so zu sagen, daß Er's glaubt – was der Staat sagt, ist gleichgültig; die Frau muß sich eine Stellung schaffen, die den Staat überragt. Noch eine dritte Illustration: mancher Er will als heimliches Genie gefeiert sein. Da muß die Frau sehr vorsichtig vorgehen und nur so alles Schmeichelhafte sagen, daß Er das auch für bare Münze nimmt; sehr viele Er's vertragen die Ovation nur dann, wenn sie in ironisch-höhnische Futterale gesteckt ist …

Das Schwierigste bei der Sache ist dieses: Sie muß wahrhaftig eine ganze Fülle von Klugheit besitzen, um Ihm geschickt was vormachen zu können … aber – wehe, wenn Ihr einfällt, eine „wirklich" kluge Frau zu werden!! Dann würde sie ja unter Umständen geneigt sein, „kritisch" gegen Ihn vorzugehen. Na – und da kann ich nur aus langjähriger Erfahrung sagen: die Kritik löst die besten Ehen auf.

Also – wie gesagt: Sie muß klug *scheinen,* darf aber niemals klug *sein.*

Wer mit dieser Formel nichts anzufangen weiß, der suche sich eine andere; nur vergesse Er und Sie nie, daß die Eitelkeit *eine ganz unheimliche Größe ist …*

57
Schädigt die Verfilmung eines Romans den Absatz des Buches?
(Umfrage, Juni 1913)

Die Verfilmung von Romanen ist m. E. etwas Barbarisches. Dagegen scheint mir die Verfilmung von Theaterstücken, wenn die Sprache durch das Grammophon hinzugefügt wird, sehr wertvoll; es könnten dadurch 90 Prozent der bestehenden Theater abgeschafft werden. Für die meisten Schauspieler und Schauspielerinnen ist das natürlich nicht vorteilhaft – wohl aber für die Autoren, die besser dastehen, wenn sie die Tantiemen von den Kinotheatern erheben; die Stücke können auf diesen eben viel öfter gegeben werden – als mit dem umständlichen Theaterapparat der Gegenwart und Vergangenheit.

So kann m. E. sehr wohl die Verfilmung von Theaterstücken eine Zukunft haben. Aber – die Filmfabrikanten, die Romane verfilmen *ohne* Sprache sind m. E. als Kulturträger gar nicht diskutabel; sie sind am besten dadurch zu beseitigen, daß man gebildete Elemente als Arrangeure von Theaterfilmen anstellt.

M. E. will man aber auch hier künstlerische Dinge schaffen, ohne die Autoren zu Rate zu ziehen, da diese leider unbeliebt sind und Banausen gegenüber einfach grob und höhnisch werden.

Paul Scheerbart

58
Buchheraldik vom dritten Neptunsmond
(1913)

Einer meiner besten Freunde, der leider durchaus nicht will, daß sein Name bekannt wird, war neulich auf dem dritten Neptunsmond. Wie er da hingekommen ist, weiß ich nicht. Wer nicht an diese Reise glauben will, der kanns sein lassen. Mich geht ja die Geschichte garnichts an – nur meinen lieben Freund. Und der will ja unbekannt bleiben; er pfeift auf den Erdrindenruhm. Ich pfeife immer mit, wenn er pfeift.

Indessen – er zeigte mir Bücher vom dritten Neptunsmond – nicht die Bücher selbst – aber Photographieen von diesen Büchern.

Diese Bücher haben Halbkugelform, sind aber hohl und wie ganz große Kochkessel – ganz große.

Jedes Buch existirt nur in einem Exemplar. Der Schriftsteller auf dem dritten Neptunsmond hat sich also nicht mit Verlegern abzuärgern. Verleger giebts auf dem Neptunsmonde garnicht. Drucker und Papierhändler auch nicht.

Der Leser auf dem dritten Neptunsmond setzt nur den ganz großen Kochkessel auf sein umfangreiches Haupt – und dann geht ihm durch einen sinnreichen Mechanismus der Buchinhalt aus dem Innern der hohlen Halbkugel direkt in den Kopf hinein.

Die Bücher werden also dort so getragen – wie wir auf Erden Hüte tragen – und die Lektüre ist bequemer als bei uns; man braucht die Augen garnicht anzustrengen.

Aber – um die Bücher von einander zu unterscheiden, hat jede hohle Halbkugel außen ein besonderes Kennzeichen – ein Ex libris.

Ich habe ein paar dieser Ex libris nachgezeichnet – nichts ist daran Original als die Worte Ex libris und der leere Streifen, auf dem der Name des Autors und Besitzers stand. Diese beiden Namen ließ ich fort, da ja auf Erden kein Mensch die Neptunsmondsprachen kennt. Für Ex libris standen die bekannten Mondhieroglyphen, die ich wie gesagt durch die lateinischen Worte ersetzte. Mondhieroglyphen kennt ja auch Niemand auf dieser Erdoberfläche.

Die Zeichnungen sind also nur Andeutungen.

Mein Freund hatte 600000 Photographieen mitgebracht.

Wer's nicht glauben will, kann's sein lassen.

59
Der Kampf um die Baumannschaften
Amerikanische Sportnovellette
(Januar 1914)

Mr. Settleman war ein reich gewordener Glasermeister, und sein erstes und letztes Wort war immer: „Vorsicht!"

Seine Frau lächelte dazu immer. Ihr lag an der Vorsicht ganz und gar nichts. Sie wollte, daß alles kurz und rasch erledigt würde. Sie wollte alles mit Gewalt zum Schlusse bringen. Und ihr Gatte hatte ihr gegenüber oft einen schweren Stand.

„Liebe Mary," sagte er sehr oft, „wenn ich dir die Abwicklung meiner Geschäfte überließe, dann wären wir bald arme Leute. Ich aber sage: Vorsicht! Und dann warten wir noch ein wenig den Gang der Entwicklung ab. Vorsicht!"

Mr. Settleman war Führer der „Tiffany-Baumannschaft". Selbstverständlich wurde von dieser hauptsächlich Tiffanyglas verarbeitet.

Die Baumannschaft lebte in Chicago.

Allda lebte auch eine „Niagara-Baumannschaft" unter Führung des sehr entschlossenen und waghalsigen Mr. Grant, eines reich gewordenen Schlossermeisters.

Beide Mannschaften genossen in Chicago das größte Ansehen – auch bei den Sportsleuten, die sich lebhaft für die kühnen Bauten der beiden Mannschaften interessierten.

Und eines Tages beschloß man in einem größeren Sportklub zu vorgerückter Stunde, die beiden Baumannschaften zu einem Wettbauen zu überreden.

Schon am nächsten Tage wurden die Herren Settleman und Grant aufgesucht.

Mr. Settleman sagte natürlich öfters: „Vorsicht!"

Doch Mr. Grant war gleich mit allem einverstanden und in heller Begeisterung.

Miß Ella Grant sagte gar nichts zu der Sache. Als stille Natur beteiligte sie sich selten an den Geschäften ihres Gatten, doch wußte sie ihn stets im richtigen Augenblick sehr leicht zu beeinflussen.

Die Sportsleute kauften am Michigansee zwei etwas von einander gelegene Terrains für zwei Klubhäuser.

Und die Klubhäuser sollten die gleiche Größe und die gleiche Einrichtung haben. Sie sollten sich auch in der Form durchaus gleichen. Nur die Farben der Glaswände sollten sich *nicht* gleich sehen – auch nicht ähnlich, so daß doch zwei Klubhäuser entstehen konnten, die sich wohl voneinander unterscheiden ließen.

Eine Veranda-Architektur sollte entstehen – mit hohen Aussichtstürmen und pompöser Hafenanlage.

Nun wurde jeder Baumannschaft der Auftrag gegeben, eins dieser Klubhäuser zu erbauen.

Und – man sollte um die Wette bauen.

Mr. Grant wollte gleich telegraphieren:

„Ich baue die Sache in acht Tagen."

Jedoch Miß Ella Grant sagte da leise:

„Ihr werdet Euch doch nicht die größte Qual auflegen. Sag: in einem Monat!"

Nun – Mr. Grant tat, was ihm seine Gattin riet.

Indessen – bei Mr. Settleman ging's anders. Der wollte zwei Monate Zeit haben, und seine Gattin sagte: „Sage zwei Wochen!"

„Nein," versetzte Mr. Settleman, „ich sage: Vorsicht!"

Trotzdem ließ er sich überreden, auch zu versprechen, daß er wohl in einem Monat fertig sein könnte.

Darauf kamen Mr. Settleman und Mr. Grant zusammen und sprachen ganz gemütlich über dieses Wettbauen; Mr. Settleman hatte die besten Glaser, Mr. Grant aber die besten Schlosser. Die anderen Arbeiter kamen kaum in Betracht; die Hafenanlage sollte nur ganz flüchtig markiert werden.

Miß Mary und Miß Ella kamen auch zusammen. Ihre Zusammenkunft verlief weniger gemütlich; Miß Mary, Settlemans Gattin, konnte gar nicht stürmisch genug sprechen.

Miß Ella jedoch sagte:

„Zunächst muß aber doch dafür gesorgt werden, daß keine Unglücksfälle vorkommen. Auch soll in der Nacht gearbeitet werden. Da weiß ich eigentlich nicht, wann die Mannschaften schlafen sollen."

„Oh," rief da Miß Mary heftig, „die Mannschaften wechseln natürlich immer ab. Wir engagieren noch eine ganze Reihe von Leuten. Hier gilt es die Ehre der Tiffany-Baugesellschaft."

„Mir aber", versetzte Miß Ella, die Sanftmütige, „ist zunächst die Gesundheit wichtiger als die Ehre. Was tu ich denn mit der Ehre, wenn ich mir eine tödliche Verletzung zuziehe?"

„Sie und mein Mann", sagte Miß Mary, „passen eigentlich gut zusammen. Der sagt immer: ‚Vorsicht!'"

„Die gleichartigen Naturen", meinte da die sanftmütige Miß Ella, „passen nach meiner festen Überzeugung gar nicht gut zusammen; sie kommen auch gewöhnlich gar nicht zusammen."

„Miß Ella," sagte Miß Mary, „Sie sind jedenfalls keine echte Sportnatur."

„Ja," versetzte da die also Angeredete, „für gesundheitsschädlichen Sport bin ich auch nicht – ich bin nur für den, der die Gesundheit fördert."

Danach wurden dann die Baupläne ausgearbeitet. Und man sah, daß jede Mannschaft die gleiche Aufgabe hatte. Jede sah sich genötigt, noch einige Leute zu engagieren, da ohne Unterbrechung Tag und Nacht gearbeitet werden sollte. Um die Neuengagierten gehörig zu schulen, wurde beschlossen, den Beginn der Arbeiten noch drei Monate hindurch zu unterlassen. Hiermit jedoch waren die Mannschaften wieder nicht zufrieden, da sie fürchten mußten, daß die gegnerische Partei doch mit der Arbeit anfangen würde.

Demnach fing man also *sofort* an.

Altes Baumaterial sollte nicht Verwendung finden – also lautete ein Paragraph. Aber das war nun sehr schwer durchzuführen. Das ließ sich gar nicht kontrollieren. Schließlich ließ man diesen Paragraphen fallen.

Und dann wurden die Wetten fixiert.

Da kam nun die Baumannschaft des vorsichtigen Mr. Settleman mit so viel altem Baumaterial an, daß die Wettenden plötzlich die Hände überm Kopf zusammenschlugen; die Tiffany-Baumannschaft mußte in jedem Falle früher fertig sein; man tröstete sich nur damit, daß Mr. Settleman aus gewohnter Vorsicht die Schnelligkeit des Baues hemmen würde.

Und das geschah auch.

Mr. Grant machte an der Spitze seiner sehr eifrigen Niagara-Baumannschaft ein sehr unruhiges Gesicht: er sah, daß die Automobile der Tiffany-Mannschaft in ununterbrochener Reihenfolge mit altem Eisen und alten Glaswänden heranrückten. Die Tiffany-Gesellschaft hatte bald alles Material zur Stelle.

Ein Schock Dampfer und viele Motorboote lagerten vor jedem Bauterrain Tag und Nacht; alles war in größter Spannung, wie dieses Wettbauen schließen würde; die rührige Niagara-Baumannschaft hatte noch lange nicht so viel Baumaterial herangeschafft, um anfangen zu können, als der vorsichtige Mr.

Settleman bereits mit einem Achtel der Bauarbeiten ganz fertig war und nur noch tatkräftig zuzugreifen brauchte, um den Sieg rasch zu erringen.

Es waren erst acht Tage vergangen.

Und Miß Mary Settleman schwelgte in sehr vielen Triumphphantasien.

Da kam Miß Ella Grant, die Sanftmütige, zu ihrem Gatten und sagte lächelnd:

„Darf *ich* jetzt in den Gang der Handlung eingreifen? Ich glaube, daß ich jetzt alles in der besten Weise regeln kann. Das Wettbauen darf nach meinem Empfinden nicht zum Schaden der Niagara-Mannschaft sein. Das geht nicht. Darf ich zu Mr. Settleman gehen?"

„Geh!" sagte der Gatte mürrisch.

Und sie ging in Begleitung zweier Freundinnen am zehnten Tage des Wettbauens zu Mr. Settleman in sein Baubüreau.

„Mr. Settleman," sagte die Dame, „die Tiffany-Mannschaft hat den Sieg in der Tasche. Aber – ich weiß nicht, ob ihr der Sieg irgendwie zum Vorteile gereichen kann. Sie hatte zuviel Baumaterial auf Lager und kann deswegen in bequemster Manier früher fertig sein. Wollen Sie da nicht das Ihrige tun – und so langsam und vorsichtig bauen, daß mein Mann in derselben Minute fertig ist wie Sie?"

„Das hieße," sagte Mr. Settleman vorsichtig, „die Bauherren betrügen."

„Aber", sagte die sanfte Miß Ella, „dann wird eben noch mal gebaut. Die Wettenden behalten ihr Geld. Und beide Baumannschaften bekommen neue Aufträge."

Nun gab's geheime Zusammenkünfte der Baumannschaften. Und die Tiffany-Gesellschaft ging nun so vorsichtig zu Werke, daß die Mannschaft des Mr. Grant von Stunde zu Stunde Vorsprung erlangte.

Und beide Mannschaften wurden pünktlich am 25. Tage zu gleicher Zeit mit dem Bau fertig.

Da waren die Wettenden sehr froh, denn sie hatten nichts verloren.

Und die Baumannschaften waren auch sehr froh, denn sie hatten auch nichts verloren.

Nur Miß Mary Settleman tobte wie eine Verrückte. Das half ihr aber nichts; ihr Gatte sagte ruhig und vorsichtig:

„Liebe Mary, jetzt wird das Wettbauen modern. Immer Vorsicht! Nur meiner Vorsicht ist es zu verdanken, daß wir jetzt in Amerika den vernünftigsten Sport der Erde haben. Die Geschichte wird Schule machen."

Und dieses letztere wurde bald zur Tatsache.

60
Der wüste Park
Eine Filmgeschichte
(April 1914)

Nördlich von Milwaukee am Michigansee hatte Mr. Jefferson eine Villa mit einem sehr großen alten Park. Der Park war in der ganzen Gegend sehr berühmt und wurde öfters von Fremden besucht; sehr viele große Bäume – Eichen und Pappeln – waren ihres Alters wegen berühmt.

Eines Tages ließ Mr. Jefferson den ganzen Park abholzen. Die umgeschlagenen Bäume wurden jedoch nicht weggebracht; man ließ sie liegen. Das ganze Parkterrain machte daher einen wüsten Eindruck.

Die Verwandten des Herrn Jefferson kamen zusammen und fragten sich:

„Was soll das bedeuten?"

„Ist der alte Onkel verrückt geworden?"

„Geht so nicht der Wert des Terrains zugrunde?"

An eine Villenkolonie konnte man nicht glauben, da die Verbindung von Milwaukee bis zum Park des Mr. Jefferson eine sehr schlechte war; man konnte, wenn man nicht zu Fuß gehen wollte, eigentlich nur zu Pferde hingelangen. Die Wege waren teilweise so schmal und schlecht, daß jedes Automobil stecken blieb. Mr. Jefferson hatte gute Pferde und ritt wie ein alter Irokesenhäuptling.

In Milwaukee aber kamen die Verwandten des Mr. Jefferson, der als alter Erbonkel galt, öfters zusammen und berieten, was in dieser Angelegenheit zu tun sei.

Die Frauen sagten:

„Hier muß zweifellos ein Nervenarzt befragt werden."

Und es stellte sich heraus, daß die Frauen drei Nervenärzte kannten. Und man beschloß, alle drei zu dem wüsten Park zu senden.

Eines Morgens machten sich denn auch die drei Nervenärzte hoch zu Roß auf, um die Sachlage zu untersuchen. Sie waren ein wenig verstimmt, daß sie „zusammen" das Terrain besichtigen sollten.

„Der Kranke", sagte der älteste Arzt, „ist doch nicht in drei Teile zu teilen. Er kann doch nur in *einem* Sanatorium Unterkunft finden."

„Der Knobelbecher kann entscheiden!" meinte der jüngste.

Und der dritte sprach bedächtig, indem er seinem guten Pferde den Hals klopfte:

„Arrangieren wir ein kleines Wettrennen: wer zuerst im Park ist, hat gewonnen."

Da lachten die beiden anderen. Der Jüngste zog seinen Revolver aus der Tasche und putzte ihn mit Eifer und Ungestüm.

Der Älteste steckte sich ruhig eine lange Zigarre an und sagte ruhig:

„Wir sind nicht so vortreffliche Reiter. Außerdem: wer gut reiten kann, hat damit noch nicht bewiesen, daß er ein gutes Sanatorium hat. Der Kranke muß doch auch berücksichtigt werden."

„Mir scheint," sagte wieder der Jüngste, „daß wir dem Kranken die Wahl überlassen könnten."

„Ein Kranker", sagte wieder der Älteste, „ist doch in seinem verrückten Zustande gar nicht in der Lage, vernünftig zu wählen. Dann würden wir ja weit kommen, wenn wir den Kranken überlassen wollten, sich die Ärzte auszuwählen."

„Dann müßten", sagte der dritte mit dem guten Pferde, „die Verwandten wählen."

Da rief wieder der Jüngste:

„Dann hätten die Verwandten doch nicht gleich drei Ärzte bemühen sollen."

„Sie haben's jedenfalls", meinte dazu der Älteste, „jedenfalls gut gemeint. Sie dachten wohl: doppelt hält gut – und dreifach noch besser."

Hiernach gesellten sich drei andere Reiter zu den drei Ärzten. Und – man kannte sich: es waren drei bekannte Rechtsanwälte aus Milwaukee.

Der eine von ihnen fragte lächelnd:

„Reiten die Herren vielleicht zu dem wüsten Park des Mr. Jefferson?"

Man wollte von einer anderen Sache reden; doch das gelang nicht.

Schließlich sagte der Arzt mit dem guten Pferde:

„Die Herren Rechtsanwälte wollen wohl den Kranken unter Kuratel stellen. Nun – da wird unsre Mitwirkung wohl nicht zu umgehen sein. Ich schlage vor, daß wir gemeinsame Sache machen."

Da waren die Rechtsanwälte ganz aufgebracht und erklärten, daß ja Mr. Jefferson noch gar nicht befragt sei, ob er geistig erkrankt wäre.

Die Ärzte lächelten.

Die Rechtsanwälte erklärten, daß sie jedenfalls nicht zu Mr. Jefferson wollten.

Nun kam aber die Unterhaltung nicht wieder in Gang. Die sechs ritten schweigend dahin – zuweilen hintereinander. Jeder hatte seine eigenen Gedanken und nur seine eigenen Interessen im Auge.

So näherten sie sich schweigsam und sehr ernst dem wüsten Park.

Die männlichen Verwandten des Mr. Jefferson hatten ohne Vorwissen ihrer Frauen die drei Rechtsanwälte engagiert und ihnen freigestellt, sich bei Mr. Jefferson ganz nach Belieben zu orientieren.

Auch hatte man den Rechtsanwälten freigestellt, zu entscheiden, ob eine Entmündigung eingeleitet werden sollte oder nicht. Die männlichen Verwandten hielten sich für sehr schlau und hofften, ziemlich billig bei der Sache wegzukommen, wenn sie die drei Rechtsanwälte gegeneinander ausspielten. Das hatten aber die Rechtsanwälte bald bemerkt, und sie beschlossen bald, gemeinsame Sache zu machen.

Die drei Rechtsanwälte waren also einig in allen Punkten.

Die drei Nervenärzte waren nicht einig; jeder von ihnen ging seinen eigenen Weg.

Dabei ritten die sechs Herren auf der Landstraße stumm und ernst hintereinander. Die Rechtsanwälte trugen Zylinderhüte, die Nervenärzte Schlapphüte.

Ein Bauer kam des Wegs und sperrte den Mund auf. Auch ein Indianer ritt vorüber und blickte dem seltsamen Zuge mit zornigen Augen nach.

Der Zorn des Indianers wird begreiflich, wenn man bedenkt, daß die Indianer auch schweigend hintereinander reiten, wenn sie von einer Beratung zurückkommen. Das Hintereinanderreiten wurde also von dem Indianer als Hohn aufgenommen, und dabei waren die sechs Herren doch so weit vom Hohn entfernt – wie der Niagarafall von San Francisco.

Der Indianer irrte sich also sehr und hatte zum Zorn gar keine Veranlassung.

Nun kamen die sechs an die Parkmauern und blickten hinüber.

Die Arbeiter, die im Park beschäftigt waren, meldeten die seltsamen Reiter dem Mr. Jefferson. Der kam heraus und lud die Herren ein, mit ihm zu frühstücken.

Die Sechs stellten sich als Fremde vor, die den berühmten Park mit den alten Eichen und Pappeln sehen wollten.

„Da sind Sie", sagte Mr. Jefferson, „leider zu spät gekommen, da ich mein Terrain zu anderen Zwecken bestimmt habe."

„Zu welchen?" fragten die Sechs gleichzeitig.

Mr. Jefferson lachte.

„Ich denke gar nicht daran," sagte er, „Ihnen das zu verraten."

Die Sechs schwiegen.

Und sie sprechen dem Weine des Mr. Jefferson so eifrig zu, daß sie bald vergaßen, sich ihres Auftrages zu entledigen. Da die Nervenärzte nicht untereinander einig waren, kam niemand von ihnen auf die Krankheitsgeschichte zurück. Und die Rechtsanwälte hatten sich schon vorher verabredet, mit keiner Silbe Rechtsverhältnisse zu berühren; sie wollten bei der ersten Zusammenkunft nur Orientierung – weiter nichts.

Des Abends ritten die sechs Herren nach Milwaukee zurück – doch in animiertester Stimmung.

Da sagte u. a. der Arzt mit dem guten Pferde:

„Meine Herren, Sie haben sich aber den verwüsteten Park gar nicht genauer angesehen – die Bäume sind ja zum Teil kurz und klein geschlagen. Und ungeheuer viel Draht ist um die Baumkronen gewickelt. Sehr viel Draht in ganz besonderen Formen. Es wird im übrigen kühl, meine Herren. Es scheint Schnee in der Luft zu sein. Entschuldigen Sie, daß ich vorausreite."

Und er ritt davon und berichtete den weiblichen Anverwandten des Mr. Jefferson zuerst von dem Erlebten und vergaß nicht, die Drahtgeschichte umständlichst zu erörtern. Schließlich erbot er sich, am nächsten Tage mit den Damen nochmals zu Mr. Jefferson zu reiten. Und er bat, die beiden anderen Ärzte nicht zu benachrichtigen – da nach seiner Meinung hier nur weibliche Schlauheit die Lösung des Rätsels herbeiführen könnte.

Und am nächsten Morgen war die ganze Landschaft im Rauhreif. Die Damen ritten mit Entzücken dahin und kamen sehr bald zu Mr. Jefferson, der ganz erstaunt tat, daß seine weibliche Verwandtschaft ankam. Er *war* gar nicht erstaunt, denn er kannte seine Verwandten.

Und die Damen sahen nun den Park im Rauhreif – und das Entzücken, das da durchbrach, überwältigte den alten Mr. Jefferson; alle Drahtgeschichten zeigten sich ja bereift; der Park glitzerte in ganz phantastischen Formen.

Eine zwölfjährige Großnichte rief:

„Großonkel, Du willst hier im Auto herumfahren und einen großen Film machen, nicht wahr?"

„Ja, mein Kind!" sagte Mr. Jefferson.

Und er machte den Film – einen Rauhreiffilm.

Und der Film wurde so berühmt, daß er mehr einbrachte, als der ganze Park gekostet hatte.

61
Der Kampf mit dem Drachen
Eine phantastische Geschichte
(Nachdruck, Dezember 1925)

Es war am 8. Mai 1911.

In Melbourne schien die Sonne heiß auf das Straßenpflaster und auf die breiten Trottoirs. Und auf diesen rannte Miß Egerton flink wie eine Wiesel dahin.

Einige Passanten sagten:

Das war die berühmte Fliegerin.

Die hat's ja so eilig!

Die fliegt immer – auch auf den Trottoirs – auch ohne Propeller.

Währenddem stürmte Miß Egerton in die Zentrale für Luftverkehr, rannte Portiers über den Haufen, brach den Drücker einer Tür kaputt und brachte den Herren vom Verwaltungsrat einen unheimlichen Schreck in die Glieder.

Die Herren sprangen ganz entsetzt von ihren Klubsesseln auf, öffneten den Mund und ließen die Zigarre fallen.

„Was ist los?" fragte mit aufgerissenen Augen der Kommerzienrat Dr. L–ann. Atemlos stieß Miß Egerton hervor:

„Ein Lindwurm - mitten - in Australien!"

Dr. L–ann setzte sich wieder in seinen Klubsessel und sagte tiefaufatmend:

„Ein Glück, daß das Tier nicht in Melbourne entdeckt ist. Und ein Glück, daß das Pulver und das Dynamit schon erfunden sind – da werden wir mit dem Ungeheuer schon fertig werden – auch schon deshalb, weil's in der Mitte von Australien haust – allwo wir alle glücklicherweise noch nicht hausen."

Alle setzten sich, und Miß Egerton sprach sehr erregt, mit beiden Händen gestikulierend:

„Herr Kommerzienrat, Ihre Worte sind diesmal sehr überflüssig. Sie wissen ja gar nicht, wie dieser Lindwurm aussieht – und mit Dynamit und Pulver wollen wir ihm gar nicht zu Leibe gehen. Wir wollen's einfangen und in unserem zoologischen Garten unterbringen. Der muß aber vergrößert werden, – denn dieser Lindwurm ist sehr groß."

„Es ist sehr heiß," sagte Dr. L–ann, „von wem haben Sie denn diese ungeheuerliche Ungeheuerkunde? Man kann doch in Australia nicht jedem Bericht so ohne weiteres Glauben schenken."

„Der Flieger Mr. Burrian", rief Miß Egerton, „landete mit seiner Flugmaschine in meinem großen Park. Er war so erschöpft, daß er nicht gleich herkommen konnte. Darum kam ich."

Da erhoben sich die Herren abermals und sagten:

„Oh, das ist 'was anderes."

„Mr. Burrian bringt keine falschen Nachrichten."

„Das berührt die Zentrale für Luftverkehr."

„Hier winkt uns ein großes Geschäft."

„Eine wissenschaftliche Expedition."

So sprach man.

Und man küßte der Dame ehrfurchtsvoll die Hand und gratulierte ihr und dankte ihr für die famose sensationelle Mitteilung.

Miß Egerton aber sprach:

„Die Hauptsache wissen Sie aber noch gar nicht!"

Nun war alles neugierig, und die Dame mußte erzählen – alles, was sie erfahren hatte.

Miß Egerton sprach kurz und scharf wie immer und sagte ungefähr dieses: „Der Kapitän Burrian hat – wie Sie wissen – alle seine aeronautischen Fähigkeiten in den Dienst der Wissenschaft gestellt. Sein Hauptstreben geht dahin, das Innere unseres australischen Kontinentes zu erforschen. Und was er bislang geleistet hat, ist Ihnen nicht unbekannt. Unser Kartenmaterial ist ganz bedeutend vergrößert worden. Wir wissen, daß im Innern unseres Kontinents große Wasserseen, Naturglasseen und Gebirge mit seltsamen Metallen sind. Für den Forscher ein großes und neues Gebiet. Das Imposanteste, das er entdeckte, das ist ein neues Tier – ein fünfzig Meter langes Tier – mit einem Libellenleib, einem riesigen Libellenleib. Das Tier stammt unzweifelhaft aus der Kreidezeit – und ist lebendig – sehr lebendig – Mr. Burrian ist der Wildheit dieser Bestie – nur durch die Tüchtigkeit seines raschen Zweideckers entgangen. Es hätte nicht viel gefehlt, und er wäre momentan nicht mehr unter den Lebenden."

Ein Tumult entstand.

Alles brüllte durcheinander.

„Fünfzig Meter lang?"

„Das ist ja ein Ichthyosaurus."

„Ein Mastodon."

„Und Libellenleib?"

„Libellen sind die herrlichsten Tiere auf unserer ganzen Erdoberfläche."

„Das Tier muß erobert werden."

„Tot oder lebendig."
„Für unseren zoologischen Garten."
„Oder für unser großes naturhistorisches Museum."
„Melbournes Lindwurm wird uns alle berühmt machen."
„Alle australischen Flieger müssen hin und es holen."
„Das ist keine Fliegeraufgabe."
„Wir setzen hunderttausend Dollar als Preis."
So ging's in aufgeregtester Tonart immer weiter.
Miß Egerton konnte sich gar nicht mehr Gehör verschaffen; sie ergriff schließlich eine große Vase und warf sie auf den Fußboden, daß die Scherben herumsprangen.
Da war plötzlich alles still.
„Nun," rief die Dame, „wenn man sich bei Ihnen Gehör verschaffen will, so muß man erst alle Vasen zerschlagen. Hier hilft nicht langes Reden – sondern rasches Handeln: Wir haben das Preisausschreiben innerhalb einer Stunde zu veröffentlichen. Und nach 36 Stunden hoffe ich, daß alle Flieger, die augenblicklich in Melbourne weilen, nach dem Innern aufbrechen können – unter Mr. Burrians Führung. Der weiß den Weg genau und ist in 36 Stunden wieder ganz Mann der Tat wie immer."
„Einverstanden!", riefen alle einstimmig.
Und es geschah, wie Miß Egerton gesagt hatte. Am 11. Mai 1911 flogen 130 Aeroplane dem Innern Australiens zu.
„Es wird natürlich", sagte Miß Egerton, „einen Kampf mit dem Drachen geben."
„Ah," rief der Kommerzienrat Dr. L ann, „das erinnert an die deutsche Heimat – an unseren alten Friedrich Schiller. Heute spielt sich ein solcher Kampf anders ab als vor tausend Jahren."
Das sagten die beiden auf der ersten Haltestation.
Dann ging's weiter, und man war acht Tage später bei dem Lindwurm.
Der lag im schönsten Mondenschein auf einem kleinen See – aber so, daß man das ganze Tier sehen konnte; es räkelte sich sehr behaglich.
Die Aeronauten umkreisten das Tier, die Propeller knatterten heftig in der Luft. Dadurch aber ward der Wurm nicht im mindesten berührt; seine Ohren schienen nicht empfindlich zu sein.
Mr. Burrian belehrte seine Gesellschaft nun durch drahtlose Telegraphie folgendermaßen:
„Meine Damen und Herren, wundern Sie sich nicht, daß das Tier auf der Oberfläche des Sees bleibt, ohne unterzusinken. Der See hat auf dieser Stelle

einen großen Naturglasblock – auf dem räkelt sich der Wurm im Mondenschein. Wir haben in dieser Gegend viele Naturglasblöcke; in Europa weiß man natürlich noch nichts davon."

Herrlich sah das Tier aus: blau, rot, grün und goldig glitzerte der gewaltige Leib, der sich öfter ganz in die Länge zog und dann, wie alle sahen, mindestens fünfzig Meter lang war. Am Hinterkopf ragte ein blutroter Kamm in die Höhe. Der Kamm zeigte sich auch auf dem Rücken – und der ganze Kamm konnte sich ganz hoch recken – zehn Meter hoch ungefähr. Auf zehn Krokodilsbeinen kroch das Tier. Und den langen Schwanz konnte es dreißig Meter hoch heben und damit in der Luft herumschlagen wie mit einer Peitsche.

Die Gesellschaft zog sich allmählich zurück. Man stellte die großen Schlingen am Ufer auf. Und als die Sonne kam, war das glitzernde Ungeheuer entzückend wie eine Emailphantasie. Miß Egerton wurde beauftragt, das Tier zu reizen und ans Ufer zu treiben. Sie betrat den Glasboden und ließ den Aeroplan im Wasser. Dabei ward ihr linker Arm plötzlich vom Schwanzende des Wurms gepackt und zerbrach. Die Dame schrie einmal wütend auf, sprang danach auf ihren Aeroplan und fuhr in die Höhe. Oben setzte sie sich gleich an ihren Wellenfernschalter und richtete ein Dynamittorpedo auf das bunte Tier, das sich jetzt zusammenrollte wie eine Schlange und nun wie ein Brillantenklumpen dalag.

Danach sandte Miß Egerton ihr Dynamittorpedo ab, das auf einem Gleitflieger lag: durch den Wellenfernschalter konnte die Dame das Torpedo lenken – drahtlos – und es traf sicher den Wurm.

Und – das Tier platzte in Millionen Fetzen herum; nichts blieb an ihm ganz.

Die Wut, die sich nach dieser Tat der Jäger bemächtigte, spottet jeder Beschreibung.

Die Jagdbeute war für immer verloren.

Mr. Burrian starb an einem Schlaganfall.

Miß Egerton kam nur durch einen Zufall lebendig davon – ein Gewitter hinderte die Verfolger, die Dame einzuholen. Sie trägt heute noch ihren linken Arm in der Binde.

Abbildung 7: PS: *Jenseitsgalerie,* Blatt 11 (Archiv Hartmut Geerken)

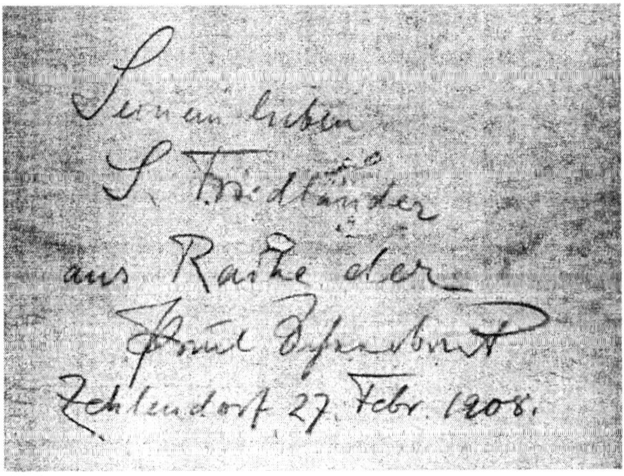

Abbildung 8: PS: Rückseite mit Widmung: „Seinem lieben S. Friedländer aus Rache der Paul Scheerbart Zehlendorf, 27. Febr. 1908.“

Materialien

1
Neue Romane

Es würde den Meister des historischen Romans sicherlich lebhaft interessiren, zu erfahren, daß jetzt sogar einer unserer modernen Autoren, *Paul Scheerbart,* eine Geschichte aus dem Ende des neunten Jahrhunderts geschrieben, und noch dazu in Bagdad spielend: „*Tarub,* Bagdads berühmte Köchin" (Berlin bei Hugo Storm). Man darf von diesem Werk sagen, daß das Historische und Kulturelle in anmuthige Formen gegossen ist. Scheerbart läßt vor allem das geistige und künstlerische Leben der alten Khalifenstadt vor uns entstehen. Er führt uns in die Kreise der Bagdader Denker und Dichter; mit wenigen, aber treffenden Strichen zeichnet er Volk und Leben, oft mit einem übermüthigen, kecken Humor. Es scheint zwar manchmal, als ob man vom Tigris plötzlich in eine echte Spree-*Bohème* gerathen wäre, aber zu rechter Zeit lenkt der Autor ein, um uns wieder rein arabische Bilder vorzumalen.

Ferdinand Runkel, BT Nr. 173 (5.4.1897), Der Zeitgeist Nr. 14, 3 f.

2
Zum „Blumenfest"

hatte gestern abend der *Künstler-West-Klub* geladen. Man hatte daran gedacht, wie dieser wunderbarste aller Winter Blumen im Schnee zu zeigen. Aber dafür war's schon zu spät im Jahr geworden, der Kontrast zwischen drinnen und draußen blieb aus.

Aber hübsch war's doch. Dem Lockruf waren sie alle gefolgt, die Blümlein draußen auf der Flur, wilde und zahme, zarte und – und minder zarte, Rosen, Veilchen, Stiefmütterchen, artige Gänseblümchen und zerzauste Chrysanthemen. […]

Der Saal bot sehr hübsche Bilder. Wie viel dankbarer ist doch solch ein freies Motiv für ein Fest als das trocken historische. Jeder findet von vornherein den rechten Ton, und es giebt „Stimmung". Man kann von den anderen viel mehr sagen, aber das kurze Bulletin: „Man amüsirt sich", das man diesen giebt, ist am Ende werthvoller als der längste detaillirteste Bericht.

Paul Scheerbart hatte ein Festspiel geliefert, das mit seinen sonstigen Dichtungen die charakteristische Eigenschaft gemeinsam hatte, daß man es nicht verstand. Der Maler Pinsel wird dem armen Malchen, einem „vorsintfluthlichen Malmädchen", untreu und wendet sich einer Sezessioneuse zu. Malchen droht ihm zwar, daß er nun nie Professor wird, aber er wendet ein, daß er dafür jetzt auch weder zeichnen noch malen zu lernen braucht. Flora, die Blumenfee, räth zum Frieden. Daran knüpft sich ein Blumenreigen vor einem Millionär, der schließlich dem imposanten Goldregen huldigt. Niemand löste das Rebus, aber Jeder fand es sehr nett, wie die graziösen Blumenfräuleins in der schönen Blumendekoration tanzten. Der Tanz war schließlich die „siegreiche Kunst".

Er blieb das die ganze Nacht hindurch. Er lachte sogar mehr als die Nieten, ja sogar mehr als die Gewinne der Tombola. Und er wird nach der Kaffeepause, die gerade beginnt, noch lange weiter lachen.

(anonym), BT Nr. 131 (12.3.1899), 3

3
Na Prost!

Von dem köstlichen Inhalt sei nur erwähnt, daß der Roman im Jahre 12000 spielt, doch wandelt Scheerbart, ein anderer E. T. A. Hoffmann, nicht in den Spuren Bellamy's, sondern er belacht in seiner satirischen Art die Schiefheiten unserer heutigen Welt von jenem fernen Stand- und Zeitpunkt aus.

(anonym), Meraner Zeitung Nr. 35 (22.3.1901), 9
Edward Bellamy: *Ein Rückblick aus dem Jahre 2000 auf 1887* (1888, Übers. 1890)

4
Die Seeschlange

Freunde moderner Literatur seien auf das soeben in *J. C. C. Bruns'* Verlag in *Minden* in Westph. unter dem Titel *„Die Seeschlange"* erschienene neue Buch aus der Feder Paul *Scheerbart's* aufmerksam gemacht. Einen Seeroman nennt Paul Scheerbart diese aus glühender Phantasie geborene, von tiefer Gedankenkraft getragene Komposition. Es ist eine kosmische Dichtung, voll glänzender allegorischer Bilder, voll geistreicher Parallelen, was Scheerbart seinen Freunden in diesem Buche darbietet. Scheerbart wendet sich nicht an das große Lesepublikum, er schreibt nur für seine Gemeinde, diese aber weiß, daß hinter diesen phantasiesprühenden Schöpfungen ihres Meisters eine tiefgründige Symbolik zu suchen ist, daß diese höchste Farbenpracht athmenden Gebilde einen konzentrirten abgeklärten Ideengehalt in sich schließen, daß sie Offenbarungen eines Geistes sind, der das Wesen der Dinge zu erkennen sucht und es in den Bann seiner dichterischen Intuition zwingt. Die Geheimnisse des Daseins, Werden und Vergehen, jene Mysterien, die für den Geist der Menschheit seit ewigen Zeiten die Räthsel des Lebens gewesen sind, stehen im Mittelpunkte dieser neuen Scheerbart'schen Schöpfung, die ebenso wie die anderen Bücher dieses Autors von hoher sprachlicher Schönheit ist.

(anonym), Pester Lloyd 49, Nr. 27 (31.1.1902), 8

5
Hippopotamischer Humor

Ein kleines Nilpferd rettet einen Menschen, der sich verstiegen hat. Ein sehr verstiegener Herr! Er liest Nilpferd und Genossen – zum Schluß sind es ihrer sieben – seine Manuscripte vor. Die Vorlesung wird manchmal von tiefsinnigen Gesprächen unterbrochen, die der verunglückte Autor mit dem Septemvirat führt. Es sind nämlich doch sieben Männer, diese niedlichen, kleinen Nilpferde: ein paar ägyptische Könige sammt Feldherrn, Priester und Pyramideninspector. Sie sind eben Nilpferde worden: wundert dich das, lieber Leser? „Er kann sich noch wundern!" Brüllendes Gelächter! Es lachen zumindest ein paar Fixsterne, daß der kosmische Nebel Blasen wirft oder sonst etwas Unerhörtes anstellt.

Paul *Scheerbart* braucht immer einige Welten, die er durcheinanderwerfen kann, wenn er sich ziemlich, den Leser ein ganz kleines Bißchen amüsiren will. Sein neuester „Nilpferde-Roman" stellt ziemlich hohe Anforderungen an die Geduld des Lesers. Man ist verblüfft: gut. Man lacht über das groteske Spiel mit Weltbällen: famos. Man wartet auf die Lösung und läßt sich über Dutzende von Seiten weiterschleppen: aber man wartet und wartet, zwei dicke Bände lang, doch die Befreiung kommt nicht. Diesmal ist Scheerbart phantastisch ohne rechte Phantasie. Seine merkwürdigen Geschichten sind manchmal lächerliche, selten lachende Einfälle.

„Wie ich's auch drehen mag," spricht der Verfasser zu seinen Nilpferden, „ich komme immer wieder in eine Gemütsverfassung, in der ich der Welt und dem Leben beim besten Willen keinen Geschmack abgewinnen kann. … Ich sage ganz deutlich, ohne jedes persönliche Ekelgefühl: Mir ist die ganze Geschichte unsympathisch. – Es fällt mir immer schwerer, die Lebenskomödie anzusehen und als solche zu empfinden. Mir wächst die irdische Atmosphäre, um es ganz deutlich zu sagen, zum Halse heraus. Ich kann nicht mehr." – Also treibt er Ulk mit seinen Empfindungen, mit seiner ganzen Existenz, die doch an diese unsympathische Erde gefesselt ist. Schade, daß der Ulk nicht genug Lustigkeit entwickelt. Es ist kein cannibalischer Humor, wie Scheerbart so gern möchte, nur ein bramarbasirender. Es ist manchmal nicht mehr die Tragikomödie des Menschen, sondern – des Nilpferdes. Freilich gibt es auch Stellen, die Scheerbart als Schriftsteller von wirklicher und guter Eigenart zeigen. Und so kann man immerhin dem Verfasser mit seinen eigenen Worten zurufen: „Na prost!"

db, Die Zeit (Wien) Nr. 70 (7.12.1902), 16, zu *Immer mutig!*

6
Immer mutig!

Arthur Möller-Bruck behauptet in seinem Werk „Die Moderne Literatur" (Leipzig 1902), daß Paul Scheerbart der „potenzierteste Ästhet unserer Tage" sei. Zweierlei Waffen führe er: „Im ästhetischen Falle solche der reinen Phantasie, der Erdentfernung sozusagen. Und im ethischen Falle solche der Ironie und Satire, der Erdbeleuchtung, Durchleuchtung, Verzerrung, Verschiebung des Grotesken." Das ist die allerwohlwollendste Bezeichnung für das fortwahrende impotente Grimassenschneiden, mit dem Herr Scheerbart eine – jedenfalls sehr kleine – Anzahl deutscher Leser seit einigen Jahren zu ärgern beliebt. Wer mit Ironie und Satire kämpfen will, muß *über* den Dingen stehen können, aber dieser Autor zeigt dem Leben wie der Kunst gegenüber die gleiche Hilflosigkeit. Wenn er in irgend einer Beziehung groß ist, so ist er es durch einen seltenen Reichtum an Geschmacklosigkeit und Albernheit. Scheerbarts „Dichtungen" haben nur ein Pendant in jenen literarischen Produkten, die in wissenschaftlichen Werken über Pathologie unter dem Titel „Graphomanie“ angeführt sind. Und es ist schade, daß in diesem Schlamm noch Geist steckt, daß aus jenen kläglichen Hirngespinsten dann und wann ein brillanter Witz, ein entzückender Einfall, ein farbenvolles Bild aufleuchtet. Aber die geringen Schönheiten ertrinken in einem Wust von lächerlichen Übertreibungen, schnoddrigen Phrasen und zügellosen Phantasmagorien. Der vorliegende Roman entbehrt natürlich, wie alle bisherigen Bücher Scheerbarts, jeder Struktur: ironische, blödsinnige und satirisch sein sollende Einfälle werden in bunter Reihe vorgeführt, wobei es sich der Verfasser derartig leicht machte, daß er beliebige Skizzen, die zum Teil schon anderweitig gedruckt waren (so „Der galante Räuber“ in der „Insel“ 1. Jhrg. I) skrupellos in den „Roman“ hineinsetzte. Die Einkleidung, die den Titel „Nilpferdroman“ rechtfertigen sollte, ist auch alles andere eher als humoristisch; wie der Humor überhaupt bei Herrn Scheerbart aussieht, mag folgende „Geschichte“ beweisen: „Monolog des verrückten Mastodons. *Zépke! Zépke! Mekkimápsi – muschibróps. Okosôni! Mami mûne .... Epakróllu róndima sêka ... Lesebesebimbera-surû-huhû ...*“ Nach derartigen Elaboraten kann man nicht mehr recht an den Ernst glauben, der aus einigen Skizzen, wie „Die Türklinke“, „Der Revolutionär“, „Das alte Leben“, zu sprechen scheint. Den Eindruck des kraftlosen Lustigseinwollen, den das ganze Buch macht, schwächt auch die Vornotiz nicht ab, worin darauf aufmerksam gemacht wird, „daß von diesem Werke zehn Exemplare auf gegerbter Menschenhaut gedruckt werden; der Preis wird sich für den Band auf nur fünfzigtausend Reichsmark stellen“ ....

Adolf Dannegger, Beilage zur Allgemeinen Zeitung (München), Nr. 112 (19.5.1903), 319

7
Immer mutig!

Wenn bewiesen werden sollte, daß „Kunst“ – „Zwecklosigkeit“ begreife, dann müßte man unfehlbar Scheerbart zitieren. Seine mit einer nicht immer anmutigen Koketterie gepflegte Manier ist Sich-Gehen-Lassen, Sich-Nur-Ja-Keinen-Zwang-Antun, so eine Art literarischer „Ländler“ (Analogon im österreichischen Cant: „Landeln“). Bei alledem sei seine selbstherrliche, wehmütig-indolente, schmerzlich-ironische, geistreich-paradoxe, transzendental-ungenierte, kühne, treffsichere, durchaus individuelle Begabung den

Banausen immer wieder vor die kurzsichtigen Augen gerückt. Er ist zwar jedenfalls das, was man heute nicht gerade begeistert einen Literaten nennt, ferner ein „unentwegter“ Berliner trotz Sphären-Orgien und allerhöchster Künstlernacktheit, aber er ist gewiß genau so ein Exempel für „das Genie“ wie etwa Ch. D. Grabbe oder Günther oder Bürger. Das können wir heute ruhig der Literaturgeschichte überweisen. Die wird ihn sich nicht entgehen lassen. Nun kommt aber das Merkwürdigste: dieser Philosoph mit dem Dulderlächeln, dieser Cyniker mit dem Ästheten-Fanatismus, dieser Poet *non plus ultra,* so recht der Greuel und Abscheu des Leihbibliotheks- und Goldschnittphilisters, hat keine Entwicklungsmöglichkeiten. Er interessiert eigentlich nur seine Freunde. Und wenn man wieder dieses dicke, „zwecklos“ dicke Buch „an“gelesen hat, dieses reiche, reife, überlegene, kluge, böse, drollige und – ärgerliche Buch voll Absichten und Fernsichten, Schnitzeln und Kräuseln, Dummheiten, Schnacken und Weisheiten, Burlesken und Orakeln, legt man's weg und – nimmt es nicht wieder vor. Warum? Sollte nicht vielleicht Geistigen Kunst doch – einen *Künstler* bedeuten?

Richard Sch. (Schaukal), Wiener Abendpost. Beilage zur Wiener Zeitung, Nr. 167 (24.7.1903), 6, Literarische Notizen
Schaukal (1874–1942), Jurist, seit 1903 im Ministerratspräsidium Wien, 1911 Ministerialrat, 1918 geadelt, 1918 pensioniert, seitdem freier Schriftsteller; Monarchist, Antisemit

8
Ausstellung

Der Kunstsalon *Miethke* ist seit heute Lachkabinett, er bietet eine heitere Weihnachts-Ausstellung. Man soll allen Humoristen dankbar sein, den freiwilligen und den anderen. Diesmal gibt's eine besondere Überraschung, eine Extra-Galavorstellung der Decadence: Zeichnungen von Paul *Scheerbart,* dem Absonderlichen. Der kurioseste, über- und hinterweltlichste Phantast zeichnet jetzt mit farbigen Stiften, nicht mehr mit Worten, bewegtes-belebtes Ornament. Er schweift in kosmischen Urweltnebeln umher, malt Quallen und Polypen mit menschlichen Verfratzungen, porträtiert die Bewohner des Saturn, des Jupiter, des Sirius, tänzelt durch alle Milchstraßen, schwebt durch den Orion-Nebel – dort fühlt er sich anscheinend am wohlsten. Er hat groteske Lustigkeit, bizarre Ironie, barocken Sarkasmus.

Abbildung 9: PS: *Der Adorant,* Ausstellungskatalog Louis Bock & Sohn, Hamburg 1904, Titelblatt. Ndr. in *Jenseitskarikaturen* (1990) u. GW 9, 119

Mit den primitivsten, allerkindischesten Kunstmittelchen, mit der Technik des „kleinen Moritz" wagt er sich an die subtilsten Klimtschen Probleme. Nie zuvor noch waren das Erhabene und das Lächerliche einander näher. Ohne Erklärung sind seine Blätter absolut und relativ unverständlich – mit seinen Erklärungen sind sie noch sehr viel unverständlicher. Band- und Regenwürmer ringeln sich rhythmisch, spielend, neckisch kosend, drohend – Malerpoeten-Gefühle, Liebe und Haß der Kopffüßer, Tierpflanzen-Koketterie, Pflanzentiergesinnungen, rasend gewordenes Protoplasma, die Quadrille der Protozoen, wilde, wirre Bänder, krause bunte Schleifen durchs Spektrum gesehen, menschenfressende gierige Tulpen, fliegende Regenschirme mit lebenden Vögelköpfen – der Kopf schwirrt, die Stirn brennt, das Gehirn dreht sich in wirbelnden Kreisen. … Ein Blatt heißt „Die Station". Scheerbart erläutert: „Die Station ist von den Beschauern nicht zu sehen, wohl aber von den *Gansschlangen* des Bildes." Gansschlangen? – Ja wohl, Gansschlangen! Und warum just – die Station? Und warum denn just *nicht* – die Station? – Ein anderes: „Der Adorant". Kommentar: „Wie der griechische Adorant seine Hände – so hat dieser kosmische Adorant seine Gesichtsrüssel erwartungsvoll nach oben gerichtet." – Weiter: „Das Duell": „Das Bestreben der Duellanten geht vornehmlich dahin, den Gegner *aufzusaugen*." – „Belvedere": „Eine schöne Aussicht in das Innere von Riesenrüsseln, die zu Leibern von sehr großer kosmischer Ausdehnung gehören." – Bei Miethke ist jetzt die *kosmische Begrüßung im Orion-Nebel* kennen zu lernen, und der fliegende „Holländer"? – Es sind auch die neuesten, etwas gewaltsam geformten Modelle für Zwangs-Jacken und -Krawatten soeben eingelangt, die jedoch nicht ohne farbige Feinheiten sind. Einige fanatische Kunstrationalisten werden möglicherweise das alles für Träume eines Besessenen, für Wanddekorationen ansehen, vorzüglich geeignet für ein Irrenhaus – im Monde! Paul Scheerbart ist aber vielleicht nur ein sehr geistreicher Simulant; er hat eigenen urweltlichen Witz und macht alles mit und zu Fleiß. Dieser Transformist zeichnet ein tolles Satyrspiel zu Ernst Haeckels „Welträtsel". Dem „Kosmologischen Kreatismus" setzt er einen „kosmologischen Kretinismus" tollkühn entgegen! – In solchem Zusammenhange die Besprechung der übrigen gemein-terrestren Bilder der Ausstellung vorzunehmen – nein, das ginge durchaus nicht an.

(anonym), Wiener Abendpost. Beilage zur Wiener Zeitung, Nr. 286 (14.12.1903), 6

9
Theater, Kunst und Literatur

[…] Miethke hat diesmal übrigens gleich einen noch merkwürdigeren Fall statuiert. Herr Paul *Scheerbart,* dessen feierliche Possen in der modernen Literatur schon Schule machen, ist jetzt auch unter die – sagen wir Maler gegangen und hat eine große Kollektion der sonderbarsten Sachen zur „Kunstausstellung" geschickt, welche das heiterste Staunen des Beschauers wachrufen – oder auch die nicht minder heitere Bewunderung unserer Snobs, die nicht wenig stolz sind, wenn sie eine Begeisterung zur Schau tragen können, die sie nicht mit den „Herdenmenschen" zu teilen brauchen. Von Rembrandt kann bald einer entzückt sein, aber Scheerbart! Nachmachen! Herr Scheerbart also verwendet hier schöne Farben und Linien, wie er in seinen „Dichtungen" schöne Worte in einer krausen Syntax verwendet. Er nennt ein Blatt zum Beispiel „Die Station" und sagt, in einem Kommentar, daß sie (die Station) vom Beschauer nicht zu sehen sei, wohl aber von den „Gansschlangen" des „Bildes". Oder der „Adorant". Wie der klassische Adorant die Arme, so erhebt der „kosmische Adorant" seine „Gesichtsrüssel" zum Himmel. Das „Duell" wird durch zwei Bündel Bandwürmer dargestellt, die in der Mitte des Blattes in zwei einander gegenüberstehende Trichter oder Saugnäpfe auslaufen. Sie wollen einander „aufsaugen", was, nach Scheerbart, das einzige Ziel von Duellanten sei. Und dergleichen Thorheiten mehr. Man könnte von einer Simulantenkunst reden, die jetzt durchaus zu Worte kommen will. Wer Lust dazu hat, kann ja die Dinge ansehen, wir können es an den zitierten Proben genug sein lassen. – […]

st., Neues Wiener Tagblatt, Nr. 345 (17.12.1903), 14 f.

10
Paul Scheerbart bei Miethke

Paul *Scheerbart* der Bizarrste unter den Bizarren der modernen deutschen Schriftstellerwelt ist unter die Maler gegangen. Wer einmal eines der Bücher Scheerbart's, dieser Ausgeburten einer an der Grenze der Tollheit schweifenden Phantasie, durchgeblättert hat, wird sich ungefähr eine Vorstellung davon machen können, wie die Dinge aussehen müssen, wenn diese Phantasie auf malerisch-zeichnerischem Gebiete zu toben beginnt.

Bei Miethke sind jetzt – zum ersten Male in Wien – fünfundzwanzig Blätter Scheerbart'scher Kunst ausgestellt. Es ist der tollste und groteskeste Spuk, den man seit Langem gesehen. Unmögliche Fabelwesen in den phantastischesten Formen, in einer Welt zusammengelesen, die außer Scheerbart noch Niemand gesehen. Wollte man die Heimat dieser ungeheuerlichen Geschöpfe in unserer Naturgeschichte suchen, so müßte man sich ein paar Jahre lang in der Welt der Polypen und Quallen umsehen. Dann fände man vielleicht die Modelle zu diesen Figuren, die Scheerbart durch Aufsetzung von Menschenköpfen oder anderen menschenähnlichen Zügen „verschönert" hat. Unmöglich, diese bunten Scheusälchen zu beschreiben! Scheint es doch im ersten Augenblicke undenkbar, daß man sie verstünde. Der Dichter-Maler hat zwar zu einigen Blättern eine Art Bädeker geschrieben, um das Verständniß zu erleichtern. Da er aber so schreibt, wie er malt und so malt, wie er schreibt, so kann man sich denken, wie viel dieser Bädeker in Scheerbart'scher Sprache werth ist. Da finden wir zum Beispiel ein Bild, auf dem ein paar „Gansschlangen", das heißt, ein paar blaugelbe Schlangenleiber mit Gänseköpfen durch die Lüfte segeln. Man ist maßlos verblüfft, wenn man liest, daß das Bild „Die Station" heißt. Man schlägt im Bädeker nach und findet: „Die Station ist vom Beschauer aus nicht zu sehen, wohl aber von den Gansschlangen des Bildes." – Tableau! Nun weiß man zwar noch immer nicht, was die „Gansschlangen" zu bedeuten haben, aber man bedauert umsomehr, die „Station" nicht sehen zu können, der diese holden Thiere zustreben. Oder wir sehen inmitten von etlichen Polypenrüsseln einen auch etwas polypenartig gerathenen jungen Mann, der sich offenbar ausgezeichnet unterhält. Und Scheerbart belehrt uns: „Schöne Aussicht in das Innere von Riesenrüsseln, die zu Leibern von sehr großer kosmischer Ausdehnung gehören." Oder wir finden ein Gewimmel von klobigen Ungethümen mit Gesichtern halb Mensch – halb Karpfen; der Commentar erklärt: „Ihre Pfoten gebrauchen diese Entdecker gewöhnlich in so ungeschickter Weise, daß es kein Vergnügen ist, von diesen Lebewesen entdeckt zu werden." Ein grün-rother und ein blau-weißer Polyp marschieren kampflustig aufeinander los. Das heißt „Ein Duell". Und Scheerbart erläutert: „Das Bestreben der Duellanten geht vornehmlich dahin, den Gegner aufzusaugen …" Nr. 131: „Die neue Atmosphäre". Ein Dutzend an menschenähnliche Köpfe angefügte Riesennasen schnuppern in einem schwarzen Raum herum und der Commentar behauptet: „Den großen Nasen ist es ohne weiters anzusehen, daß sie eine neue Atmosphäre entdeckt haben." So geht es weiter … Man lacht über diese Tollheiten und glaubt zuerst, sich darüber lustig machen zu können. Wie könnte dieser phantastische Wahnwitz noch Etwas mit der Kunst zu thun haben? Aber je mehr man sich in dieses tolle Zeug hineinsieht, desto rascher ändert sich die Meinung. Man lacht nicht mehr über den Maler, sondern mit ihm. Denn man entdeckt, daß hinter allen diesen Dingen eine zwar stark übertriebene und groteske, aber durchaus treffsichere und scharfe Satire steckt, daß Scheerbart alles Mögliche auf ganz originelle, aber unbedingt lustige Art verspottet. Blatt für Blatt, Witz für Witz. Seinen Menschen-Thier-Fratzen weiß er so charakteristische Züge zu geben, daß sie parodistisch ausgezeichnet wirken. Und merkwürdig, wie er, der in seinen Büchern in Farbenräuschen schwelgt, die Farben auch auf diesen Blättern zusammenzustellen, abzutönen und zu bringen weiß. Freilich mit starker und deutlicher Anlehnung an japanische Muster. Diese mit Farbstiften gezeichneten und gemalten Bilder machen coloristisch eine überaus anziehende Wirkung und etliche wären etwa als Buchschmuck oder dergleichen von ganz aparter, aber hübscher ornamentaler Wirkung. So kommt man allmählich dahinter, daß in den Dingen weit mehr enthalten ist, als man anfänglich glaubte. Man dachte, Scheerbart wolle mit dem lieben Publicum Ulk treiben, und schließlich merkt man, daß man da doch ein Stück Kunst vor sich hat und unterhält sich vortrefflich.

Von den übrigen Bildern der Ausstellung soll ein anderes Mal die Rede sein.

sch–a.: Illustrirtes Wiener Extrablatt, Nr. 346 (17.12.1903), 10

11
Was ist das?
(Zum Bilde auf der ersten Seite)

Die grotesken und phantastischen Figuren auf der ersten Seite unseres Blattes rechtfertigen wohl die Frage: Was ist das? Was haben diese tollen Gestalten mit den menschenähnlichen Gesichtern zu bedeuten? Der verrückte Spuk entstammt der krausen Phantasie Paul *Scheerbarts,* des bekannten Berliner Schriftstellers, dessen Bücher schon durch ihren bizarren und merkwürdig phantastischen Inhalt Aufsehen und erstauntes Kopfschütteln erregt haben. Scheerbart ist, wie wir jüngst schon berichtet haben, in der letzten Zeit unter die Maler gegangen und eine Anzahl seiner sonderbaren Kunstwerke ist nun

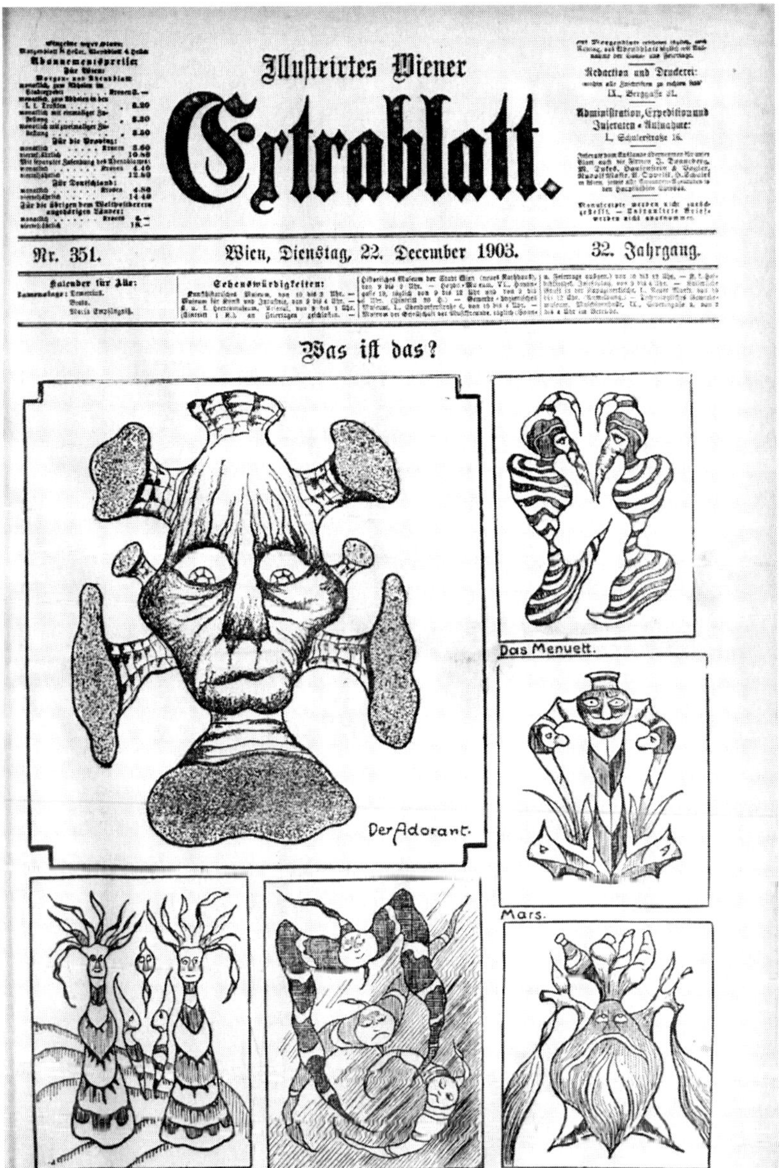

Abbildung 10: *Was ist das?* Illustriertes Wiener Extrablatt 32, Nr. 351 (22.12.1903), 1

in Miethke's Kunstsalon ausgestellt. Er malt, wie er schreibt, und er schreibt, wie er malt. Die Modelle in seinen Bildern mögen vielleicht auf dem Mars oder dem Orion oder sonstwo im Kosmos zu Hause sein, auf der Erde existiren sie nur in der Phantasiewelt des Dichter-Malers. So scheint es wenigstens auf den ersten Blick. Sieht man aber näher zu, so entdeckt man, daß Scheerbart zwar verrückte, aber lustige Caricaturen machen wollte, deren bis an die Grenzen des Verrückten gehende Verzerrungen doch irdische Wesen satirisch darstellen wollen. Einigen der Blätter hat Scheerbart eine Art von Commentar, der freilich auch noch toll genug ist, beigegeben. So schreibt er z. B. zu dem Blatte „Der Adorant" Folgendes: „Wie der griechische Adorant seine Hände – so hat dieser kosmische Adorant seine Gesichtsrüssel erwartungsvoll nach oben gerichtet." Man wird zugeben müssen, daß das Bild durch diese Erklärung nicht gerade um Vieles verständlicher wird. Leichter zu erfassen ist der Sinn des satirisch behandelten „Mars". Man hat offenbar eine groteske Verspottung des preußischen Lieutenants-Typus vor sich, wie sich aus der carikirten Kopfbedeckung dieses Mars, aus den Spuren der Frisur und des „Es ist erreicht"-Schnurrbartes ahnen läßt. Der „Autor" soll anscheinend die Aufgeblasenheit eitler Autoren verspotten, die „Großen" persifliren, die Wichtigthuerei steifer Grandezza. Daß Scheerbart zu dem Bilde „Sanssouci" keine Erklärung hat, ist bedauerlich. Denn so räthselhaft seine Erklärungen sind, so hätten sie doch wenigstens andeuten können, was diese anscheinend sehr vergnügt im Weltenraum herumsegelnden Scheusälchen zu bedeuten haben. Bei diesem Bilde und dem „Menuett" müssen auch wir die Antwort auf die Frage „Was ist das?" schuldig bleiben.

(anonym), Illustriertes Wiener Extrablatt 32, Nr. 351 (22.12.1903), 2

12
Kunstsalon Miethke

Wien. Auch in den Kunstsalons setzt die Season kräftig ein. Bei Pisko haben sich wieder die acht Künstlerinnen angesagt, die Kunst so geschickt mit *five o'clock-tea* zu verbinden wissen und bei Miethke, im vormaligen Palais Ráko, hat sich dieser Tage eine interessante Ausstellung mit sensationellem Beigeschmack aufgetan. Liebe Erinnerungen melden sich allemal bei mir an, wenn ich das stille, vornehme Haus in der Dorotheengasse betrete, wo vor Jahren in den von Karl Kayser so stimmungsvoll dekorierten Räumen

Gräfin Ráko, geb. Gyertyánffy, ihr Kunstheim eingerichtet hatte. Malerin und Ausstatter sind längst tot, aber der künstlerische Geist, der da umging, verlockte Miethke zum Ankauf des Hauses, in dessen reizendem Hofeinbau Liebhaber und Kenner bisweilen erlesene Kunst genießen können. Zwei in München bekannte Malerinnen mögen vorangehen: Gräfin Adrienne Pötting und Alice Boscowitz, eine Lenbach-Schülerin. [...] Die Sensation der Galerie jedoch ist Paul Scheerbart als Pastellist. Ein Debüt. Was da dem Danziger Zimmermannssohn, dem wir den wunderlich tollen Roman der Bagdader Kichu Tarub verdanken, diesem Überphantasten unter den Erzählern wundersam Krauses, grotesk Komisches und Kosmisches, sarkastisch Barockes einfällt, geht über alle Begriffe. Toorop ist übertrumpft. Man wird von den 23 Pastellen vielleicht kein einziges ohne Kommentar und kommentiert schon gar nicht verstehen, von dem überströmenden Reichtum dieser Phantasie jedoch verblüfft sein. Alles ist Ornament geworden, symbolisch geladen, in den tollsten Überraschungen verpuffend. Erst vor anderthalb Jahren lernte Scheerbart zeichnen und man staunt über seine zeichnerische Verwegenheit nicht minder als über den feinen Farbensinn, der aus diesen, alle Probleme streifenden Phantasien spricht. Ein geborener Kolorist. Sein Cyklus ist sinnverwirrend, sehenswert!

v. V., Allgemeine Zeitung (München) 106, Nr. 361 (30.12.1903), 2 Feuilleton
Adrienne Gräfin von Pötting (1856–1909), Wiener Schule; Alice Boscowitz (1875–1962) deutsche Malerin; Jan Toorop (1858–1928), niederländischer Symbolist

13
„Die Dichtung"

Und zum Schluß die beiden Bände, die das untere Ende der Wertkurve darstellen. Es sind *„Victor Hugo"* von *Hugo von Hofmannsthal* (Band 3) und *„Cervantes"* von *Paul Scheerbart* (Band 8). Von Victor Hugo hat *Hofmannsthal* nur das Alleräußerlichste und Dürftigste gegeben, gleichsam mißlaunig und unsicher, weil er sein Selbst nicht mehr vorschieben konnte, und wie wenn er sagen wollte: „Ich habe Ihnen offiziell über Victor Hugo zu berichten, was hiermit geschieht." – Aber immerhin kann man Hofmannsthals kalter und seelenloser Studie nicht den harten Vorwurf machen, der *Scheerbarts* „Cervantes" trifft: ein total verzerrtes Bild des Dichters gegeben zu haben. Aus einem Dichter, dessen Innerstes das Tragische ist, macht er einen grotesken, wilden Springer, fahrig und unklar, von manirierter Karikaturenfröhlichkeit, kurz: macht er – Paul Scheerbart. Der klägliche Versuch, den Stil des „Don Quichote" nachzuahmen, könnte einem fast den Cervantes verleiden, wenn dieser nicht ein großer Dichter, jener aber trotz der vielen Bücher, die er geschrieben, immer noch der Mann der Zukunftswechsel wäre. Ich wüßte gern, ob die Verehrer Scheerbarts – denn die hat er notorisch – auch in diesem merkwürdigen Hürdenrennen der Pegasus-Rosinante die Offenbarung eines nicht zu ergründenden Humors sehen würden. Ich finde, Cervantes hat ein besseres Schicksal verdient.

Dr. Martin Weyl, NHZ Nr. 342 (23.7.1904), 17 (3. Beilage)

14
Dichter über Dichter

Ein rechter Gassenhauer dagegen ist *Scheerbarts „Cervantes"*, eine rüde Posse mit unbehaglichem Behagen hingeschleudert. Der von vielen als unvergleichlicher Schwerenöter gepriesene Berliner Über-Humorist glaubt unfehlbar, es müsse der Leser immer – und mit blutwenig Witz! – gereizt werden. Höchst zwecklos war es jedenfalls, sich zu diesem fragwürdigen Behufe diesmal gerade den feinen, weltmännischen Cervantes auszusuchen.

R. S. (Richard Schaukal?), (Rezension der Sammlung *Die Dichtung*, hg. Paul Remer), Wiener Zeitung Nr. 167, Beilage (23.7.1904), 6

15
Der Kaiser von Utopia. Ein Volksroman

Mir scheint, daß man Scheerbart selten gerecht wird, und er hat das selbst verschuldet. Das sollte man ohne weiteres zugestehen: er ist ein Dichter und ein originaler Kopf. Aber er ist weder ein Genie noch ein Scharlatan, eher schon eine partielle Verquickung von beidem. Er streut den Leuten mit kolossalen Worten von kolossalen Dingen Sand in die Augen, daß sie die alltägliche Natur seiner phantastisch und grotesk aufgeputzten Szenerien verkennen. Er ist hinter die gangbare Mache der Phantastik gekommen und darüber zum Vielschreiber geworden, der mit absoluter Wurschtigkeit – die ja auch ein Prinzip ist, nur kein sonderlich erstrebenswertes – seinen saloppen Stil herunterschreibt. Man sehe sich Scheerbarts Utopien daraufhin an, und man wird finden, wie leicht es ist, mit dem Ersatz unserer braven Erdendinge durch weltenferne Sternen- und Zukunftsreiche den Eindruck einer ins Ungemessene schweifenden, weltumspannenden Phantasie vorzutäuschen. Scheerbart ähnelt darin dem Jules Verne, nur daß kurioserweise in diesem Falle der Franzose den Schulmeister und der Deutsche den Spaßmacher abgibt. Zwar verficht auch Scheerbart in den neunundneunzig Kapiteln der merkwürdigen Geschichte vom utopischen Kaiser, der als verkappter Volkstribun sein eigener, gefährlichster Konkurrent wird, ein ausgeprägtes soziales und kulturelles Programm: Er will die sozialistischen Ziele nach endgültiger und allgemeiner Zufriedenheit als Verführer zu Schlaffheit und Schläfrigkeit *ad absurdum* führen und fordert als natürliche Grundbedingung des Lebens Temperament, „Heftigkeit". Statt einer Veräußerlichung der Lebensideale will er Verinnerlichung allen Begreifens und Fühlens als die „Quintessenz des Lebenden", und er will die harmonische Einheit von Volk und Volksgeist, der heutzutage noch über jenem schwebt – will besagen: dort mit einiger Gewalt von den Regierenden festgehalten wird. Aber Scheerbart macht uns die Erkenntnis seines Kulturprogramms nicht leicht; er ironisiert und parodiert beständig sich selbst – und es mag zu bezweifeln sein, ob ein Dozent, der unter den lächerlichsten Grimassen sehr ernsthafte Dinge vorträgt, dadurch von der Ernsthaftigkeit seines Wollens überzeugt. In dieser Weise irritiert Scheerbart seine Leser bis zu einem Grade, daß man manchmal argwöhnt, er wolle lediglich die zweischneidigen Widersprüche seiner Lebensauffassung maskieren, oder aber, er wolle seine Leser schlechthin zum besten halten. Jedenfalls ist er als Sozialpolitiker ein ebenso gefährlicher Wegweiser wie als Poet ein Revolutionär, der für seine Person im Handumdrehen die Grundbedingung bisheriger Dichtung: die Menschendarstellung in der psychologischen Analyse, aus dem Wege geräumt hat.

Leonhard Adelt, Die Zeit Nr. 821 (Wien) (8.1.1905), 22
Adelt (1881–1945), Schriftsteller, Übersetzer, 1904–06 Feuilletonredakteur der *Zeit*, rezensierte 1914 *Lesabéndio* (ÜPS)

16
Einen Paul Scheerbart-Abend

veranstaltete vorgestern der *Verein für Kunst.* Man hatte jedoch mehr den Eindruck, als befände man sich in einem Verein für Künstelei. Denn was der Dichter von dem feierlich auferbauten, mit goldenen Löwen überkrönten Podium herab vorlas, war so gewaltsam zurechtgemachte, irrlichtelierende, auf einem Zwirnsfaden balancierende Kunst, daß ihr nicht mehr als der Surrogatname gebührt. Es ist schmerzlich, das zu sagen, denn in Paul Scheerbart steckt zweifellos ein gutes Stück lyrischen Dichtertalents, das schöne Früchte tragen könnte, wenn es nicht über die steilen Gebirgswege des Parnaß noch weit hinaus in grenzenlose kosmische Bahnen strebte. Scheerbart scheint immer, wenn er die Feder zur Hand nimmt, die Absicht zu haben, das Weltepos zu schreiben, und am Ende wird es regelmäßig nur ein kleines Skizzchen. Er gibt sich stets von neuem Mühe, einen kleinen Vorgang durch ein Riesenaufgebot von Phantasie und Drastik zum Ewigen zu erweitern, aber die Kleinheit des Vorganges zieht ihm ebenso regelmäßig seine Phantasie und seinen Humor tief in den Staub hinab. Das Spielen mit den glühenden Bällen des Weltenraumes wird zum Variétékunststückchen. Und dann überschlägt sich seine Art schließlich in einem Werkchen von dem Prosagedicht „Kikakoku“, das er ein „Ekoralaps“ nennt, und in dem bloße Silben zu einem gänzlich sinnlosen Getön zusammengestellt sind. Bei keinem der gestern vorgetragenen Werke Scheerbarts kann man sich recht etwas denken, das gilt für Schilderungen, in denen die notwendige Form des Reimes verachtungsvoll verschmäht, und für die „Dramen“ der „Revolutionären Theaterbibliothek“, von der wir unser Theater lieber nicht revolutioniert sehen wollen. So zeigt sich Scheerbart als ein Dichter, der mit seinem Göttergeschenk umgeht wie ein Kind mit Böcklins Farbenkasten, der ihm zufällig in die Hände geraten ist. Er ist auch nur ein sehr mäßiger Vorleser seiner Werke, im Gegensatz zu Dr. Emil Geyer, der die revolutionären Dramen gestern recht gefällig sprach.

(anonym), BT Nr. 41 (23.1.1905), 2

Sonntag, den 19. November, nachmittags 1 Uhr.

PAUL CASSIRER
VICTORIASTR. 35
MAX LIEBERMANN
Collectiv-Ausstellung
Ferner Werke von: Konrad von Kardorff, Berlin, Kurt Tuch, Leipzig, B. Hammershoi, Kopenhagen und eine Plastik von Rodin.

Verein für Kunst
Saal d. Gesellschaft d. Freunde Potsdamerstr. 9.
Freitag, d. 1. Dezember, Abds. 8 Uhr
IV. Theaterabend.
Grotesken in scenischer Darstellung:
Paul Scheerbart: Herr Kammerdiener Kneetschke. Groteske in 5 Aufzügen.
Alfred Börne: Lydia und Mäxchen. Groteske in einem Aufzug.
Karten: I. Park. M. 5 u. M. 3, II. Park. M. 2, Part. M. 1 b. Wertheim, Leipzigerstr., Amelangs Kunsthdlg., Kantstr. 164, Salon Cassirer, Viktoriastr. 35.

Spitzen-Ausstellung.
Lyceum-Club, Potsdamerstrasse 118 b.
Eröffnung Montag, 20. November, 3 Uhr
durch I. K. und K. H. Prinzessin von Salm. Ansprache des Herrn Geh.-Rath Jul. Lessing. Eintritt 5 Mark. Katalog einbegriffen. Geöffnet 3–6 Uhr. Nachmittagsthee 1 Mark.
Folgende Tage Eintritt 1 Mark.

Schiller-Theat. N.
Thalia-Theater.
Central-Theater.
Geisha.
Musette.
Deutsch - Amerikanisches Theater.
Aber, Herr Herzog!
„Hänsel und Gretl"
AMERIKA.
Luisen-Theater.
Casino-Theater.

Gr. Ringkampf-Concurrenz!
Man lebt ja nur einmal.
Unser Doktor.
Wintergarten
Otéro.
Und ein auserlesenes Künstler-Programm
Apollo-Theater.
Frühlingsluft
Prinzess Rosine

Folies Caprice,
„Nach dem Zapfenstreich."
XI. Berliner Saison
Circus Busch.
Mexiko
Indien.

Abbildung 11: Inserat: Verein für Kunst, 1.12.1905; BT Nr 591 (19.11.1905), 20

17
Grotesken

nannten sich die theatralischen Darbietungen, die der *Verein für Kunst* gestern für seine Mitglieder im Saal der Freunde vorführte. Diesem Namen machte das schnurrige Werk alle Ehre, das die Vorstellung beschloß: „Herr Kammerdiener Kneetschke", eine Kammerdienertragödie in fünf Akten. Es spielt laut Theaterzettel „Auf den Brettern der blauen Bühne in der nächsten Zukunft". Der gediegene und belesene Kenner unserer Zukunftsdichtung errät sofort, daß nur *Paul Scheerbart* der Verfasser dieses Dramas sein kann. Scheerbart, seit Peter Hilles Tode wohl der einzige echte Kunstzigeuner unter so vielen Talmi-Bohémiens mit buschigen Mähnen. Seine verblüffende Phantastik pflegt ihre Helden sonst, wenn die Handlung nicht recht weiter will, in irgend eine fliegende Flasche zu sperren und sie vom Mond zum Sirius reisen zu lassen. Diesmal bleibt er hübsch in irdischen Regionen und begnügt sich mit der berechtigten Eigentümlichkeit, seinen Personen blaue Perücken auf den Kopf zu stülpen. Nur der Kammerdiener Kneetschke zeichnet sich durch eine weiße Haartracht aus. Dafür ist er auch der einzige, der in eine entartete Zeit wahre aristokratische Ideale hinüberrettet. Er besteht darauf, daß sein Herr, der Graf Patzig, nach der alten Sitte des erlauchten Hauses Tausendmarkscheine als Verlobungskarten benützt.

Verzweifelt greift die Familie zum letzten Rettungsmittel aus solcher Not, zu falschen Scheinen. Kneetschke aber kann diese Schande nicht überleben. Er ersticht sich mit einem langen Messer, und der spukende Geist des Hauses Patzig krönt seine Leiche mit dem Lorbeerkranz.

M. J., BT Nr. 613 (2.12.1905), 2

18
Über einen Vortrag des Berliner Schriftstellers Paul Scheerbart,

der in der Literarischen Gesellschaft zu Köln über eigene phantastische Skizzen sprach, schreibt die „Köln. Ztg.“: „Es mag anerkannt werden, daß Scheerbart ein großes Vorstellungsvermögen hat, das zum Teil starke farbige Wirkungen in sich enthält. Allein er versteht es so wenig, diese Phantasiegebilde zu einem künstlerischen Ziel zu ordnen, sei es im Sinne des Märchenhaften oder in dem des Humors, daß das Publikum mit diesen bizarren Dingen nichts rechtes anzufangen weiß. Da Scheerbart auch noch zu denjenigen Vortragenden gehört, die in der Redekunst unzureichend bewandert sind, so kam es zu einem deutlichen Mißerfolg. Die große Mehrheit des Publikums verließ nach dem Hauptstück den Saal, ohne das Ende der Vorlesung abzuwarten.“

* –, Prager Tagblatt Nr. 58 (28.2.1906), 7

19
„Münchhausen und Clarissa“

Die Bilder sind oft mit ausgelassenster Heiterkeit gezeichnet, die bei der Behandlung der modernen Frauenfrage ihren Höhepunkt erreicht. Dazu bildet die Melbourne-Kunst einen prächtigen Gegensatz; der Baron führt Kunstwerke vor, die von verblüffender Originalität sind. Auch der ernster veranlagte Leser wird eine Fülle von Anregungen empfangen. Das Interessanteste ist jedenfalls das, was der Baron von der großen Tierwelt des Erdinnern, von den Nordlichtern und von den Protuberanzenwäldern der Sonnenoberfläche berichtet. Das mit eigenartigen Zeichnungen des

Verfassers geschmückte und vornehm ausgestattete Buch sei weiterem Interesse empfohlen.

(anonym), Grazer Tagblatt 16, Nr. 176 (29.6.1906), 19

20
Literarisches

Paul Scheerbart nennt sein neuestes Werk „*Münchhausen und Clarissa*" einen Berliner Roman. Er hat den alten lustigen Baron Münchhausen zu neuem Leben erweckt und ihn auf die imaginäre Weltausstellung in Melbourne gesandt, damit er eine Woche lang einer Berlin W.-Gesellschaft aus dem Reiche der unbegrenzten Möglichkeiten, welche die Zukunftstechnik bietet, Vorträge halte und für die „neue Kunst", die Melbourne-Kunst, werbe. Wer sie kennen lernen will, muß bei Scheerbart selbst nachlesen. Des Dichters Phantasie, die durch die ganze Reihe seiner Werke mit stetig unvermindertem Gehalt überraschende und überwältigende Bilder gewebt, ist auch diesmal wieder von sprudelnder Frische. Keck, in gigantisch-schwunghaftem Tanz reißt er uns von Bild zu Bild, nie müde und nie ermüdend. – Paul Scheerbart ist mehr als irgend ein anderer Moderner dem glücklich nach seinem Tode vom Lesepublikum entdeckten Peter Hille poetisch stammverwandt. Er ist ihm in der Abgeschlossenheit und Geklärtheit des Schaffens sogar überlegen. Und für ihn spricht etwas, was alles überwiegt: er *lebt* und der taprige Schlingel Publikum kann ihm bei Lebzeiten helfen, die Schätze seiner Phantasie zu vervielfältigen und auszustreuen: indem er seine Bücher kauft. Die Lektüre wird ihn für den Entschluß dazu reichlich entschädigen. Für den Fall, daß „brüllender Stumpfsinn" ihn gar nicht versteht, hat sich Scheerbart längst selbst mit dem getröstet, was sein Münchhausen zu seiner Verehrerin Clarissa sagt: „Tröste Dich, es ist immer besser, daß uns die Leute ‚gar nicht' verstehen; wie leicht könnten sie uns ‚mißverstehen' und uns für politische Revolutionäre halten und uns ins Gefängnis sperren lassen."

W–r (Albert Weidner), WaM 12, Nr. 36 (3.9.1906), 3. Beilage
Weidner (Berlin 1871–1948 verhungert), Industriearbeiter, Anarchist, Agitator, Mitarbeiter bei Gustav Landauers *Der Sozialist,* Herausgeber der Zeitschriften *Der arme Conrad* und *Der arme Teufel; Aus den Tiefen der Berliner*

Arbeiterbewegung (1905, Ndr. 2017); politische u. ökonomische Artikel, Essays, Theater- u. Literaturkritiken; in WaM hatte er 1906 alle Ressorts, Leitartikel, Politik, Soziales, Theater, Rezensionen, Stories.

21
Phantastische Romane

[...] Nach dem Vergangenheitsromantiker und der Gegenwartsphantastin möge nun auch ein Zukunftsvisionär seine Erwähnung finden. Als solchen wird man Paul *Scheerbart* bezeichnen dürfen, obgleich er seine schalkhafte Schwelgerei „*Münchhausen und Clarisson*" [!] mit irreführendem Stolz einen Berliner Roman nennt. Er hätte vielleicht eher sagen können: Eine Romanpredigt an die Berliner und sonstigen selbstüberzeugten Europäer – denn dies war es wohl, was ihm vorschwebte. Im Bilde einer phantastischen Weltausstellung in Melbourne, von der er den alten, *ad hoc* neubelebten Münchhausen in einem Berliner Privathause Wunderdinge erzählen läßt, wollte er die auf ihre Erfindungen, Kultureinrichtungen und sonstigen Gescheitheiten so stolzen Weltstadtmenschen der Jetztzeit in phantasievoll-vergnügter Weise *ad absurdum* führen. Leider vermengt jedoch der Dichter seine eigenen bunten Einfälle, die wie bunte Glitzerraketen prächtig in die Lüfte steigen, selber mit so vielerlei sorglosen Absurditäten, daß er infolgedessen wenig überzeugend wirkt. Doch Scheerbart ist ein zu munterer Spaßvogel und Märchenvogel, als daß man ihm mit philisterlich-ernsten Maßstäben kommen dürfte. Und er ist viel zu durchdrungen vom selbstherrlichen Recht der Phantasie, als daß er für das Gebot der Einschränkung, das man ihm entgegenhalten möchte, einen Sinn haben sollte. Wie ein Kind sich an Seemuscheln und bunten Glitzersteinen freut, so ergötzt sich Paul Scheerbart an den schimmernden Seifenblasen seiner nie ermüdenden Einbildung. Um dieser kindlichen Naivetät und um der damit verbundenen fröhlichen Narrheit willen findet Scheerbarts im Grunde sehr tiefer Ernst leider selten den Glauben und die Anerkennung, die er verdient. Diese Sorglosigkeit, diese Absichtslosigkeit, diese Interesselosigkeit eines echten Bohèmen, sie erscheinen in unserer Welt der bürgerlichen Zivilisiertheit als Unwahrscheinlichkeiten, vielleicht als gauklerhafte Maskenspiele. Aber wer den überlegenen Mut zu gelegentlicher Selbstpersiflage hat, wie sollte der nicht erst recht den Mut zu echter Selbstbekennung und Selbsthingabe besitzen! Scheerbart ist einer jener „Narren", die man ernst nehmen muß. Er lügt, er schwadroniert, er erfindet wie sein neuester Held Münchhausen. Aber wie Münchhausen selbst eine festgegossene Eigenfigur ist, die man mit ein paar Schlagworten nicht abtun kann, so ist auch Paul Scheerbart eine in sich abgeschlossene originale Poetenerscheinung, die allen Anspruch darauf hat, den Tag zu überdauern.

Was hat nun sein Münchhausen von der Weltausstellung in Melbourne den erstaunt lauschenden Berliner Gelahrten alles zu erzählen? In gemeinem Deutsch läßt sich das eigentlich gar nicht wiedergeben, man muß es bei Scheerbart lesen. Man muß seine zugleich glühende und spöttische Beredsamkeit hören, um in die Illusion hineinzugeraten, diese Dinge zu glauben – und sei es auch nur für ein paar Momente phantasievoller Erregtheit. Was irgend der Witz unserer Erfinder ersann, was irgend die vorgeschrittene Geschicklichkeit unserer Technik ins Werk setzte, es wird hier einfach zum Kinderspiel. Da hört man von beweglichen Hotels, die gleichsam wie Postkutschen durch die Ausstellung fahren, so daß man von seinem Fenster aus das wechselnde Panorama – ein ungeheures Panorama von neuen hohen Bergen, die einen Landsee umrahmen – in sich aufnehmen kann. Oder man vernimmt von himmelhohen Turmhäusern und Wolkenkratzern, die in konzentrischen Kreisen zu einander gruppiert und durch Brücken miteinander verbunden sind, und durch die man, wie in einem Fahrstuhl, hinauf und hinab und kreuz und quer gehoben und geschoben wird. Dann hören wir von Luftballons, Wasserkünsten und Feuerwerken, die alles je Erträumte überbieten. Zum Schlusse aber werden wir eingeladen zu einer Fahrt ins Innere der Erde, Tausende von Metern tief, vorbei an Meeren mit nie erschauten Riesenfischen, bis hinab in geheimnisvolle Höhlen, wo berggroße Untiere wohnen, deren Drachenleib mit der Erde selber verwachsen ist. Das sind die eingeborenen „Götter" der Erde, gutmütige, groteske Ungeheuer, die dem Menschen wohlwollen und ihm im Erdeninnern die Wege weisen. Für Scheerbart ist die Erde als Planet in sich ein lebendiges Wesen, und diese „Götter" sind der unheimliche und unmittelbare Ausdruck der planetarischen Lebenskraft, der gegenüber die Menschen nichts als arme, abhängige Zwerglein sind. So versteigt sich hier Scheerbarts Phantasie, ohne ihre stille Neigung zum Burlesken ganz zu opfern, in die Gebiete des Religiös-Erhabenen, indem sie aus der Vorstellung selbstständiger kosmischer Lebensgewalten sich eine Art von Mythologie erfabelt.

Daß dieses indes nichts Zufälliges, sondern wohlerwogene Absicht ist, beweisen Scheerbarts Anschauungen über Kunst, die er gelegentlich dem Baron Münchhausen in den Mund legt. Auch die Kunst soll „kosmisch" werden, das heißt, sie soll sich nicht an die zufälligen Erscheinungen dieser Erde klammern und diese blind und getreu kopieren, sondern sie soll aus den lebendigen Naturkräften neue Erscheinungsformen kombinieren und so ihre eigene Schöpfermacht erweitern. Wir hören da beispielsweise vom Standbild eines Wassergottes, das als eine Art Brunnenmonument auf jener fabelhaften Melbourner Ausstellung zu sehen sein soll. Dieser Wassergott gleicht keinem je beobachteten Lebewesen; er wirkt wie eine Offenbarung der Wunderwelten der Tiefsee, ist gleichsam die symbolische Verdichtung elementarer unbegreiflicher Wassermächte. So wird auch von der Dichtung gefordert, daß sie die Engen der Menschlichkeit überwinden und reine Geistesprobleme in phantasievollen Bildern behandeln soll. Die hier aufgestellten Ziele sind groß und erhaben, und wer die Sterne reden machen kann, der ist gewiß ein großer Dichter. Doch der Menschheit systematisch entrinnen zu wollen, und sei es auch nur im Reiche der Idee, muß schließlich zur Unfähigkeit innerhalb der Sphäre des Menschlichen, muß zu einer gewissen Unsinnlichkeit führen. Diese Gefahr können wir bei Scheerbart selbst beobachten. Er verwirft theoretisch die Schilderung menschlicher Figuren. In diesem Roman führt er trotzdem welche ein – und siehe da, es sind Gliederpuppen. Dieser hundertundachtzigjährige Münchhausen und seine achtzehnjährige Klarissa, es sind Phantome. Sie mögen eine tiefsinnige, symbolische Bedeutung haben, aber sie haben kein wirkliches Eigenleben. Daß aber Marionetten statt lebensvoll erweckter menschlicher Gestalten künstlerisch ein Fortschritt sein sollen, vermag ich nicht zu glauben. Diese Theorie erinnert doch zu sehr an die Fabel vom Fuchs und den sauren Trauben. Der Mensch wird niemals aufhören, an erster und an letzter Stelle überall das Menschliche zu suchen. Er will auch in der Poesie vom Zauber der Menschlichkeit ergriffen sein. Und wo uns die Poesie scheinbar über alle Menschlichkeit hinausführt, da ist doch im letzten Grunde das, wovon sie lebt, nur unsre allermenschlichste Sehnsucht.

Franz Servaes, Neue Freie Presse Nr. 15103 (8.9.1906), 31 ff.
Servaes (Köln 1862–Wien 1947), Dr. phil., im Friedrichshagener Dichterkreis, Kunst-, Literatur- u. Theaterkritiker, wichtiger Unterstützer der Progressiven der 1890er Jahre; seit ca. 1895 mit PS befreundet; seit 1899 in Wien, Redakteur der *Neuen Freien Presse.*

22
Münchhausen und Clarissa. Ein Berliner Roman

Scheerbart schreibt kosmische Phantasmagorien. Das schrieb ich einmal so hin, und als die Sache gedruckt war, stand da: „Komische Phantasmagorien.“ Aber das stimmt auch. Es trifft dasselbe, nur von einer anderen Seite gesehen. Komische Phantasmagorien von kosmischen Dimensionen. Jawohl! Spässe, so zwischen dem Orionnebel und den Plejaden hinüber und herüber, über brodelnde Löcher, in denen Welten kreisen. „Spässe!“ Das Wort gewinnt bei Scheerbart eine ganz andere Bedeutung, als wir ihm geben. Etwa: „sonderbare Geschichten“ oder „abenteuerliche Chosen“. Spässe!! Scheerbarts Phantasie wirbelt Welten herum und strebt dem Unvorstellbaren zu. Nicht unvorstellbar, weil es etwa gedanklich, bloß abstrakt wäre, sondern weil wir keine Berührungspunkte mit ihm besitzen. Für Scheerbart ist es ein Ungeschautes, und er schildert die Geschöpfe seiner Phantasie, als ob er sie mit leiblichen Augen gesehen hätte. Ja – er zeichnet sie sogar, und am Ende dieses Buches sehe ich ein Mappenwerk: „Jenseitsgalerie“ von Scheerbart angekündigt. So etwa sagt sich Scheerbart: es gibt im unendlichen Kreis der Welten keine Unmöglichkeiten. Jede Form, jede Gestalt, die ich mir vorstellen kann, muß es – eben weil ich mir sie vorstellen kann – irgendwo und irgendwann gegeben haben oder geben. Und dann zeichnet er diese Formen und Gestalten und glaubt an ihre Existenz. Er glaubt daran. Zuerst dachte ich, daß Scheerbart alle diese Monstra nur symbolisch angesehen wissen wolle. So vielfältig ist die Welt, und so absonderlich. Aber ich habe mir erzählen lassen, er glaube an sie, so wie er sie zeichnet: als Realitäten auf irgendwelchen anderen Sternen. An seiner Phantasie fällt etwas Unorganisches auf. Wenn Dürer Ungeheuer zeichnet oder Breughel seine saftigen Dämonen malt, wenn irgendeiner der anderen germanischen Meister alle Abgründe seiner Phantastik öffnet, so wirken seine Gestalten bei aller Abscheulichkeit doch nicht vollkommen unmöglich auf uns. Glieder aller erdenklichen Tierformen bilden einen gemeinsamen Körper, aber – wenn uns auch das Ganze fremd ist, seine Einzelheiten sind uns vertraut, und der Zeichner hat, das ist das Geniale an seiner Arbeit, die organische Bindung gefunden. Bei Scheerbart fehlt die organische Bindung. Das ist auch von der Phantastik dieses Buches zu sagen. Münchhausen, der alte Baron Münchhausen, 180 Jahre alt, kommt nach Berlin und erzählt im Hause des Grafen von Rabenstein seine Erlebnisse auf der Weltausstellung zu Melbourne. Der prächtige Münchhausen, der

Vater aller bunten Fabulierkunst im nüchternen Berlin von 1905. Darum: „ein Berliner Roman." In Australien ist alles anders, unerhört, ins Maßlose vergrößert, und die Berichte des Barons sind Scheerbart ein Vorwand, seine eigene Meinung über einige wichtige Angelegenheiten der Menschheit anzubringen. Über die Kunst vor allem. Nicht mit kleinlicher Menschen- oder Naturnachahmung geben sich die australiatischen – Scheerbart sagt beharrlich „australiatischen" – Bildhauer, Maler und Dichter ab. Diese Erde ist im kosmischen Ganzen viel zu belanglos und kleinlich, um ihnen irgendwelche Vorbilder abzugeben. Sie holen ihre Stoffe und Motive aus den jenseits unserer irdischen Vorstellungskreise liegenden Gebieten. Man geht „von den auf der Erdrinde bekannten Organformen ab und sucht durch Weiterbildung und Umformung der bekannten tierischen und menschlichen Gliedmaßen neue Wesen zu erzeugen, die in willkürlicher – scheinbar willkürlicher – Art alle möglichen Formengebilde vereinigen". Also man tut, was Scheerbart zu tun begonnen hat. „So sah ich einen Brunnengott, der zwanzig dickknochige, krebsscherenartige Beine hatte, deren Füße komplizierte feine Luftballons waren, die zusammengedrückt erschienen, und aus denen ellipsoidartige Blasen mit grätenartigen Kämmen heraustraten. Die Beine selbst hatten in den krebsscherenartigen Auswüchsen so viele gelenkige Stacheln und Rüsselbildungen, daß ein Floh im Mikroskop ein ganz einfaches Tierchen dagegen sein würde. Und nun denken Sie sich ..." Es geht noch lange so weiter. Das ist doch mal ein feiner Brunnengott! – Und nachdem der Baron Münchhausen sieben Tage lang seine Erlebnisse erzählt hat, geht er mit der jungen Gräfin Clarissa durch, um zu beweisen, daß die Ehe eine ganz alberne Institution sei und das Sexuelle gar nicht so wichtig, wie man gemeinhin glaubt. Das ist Paul Scheerbart, der Anti-Erotiker! Eine Sehnsucht lebt in ihm; eine Sehnsucht nach dem unendlichen All, nach der Fülle der wunderbarsten Gesichte; eine Sehnsucht, die sich ganz seltsame Melodien erfindet, um zu uns zu sprechen.

Karl Hans Strobl, Die Zeit Nr. 1430 (Wien) (7.10.1906), 25; Österreichische Rundschau 9 (1906), 304
Strobl (1877–1946), österr. Jurist, Schriftsteller (Phantastik), förderte PS seit etwa 1901

23

Im Verein für Kunst

dessen zehnter Vortragsabend im Salon Cassirer stattfand, lasen gestern zwei Dichter von sehr verschiedenem Temperament aus ihren Werken vor. *Gerdt v. Bassewitz,* dessen Erscheinung stark an die elegante Gestalt des Finanzministers v. Rheinbaben erinnert, ist gewiß ein Mann, der gern und liebevoll in all das Können, Sprießen und Werden der Natur hineinschaut; er vermag auch in sanft und angenehm klingenden Worten und in reizvollen Bildern das Empfinden wiederzugeben, aber er hat nur einen einzigen Ton auf seiner Leier, der, immer wieder angeschlagen, schließlich ermüdend wirken muß. Wenn man sie immer wieder hört, scheint die Wiedergabe der Empfindung schließlich zur kalten, tönenden Phrase zu werden. Sie vermag in ihrem ohnmächtigen Einerlei weder für den Dichter noch für die Vorgänge in seiner Seele zu begeistern.

Über *Paul Scheerbart,* den Wildling im deutschen Dichterwald, ist bereits vor zwei Jahren hier ausführlich gesprochen worden. Die kokette Sinnlosigkeit seiner Dichtungen hat sich seitdem in nichts verändert. „Die Welt von Eisen, ein großes Gebrumm", „Die Fabrik lebenslustiger Kreaturen, eine kosmische Existenzkomödie", „Die lachenden Giraffen" und gar der tolle „Monolog des Mastodons" sind alles Dichtungen, hinter deren absurder Bizarrerie wohl nur ein Marsbewohner einen Sinn entdecken kann. Scheerbart wird von einem bestimmten Kreis als echter Dichter verhätschelt. Diese Leute begehen eine große Sünde an dem zweifellos reich talentierten Mann. Wenn er von Zeit zu Zeit einen tüchtigen Klaps bekäme, der ihn von dem Kometen, auf dem er wohnt, auf die Erde hinabwürfe, würde er vielleicht manches schreiben, dessen man sich erfreuen könnte.

(anonym) BT Nr. 58 (1.2.1907), 2 f.

G. v. Bassewitz (1878–1923), Offizier, Schauspieler, dann Schriftsteller; *Worte zu Dir. Naturphilosophische Essays* (1907), *Peterchens Mondfahrt* (1912). – Georg v. Rheinbaben (1855–1921), 1899–11 preuß. Innen-, dann Finanzminister

24
Nachtvorstellung

Das *Figaro-Theater* kündigt an: „Anfang nächster Woche findet eine Aufführung von Dramen *Paul Scheerbarts* als *Sondernachtvorstellungen* um 12 Uhr nachts statt, da die Abende durch die planmäßigen Vorstellungen besetzt sind und die üblichen Matineestunden der *ungewöhnlichen Stimmung dieser pointillistischen Dramatik nicht günstig* sind."

Scheerbart, der komisch-kosmische Kometenjäger, mordet den Schlaf, den heiligen Schlaf! So könnte man mit Macbeth rufen. Muß Scheerbart unbedingt des Nachts aufgeführt werden? Ist es durchaus notwendig, daß die Werke seiner überphantastischen Feder zu einer Zeit genossen werden, wo sich – um in seinem Stil zu reden – die gärenden Gehirne danach sehnen, das Planetoidengewimmel der Gedanken aus Siriusfernen zurückzurufen und das müde irdische Gehäuse in die Urtiefen der Bettfedern zu versenken?

Die Nacht hat nun einmal ihre feste und, wie wir glauben, ganz nützliche Bestimmung; Figaro und Scheerbart mögen sie ihr lassen!

(anonym), BT 36, Nr. 63 (4.2.1907), 2. Nachdruck in Czernowitzer Allgemeine Zeitung Nr. 925 (10.2.1907), 4, mit der Vorbemerkung: *„Sensation um jeden Preis,* das scheint immer mehr die Devise des Berliner Theaterlebens zu werden. Das Neueste sind *Mitternachtsvorstellungen.* Das ‚B. T.' berichtet darüber: [...]"

25
Mitternächtige Premiere

Im Berliner Figarotheater fand die Premiere eines Dramas von Paul Scheerbart um *12 Uhr nachts statt.* Begründet wird dies damit, daß die *übliche Stunde der ungewöhnlichen Stimmung dieser Dramatik nicht günstig sei.*

Ein Dichter hatte konzipiert,
Vom Kuß der Muse inspiriert.
Dann hatt er's Kind zur Welt gebracht
Um Mitternacht, um Mitternacht.

Zu solcher Stunde? Ei, warum?
Drauf sagt er euch: „Das Publikum
Empfindet erst der Stimmung Macht
Nach Mitternacht, nach Mitternacht."

O Schiller, Goethe und Shakespeare,
Was waret doch für Stümper ihr,
Die Stimmung ihr hervorgebracht
Vor Mitternacht, *vor* Mitternacht!

Homunculus, Die Muskete. Humoristische Wochenschrift (Wien/Leipzig) 3, Nr. 72 (4.2.1907), 4

26
Scheerbart-Abend im „Figaro"

In der grasgrünen Halle des Sezessionshauses erlebte man gestern abend ein blaues Wunder nach dem anderen. Scheerbart als Dramatiker – was ließ sich da erwarten? Sollte die fesselfrei umhertollende Phantasie dieses Dichters, die ihn Romane ohne Anfang und Ende schreiben läßt, und die mit ebenso großer Selbst- als Unverständlichkeit über Stock und Stein klettert, sich überhaupt in ein irgendwie bühnenmäßiges Kleid stecken lassen? Kann dieser Drunter- und Drüber-Poet mit dem merkwürdigen Namen und den noch merkwürdigeren Hervorbringungen – die einen nennen ihn einen Wunderdichter, die anderen einen genialen Narren, die Dritten lassen dies Adjektiv ruhig fort – plötzlich mehr als bunte Seifenblasen fabrizieren? Ja, es ließ sich wahrhaftig nicht erwarten, daß die Art seines Schaffens überhaupt das *wirklich* gesprochene Wort vertrüge!

Eben war ich schweißtriefend von der Lektüre seines Königsromans „Na Prost!" aufgestanden, worin acht [drei!] germanische Gelehrte, die in einer achtkantigen Likörflasche sitzen, zu der Erkenntnis kommen: „Die Welt ist ein Kuhstall." Die Erschütterung durch diese schwerwiegende Empirie ward durch die Furcht verstärkt, daß nun auch die Bühne scheerbartisch vertieft werden solle – aber siehe da, es kam ganz anders. Der Mann, der Schafgarben und Königskerzen, Mistbeete und Rosenlauben, preußische Magistratsbeamte und Siriusbewohner graziös durcheinanderschüttelt und in Überraschungen aller Art macht, erlebte gestern selbst die größte – sich urplötzlich als Dramatiker entdeckt zu sehen.

Freilich – nicht im üblichen Sinne. Die fünf gestern zum ersten Male aufgeführten Stücke, für die es schlechterdings keinen Gattungsnamen gibt, sind Wesen besonderer Art. Das einzige, was sie mit anderen Bühnenprodukten gemeinsam haben, ist höchstens der Dialog. Der aber gebärdet sich natürlich auch auf seine eigene Weise – er karikiert sich selbst. Was an geistigem Gehalt in diesen Zwitterszenen steckt, kann in eine der üblichen Kategorien des „umgekehrt Erhabenen" kaum eingeschachtelt werden – es wird vielleicht am besten durch „ironische Lyrik" bezeichnet. Wenn diese kosmischen oder gesellschaftlichen Phantasien nun schauspielerisch dargestellt werden, wirken sie wie breite, grellfarbige Flächen, auf die ein mutwilliger Zeichner rücksichtslose, das Wesen der komischen Verzerrung aber gut treffende Striche und Kleckse geworfen hat. So muß man zuweilen an dramatisierte Plakate oder Simplizissimusbilder denken – wie auch der glattweltmännische „Kommentator" seines scheerbärtigen Kollegen, Freiherr Karl v. Levetzow, mit Recht betonte. Es gab einmal einen Dichter – der allerdings nur einmal den komischen Hippogryphen ritt – an dessen Art Scheerbart von fern erinnert: Grabbe. Wenn man Grabbes „Scherz, Satire, Ironie und tiefere Bedeutung" aufführen würde, könnte man jedenfalls dieselben äußeren Wirkungen erleben.

Eine außerordentlich verständige Inszenierung hatte in allen fünf Stücken erkannt, worauf es ankam: den Dingen, die hier geschehen und die immer das Prinzip des „Andersbetrachtenwollens" festhalten, mußten sehr scharfe äußere Umrisse, sehr klug abgepaßte Rahmen gegeben werden.

Das geschah in einer Weise, die jeden Tadel ausschaltete – nur mit solchen schmalen Vordergründen, mit so kahlen Leinenwänden und so primitiven szenischen Mitteln war das Eigenartige der Aktionen zu erfassen und die volle Wirkung aus ihnen herauszuholen. Das erfuhr man gleich in der ersten Begebenheit *„Das dumme Luder"* – ein Jupiterdrama. Die Bühne sieht aus wie ein Bild des Hokusai. Fünf Bewohner des Jupiter sitzen da nebeneinander, die riesenfingerigen Hände über der Brust gekreuzt. Sie unterhalten sich über ihr unzulängliches Dasein, das dadurch entsteht, daß Mann und Frau fünfhundert Mal in einer Stunde „die Wände bespucken". Sie finden das selbst komisch, trösten sich aber damit, daß es auf dem Planeten Erde noch viel komischer zugehen müsse: Dort kämen die Leute in breiartiger Form auf die Welt. Den einen der Jupiterleute, das „Dumme Luder", packt aber der Lebensüberdruß, und er bringt sich schleunig um. Die anderen wollen „essen gehen", indem sie die Pfropfen aus ihren Stirnen ziehen und ihre Gehirne gegenseitig „auslutschen". Der Sinn der Farce: Die Welt ist überall nur so, wie sie erscheint, und die Jupiterleute sind also nicht besser dran als wir – eine Illustration des Schopenhauerschen Vorstellungsgedankens, wenn man will. Eine Reihe phantastischer Zugaben, die seltsame Lachmethode dieser Jupitermenschen und die gerade sehr harmonisch gestimmte Sphärenmusik machten die Sache noch schmackhafter. Man wurde allgemein warm bei dieser ungewohnten Bühnentemperatur, und der Dichter ward jubelnd herausgeklatscht.

„Der Schornsteinfeger", eine konstantinopolitanische Offizierstragödie, verhöhnt mit besonders grimmer Laune den Duellunfug. Zwei Beduinenleutnants vom Bosporus, der eine erzählt, daß seine Frau verführt worden sei. Der Freund bekundet, dies könne nur mit Blut abgewaschen werden. „Ja, aber der Mann war ein Schornsteinfeger!" Große Ratlosigkeit, aber: „es *muß* geschossen werden!" Der betrogene Freund findet endlich einen Ausweg, er knallt den Unbeteiligten nieder, der ihm eben den Ehrenstandpunkt klar gemacht hat. Die Lösung ist einfach, und der Ehre Genüge geschehen.

Von bedeutsamer Aktuellität und nicht minder wirksam zeigten sich die beiden nächsten Burlesken. In der einen, betitelt *„Der Regierungswechsel"* (Personen: der große Napoleum, der große Künstler Zibulko und das Modell Susanne), ist das autokratische Militärregiment, das das 20. Jahrhundert kennzeichnet, plötzlich abgelöst durch die Herrschaft der Kunst, die nun ihrerseits ebenso größenwahnsinnig wird. In Idee und Durchführung erwies sich diese starke Persiflage mit ihren zahllosen Durchsichtigkeiten als die geistreichste Gehirnevolution ihres Dichters.

Die Mondscheinkomödie „*Gift*“ – Nummer vier – flaute zwar in der Wirkung ab, konnte sich aber als spaßhaftes Impromptu zu einer sehr ernsthaften Sache wohl sehen lassen. Ein Bräutigam will mit seiner Liebsten der Welt Valet sagen, weil ihm der alte schlotternde Zeitgeist nicht mehr gefällt, der ihm *in persona* aufwartet. Als er aber dessen frechen Sprößling Rinaldo kennen lernt, der den Alten einmal ablösen wird und die revolutionärsten Absichten hat, ist er doch froh, noch unter der Trottelei des biederen Chronos fortexistieren zu können – und aus der Vergiftung wird nichts.

Die fünfte Gabe, die Scheerbart bescherte, konnte es wegen ihrer Breite nicht mehr zu den Erfolgen ihrer Vorgänger bringen. Auch die Idee ist einigermaßen abgedroschen. „*Herr Kammerdiener Kneetschke*“, dem die Blaublütigkeit des Geschlechts Patzig, das er seit Generationen bedient, ins Gehirn gestiegen ist, kann sich nicht beruhigen, daß sein Herr die Verlobungskarten für seine Tochter statt auf Tausend- nur auf Hundertmarkscheinen drucken läßt. Das ist gegen alle Tradition, weshalb sich Kneetschke erdolcht. Hier ist der Witz zu nah, der Geist zu fern, trotzdem konnte der glückliche Dichter immer wieder neben seinen bizarren Gestalten erscheinen.

Das literarische Experiment, das sich der Figaro mit der Aufführung dieser Seltsamkeiten geleistet, wuchs jedoch, wenn man alles zusammenfaßt, zu einem regelrechten und hochlöblichen Verdienst heran. Den Darstellern, die ohne jede Ausnahme und überall das Möglichste aus dem Unmöglichscheinenden machten, – genannt seien nur die Damen *Hubert, Waldoff, Bara* und die Herren *Baselt, Mayerhofer, Kupfer, Werckmeister* – muß der neuentdeckte „Dramatiker“ einen besonderen Hochachtungsschluck „meerblauen Narrenweins“ kommen. Na Prost!

F. L., BT Nr. 86 (16.2.1907), 2

Alle fünf Stücke in GAT. Karl Michael Freiherr v. Levetzow (1871–1945), Staatsbeamter, tätig an Ernst v. Wolzogens Berliner Kabarett *Überbrettl;* Reisen, seit 1930 in Böhmen; schrieb Libretti u. Lyrik

Claire Waldoff (1884–1957) gab hier ihr Debüt; vgl. Zeittafel

Georg Baselt (Breslau 1869–Berlin 1928), Komiker

Hans Werckmeister (Berlin 1879–1929), Schauspieler, Regisseur; Luise W. (1882-nach 1944), seine Frau, Schauspielerin. Vgl. Wg 555 f.

27
Berliner Theater

Man telegraphiert uns aus *Berlin* 16. d.: Das *Figaro-Theater* wird kaum eine große Bedeutung gewinnen. Bisher scheint es die Absicht zu haben, eine Art besseren Kabaretts darzustellen. Aber die Preise sind ziemlich hoch. Die Plätze kosten 6 Mark und der Zuschauerraum ist verhältnismäßig klein, so daß man die Unkosten kaum herausbringen dürfte. Gestern gab es einen *Scheerbart*-Abend. Scheerbart hat sich bisher durch einige phantastische Romane bekannt gemacht. Außerdem hat er 22 kleine Theaterszenen geschrieben. Sie stehen etwa auf dem Standpunkt studentischer Biermimiken und haben oft noch weniger Witz als diese. Von diesen Mimiken wurden gestern fünf gegeben. Eine davon spielt auf dem Planeten Jupiter. Scheerbart hatte seine Freunde aufgeboten und wurde mehrfach herausgerufen. Die meisten Besucher aber langweilten sich und fingen auch an, zu zischen.

(anonam) Die Zeit Nr. 1581 (17.2.1907), 5 f.

28
Der Clown der Literatur

Aus Berlin wird uns geschrieben: Im Figaro-Theater wurde der absonderliche Poet *Paul Scheerbart* durch eine nächtliche Sonder-Vorstellung seiner bizarren Einakter geehrt und von seiner Berliner Gemeinde, den Botticellimädchen und den Jünglingen des „Café Kurfürstendamm" an Ort und Stelle zum Genie ausgerufen. Einem solchen bedeutenden Ereignisse gebühren auch besondere Nebenumstände. So war in der Person des Freiherrn *Karl von Levetzow* ein Extra-Conferencier verschrieben, der uns immer zu erklären hatte, was die Vorgänge auf der Bühne eigentlich vorstellen sollten, und das auch mit recht ungewandter Rhetorik tat: so wurden die Akte durch Paukenschläge eingeleitet, kurz, ein Scherz jagte den andern. Natürlich wird das den gesunden Literaturbeurteiler niemals dazu veranlassen können, in den Scheerbart-Hymnus einzustimmen. Im Roman, oder besser, in den Phantasien, die er Roman nennt, ist dieser Westpreuße gewiß ein Eigenbrödler von ganz merkwürdiger, grotesker Begabung: von einer Fähigkeit, die märchenhaft bunten Farben gespenstischer Träume zu mischen, die man ihm schwer nachahmen wird. Auf der Bühne aber verliert sich der Reiz, und alle Erklärungsversuche, alle Sophistereien können hier das Manko an Form nicht ausgleichen. Es werden Anläufe zur Satire gegeben, aber ganz flüchtig, in der Gestalt kleiner Spähne und Schnitzel, die dann kaum merkbar, wesenlos im Meere eines ungeheuerlichen Geschwätzes, uferloser Blasphemien herumschwimmen und ertrinken. Selbst Wedekind ist gegen Scheerbart ein Formkünstler. „Der Schornsteinfeger", eine konstantinopolitanische Offizierstragödie, möchte den hochtrabenden Phrasenschwulst der deutschen Gesinnungstüchtigen verulken. Das politische Drama „Der Regierungswechsel" lacht sich über die modernen Kämpfe zwischen Militär- und Kunstsystem aus. „Das Gift", eine Mondscheinkomödie, predigt die allgemeine Wurstigkeit als schönste Charaktereigenschaft. Und „Herr Kammerdiener Kneetschke" ist die Tragödie eines überschrobenen Domestiken, der sich das Leben nimmt, weil seine hochgeborene Dienstherrschaft sich gegen ihre blaublütige Ehre versündigte. In allen diesen – Gottlob ganz kurzen – Dingen stecken kleine Pointen gelungenen Witzes. Sie alle aber entgleisen, sobald Scheerbart nichts mehr einfällt, und er das Minus an Bosheit durch ein Plus an Rederei ausgleichen will. Übrigens hatte Frau *Wohlbrück* einen aparten, sehr lustigen Inszenierungsstil gefunden und ihre Leute zu vergnügten Interpreten der Scheerbartschen Faschingslaune abgerichtet.

wt., NHZ Nr. 81 (17.2.1907), 2 (Kunst und Wissenschaft)

29
Berliner Theater

Im Figarotheater kam heute *Paul Scheerbart* mit einer ganzen Reihe kleiner Dia- und Trialoge zu Worte. Nennt man die phantastischsten unter den modernen Autoren, so wird auch Scheerbart genannt, Scheerbart, der Mann, der die spleenige Schrulle zu seiner Spezialität ausgebildet hat, dem die Ausdrucksformen unseres „Zeitgeistes" so ärmlich und beschränkt scheinen, daß er seine Menschen auf Planeten auftreten, planetarisch denken und planetarisch stammeln läßt. So gewinnt er auf dem Jupiter den seit Archimedes viel ersehnten Punkt, von dem aus er die Weisheiten dieser erbärmlichen Erdenbewohner aus den Angeln heben könnte. Sein Propagator Graf *Levetzow* nahm in den einleitenden Worten für den Propheten das „Recht des anderen Standpunktes" prinzipiell in Anspruch. – Das wäre so weit sehr gut und alle Neulandsucher würden den Freibrief für den Andersmeinenden mit Vergnügen unterschreiben, wenn es Scheerbart in der Tat – anders meinte. Aber er meint es gar nicht. Er treibt nur Ulk, gefällt sich in Paradoxen, hinter denen sich kein Körnchen einer neuen Wahrheit verbirgt, die nur einen phantastisch erdachten szenischen Apparat beanspruchen, ohne in der also geschaffenen entrückten Atmosphäre etwas neues zu künden, ohne auch nur ein treffendes Aperçu zu bilden, ohne ein neues nett pointiertes Wort zu prägen. Das Umwerfen der Form ist ein Recht dessen, der neues zu sagen hat, nicht aber eine Legitimation für den, dessen Talent sich in dem Verspotten dieser Form erschöpft. Die Freunde des Autors schienen sich zwar glänzend zu amüsieren, lachten, freuten sich, applaudierten, akklamierten. Aber das Geräusch der klatschenden Hände verklingt bald und der Rest ist die Enttäuschung über leeres, erfolgloses Tasten auf neuem zu ewiger Brache verurteiltem Plane. Frau *Olga Wohlbrück* inszenierte die kleinen ernst gemeinten Scherze mit viel Geschmack und Takt. Von den Darstellern wirkte der humorvolle *Georg Baselt* als Künstler Zibolko am besten.

R. S., HCBH Nr. 87 (17.2.1907), 6

30
Berlin, 16. Febr. (Privattelegramm)

Im *Figaro Theater*, der allermodernsten Akquisition Berlins, fand am Freitag eine Aufführung von 5 Stückchen des ultravioletten, höchst absonderlichen Paul *Scheerbart* statt, der für einen Teil der Kunstjünger Berlins die literarische Zukunft Deutschlands bedeutet. Es hatten sich diese langbehaarten Männlein und reformgekleideten Weiblein in großer Zahl und voller Enthusiasmus eingefunden. Sie brachten denn auch ihrem Meister feurige Ovationen dar, währen das Publikum, das mit den ausgeklügelten Vorgängen auf der Bühne nichts anzufangen wußte, sich kühl verhielt.

oa., AZ Nr. 82 (18.2.1907), 3

31
Berliner Kunst- und Theaterrundschau

(Berlin, Anfangs März) [...] Paul Scheerbart zählt zu den „Größen" der Berliner Bohème, er ist eines jener Scheintalente, welche die Visionen, die sie durch eine Alkoholisierung des Gehirnes künstlich hervorrufen, mit der Feder festhalten und diese barocken Bilder als Erzeugnisse dichterischer Genialität ausgeben. Natürlich haben sie ihre Gemeinde, nicht nur in der Bohème, sondern auch außerhalb derselben, und zwar vorwiegend in den ästhetischen Zirkeln des Westens, dessen Geldprotzen jede Narrheit auf künstlerischem Gebiete favorisieren. So schossen denn auch ein paar ästhetische Börseaner die nötigen blauen Lappen zusammen, um vier [fünf!] Einakter Scheerbarts im Figaro-Theater zur Aufführung bringen zu lassen. Ursprünglich sollte die Premiere um Mitternacht beginnen, aber schließlich setzte man sie doch schon auf 9 Uhr abends an. Ich begnüge mich, aus dem ersten Stücke „Das dumme Luder", ein Jupiterdrama, ein paar Züge mitzuteilen, welche wohl hinreichen werden, den Lesern einen Begriff von dem Blödsinn zu geben, den Freund Scheerbart verzapft. Das Drama spielt auf dem Jupiter. Fünf seiner Bewohner sitzen beisammen, darunter auch einer, das dumme Luder genannt, welche aus Lebensüberdruß Selbstmord begeht. Aus ihren Gesprächen erfahren wir, daß auf dem Jupiter die Kinder erzeugt werden, indem Mann und Frau fünfhundertmal in der Stunde – auf die Wand spucken. Auf nicht minder originelle Weise ernähren sich auch die Jupiterleute, indem sie einander einfach das Gehirn auslutschen. *Sapienti sat!* Nur eine Frage: Wer ist eigentlich das dumme Luder, der Verfasser oder sein Publikum?

Nun, was das letztere anbelangt, so setzte es sich in der Mehrzahl aus jener Bohème zusammen, welche erst kürzlich in das neue Cafe Größenwahn übersiedeln mußte, da das alte in ein höchst prosaisches Bankhaus umgewandelt wurde. Alle waren sie erschienen, die verkannten Genies mit ihren langen Haaren, welche stetig Schuppen niederregnen auf den speckig glänzenden Kragen des verschlissenen schwarzen Gehrockes, und mit ihnen kamen ihre Freundinnen in Reformtracht, die Frisur arrangiert nach dem Muster der schönen Cleo und lange, nicht sonderlich sauber gepflegte scharf zugespitzte Nägel an den Fingern, die ein schwärzliches Tintenkleckschen oder ein Farbentupfer wie ein Schönheitspflästerchen zierte. Diese Leutchen klatschten natürlich ihrem Scheerbart stürmisch Beifall, und nach dem Schlusse des denkwürdigen Abends pilgerte die ganze Bohème ins Cafe Größenwahn, wo der „Sieg" Scheerbarts mit unzähligen

Schnäpsen und Bieren begossen wurde, bis der Morgen graute. … Dann wanderten sie heim, die Bohèmens aus Berlin, Männlein mit Weiblein, die Homosexuellen und die Bisexuellen. … […]

J. St–g., Deutsches Volksblatt (Wien) 19, Nr. 6530 (7.3.1907), 1–3, bes. 2 f. In dieser bedeutendsten deutschnationalen und antisemitischen Zeitung Österreichs (1889–1922) bekundet der Rezensent einige Zeilen zuvor: „im Westen Berlins dominirt die jüdische Plutokratie […] Ebenso ist der Snobismus ein spezifisch jüdisches Gewächs, weil er aus dem Bestreben des Judentums hervorging, sich mit den Kunsterzeugnissen der arischen Völker das Heim zu schmücken …" etc.

32
Aus *Berlin* wird uns berichtet:

Ende November wird in einem Saaltheater des Berliner Westens ein *Puppenspieltheater* eröffnet. Die Leitung übernimmt der Schriftsteller Alfred Richard *Meyer.* Am Eröffnungstage werden fünf Einakter von Paul *Scheerbart* aufgeführt: „Das Ereignis der Saison", „Die Zukunftspastete", „Das Donnerwetter", „Jagdgesellschaft" und „Der Kommandant der Festung Makatubo".

(anonym), Neues Wiener Tagblatt Nr. 303 (4.11.1907), 10
Die beiden ersten Stücke sind nicht nachweisbar, die drei anderen in GAT.

33
Berliner Theater

Man schreibt uns aus Berlin:

rs. Ein Herr *Alfred Richard Meyer* veranstaltete am Sonnabend Abend in einem kleinen Saale im Hause der Sezession eine Aufführung von 5 kleinen Dramen von *Paul Scheerbart.* Man ist bei Scheerbart sicher, nur „Apartes" zu hören, d. h. Dinge, die ganz aus dem Rahmen des Hergebrachten fallen und uns in wild phantastischer Flucht Bilder und Lebewesen von fremden Gestirnen weisen. Scheerbarts Paradoxa sind *nur* verblüffend, nicht aber geistreich. Junge, langgelockte Kaffeehausliteraten, denen jede

Vergleichsmöglichkeit fehlt, mögen Scheerbarts Einfälle als genialisch bezeichnen. Man braucht ihren Wahn deshalb nicht zu stören. Braucht doch jedes Menschenkind so etwas wie eine Lebenslüge und bedürfen doch die Jungfrauen und Jünglinge, die nur in der Sphäre von Coffein und Alkohol leben, manchmal eines geistigen Narkotismus, bei dem sie den Mut gewinnen, selbstsicher über die ernsteren literarischen Bestrebungen unserer Zeit die Nase zu rümpfen. Wir andere aber, die wir mit beiden Füßen auf der Erde zu stehen bemüht sind und nicht immer im Äther schweben, wir gestehen offen, daß uns für Scheerbarts „literarischen" Bierulk das Organ fehlt. Ein ungeheurer szenischer Aufwand und ein Nichts an Wirkung, eine große äußere Spannung und kaum der Versuch einer Auflösung, das ist das Prinzip, nach dem die Dichtungen auf fremden Gestirnen verfaßt sind. Die Fiktion phantastischer Erfindungen (wie eines Ohrenmonokels, wie einer Zukunftspastete, wie eines Sternschnuppenfängers) löst kaum die armseligste Pointe aus.

Dazu kommt, daß die Aufführung der Puppenspiele, die in der Tat nur mit primitivsten Kasperletheatermitteln bewirkt wird, die hilflose Plumpheit des Ganzen ins ungeheuerliche erhöht und nur das Gefühl einer beschämenden Verlegenheit bei den Zuschauern auszulösen vermag.

Man kann den literaturbeflissenen Stammgästen des Berliner Westenkaffees nur empfehlen, ein Experiment zur Entdeckung Scheerbarts nicht mehr zu unternehmen. Scheerbart *ist nicht* zu entdecken. Beim besten Willen nicht. Es sei denn, daß man äußere Bizarrerie drolliger Einfälle und sonderbarer Milieus mit der Originalität der Ideen verwechselt. Die Namen Miziramo, Opadelmilch, Mawambula und Nesamines mögen ja an sich drollig sein, aber sie beweisen nichts für ihren Autor Scheerbart.

Dieser Art Puppenspiele wird wohl keine Zukunft beschieden sein.

(anonym), HCBH Nr. 625 (9.12.1907), 9

34
Ein Puppentheater

Man schreibt uns aus *Berlin:* Zu der schier unübersehbaren Menge von Theaterunternehmungen hat sich nun noch ein neues gesellt. Man unternahm gestern den ersten Versuch, die alte, liebe Puppenkomödie in Berlin heimisch zu machen, ein Versuch, der gewiß an sich sehr sympathisch ist.

Aber der Leiter dieses neuen Unternehmens, Alfred Richard *Meyer,* bewies insofern keine glückliche Hand, als er seine Puppenspiele mit fünf *Scheerbart*schen Stücken eröffnete. Paul Scheerbart, der phantastischste aller modernen Poeten, gilt in seinem Kreise – freilich nur in seinem Kreise – als einer der geistreichsten und tiefsten Schriftsteller unserer Zeit. Er kann in einem weiteren Sinne als Ehre Hapag über seine Werke schreiben: „Mein Feld ist die Welt", denn ihm ist die Erde zu klein, ihm genügen selbst die bekannten Gestirne nicht mehr; seine Phantasie spielt in der naivsten und unschuldigsten Weise mit unbekannten Sternen und ihren Geschöpfen. Aber anders als Jules Verne oder gar der geistreiche Engländer Wells verschmäht er alle wissenschaftlichen Gesetze und schreibt oder besser: stammelt ohne Selbstzucht und ganz wahllos alle Worte nach, die die unbekannten Gesetze der Hirntätigkeit ihm eingeben. Seine Art zu dichten ist den Vorgängen vergleichbar, die unsere Träume auslösen, und seine Bücher wirken auch auf den Leser wie wirre Traumerlebnisse, sie gleichen ihnen an Zusammenhanglosigkeit und an grotesken und belustigenden Situationen. Aber an der Realität, die die Bühne, zuguterletzt auch die Puppenbühne, nun doch einmal verlangt, scheitert Scheerbart. Was in der epischen Behandlung noch immer wirken kann, geht hier erbarmungslos unter. Zum Überfluß hat er auch noch die Manier, seine Pointen durch unnötige Breiten unfehlbar totzuschlagen, so daß nichts übrig bleibt, als das tote Wort. Trotzdem das Publikum fast nur aus seinen Verehrern, den Stammgästen der literarischen Cafes, bestand, konnte es die Zeichen der Langeweile nicht unterdrücken.

ph., NHZ Nr. 576 (9.12.1907), 2 f.

35
Aus der Reichshauptstadt

Berlin, 17. Dezember. [...] Eine Verquickung aber von altem Puppenspiel und neuem komischen, über die Erde hinausfliegenden Humor hat jüngst bei einer Probe im Sezessionssaal die erwachsenen Zuschauer nur wenig angesprochen. Man hat den Versuch gemacht, Paul Scheerbarts groteske Einakter, die mit bizarren Ideen, mit fernen Kometen, mit unaussprechbaren Namen ein wildes, von ihrem Verfasser humoristisch empfundenes Spiel treiben, als Kasperle-Theater aufzuführen. Gewissermaßen eine

Mischung zu bieten von dem Humor unserer Kinderjahre mit dem, was in Äonen, wenn man der kleinen, kleinen aber zähen Scheerbart-Gemeinde glauben will, Humor sein wird. Der Versuch ist mißlungen. Die Kasperles, die den Sphärenulk zu verzapfen hatten, langweilten ihr Publikum; ein Publikum, das sonst mit allem Bizarren, Ungewöhnlichen – wenigstens ein Weilchen – mitgeht. […]

–er., NHZ Nr. 592 (18.12.1907), 1 f.

36
Luftmilitarismus kontra Land- und Seemilitarismus

Im vergangenen Sommer las ich einen ganz brillanten Roman von *Wells*, dem bekannten englischen Spezialisten auf dem Gebiete des modernen utopistischen Phantasieromanes: „*Der Luftkrieg*".* Eine Jules Verneiade, aber raffinierter, vertiefter, kunstvoller. Wells schildert einen Weltkrieg, bei dem es nicht allein zu Land und zu Wasser, sondern auch in den Lüften losgeht. Und der Luftmilitarismus triumphiert unbestritten über die veralteten Formen des Krieges zu Land und zu Wasser. Binnen wenigen Minuten werden die großartigsten Schiffsdivisionen von den Lenkbaren und den merkwürdigen kleinen bienenähnlichen Aeroplanen vernichtet. Der Krieg in den Lüften nimmt grausige Formen an. New-York wird vernichtet. Und bei den Niagarafällen kommt es zu einer imposanten Schlacht der Luftflotten gegeneinander. Das Ende vom Lied ist: allgemeine Verwüstung, Vernichtung der Kultur von heute, Rückfall in die primitiven wirtschaftlichen Zustände vor Erfindung der Dampfmaschine und des Telegraphen …

Mit dem Romancier läßt sich nicht rechten. Als Dichter hat er seine Sache geradezu verblüffend gemacht. Man ist atemlos gefesselt, dann wieder durch einen seltsamen trockenen Humor belustigt und übersieht beinahe, welche Verheerungen solch phantastische Zukunftsschilderungen in undisziplinierten Gehirnen anrichten können.

Was nun Mr. Wells auf etlichen hundert Seiten zwar breit, aber in dichterischer Form auseinandersetzt, das kondensiert ein deutscher Dichter (oder Clown – er wurde noch nicht definitiv klassifiziert!), Paul *Scheerbart*, in ein

* Verlag Julius Hoffmann in Stuttgart.

Büchlein kleinsten Formats, 41 Seiten, von denen zwei Seiten der Aufzählung der bisherigen Werke Scheerbarts gewidmet sind: *„Die Entwicklung des Luftmilitarismus und die Auflösung der europäischen Landheere, Festungen und Seeflotten.“* Scheerbart geht systematisch vor; er zeigt (oder glaubt zu zeigen) die Unmöglichkeit einer Landschlacht unter Mitwirkung von Luftflotten (denn die Luftflotten werden sich zunächst auf die feindlichen Städte und sonstigen Zentren stürzen, alles vernichtend), die Unmöglichkeit eines Festungskrieges unter Mitwirkung von Luftflotten (die Festungen böten Truppen zwar Sicherheit, aber nur so lange, als die Truppen nicht „rauskommen“, und Truppen, die nicht „rauskommen“ können, seien eigentlich überflüssig), die Unmöglichkeit einer Seeschlacht ebenso. Dann „beweist“ Scheerbart, daß die Infanterie, Artillerie und Kavallerie wertlos geworden seien, und er zerbricht sich sogar den Kopf, wie die Festungen und Kriegsschiffe „im Dienste der friedlichen Kulturentwicklung“ zu verwerten wären. Zum Schluß verkündet Scheerbart auch das Ende des Antimilitarismus: denn es sei unnobel, die bemitleidenswerten heutigen Vertreter des heutigen Land- und Seemilitarismus auch noch zu verhöhnen; einen tödlich getroffenen Feind bearbeite man nicht noch weiter mit Faustschlägen – und überdies werde der Luftmilitarismus schon ganz von selbst dafür sorgen, daß man von allen* Seiten vor den Kriegen Angst bekommen werde.

Scheerbart hat seine Sache, man muß es gestehen, blendend und nicht ohne echten Witz gemacht, das Büchlein ist zweifellos ein prächtig gelungener literarischer *Bluff*. Aber auch nicht mehr, selbstverständlich. Denn wenn wir so zuversichtlich wie Scheerbart (und Wells) eine heute trotz aller Rekorde Zeppelins, Blériots und Lathams noch immer in nebeliger Ferne liegende Entwicklung der Luftschiffahrt voraussetzen – dann müssen wir doch wohl mit gleicher Zuversicht auch voraussetzen, daß der menschliche Geist auch heute noch nicht vorauszusehende wirksame Abwehrmittel gegen die fliegenden Kriegsmaschinen finden wird. Diese Zuversicht wird durch zahllose Analogien der Geschichte einfach aufgezwungen. Denn in der Entwicklung der Kriegstechnik gab es schon wiederholt Augenblicke, in denen die Menschheit durch neue Erfindungen furchtbarer Kriegsmittel zu der voreiligen Annahme verführt wurde, es würden hierdurch Kriege unmöglich gemacht. Das letzte Beispiel solch voreiliger Annahmen bildet ja der russische Staatsrat Bloch, Baronin Suttners Verbündeter. Und gründlicher wurde wohl noch niemand durch die Tatsachen wiederlegt als Bloch

* Verlag Oesterheld & Ko., Berlin.

Aber in *einem* mag Scheerbart recht haben. Die Luftschiffe sind ein besonderer Kraftzuwachs für die zahlenmäßig Schwachen, wenn die Führer dieser Fahrzeuge es an verzweifelter Unternehmungslust nicht fehlen lassen. Und eine gefährliche Waffe in den Händen von nihilistischen und anarchistischen Desperados, deren einige man am festen Land und auf der See viel leichter unschädlich machen kann als in der Luft. Das Geld dazu? Nun, das wird jener Kapitalismus schon vorschießen, der die Feinde der Gesellschaft unterstützt, die nur harmlose Könige und unschuldige Fürstinnen, nie aber einen Milliardär töten.

Die von Scheerbart bemitleideten Militärschriftsteller verzichten aber bis auf weiteres auf sein schonendes Mitgefühl!

D. (Carl M. Danzer), Danzer's Armee-Zeitung (Wien) 14, Nr. 47 (25.11.1909), 7

Hubert Latham (1883–1912), frz. Flugpionier. – Jan de Bloch (Johann v. Bloch, 1836–1902), russ. Staatsrat u. poln. Bankier: *Der Krieg*, 6 Bde., 1899. – Bertha v. Suttner (1843–1914), österr. Pazifistin; PS schrieb ihr 1909/10 (Wg 519 u. 568 f.).

37
Paul Scheerbart, der Erfinder des Perpetuum mobile?

Der bekannte Dichter Paul Scheerbart beschäftigt sich seit längerer Zeit mit der Erfindung des Perpetuum mobile. Nach langen vergeblichen Experimenten und nach Anfertigung zahlreicher Modelle glaubt er die Lösung des Problems endlich gefunden zu haben. Die Geschichte dieser Erfindung, in der neben dem rein technischen der utopistische Gehalt voll sprühenden Witzes ist, erscheint im Verlag Ernst Rowohlt, Leipzig. Die Erfindung hat der Verfasser, wie er uns mitteilt, bereits beim Reichspatentamt angemeldet. (Sollte das Ganze nicht nur eine geschickte Buchhändlerreklame sein? D. R.)

(anonym), Neues Wiener Journal Nr. 6071 (17.9.1910), 6

38

Das Perpetuum mobile.
Die Geschichte einer Erfindung

Paul Scheerbart ist unter die Erfinder gegangen, konstatiert man beim Aufschlagen des originell ausgestatteten Quartbüchleins, wenn der Blick auf die Tafel mit den mysteriösen technischen Zeichnungen fällt. Und man empfindet es als selbstverständlich, daß er – wenn schon, denn schon! – sein Ziel nur im Perpetuum mobile erblicken kann. Mit Kleinigkeiten gab sich Paul Scheerbart noch nie ab; es ist schon eine gewisse Selbstbeschränkung zu konstatieren, da er, der es einst nicht unter kometenfernen Sujets tat, sich „bloß" auf das irdische Nonplusultra legt. Mochten sich früher kleine Leute, wie Arno Holz, mit der Erfindung der „laufenden Maus" begnügen. Heute stürzte *Johannes Schlaf* das kopernikanische Sonnensystem, *Strindberg* den ganzen wissenschaftlichen Plunder überhaupt – sie ließen *Paul Scheerbart* nichts weiter übrig als das Perpetuum mobile ....

Hat er's? „Wenn" es geht – sagt er – hat er's. Vorläufig ist's erst zum Patent angemeldet und – geht *nicht*. Du lieber Gott, was für eine Kleinigkeit! Lest nur dieses köstliche Buch und es wird euch absolut „wurscht" sein, ob Scheerbart der größte *Erfinder* seiner Zeit ist. Ihr werdet nämlich endlich begreifen lernen, daß die deutsche Literatur einen Prachtkerl von einem *Dichter* an ihm besitzt. Wo ist ein Humorist – im ernstesten, tiefsten Sinne –, den wir ihm an die Seite stellen könnten? In reifster Fülle sprudelt hier eine Phantasie, die von den modernsten Problemen ausgeht und sie mit souveräner Kraft meistert.

Mag dies neueste Opus Scheerbarts ihm endlich zum „Schlager" gedeihen, wie sie bei uns sonst nur die konventionelle Oberflächlichkeit und Mittelmaßigkeit erzielt. Wie diese ja auch zufolge ihrer „Konnexionen" bei den Literaturpreisen dominiert, mit der man unter Assistenz würdiger Literaturbonzen hierzulande die Kunst zu fördern behauptet. Wär's anders, Scheerbart wäre längst mit „fördernden" Preisen überhäuft. Er selbst ist freilich der Überzeugung, daß nur die soziale Misere fördert. Aber darauf berufen sich hoffentlich jetzt nicht besagte Bonzen! ...

Albert Weidner, WaM 16, Nr 44 (31.10.1910), 1. Beilage, 2

39
Das Perpetuum mobile

Man würde Paul Scheerbart neben Christian Morgenstern, dem humorvollsten Dichter grotesker Dinge, gewiß unrecht tun, wenn man seinem Schaffen bewußte satirische Absicht unterschieben wollte. In der vorliegenden Geschichte einer Erfindung kommt die Bemerkung vor, daß „das einzige Heil in der Phantasie zu suchen ist". So ist es bei Scheerbart in der Tat: er läßt einfach seiner Phantasie freien Lauf, schert sich den Teufel um Physik und Astronomie und schildert die seltsamsten Begebenheiten und Landschaften in treurealistischer Weise, genau so wie er sie sieht. Seine Erzählungen sind frei von den irdischen Abstufungen „leise, laut, feierlich, sentimental, malerisch, trocken etc.", sie sind auf einen einzigen Ton gestimmt: unirdische Fröhlichkeit. Auch erschrecken uns seine Erfindungen nicht, sondern wir erfinden lächelnd mit. Jeder andere als Scheerbart hätte die Geschichte eines Erfinders tragisch gestaltet, immer wieder auf die Grenzen menschlicher Fähigkeiten mit Trauer hingewiesen und moralisierend uns die Lust an Experimenten gründlich verleidet. Dort, wo man Schmerz und Enttäuschung über mißlungene Versuche erwarten würde, zeigt dieser Dichter eine verschmitzte Hoffnungsfreudigkeit. Ja es ist ihm gar nicht unangenehm, daß die Erfindung des *Perpetuum mobile* immer wieder daran scheitert, daß ein Bestandteil des Modells, so ein verflixtes Rad, mutwillig in entgegengesetzter Richtung funktioniert. Seine Enttäuschung wird von einer leisen Freude verdrängt: daß es weiterhin noch Schwierigkeiten zu beheben gilt … So ist diese Geschichte einer Erfindung mit unenthüllt bleibendem Resultat eigentlich ein recht ernstes Loblied auf die Schaffenslust, die greifbare Erfolge verschmäht. Übrigens schildert uns Scheerbarts Phantasie das durch ein Gelingen seiner Erfindung veränderte Weltbild in so eindringlicher Weise, daß wir eigentlich sehr befriedigt sind, vorläufig noch ohne das allmächtige *Perpetuum mobile* weiterwursteln zu müssen. Denn in einer Welt, in der alle Tätigkeit des Menschen von einer Maschine erledigt wird, möchten wir doch nicht gern leben …

Otto Pick, Pester Lloyd (Budapest) 58, Nr. 101, MB (30.4.1911), 25
Pick (Prag 1887–London 1940), im Kreis um Kafka, Brod, Werfel, wie PS Mitarbeiter bei *Der Demokrat* u. a., Übersetzer (Josef u. Karel Čapek, Charles Péguy u. a.)

40
Das Perpetuum mobile. Die Geschichte einer Erfindung

Paul Scheerbart ist ein Humorist, der sich nicht bloß daran ergötzt, den Philister und auch sich selbst naszuführen, sondern der unter grotesken Phantasien mitunter tiefste Gedanken entwickelt. In diesem Buche schildert er mit ernster Miene, wie er nahe daran gewesen wäre, das Problem des *Perpetuum mobiles* zu lösen. Und eine angehängte Tafel mit sechsundzwanzig Figuren sieht sich an wie eine Beilage zu den Mitteilungen des Technischen Militärkomitees. Während er aber von dem Gange seiner Erfindungen erzählt, spinnt er immer wieder Gedanken über den unermeßlichen Nutzen einer solchen unerschöpflichen Kraftquelle fort und kommt dabei zu so grauenhaften Vorstellungen, daß der Leser schließlich dem lieben Gott dankt, daß die Erfindung doch nicht geglückt ist. Ein amüsantes und höchst anregendes Buch!

(anonym), Danzer's Armee-Zeitung (Wien) Nr. 35–37 (31.8.1911), 30

41
Das Perpetuum mobile

Eine bald konstruktiv starrlinige, bald arabeskenhaft verschnörkelte Farce, aber eine geniale Farce, denn zuweilen ist einem ganz so zu Mute, als könnte der Verfasser Recht haben, d. h. das Rätsel der mittelalterlichen Magier wirklich erschlossen haben. Man ertappt sich dabei, daß man ihm Glauben schenken möchte; man fühlt sich manchmal versucht, Papier und Bleistift zur Hand zu nehmen und Scheerbarts phantastische Konstruktionen nachzurechnen. Er ist ein Hexenmeister. Aber ein unterhaltlicher, denn er ist reich an Geist, wenn es diesem Geist auch nicht gelang, das Unverwirklichbare zu verwirklichen. Scheerbart ist eine echt genialische Natur von manchmal geradezu monumentaler Ulkigkeit.

Dr. ing. P. Z., Das Interieur. Wiener Monatshefte für Wohnungsausstattung u. angewandte Kunst 12 (1911), Anzeigenteil, III

42
„Paul Scheerbart"

war das Programm einer kleinen *Matinée,* die gestern von *Catérine Gwynne* veranstaltet wurde. Die Absicht, den Phantasten einem größeren Kreis bekannt zu geben, ist ehrenvoll, aber es fehlte ihr gestern ebenso dieser Kreis, wie ihr der innere Sinn mangelt. Scheerbarts poetisches Wesen ist bis an die Zähne mit Unpopularität gewappnet, und es wird immer unlogisch und vergeblich sein, den bizarren Einsamen vor der Menge auszubreiten. Nun gar als Dramatiker oder als Zukunftsdramatiker. Es gibt nur einen, der Humor genug hätte, sich über Scheerbart als Bühnenmenschen lustig zu machen; das wäre Paul Scheerbart, wenn er genug Selbstkritik besäße. Zwei Stückchen, zwei Szenchen führte Frau Gwynne vor, *„Isis"* und *„Der Direktor".* Das eine ist eine schöne Liebesballade, mit ganz bis zum Schluß durchgehaltenem Ernst und deshalb kein vollkommenes Dokument des Dichters – das andere eine Variante des Sais-Motivs, in der die Scheerbartsche Tollheit stark aufleuchtet und über seine Nachdenklichkeiten gruselig hinblitzt. Frau Caterine Gwynne erwies als Scheerbarts Missionarin großen Eifer. Talentmängel waren ihr im Wege. Die einleitende Ansprache hielt Dr. *Edgar Groß.* Sein Vortrag über Scheerbart war sehr gebildet und so klug und korrekt, wie Scheerbart unkorrekt und unklug ist. Man sah, wie der Dichter, dieser aus fremden Zonen gebürtige, mit Elektrizität geladene stachliche und doch molluskenhaft weiche Wunderfisch streng germanistisch gebändigt, seziert, analysiert und in Spiritus gesetzt wurde.

te., BT Nr. 114 (3.3.1911), 2

43
Paul Scheerbart in den Kammerspielen

Eine ausländische Dame, die um jeden Preis eine künstlerische Tat unternehmen wollte, ist auf die unglückliche Idee verfallen, sich des Dichters Paul Scheerbart anzunehmen. Sie veranstaltete im Verein mit Herrn Edgar Groß – der den einleitenden Vortrag übernahm – eine Scheerbart-Matinee in den Kammerspielen. Ich wußte es im voraus, daß die Sache schiefgehen mußte und ich bedauerte, obgleich oder vielmehr *weil* ich den großen Phantasten Scheerbart hochschätze, die Absicht des Fräulein Gwynne.

Jeder Gebildete, der diesen Dichter kennt – und ich rechne zu ihnen allerdings nicht jene Reporter, die von der zufälligen Kenntnis der Titel seiner Werke eine Berechtigung herleiten, den Dichter mit albernen Witzen abzutun – jeder Gebildete weiß, daß man mit einem noch so klug ausgetiftelten Vortrag und der anschließenden Vorführung zweier kleiner Monodramen durch eine Dilettantin vom eigentlichen Wesen dieser seltsamen Dichterindividualität keinen Begriff geben kann. Alle derartigen Versuche müssen für den Dichter unglücklich ausfallen. Scheerbart, dieser Anti-Erotiker, dieser Phantasie-Komet, dem die „Liebe" so schnuppe ist, wie den Kometenschnuppen seiner Astralwelt das irdische Getriebe, hat keine Berührungspunkte mit den Gefühlen und Instinkten, die auszulösen, zu demonstrieren und psychologisch zu begründen unsere heutige Bühne berufen, oder wenn man will: verurteilt ist. Er, dessen Tummelplatz die astrale Welt des Universums ist, dessen Phantasie Sonnen und Sterne in Bewegung setzt und gegen einander ausspielt, kann auf den Brettern, die das Geschäft bedeuten, unmöglich „wirken". Und er kann es schon garnicht, wenn der Versuch, auf den Unbefangenen, dem durch das beliebte Medium des Gefühls nicht beizukommen ist, durch den ahnungsvollen Schauer eines – Nervenkitzels einzuwirken, mit so verfänglichen Mitteln unternommen wird, wie es leider hier der Fall war. Es war also nichts, und man kann alle Damen, die literarische Matineen für Dichter vom Range Scheerbarts zu unternehmen wünschen, nur dringend bitten, von ihren vielleicht recht gut gemeinten Absichten im Interesse der also Gefeierten Abstand zu nehmen. Die Damen mögen sich für talentvolle junge Leute einsetzen, denen sie vielleicht nützen können. Ein Dichter wie Scheerbart hat das trotz aller Lebensnöte einfach nicht nötig. Es ist sein Glück und seine Qual, abseits zu stehen. Ja, er *muß* abseits stehen, um ganz er selbst sein zu können. Denn sein Reich ist nicht von dieser Welt.

Fr. S. (Fritz Schweynert = Peter Scher), ZaM 9, Nr. 10 (6.3.1911), 2
Scher (1884–1953), Erzähler, Satiriker, Übersetzer, Schauspieler, Redakteur bei ZaM und *Simplicissimus*, Mitarbeiter des *Sturm*. Vgl. Wg 576.

44
Astrale Novelletten. Von Paul Scheerbart

Auf der gleichen einsamen Höhe wie mit seiner künstlerischen Ausdrucksform (die nichts anderes darstellt als vollendetste Beherrschung sämtlicher Kunstformen) steht Paul Scheerbart mit dem geistigen Gehalte seiner Werke, mit einer Weltanschauung, die als humoristisch-ironischer Pantheismus längst nicht ausreichend charakterisiert ist. Während Nietzsche und Ibsen die Größe des Individuums predigen, während die Sozialethiker die Bedeutung und das Recht der Masse proklamieren, lehrt der Dichter der „Seeschlange" die Kleinheit und Nichtigkeit aller menschlichen Beziehungen dem gewaltigen kosmischen Leben und Erleben gegenüber. Stets. Auch in diesem seinem neuesten Werke, das den besonderen Stempel eines persönlichen Bekenntnisbuches trägt und die Hauptgedanken der Scheerbart'schen Philosophie in einer unerreicht fein geprägten Wortkunst niederlegt. Mit wunderbar abgeklärtem Humore, ohne allen bittern Beigeschmack, nimmt der Dichter allerlei menschliche Torheiten aufs Korn und erweist ihre Schwächen in der ihm eigenen symbolischen Form. Knappe, trefflichste Charakteristik aktiviertester Sprachkunst sind die größten Vorzüge dieses Werkes, dessen erschöpfender Würdigung eine eigene Abhandlung gebührt.

Franz Graetzer, Excerpta medica. Kurze monatl. Journalauszüge aus der gesamten Fachliteratur zum Gebrauch für den praktischen Arzt (Leipzig/Basel) 22, Nr. 1 (Okt. 1912), 64

45
Paul Scheerbart: Astrale Novelletten

Im Anfange des kommenden Jahres wird Paul Scheerbart das doppelte Gedenken an ein 50jähriges Leben und ein 25jähriges Schaffen begehen; und wenn jenes mit irdischen Gütern bislang nicht gelohnt ward, so ruhte auf diesem um so höherer Segen. Es ist eigentümlich, daß dieser Segen bei Scheerbart nicht in künstlerischem Aufstiege, sondern allein im Beharren, im Bewahren der erreichten Gipfelung liegt; ein Fortschritt stand dem Dichter, der in seinem kühnen Erstlingswerke eine fertige, bis heute unveränderte Weltanschauung gab, weder in gedanklicher noch auch in künstlerischer Hinsicht offen. Es galt, sich auf dem Niveau zu erhalten, das durch die großen Romanschöpfungen der 90er Jahre erstiegen war. Und nur insoweit wurde ein Wachsen noch ermöglicht, als in den Bannkreis dieser gewaltigen Gestaltungskraft neue astronomische Forschungsergebnisse, neue technische Errungenschaften treten und den großartigen Vorwurf zu farbenprächtigen, tonreichen Dichtungen abgeben konnten. Der Symbolismus, hinter dem Paul Scheerbart seine im Grunde tragischen und durch köstlich ironisch-satirischen Humor gemilderten Eigenerlebnisse verbirgt, hält den Dichter selten auf der Erde fest. Seine einzig dastehende kosmische Phantasie läßt ihn die Erfahrungen seiner gereiften Lebensweisheit mit buntbewegten Rahmen umgeben, und es ist bei diesem Großen nicht im mindesten verwunderlich, wenn jede der 12 in dem Bändchen vereinigten Erzählungen an einem andern Teile des Alls sich abspielt. Der Dichter zieht, wie der Held seiner ersten Novellette, den Vorhang von einer Bühne, die mit mehr Recht „Das kosmische Theater" heißt als etwa eine Berliner Bühne „Das deutsche Schauspielhaus". Tragik und Humor, Wehmut und groteske Komik wechseln in den mit seltener Sprechkunst aufgebauten Skizzen so bunt ab, wie im Leben, das dieser Zurückgezogene besser kennt, denn irgend einer.

„Einsamkeit ist zur Produktion durchaus nötig", triumphierte mir der Dichter in dem Begleitschreiben des (sehr stilvoll ausgestatteten) Bändchens zu, da ich diese seine These oft bestritten hatte. Paul Scheerbart, der Nimmermüde, der schon wieder mehrere Romane, darunter einen 11bändigen, vollendet hat, beweist zumindest, daß völlige Abgeschlossenheit einer ungewöhnlich bedeutsamen künstlerischen Tätigkeit nicht Abbruch tut.

Franz Graetzer, BBC 45, Nr. 482 (13.10.1912), 1. Beilage, 8
Graetzer (Sprottau, Schlesien 1895–?), Lyriker, Essayist, Theater- u. Literaturkritiker, Theaterleiter. PS erwähnt, daß seine Frau Anna sich mit „stud. phil Franz Graetzer Jena" in Verbindung setzte (an Richard Dehmel, 19.2.1914; Wg 464, vgl. 585).

46
Astrale Novelletten

Diese Novelletten handeln von Welten, die nicht da sind, die jedoch durch die Phantasie des Dichters zu einem Leben berufen werden und somit doch letzten Endes sind, aber natürlich nicht für jeden. Wollte man an diesen

„Kosmos" mit unseren naturwissenschaftlichen Hypothesen herantreten, so würde man wahrlich nicht wissen, was man mit dieser Welt der fliegenden Gummischuhe, der schildkrötenfellbedeckten Leiber, der zehnarmigen Venusbewohner, der fadenförmigen Neptunbewohner, der auf Wolken wohnenden Ceresianer und all den anderen Weltallgespenstern anfangen soll.

Für einen, der fein hören kann und dem Spott nicht abhold ist, weil er aus eigener Erfahrung gelernt hat, daß Spott auch ein Lebenselixier ist, müßte Scheerbart eine Art Jules Verne werden, und zwar ein Phantast der Skepsis. Seine Astralen Novelletten sind gedichtete Skepsis, denn sein Spott verdichtet sich zu Bildern, Gestalten und Szenerien, die allerdings nichts mit unseren Erdenbildern gemein haben, die aber dennoch so eindrucksvoll geschildert sind, daß wir sie wirklich sehen können. Das ist das dichterisch Starke und Eigenartige an Scheerbart, das ihm auch als einem Ironiker ganz eigener Art einen Platz in der deutschen Literatur sichern müßte.

Scheerbarts Spott richtet sich gegen unsere naturwissenschaftliche, verflachende Einseitigkeit, die mit ihrer Handvoll Tatsachen glaubt, alle Welträtsel gelöst zu haben. Hin und wieder wird er deutlicher wie in der Ceresnovellette „Zack und Sidi und der große Kopf" oder in der köstlichen kleinen Erzählung „Professor Kienbeins Abenteuer". Im allgemeinen liegt Scheerbarts Spott auch hier nicht gleich an der Oberfläche. Man hat immerzu beim Lesen das Gefühl, als ob der Dichter sagen wollte: Fliegen heißt zunächst nicht nur über den Dingen schweben, sondern auch gaukeln.

Jean Paul d'Ardeschah, NHZ Nr. 599 (21.12.1912), 2. Beilage, 13
d'Ardeschah (Jan P. Kaczkowski, 1874–1942), polnischer Konsul, Diplomat, Literaturkritiker, Übersetzer

47
Astrale Novelletten – Das große Licht

Paul Scheerbart ist in diesen Tagen fünfzig Jahre alt geworden. Das ist zwar jetzt sehr modern, aber nichtsdestoweniger für einen Mann, der weder von der Erde noch von der Liebe etwas wissen will, eine recht stattliche Leistung. Man kann also wirklich fünfzig Jahre alt dabei werden – und wohl auch noch älter! Es ist nicht mehr durchaus notwendig, daß man an solcher Narrenweisheit schon vorher zugrunde gehe. Soweit hätten wir es also glücklich bereits gebracht! Die Welt darf wieder mal mit sich zufrieden sein.

Niemand darf ihr vorwerfen, daß sie diejenigen, die sich dank exzentrischer Phantastereien durchaus nicht in sie schicken wollen, einfach „glatt abmurkse". Dieses schonungsvolle Verhalten bleibt mit ehrfürchtigstem Dank zu konstatieren. Und wenn Paul Scheerbart auch nicht gut gelebt hat, wenn er sich auch mit Tyll-Eulenspiegel-Witz hat durchfretten und durchlügen und durchulken müssen, immerhin, er lebt doch; die gute, alte, vielverleumdete Erde hat ihn fünfzig Jahre lang auf ihrem geduldigen Kameelbuckel mit sich herumgetragen. Und er dichtet auch noch! Frech, „wie er sich hat", dichtet er immer so weiter, wie er seit Jahrzehnten bereits gedichtet hat, nicht um ein Haarbreit anders. Kaum auch viel „reifer". Ja, man fragt sich angesichts der Erscheinung dieses astralen Hofnarren Paul Scheerbart, ob hier das Wort „reif" überhaupt noch seine Bedeutung behalte. Es gibt eben einfach Menschen, die von Anfang an und bis zuletzt hin „nicht anders können". Sie stecken dermaßen unrettbar verloren in ihrer eigenen Haut, daß sie nun und nimmer heraus können, auch wenn besagte Haut mit unablässigen Stockhieben erbarmungslos wie eine Eselshaut gegerbt wird. In ehemaligen sentimentalischen Zeiten nannte man dies Charakterfestigkeit. Wie man es heute nennt, weiß ich nicht. Ich fürchte, daß man um eine Bezeichnung verlegen ist. Man muß ja auch nicht alles benennen. Es genügt zuweilen, daß etwas da ist. Und so ist denn auch dieser fünfzigjährige, total unverbesserliche Paul Scheerbart da, führt immer noch mit dieser alten Erde, zumal aber mit dem Europäertum, Krieg, will eher bei den Chinesen als bei Kant und Goethe Weltweisheit entdecken, hält verzückt-visionäre Predigten über das Dasein anderer Sterne und das Dasein anderer Lebewesen auf diesen anderen Sternen und ist selig, wenn er sich mit seiner, wie von Tiefseemonstrositäten befruchteten Phantasie menschheitsfremde Sternbewohner ausgetiftelt hat, die weder von unserer irdischen Ernährung noch Fortpflanzung etwas wissen. Man spürt hier den absoluten und rigorosen Idealisten – einen Idealisten, so rigoros und absolut, daß alle naturgesetzte, materielle Gebundenheit ihm zur Qual wird und er sich Wesen erträumt, die hievon frei sind, die ganz und gar ein reines Leben im Geist und in der Betrachtung führen. Hier finden wir also einen ehrfurchtgebietenden, geistigen Antrieb als das *Primum movens* einer manchmal ins Haarsträubendste ausschweifenden, sich selbst wie mit tausend Narrenglocken behängenden Phantastik. Diese stets nach Unmöglichkeiten langende, von Absurditäten nicht nur nicht abgeschreckte, sondern geradezu fascinierte Phantastik ist Scheerbarts individuellste Note, die ihn in seinem reingeistigen Streben unaufhörlich begleitet, doch leider mehr hemmt als fördert. Wenn er sich Tiere mit Rüsseln und Saugtrichtern ausdenkt, diesen zwanzig Arme oder Beine und rübenartige Riesenköpfe verleiht, so erweckt er in unserer Phantasie solche abscheuliche Vorstellungen, daß wir instinktiv widerstreben und von diesen Venus- und Vesta-Bewohnern durchaus nichts wissen wollen. Am wenigsten aber vermögen wir diese Quallenungetüme von disharmonischer Gestaltung uns als Träger höchster Weisheit vorzustellen, vor denen wir in unserer menschlichen Unzulänglichkeit einfach zerknirscht zusammenzuknicken hätten. Wir sind eben derartig daran gewöhnt, alle Ausströmungen des Geistes uns an die Formen menschlicher, ob auch höchst vervollkommneter Lebewesen gebunden zu denken, daß wir sogar unsere Gottheiten nach unserem eigenen Ebenbilde zu formen die Kühnheit besaßen – wenigstens, seit Griechenzeiten, wir Europäer. Doch hier eben hakt Scheerbarts Widerspruch ein und darum verwirft er die Europäer mitsamt ihren „ollen Jriechen". Wie gesagt, er fühlt sich weit eher bei Kunst und Weisheit der Asiaten zu Hause und dorthin läßt er denn auch seinen mehr als hundertachtzigjährigen Baron Münchhausen pilgern, um sich in toll ausgedachten Glas- und Perlmutterstädten an neuen architektonischen Möglichkeiten berauschen und von den Manschuweisen mit europäerfeindlichen Philosophemen vollpumpen zu lassen. Gott sei Dank wird dies alles mit Humor vorgetragen, mit einem Humor, der manchmal etwas Selbstparodistisches hat. So daß man mitunter zwischen den Zeilen einen Über-Scheerbart zu vernehmen vermeint, der den zum Narren entarteten irdischen Scheerbart vornehm belächelt. Stößt man auf eine solche Stelle, so fühlt man sich ergriffen. Man ahnt etwas von tiefer, geheimer menschlicher Tragik. Und man sagt sich mit scheuem Seufzer, daß es für solch tollkühnen radikalen Phantasten doch wohl nicht grade leicht gewesen sein mag – fünfzig Jahre alt zu werden.

F. S=s. (Franz Servaes), Neue Freie Presse Nr. 17395 (26.1.1913), 34 f., Literarische Notizen

48
Zum fünfzigsten Geburtstag von Paul Scheerbart

Paul Scheerbart, der Meister phantastischer Dichtung, vollendet morgen, Mittwoch, sein 50. Lebensjahr. Allerdings hat er erklärt, er fasse den irdischen nicht als den wichtigen Teil seines Vorlebens auf, die Wesen, die tausend Beine haben, ständen ihm näher als die mit zweien, und all das andere, was man sonst als fabelhaft bezeichnet, werde ihm nicht nur als Seiendes, auch als ein Gewesenes und Erlebtes immer deutlicher. Wer an seiner astralen Phantasie nicht teil nimmt, muß sich notgedrungen doch auf die Kenntnis des halben Jahrhunderts von Scheerbarts bisheriger Erdenlaufbahn beschränken. Es ist ihm sehr peinlich gewesen, daß er in Danzig zur Welt kam, wegen der Landsmannschaft Schopenhauers. Unter dem Einfluß seiner religiösen Mutter wollte Scheerbart Missionar werden, und neben Rabelais und Swift blieben Graf Zinzendorf und Zschokke ihm als Anreger nahe, auch als die Philosophie und die Kunst ihn anzogen. Nach unstäten Wanderjahren ließ er sich 1887 in Berlin nieder, und von hier hat er, von einem längeren Aufenthalt auf Rügen abgesehen, die lange Reihe seiner grotesken Erzählungen ausgehen lassen. Scheerbart ist Mitbegründer des Verlags deutscher Phantasten, in dem er noch heute tätig ist.

(anonym), BBC 45, Nr. 10 (7.1.1913), 1. Beilage, 7. Mit kleinen Änderungen in BVZ 61, Nr. 10 (7.1.1913), 2 (20 Zeilen) sowie: k.: *Zum fünfzigsten Geburtstag von PS*, KT Nr. 8 (8.1.1913), 6 (einige Buchtitel am Schluß genannt)

49

Das Jubiläum des Phantasten

Paul Scheerbart zum 50. Geburtstag
8.1.1913

„Jede tolle Narrenpein
Wird ja wohl notwendig sein!"

Wer in Berlin kein Wunder erlebt, dem ist nicht zu helfen.

In Lourdes ist es ein Wunder – wenn der Gläubige gesund wird; in Berlin wird der Ungläubigste krank – wenn er kein Wunder sieht. Berlin funkelt vom Wunderbaren – und lebt von ihm – wie ein Krausscher Aphorismus von Antithesen. Und wiederum liegen alle Geheimnisse der Höhen und Tiefen im Herzen dieses herrlichen Ungeheuers eingebettet – wie Witz und Zuversicht in einer Kanzlerrede.

Und wer *die* fühlt, steht abermals im Angesicht des Wunders.

In Berlin ist mir ein Mann begegnet, von dem es feststeht, daß er schon vor drei Jahrtausenden in Babylon als Magier lebte, und der ein bißchen später – in Spanien – an jener denkwürdigen Luftreise teilnehmen durfte, die der Ritter Don Quixote und der dicke Sancho auf dem Rücken des hölzernen Pferdes durch den Himmelsraum machten.

Ich traf ihn im „Gasthaus zur runden Erde" in Lichterfelde-W., als er eben von einem Ausflug nach dem Mond zurückgekommen war. Er hatte da oben Leute getroffen, die über das Gesetz der Schwere furchtbar lachen mußten, denn sie waren wie aus Gas und konnten mit ihren rosigen Ballonbäuchen herrlich leicht im Äther schweben. Wenn sie gereizt wurden, färbten sich die Bäuche violett. Doch in der Regel waren sie gemütlich rosa.

Das war nun wahrlich toll genug – besonders, wenn man noch bedachte, daß der Mondfahrer seit seiner Rückkehr schon wieder Zeit und Lust gefunden hatte, für uns erdenschwere Bürger das *Perpetuum mobile* zu bauen – was er nur als einen kleinen Freundschaftsdienst betrachtet wissen wollte. Aber das Wunderbarste war doch, daß der Wirt zur runden Erde, Papa Hoffmann, diesen Magier ohne Scheu „Herr Scheerbart" nannte und seinen Standpunkt zur Fleischteuerung erfahren wollte.

Es stellte sich heraus, daß der Reisende vom Mond gar keinen Standpunkt hatte.

„Warum haben Sie gar keinen Standpunkt, Herr Scheerbart?" fragte Papa Hoffmann traurig.

„Weil ich immer schweben muß, Papa Hoffmann," erwiderte der Reisende, „und wenn ich nicht schwebe, dann schwanke ich schon lieber, ehe ich mir einen Standpunkt anschaffe!"

Da mußte sogar Papa Hoffmann lachen.

Ich sagte: „Das haben Sie davon, Herr Scheerbart, daß Sie sich immer in astralen Gegenden herumtreiben – wenn Sie nicht Glaspaläste bauen oder mit Herrn v. Münchhausen im Türkenkrieg auf Kanonenkugeln reiten."

Er lachte hell und trank und segelte vor meinen Augen auf einer rosenroten Wolke schräg über das Bufett hinauf zum Sirius.

Da rief ich rasch den Papa Hoffmann her und sagte laut zu ihm: „Der da eben absegelt – das ist der deutsche Dichter Paul Scheerbart. Sozusagen ein Phantast. Sie können gern im Meyer nachschlagen, wenn Sie wollen. Er hat schon über dreißig Bände aus dem Himmel in die Welt hineingedichtet und ist auf allen Sternen ebenso zu Hause wie in Lichterfelde. Heute wird er fünfzig Jahre alt."

„Hurra, ein Jubiläum," schrie der alte Herr, „das wird gefeiert!"

„*Das* ist das größte Wunder," schrie ich, „haben Sie denn ganz vergessen, daß er keinen Standpunkt hat?"

„Mir", sagte Papa Hoffmann, „ist das wurscht – er ist *doch* Stammgast auf der runden Erde."

„Na prost!" rief eine helle Stimme aus den Wolken.

Peter Scher, BT Nr. 12 (8.1.1913), 1. Beiblatt, (2)

50
Das Weltparlament

[…] Die Versuche, dem christlichen Friedensideal zu praktischer Geltung zu verhelfen, sind bisher wenig ergiebig ausgefallen. Den sichersten Nutzen haben bisher wohl die Schriften gestiftet, die den Krieg praktisch oder satirisch, kritisch oder religiös, überredend oder dichterisch ins Licht gerückt haben. Ich bin überzeugt, daß der Skeptizismus, der endlich gegen die Massengewalt als Rechtsmittel platzzugreifen scheint, wesentlich der Propaganda zu danken ist, die Swift und Carlyle, Rousseau, Jean Paul und Tolstoy, und selbst auch Bertha v. Suttner und Paul Scheerbart* durch ihre kriegsfeindlichen Schriften bewirkt haben. (Bei dieser Gelegenheit möchte ich nicht versäumen, die jüngst erschienene Gedicht-Anthologie „Krieg", herausgegeben von Franz Diederich, Dresden, zur Lektüre dringend zu empfehlen.) […]

Erich Mühsam, Kain. Zeitschrift für Menschlichkeit (hg. E. Mühsam, München) 2, Nr. 10 (Jan. 1913), 145–153, hier 148

* Paul Scheerbart, der naive Phantast und Humorist, der seltsamste und doch einheitlichste unter den lebenden deutschen Dichtern, ist eben fünfzig Jahre alt geworden. In seinen Werken nimmt der ganz unpathetische, aber tief erlebte Kampf gegen den Krieg einen breiten Raum ein. Ich verweise besonders auf seinen schönen Mondroman „Die große Revolution". Ich mache die Baronin v. Suttner und Herrn Alfred H. Fried als deutsche Träger des Friedenspreises aus der Nobelstiftung eindringlichst auf diesen Mann aufmerksam, damit sie bei der hilflosen Suche nach einem würdigen Preisempfänger, wie sie sich regelmäßig wiederholt, die Stockholmer Herren einmal auf diesen prächtigen und immer noch notleidenden Poeten hinweisen.

51
Das große Licht. Ein Münchhausen-Brevier

Wenn Paul Scheerbart unter dem Titel seiner neuesten Novellensammlung sich selbst verstanden wissen wollte: er würde sich nicht zu hoch preisen; denn von allen lebenden Dichtern ist er der einzige, dessen Werk über die mißverstehende Gegenwart hinaus in die ewigste Zukunft hineinragt. Er meint aber zum ersten nur den Baron Münchhausen, den Helden seines herrlichen Romans „Münchhausen und Clarissa" (bei Oesterheld-Berlin), in dem er einen Kulturträger ersten Ranges gezeichnet hat; jenen Münchhansen, in dessen 180jährige Weisheit der weiseste Dichterphilosoph, den Deutschland je gehabt, seine eigenen Reformideen auf allen Lebens- und Kunstgebieten hineingezaubert hat. Zum zweiten aber – und dies ist das Wesentlichere – stellt das „große Licht" von allen Reformideen die schönste und größte dar: die Institution der Glasarchitektur, für deren zweckmäßige Vollkommenheit Scheerbart schon wiederholt mit aller Kraft eingetreten ist. Daß die Glaspaläste, die eine in der Weltliteratur einzigartige Phantasie in einer nicht minder einzigartigen Erzählungskunst mit all ihren Lichtwirkungen und bunten Herrlichkeiten auferbaut, wieder dazu helfen werden, Licht auch in die Anschauungswelt der Menschheit zu werfen: wer, der, von der Gewalt dieses in jeder Hinsicht großen Werkes ergriffen, in Münchhausen den neuen Menschen, an dessen Gestaltung Hermann Bahr und noch viel Größere gescheitert sind, bewundernd erblickt, möchte es noch bezweifeln? Und selbst diese wenigen würden, Novellen wie „Flora Mohr" ganz symbolikbefreit, nur als heitere und phantasievolle Erzählungen im Sinne altitalienischer Meister genießend, nicht bestreiten, daß Bücher dieses Dichters vor allen anderen guten unserer Tage weitaus den Vorzug verdienen.

Fr. Gr. [Franz Graetzer], Excerpta Medica (wie Nr. 44), Nr. 5 (Feb. 1913), 319

52
[Lesabéndio]

Nun hat in seinem (bei Georg Müller-München erschienenen) Asteroiden-Roman „Lesabéndio" Paul Scheerbart auch diesem Jahre wie durch die ebendort veröffentlichten, hier schon gepriesenen „Astralen Novelletten" dem vorigen, sein größtes Werk geschenkt. Ein herrliches, jeden Menschen, der es recht genießt, unsagbar bereicherndes Buch; gleich groß an seelisch-geistigen, wie rein-artistischen Ausdrucksformen, einen Weltanschauung-Roman, der im Lebenswerke des Dichterphilosophen die vorläufige Krönung darstellt. Scheerbart hat stets die Erde geflohen; diesmal baut er sein Wunderreich auf dem „Pallas" auf, ein Reich, das an Buntheit und Formenfülle alle Gemälde übertrifft. Ein Reich mit wundervoll plastischen Landschaften, mit Riesenbauten und ungeahnten Prospekten wie Maschinen; aber auch mit Menschen, mit erträumten Fabelwesen, die weit über das Irdische hinausgekommen und doch der erdhaften Problematik noch keineswegs entfremdet sind. Freilich nur, soweit der Dichter diese Problematik als kosmisch-wertvoll, als allgemein-symbolkräftig ansieht; und so findet der Denkende und Suchende, außer den für Scheerbart stets unwichtigen erotischen, alle Ideen und Fragen angeschnitten, findet er physikalische und metaphysische, psychologische, sozial-ethische und künstlerische Probleme in den Stoffkreis einbezogen und mit einer Mühelosigkeit gelöst, wie sie nur einem unerschütterlich-idealistischen Schöpfergenie als bewältigt vorschweben können. Eben dieser durch keine Lebensnöte zu versehrende, von der Liebe zum allbeherrschenden Weltgeiste berauschte Idealismus ist nicht der geringste zeugungfähige Wert dieses Werkes, das in einzigartiger Phantasiekraft, in wundervoller Kunst der Gestaltung von Landschaften, Menschen und Handlungen, sowie in unvergleichlicher sprachlicher Meisterschaft seine weiteren größten Tugenden besitzt. Schon angesichts der unsäglich traurigen Tatsache, daß bei uns so viele 50jährige Dichter der vorzeitigen künstlerischen Senilität oder verrannten Sterilität anheimfallen, ist es erhebend, den niemals beendeten, von Rückschritten wie inneren Stillständen gleich freien Aufstieg dieses 50jährigen zu genießen, der nach Rilkes schönem Worte in Wahrheit als „Der Leiseste von allen" durch den oft entweihten Tempel deutscher Kunst wandelt.

Fr. Gr. [Franz Graetzer], Excerpta Medica (wie Nr. 44), Nr. 10 (Juli 1913), 640
Rilke: *Das Stunden-Buch*. Erstes Buch. *Vom mönchischen Leben* (1899)

53
Lesabéndio

Die Phantastik eines Jules Verne kommt uns heute ganz harmlos vor, nachdem sie von der Wirklichkeit überholt worden ist. Die Phantastik Paul Scheerbarts ist anderer Art. Es ist kaum möglich, daß je eine irdische Wirklichkeit in diese Welt der seltsamen Gebilde und Geschehnisse ihre Strahlen tauchen würde. Ja, es ist selbst gewagt, von uns zu verlangen, daß wir überhaupt irgend etwas von diesen Asteroidenphantasien ernst nehmen. Eher würden wir zugeben, daß der Dichter uns nicht ernst nimmt und auf eine ganz besonders hinterlistige Weise sich über unsere Einbildungskraft lustig machen möchte. Die Zwecklosigkeit eines solchen Beginnens könnten wir dem verehrten Herrn Münchhausen neuesten Datums sehr überzeugend darlegen und ihn mit den schwersten Geschossen unserer unfehlbaren Sachlichkeit mund- und mausetot machen. Wenn es dennoch nicht geschieht, so ist es nur deshalb, weil er uns trotz aller Vernunftsgründe in seine regenbogenfarbenen Netze einzufangen weiß. Die Anschaulichkeit der Vision ist in diesem Roman Scheerbarts aus dem Asteroidendasein des doppeltrichterförmigen Tonnensterns Pallas erstaunlich, auf dem das seltsamste Volk des Universums auf seinen Saugfüßen von einer sausenden Bandbahn auf die andere schnellt. Der Illustrator des Bandes, Alfred Kubin, hat dieses Dasein auf ganz ergötzliche Weise mit unseren irdischen Mitteln darzustellen versucht.

Wie Böcklins Fabelwesen sind Scheerbarts unglaubliche Geschöpfe, von denen uns das Mikroskop und seine bizarren Offenbarungen einen entfernten Begriff geben könnten, so gut festgefügt, daß man an ihnen nirgends eine Naht entdecken kann, und auch die Welt, in die sie hineingesetzt worden sind, fällt nicht aus ihrer Rolle, obgleich sie einen violetten Himmel, grüne Sterne, eine singende Nacht und lauter andere Seltsamkeiten birgt. Auch der Kopf eines Dichters kann ein Stück Universum sein in seiner unerhörten, märchenhaften Gestaltungsfreude, und er schafft wirklich, wenn er Nichtdagewesenes zu überzeugendem Dasein gestaltet. Scheerbart verbindet die klarste, fast nüchterne Anschaulichkeit mit der gewagtesten Phantastik; sein Stil ist imstande, seine unglaublichsten Visionen leibhaftig zu machen. Es steckt wirklich Leben in ihnen, und von des Lebens unendlicher Fülle, seltsamer Klugheit, erfinderischer Zähigkeit und heroischem Vollbringen wissen sie immer wieder Neues zu erzählen. Übrigens fehlt auch das komische Element nicht. Eigentlich ist die ganze Erzählung in eine behaglich-humoristische Stimmung getaucht, die uns veranlaßt, über die Pallasianer samt und sonders ein bißchen zu schmunzeln. Auch der große Turmbau, der aus dem Trichterrand des Pallaskraters in die Weltatmosphäre emporgetürmt wird, um die Geheimnisse der leuchtenden Spinnwebwolke zu ergründen, die den Pallasianern Nacht und Tag bedeutet, wird zum nicht versiegenden Quell des Lachens, das sich allerdings im Laufe der Begebnisse vielfach wandelt und immer mehr zu jenem Lächeln wird, mit dem wir die Geschäftigkeit der Ameisen zum Beispiel betrachten, vom Menschlichverwandten ihres Tuns immer aufs neue über unser menschliches Beginnen nachdenklich geworden. Dieses Lächeln könnte unerträglich werden, wenn es sich nicht schließlich in das Strahlen eines Lebensheroismus auflöste, in dem Lachen und Schmerz wie zwei Schwesterranken sind.

Mit diesem Klang schließen die Begebnisse des Babelturms, dem Lebenswerk Lesabéndios, auf dem Pallasasteroid.

Wir kommen immer weiter! …
Wenn wir Schmerz und Tod nicht fürchten! …
Das ist schon wirklich Weltenweisheit!

Jean Paul d'Ardeschah, NHZ Nr. 442, 2. Beilage (20.9.1913), 13

54
Paul Scheerbart: Das große Licht

Der alte Münchhausen lebt noch. Dichtung ist Phantasie, und Paul Scheerbart ist ihr Prophet. Er hat seiner Göttin einen neuen Hymnus gesungen, für dessen erschöpfende Lobpreisung unsere Sprache zu wortarm ist. Der alte Münchhausen lebt noch. Aus des Dichters schönstem Roman ist er bekannt als der greise Träger einer neuen, alleinseligmachenden Kultur. Als Prophet erscheint er jetzt abermals in Europa, und der Inhalt seines Evangeliums ist jenes „große Licht", das dem prachtvollen Buch seinen Namen gegeben hat, ist die Glasarchitektur, für deren Schönheit und Zweckmäßigkeit Paul Scheerbart seit langen Jahren mit der ganzen Kraft seiner großen Persönlichkeit eintritt. Das „große Licht", das *Perpetuum mobile,* war der Baron selbst für die afrikanischen Zwerge, denen er zur Fahrterleichterung in einer Tretmühle durch beständiges Treten einer Motorenkomposition hilfreich war, als er hundert Lebensjahre in Innerafrika der Sklaverei opferte.

Die harte Dienstzeit hat jedoch weder seinem mehr als hundertachtzigjährigen Leibe, noch seinem ungeschwächt-jugendlichen Geiste im geringsten zu schaden vermocht, denn die Ideen, die Münchhausen bei seinen Vorträgen in Wien, Anam, Konstantinopel, Grönland, Sibirien, Berlin und während seiner tätigen Reformen in Amerika entwickelt, sind wirklich von so glänzender Logik, so überzeugender Überlegenheit, so schönheitsdurstiger Phantasie und oft so schlagendem Witze getragen, daß sie, außer ihm, unter allen Weltkindern nur noch derjenige zu äußern vermöchte, der sie denn auch tatsächlich wenigstens uns übermittelt: der Dichter, der in seine „Seeschlange" und seinen Asteroidenroman „*Lesabéndio*" alle tragischen Probleme des kosmischen Seins und in die monumental-lapidaren Szenen seiner „Revolutionären Theaterbibliothek" alle krausesten Humore dieses eigenwillig bunten Lebens zu bannen wußte. „Flora Mohr", eine Glasblumennovelle, und „Die Perlmutterstadt", eine Geschichte aus China, sind – neben ihrem großen Gedankengehalte – die klarsten Beispiele für die gewaltige Phantasie des Dichters, der diesmal durch das Schlagwort „Kirchenaustritt", die Namen Berliner Vororte wie Friedenau und Johannistal und diejenigen großer Zeitgenossen wie Ernst Häckels oder des entzückend-lustig in die novellistische Handlung verwobenen Hermann Bahr vorübergehend über seine Unaktualität hinwegtäuschen konnte. Als „ausgelassen lustig" zeigt der Verlag dieses neue Werk Paul Scheerbarts an – und erweist damit nur das gewöhnliche Mißverstehen gegenüber dem in der Weltliteratur vereinzelten ironisch-kosmischen, kindlich-andächtigen und niemals zynischen Humor des verkanntesten aller Dichter, der niemals, selbst nicht in der tief-nachdenklichen „Katerpoesie", allein als Propagator tollen Gelächters, als bloßer Amuseur und Witzbold auftritt, dem Witz Begleiterscheinung, Gewürz und Mittel, nicht Zweck ist. In einer Zeit, da die Dichter in reifen Werken beträchtlich unter das Niveau ihrer Jugendschöpfungen sinken, ist es höchst rühmenswert, daß Paul Scheerbart, dem nach seinen hinreißendkühnen Erstlingen Entwicklungsmöglichkeiten kaum noch offen zu stehen schienen, fest seine Höhe wahrt und so, in diesem Sinne wenigstens, das Wort des ihm innerlich artverwandten Rainer Maria Rilke bestätigt, nach dem „seine willigen Werke wachsen von Wiederkehr zu Wiederkehr".

Franz Graetzer, Pester Lloyd Nr. 230 (28.9.1913), 24
Rilke: *Das Stunden-Buch,* Das Buch vom mönchischen Leben, „Du kommst und gehst"

manganese steel. She is the daughter of Col. Samuel M. Wickersham of Philadelphia, and was married to Sir Robert in 1894.

We'll Soon Live in Glass Houses With Iron Frames

There'll Be No Wood in the Architecture of the Future, Says the German Prophet and Writer Paul Scheerbart.

BERLIN, June 6.—Paul Scheerbart, the well known writer, prophesies that the architecture of the future will be of glass and that the world will be inhabited by a happy race living under the good influence of light.

"The houses will be of glass," he says, "with all wood eliminated. The furniture will be or wrought iron and the framework of the buildings will be of iron and rustproof, while the walls will be of double glass to insure warmth and of many colors in order to baffle inquisitive persons.

"The buildings will be heated by electricity and the walls decorated in Tiffany majolica effects. The porch of every home will have three sides of glass and there will be glass garden houses, where one may live in the sunshine by day and the starlight by night."

Herr Scheerbart draws a brilliant word picture of a city, with stores, churches and public buildings of glass, all brilliantly lighted in many colors.

Bruno Traut, the architect, built a palace along these lines at the Cologne exposition.

FRANCE REFUSES PALACE FOR HACKETT'S MOVIE

Declines to Permit Actor to Take Pictures at Versailles for "M. Beaucaire."

FRENCH LOSS IN MEXICO FIXED AT $224,000,000

Paris Defence League's Pamphlet Indirectly Blames United States Policy.

Abbildung 12: The Sun (New York) Nr. 280 (7.6.1914)

55

We'll Soon Live in Glass Houses With Iron Frames There'll Be no Wood in the Architecture of the Future, Says the German Prophet and Writer Paul Scheerbart

Berlin, June 6. – Paul Scheerbart, the well known writer, prophesies that the architecture of the future will be of glass and that the world will be inhabited by a happy race living under the good influence of light.

„The houses will be of glass," he says, „with all wood eliminated. The furniture will be of wrought iron and the framework of the buildings will be of iron and rustproof, while the walls will be of double glass to insure warmth, and of many colors in order to baffle inquisitive persons.

The buildings will be heated by electricity and the walls decorated in Tiffany majolica effects. The porch of every home will have three sides of glass and there will be glass garden houses, where one may live in the sunshine by day and the starlight by night."

Herr Scheerbart draws a brilliant word picture of a city with stores, churches and public buildings of glass, all brilliantly lighted in many colors.

Bruno Taut, the architect, built a palace along these lines at the Cologne exposition.

(anonym), The Sun (New York) Nr. 280 (7.6.1914), Third Section, 1
Mehrfach abgedruckt, teils unter dem Titel *City all of glass:* Little Falls Herald (Minnesota) Nr. 15 (19.6.1914), 7; Watertown Weekly Leader (Wisconsin) Nr. 47 (30.6.1914), 8; The Washington Herald Nr. 2826 (5.7.1914), 30 etc.

56
Deutsche Werkbund-Ausstellung.

I. Ausstellungsanlage und Architektur

[…] Als erstes bemerkenswertes Gebäude fällt das Glashaus des Berliner Architekten *Bruno Taut* auf, das dem Dichter Paul Scheerbart als dem Anreger der Glasarchitektur gewidmet worden ist. Es nimmt auf dieser Ausstellung eine ähnliche – wenn auch nicht so charakteristische und hervorragende – Stellung ein, wie das Monument des Eisens auf der Leipziger Baufachausstellung. Taut hat dieses Mal die Möglichkeiten des Glases als Baumaterial zeigen wollen; das Haus, dessen Form bereits durch Abbildungen bekannt geworden ist, besteht aus großen Glastafeln in einer Konstruktion von Eisenbeton. Durch farbige Gläser, Prismen, Glasmalereien verziert, scheint es die Verkörperung eines spielerischen Gedankens, in dem aber doch einige ernste Möglichkeiten schlummern. Dieses Haus, in dem selbst der Fußboden und die Treppen aus Glas sind, wird wohl außer Scheerbart niemand beziehen mögen; vielleicht er selbst nicht einmal.

Julius Philipp-Heergesell, HCBH Nr. 332 (3.7.1914), 2 f.
Isaac (seit 1918 Julius) Philipp-Heergesell (1875–1962), Schriftsteller

57
Paul Scheerbart †

Berlin, 16. Oktober. Gestern ist Paul Scheerbart am Schlagfluß gestorben.

Granaten ziehen ihre glühenden Bogen durch die Luft, Minenkrater speien Flammen, Raketen bohren sich ins Firmament, um aus der Feuerfaust farbige Funken niederrieseln zu lassen. Inmitten dieses gewaltigsten Sprühens, das die Erde je sah, stahl sich Paul Scheerbarts arme Seele gen Himmel, ein fabelhafter Schwanzstern, den der Dunstkreis unseres Gestirns aus Himmelsfernen an sich sog und nun wieder in kühner Hyperbel von sich stieß – irgend einem geheimnisvollen Spiralnebel zu. Der Fremdling ist heimgekehrt.

Auch im Frieden, wo die Himmelslichter ungestört funkeln, sind die wenigsten Menschen Sterngucker. Sie kennen die liebe Sonne, den guten Mond und, wenns hoch kommt, den großen Bären. Schon der Aldebaran oder die Cassiopeia setzen sie in Verlegenheit. Und nun gar solch verdrehter, krauser, eigensinniger Komet, der nur besuchsweise durchs Blickfeld flitzt! Scheerbart hat ein halbes Schock Bücher veröffentlicht; jeder fünfzigtausendste Deutsche dürfte eins davon gelesen haben. Die es taten, blickten durch einen gerissenen Vorhang in eine wundersame Weltgegend, in der Sternseelen schweben, Fracksterne Kobolz schießen, weise Nilpferde lehrhafte Gespräche führen und Wesen, denen die Finger aus der Nase wachsen, denkwürdige Tathandlungen begehn. Eine einzige Folge unerhörter Dinge von der berühmten Köchin Tarub von Bagdad über Rakkox den Billionär zu Liwuna und Kaidoh

In dieser Welt war Paul Scheerbart heimisch; daher stammte er, und nicht aus Danzig, wie der Literatur-Kalender behauptet. Wäre er ein Westpreuße und kein Hinterweltler gewesen, so hätte er sich dem Leben auf dieser Erde besser anpassen können. Nicht, daß es ihm an gutem Willen dazu gefehlt hätte. Sein gescheites Gesicht mit dem kurzen Spitzbart sah durchaus gutbürgerlich aus; seine Kleidung war stets normal. Dieser seltsamste Kauz Berlins konnte nie und nirgends auffallen. Er mied die Stätten, in denen die haarsträubenden Existenzen ihr Genie zur Schau stellen. Zeitweise zeigte er sich sogar den Anforderungen eines Berufs gewachsen: er gab einmal eine Kunstzeitschrift heraus und schrieb sehr kluge Kritiken. Aber sich dauernd einzufügen, war ihm ganz unmöglich: er konnte seinem *Wesen* nach keine Zugeständnisse machen. Denn diese Erde blieb ihm fremd, er konnte sich niemals eingewöhnen. Darum behielt sie stets für ihn den Reiz der Neuheit. Er spürte immer wieder das Staunen des Kindes, die Freude des Entdeckers. Die schwierigsten Probleme schienen ihm ganz einfach: im Handumdrehen hatte er den Militarismus durch die Entwicklung der Luftflotten abgeschafft oder das Perpetuum mobile erfunden. An solche Dinge glaubte er felsenfest. Und nicht immer griff er daneben. Als er den Wert des Glases für die Architektur pries, baute er bereits vorweg den Märchenturm, den Bruno Taut dann auf die wohlgegründete Erde stellte. Man könnte sich keinen schöneren Behälter für Scheerbarts Asche denken, als einen in allen Pfauenfarben funkelnden Glasblock.

Vielleicht, wenn wieder Friede sein wird, finden sich dann einmal an diesem Monument Freunde zusammen zu einem stillen Glas. Denn Scheerbart trank gern und gründlichst. Seine kreuzbrave Frau – mein Bär, wie er sie zärtlich nannte – mußte oft alle List und Kraft aufwenden, um ihn sicher nach Hause zu lotsen. Sie war es auch, deren stille Tüchtigkeit ihn über bedrängte Zeiten hinwegsteuerte: will sagen, über eine dauernde Misere, die nur selten unterbrochen und erst in den letzten seiner zweiundfünfzig Jahre einigermaßen behoben wurde. Und grade da mußte der Krieg kommen. Auch ihm soll Scheerbart einen neuen Erfindungsplan verdankt haben, ein drahtlos gesteuertes Lufttorpedo, farbenfunkelnd wie eine Libelle. Ach, dieser Gedanke war wohl nur ein Versuch, sich in dem Chaos zurechtzufinden. Denn nichts verstand Scheerbart weniger als das organisierte Töten. Er, der in der Phantasie Tausende erschlug, wie Fliegen, hatte einen stillen Schauder vor der Zerstörung wirklichen Lebens. In diesen Zeiten war er auf der Erde fremder als je, und vielleicht war es der richtige Augenblick für ihn, zu gehen. Prost, lieber Scheerbart.

H. W. F., NHZ Nr. 525 (16.10.1915), 3
Hans Waldemar Fischer (Schweidnitz 1876–Berlin 1945), Schriftsteller, Kritiker, Redakteur der Wochenschrift *Die Funken* (3. Jg., 1905/06), darin fünf Beiträge von PS. Vgl. Wg 309 u. 546.

58
Paul Scheerbart,

der Phantast des Dichtens und Lebens, ist aus seiner Berliner Station übergesiedelt in irgendeins der unermeßlichen Reiche, in denen er schon zu Lebzeiten Herrscher war. Seinem kosmischen Drange war nichts fremd:

er hat Romane aus der Tierwelt so gut wie inter- und überplanetarische Dramen geschrieben. Seinem grotesken Humor war die berühmte Köchin aus Bagdad so zugänglich wie die halb ernst gemeinte Spekulation über das Perpetuum mobile. Die Leser konnten nur zu oft nicht mit und wußten auch nie recht, ob er sich nicht auch über sie lustig machte. Merkwürdig, daß Scheerbart sich überhaupt noch der üblichen menschlichen Sprache bediente. Er wäre imstande gewesen, seine merkwürdigen Geschöpfe eine gleich merkwürdige Sprache sprechen zu lassen.

(anonym), Vorwärts. Zentralorgan der Sozialdemokratischen Partei Deutschlands Nr. 287 (17.10.1915), Unterhaltungsblatt, 2

59
Scheerbarts Begräbnis

Gestern nachmittag wurde auf dem Dankfriedhof in *Groß-Lichterfelde-West Paul Scheerbart* in das Grab gelegt. Nur ein kleines Trauergefolge schritt hinter dem Sarg, ein paar gute Freunde und Bekannte. Kenner und Bewunderer seiner Kunst. Von dem Dichter Scheerbart, der hart gekämpft und der den Ruhm doch nicht erringen konnte, erzählte am offenen Grabe *Franz Servaes.* Von dem Menschen sprach mit schlichten, von Herzen kommenden und zu Herzen gehenden Worten *Waldeck Manasse.* Dann wurde in dem melancholischen Herbstnebel, in dem Rieseln der welken, toten Blätter der Sarg in die Gruft gesenkt, und bald wölbte sich der Hügel über den armen Phantasten.

(anonym), BT Nr. 536 (20.10.1915), 3. Gekürzt: NHZ Nr. 532 (20.10.1915), 7. Manasse (1864–1923), Dichter (*Liebe und Freiheit,* 1888; *August Bebel.* Gedenkrede, 1913), Sprecher der Freireligiösen Gemeinde; half PS 1912 mit Geld aus, vgl. Wg 431 u. 578.

60
Das große Licht

Die Figur des Barons Münchhausen, der „bekanntlich“ im Jahre 1905, 180 Jahre alt, wieder in Europa auftauchte, ist die köstlichste, die der an Phantasie wahrlich nicht arme Dichter geschaffen hat. Den abenteuerlichen

Erlebnissen des alten Barons, dem „bekanntlich" nichts verhaßter ist als das Lügen, zu folgen, ist ein seltener Genuß. Aus dem Inhalt des lustigen Buches seien genannt: Die kosmischen Postillone (eine Geschichte, in der Hermann Bahr mit dem Baron aneinander gerät), Das lebendige Mastodon, Die Perlmutterstadt, Das Gespensterfest usw.

(anonym), Meraner Zeitung Nr. 149 (13.12.1915), 15, Literarisches

61
Das graue Tuch und zehn Prozent weiß

Dieses in zweiter Auflage erscheinende, vom Verfasser als „Damenroman" bezeichnete Buch bietet willkommene Gelegenheit, eines Dichters zu gedenken, dessen ausgesprochene Eigenart ihm die Stellung eines Sonderlings inmitten des Literaturgewerbes eintrug. Die Hinfälligkeit und Zerbrechlichkeit der menschlichen Natur, über die er sich in seinen großzügigen Phantasien immer hinweggesetzt hatte, raffte ihn im besten Alter zu einer Zeit von hinnen, da der „Stern Erde" Zeuge des gewaltigsten Ringens aller verflossenen Jahrtausende wurde. Wäre es ihm vergönnt gewesen, das Ende dieses Kampfes, den nicht einmal sein kühner Gedankenflug in solchem Umfang vorausgeahnt hatte, zu erleben, so hätte er uns später gewiß einen phantastischen Spiegel davor gehalten – einen Vexierspiegel vielleicht, in dem sich aber die ganze groteske Tragi-Komödie dieses bitteren Geschehens offenbaren würde. Etwa, wie der Streit gespenstischer Titanen, bei denen die Bezeichnung „Mensch" sich nunmehr zu einem Symbol gewandelt hat. Denn stets haftete seinen Gestalten das Übermenschtum an, die Wirklichkeitslosigkeit verkörperter Ideen, das Unpersönliche erdichteter Figuren. Das vorliegende Werkchen, eine Utopie *en miniature*, ist, wie so oft, ein Streifzug seines Geistes in die ferne Zukunft, jenen Gebilden gleich, die man sich als Anhänger der Entwicklung dynamischer Kultur, mit dem Abwägen erreichbarer Möglichkeiten spielend, in Friedenszeiten gern vor Augen führte. Es ist ein Stück poetisierter Technik, nicht ganz so grandios wie Kellermanns „Tunnel" und eher den Märchen aus „Tausend und eine Nacht" verwandt, aber nach neuen Schönheitsidealen suchend und sich an der durch maschinelle Fortschritte erreichten Widerstandslosigkeit des Objekts dem menschlichen Willen gegenüber berauschend. Freilich haben seine Menschen fast nichts Menschliches mehr an sich. Es sind Begriffe, keine Individuen; ausführende Kräfte vorher bestimmter Entwürfe, Träger zielbewußter Energieen. Ihre Körper fliegen in luxuriösen Luftomnibussen durch die Welt, sie korrespondieren nur in drahtlosen Telegrammen miteinander und auch ihre mündliche Unterhaltung ist nichts anderes als eine Wiederholung dieses lakonischen Verständigungsmittels. Edgar Krug, der alle Inseln und Berghöhen des Erdballs mit seinen farbentrunkenen Glaspalästen wie mit riesigen Edelsteinen übersät, ist das Sinnbild eines fanatischen Architekten. Welt und Leben betrachtet er durch das Prisma seiner bunten Glaswände. Auch die Frau, die er wählt, muß sich dem unterordnen. Seine Liebe jedoch ist nichts mehr als ein Ehekontrakt, den man zwischen Fisch und Barten aufsetzen kann, und seine Werbung nur die Einigung über einen Paragraphen. Aber – gerade hier stiehlt sich ein kleines psychologisches Problem ein, das als Unterton hinter all den gedanklichen Arabesken hindurchklingt. Das Prinzip der Kontrastwirkung, die für das Gleichgewicht des menschlichen Wohlbefindens notwendig ist, bildet den Ausgangspunkt des leicht geschürzten Konflikts. Des farbenmatten Edgar Krugs Gattin muß sich verpflichten, ihr ganzes Leben Kleider aus grauem Tuch, mit zehn Prozent weiß, zu tragen. Dieser Zwang wird ihr bald eine Last und es kommt vor, daß sie sich heimlich dagegen versündigt, zum größten Verdruß ihres vielbeschäftigten Gemahls. Da aber die Umstände den letzteren veranlassen, diesen Paragraphen zu streichen, legt sie freiwillig die gewünschten Farben an und die bedrohte Ehe erhält erst dadurch ihre harmonische Basis. Diese zahme Ehekomödie spielt sich während einer Hochzeitsreise im Luftschiff ab, die sich von Chicago aus über Australien, Japan, Indien, Ägypten usw. bis zum Lago Maggiore erstreckt, allwo sie in einer gläsernen Häuslichkeit ihr Ende findet. Und wenn auch alle diese Länder der näheren Charakteristik entbehren, wenn in jedem einzelnen fast ein und dasselbe vor sich geht – wie durch Zauberspruch neue Glaskompositionen entstehen, und die Bauunternehmer in satyrischer Beleuchtung mit den bunten Scheiben um die Wette schillern; oder auch gelegentlich mal eine kolossale „Vierzigturmorgel" erschaffen wird – so hinterläßt diese mannigfaltige Ortsveränderung doch den Eindruck einer unerhörten Rekordleistung die man mit „kosmischer Equilibristik" bezeichnen möchte.

Gi., BBC 48, Nr. 97 (27.2.1916), 8 (Bücherschau)
Gertrud Isolani (geb. Isaacsohn, 1899–1988), Journalistin, Schriftstellerin, Übersetzerin; emigriert 1933 nach Paris, in Gurs interniert, flieht 1942 in die Schweiz
Bernhard Kellermann: *Der Tunnel* (Berlin 1913), Bestseller

62
Das graue Tuch und zehn Prozent weiß

Des Islams Kenner und Bewunderer hat dem geliebten und rastlos gepriesenen Orient wohl auch den Brauch entliehen, gelegentlich zu einem Heiligen Kriege verzückt aufzurufen. Sein letzter Befehl zur Dschehad galt einer fruchtbaren Erneuerung alter Baukunst und hieß „Glasarchitektur": ein gewollt-nüchterner Aufriß des neuen Weltbildes, der, geplant als Bekenntnis zu rauschlosestem Realismus, die glühendste aller phantastischen Dichtungen des Meisters ward. Ihr folgt nun dieser kleine, von wahrhaft „goldener" Rücksichtslosigkeit gesättigte Roman, als eines der Werke, in denen der Dichter, sich ausruhend und lächelnd, stets die Lehre, die er vorher in leidenschaftlicher Wut predigte, zur künstlerischen Voraussetzung einer sanft-ironischen Gestaltung zu machen pflegt. Wie auf die „Astralen Novelletten" das köstliche Münchhausen-Brevier, so folgt jetzt auf die gewaltige Lesabéndio-Tragödie und auf die grimmige „Programmschrift" eine Erzählung, welche deren Forderungen als gegeben annimmt und schon die Hochzeitsreise eines Glasarchitekten, also eines jener Weltumformer, in den Mittelpunkt des Geschehens rückt. Dieses Geschehen hält Scheerbart selbst ohne Zweifel für höchst friedsam und selbstverständlich; daß es Menschen von geringerer Phantasiekraft und kühlerem Erlebnisklima gibt, wollte er nie, will er auch nun nicht für möglich halten. Ihm galt immer nur Bewegung als oberstes Daseinsgesetz, und so hetzt er seine blutvollen Geschöpfe in einen Wirbel, der an Kühnheit und wilder Raschheit seinesgleichen nirgends findet. Ein hohes Kunstwerk liegt vor; ein Buch, in dem menschliche Kleinheit überhaupt nicht, technische Unzulänglichkeit kaum noch, dem wunderbaren Taumel in die Schwingungen des, fast enträtselten, Weltgeists hinein Hemmungen bietet. Dennoch stammt es nicht von einem selbst erkalteten Grübler, sondern vom beseeltesten Ethiker unter allen gott- und weltgläubigen Idealisten. Der zieht hier den Kameelhaarmantel des strengen Propheten aus, sänftigt seinen Ingrimm und entschließt sich, einmal nur noch zu lachen: und sein Lachen ist wiederum, wie schon so oft, das der großen, einzig wahren Spötter, die alles Weinen kennen und überwanden; das Lachen der Swift und Cervantes, der Shakespeare und Molière, in das sich alles Leid und aller Zorn gewandelt hat. Der Roman, den es trägt, baut sich auf einem an sich kleinen Witz auf, auf einem jener Späße indessen, deren Folgen so häufig, wie hier, ins Katastrophale münden. Und im Aufbau solcher Katastrophen ist der Dichter ebenso groß, wie in der Gestaltung reizvollster episodischer Ruhepunkte. Diese lassen, in ihrer Fülle, dauernd die gedankliche Wucht unaufdringlich durchschimmern, die auch Scheerbarts jüngster Dichtung das Gepräge umwälzender Aktivität gibt: der epische Kämpfer ist nicht, wie Holz und Wedekind, Streiter allein; er einzig ist auch Politiker durch und durch, und damit zu einem Erzieher deutscher Volkheit berufen. Wie die Vorahnung eines Ungeheuren klingt es hier: „Ein buntes Haus ist besser als ein buntes Kleid. Jenes macht das ganze Leben bunt, dieses aber dient nur der Eitelkeit.“ Dieses Zeichen der Feindschaft gegen Eitelkeit und leeren Ruhm ist zum Siege berufen, den, endlich, auch ein „Kaiser von Utopia“ erringen kann und soll.

Franz Graetzer, Die schöne Literatur 17, Nr. 5 (4.3.1916), 75 f.

63
Paul Scheerbart (An seinem Sterbetag)

Aufbrach das Dröhnen jäher Lufttorpeden …
Die Erde dämmerte in trägem Schlaf,
Und blindem Blicke gilbten greise Veden.

Aufbrach ein Auge, das die Müden traf:
Es widerleuchtete in tausend Farben,
Die sich an tausend Sternenwirbeln brachen

Und, kreisend, sie umwanden und nicht starben.
Die ungeborenen Wesen fanden Sprachen,
Zeugen für neue, schwellende Gestalt,

Und wilde Gesten, – die – betäubend – warben.
Die alte Erde greiste und blieb kalt.
Backsteinern ragten, riesig, plumpe Mauern:

Und schale Sattheit pries ihr stumpfes Dauern …..
Nur Eine Stimme sang von Urgewalt:
Und türmte Worte, glutend, zu Krystallen,

Ließ Sterne steigen, wirbeltoll, und fallen …
Aufbrach urneue Buntheit: Glück und Glas!
Weltliebe! Doch die Erde wälzte Haß …

Erwachtem Blicke blühten junge Veden.
Und Eine Stimme jauchzte Urgewalt:
Und schluchzte in die Lüfte: Glas und Glück!

Orkan, ersehnter, riß den Hall zurück:
Das Jauchzen überschlug sich; Glut ward kalt
Im Anhauch eisig mordender Fanfare …

Die Erde dehnte sich: in bunte Jahre …..
Aufbrach das Dröhnen jäher Lufttorpeden

Und huldigte – vor einer jähern Bahre.

Franz Graetzer: *Heroische Silhouetten. Gedichte,* Weimar: Weckruf-Verlag 1917, 5–7

64
Vom einheitlichen Ziel der Kunst

Kunst und Umwelt – das ist ein besonders eng und kompliziert geschlungener Knoten, eine gefährliche Schlinge für das Nachdenken. Bekannt ist Hippolyte Taines Versuch, die Kunst als das Ergebnis aus den vielfachen Einflüssen des Milieus zu erklären. Merkwürdig nur, daß Taine bei seinen sonst so langatmigen Auseinandersetzungen der Architektur geradezu ängstlich ausweicht. Die Formen der Baukunst sind frei, sind ohne nachschaffenden Bezug auf die äußeren Lebensbedingungen der Zeit, so daß für sie die Abhängigkeit von der bürgerlichen Kultur weitaus schwieriger zu beweisen wäre als für die Malerei, die Plastik, die Dichtung. Also weil die Baukunst den reinen Schöpfungstrieb besonders frei und stark wirken läßt, weil sie demnach in besonderem Grade Kunst ist, scheint sie Taine für seine Zwecke ungeeignet gewesen zu sein. Das spricht natürlich von vornherein *nicht* sehr für die innere Überzeugungskraft der „Philosophie de l'art". Wenn es nun auch nicht ausgesprochen wird, so liegt es doch in der Richtung der Lehre, daß auch die

Architektur bestimmt werde durch die Gegebenheiten der Umwelt, daß auch der Architekt der Sklave jener Gegebenheiten des Milieus sei. Dem gegenüber erinnern wir uns der Worte Scheerbarts, jenes Dichters, der die denkbar höchste und reinste Auffassung der Baukunst in seinen schönen Dichtungen bekundet hat: „Unsere Kultur ist gewissermaßen ein Produkt unserer Architektur. Wollen wir unsere Kultur auf ein höheres Niveau bringen, so sind wir wohl oder übel gezwungen, unsere Architektur umzuwandeln." Da haben wir also die entgegengesetzte Überzeugung. Welche Anschauung dem wirklich schaffenden Baukünstler die heilige sein muß, liegt offen genug zu Tage.

Nun dürfen wir aber Scheerbart, weil er die Allmacht des Milieus nicht anerkennt, nicht dahin verstehen, als ob jeder Architekt bauen solle wie in einem luftleeren Raume, so, als habe es vor ihm nie einen Baukünstler gegeben, und als gäbe es neben ihm keinen. Scheerbart denkt ja gerade an die Steigerung der Kultur. „Kultur" aber bedeutet, ohne natürlich den Begriff damit erschöpfen zu wollen, u. a. auch „Pflege", setzt also die feinfühlige Beachtung des vorhandenen wertvollen Gutes voraus, wie ja Scheerbart selbst auf die Gotik als auf ein solches Gut, das würdig sei, fortgesetzt zu werden, hinweist.

Machen wir uns den Gegensatz der beiden Anschauungen weiterhin klar.

Bei Taine wirken die Kräfte des Milieus zwangsmäßig und unterschiedslos, so daß bei näherer Überlegung eine künstlerische Steigerung eigentlich ausgeschlossen ist. Denn wo sollten die Kräfte zu einem Plus denn stecken, wenn das Schaffen zwangsmäßig und eindeutig, *prinzipiell*, von etwas Bestehendem abhängig gemacht wird? Scheerbart dagegen hebt den Zwang der Umwelt auf. Er führt das Alte durch das Bewußtsein des Schaffenden hindurch, der, in Freiheit des Urteils, durch Wahl die geistige Umwelt seiner Schöpfung sich herstellt. Der Begriff der Umwelt, bei Taine materiell, in einer materialistischen Zeit entstanden, erscheint bei Scheerbart in das Geistige erhoben. Und während es bei Taine den Künstler zum passiven Teil macht, ist das Milieu bei Scheerbart selbst schon ein nicht gering zu schätzender Teil der Schöpfung. Man kann Taines Milieubegriff recht gut mit dem geistesverwandten des Darwin in Verbindung bringen, während wir bei der Scheerbartschen Auffassung an die „Merkwelten" Jacob von Uexkülls denken mögen. Eine weitere Parallele bietet sich uns dar: mit Darwin-Taine gehört zusammen *Mehrings* „Lessinglegende" (Dietz-Stuttgart), als der Versuch, die große künstlerische Persönlichkeit vom ökonomischen Milieu her zu erfassen, während wiederum Scheerbart in seinem köstlichen „Cervantes" (Schuster und Löffler, Berlin), ohne den Lockungen des äußeren Milieus nachzugeben, aus der geistigen Konzentration die leuchtende Lebendigkeit gewinnt. [...]

Adolf Behne, Deutsche Kunst und Dekoration. Illustr. Monatshefte für moderne Malerei, Plastik, Architektur, Wohnungskunst u. künstlerisches Frauen-Arbeiten (Darmstadt) 21, Nr. 10 (Okt. 1917), 18–30
„Adolf Behne, der wortmächtigste und vielleicht bedeutendste Architektur-Theoretiker unserer Kulturgeschichte", hat Scheerbarts Gedanken den Architekten „unermüdlich", in vielen Beiträgen vor Augen gehalten. Heinz Ohff: *Erwache, Paul!* (1972; ÜPS III 260)

65
Ein ungespieltes Werk Strindbergs

[…] Gemahnt dieses echtesten, größten Strindberg Lehre an Goethes, seine Kunst ist erhaben, tief und dabei vollkommen transparent, wie Shakespeares. Wundervolle Worte, in nur anzudeutender Fülle, keimen – allenthalben – aus der (nicht losen) Bilderkette des hinreißend schönen Gedichtes. Geistvollste Ironie, andächtige Demut, mildeste wie grausamste Weisheit birgt der Weg des Weltenwanderers, der niemals klein genug war, um in die engen Fesseln einer billigen Formel zu passen. Dieses zauberhaft erschütternde Drama steht in der Reihe der großen symbolistischen Schauspiele, ist ungekannt, wie Shakespeares „Sturm" und Scheerbarts „Zweiter Mond", und verdient, so vertraut zu werden, wie „Faust" und „Peer Gynt". Wo ist die Bühne, die seinen mächtigen Eindruck vermitteln will?

Franz Graetzer, Zeitung für Lit., Kunst u. Wissenschaft. Beilage des HCBH Nr. 14 (7.7.1918), 55 f., hier 56 (Schluß); zu Strindberg: *Die Schlüssel des Himmelreichs oder Sankt Peters Wanderung auf Erden, Märchenspiel in fünf Akten,* Übers. Erich Holm, Leipzig: Wolff 1917 (Der jüngste Tag)

66
Einakter-Theater

Für eine Zeitgenossenschaft, die von Otto Julius Bierbaum gerade nur den Namen noch kennen will (und, ohne jede Leidenschaft, selten genug, auch nennt), ist der Plan, Heimstätten für Einakter zu gründen, hinlänglich uralt geworden, um schon wieder neu zu wirken. Und der Krieg, der den Willen zu zeitweiliger Abseitigkeit in graziöse Novelletten und holzschnitthafte, alte Kalendergeschichten geleitet hat, bringt jenen alt-neuen Gedanken, nun schon zum dritten Mal an der Wende eines Bühnenjahres, in ein Gedächtnis zurück, das völlig ihn niemals verlieren konnte.

Auch in friedlicheren und friedlichsten Tagen mag man ja nicht immer vom Himmel, durch die Welt, zur Hölle geschleift werden, wenn man im Theater sitzt; mag man – zumindest – es nicht stets fünf oder vier oder drei lange Akte lang, mag nicht „abendfüllend" erschüttert werden, mag kaum „abendfüllend" sein Zwerchfell massieren oder massakrieren lassen. Paul Scheerbart, der, in den letzten zehn Jahren seines Lebens, das Rampenlicht gemieden hat, der – vordem – selten ruhig das Ende einer Vorstellung abzuwarten fähig war, hat, zur Begründung dieser Tatsache, einmal Worte von prallster, transparentester Allgemeingiltigkeit gefunden: man kennt sie so wenig, wie man seine sechs Bände einer (begonnenen) „Revolutionären Theaterbibliothek" jemals recht würdigen wollte, die er, in seines Daseins mühelosesten Verschwenderstunden, aus dem linken Handgelenk schüttelte, indes das rechte bereits sein rotestes Herzblut in „Machtspäße" ernstester Art verströmen ließ und Rübezahls, das Dramolet überragenden, Riesenleib speiste ....

Versuche sind – mehrfach – angebahnt worden; sind gescheitert. Aber wie lange sind nicht auch alle Bemühungen um eine deutsche „National"- und „Monumental"-Bühnenkunst fehlgeschlagen, wie zahllos haben sie nicht, seit anderthalb Jahrhunderten, jenes traurige Geschick geteilt und sind, wie nicht nur alle Dummen, sondern auch alle sehr Klugen, nicht alle geworden! Die Sehnsucht nach der *Einakter-Bühne* besteht; und es sind nicht die schlechtesten, nicht die einflußlosesten und – ganz gewiß – nicht die oberflächlichsten Theaterfanatiker diese Epoche, die ihr Geburtshilfe leisten, ihren Bestand sichern möchten. Noch weniger aber sind es die geringsten Künstler, die, fürs erste, den Spielplan des neuesten Großstadttheaters bestreiten würden.

Scheerbart: Der Versuch – mindestens –, sein „Donnerwetter", seinen „Direktor", seinen Schornsteinfeger" wirbeln zu lassen, dürfte einmal, mit den richtigen Mitteln, gemacht werden. Der Dichter selbst, der an der schweren Durchsetzbarkeit seiner Epik doch kaum jemals zweifelte, war überzeugt, es müsse gelingen; und so bekame, endlich, das gewaltige Satyrspiel vom „Zweiten Mond", die Möglichkeit geboten, auch *günstig* Voreingenommenen zu strahlen. Viele andere Dramatiker könnten, nicht ganz würdig, diese tollen Capricios eines kindhaften Riesen rühmen. [...]

Franz Graetzer, NHZ Nr. 497 (30.9.1919), 2

67
Aus dem Verlag A. R. Meyer, Berlin-Wilmersdorf

Scheerbart, Paul, *Von Zimmer zu Zimmer.* 70 Schmoll- und Liebesbriefe des Dichters an seine Frau. Mit Zeichnungen Scheerbarts. Eine allerliebste winzige Veröffentlichung aus dem intimsten Erleben des liebenswürdigen Dichters, dessen Witwe jetzt bittere Not leiden muß.

(anonym), Der Zwiebelfisch 13, Nr. 1–3 (Nov. 1921), 72

68
Die Phantasten
Scheerbart – Dörmann – Altenberg

Wie bei den Lyrikern wird hier bei den Erzählern eine abseitige Ecke eingerichtet für die Sonderlinge, denen die Kunstmittel der gesunden Schriftsteller nicht genügen. Alle großen Erzähler der Weltliteratur sind damit ausgekommen; diese Sonderlinge haben nach ihrer Meinung so unerhört Neues und Wundersames zu sagen, daß sie es in angeblich neue und wundersame Formen gießen müssen. Da ist der „Phantast" *Paul Scheerbart* aus Danzig, geb. 1863, der sich selbst bezeichnet als „Bureauchef im Verlage deutscher Phantasten" und uns hierdurch sehr beruhigt. Phantasten, die ein „Bureau" und an dessen Spitze einen „Chef" haben, werden schwerlich allzu phantastisch sein; sie machen den Eindruck eines bureaukratisch wohlgeordneten Phantastereibetriebes. Aus dem Verlage sind hauptsächlich die Werke Scheerbarts selbst hervorgegangen: *Das Paradies, die Heimat der Kunst; Ja, was möchten wir nicht alles! – Na prost! (Phantastischer Königsroman)* usw., im ganzen bis jetzt 23 Bände. Die Phantasterei seiner Bücher steckt zum größten Teil in ihren Titeln. So gibt es in der Sammlung *Ja .. was .. möchten wir nicht alles!* (man achte auf die Punkte!) eine „mythische Burleske, eine tragische Pantomime, ein telepathisches Capriccio, eine sensible Waldgeschichte, ein antisimples Farbenmärchen, ein skurriles Drasticum" usw. Leider ist der Inhalt nicht halb so spaßig wie die Bezeichnungen, für die natürlich die deutsche Sprache zu armselig erschien, übrigens auch zu schade war. In eine verschwommene, nichtssagende Prosa werden Verse eingestreut von dem dichterischen Gehalt dieser:

Laß die Erde! laß die Erde!
Laß sie liegen, bis sie fault.
Über schwarzen Wiesentriften
Fliegen große Purpurengel,
Ihre Scharlachlocken leuchten
In dem grünen Himmel
Meiner Welt.

Ein Zittergleißen spritzte
Haarfein blanke Blendefäden.
Lichteblicke schlitzten
Das Schliffegeschnitz.
Glimmend, zuckend brannten
Blitzeritzen
Durch den Diamantensaal.

Jüngst hat er seiner Phantasterei freiesten Lauf gelassen in einer Reihe einaktiger Ulkspiele mit dem Gesamttitel *Revolutionäres Theater* (1906). Eines spielt auf dem Planeten Jupiter und heißt *Das dumme Luder.* Es gibt Studentenmimiken, die viel geistreicher sind. – Scheerbarts sogenannter Roman *Münchhausen und Klarisse* (1906) ist langweiliger Unsinn, fast noch mehr langweilig als Unsinn.

Die Hauptsache bei Scheerbart, wie bei allen seinesgleichen, ist: verblüffend auffallen um jeden Preis! Und sie fallen auf, sie scharen sogar kleine Bewunderer und Nachahmergemeinden um sich, bis eine neue Mode kommt und die alten so abgeschmackt erscheinen läßt, wie sie von jeher waren.

Eduard Engel: *Geschichte der Deutschen Literatur des Neunzehnten Jahrhunderts und der Gegenwart,* 8. Auflage, Wien/Leipzig: Hölder-Pichler-Tempsky G. Freytag 1922, 16. Buch: Erzählungskunst der Gegenwart, 393 f.

69
Die Röllchen

Der Abhandlung über Röllchen muß ein kurzer Blick vorangehen auf den Witz und seine Wirkungsmöglichkeiten.

Karl Rößler, der Lustspieldichter, muß es wissen; er behauptet, es gebe überhaupt nur drei Wörter, die im deutschen Theater ganz bestimmt belacht werden: Schwiegermutter, Dackel, Synagoge.

Und Paul Scheerbart klagte mir einst nach seiner Uraufführung:

„Sechzehnmal Mensch, sech-zehn-mal kommt in dem Stück derselbe Witz. Meenst de, de Leute haben jelacht?"

Roda Roda, Karlsruher Tagblatt Nr. 189 (11.7.1922), Unterhaltungsbeilage

70
Eine Paul Scheerbart-Ausstellung

wurde am Mittwoch abend in Rothgießers Bücherhalle, Anhaltstr. 6, durch einen *Scheerbart-Abend* eröffnet. Die Ausstellung, die Bücher, Handzeichnungen und Manuskripte des eigenartigen, 1915 verstorbenen Dichters umfaßt, soll den Hinterbliebenen des Dichters zugute kommen. Eigenartige Gestalten von ungeheuerlicher Phantastik treten dem Beschauer aus den Zeichnungen entgegen, Gestalten, wie sie wohl sonst niemals gesehen und geschaffen wurden, einer Phantastik, wie sie auch aus den Dichtungen Scheerbarts strömen. *Eberhard Buchner,* der in eingehender Einleitung eine Charakteristik des Werkes und der Persönlichkeit Scheerbarts gab, gestand wohl, daß diese Gestalten dem Philister reichlich fremdartig erscheinen müssen, daß er wohl diese Galerie von Ungeheuern und Fabelwesen mit Fragen, die ihn bis in die Träume hinein schrecken, ablehnen müsse. Und wenn man sich frage, was das soll, so möchte man den Dichter wohl für einen Spaßmacher von hohem Grade halten. Aber hinter dieser völlig einseitigen Einstellung auf eine ganz besondere Phantastik steckte doch ein tiefer Ernst, ja ein Fanatismus, und Scheerbart fühlte sich von seiner Mission erfüllt. Auf die Bitte um autobiographische Mitteilungen antwortete einmal dieser Prediger des Kosmischen: Was geht mich das Leben eines Erdgeborenen vom Range eines Scheerbart an! Ich bin ein Astralwesen, das Menschliche ist mir peinlich. Mit jedem Jahre wurde dies Hineinleben in eine solche Anschauung stärker. Statt irdisch zu denken, strebte er ein kosmisches Bewußtsein an. Das Wort „Welt“ sprach er nur ganz selten aus; er hielt es für eine Blasphemie, das Unsagbare in ein Wort zu fassen. Was ist die Erde im Weltall, in dem es Millionen weit größerer Körper gibt, – ein Stäubchen. Er dichtete nicht zur Unterhaltung seine humordurchtränkten Romane, nicht zur Verbreitung einer irdischen Moral. Es galt ihm vielmehr, Türen aufzustoßen, aus der irdischen Enge ins kosmische Weite zu gelangen. Buchner, der dann noch biographische Mitteilungen über Scheerbart anschloß, der etwa 30 Bände veröffentlichte, bezeichnete seinen Asteroidenroman vom Pallas-Bewohner „Lesabendio“ als ein Erlösungsbuch, eine religiöse Tat, und kam zu dem Schluß, daß nach Scheerbarts Lebenswerk die kosmische Note in unserem Schrifttum nie ganz verstummen könne. Hanns Heinz Ewers, – ein Freund des Dichters, – las dann Proben aus Scheerbarts Dichtungen vor, so ein Kapitel aus einem „Berliner Roman“, der freilich ebenso wenig ein Roman betitelt werden wie als Berliner Roman gelten könne, dessen dürftige Handlung nur zufällig in Berlin spielt: „Münchhausen und Clarissa“, dann aus einem Werke „Die Seeschlange“, das er einen „Seeroman“ nennt. Beide Dichtungen sind mehr oder weniger Unterhaltungen von phantastischem Humor, dort solche zwischen dem 180-jährigen Freiherrn von Münchhausen und einem adligen Clorista [!], hier zwischen einem Gelehrten und einem Kapitän, der jenem erzählt, was er über die Seeschlange vernommen. Den Beschluß bildete dann ein Kapitel aus dem Asteroidenroman „Lesabendio“ usw. Alle diese Schöpfungen weckten zuweilen laute Heiterkeit über die phantastischen Einfälle des Dichters, ohne deswegen den tiefen Ernst dieser Schöpfungen zu verkennen, freilich aber auch ohne an der Ansicht vorübergehen zu können, daß nur wenige ähnlich gerichtete Größen sich finden werden, die sich zu einem Weltgefühl von seiner Größe und Stärke emporarbeiten können, zumal in einer Zeit, die uns nur zu sehr durch ihre schweren Nöte an unsere Erdgebundenheit erinnert. War auch Scheerbart ein Dichter von entschieden kraftvoller Eigenart, so ist doch die Gleichgültigkeit, die die Mitwelt seinen Werken entgegenbrachte, erklärlich, und eine späte Nachwelt erst wird diese Versündigung gutmachen können.

is. (Gertrud Isolani), BBZ Nr. 236 (25.5.1923), 3
Buchner (Hausdorf, Schlesien 1877–Birkenwerder bei Berlin 1933), Schriftsteller, Kritiker, Übersetzer; 1906–09 Feuilletonredakteur des HC, seitdem mit PS befreundet; vgl. Wg 330 u. 548.

Ewers (Düsseldorf 1871–Berlin 1943), Schriftsteller, Exzentriker, Okkultist; *Alraune. Die Geschichte eines lebenden Wesens* (1911, Bestseller), Filmskripte usw.; 1914–20 Kuba u. USA, 1931 NSDAP

71
Scheerbart-Ausstellung und -Vortrag

In Rothgießers Bücherhalle, Anhaltstr. 6, wird im Rahmen der Scheerbart-Ausstellung der Vortrag von Hanns Heinz Ewers heute abend 8 Uhr wiederholt. Eberhard Buchner spricht wieder die einleitenden Worte. Neugewonnen ist der bekannte Scheerbart-Rezitator Meinhart Maur. Der Ertrag aus dem Verkauf des literarischen und künstlerischen Nachlasses wird ungekürzt an die Witwe Scheerbarts abgeführt. Die Vortragenden haben sich ebenfalls unentgeltlich in den Dienst der guten Sache gestellt. Eintritt frei.

(anonym), BBZ Nr. 244 (30.5.1923), 3
Maur (Hajdúnánás, Ungarn 1884 – London 1964), Schauspieler, Rezitator

72
Scheerbarts Gedächtnis

Dieses Jahr hätte den sechzigsten Geburtstag dieses großen Schriftstellers gesehen, wenn es ihm nicht eingefallen wäre, den undankbaren Erdball bereits 1917 [1915!] zu verlassen und auf einem anderen Stern Quartier zu suchen. Er hat ebensoviel gehungert wie Arno Holz, aber viel mehr geschaffen als dieser, und er ist ihm nur darin ähnlich, daß sein Werk reine Hingabe an die Dichtung und ohne Blick auf das Publikum war. Niemand wußte im Universum so gut Bescheid als Scheerbart, der gern in den grenzenlosen Raum hinausschwebte und dem der Sirius vertrauter als etwa seine Vaterstadt Danzig war. Auf diesen Flügen in die dünne Höhenluft folgte ihm nur eine ganz kleine Gemeinde, deren verstreute Glieder jüngst von Eberhard Buchner und Hanns Heinz Ewers in der Rothgießerschen Bücherhalle zu einer Gedächtnisfeier geladen wurden, an die sich eine Ausstellung der zahlreichen Bücher, Zeichnungen und Manuskripte des Dichters schloß, die seine in bitterer Not befindliche Witwe zum Verkauf stellen muß. Buchner versuchte in einleitender Rede, der komplizierten Persönlichkeit des

Dichters, die sich nicht leicht erschließt, gerecht zu werden, während Hanns Heinz Ewers mit seiner pointierten und wirkungssicheren Sprechkunst die astralen Kometentänze der Sternschnuppenromane Wirklichkeit werden ließ. Für die Öffentlichkeit sollte die wohlgelungene Veranstaltung eine Mahnung sein, sich der Witwe eines Schriftstellers anzunehmen, den seine Zeit verkannte, dem aber die Nachwelt noch viele Kränze winden wird.

eu. (Erich Unger), BT 52, Nr. 261 (6.6.1923), 3
Unger (Berlin 1887–London 1950), Philosoph, Schüler Oskar Goldbergs, 1909 mit Kurt Hiller Begründer des Neuen Club; emigriert 1933 über Prag und Paris nach England.

73
Hartleben und Liliencron. Persönliche Erinnerungen

Zu den Mitgliedern des „*Verbrecher-Stammtisches*", der in den 1890iger Jahren alle Sonnabende unter Hartlebens Vorsitz in der alten Künstlerklause in der Dorotheenstraße sich versammelte, gehörte auch der Dichter und „Astralpsychologe" *Paul Scheerbart,* dessen Phantasie vor den tollkühnsten Gleitflügen im Raume des Weltalls nicht zurückschreckte, der aber als Erdenbewohner nur wenig Zivilcourage besaß. Scheerbart hatte sich eines Abends über den abwesenden Maler K., der ebenfalls zur Korona gehörte, den er aber persönlich nicht kannte, in schwer beleidigender Weise geäußert. Otto Erich beschloß ihn dafür zu strafen, und als der Dichter am nächsten Sonnabend am Tisch erschien, stellte ihm Hartleben den *Schauspieler Hermann Müller* als Maler K. vor und flüsterte ihm zugleich ins Ohr: „Er hat von Deinen Schimpfereien gehört, nimm Dich in Acht, der Kerl ist lebensgefährlich, besonders wenn er betrunken ist!" Hermann Müller, in das Komplott eingeweiht, spielte nun sehr bald den Beschwippsten und attakierte Scheerbart mit anzüglichen Bemerkungen, die immer drohender wurden, je mehr die Trunkenheit zuzunehmen schien. Der Astralpsychologe aber saß in größten Ängsten schwitzend da und erwartete jeden Augenblick einen tätlichen Angriff. Schließlich hielt er es nicht mehr aus und verließ fluchtartig das Lokal. Müller aber hatte die Rolle des bezechten Wüterichs so überzeugend gespielt, daß der Kellner, der an eine Betrunkenheit nach sieben Glas Bier bei einem Freunde Hartlebens nicht glauben wollte, ihm 17 Pilsener ankreidete, die der geschmeichelte Künstler, stolz auf seinen schauspielerischen Triumph, denn auch schmunzelnd berappte.

John Schikowski, Vorwärts Nr. 256 (2.6.1924), 2. Ndr. in Ders.: *Stürmer gegen das Philistertum. Essays,* Berlin 1925. Schikowski (1867–1934) gründete die Freie Volksbühne Berlin, Redakteur des *Vorwärts,* Kunsthistoriker, förderte die Tanzkunst.

74
Ausstellung für Glas
Die Schau der Arbeitsgemeinschaft für Handwerkskultur

Die Glas-Ausstellung ist in der *Hochschule für bildende Künste* in der Hardenbergstraße 33.

Hier in dieser Akademie von Wilhelminischer Pracht-Unbrauchbarkeit werden die jungen Maler und Bildhauer ausgebildet. Was mögen sie im Jahre 1928 treiben? Sie arbeiten heute wie vorgestern nach dem Modell, und in der Halle vor der Glas-Ausstellung ist eben Modell-Börse: künstlerisch gut verwendbare Sorgenfalten und malerisch reizvolles Elend versuchen ihre Chancen, und man braucht nur diesen Markt zu sehen, um schon zu wissen, was oben in den Ateliers getrieben wird: Kunst von anno Toback. Ein gut verhungertes Gesicht kann hier eine famose Charakter-Studie werden, und das ist eben die „reine" Kunst.

Wir passieren die Kasse zur Glas-Ausstellung und sind, weit weg von solcher Kunst, im Märchen der Sauberkeit. Kristallene Reinheit und diamantener Glanz, Licht in aller Weite und Tiefe des Raumes, Farben von ungetrübter Heiterkeit, Spiegeln und Leuchten, Strahlen und Glitzern … wirklich ein bezauberndes Märchen. *Paul Scheerbart* hat es als Erster geschrieben, dieses Märchen vom Glas, und *Bruno Taut* hat es als Erster gebaut, vor 15 Jahren im Glashaus der Kölner Ausstellung, das Scheerbart gewidmet war, und auch in dieser Ausstellung der „Arbeitsgemeinschaft" triumphiert der ungenannte Geist Paul Scheerbart … in der verwegenen Durchsichtigkeit atemraubender Glas-Akrobatik, im Feuer der kristallenen Glasmasse, in der Phantastik gläserner Schlangen und in der hingehauchten Kostbarkeit Geißlerscher Röhren, deren unauflösbar geheimnisvolles Spiel es mit den Märchenschätzen Indiens und Chinas aufnimmt. Dieses hier ist ja die wahre und echte Phantastik Europas, Phantastik des Rationellen und industriell Zweckmäßigen … eine andere Phantastik als die irrationale des Orients. So oft Europa den Orient nachahmen wollte, blieb es elend stecken. Hier, wo es auf seinem Boden arbeitet, hat es den Sieg.

Alles was hier gezeigt wird, von der Bierflasche bis zum Operationssaal mit gläsernen Wänden, von dem gläsernen Kochgeschirr oder der kleinen Glühbirne bis zum Modell des Geschäftshauses aus Glas und Metall, ist sachlich, praktisch und rationell für den Tagesgebrauch … und doch Teil eines Märchens. So wie manchmal bei Buster Keaton aus tausend Dingen des Alltags ein modernes Märchen wird, so auch hier im Spiel und Widerspiel des Lichts, der stumpfen und der blanken Stoffe, der spiegelnden Reflexe, der überraschenden Formen und der leuchtenden und der stillen Farben. Alles dies ist Werkzeug, Apparat, Instrument, Maschine, Arbeit, und doch auch ein zierliches, entzückendes Spiel. Unerhörte Energien und ein Minimum von Materie. […]

Adolf Behne, WaM 6, Nr. 263 (8.11.1928), 1. Beilage

75
Eine Paul-Scheerbart-Gesellschaft

Am 18. Januar trafen sich in den Räumen des *Sturm,* Kurfürstendamm, Freunde und Verehrer des im Jahre 1916 [1915!] verstorbenen Dichters Paul Scheerbart, um die Frage zu erörtern, in welcher Weise das heute zu Unrecht fast vergessene Werk des Dichters der literarisch bewegten Öffentlichkeit wieder zugeführt werden könne. Es bestand Übereinstimmung in der Überzeugung, daß Scheerbarts Bücher bei der gegenwärtigen Generation auf viel stärkeres Verständnis rechnen können als bei der früheren. Um das Werk durch Neuausgaben, Pressehinweise, Aufführungen, Vorträge und andere Mittel zu neuer Lebendigkeit zu erwecken, wurde eine *Scheerbart-Gesellschaft begründet,* deren geschäftsführender Ausschuß sich aus folgenden Herren zusammensetzt: Dr. Adolf *Behne,* Alfred Richard *Meyer,* Erich *Mühsam,* Bruno *Taut,* Herwarth *Walden.* Auskunft erteilt Der Sturm: Bismarck 2370.

(anonym), BBC 61, Nr. 37 (23.1.1929), 1. Beilage, 5

76
Die neugegründete Paul-Scheerbart-Gesellschaft

beabsichtigt einen Band von Briefen Scheerbarts herauszugeben und bittet die Besitzer von Briefen zunächst um ihre Anschrift an den Schriftführer der Gesellschaft: Herwarth Walden, Berlin W 15, Kurfürstendamm 53.

(anonym), Die schöne Literatur 30, Nr. 4 (April 1929), 181

77
Neues aus den Kunstsalons

Es mag jetzt 22 Jahre her sein, daß ich am Stammtisch der Zeitschrift „Die Gegenwart", an dem Dr. Adolf Heilborn seine Mitarbeiter in idealer Eintracht vereinte, an dem auch der Planetengroteskiker Paul *Scheerbart* und der früh verstorbene Ernst *Schur* teilnahmen, Heinrich *Zille* kennenlernte. Der knorrig-stämmige Mann aus dem Volke war damals von Heilborn „entdeckt", sonst aber noch nicht bekannt. Er sprach wenig, dafür gab er, wenn er mal sprach, irgendein meist ulkiges Erlebnis aus seinem, damals noch ganz kleinbürgerlichen „Milljöh" zum besten, und wie Paul Scheerbart auf die Bierfilze seine langustenartigen Marsmenschen, zeichnete er auf sein Röllchen die Physiognomie des einen oder andern von uns. […]

Paul Friedrich, BBZ Nr. 39 (24.1.1930), 8

78
Wozu das Deutsche Reich gegründet wurde

Der Satiriker Scheerbart wurde Strindberg im Sommer 1892 als Verleger vorgestellt. Gleich zu Anfang der Unterredung sagte Strindberg:

„Ich habe jetzt zweitausend Leser in Deutschland."

Scheerbart schwieg. Nach einer Weile fuhr Strindberg fort:

„Das Deutsche Reich ist gegründet worden, um die ausländischen Autoren berühmt zu machen."

„Ja, ich weiß," versetzte Scheerbart freundlich, „deswegen ist ja der deutsche Verleger S. Fischer schwedischer Hofbuchhändler geworden."

Hierauf sagte Strindberg mit tiefer Stimme:

„Die ausländischen Autoren sollten an die Stelle der deutschen Fürsten treten."

„Und die deutschen Banken", rief Scheerbart lebhaft, „sollten den ausländischen Autoren einen unbeschränkten Kredit gewähren!"

Da sagte Strindberg leise, aber bestimmt:

„Das geschieht bereits."

Anekdoten. Erzählt von Fiete Fischer, HA Nr. 120 (24.5.1930), 18; Badische Presse Nr. 270 (13.6.1930), 3. – Fiete Fischer = Erich Kästner (1899–1974), Schriftsteller, Publizist, Kabarettist

79
Danzig erinnert sich an Paul Scheerbart Feier und Ausstellung im Olivaer Schloß

Also doch! Es ist *doch* noch einmal möglich geworden, dem Dichter Paul Scheerbart, geboren *in der Fleischergasse zu Danzig,* in seiner Heimat, die ihn bisher ignorierte, eine kleine Feier auszurüsten. Sogar eine sehr hübsche, eine Feier in einem veritablen Schloß.

Der Festredner gestern meinte, daß Scheerbart, wenn er diese Feier hätte miterleben können, ausgerufen haben würde: „Wie schön, daß die Heimat ihren verloren geglaubten Sohn wiederfindet!" Na, das wollen wir dahingestellt sein lassen, ob der Phantast und Ironiker, der „aus Wut sogar Humorist geworden ist, nicht aus Liebenswürdigkeit", ob Paul Scheerbart sich also gerührt und salbungsvoll ausgedrückt hätte. Aber vielleicht hätte er sich, eine seiner Träumerfahrten zu seltsamen Astralwelten für einen Augenblick mit „Na prost!" unterbrechend, doch im stillen ein bißchen über das späte Gedenken seiner Vaterstadt gefreut. Vielleicht auch bitter-böse gelacht, wer mag das entscheiden! – Für die, welche das Andenken an den liebenswerten Kauz und durch und durch aufrechten, künstlerischen Menschen in Ehren halten, war es jedenfalls eine schöne Genugtuung, daß man sich in Danzig endlich auf die Pflicht besann, sich *coram publico* zu dem einst als „meschugge" abgetanen Dichter und Kinde unserer Stadt zu bekennen. Zumal mit dieser Ehrung eines genialischen Irrealisten ein sehr realer Zweck verbunden war, nämlich der, seiner greisen Witwe, die sich in *Not* befindet, ein wenig beizuspringen. (Hoffentlich ist er in einigem Umfange erreicht worden!)

Nein, an eine „Scheerbart-Renaissance“ glauben wir nicht. Schon diese Feier in dem heiteren, und von ach so gutbürgerlichen Menschen erfüllten Rokokosaal, die Anhäufung von Scheerbart-Reliquien in der Ausstellung passen ja eigentlich so gar nicht zu dem einsamen Spintisierer aus der Berliner Bohème des *fin de siècle.* Aber es ist schon richtig, daß unsere Zeit mit ihrem Suchen und Tasten in den Bereichen des Metaphysischen dem damals verlachten Werk Scheerbarts eine ganz andere Bereitschaft entgegenbringt als die Welt des Naturalismus, in welcher unser Dichter sein anachronistisches Dasein führte. Und auch das wäre schon ein Gewinn dieser stillen Sonntagmittagstunde, wenn dieser und jener aus der Zahl der Teilnehmer – wo blieben die „offiziellen“? – sich eins der wenigen nicht vergriffenen Bücher unseres einst dem grotesken Abglanz dieses Lebens zugewandten Landsmannes zu gelegentlicher besinnlicher Lektüre heimholen würde.

Denn gottlob soll es ja auch heute noch Menschen geben, die das „Vernünftige“ nicht um jeden Preis für das einzig Vernünftige halten, die vielmehr denken, wie Freund Knipo, der Geist aus der „Wilden Jagd“ dachte: „Was nützt es uns, wenn uns die ganze Welt ewig und immer als ein großes sinnloses Lichtspektakel erscheint? … Grade das *Verwirrende* erzeugt doch den Gipfel aller Lebenslust. Grade dort, wo wir nicht mehr folgen können, fängt der große Rausch an, der uns ganz und gar durchglüht … Der eigentliche Genuß beginnt immer erst da, wo die Klarheit aufhört – das ist nun mal meine Meinung.“ Wir sind freilich gehalten, die „Klarheit“ heutigen Tages über alles zu stellen, aber für jedermann kommt eine Stunde, wo er über die Stränge schlägt; dann erinnere er sich Paul Scheerbarts!

Daß diese posthume Ehrung des Dichters zustande kam, ist ein Verdienst Professor Erich *Keysers,* des Direktors des Museums für Danziger Geschichte, und des Nachlaßpflegers Scheerbarts, des Schriftstellers Hellmut *Draws-Tychsen*-Berlin (übrigens ebenfalls eines Sohnes unserer Heimat). Draws-Tychsen hielt die feinfühlige Gedenkrede, aus der wir im heutigen Feuilleton einige Abschnitte wiedergeben, Prof. Keyser sprach die Einleitungs- und die Abschlußworte, wobei er mehrere Mitglieder der Scheerbartschen Familie begrüßen und auf die landsmännische (und auch sonstige) Gemeinsamkeit Paul Scheerbarts mit Robert Reinick und Johannes Trojan hinweisen konnte. Alfred *Kruchen,* uneigennützig helfend wie immer, wenn es um geistige Dinge geht, trug aus den Werken des Dichters vor: die Nachlaßgeschichte von der „Nußbaumtorte“, die ein Baumeister aus Europa und eine altägyptische Mumie auf der Cheops-Pyramide meditierend und diskutierend schmausen, dann handfest-nachdenkliche Verse aus der „Katerpoesie“ und anderes. Hierauf ging es an die Besichtigung der *Ausstellung.*

Sie enthält *das gesamte erreichbare Werk Paul Scheerbarts,* das damit zum ersten Male in dieser Vollständigkeit beisammen ist. Es ist alles da, was in den literarischen Diskussionen um die Jahrhundertwende einmal belacht, bewitzelt und wohl auch, von den Stilleren im Lande, bewundert wurde. Es sind längst vergriffene Bücher des kosmischen Träumers da, von denen heute kaum noch die Titel bekannt sind. Viel Ungedrucktes aus dem Nachlaß, (den hoffentlich die Heimatstadt Scheerbarts erwerben wird!). Und man ist überrascht von der merkwürdig klaren, unkomplizierten Handschrift des Bohèmiens, die da jetzt feierlich unter Glas und Rahmen zur Schau gestellt wird.

Bilder Scheerbarts und seiner Familie, rührende Briefe und Widmungen an seine „Frau Anna, seine geliebtes, fürsorgliches ‚Bärchen‘“ u. a. m. künden von dem gütigen Menschen, von dem großen Kinde in ihm. Aber am aufschlußreichsten sind doch die vielen Zeichnungen Scheerbarts, diese krausen, schwierigen Blätter mit den phantastischen Weltallwesen, in die der Dichter seine ganze Märchenseele hineingebettet hat. „Verrückter Kerl!“, „Der war aber übergefahren!“ Das waren einige Äußerungen der *vox populi,* die man aufschnappen durfte. Ansonsten ging die erfreulich zahlreich erschienene Festgemeinde milde und nachsichtig lächelnd in dem Ausstellungssaale umher. Nun ja, meinetwegen „verrückt“, aber ein unerhört interessanter Mensch und ein echter, ehrlicher Kämpfer, der für manches ein Wegbereiter war, das heute nicht mehr „verrückt“ gescholten wird.

Die Ausstellung bleibt einige Wochen geöffnet. Möchten viele Danziger den Weg zu ihr finden!

–de., Danziger Neueste Nachrichten, Nr. 251 (26.10.1931), 1. Beilage; mit Abb. der Federzeichnung „Geist mit Fledermausflügeln“ (1908)
Draws-Tychsens Rede wurde im Landessender Danzig direkt übertragen; gedruckt: Danziger Neueste Nachrichten (ebd.), BBZ Nr. 251 (27.10.1931); DH 9–16

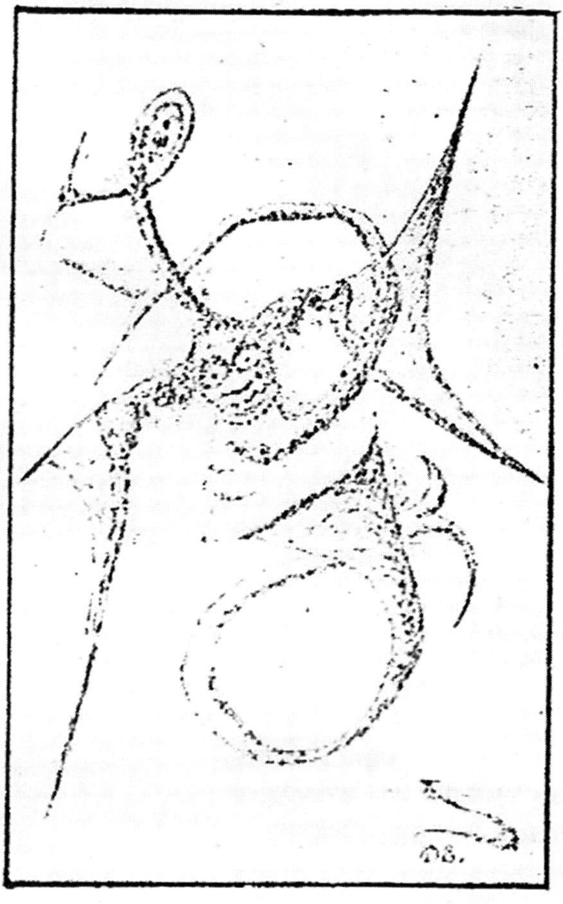

„Geist mit Fledermausflügeln."
Federzeichnung Paul Scheerbarts (1908).

Abbildung 13: PS: Zeichnung *Geist mit Fledermausflügeln* (1908), in: Danziger Neueste Nachrichten, Nr. 251 (26.10.1931), 1. Beilage

80
Der Erbe des Fliegenden Koffers. Zum 25. Todestag Paul Scheerbarts

In den neunziger Jahren, mitten im Berlin des „konsequenten Naturalismus“, lieh sich eines guten Tages ein bis dahin unbekannter Mann Andersens „Fliegenden Koffer“ und flog gen Bagdad, allwo Prinz Ali gerade seinen Schimmel hatte grün färben lassen, worüber die Stadt von einem unbändigen Gelächter des gesamten Volkes erscholl. Wunder über Wunder erlebte dort der Mann, und der Dichter Safur und die Köchin Tarub, ganz zu schweigen von den Festen auf der Sternwarte von Bagdad, taten es ihm derart an, daß er sich hinsetzte und alles, was er sah und hörte, aufschrieb, und siehe da, als er damit fertig war, da warf er aus seinem „Fliegenden Koffer“ auf die staunenden Naturalisten Berlins einen Roman herab, und der hatte den ganz ungewöhnlichen Titel „Tarub, Bagdads berühmte Köchin“. Der Mann aber, der in diesem Buche dem Volk in Gestalt einer prächtigen Köchin auf seine eigene, höchst wunderbare Weise huldigte, hieß Paul Scheerbart.

Am 18. [8.!] Januar 1863 war er in Danzig geboren und war dann, zum Bewußtsein erwacht, nach Berlin gezogen, das damals für alle literarisch regsamen Köpfe einen ungeheuren Magneten bedeutete. Schon 1889 hatte er aus Protest gegen die Zeit ein bunt aus Vers und Prosa zusammengewirbeltes Buch „Das Paradies, die Heimat der Kunst“ herausgegeben und, Phantast, der er war, ließ er es dabei nicht bewenden, sondern gründete in den Jahren darauf selber einen „Verlag deutscher Phantasten“, in dem das Wunderfabelbuch „Ja .. was .. möchten wir nicht alles“, wie Adalbert von Hanstein meint, „gleich in zweiter Auflage“ erschien. Alsdann folgte der Roman von der berühmten Köchin, und ihr Ruhm übertrug sich seitdem auf ihren Schöpfer als eine Art von neuem Hauff.

Was war, literaturgeschichtlich betrachtet, geschehen? Wieder einmal hatte „die blaue Blume“ unversehens ihre Wunderblätter geöffnet, und wieder einmal war ihr ein Zauberer aus dem Stamme der Novalis, Jean Paul und E. T. A. Hoffmann entstiegen. Nachdem er einmal ans Licht getaucht war, blieb seine Reise mit dem „Fliegenden Koffer“ nicht die letzte. Auch die Eisenbahn hat ihre Reize, zumal, wenn es darum geht, eine kuriose Fahrt von Berlin-Friedrichstraße nach Nowaja Semlja zu unternehmen. „Ich liebe dich!“ heißt der bei solchem Unterfangen herausgekommene Eisenbahnroman, der *à la* Jean Paul mit 66 Intermezzos „arbeitet“. Bagdad ist weit und

Nowaja Semlja noch weiter, aber für den Weitendrang eines Scheerbart ist beides doch immer noch nicht weit genug. Der Weltraum mit seinen unerforschten Wundern lockt ihn, und so begleitet er im Geiste drei Germanisten, die in einer achteckigen Flasche in den Weltraum hinaussteuern. „Na prost!“ heißt der Roman, der diese Reise zum Thema hat. Man sieht schon, Scheerbart ist nicht nur Phantast, er ist auch, wie das meistens bei solchen Naturen zusammentrifft, man denke nur an Hoffmann, Ironiker, Satiriker und Humorist. Titel wie „Rakkóx, der Billionär, und die wilde Jagd“, „Die Seeschlange“, „Machtspäße“, „Der Kaiser von Utopia“ oder „Jenseitsgalerie“ zeugen allein schon von einem phantastisch grotesken Humor.

Von Scheerbart kann man sagen – er ist nicht nur auf der Erde, er ist auf allen Sternen des unendlichen Alls zuhause gewesen. Denkende Wesen waren für ihn die Sterne, und ihr Leben und Sterben hat er geahnt, gefühlt und miterlebt wie keiner zuvor. Gewiß, auch Jules Verne, Camille Flammarion und Kurd Laßwitz haben Vorstöße in den Weltenraum gemacht, keiner aber hat so überzeugend das Leben auf anderen Welten dargestellt wie dieser deutsche Träumer, Phantast und Dichter.

Kann es noch wundernehmen, daß einen Kopf wie Scheerbart auch das „*perpetuum mobile*“ beschäftigt hat? Ausführlich hat er die Geschichte seiner Erfindung beschrieben und selber, wie übrigens so manches andere auch, mit Zeichnungen versehen. Ahnungsvoll, wie er war, ist er mit seinen Farb- und Glasphantasien sozusagen zum Vater unserer modernen Glasarchitektur geworden.

Wenn Scheerbart und Frau einander einmal grollten, dann schoben sie sich, die Tür an Tür in getrennten Zimmern wohnten, kleine Briefe unter der Türe durch. Alfred Richard Meyer hat diese vor Jahren unter dem Titel „Von Zimmer zu Zimmer“ veröffentlicht. Sie sollen entzückend gewesen sein.

Heute vor 25 Jahren hat Paul Scheerbart in Berlin, eine Zigarre zwischen den Lippen, seinen letzten Atemzug getan. Jean Paul und E. T. A. Hoffmann empfingen seine Seele am Himmelstor, um sie weiter zu geleiten in jene Regionen, die er in seinen „Astralen Novelletten“ so unvergleichlich ahnungsvoll geschildert hat.

Carl Albert Lange, HA Nr. 212 (15.10.1940), 2
Lange (Hamburg 1892–1952), Schriftsteller, Journalist
Adalbert v. Hanstein: *Lyrische Hochflut,* in Ders.: *Das jüngste Deutschland. Zwei Jahrzehnte miterlebter Literaturgeschichte. Mit 113 Schriftstellerbildnissen,* Leipzig 1901, [3]1905, 335 (ÜPS III 27)

Nachweise und Anmerkungen

1 *Die Ausstellung der Stickereien und Webereien von China und Japan*
BT Nr. 63 (4.2.1890), 1 f.
Das 1867 eröffnete „Deutsche Gewerbe-Museum zu Berlin“ wurde 1879 in „Kunstgewerbemuseum“ umbenannt und zwei Jahre später im neuen Martin Gropius-Bau errichtet. Heutige Standorte: Kulturforum und Schloß Köpenick.
Eleusinische Mysterien: Riten im Demeterheiligtum von Eleusis

2 *Die Ausstellung der europäischen Leinenstickereien*
BT Nr. 83 (15.2.1890), 1. Beiblatt, 1 f.
‚Seife‘ hängt eher zusammen mit lat. *sapo* oder mhd. *sîfe*

3 *Die Ausstellung der orientalischen Teppiche*
BT Nr. 121 (7.3.1890), 2 f. u. Nr. 126 (10.3.1890), 2
Fußnote zur Überschrift bei Teil II: „Siehe Nr. 121 des Berliner Tageblatts.“
Tempel des Zeus zu Olympia] „In Olympia hat Antiochos einen wollenen Vorhang, mit assyrischen Webereien und phoinikischer Purpurfarb verziert, geweiht […]. Diesen Vorhang ziehen sie nicht nach oben zur Decke hinauf wie im Artemistempel in Ephesos, sondern lassen ihn, an Tauen ziehend, in den Boden hinunter.“ Pausanias: *Reisen in Griechenland (Periegetes),* hg. Felix Eckstein, abgeschlossen v. Peter C. Bol, Zürich etc.: Artemis 1987, V 11,4, mit dem Kommentar: „Der wollene Vorhang ist von Antiochos IV. (177–164 v. Chr.), vermutlich aus dem Jahvetempel in Jerusalem, gestiftet. Der von Pausanias beschriebene Usus, den Vorhang an Tauen in den Boden herabzulassen, ist wohl so zu verstehen, daß der Vorhang in einer Kastenbettung im Fußboden verankert war. Seine Position im Tempel ist nicht angegeben.“ Ob der Vorhang im Tempel zu Olympia aus Jerusalem stammte, ist umstritten.
„Gemeinschaft der lauteren Brüder“] Um 970 gründeten ismailitische (schiitische) Gelehrte den religiös-politischen Geheimbund der „Lauteren Brüder von Basra“, *Ichwan as-Safa;* sie strebten einen utopischen islamischen Staat an, verfaßten u. a. eine Enzyklopädie, die bis ins 12. Jh. wirkte. In *Tarub* schildert PS seine Geschichte des Bundes.
Scutari, Skutari, Shkodra, altes kulturelles Zentrum in Albanien

4 *Die Gobelin-Ausstellung*
BT Nr. 157 (27.3.1890), 1. Beiblatt, 1 f.
Anselm Feuerbach (1829–80), Maler
Rhodischer Laokoon] Skulptur der Bildhauer Hagesandros, Polydoros und Athanadoros aus Rhodos, Marmorkopie einer älteren Bronze, 1506 gefunden
borghesischer Fechter] Statue eines Kriegers, um 1605 in Nettuno bei Antium gefunden; um ca. 100 v. C. entstandene Marmorkopie einer älteren Bronze; seit 1613 in der Villa Borghese in Rom, heute im Louvre

5 *Das altorientalische Museum zu Berlin*
Tägliche Rundschau Nr. 100 (30.4.1890), 399 f.
Das „modern-orientalische Museum“ ist die Ägyptisch-Orientalische Sammlung im Kunsthistorischen Museum Wien.
Antiochus I. (69–ca. 36 v. C.), König des anatolischen Reiches Kommagene
Sargon I. von Akkad wird heute um 2356–2300 v. C. angesetzt
Karl Richard Lepsius (1810–84), Ägyptologe, Sprachforscher
Sir Austen Henry Layard (1817–94), Archäologe
Salmanassar II., ca. 1031–1020 v. C. König des Assyrischen Reiches; erwähnt in PSs Rezension zu Friedlaender/Mynonas Nietzschebuch: *Vor Sonnenaufgang am Euphrat* (1911, GW 9, 219 ff.)
Paul-Émile Botta (1802–70), Archäologe; Victor Place (1818–75), französ. Konsul u. Archäologe

Das Diadochenreich der Seleukiden bestand nicht „bis zu Christi Geburt“: Pompeius setzte 63 v. C. den letzten seleukidischen König ab.
Chwolsohn] Daniil A. Chvol'son: *Die Ssabier und der Ssabismus,* St. Petersburg/Eggers/Leipzig: Voss 1856. Zu den „Ssabiern“ und ihrem Mondtempel „Hauran“ vgl. *Tarub,* Kap. 12 sowie Jan Assmann: *Moses der Ägypter* (1998), 89 ff. Die im Koran erwähnte, im 17. Jh. als Chaldäer (Zoroastrier) bezeichnete Religionsgemeinschaft ist bis heute nicht identifiziert.

6 *Das Kreuz als Symbol*
BT Nr. 84 (16.2.1891), 6 f. (Beilage Zeitgeist)
Krachkultur, Ausgabe 19. *Das Deutschland-Heft,* hg. Martin Brinkmann & Alexander Behrmann, München 2018, 6–11; Detlef Thiel: *Das Symbol als Kreuz. Paul Scheerbarts Wortmeldung zur Kreuzdebatte, 127 Jahre alt, aber unvermindert aktuell,* ebd. 12–16
Julian Apostata (331/2–363), römischer Kaiser seit 360
Empedokles (um 495 – um 435), Philosoph, Naturforscher, Politiker

7 *Die modernen Möbel*
BT Nr. 189 (15.4.1891), 1 f.
Karl Friedrich Schinkel (1781–1841), Architekt, Stadtplaner, Designer
Hans Makart (1840–84), österreichischer Maler u. Dekorationskünstler
„Ringe, Deutscher, nach römischer Kraft, nach griechischer Schönheit, / Beides gelang dir, doch nie glückte der gallische Sprung.“ Goethe: *Tabulae Votivae,* 102

8 *Das Glas in der Architektur und im Kunstgewerbe*
BT Nr. 15 (9.1.1892), 2 f.
Schon *Semper* betonte] Semper 1869, 403. Semper (1803–79, Architekt u. Kunsttheoretiker)
Allerdings soll der Stil] „Die Künste unter der Hegemonie der Baukunst, indem sie die symbolische Verbildlichung der herrschenden, socialen, staatlichen und religiösen Systeme bewerkstelligen [...], waren immer zugleich wirksamste Momente ihrer klareren Entwickelung, Befestigung und Verbreitung und als solche auch stets und überall anerkannt.“ Semper 1869, 396 f.
Fellnahtornamentik] Semper 1860, 194, vgl. 48

9 *Berlins architektonische Plastik*
Berliner Pflaster. Illustrierte Schilderungen aus dem Berliner Leben. Unter Mitwirkung erster Schriftsteller und Künstler hg. v. Moritz v. Reymond & Ludwig Manzel, Neue Ausgabe, Berlin/Leipzig/Wien: W. Pauli's Nachf. (H. Jerosch) 1893
Majolika: farbig glasierte Fayencen (glasierte Keramik)
Rudolf Pringsheim (1821–1906, Eisenbahn- u. Bergbau-Unternehmer in Oberschlesien, Vater von Alfred P., Thomas Manns Schwiegervater), erbaute 1872/74 auf dem Grundstück Wilhelmstraße 67 ein Palais, das „bunte Haus“: Musterbeispiel des Historismus, galt jahrzehntelang als Sehenswürdigkeit, 1950 abgerissen
Café Helms] 1882/83 auf der Spreeinsel errichtet, frühes Beispiel für Eisenfachwerk, verkleidet mit Blendsteinen und Terrakotten von March, 1893 abgerissen
Martin Gropius (1824–80) entwarf das Königliche Kunstgewerbemuseum (1881 eröffnet) und das Denkmal für den Augenarzt Albrecht v. Gräfe (1879–82 errichtet).
Ernst March (1798–1847) gründete 1846 eine Tonwarenfirma, die von seinen Söhnen weitergeführt wurde
Friedrich Wilhelm IV. (1795–1861), seit 1840 König von Preußen, seit 1823 verheiratet mit Elisabeth Ludovika von Bayern
Friedrich August Stüler (1800–65), Ministerialbaurat, Architekturschriftsteller
Johann Heinrich Strack (1805–80), Architekt
Kaiserin Augusta (1811–90), seit 1829 verheiratet mit Wilhelm I.

della Robbia] Bildhauerfamilie in Florenz, 15./16. Jahrh., berühmt durch glasierte Tonreliefs

10 *Moderne Programm-Malerei*
Deutsche Zeitung (Wien) 23, Nr. 7779 (24.8.1893), 1 f.
Adalbert v. Goldschmidt (1848–1906), Wiener Komponist; *Gaea. Satirische Operette* (1888; als Ms. gedruckt, Berlin 1895)
Arnold Böcklin (1827–1901), Maler
Ludwig v. Hofmann (1861–1945), 1890 mit Klinger in Berlin, seit 1903 Prof. in Weimar, dann Dresden
Hermann Hendrich (1854–1931), Maler in Berlin und der Künstlerkolonie Schreiberhau (Riesengebirge); von Wagner u. nordischer Mythologie inspiriert; 1907 Mitgründer des Werdandi-Bundes, der auch eindeutig völkisch orientierte Mitglieder hatte (H. S. Chamberlain, Adolf Bartels etc.). Seit 1901 entstehen vier „Hallen" mit Hendrichs Bildern; die rekonstruierte Walpurgishalle bei Thale im Harz wurde am 9.10.2015, kurz vor PSs 100. Todestag, neu eröffnet. Das von PS beschriebene Bild ist nicht zu identifizieren.

11 *Deutsche Phantasten in der Malerei*
Allgemeine Kunst-Chronik. Illustrierte Zeitschrift für Kunst, Kunstgewerbe, Musik, Theater und Litteratur (München/Wien) 17, Nr. 24 (Dez. 1893), 685–689. Mit Illustr.: Franz v. Stuck: *Sinnlichkeit; Neckerei;* Stevens: *La visite.* „Hoffmann" korrigiert zu Hofmann.
Hans Thoma (1839–1924), Maler u. Graphiker, seit 1870 in München, seit 1878 in Frankfurt, 1899 Prof. an der Kunstschule Karlsruhe. Befreundet mit Dehmel und wohl auch mit PS, dem er ein Bild schenkt (Wg 104).
Max Klinger (1857–1920), aus reicher Bürgerfamilie, beeinflußt von Schopenhauers Pessimismus, Künstlerfürst (Berlin, Paris, Rom, Florenz), mit Ehrungen und Preisen überhäuft; einflußreicher Graphiker, als Maler und Bildhauer schwer verständlich. Broschüre: *Malerei und Zeichnung* (Leipzig 1891, 46 S.).
Franz v. Stuck (1863–1928, 1906 geadelt), 1892 Mitgründer der Münchner Sezession (gegen Wilhelm v. Lenbach), 1895 Prof. an der Akademie
Peter v. Cornelius (1783–1867), Freskenmaler in Düsseldorf u. München; Nazarener
Julius Exter (1863–1939), 1892 Mitbegründer der Münchner Sezession, 1902 Prof., Leiter einer europaweit bekannten Malschule
Thomas Theodor Heine (1867–1948), Maler, Zeichner, Schriftsteller; berühmt ist sein Logo für den *Simplicissimus,* die rote Bulldogge (1896)

12 *Die Prostitution des Mannes* (Nov. 1895)
(Ausgegraben zum 10. Todestag des Dichters, am 18. [15.!] Oktober)
BT 54, Nr. 488 (15.10.1925), 2 f., Morgen-Ausgabe
Johanna Elberskirchen (1864–1973), Feministin, aktiv in der Sexualreform-Bewegung und in Magnus Hirschfelds Wissenschaftlich-humanitärem Komitee. Siehe Christiane Leidinger: *Keine Tochter aus gutem Hause – Johanna Elberskirchen (1864–1943),* Konstanz 2008. Vgl. Rausch 1997, 149 f. u. 160.
Alfred Richard Meyer („Munkepunke", 1882–1956), Autor, Verleger, Gastrosoph, Kabarettist
PSs „Arabischer Kulturroman" *Tarub, Bagdads berühmte Köchin* war angekündigt für den Verlag Hugo Storm, erschien dann im Verein für Deutsches Schriftthum, Berlin 1897, Minden: J. C. C. Bruns [2]1900.

13 Entwürfe für das Zeitungsprojekt *Vaterland* (Aug. 1903)
Manuskripte, Russische Akademie d. Wissenschaften, A. M. Gorki-Institut f. Weltliteratur (IMLI), Moskau; Handschriftenabtlg., Fonds 4 (Mühsam), Ordner 1, Einheit 21
Politik – Fähnrich zur See Alfred Hüssener, 20 Jahre alt, erstach in Essen am

Ostersamstag, 14.3.1903, den 22 Jahre alten August Hartmann, weil dieser seinen Anweisungen nicht folgte. Hartmann, der seinen einjährigen freiwilligen Dienst beim 7. Fuß-Artillerie-Regiment in Köln ableistete, war zu Besuch bei den Eltern. Der Prozeß erregte Aufsehen. Hüssener gab an, er habe seine „Offiziersehre" wiederherstellen müssen. Er wurde zu zwei Jahren Festungshaft ohne Degradierung verurteilt.

Der erste Parteitag – „Ecrasez l'infâme!" Rottet das Niederträchtige aus! (alle Formen des Dogmatismus und Fanatismus, speziell den katholischen Aberglauben des *ancien régime*); Kampfruf Voltaires

Architektur – Maurice Maeterlinck (1862–1949), belgischer Dramatiker des neuromantischen Symbolismus; Nobelpreis 1911; *Pelléas et Mélisande* (1892, Oper v. Debussy, 1902)

14 *Der Verein zur Förderung der ausländischen Literatur*
WaM 10, Nr. 32 (8.8.1904), 1. Beilage, [2]
Henrik Ibsen (1828–1906), norwegischer Dramatiker u. Lyriker
Lew N. Tolstoi (1828–1910), Klassiker des Realismus
August Strindberg (1849–1912), schwedischer Schriftsteller

15 *Die Tränen des heiligen Laurentius. Ein Nachtgespräch*
TR 24, Nr. 278, Abend-Blatt (13.8.1904), Unterhaltungsbeilage Nr. 189, 755 f.
Das Observatorium im Schloß Carrarese zu Padua wurde 1772 vollendet.
Laurentius von Rom (225 – 10.8.258), Diakon u. Märtyrer
Der kurzperiodische Komet 109P/Swift-Tuttle wurde am 16.7.1862 von Lewis A. Swift und unabhängig von ihm drei Tage später von Horace P. Tuttle entdeckt.
Aerolith, „Luftstein", alte Bezeichnung für Meteorit

16 *Die sichtbaren Bewohner anderer Weltkörper*
National-Zeitung 57, Nr. 509 (28.8.1904), Sonntags-Beilage Nr. 35, 3 f.
Phantasia Almanach 7, hg. Joachim Körber & Ulrich Kohnle, Bellheim: Edition Phantasia 2009 (24 S.)
Bei der Sonnenfinsternis vom 7.8.1869 beobachteten C. A. Young und W. Harkness eine grüne Spektrallinie, die sie einem hypothetischen Element Coronium zuordneten. In den 1930er Jahren wurde sie einem Eisen-Ion (Fe^{13+}) zugewiesen.

17 *Das vergossene Menschenblut und die Telepathie. Ein Omnibus-Gespräch*
WaM 10, Nr. 41 (10.10.1904), 2. Beilage
Arthur Wellesley, 1. Duke of Wellington (1769?–1852), besiegte Napoleon I. bei Waterloo
Deutsch-Dänischer Krieg 1864
Napoleon III. (1808–73), durch Staatsstreich 1851 Diktator, dann Kaiser; Krimkrieg 1853–56
Helmuth v. Moltke (1800–91), preuß. Generalfeldmarschall
Napoleon I. Bonaparte (1869–1821)

18 *Das neue Venedig. Ein Reise-Erlebnis*
National-Zeitung 57, Nr. 618 (30.10.1904), Sonntagsbeilage Nr. 44, 1 f.

19 *Lia-Zuno. Ein japanisches Märchen*
TR 24, Nr. 592 (17.12.1904), Unterhaltungsbeilage Nr. 296, 1182 f.

20 *Die Zukunft des Pferdes. Ein Stallgespräch*
WaM 11, Nr. 24 (13.6.1905), 1. Beilage, [3]
Mit dem „klugen Hans", einem Pferd, das angeblich zählen und rechnen konnte, erregte der Mathematiklehrer Wilhelm von Osten (1838–1909) großes Aufsehen.
„Das Pferd und der Sozialismus"] Broschüre nicht nachweisbar

21 *Der Kongreß der Erdgeister*
Nord und Süd. Eine deutsche Monatsschrift (Berlin) 33, 128. Bd. (Jan.–März 1909), 391

22 *Vermischtes*

Rigasche Rundschau. Organ der Baltischen Konstitutionellen Partei, Nr. 77 (7.4.1909), 10. Das letzte Stück u. d. T. *Die Verkehrsfragen und die Kanonen,* Jugend Nr. 16 (April 1909), 370 (GW 7, 156 f.)

Strashnitzki] etwa „Der Schreckliche“

Herbert Henry Asquith (1852–1928), 1908–16 Premierminister (Liberale Partei)

Henri Alexandre Wallon: *Jeanne d'Arc,* 2 Bde., Paris: Hachette 1860, [5]1892; Übers.: *Johanna d'Arc,* Münster 1869

Stéphen Coubé: *La double mission de Jeanne d'Arc,* Paris: Retaux 1899 (und weitere Schriften)

Henri Martin: *Jeanne d'Arc,* Paris: Furne 1857

Ernest Lesigne: *Vie de Jeanne d'Arc,* Paris: Bayle 1889

France: *Vie de Jeanne d'Arc,* Paris: Calmann-Lévy 1908

Amédée Thalamas: *Jeanne d'Arc, l'histoire et la légende,* Paris: Paclot 1904

23 *Frühlings-Spektakel. Ein Wiesenspaß*

Mährisches Tagblatt (Olmütz) 30, Nr. 84 (14.4.1909), 1–3

24 *Dichterelend und Kriegspoesie. Eine Dachstubengeschichte*

Agramer Zeitung 84, Nr. 104 (7.5.1909), 2 f.

25 *Die Astronomie als Wissenschaft*

WaM 15, Nr. 19 (10.5.1909), 3. Beilage

Ein Zitat bei G. W. Surya (Demeter Georgievitz-Weitzer): *Okkulte Astrophysik oder Kann die Wissenschaft den Lauf der Gestirne erklären? Ein Versuch* (Schluß), Zentralblatt für Okkultismus. Monatsschrift zur Erforschung der gesamten Geheimwissenschaften (Leipzig) 3, Nr. 12 (Juni 1910), 548–555, 548

Huzvaresch (Pahlewi), Pazend, persisch-aramäische Sprache zur Zeit der Sassaniden-Dynastie

Den Asteroiden Eros entdeckte Gustav Witt (Sternwarte Urania, Berlin) am 13.8.1898; erster erdnaher Asteroid (vgl. PS an Walden, 13.2.1908; Wg 346) und der erste, auf dem eine Raumsonde landete (NEAR Shoemaker, 2000/01).

26 *Die geniale Tänzerin. Eine Steuergeschichte*

WaM 15, Nr. 24 (14.6.1909), 3. Beilage

Paul Busch gründete 1884 in Svendborg den Circus Busch, der 1891 nach Hamburg, 1895 nach Berlin umzog.

Albert Schumann, deutscher Dressurreiter, gründete 1885 einen Zirkus in Malmö, übernahm 1899 in Berlin das Gebäude des Zirkus Renz, das unter Max Reinhardt 1918 zum Großen Schauspielhaus umgebaut wurde.

27 *Moderne Amazonen. Eine japanische Novellette*

HF Nr. 171 (24.7.1909), 13

Agramer Zeitung 84, Nr. 168 (26.7.1909), 2 f. (hiernach der Text); Dwars 2015

28 *Der Vakuumsauger am Luftballon. Eine Erfindergeschichte*

Oedenburger Zeitung. Politisches Tagblatt 42, Nr. 191 (22.8.1909), 1

Rigasche Rundschau 43, Nr. 241 (19.10./1.11.1909), 1 f.

Bregenzer Tagblatt. Deutsch-freisinniges Organ für das Land Vorarlberg 24, Nr. 261 (14.11.1909), 1 f.

29 *Die Krankheit des Rentiers. Eine rätselhafte Geschichte*

WaM Nr. 34 (23.8.1909), 1. Beilage

30 *Geflügelte Waffen. Amerikanische Geschichte*

WaM Nr. 39 (27.9.1909), 1. Beilage

Tagesbote aus Mähren und Schlesien 59, Nr. 568 (4.12.1909), 1 f.

31 *Doktor Eisenbart*

RZ Nr. 230 (28.9.1910), 3 f.

Neudruck: GW 7, 478–481, das letzte Drittel fehlt; „unbekannter Zeitungsausschnitt“

Johann Andreas Eisenbarth (1663–1727), europaweit fahrender Wundarzt und Starstecher, bekannt durch das um 1800 entstandene Studenten- und Trinklied *Ich bin der Doktor Eisenbarth.*

Starosten] Dorfvorsteher, Landräte

32 *Ober-Berlin. Eine Gründungsgeschichte*

Agramer Zeitung 84, Nr. 232 (11.10. 1909), 2 f.
[ohne Untertitel], Rigasche Rundschau. Organ der Baltischen Konstitutionellen Partei 43, Nr. 233 (28.9./11.10.1909), 1 f.
Die „Hoch- und Untergrundbahn" Berlin wurde 1902 eröffnet.

33 *Tabakgenuß und geistige Arbeit.* Eine Umfrage von Dr. C. F. van Vleuten
Nord und Süd. Eine deutsche Monatsschrift 34, 131. Bd. (Okt.-Dez. 1909), 140 f.
Antworten u. a. von Peter Altenberg, Leo Blech, Herbert Eulenberg, Paul Heyse, Johannes Schlaf, Carl Spitteler, Franz v. Stuck, Ernst Freiherr v. Wolzogen, Otto Julius Bierbaum, Lovis Corinth, Karl Henckell, Paul Schultze-Naumburg, Michael Georg Conrad (Teil 1–3, 135 ff., 232 ff. u. 360 ff.)
Auszüge: PT Nr. 278 (8.10.1909), 9 f.; KT Nr. 288 (17.10.1909), 7; Salzburger Volksblatt, Nr. 238 (18.10.1909), 7 *(Tabakgenuß und künstlerisches Schaffen)*
Carl Ferdinand van Vleuten (1874–1945), seit 1899 Arzt in Berlin, veröffentlichte unter dem Pseudonym Carl Ferdinands vor allem Kinder- u. Jugendbücher.
Wie sein Vater hielt der preußische König Friedrich Wilhelm I. (1688–1740) Tabakskollegien ab.

34 *Acht Aphorismen*
BT Nr. 529 (18.10.1909), 14

35 *Aeroplan-Torpedos*
Bohemia (Prag) Nr. 331 (1.12.1909), 11 (Militär-Zeitung)
Die HMS Dreadnought war ein Schlachtschiff der Royal Navy, 1906–20.
Wilhelm Theodor Unge (Stockholm 1845–1915), Raketenpionier, arbeitet in den 1890er Jahren mit Alfred Nobel zusammen, verkaufte sein Patent 1908 an Friedrich Krupp (Essen); *Unge's fliegender Torpedo,* Stockholm: Norstedts 1907.

36 *Theobald und Adelheid. Eine Warenhausgeschichte aus dem Jahre 1919*
RZ Nr. 295 (12.12.1909), 36; HF Nr. 10 (13.1.1910), 29 f., Feuilleton

37 *Geschwindigkeit ist keine Hexerei. Eine Satire*
Echo der Gegenwart. Älteste Aachener Zeitung 164 (16.7.1910), 3. Blatt (Untertitel: Eine „moderne" Kindergeschichte) RZ Nr. 168 (17.7.1910), 3 f.; HF Nr. 189 (14.8.1910), 13; Dwars 2015
Louis Blériot überflog am 25.7.1909 den Ärmelkanal

38 *Prophetentum und Wissenschaft. Ein Essay*
WaM 16, Nr. 30 (25.7.1910), 3. Beilage
Wilhelm Herschel (1738–1822), Astronom u. Musiker, seit 1756 in England

39 *Komet, Schwerkraft und Menschenfüße. Ein Akrobatengespräch*
HF Nr. 232 (4.10.1910), 25 f.
Ernst Mach: *Die Mechanik in ihrer Entwicklung. Historisch-kritisch dargestellt,* Leipzig 1883, zahlr. Ndr.
Der Halleysche Komet ging am 20.4.1910 durch seinen sonnennächsten Punkt.
Emil J. N. Brandt Hinselmann (Jylland 1859–Hildesheim 1923), Landgerichtsrat u. Meteorologe, *Mond und Wetter im Jahre 1912. Eine Übersicht über die wetterwirksamen Mondstellungen und den dadurch bedingten mutmaßlichen Verlauf der Witterung unter besonderer Berücksichtigung der Bedeutung für die Landwirtschaft,* Hannover: Schaper 1912; weitere Kalender für die folgenden Jahre.

40 *Herr Knothe und der Kaiser von Grönland*
ZaM 8, Nr. 46 (14.11.1910), 2. Beilage, 2

41 *Luftschlösser. Eine peruanische Geschichte*
ZaM 9, Nr. 2 (9.1.1911), Beilage, 1 f.
HF Nr. 285 (5.12.1911), 33; Berlin: Dronte Presse 1997 (140 Exemplare); http://scheerbart.de/fognin/. Der Text folgt dem Erstdruck, die Abdrucke haben allerhand kleine Fehler, ein Satz fehlt ganz.

42 *Das Komplott der Millionäre. Eine Großstadtgeschichte*

Bregenzer Tagblatt 26, Nr. 18 (22.1.1911), 1 f.
Johann Strauß (Vater) komponierte einen Armeemarsch, gewidmet dem Feldmarschall Joseph Radetzky v. Radetz (1848)
Portorico, Puerto Rico, Insel der Großen Antillen, spanische Kolonie, 1898 von den USA besetzt, heute Freistaat; größtes US-Außengebiet

43 *Henkers Glück und Ende. Eine Geschichte aus der Zeit des alten Darius*
ZaM 9, Nr. 4 (23.1.1911), Beilage, 1 f.
Darius I. (Dareios der Große), seit 522 v. C. Großkönig der persischen Achämeniden-Dynastie
Egbetane: Ekbatana, eisenzeitliche Siedlung, Hauptstadt der Meder
Cyrus: Kyros II., der Große (um 590–530), König der Achämeniden, eroberte Ekbatana und 539 Babylon
Bel („Herr"), auch Bel-Marduk bzw. Marduk: Hauptgott der babylonischen Götterwelt
Cilicien (korrigiert aus Bilicien), Kilikien, im Südosten Kleinasiens; heutige türkische Provinzen Adana u. Mersin

44 *Uranienborg. Eine Nova-Novellette*
HF Nr. 42 (18.2.1911), 17; Dwars 2015
Tycho de Brahe (1546–1601) entwickelte auf eigenen Sternwarten einen Kompromiß zwischen Geo- und Heliozentrik: Die fixe Erde wird umkreist von Mond und Sonne, diese aber von den fünf Planeten.

45 *Das Amulett. Eine babylonische Geschichte*
Agramer Zeitung 86, Nr. 58 (11.3.1911), 2 f.
Nebo ist der Planet Merkur (*Marduk*; AO 20). Nebo (Nabo) ist der babylonische Gott der Schrift und der Wissenschaft (ägyptisch Thoth, Theuth etc.), so heißt auch der Berg, von dessen Gipfel Moses das Gelobte Land erblickte.

46 *Die deutsche Uniform-G.m.b.H. in fieberhafter Tätigkeit. Ein Erlebnis*
ZaM 9, Nr. 14 (3.4.1911), 1. Beilage, 2 f.
Die Brüder August & Hermann Upmann gründeten 1844 auf Cuba eine Zigarrenfabrik. Die Warenhäuser Wertheim (seit 1885 in Berlin) und Tietz (seit 1900 in Berlin) inserierten in der ZaM stets ganzseitig.
Tapranholz] aus einer Inschrift Assurnasirabals (Verzeichnis 1889, 93); die dort genannten Holzarten (Miskan-, Pistazienholz u. a.) führt PS mehrfach an: *Die Heimat des Känguruhs* (1911; GW 7, 355); AO 60, 73 etc.

47 *Auf der Dachterrasse des Marquis Fi-To. Chinesische Geschichte*
RZ Nr. 169 (19.7.1911), 3 f.

48 *Onkel Tobias. Postkarten-Novelle*
RZ Nr. 219 (15.9.1911), 3 f.; Mährisches Tagblatt (Olmütz) 32, Nr. 213 (20.9.1911), 1–3

49 *Der weise Portier*
ZaM 9, Nr. 42 (16.10.1911), 2. Beilage, 1

50 *Die Luft-Babette. Eine Aeroplan-Geschichte*
ZaM 10, Nr. 2 (8.1.1912), Beilage, 2 f.

51 *Luftmilitarismus*
ZaM 10, Nr. 5 (29.1.1912), 1. Beilage, 3

52 *Tripolis*
ZaM 10, Nr. 10 (4.3.1912), 1. Beilage, 1 f.
Zum Hintergrund siehe Einleitung.

53 *Der spanische Maler oder Das Ende der Stadt Berlin*
ZaM 10, Nr. 22 (28.5.1912), Beilage, 3 f.
Nordhäuser] Kornbrand aus Nordhausen, Thüringen

54 *Rauchen Sie?*
Prager Tagblatt Nr. 178 (30.6.1912), 2 f. Weitere Antworten von Dr. Hanns Heinz Ewers, Jean Gilbert, Maximilian Harden, Roda Roda, Johannes Schlaf u. a. – sämtlich passionierte Raucher.

55 *Die Mausefalle. Eine japanische und mysteriöse Geschichte*
HF Nr. 171 (21.7.1912), 26; Dwars 2015

56 *Muß sie klug sein?*
BT 41, Nr. 656 (25.12.1912), Morgen-Ausgabe, 4. Beiblatt, 2
S. 1: Muß er hübsch sein? – Antworten von 15 Frauen

S. 1 f.: Muß sie klug sein? – Antworten von 24 Männern, darunter Franz Blei, Max Dauthendey, Hanns Heinz Ewers, Ludwig Fulda, Paul Lindau, Alfred Kerr, Franz Werfel, Oscar A. H. Schmitz

57 *Schädigt die Verfilmung eines Romans den Absatz des Buches?*
Börsenblatt des deutschen Buchhandels 80, Nr. 127 (5.6.1913), 6026 (Redaktioneller Teil). Antwort auf die Umfrage „Kino und Buchhandel"
Abdruck in: *Hätte ich das Kino! Die Schriftsteller und der Stummfilm. Eine Ausstellung des Deutschen Literaturarchivs im Schiller-Nationalmuseum Marbach a. N.* [24.4.–31.10.1976], Ausstellung u. Katalog: Ludwig Greve u. a., München: Kösel 1976, 155

58 *Buchheraldik vom dritten Neptunsmond*
Österreichische Exlibris Gesellschaft, XI. Jahrbuch, Wien 1913, 28 f.
Aus dem Manuskript hg., erneut den Erdrindenbewohnern vorgestellt u. mit begleitenden Worten versehen v. Eckhard Düwal, Berlin: Düwal 2000 (Quod Libet-Schriften, Bd. 7; Kleine Veröffentlichungen der Internationalen Antiquariatsmesse Hamburg zum Buch- und Graphik-Vergnügen). Nach dem dort beigegebenen Faksimile des Manuskripts korrigiert.

59 *Der Kampf um die Baumannschaften*
BBC 46, Nr. 47 (29.1.1914), Morgen-Ausgabe, 5

60 *Der wüste Park. Eine Filmgeschichte*
BBC 46, Nr. 199 (30.4.1914), Morgen-Ausgabe, 5; Tägliches Cincinnatier Volksblatt Nr. 250 (18.10.1917), 7

61 *Der Kampf mit dem Drachen. Eine phantastische Geschichte*
Badische Presse u. Handelszeitung (Karlsruhe) 563 (4.12.1925), 2
Offenkundige Druckfehler korrigiert: „Mr. Burrian sprach kurz …"; „Der lag im schönsten Sonnenschein …"

Zeittafel mit Aufführungen und Lesungen

1863 8. Jan.: Paul Karl Wilhelm Scheerbart in Danzig geboren. Vater: Carl Eduard (Danzig 1816–73), Zimmermeister; Mutter: Catharina Friederike Hering (Altona 1818–Danzig 1867), Pietistin, Spiritistin. Von elf Kindern sterben neun früh, nur das älteste (Mathilde) und das jüngste (Paul) überleben: „meine Kindheit … Geschrei und Gewimmer – Krankenbett und Totenhalle“ (*Immer mutig!*, Frankfurt 1990, 79).

1869 der Vater heiratet Emilie Möller (1818–90/91 ?)

1873 Feb.: Tod des Vaters. Mathilde heiratet. PS lebt mit der Stiefmutter, besucht das Conradinum (Internatsschule) in Jenkau/Jankowo

1878 Konfirmation

1879 Okt. bis März 1880: „Stunden im Griechischen, kam aufs Gymnasium in die Untertertia […] wollte Missionar werden und darum Theologie studieren“ (Wg 623 f.)

1882 Jan.: geht von Obertertia ab, Militärdienst (?)
Okt.: Berlin, Vorbereitung zum Abitur für Realgymnasien

1883 Jan.: „Einjähriger auf besonderer Anstalt in Berlin“

1884 Okt. bis April: Danzig, Realgymnasium St. Petri
Sommer: wird in Leipzig als „Andersgebürtiger“ nicht zum Abitur zugelassen. „Übergang zur Kunst, […] Leidenschaft für die Orientalistik“, will freier Schriftsteller werden

1885 Jan.: Berlin, „Kunstschriftsteller“: anonyme Beiträge für den BBC

1886 Jan. bis Okt.: München, dann Wien; Dez.: Königsberg

1887 Jan.: Danzig, erbt 1100 Mark von der Familie der Schwiegermutter aus Hamburg

1888 April bis Aug.: schreibt *Das Paradies*
Okt.: die Stiefmutter gibt 1000 Mark für den Druck

1889 Jan.: *Das Paradies. Die Heimat der Kunst*

1890 Jan.: Berlin, „Kunstgewerbekritiker“ beim *Berliner Tageblatt*
April bis Dez.: Danzig, Lokalreportagen für den *Danziger Courier*

1891 *Dichtermacht,* erste „arabische Novelle“
Okt.: Berlin, Freundschaft mit Richard Dehmel; Kontakt zum Dichterkreis in Friedrichshagen am Müggelsee: Heinrich & Julius Hart, Bruno Wille, Wilhelm Bölsche u. a. (Naturalismus, Monismus)
1. Nov.: Beginn der „Bärenzeit“: Mieter bei Anna Scherler (geb. Sommer, Osterburg, Altmark 1858–Berlin 1936, verheiratet mit einem „Ober-Telegraphen-Assistenten“)

1892 Dez.: *Ja .. was .. möchten wir nicht Alles! Wunderfabelbuch* (Impressum 1893), in dem mit Erich Mühsam und Otto Erich Hartleben gegründeten „Verlag deutscher Phantasten“; dort erscheinen nur noch: *Paradies* (2. Aufl.) und Albert Giraud: *Pierrot Lunaire* (1884, Übers. O. E. Hartleben 1893)

1893 besucht den Freitagstreff im „Schwarzen Ferkel“, Berlin: August Strindberg, Carl Ludwig Schleich, Stanislaw Przybyszewski, Christian Morgenstern, John Henry Mackay, Hanns v. Gumppenberg, H. & J. Hart, B. Wille, Hartleben u. a.

1894 Okt. bis Feb. 1895: „literarischer Leiter“, *Amsler und Ruthardt's Wochenberichte* (Berlin)

1894 Herbst bis Herbst 1895: Liaison mit Anna Costenoble (Danzig 1866–Berlin 1930), Malerin aus dem Kreis der Berliner Sezession, Verfasserin der satirischen Streitschrift *Penthesileia. Ein Frauenbrevier für männerfeindliche Stunden* (1907)

1895 März (?): Schriftleiter, *Adels- und Salonblatt* (Berlin)
Freundschaft mit Franz Servaes

1896–98 Teilnahme am „Verbrecher"-Stammtisch, Berlin: Hartleben, Franz Evers, Dehmel, J. H. Mackay u. a.

1897 März: *Ich liebe Dich! Ein Eisenbahnroman mit 66 Intermezzos*
März: *Tarub, Bagdads berühmte Köchin. Arabischer Kulturroman*
April: *Der Tod der Barmekiden. Arabischer Haremsroman*

1898 8. März: Verlobung mit seiner verwitweten Zimmerwirtin Anna Sommer
Nov. (?): *Na prost! Phantastischer Königsroman*

1900 Jan.: *Rakkóx der Billionär. Ein Protzenroman / Die wilde Jagd. Ein Entwicklungsroman*
25. Feb.: „Der Dichter PS hat mir einen sehr hübschen Entwurf zu einem einaktigen Ballett geschickt: ‚Kometentanz, eine astrale Pantomime', die ich sofort in Musik setzen werde." Richard Strauss (an seine Eltern). Gustav Mahler will das Stück an der Wiener Hofoper aufführen; das Projekt erweist sich als technisch nicht realisierbar.
13. Sept.: heiratet Anna, die Ehe bleibt kinderlos
Ende Sept.: Umzug nach Breege auf Rügen, aus finanziellen Gründen

1901 Feb.-Juni: schreibt *Die große Revolution*
Nov.: *Die Seeschlange. Ein Seeroman*

1902 Jan.: *Liwûna und Kaidôh. Ein Seelenroman*
März: *Kometentanz. Astrale Pantomime in zwei Aufzügen* (separat Jan. 1903)
21. April: reist über Stockholm, Kopenhagen, Kiel, Hamburg nach Minden. Beginnt zu zeichnen, illustriert viele seiner folgenden Bücher.
Sept.: *Die große Revolution. Ein Mondroman,* gewidmet Alfred Walter Heymel (Erbe eines riesigen Vermögens, Mäzen, 1899 Mitbegründer des Insel-Verlags, finanziert den Druck)
Okt.: Umzug nach Berlin-Charlottenburg; wohnt meist in Außenbezirken
Nov.: *Immer mutig! Ein phantastischer Nilpferderoman*

1903 März: *Der Aufgang zur Sonne. Hausmärchen*
Aug.: plant mit Erich Mühsam eine satirische Tageszeitung: „Das Vaterland"
25. Aug.: erster Brief an Herwarth Walden
Dez.: Galerie Hugo Othmar Miethke, Wien: Ausstellung von 25 Zeichnungen; im Feb. 1904 in den Kunstsälen Louis Bock & Sohn, Hamburg

1904 Jan.: *Machtspäße*
Mai: *Cervantes; Revolutionäre Theater-Bibliothek*
19. Mai: erster Brief von Salomo Friedlaender/Mynona
Okt.: *Der Kaiser von Utopia. Ein Volksroman*
Okt.: korrespondiert mit seiner Jugendliebe Rosa Gerlach, die Jan. bis März 1905 in Berlin lebt; eine Heirat scheitert an beider Ehepartnern
Herbst: erhält von der Schiller-Stiftung 300 Mark

1905 21. Jan.: Verein für Kunst (Leitung Herwarth Walden), Architektenhaus, Berlin: 6. Abend: PS, unter persönlicher Mitwirkung des Dichters – Dr. Emil Geyer liest aus *Revolutionäre Theater-Bibliothek*
sechs Monate Redakteur der Kinderzeitschrift *Heim der Jugend*
Nov.: erhält nochmals 300 Mark von der Schiller-Stiftung
1. Dez.: Verein für Kunst: „Grotesken in scenischer Darstellung": *Herr Kammerdiener Kneetschke* – „recht wirkungsvoll trotz skandalöser Regie" (PS an Dehmel, Wg 305)

1906 Jan.: beginnt die Arbeit an *Lesabéndio*
23. Feb.: Lesung in Köln (Literarische Gesellschaft ?); „weil ich mich am Rhein halbtot geärgert habe“ (an Mühsam, 19.3.1906; Wg 305 f.)
7. April: erster Brief an Alfred Kubin
Aug.: *Münchhausen und Clarissa. Ein Berliner Roman*
Dez. (?): erhält monatlich 115 Mark aus einem von Philipp Spandow (Schriftsteller) und Heymel eingerichteten Fonds

1907 31. Jan.: Verein für Kunst (Salon Cassirer): PS und Gerdt von Bassewitz: eigene Dichtungen. „PS wird zum großen Teil Ungedrucktes zur Vorlesung bringen.“ (BVZ Nr. 43, 26.1.1907, 2)
15.–19. Feb.: Kabarett-Theater Figaro, Berlin: Mitternachts-Aufführungen: *Das dumme Luder, Der Schornsteinfeger, Der Regierungswechsel, Das Gift, Herr Kammerdiener Kneetschke.* Inszenierung Olga Wohlbrück, Moderation: Karl v. Levetzow, Schauspieler: Claire Waldoff (Debüt), Hans & Louise Werckmeister, Wilhelm Kupfer
11. April: Wiederholung
Claire Waldoff plant PS-Monologe im Kabarett „Roland von Berlin“, von der Zensur wegen antimilitaristischer Tendenz verboten
April: *Jenseitsgalerie. Ein Mappenwerk*
7. u. 14. Dez.: Sezession, Berlin: Puppenspieltheater: *Das Ereignis der Saison, Die Zukunftspastete* (beide Texte verloren), *Das Donnerwetter, Jagdgesellschaft, Der Kommandant der Festung Makatûbo;* Inszenierung: Alfred Richard Meyer

1908 29. Feb.: Intimes Theater, Nürnberg (Leitung Emil Meßthaler): „4 Einakter“: *Der zweite Mond* (geplant, Text verloren); *Kammerdiener Kneetschke, Das Mirakel* (Wg 344 f. u. 553)
weitere Aufführungen in Wien, München, Mannheim geplant (Wg 340 f., 346 u. 554)
15. Okt.: Choralionsaal, Berlin: „Vorlesung eigener Dichtungen *(Manuscripte)*“

1909 April: *Kater-Poesie*
Sommer: *Flora Mohr. Eine Glasblumen-Novellette in 8 Kapiteln*
Nov.: *Die Entwicklung des Luftmilitarismus und die Auflösung der europäischen Land-Heere, Festungen und Seeflotten. Eine Flugschrift*

1910 Oskar Kokoschka: „Scheerbart“ (1910, Öl auf Lwd., 70x47 cm)
Mai: erhält eine Ehrengabe aus der Stiftung des verstorbenen deutsch-spanischen Dichters Johannes Fastenrath, Köln (16.000 Mark, an zwölf Schriftsteller verteilt)
Sept.: *Das Perpetuum mobile. Die Geschichte einer Erfindung*

1911 2. März: Kammerspiele Berlin (Leitung Max Reinhardt): Matinée: *Isis* und *Der Direktor.* Catérine Gwynne „verunstaltet meine feinsten Pantomimen“ (Wg 421 u. 575), Einleitung: Edgar Groß
22. März: 1. Abend der *Aktion:* Anselm Ruest und Gwynne tragen PS vor
9. April: Ludwig Hardt rezitiert: PS u. a. („Fröhliche Dichtungen“); zahlreiche weitere Rezitationen bis 1913 und 1919–29
15. Mai: Wien, Akademischer Verband für Literatur und Musik: Karl Kraus liest Dichtungen von Mitarbeitern der *Fackel* (PS: *Hohle Symbole*) und eigene Arbeiten https://www.digital.wienbibliothek.at/wbrobv02/id/1138854
Ruest schlägt bis 1914 PS mehrmals für den Friedensnobelpreis vor

1912 17. März: Architektenhaus, Berlin: Vortragsabend Rudolf Blümner: Dichtungen und Prosa von Andersen, Kleist, La Fontaine, Lessing, Peter Altenberg, August Strindberg, Mynona und PS; zahlreiche weitere Abende
Nov.: *Das große Licht. Ein Münchhausen-Brevier*
Nov.: *Astrale Novelletten*

1913 25. Feb. Vortragsabend Resi Langer, Architektenhaus Berlin: „Schnurren und Grotesken“: Prosa u. Gedichte v. Altenberg, Meyrink, PS u. a.
April: Resi Langer: 2. Vortragsabend
Juli: Brief an Gottfried Heinersdorf, Inhaber der „Vereinigten Werkstätten für Mosaik und Glasmalerei“: ob er Architekten kenne, die Glasarchitektur bauen wollen. H. macht PS bekannt mit Bruno Taut, der bis 1921 PS' Ideen propagiert
Aug.: *Lesabéndio. Ein Asteroïdenroman*

1914 Feb.: auf Annas Initiative gründen Hanns Heinz Ewers und Adolf Grabowsky den Hilfsfonds „PS-Spende“, aus dem PS eine monatliche Unterstützung erhält
15. Mai: Eröffnung der Werkbundausstellung in Köln; Taut konzipiert das Glashaus mit Motiven von PS.
Die Ausstellung wird wegen Kriegsbeginn vorzeitig am 8. Aug. beendet.
Mai: *Glasarchitektur*
Juli: *Das graue Tuch und zehn Prozent Weiß. Ein Damenroman*
Juli: Frank Wedekind leitet eine Spende von 1000 Mark an PS u. a. weiter

1915 15. Okt.: Tod durch Gehirnschlag

1915 1. Nov.: Oskar Kokoschka: *Scheerbart* (Zeichnung), Der Sturm 6, Nr. 15/16, Titelblatt (Orig.: Staatsgalerie Stuttgart)

1919 6. April: Graphisches Kabinett, Kurfürstendamm 282: *Ausstellung unbekannter Architekten.* Adolf Behne spricht Dichtungen von PS, Hermann Essig, August Stramm u. a.
12. Nov.: Meinhart Maur, Schauspieler beim Deutschen Theater Berlin, liest Grotesken und Satiren von Morgenstern, Kraus, Poe, Mark Twain, Liliencron, PS. Zahlreiche weitere Lesungen bis 1923

1920 *Die Mopsiade* (Gedichte)
Bruno Taut: *Der Weltbaumeister. Architektur-Schauspiel für symphonische Musik. Dem Geiste Paul Scheerbarts gewidmet, gezeichnet im Sept. 1919,* Hagen: Folkwang 1920
15. Dez.: Berliner Sezession: *Heiterer Abend.* Elisabeth Klockmann rezitiert aus *Ich liebe Dich!;* mit Raoul Hausmann

1921 *Von Zimmer zu Zimmer. 70 Schmoll- und Liebesbriefe des Dichters an seine Frau*

1923 8. April: Buchhandlung u. Antiquariat Edmund Meyer, Potsdamer Straße 28, Berlin: Ausstellung von Zeichnungen, Manuskripten, Briefen
23. Mai: Rothgießers Bücherhalle, Anhaltstraße 8, Berlin: Ausstellung von Büchern, Handzeichnungen, Manuskripten. Hanns Heinz Ewers trägt aus PSs Werken vor, Einleitung: Eberhard Buchner. Lesung u. Vortrag wiederholt am 30. Mai, mit Meinhart Maur. Den Erlös erhält Anna Scheerbart.

1926 28. Jan.: Mirag (Mitteldeutsche Rundfunk A.G. Leipzig): *Balladen und Grotesken,* gesprochen v. Ludwig Hardt. Texte v. Liliencron, Dehmel, Rilke, Wedekind, Heine, PS, Morgenstern, Mynona, Goethe u. a.
Hellmut Draws-Tychsen (selbsternannter Nachlaßverwalter) und Ernst Rowohlt beschließen, eine PS-Renaissance vorzubereiten

1929 18. Jan.: Gründung einer PS-Gesellschaft; geschäftsführender Ausschuß: Adolf Behne, Alfred Richard Meyer, Walter Mehring, Erich Mühsam, Bruno Taut, Herwarth Walden
Das Lachen ist verboten (Heft, 4 S.)

29. Sept.: Radio Leipzig/Dresden: *Typen und Sonderlinge in der komischen Literatur (Von der frommen Helene bis zu Wendlin Dudelsack),* Texte v. Wilhelm Busch, PS, Mynona u. a.

3. Dez.: Norag (Nord-Rundfunk A.G. Königsberg-Danzig): *Grotesken und Burlesken.* Rezitation: Dichtungen v. J. H. Rösler, PS, Mynona, Morgenstern, Ringelnatz, Kästner; Klavier: Leo Taubmann (Reger, Toch, Prokofieff, Schulhoff, Rathaus, Milhaud, Groß), Gesang: Walter Olitzki (Giraud)

1931 26. Juni: Süddeutscher Rundfunk Stuttgart (aus Mannheim): *Scherz und Satire.* Gedichte u. Grotesken v. Tucholsky, Polgar, PS, Valentin u. Mynona. Ausführende: Ida Ehre, Karl Marx

28. Juni–31. Aug.: Ausstellung in Heidelberg u. Mannheim: *Deutsche Dichter als Maler und Zeichner,* Organisation: Kurt Martin (Badisches Landesmuseum Karlsruhe)

25. Okt.-Sept.: Danzig, Olivaer Schloß, Gedächtnisausstellung

1932 Mai: Erich Mühsam spricht im Radio, zitiert auch aus den Entwürfen für „Das Vaterland"

1939 András Herzog: *Harom dal. Drei Lieder für tiefe Stimme,* op. 11; *Notturno* (PS: *Ich liege ganz still; Oly csondes oz ej),* Budapest, Partitur f. Gesang u. Piano, 8 S.

1948 vor 23. März: Berlin, Institut für Wissenschaft u. Kunst: Ernst Pröckl liest Kafka u. PS, Grete Halbwild spielt Klavierkompositionen v. Egon Kornauth

1957 Erich Walter Sternberg: *Sei sanft und höhnisch (Be nice and sarcastic);* Liederzyklus für Klarinette, Klavier, Streichquartett/-orchester u. gemischten Chor, 16 min. Hamburg/New York: Peer Musikverlag, Tel Aviv: Israel Music Institute

1963 8. Jan.: Bern, Das Podium: Gedenkstunde zum 100. Geburtstag v. PS, Lesung: Sergius Golowin u. Paul Niederhauser

1964 Christian Schad: *Scheerbart,* farbiger Holzschnitt, 47×34,5 cm

1969? Günther Uecker: *Scheerbartwesen,* Hommage, 175×176 cm, Nägel u. weiße Farbe auf Sackleinen, auf Holz

1970 Helmut Herbst: *Eine regnerische Nacht in Potsdam (gewidmet PS),* animierter Dokumentar-Kurzfilm (BRD, 20 min), nur 2010 in Hamburg gezeigt. Musik: Family, Procol Harum; akustisch verfremdete PS-Texte

15. Aug.: TV ARD, 15.45–16.15: PS in Berlin

1973 10. Dez.: NDR: Hans J. Fröhlich. *Büchertee bei Alice* (Zeit zum Zuhören, Red. Christian Gneuss). Regie H. J. Fröhlich; Sprecher Paul Edwin Roth. Texte v. Mynona, PS, Jarry, Max Jacob, Panizza, Adolf Loos, Peter Altenberg u. a.

1976 2./3. u. 28. Nov.: SWF 2: Jörg Schäfer: *PS. Über Autor und Werk / Ein Mystiker im Weltall*

1978 15. Mai: WDR 3: *PS: Das kosmo-komische Spektakel,* Regie: Heinz v. Cramer, Prod.: HR/WDR 1978

1983 29. Sept.–1.Okt.: Zürich, Theater am Neumarkt: *Das regierungsfreundliche Theater des PS* (drei Abende: Unendliche Machtspässe; Im Schatten der Sterne; Die Lust zum Fliegen); Regie: Heide Capovilla, Peter Lerchbaumer, Rosalinde Renn, Peter Schweiger; auf zwei Abende reduziert, mehrfach wiederholt

1984 Gerhard Lampersberg: *Kleopatra und das Krokodil;* Oper in einem Aufzug für Chor, Quintett und Solostimme

1987 Alfred 23 Harth: *Daß sie im All sind, das ist schon merkwürdig;* Hörspiel mit Texten von PS u. a.

Zum 100. Todestag von PS: Tod eines deutschen Clowns, Hörspiel v. Holger Jackisch, 1987 (56 Min.), Regie: Werner Grunow, Komposition: Reiner Bredemeyer; Rundfunk der DDR, wiederholt MDR 15.10.2015

1990 16. u. 20. Jan., 12. u. 16. Juni: Radio DSR 2 (Schweiz), 20.00–21.05: *Krokodil, schämst Du dich nicht?* Hörspiel v. Charles Benoit, Musik: Gelato Misto Musicale

26. Jan.–18. März: Hamburg, Kunsthalle: *Jenseitskarikaturen*

8. Juni: Radio DSR 2 (Schweiz), 16.00–16.30: Helmut Heissenbüttel: *Scheerbart und Döblin, einander Vorhaltungen machend,* Lesung: Heinz Schimmelpfennig

12. u. 16. Juni: Radio DSR 2, 10.00–11.15: *Aus der Versenkung steigt der Bräutigam.* Grotesken v. PS, Ton-Revue v. Charles Benoit

1991 6. Feb.: HR 2: Mechthild Rausch: *Habenichts und Billionär. Über die wirtschaftlichen Verhältnisse des Schriftstellers PS* (Kultur am Vormittag, 9.30–10.00)

1993 13., 20. u. 27. Jan.: BR 2: Mechthild Rausch: *Der verliebte Antierotiker. Ein unbekanntes Kapitel aus dem Leben des Dichters PS in Selbstzeugnissen.* Hörspiel in drei Teilen. Realisation: Hartmut Geerken. Musik: Sun Ra

5. Sept.: ZDF, 10.15–11.30: *Immer mutig. Porträt: PS*

23. Nov.–17. Dez.: Lausanne, Théâtre de Vidy: *Vive l'Europe!,* par PS, Inszenierung: Laurence Calame, mit Pascal Bongard u. a.

1993–2007 Berlin, Volksbühne: *Murx den europäer (Indianerlied),* Inszenierung: Christoph Marthaler

1995 [Christian Ludwig] Attersee: *Jesus übt. Malerei 1995–1996,* mit Texten v. PS u. a., Baden bei Wien: Frauenbad 1996 (125 S.)

2001 24., 26. u. 27. Juli: Leuk, Bischofsschloss: *Dernek,* Ensemble Tentakel (Rachel Matter, Olga Tucek, Roger Studer), 13 Gedichte v. PS

9. Aug.: SWR: *PS. Auf der Suche nach dem Kopfsystem,* Regie u. Bearbeitung: Heinz v. Cramer (89 min.)

2002 Dez.: Göttingen u. Hannover: *Scheerbart-Szenen: Platzende Kometen.* Medienoper, Musik: Stephan Marc Schneider, Videos: Andreas Lorenschat

2003 Dez.: Wien, Kabinetttheater: *Das Automobiltheater, Oratorium in Ballongondeln, Das abgekürzte Verfahren, Reformation*

2005 19. Mai: Apolda, Literatur Weinstube: *Rad c wird schon mitgerissen werden. PSs Erfindung des Perpetuum Mobile,* vorgestellt v. Micky Remann

2006 26. Jan.: Apolda, Literatur Weinstube: *Das graue Tuch und zehn Prozent Weiß. PSs „Damenroman" (1914),* vorgestellt v. Micky Remann

2006 5. Okt.: Weimar, Buchhandlung Zwiebelfisch: *Das graue Tuch und 10 Prozent Weiß. Intonierte Lesung;* Micky Remann, Lautgesang: Silke Gonska

2007 4. Okt.: Apolda, Literatur-Weinstube: *Kometentanz;* Performance: Micky Remann (Text) u. Jan Zehn (Musik), Jazzmeile Thüringen

2010 Josiah McElheny (USA), Glaskünstler, nimmt Ideen von PS auf

16. März: Apolda, Literatur-Weinstube: *„Ich liebe Dich". Lesung mit Klang;* Micky Remann, Christiane Meyer-Koch, Stefan Schmidt & Rainer Franz Fischer

10. April: New York, Columbia University, Graduate School of Architecture, Planning, and Preservation: *Doubtful Utopia: A Gathering of Scheerbart Scholars,* Symposium; Org.: Josiah McElheny, Moderation Branden Joseph
https://www.youtube.com/watch?v=f-YxJ8H8lHI (20.12.2020)

22. Sept.: HAU (Berliner Theaterkombinat Hebbel am Ufer): *Der Gang zum Patentamt,* für vier wohlpräparierte Einhandklaviere u. Perpetuum mobile mit Texten v. PS; Komposition u. Regie: Ruedi Häusermann

2011 6. Mai: Wien, Kabinetttheater: *Stückwerk. Neue bewegte Sachen.* 13 Stücke v. 12 Autoren

2012 27. Feb.: Kiel, Landeshaus: Pastor Oliver Stabenow: Theologische Meditation (über *Die gebratene Ameise*)

4. Nov.: Bad Sulza, Toskana Therme: *Kometentanz.* Musikalisch untermalte Lesung im Rahmen des 12. Liquid Sound Festivals. Micky Remann (Text), Daniel Bandke u. Chris Mirage (Musik)

2. Dez.: Niederroßla, St. Johanniskirche: *Kometentanz,* szenisch-musikalische Lesung; Micky Remann, Orgel: Hartmut R. Meyer

2013/14 Weimar, Bauhaus Universität: Micky Remann: *„Kometentanz im Fulldome Theater. Entwicklung einer multimedialen Inszenierung für die Fulldome-Kuppel am Beispiel der kosmischen Pantomime ‚Kometentanz' von PS"*

2014 21. u. 25. Mai: Jena, Zeiss-Planetarium: *Kometentanz,* Uraufführung. Organisation Micky Remann, http://www.planetarium-jena.de/FullDome-Festival-2014.156.0.html

1., 2., 28. u. 30. Aug.: Klosterruine Arnoldstein (Isonzotal): *Kriegstheater,* Inszenierung Herbert Gantschacher, gespielt v. Werner Mössler u. Markus Rupert; Lepena (Slowenien), ehem. Offizierskasino: *Zwei Herren*

13. Aug.: Apolda, Lutherkirche: „Und wenn ich auch des Morgens immer zweifelte, so war ich doch des Abends immer wieder fest davon überzeugt". Micky Remann liest aus: *Das Perpetuum mobile;* Orgelimprovisation: Hartmut Meyer

2015 15. Okt.: Apolda, Kulturfabrik: PS Loge. Öffentlicher Geheimbund. Erste Prunksitzung

2016 25. Mai: Jena, Zeiss-Planetarium: *„Ich liebe Dich!" – PS Revue,* szenische Episoden, Live-Performance, digitale 360-Grad Projektion

4. Juni: Dessau, Stiftung Bauhaus: *Super Brocken. Ein förmliches Bauspiel nach PS,* Konzeption u. Regie; Torsten Blume; fünf weitere Aufführungen bis 27. Nov.

15. Okt.: Apolda, Kulturfabrik: 2. Prunksitzung der PS-Loge, mit „Ich liebe Dich"-Disco

2017 7. März: Treptow, Kulturbund: *Platzende Kometen.* Eine PS-Revue von Leo Solter (Musik) & Steffen Thiemann (Rezitation)

2018 28./29. Sept.: Pittsburgh PA: zwei Panels „Incipit Scheerbart", organized by Thorsten Carstensen, Robert Leucht, and Josh Alvizu, 42nd Annual Meeting of the German Studies Association (GSA); 8 Vorträge

18. Mai: BR2: *Perpetuum Mobile. Nach PS.* Komposition u. Realisation: Christian Wittmann & zeitblom, Redaktion: Katarina Agathos, techn. Realisierung: Boris Wilsdorf (51:30 min.)

21./22. Nov.: Berlin, Admiralspalast, Friedrichstr. 101–102: PS – Jagdgesellschaft, Regie Jonathan Kutzner.

2019 4. Okt.: Mainz, Erbacher Hof, 25. Kongreß der Karl-May-Gesellschaft, Vortrag v. Micky Remann: „Zwei Blutsbrüder treffen sich im Unendlichen – PS und Karl May"

2020 29. Mai: Wien, Kabinetttheater: *„Letzte Lockerung"!* Wolfram Berger liest „Regierungsfreundliche Texte" von Walter Serner, PS, Daniil Charms u. Erik Satie, Stimme: Anna C. Hauf, Musik: Markus Kraler u. Nikolai Tunkowitsch

Steffen Schleiermacher: *Zeichen im Klang, Stücke für zwei Klaviere. Drei Grotesken mit PS,* Privatdruck Leipzig 2021 (Partitur, 14 min.)

Abbildungsverzeichnis

Literaturverzeichnis und Abkürzungen

| (senkrechter Strich) – in:

Amsler – Amsler und Ruthardt’s Wochenberichte. Illustrierte Zeitschrift für Kunst, Kunsthandel und Kunstgewerbe (Berlin)

AN – PS: Astrale Novelletten (1912)

[an.] – anonym

AO – PS: *Der alte Orient. Kulturnovelletten aus Assyrien, Palmyra und Babylon,* hg. Mechthild Rausch, München 1999

Atelier – Das Atelier. Organ f. Kunst u. Kunstgewerbe (Berlin 1890–97)

AZ – Allgemeine Zeitung (München)

BBC – Berliner Börsen-Courier

BBZ – Berliner Börsen-Zeitung

Bf – Brief

Bg – bibliographische Erwähnung

Blaubuch – Das Blaubuch. Wochenschrift f. öffentliches Leben, Literatur u. Kunst (Berlin)

Brunn 2000 – Clemens Brunn: *Der Ausweg ins Unwirkliche. Fiktion und Weltmodell bei Paul Scheerbart und Alfred Kubin,* Oldenburg 2000

BT – Berliner Tageblatt und Handels-Zeitung

BVZ – Berliner Volkszeitung. Organ für Jedermann aus dem Volke

DE – Der Einzige, hg. Anselm Ruest & Mynona [Mynona nur 1919] (Berlin); ab 1921 Magdeburg; Jan.-Nov. 1919 u. 1921–25 [Folge I-III]; Ndr. hg. Hartmut Geerken, München 1980

Demokrat – Der Demokrat. Zs f. freiheitliche Politik u. Literatur (Berlin/Leipzig 1909–11)

DGL – PS: Das große Licht (1912)

DH – PS: *Dichterische Hauptwerke,* hg. u. Nachw. Else Harke, Stuttgart 1962

Die Funken (München 1904–06)

Dronte – Dronte Presse Berlin

DT – Das Theater. Illustrierte Monatsschrift für die Welt der Bühne (Berlin)

Dwars 2015 – PS: *Die stille Stadt. Eine Thüringer Gespenstergeschichte und vier weitere Novelletten mit sechs Zeichnungen von Horst Hussel,* hg. Jens-Fietje Dwars, Bucha bei Jena 2015

etk – edition text+kritik
Expl. – Exemplare
FB – Die Freie Bühne (Die neue Rundschau)
Flugschrift – PS: *Die Entwicklung des Luftmilitarismus …* (1909)
G – Die Gesellschaft. Monatschrift für Literatur, Kunst u. Sozialpolitik (u. a. Untertitel, München 1885–1902)
GAT – PS: *Gesammelte Arbeiten für das Theater,* hg. u. Nachw. Mechthild Rausch, 2 Bde., München: etk 1977, 21983. Bd. 1: Revolutionäre Theater-Bibliothek; Bd. 2: Regierungsfreundliche Schauspiele
GGW – Die Gegenwart. Wochenschrift für Kultur, Kunst u. öffentliches Leben (Berlin)
GW – PS: *Gesammelte Werke,* hg. Thomas Bürk, Joachim Körber, Uli Kohnle, 10 Bde., Linkenheim/Bellheim: Edition Phantasia 1986–96
HA – Hamburger Anzeiger
Haude 2007 – Rüdiger Haude: *Grenzflüge. Politische Symbolik der Luftfahrt vor dem Ersten Weltkrieg. Das Beispiel Aachen,* Köln etc. 2007
HC – Hannoverscher Courier
HCBH – Hamburgischer Correspondent und Neue Hamburgische Börsen-Halle
HF – Hamburger Fremdenblatt
ILD – PS: *Ich liebe Dich! Dich! Ein Eisenbahn-Roman mit 66 Intermezzos,* Berlin 1897, Ndr. Siegen 1988
IM – PS: Immer mutig! (1902)
Innerhofer 1996 – Roland Innerhofer: *Deutsche Science Fiktion 1870–1914. Rekonstruktion und Analyse der Anfänge einer Gattung,* Wien etc. 1996
Jenseitskarikaturen. Hamburger Kunsthalle, 26. Jan.–18. März 1990, Red. Gerda Wendermann, Hamburg 1990
Kampf – Kampf. Neue Folge. Zs für – gesunden Menschenverstand (Berlin)
Morgen – Morgen. Wochenschrift f. deutsche Kultur (Berlin)
MZ – Meraner Zeitung
NHZ – Neue Hamburger Zeitung
NWJ – Neues Wiener Journal
PB – Phantastische Bibliothek (Suhrkamp)
PS – Paul Scheerbart
R – Rezension
Rausch 1984 – Mechthild Rausch: *Paul Scheerbart – Eine Art Barbar,* in: *Berlin um 1900.* Ausstellung der Berlinischen Galerie in Verb. mit der Akademie der Künste zu den Berliner Festwochen 1984, Red. Gesine Asmus, Berlin 1984, 349 ff.
Rausch 1995 – Dies.: *Der Glaspapa. Paul Scheerbarts architektonische Phantasien im Hinblick auf das Werk von Bruno Taut,* in: *Symposium Bruno Taut. Werk und Lebensstadien, Würdigung und kritische Betrachtung,* Red. Ute Schmidt-Kraft, Magdeburg 1995, 100–106
Rausch 1997 – Dies.: *Von Danzig ins Weltall. Paul Scheerbarts Anfangsjahre (1863–1895).* Mit einer Auswahl aus Paul Scheerbarts Lokalreportagen für den Danziger Courier, München 1997
Rausch 2000 – PS: *Glasarchitektur,* hg. M. Rausch, Berlin 2000, Nachwort: *Praktisch und paradiesisch,* 129–150
Rottensteiner 1976 – Franz Rottensteiner: *Paul Scheerbart – ein kosmischer homo ludens* (1976); Ndr.: ÜPS I 84–96
RR – Rigasche Rundschau. Organ der Baltischen Konstitutionellen Partei
RTB – PS: Revolutionäre Theater-Bibliothek (1904)
RZ – Reichenberger Zeitung. Organ f. die deutsch-nationale Partei in Böhmen (Liberec)
Schardt 1988 – Michael M. Schardt: *Armer Leser – Armer Poet,* taz (3.6.1988); Ndr.: ÜPS III 320 ff.
Semper 1860 – Gottfried Semper: *Der Stil in den technischen und tektonischen Künsten oder Praktische Ästhetik. Ein Handbuch für Techniker, Künstler und Kunstfreunde,* 1. Bd.: *Die textile Kunst für sich betrachtet und in Beziehung zur Baukunst,* Frankfurt 1860, mehrere Ndr.
Semper 1869 – Ders.: *Über Baustile* (Vortrag Zürich, 3. März 1869), in ders.: *Kleine Schriften,* hg. Hans & Manfred Semper, Berlin/Stuttgart 1884, Ndr. Mittenwald 1979, 395–426
Sturm – Der Sturm. Wochenschrift für die Kultur und die Künste (Berlin etc.)

TR – Tägliche Rundschau. Unabhängige Zeitung f. nationale Politik (Berlin)
Ü – Übersetzung
ÜPS I, II, III – *Über Paul Scheerbart. 100 Jahre Scheerbart-Rezeption in drei Bänden,* hg. Berni Lörwald, Michael Matthias Schardt u. a., Paderborn 1992–98
Verzeichnis 1889 – *Königliche Museen zu Berlin. Verzeichnis der vorderasiatischen Altertümer und Gipsabgüsse,* hg. v. d. Generalverwaltung, Berlin 1889
WaM – Die Welt am Montag. Unabhängige Zeitung f. Politik u. Kultur (Berlin)
Wg – *70 Trillionen Weltgrüße. Eine Biographie in Briefen 1889–1915,* hg. u. Nachwort Mechthild Rausch, Berlin o. J. [1991]
ZaM – Die Zeit am Montag (Berlin)
Zs – Zeitschrift
Ztg – Zeitung
Zukunft – Die Zukunft (Berlin 1893–1922)

Paul Scheerbart Bibliographie

Die zahllosen Abdrucke einzelner Texte können hier nicht alle notiert werden.

Bibliographien

Kurt Lubasch & Alfred Richard Meyer: PS – Bibliographie. Mit einer Autobiographie des Dichters, Berlin 1930, Privatdruck
Axel Matthes | PS: Glasarchitektur, München: Rogner und Bernhard 1971, 195–213
Uli Kohnle: PS. Eine Bibliographie, Bellheim: Ed. Phantasia 1994
Mechthild Rausch, in ihren Editionen (bis 1999)

Sammlungen, alphabetisch

Alpers 1982 – Science Fiction Almanach 1982, hg. Hans Joachim Alpers, Rastatt: Moewig 1982. 3 Texte
Baßler 2010 – Literarische Moderne. Das große Lesebuch, hg. Moritz Baßler, Frankfurt: Fischer 2010, 198–201. Indianerlied/Das Festland (1920)/Ich liebe Dich! [Auszug]/Die drei Denkmäler/Die unverständliche Sonne
Bemmann 1966 – *Fürs Publikum gewählt – erzählt. Prosa aus sechs Jahrzehnten Kabarett,* hg. Helga Bemmann, Berlin: Henschelverlag 1966; 4. erw. Aufl., Untertitel: *Prosa aus sieben Jahrzehnten Kabarett,* 1974; 5. erw. Aufl., Untertitel: *Prosa aus acht Jahrzehnten Kabarett,* 1983. Die gebratene Ameise/Eigensinn/Der Radaubengel; Foto u. Handschrift-Faksimile
Das regierungsfreundliche Theater des PS. Programmheft Theater am Neumarkt, Zürich 1983. Adlerflug/Der Revolutionär/Der alte Mörder/Nackte Kultur/Platzende Kometen/Frisches Menschenfleisch/Der Herr Gemeindevertreter und die Selbstmörder/Löwenjagd und Brennessel-Kultur/Der Militarismus bei den alten Indianern
Der Rabe. Magazin f. jede Art von Literatur (Zürich), Nr. 2, 1983, 18–27. Die internationale Militaristen-Ausstellung/Konservative Witzblätter/Das Innere der Sterne/Die Revolution in der Architektur/Transportable Städte
DH – PS: Dichterische Hauptwerke, hg. u. Nachw. Else Harke, Stuttgart: Goverts 1962. Tarub/Rakkóx/Die Seeschlange/Weltglanz/Münchhausen und Clarissa/Flora Mohr/Lesabéndio
Dwars 2015 – PS: Die stille Stadt. Eine Thüringer Gespenstergeschichte und vier weitere Novelletten, Zeichnungen Horst Hussel, hg. Jens-Fietje Dwars, Bucha

bei Jena: quartus 2015 (Ed. Ornament, Außer der Reihe; 333 Expl.). Die Mausefalle/Geschwindigkeit ist keine Hexerei/Moderne Amazonen/Uranienborg/Die stille Stadt

ETM 2008 – PS: Écrits sur la technique militaire. Précédé de Mémoire, technique, destruction, par Ilaria Brocchini, Paris: L'Harmattan 2008 (108 S.). Le confort d'une petite soirée/Le militarisme aérien/Les parlements européennes et la conférence des militaristes/Chair fraîche. Un thème d'actualité/Casquette à ballon contre casque à pointe/Féminisme et militarisme. Une conversation de salon japonaise/La fin de la tenue barbare de la Révolution/A quoi nous sert le militarisme? Une réflexion sociopolitique/La révolution dans le militarisme/Musique militariste d'avenir/L'attentat à la bombe et le repos de l'Europe. Une conversation en famille/L'exposition internationale des militaristes au Tempelhofer Feld/Le militarisme chez les premiers Indiens/Dynamite et décentralisation/Panique et architecture souterraine

Expressionismus grotesk, hg. Karl Otten, Zürich: Arche 1962, 90–95. 6 Gedichte

Frühlicht (Jan.–Mitte Juli 1920; Anhang zu Heft 1–14 des 1. Jgs. von: Stadtbaukunst in alter u. neuer Zeit, hg. Cornelius Gurlitt, Bruno Taut u. a., Berlin; dann selbständig): Eine Folge für die Verwirklichung des neuen Baugedankens (hg. B. Taut, Magdeburg, Herbst 1921–Sommer 1922); Ndr. (Auszug) Berlin/Frankfurt/Wien: Ullstein 1963

Fülleborn 1985 – Deutsche Prosagedichte vom 18. Jahrhundert bis zur letzten Jahrhundertwende. Eine Textsammlung, in Zus.arb. m. Klaus Engelmann hg. Ulrich Fülleborn, München: Fink 1985, 150 f. 3 Texte

Gabrisch 1966 – Münchhausens Wiederkehr. Phantastische Geschichten, hg. u. Einf. Anne Gabrisch, Zeichnungen Horst Hussel, Berlin: Eulenspiegel/Zürich: Limmat 1966. Flora Mohr/Kienbein/Oberwelt/Bäume/Malwu/Glaskugel/Die Zufriedenen/Der neue Abgrund/Die Kühnsten/General von Bax/Platzende Kometen/Die drei Baumstaaten

Geerken 1970 – Die goldene Bombe. Expressionistische Märchendichtungen und Grotesken; hg. Hartmut Geerken, Darmstadt: Agora 1970. 6 Texte

Greuner 1979 – Die Traumflöte, hg. Ruth Greuner, Berlin: Der Morgen 1979. 3 Texte

Horen 1992 – Die Horen. Zs f. Literatur, Kunst u. Kritik (Wilhelmshaven) 37, Nr. 167 (1992). Phantastensure/Es lebe Europa!/Mopsiaden, sanft und höhnisch/Materialien. Auszug: Thiekötter 1993, 168 ff.

Hussel 1986 – Meine Tinte ist meine Tinte. Prosa aus Zeitschriften. Mit Zeichnungen v. PS, hg. Horst Hussel, Berlin: Eulenspiegel 1986; Hanau: Müller & Kiepenheuer 1988. 80 Texte

In den Himmel springen und die Sterne fressen. 99 Grotesken aus allen Zeiten, hg. Walter Gerlach, Wiesbaden: Marix 2018. Singende Schlangen/Glaubt mir!/Ein Säufertraum/Groglied/Donnerkarl/Der einbeinige Trinker/Ingrimm/Was nie ein Mensch gesehn!

Kasties 1997a – Gerettet. Nilpferdgeschichten und ähnliche Merkwürdigkeiten, hg. Bert Kasties, Ill. Simcha Nornberg, Aachen: Shaker 1997, 2005. Vorspiel/Die wilde Kralle/Professor Kienbeins Abenteuer/Die Fabrik lebenslustiger Kreaturen/Die Kummerlotte/Flora Mohr/General von Bax/Der Weg zur Schlachtbank/Die Nussbaumtorte/Der alte Mörder/Die drei Baumstaaten/Das harte Rot/Freunde/Die Glaskugel/Die Kühnsten/Noahs Glück/Das neue Leben/Der Todesrausch/Gerettet/Nachw.: PS. Der Meister des Skurrilen, 133–139

Kasties 1997b – Die Welt von Eisen. Besonders nihilistische Geschichten, hg. Bert Kasties, Aachen: Shaker 1997 | dasselbe Nachw., 131–136

Kommt Kinder, wischt die Augen aus, es gibt hier was zu sehen. Kindergeschichten, hg. Herbert Hackmann & Michael Krüger, München 1974. 6 Gedichte

Konz 1984 – Das Lachen ist verboten … Grotesken, Erzählungen, Gedichte und Schnurren. Mit Ill. v. PS, hg. Klaus Konz & Rainer Leibbrand, Hamburg: Buntbuch 1984. 59 Texte, im Folgenden nicht alle notiert

Kühn 1987 – Donnerwetter – tadellos. Kabarett zur Kaiserzeit 1900–1918, hg. Volker Kühn, Weinheim/Berlin: Quadriga 1987
Münch 2017 – Die Liebe der Zukunft vor 100 Jahren. 20 utopisch-erotische Novellen 1871–1914, hg. Detlef Münch, Dortmund: synergen 2017, 2. stark erw. Aufl. 2019. 2 Texte
Münch 2018 – Der Weltuntergang vor 100 Jahren. Apokalyptische Zukunftsvisionen, hg. Detlef Münch, 2 Bde., Dortmund: synergen 2018. 3 Texte
Mumm 1955 – PS. Eine Einführung in sein Werk u. e. Auswahl v. Carl Mumm, Wiesbaden: Steiner 1955 (95 S.). Rakkóx/Auszüge aus Seeschlange, IM, Flugschrift
Orient 1999 – PS: Der alte Orient. Kulturnovelletten aus Assyrien, Palmyra und Babylon, hg. Mechthild Rausch, München: etk 1999
Panorama moderner Lyrik deutschsprechender Länder, hg. Wolfgang Hädecke & Ulf Miehe, Gütersloh: Mohn 1965, 15 f. 3 Gedichte
Polaris 5, hg. Franz Rottensteiner, Frankfurt: Suhrkamp 1981 (PB). Die farbigen Monde/Fragezeichen/Himmlische Ehe!/Die kosmischen Postillione/Mikosai/Nebelsterne/Die neue Oberwelt/Noahs Glück/Die Welt von Eisen/Zwei Weltenschöpfer
PS: Ausgewählte Gedichte, Potsdam: Degener 2010 (Ed. Grillenfänger, 6; 47 S.)
Quarber 1969 – Quarber Merkur. Franz Rottensteiners unillustrierte Literaturzs f. Science Fiction u. Phantastik 22 (Jg. 7, Nr. 4), Kitzingen: Schaef 1969. Astrale Aphorismen/Autobiographisches/Dichterische Arbeit und Alkohol/Die soziale Lage
Rolli 1983 – Beatrice Rolli: PSs ‚weltgestaltende Phantasiekraft' zwischen Utopie und Phantasmagorie. Eine Interpretation von ‚Münchhausen und Clarissa. Ein Berliner Roman' als Einführung ins Gesamtwerk, Zürich: Theater am Neumarkt 1983 (Diss.). 3 Texte
Taut 1919 – Bruno Taut: Die Stadtkrone, Jena: Diederichs 1919; Ndr. Nendeln 1977, Berlin 2002
– ital. Ü Marina Carrara: La corona della città, Milano: Mazzotta 1973, saggio introduttivo di Ludovico Quaroni
– frz. Ü Ruth & Guy Ballangé: Une couronne pour la ville, introd. Guy Ballangé et Bernard Marvey, Paris: Linteau 2004
– engl. Ü Matthew Mindrup & Ulrike Altenmüller-Lewis: The City Crown, Farnham: Ashgate 2015
Thiekötter 1993 – Kristallisationen, Splitterungen. Bruno Tauts Glashaus (Werkbund-Archiv im Martin-Gropius-Bau Berlin, Darmstadt, Hagen, 1993/94), Konzeption Angelika Thiekötter, Basel/Berlin/Boston: Birkhäuser 1993. Der Botanische Garten zu Dahlem/Der tote Palast/Die Modelle für Glasarchitektur/Auszüge aus Bfn (Heinersdorf)
ÜPS I, II, III – Über Paul Scheerbart. 100 Jahre Scheerbart-Rezeption in drei Bänden, Paderborn: Igel 1992–98
Bd. I: Einführungen, Vorworte, Nachworte, hg. Berni Lörwald & Michael Matthias Schardt, 1992
Bd. II: Analysen, Aufsätze, Forschungsbeiträge, hg. Schardt & Hiltrud Steffen, 1996
Bd. III: Rezensionen. Artikel zu Leben und Werk. Mit Gesamtregister u. Bibl., hg. Paul Kaltefleiter, in Zus.arbeit mit Katja Rauschenberg, 1998
Unverantwortliche Gedichte, ausgewählt u. ill. v. Horst Hussel, München: Renner 1988. 40 Gedichte, nicht aus Kater-Poesie u. Mopsiade
Verstreute Texte, hg. Rolf-Peter Baacke, Ed. Bibliothek The Dead Man's Chest 1981 (14 S.)
Welzbacher 2012 – Meine Welt ist nicht von Pappe. Ein PS-Lesebuch, hg. Christian Welzbacher, Berlin: Parthas 2012. Das Perpetuum mobile/Glasarchitektur/Flugschrift/Auszüge aus Bfn/Das neue Leben/Der tote Palast/Der Architektenkongress/Der gläserne Schrecken/Glashäuser/PCW und Willem, Kaiser (Autor: Horst Hussel!)/Texte anderer Autoren

Selbständige Publikationen

1 Das Paradies. Die Heimat der Kunst, Berlin: Commissionsverlag George & Fiedler 1889 (194 S.); Berlin: Verlag deutscher Phantasten ²1893 (104 S.)

2 Ja .. was .. möchten wir nicht Alles! Ein Wunderfabelbuch, Berlin: Verlag deutscher Phantasten 1893 (24 S.)
7 Stücke: Die dummen Kinder/Die neue Tänzerin/Moderne Götter/Die feine Haut/Der heilige Hain/Der klare Kopf/Eigensinn

– hg. u. Nachw. Susanne Bek & Michael Matthias Schardt, Ill. Claudia Neuhaus, Paderborn: Igel (95 S.), 2., aktualis. Aufl. Hamburg: Igel 2012, Nachbemerkung M. Schardt, 85–95

– Moderne Götter | Geerken 1970; Märchen der Welt. Von der Erde und den Gestirnen, Gütersloh Bertelsmann-Lexikothek 2003

– Eigensinn | Bemmann 1966; Konz 1984

3 Ich liebe Dich! Ein Eisenbahn-Roman mit 66 Intermezzos, Berlin: Schuster & Loeffler 1897 (296 S.). Bg: AZ 18.3.1897

– hg. u. Nachw. Michael Schardt, Siegen: Affholderbach & Strohmann 1988 (300 S.)

– Dahin!/Notturno/Tiefernst!/Die große Sehnsucht | Deutsche Lyrik seit Liliencron, hg. Hans Bethge, Leipzig: Hesse 1905, 251 f.

– Krietze und Kratze, Wiener deutsches Tageblatt Nr. 88 (31.3.1907), 21 ff.; Konz 1984

– Die Witzblattredakteure, Morgen 2, Nr. 49 (4.12.1908), 1630; Konz 1984

– Die unverständliche Sonne, Die Lese. Literarische Ztg f. d. Deutsche Volk (München) 1 (1910), 236, Konz 1984; Hussel 1986

– Wir, die wahren großen Menschen!/Die große Sehnsucht | Schöner Rausch. Gedichte, hg. Hiltrud Herbst & Doris Mendlewitsch, Stuttgart: Reclam 2013

– Himmlische Ehe | Konz 1984; Münch 2017

– Die farbigen Monde. Kosmosophisches Scherzo, hg. PS Loge, Vorw. Micky Remann, Birkenau-Lohrbach 2016 (Der Grüne Zweig 297; 52 S.)

4 Tarub, Bagdads berühmte Köchin. Arabischer Kulturroman, Berlin: Verein für Deutsches Schriftthum 1897 (285 S.), Minden: Bruns ²1900. Bg: AZ 16.3.1897; AZ 21.12.1900 Beilage

– niederl. Ü R. C. van H.: Tarub, Bagdad's beroemde Kookster. Romantisch Verhaal uit de Arabische Beschavingsgeschiedenis der IXe Eeuw, Nijmegen: Cohen 1898

– hg. u. Nachw. Michael M. Schardt, Paderborn: Igel 1992

– ital. Ü Paola Masagli: Commento e traduzione dell'opera Tarub, Bagdads berühmte Köchin di PS: tesi di laurea, Università di Pisa, Facoltà di lingue e letterature straniere 2002

5 Der Tod der Barmekiden. Arabischer Haremsroman, Leipzig: Kreisende Ringe (Max Spohr) 1897 (208 S.). Bg: AZ 23.4.1898

– korr. Ndr. hg. Mechthild Rausch, München: etk 1992

6 Na prost! Phantastischer Königsroman, Berlin: Schuster & Loeffler 1898 (140 S.); hg. u. Nachw. Michael Matthias Schardt, Siegen: Affholderbach & Strohmann 1987 (80 S.)

7 Rakkóx der Billionär. Ein Protzenroman/Die wilde Jagd. Ein Entwicklungsroman in acht anderen Geschichten, Buchschmuck Henri Jossot, Illustr. Félix Valotton, Berlin/Leipzig: Insel Verlag bei Schuster & Loeffler 1900 (4+119 S.). Bg: AZ 11.1.1901, Beilage 8

– Mumm 1955; Frankfurt: Insel 1976 (Nachw. Franz Rottensteiner); Phantastische Aussichten, hg. Franz Rottensteiner, Frankfurt: Suhrkamp 1985 (PB); Seltsame Labyrinthe, hg. Franz Rottensteiner, Frankfurt: Suhrkamp 1987 (PB); Radebeul: Octopus 1991

– tschech. Ü (Auszug) Rozhledy. Revue umělecká, politická a sociální (Prag) 11, Nr. 14 (6.7.1901), 352 ff., Nr. 14 (13.7.1901), 376; Nr. 17 (27.7.1901), 422

– tschech. Ü Karel Kamínek: Dva romány Rakkóx, Bilionář/Divoký hon, Prag: Otto 1908; Franz Servaes: PS. Studie, 121–145

– japan. Ü Yoshiko Suzuki: 虫けらの群霊 [Mushikera no gunrei, Schwärme von Geistern des Gewürms], Tokyo: Michitani 2011

- engl. Ü William C. Bamberger: Rakkóx the Billionaire, A Protean Novel/The Great Race, an Evolutionary Novel in Eight Different Tales, Cambridge MA: Wakefield 2015

8 Die Seeschlange. Ein See-Roman, Minden: Bruns 1901 (228 S.), Einbandzeichnung Ludwig Enders, Titelvignette: PS
- tschech. Ü Bohuslav Reynek: Mořský had. Mořský román, Prag: St. Jílovská 1920
- [Auszug] Der Tempel des Innern, Die Funken 3, Nr. 41 (12.7.1906), 1270–1280; (Auszug) Mumm 1955; (Auszug) Ganz blaues Meer. Eine literarische Seefahrt, hg. German Neundorfer, Frankfurt: Fischer 2010, 193 ff.

9 Liwûna und Kaidôh. Ein Seelenroman, Zierleisten u. Umschlagrahmen v. Heinrich Vogeler, Leipzig: Insel 1902 (130 = 70 S.). Bg: AZ 14.1.1902
- [Auszug aus Gesang der Walfische] Das lange Lied, Moderne deutsche Lyrik, hg. Hans Benzmann, Leipzig: Reclam 1904, 472 ff.
- Gesang der Walfische, Transition. An internat. workshop for orphic creation (Den Haag/Paris) 5 (1932), 184–187
- Der siebente Sternriese spricht ... (8 Zeilen), [an.]: Aus einer Kriegsmappe, BBC 48, Nr. 43 (27.1.1916), Beilage, 5
- [Auszug] Der Tortenstern, Frühlicht Nr. 12 (Juni 1920)
- [Auszug] Peter Härtling: Palmström grüßt Anna Blume. Essay und Anthologie der Geister aus Poetia: Bip, Maldoror, Homunculus, Roi Ubu, Lesabéndio, Liwûna, Kaidôh, Myrdhhin, Jussuf von Theben, Stuttgart: Goverts 1961, 132–143

10 Die große Revolution. Ein Mondroman, Zierleisten v. Heinrich Vogeler, Leipzig: Insel 1902 (189 S.). Bg: MZ 17.10.1902
- (mit Jenseitsgalerie), Nachw. Vera Hauschild, Leipzig/Weimar: Kiepenheuer 1983; (beide) Frankfurt: Suhrkamp 1985 (PB)

11 Immer mutig! Ein phantastischer Nilpferderoman mit dreiundachtzig merkwürdigen Geschichten, Buchschmuck PS, 2 Bde., Minden: Bruns 1902 (235 u. 250 S.). Bg: MZ 7.11.1902
- hg. u. Nachw. Michael Matthias Schardt, Siegen: Affholderbach & Strohmann 1988; Frankfurt: Suhrkamp 1990 (PB)
- poln. Ü K. I.: Katta-Kottu. Opowieść japońska, Zgoda. Wydania dla niewiast (Chicago) 23, Nr. 52 (29.12.1904), 2
- General von Bax | Das Skizzenbuch, Charlottenburg 1904 (Münch's Hausschatz, Bd. 2), 227–232; Blaubuch 3 (4.1908), 502–505; Gabrisch 1966; Café Klößchen, hg. Joachim Schreck, Berlin: Eulenspiegel 1980, 1982, 1985; Hussel 1986
- Der alte Mörder, Die Funken 3, Nr. 34 (24.5.1906), 1065 ff.; Konz 1984
- Zwei Geschichten: Platzende Kometen/Die gebratene Ameise, NHZ Nr. 407 (31.8.1906), 11
- Zwei Weltenschöpfer (Skizze), Die Rheinlande. Monatsschrift f. deutsche Kunst 12, Nr. 9 (1906), 118; Hussel 1986
- Zwei Grotesken von PS. Nackte Kultur/?, NHZ 12, Nr. 610 (31.12.1907), 5, 4. Beilage; Sturm 1, Nr. 21 (21.7.1910), 165; Hussel 1986
- Die Nußbaumtorte, GGW 37, Nr. 28 (11.7.1908), 28 f.; Das Buch der Grotesken, hg. Felix Lorenz, München 1914, 357–381; Hussel 1986
- Nebelsterne, GGW 39, Nr. 40 (1.10.1910), 789 f.
- Grotesken: Fragezeichen. Unsterblichkeitscapriccio/Die Fabrik lebenslustiger Kreaturen, Demokrat 2, Nr. 41 (1910), 211 ff.
- Der Revolutionär, Sturm 1, Nr. 27 (1910), 214; Konz 1984; Hussel 1986
- Zahlenglück/Der höfliche Eremit/Der galante Räuber | Kunstwart u. Kulturwart (München) 27, Nr. 10 (1–3.1914), 289–292
- Sechs Geschichten für Nilpferde und andere königliche Seelen: Der Mönch/Zwei Weltenschöpfer/Die Roseninsel/Adlerflug/Zart! | Meister deutschen Humors vom Eulenspiegel-Buch bis Keller, Raabe und Scheerbart, hg. Max Bruns, Minden: Bruns 1915; 1916; Neue Bearb. 1921
- Drei kleine Geschichten. Der Neugierige/Die wilde Hummel/Die kleine Fliege | Der silberne Spiegel 1, Nr. 2 (15.7.1919), 6

- Drei kleine Geschichten. Der Neugierige/Die wilde Hummel/Ermitage | Der Freihafen. Blätter der Hamburger Kammerspiele 2 (1919), 117
- Die wilde Kralle/Der Weg zur Schlachtbank/Der grimmige Igel/Weisheit aus der Kreidezeit | Deutsches Volkstum 28, Nr. 2 (1926), 142–146
- Weisheit aus der Kreidezeit/Mein Großvater, Das literarische Deutschland 1 (1951) Nr. 18, 12
- [Auszug] Mumm 1955
- Der kluge Frosch/Weisheit aus der Kreidezeit | Deutsche Tiergeschichten, Tiermärchen, Tiergedichte und Tierfabeln, hg. Fabian Franz, Ill. Josef Hegenbarth, Berlin: Holz 1957, 1970, 194 ff.
- Der vornehme Räuberhauptmann [aus RTB]/Weisheit aus der Kreidezeit/Die gebratene Ameise/Platzende Kometen | Gegen-Zeitung, hg. Helmut Arntzen, Heidelberg 1964, 219, 447, 479, 535
- Die gebratene Ameise/Der Radaubengel | Bemmann 1966
- Der alte Mörder | Geerken 1970
- Weisheit aus der Kreidezeit/Die gebratene Ameise/etc. | Ein Fisch mit Namen Fasch und andere Gedichte und Geschichten, zus.gest. Elisabeth Borchers, Frankfurt: Ellermann 1976
- Der vornehme Räuberhauptmann; GAT 2
- Monolog des verrückten Mastodons/Kikakokú | Deutsche Unsinnspoesie, hg. Klaus Peter Dencker, Stuttgart 1978, 168
- Meerglück/Die Helden | Füllborn 1985, 151 f.
- Tief!/Heisse Luft/Meine Tinte | Hussel 1986
- Der Revolutionär/Die gebratene Ameise/Radaubengel | Kühn 1987, 177 f. u. 211
- engl. Ü: Kikakokú | Imagining Language, ed. Jed Rasula & Steve McCaffery, Cambride MA/London: MIT Press 1998, 104

12 Kometentanz. Astrale Pantomime in zwei Aufzügen, mit Zeichnungen des Vf., Leipzig: Insel 1903 (64 S.); GAT 2
- [Auszug] Lothar Schreyer: Expressionistisches Theater. Aus meinen Erinnerungen, Hamburg: Toth 1948, 37–48
- Kometentanz/Liwûna und Kaidôh, Frankfurt: Suhrkamp 1990 (PB)
- Literarische Pantomimen. Eine Anthologie stummer Dichtungen, hg. Hartmut Vollmer, Bielefeld: Aisthesis 2012, 116–139
- engl. Ü William C. Bamberger: Stairway to The Stars/Dance of the Comets. Four Fairy Tales of Home and one Astral Pantomime, Cambridge MA: Wakefield 2016

13 Der Aufgang zur Sonne. Hausmärchen, Umschlagzeichnung PS, Minden: Bruns 1903 (98 S.). Bg: AZ 26.3.1903
- Leipzig/Weimar: Kiepenheuer 1984, Ill. Horst Hussel
- engl. Ü William C. Bamberger: Stairway to The Stars, 2016 (wie Nr. 12)

14 Machtspäße. Arabische Novellen, Federzeichnungen PS, Berlin: Eisselt 1904 (40 S.). Dichtermacht/Rebellenmacht/Weltmacht
- München: Renner 1981; Dichtermacht & Rebellenmacht: Hussel 1986

15 Cervantes, Berlin: Schuster & Loeffler 1904 (Die Dichtung, hg. Paul Remer, Bd. 8; 96 S.). Bg: Neues Wiener Tagblatt 16.5.1904; AZ Nr. 135, 15.6.1904, Beilage 480; MZ 19.6.1904
- [Auszug] Don Quijotterien zu einem Cervantes-Jubiläum. Cervantes erzählt mir sein Leben, Die Fähre 2, Nr. 10 (Okt. 1947), 579–587
- Erlangen/München: Renner 1979
- japan. Ü Soichiro Taruno: セルバンテス [Serubantesu], Tokyo: Chusekisha 2015

16 Revolutionäre Theater-Bibliothek, Buchschmuck u. 7 Zeichnungen v. PS, 6 Bde., Berlin: Eduard Eisselt 1904. Bg: MZ 18.5.1904; GAT
- Das Dualistische in der Bühnenkunst, Der neue Weg 58, Nr. 8 (27.2.1909), 138
- Herr Kammerdiener Kneetschke. Eine Kammerdiener-Tragödie in 5 Aufzügen | Sturm 4, Nr. 156/157 (4.1913), 10–14; Soweit die scharfe Zunge reicht, hg. Klaus Budzinski, München/Bern/Wien 1964; Frankfurt 1968
- engl. Ü Malcolm Green: The Stupid Ass [Das dumme Luder] | Black Letters Unleashed: 300 Years of ‚Enthused' Writing in German, hg. M. Green, London: Atlas 1989
- Sophie | Literarische Pantomimen. Eine Anthologie stummer Dichtungen, hg.

Hartmut Vollmer, Bielefeld: Aisthesis 2012, 160 f.

17 Der Kaiser von Utopia. Ein Volksroman, Buchschmuck PS, Berlin-Groß-Lichterfelde: Eduard Eisselt 1904 (233 S.)
- Sturm 1, Nr. 41–61 (8.12.1910–29.4.1911)
- Das Künstlerfest [Kap. XXXII] | Heinz Ohff: Kunst ist Utopie, Gütersloh etc.: Bertelsmann 1972, 87
- Der Kaiser von Utopia. Zwei utopische Romane (Kaiser; Das graue Tuch), Frankfurt: Suhrkamp 1988 (PB)

18 Münchhausen und Clarissa. Ein Berliner Roman, Ill. PS, Berlin: Oesterheld 1906 (141 S.). Bg: AZ 10.8.1906
- Reinbek: Rowohlt 1991
- engl. Ü Christina Svendsen: Munchausen and Clarissa. A Berlin Novel, Cambridge MA: Wakefield 2020

19 Jenseits-Galerie. Ein Mappen-Werk, Berlin: Oesterheld 1907 (2 Blatt, 10 Tafeln)
- Jenseitsgalerie. Gesammelte Zeichnungen, hg. u. Nachw. Mechthild Rausch, München: Renner 1981
- Jenseitsgalerie. Ein Mappenwerk, Linkenheim: Ed. Phantasia 1986 (120 Expl.)

20 Kater-Poesie, Paris/Leipzig: Rowohlt 1909 (VII+59 S.); Berlin: Rowohlt ²1920, Reinbek: Rowohlt 1987. Bg: AZ 22.5.1909
- Katerpoesie. Hauptsächliche Gedichte (Katerpoesie/Die Mopsiade), hg. Hellmut Draws-Tychsen, Stuttgart: Goverts 1963
- Katerpoesie/Die Mopsiade, hg. Wilhelm Lüderitz, Buchschmuck Horst Hussel, Berlin: Eulenspiegel 1978; Ndr. München: Renner 1980
- Katerpoesie, Mopsiade und andere Gedichte, hg. u. Nachw. Michael Matthias Schardt, Stuttgart: Reclam 1990
- Katerpoesie [Morgentöne/Der Frack-Komet/Grausamkeit/Eine Lichthetäre/Die große Sehnsucht], Jugend 14, Nr. 8 (19.2.1909), 182
- Frage, Der Freihafen 2 (1919), 127; Das Wort Mensch. Ein Bild vom Menschen in deutschsprachigen Gedichten aus drei Jahrhunderten, hg. u. Vorw. Bernd Jentzsch, Halle: Mitteldeutscher Verlag/Berlin: Buchclub 65 1972, 275
- Sei sanft und höhnisch! [Auszug]/Donnerkarl, der Schreckliche, Das Tagebuch 1, Nr. 34 (1920), 1125
- Sei sanft und höhnisch! Der Freihafen 3, Nr. 5 (12.1920), 78; Konz 1984
- Katerpoesie: Glaube mir: ich streichle dir/Moderner Gassenhauer/Hobelphantasie, alle drei in: Der lachende Olymp. Eine Auslese aus der heiteren lyrischen Dichtung des 16.–20. Jahrhunderts, hg. Gustav Herrmann & Fritz Adolf Hünich, Wolfenbüttel: Verlag der Freude o. J. (1920), 2. veränd. Aufl. 1922, 173 f.
- Die Reifen [aus Mopsiade]/Klarheit wollt ihr, Frühlicht (NF) Nr. 1 (Herbst 1921) 32 f.
- Kikakoku! Ekoralaps!/Frage/Ein Säufertraum/Der Frack-Komet/Eine Lichthetäre/Singende Schlangen/Gesang der Walfische/Donnerkarl der Schreckliche/Die Zappelpappeljöhre/Groglied, Poètes à l'écart. Anthologie der Abseitigen, hg. Carola Giedion-Welcker, Bern-Bümpliz 1946, 41–52 (fehlt in den Auflagen Zürich: Arche 1965 etc.)
- Katerpoesie: Ein Säufertraum/Hafentraum, Rowohlt-Almanach 1908 bis 1962, hg. Maria Hintermeier & Fritz J. Raddatz, Reinbek: Rowohlt 1962, 44
- Die letzten Trümpfe (Manuskript-Faksimile) | Bemmann 1966
- frz. Ü (4 Texte): Expressionnistes allemands. Panorama bilingue d'une génération, hg. Lionel Richard, Paris: La Découverte/Maspero 1974, 1983, Brüssel: Ed. Complexe 2001, 26 ff.
- Morgentöne, Die Affenschaukel 1, Nr. s2 (10.1983), 8; 100 Jahre Lyrik, hg. Axel Marquardt, Zürich: Haffmans 1992, 573
- Donnerkarl | Konz 1984; Kühn 1987, 168
- [Auszüge aus Mopsiade u. Katerpoesie], Horen 1992, 117 f.
- Groglied | Tango mortale. Groteske Gedichte von Wedekind bis Brecht, hg. Joachim Schreck, Berlin: Eulenspiegel 1988, 17 ff.
- Der Frack-Komet | Lyrik des Expressionismus, hg. Silvio Vietta, München: Niemeyer/dtv 1976, 242; 4. verb. Aufl. 1999
- 9 Stücke (auch aus Mopsiade) | Die komischen Deutschen. 881 gewitzte Gedichte aus 400 Jahren, hg. Steffen Jacobs, Frankfurt: Haffmans bei Zweitausendeins 2004
- Moderner Gassenhauer/Alter Spaß/Indianerlied | Hell und Schnell. 555 komi-

sche Gedichte aus 5 Jahrhunderten, hg. Robert Gernhardt & Klaus Cäsar Zehrer, Frankfurt: Fischer 2004, 98

– Der lachende Engel | Himmlische Boten. Gedichte und Geschichten von Engeln, hg. Andrea Wüstner, Stuttgart: Reclam 2005

– tschech Ü Ludvík Kundera: Smějící se anděl, Host 16 (2000), 36

– Das gute Schaf/Die letzten Trümpfe/Die großen Flammen | Schreiben/Glauben. Miszellen zu Lit. u. Religion, hg. Joachim Kalka, Göttingen: Wallstein 2008

– Groglied/Frage/Die andere Welt | Deutsche Gedichte von den Anfängen bis zur Gegenwart. Auswahl für Schulen, begr. Theodor Echtermeyer, 20. Aufl., hg. Elisabeth Katharina Paefgen & Peter Geist, Berlin: Cornelsen 2010, 501

– Ich hab ein Auge | Dem Kuttel sein Daddel sein Du. Komische Gedichte, hg. Walter Gerlach, Wiesbaden: Marix 2014, 166

21 Flora Mohr. Eine Glasblumen-Novelle in 8 Kapiteln, Prag: Haase 1909 (31 S.); Gabrisch 1966

– frz. Ü: Les fleurs de verre, suivi de: Concernant l'exposition de verre de Pékin, introd. Nikola Jankovic, Paris: Éditions B2, 2015 (117 S., ill.)

22 Die Entwicklung des Luftmilitarismus und die Auflösung der europäischen Land-Heere, Festungen und Seeflotten. Eine Flugschrift, Berlin: Oesterheld 1909 (39 S.). Bg: NHZ 6.11.1909, NWJ 26.8.1910

– [Auszug] Mumm 1955

– München: Renner 1982; Welzbacher 2012

– [Auszug] Der Stephansdom wird nicht stehen bleiben, Die Presse Nr. 22/23 (Mai 1982), unpag.

– engl. Ü Michael Kasper: The Development of Aerial and the Demobilization of European Ground Forces, Fortresses, and Naval Fleets. A Flyer, New York: Ugly Duckling 2007

– frz. Ü Philippe Guilbert: L'Évolution du militarisme aérien et la dissolution des infanteries, forteresses et flottes maritimes européennes, Éd. Nilsane 2008 (67 S.)

23 Das Perpetuum mobile. Die Geschichte einer Erfindung, Leipzig: Rowohlt 1910, Titelzeichnung Ottomar Starke (44 S., Faltblatt). Bg: MZ 14.12.1910

– mit 9 Umschlagzeichnungen v. Dieter Roth, Erlangen: Renner 1977

– Das Perpetuum mobile, Porto Editori S. A. L. (= München: Renner 1983); Sonderdruck: 2 Blätter; Vorstudie zu Zeichnung Nr. 11 u. Postkarte an Richard Dehmel, 1.6.1908

– hg. Johannes Vennekamp, München: Renner 1997; Welzbacher 2012

– frz. Ü André Blavier: Perpetuum mobile, Bizarre 6, Nr. 9 (1958), 3–32

– japan. Ü Suehiro Tanemura: 永久機関附・ガラス建築——シェーアバルトの世界 [Eikyū kikan. Garasu Kenchiku. Shērubaruto no sekai; Das Perpetuum mobile. Anhang: Glasarchitektur. Scheerbarts Welt], Tokyo: Sakuhinsha 1994

– engl. Ü Andrew Joron: The Perpetual Motion Machine. The Story of an Invention, Cambridge MA: Wakefield 2011

– 2. frz. Ü Odette Blavier: Perpetuum mobile: l'histoire d'une invention, ill. Gianpaolo Pagni, Bruxelles: Zones sensibles 2014

– span. Ü Esther Cruz Santaella: El móvil perpetuo: historia de un invento, Madrid: Gallo Nero 2014

– [Auszug] Die veraltete Arbeit, Die Güldenkammer 1, Nr. 3 (12.1910), 177

– Der barbarische General, Solaris Almanach 7, hg. Kai Schätzl & Karl-Heinz Schmitz, Bonn: Solaris 1986, 60 ff.

24 Das große Licht. Ein Münchhausen-Brevier, Leipzig: Sally Rabinowitz 1912 (152 S.). Bg: NHZ 9.11.1912, 13; HC 24.11.1912, 48; MZ 13.12.1912

– Das große Licht. Gesammelte Münchhausiaden, Frankfurt: Suhrkamp 1987 (PB)

– ital. Ü: La grande luce. Münchhausiadi riunite, hg. Stefano Beretta, Trento: Univ. degli Studi 2003

– Das „lebendige" Mastodon | Arbeiter-Jugend. Organ für die geistigen u. wirtschaftl. Interessen der jungen Arbeiter u. Arbeiterinnen (Berlin) 6, Nr. 1 (3.1.1914), 16 (Beilage); Der Herr der Luft. Flieger und Luftfahrergeschichten, hg. Leonhard Adelt, München/Leipzig: Müller 1914, Ndr. Barsinghausen: Unikum 2013, 323–328

- Der Humor | Bohemia Nr. 73 (27.3.1921)
- Die drei Baumstaaten | Gabrisch 1966; Kasties 1997a
- Auf der Glasausstellung ..., frz. Ü in Les fleurs de verre, 2015

25 Astrale Novelletten, Karlsruhe/Leipzig: Dreililien 1912, München/Leipzig: Müller 1912 (Titelauflage) (200 S.)
- Kienbein/Die Einsiedler/Zack und Sidi/Das kosmische Theater, Die Welt-Literatur (München) Nr. 28, 1919 (Einzelheft der Wochenschrift im Zeitungsformat, Einltg. R. Elchinger, 12 S.)
- Oberwelt/Malwu/Die großen Bäume/Kienbein/Die Glaskugel/Die Zufriedenen/Der neue Abgrund/Die Kühnsten | Gabrisch 1966
- Bäume/Kienbein/Zack | Alpers 1982
- Die Einsiedler/Die Gesellschaft/Die Glaskugel/Die großen Bäume/Der neue Abgrund/Zack und Sidi | Polaris 9, Frankfurt 1985
- ital. Ü Alberto Lehmann: Gli alberi di Giunone [Die großen Bäume] | L'Eternauta No. 80, dicembre 1989 (Comic Art)
- Zack und Sidi | Marsmenschen. Wie die Außerirdischen gesucht und erfunden wurden, hg. Justus Fetscher & Robert Stockhammer, Leipzig: Reclam 1997, 207–224
- engl. Ü Daniel Ableev & Sarah Kaseem: The New Abyss [Der neue Abgrund], The Big Book of Science Fiction. The Ultimate Collection, hg. Ann & Jeff Vandermeer, New York: Vintage Crime/Black Lizard, Vintage Books 2016

26 Lesabéndio. Ein Asteroïden-Roman, 14 Ill. v. Alfred Kubin, München/Leipzig: Müller 1913 (282 S.). Bg: MZ 20.8.1913
- [Auszug] Die Leute mit den Teleskop- und Mikroskopaugen auf dem Wandelstern Pallas | du. Kulturelle Monatsschrift (Zürich) 6, Nr. 1: Dichterphantasien über merkwürdige Gestirnsbewohner (1946), 50
- Nachw. Paul Raabe, München: dtv 1964, 161–169
- Frankfurt: Suhrkamp 1986 (PB); mit e. Essay v. Kai Pfankuch, Hofheim: Wolke 1986; Einltg. Karl-Heinz Ebnet, Kehl: Swan 1994
- japan. Ü Suehiro Tanemura: 小遊星物語 [Shōyūsei monogatari], Tokyo: Togensha 1966, 1978; Tokyo: Heibonsha 1995
- ital. Ü Piera di Segni & Fabrizio Desideri: Lesabéndio, con quattro scritti di Walter Benjamin, Roma: Ed. riuniti 1982
- ungar. Ü Dezső Tandori: Lesabéndio. Egy kalandregény, Budapest: Eri 2005
- engl. Ü Christina Svendsen: Lesabéndio. An Asteroid Novel, Cambridge MA: Wakefield 2012
- span. Ü Ana Alguacil: Lesabéndio. Una novela de asteroides, Granada: Traspiés 2014
- frz. Ü Raphaël Koenig: Lesabéndio. Un roman-asteroïde, Bruxelles: Vies parallèles 2016
- türk. Ü: Lesabendio. Bir Asteroid Romanı, Paris Yayınları 2017

27 Das graue Tuch und zehn Prozent Weiß. Ein Damenroman, München/Berlin: Müller 1914 (246 S.). Bg: Innsbrucker Nachrichten 25.7.1914
- [Auszug: Anfang] Humor der Nationen. Ausgewählte Prosa, Bd. 1: Deutschland, hg. Walther Petry, Berlin: Wertbuchhandel 1925
- hg. u. Nachw. Mechthild Rausch, München: etk 1986
- in: Der Kaiser von Utopia, Frankfurt: Suhrkamp 1988 (PB), 107–206
- engl. Ü, intro + drawings John A. Stuart: The Gray Cloth. PS's Novel on Glass Architecture, Cambridge MA/London: MIT Press 2001, 2003
- [Auszug] Luft, Red. Bernd Busch, Köln: Wienand 2003 (Elemente des Naturhaushaltes IV; Forum, 12; Internat. Kongreß, Forum der Kunst- und Ausstellungshalle der Bundesrepublik Deutschland, Okt. 2002)

28 Glasarchitektur, Berlin: Der Sturm 1914 (125 S.)
- München: Rogner und Bernhard 1971, Nachw. Wolfgang Pehnt; Auszug: Lesebuch für Architekten, hg. Peter Conradi, Stuttgart/Leipzig: Hohenheim 2001, 132–141
- Glasarchitektur & Glashausbriefe, München: Renner 1986
- hg. Mechthild Rausch, Berlin: Gebr. Mann 2000

– Frankfurt: Revolver 2002; Schrift nach e. Konzept von Olaf Nicolai
– Welzbacher 2012
– engl. Ü James Palmes: Glass Architecture by PS – Alpine Architecture by Bruno Taut, ed. and introd. Dennis Sharp, New York/Washington: Praeger, London: November Books 1972
– ital. Ü Mario Fabbri: Architettura di vetro, con un saggio di Giulio Schiavoni, Milano: Adelphi 1982
– [Auszug] niederl. Ü Hans W. Bakx: Glasarchitectuur, Raster Nr. 25 (1983), 146–158
– 2. niederl. Ü Herman van Bergeijk & Kees Vollemans: Glasarchitectuur, Rotterdam: Uitgeverij 010 2005
– japan. Ü 1994 (siehe zu Das Perpetuum mobile, 1910)
– frz. Ü Pierre Galissaire: L'Architecture de verre, précédé de La sobriété „barbare" de PS, de Daniel Payot, Strasbourg: Circé 1995, 2013
– 2. frz. Ü | Intouchable: l'ideal transparence. Une exposition de Guillaume Desanges & Francois Piron, Centre national d'art contemporain de la Villa Arson, Nizza, Juli-Sept. 2006, Paris: Xavier Barral/[Nizza]: Villa Arson 2006
– 3. frz. Ü Christophe Marchand-Kiss: Architecture de verre, complété par Constructeur du monde (B. Taut); et: Expérience et pauvreté (W. Benjamin), Paris: Éd. B2 2015
– span. Ü. Alejandro Pinós (del alemán) & Marisa García (del italiano). La arquitectura de cristal, ed. y prólogo Antonio Pizza, Murcia 1998
– schwed. Ü Sven-Olov Wallenstein: Glasarkitektur, Stockholm: Faethon 2017, mit Texten v. Bruno Taut u. Walter Benjamin
– türk Ü Hüseyin Tüzün: Cam Mimarlığı, Arketon Yayınları 2020
– Kap. 1 | Bauprospekt zur Werkbundausstellung in Köln, Juni 1914, Innenseite Deckblatt, Ndr. in: Frühe Kölner Kunstausstellungen, hg. Wulf Herzogenrath, Köln 1981, 287–294
– Die Luftvehikel mit farbigen Scheinwerfern (Kap. LX) | Sturm 21, Nr. 2 (2.1932), 51
– [Auszug] Programme und Manifeste zur Architektur des 20. Jahrhunderts, zs.gestellt u kommentiert v. Ulrich Conrads, Frankfurt/Berlin: Ullstein 1964, Basel: Birkhäuser 1975, 2013; engl. Ü: Programs and manifestoes on 20th-century architecture, Cambridge MA: MIT Press 1971, 1975, 32 f.
– [Auszüge, elf Kapitel] (in einer R v. Mechthild Rausch), Süddeutsche Ztg Nr. 224 (18./19.9.1971)
– [Auszüge] Berlin: Handpresse Gutsch 1988; 24 unpag. Blätter, Siebdrucke v. Ingo Kühl, Nachw. Curt Grützmacher, 200 Expl.
– Der Botanische Garten zu Dahlem/Die Modelle (Kap. III u. IL), Thiekötter 1993, 79 u. 160

29 Die Mopsiade. Mit 1 Zeichnung vom Verfasser, Berlin: Alfred Richard Meyer 1920 (Lyrische Flugblätter, Bd. LXXVII; 15 S.); Ndr. siehe Kater-Poesie

30 Von Zimmer zu Zimmer. 70 Schmoll- und Liebesbriefe des Dichters an seine Frau, Berlin-Wilmersdorf: A. R. Meyer 1921 (Lyrische Flugblätter, Bd. XC; 16 S.)
– München: Renner 1977; Frankfurt: Insel 1983, Titelzeichnung Dieter Roth
– hg. Reinhard Scheuble, Originalmalerei v. Gisela Mott-Dreizler, Witzwort: Quetsche Verlag f. Buchkunst 1994 (Gespenstische, phantast. u. märchenhafte Bücher) (88 S., 35x25 cm, 21. Druck)

31 Briefwechsel mit Max Bruns 1898–1903 und andere Dokumente, hg. u. eingeleitet Leo Ikelaar, Frankfurt etc.: Lang 1990

32 PS: Jenseitskarikaturen. Hamburger Kunsthalle, 26. Jan.–18. März 1990, Red. Gerda Wendermann, Hamburg: Dölling u. Galitz 1990; mit Faksimile des Katalogs Louis Bock 1904

33 PS: 70 Trillionen Weltgrüße. Eine Biographie in Briefen 1889–1915, hg. u. Nachw. Mechthild Rausch, Berlin: Argon o. J. [1991]
– Auszüge: Welzbacher 2012
– 8 Briefe u. Postkarten an Salomo Friedlaender/Mynona, Mai 1904–Jan. 1913 | Friedlaender/Mynona: Briefwechsel I. 1878–April 1919, aus d. Nachlaß hg Hartmut Geerken, Detlef Thiel & Sigrid Hauff, Norderstedt: waitawhile 2018

34 PS und Bruno Taut. Zur Geschichte einer Bekanntschaft. PSs Briefe der Jahre 1913–14 an Gottfried Heinersdorf, Bruno Taut und Herwarth Walden, hg. Leo Ikelaar, Paderborn: Igel 1996

Unselbständige Texte

* in diesem Band
seit 1885 Beiträge im BT, noch nicht identifiziert

1890

1 Sphinx locuta est. Goethes Faust und die Resultate einer rationellen Methode der Forschung von Ferdinand August Louvier [R], Kritisches Jahrbuch. Beiträge zur Charakteristik der zeitgenössischen Literatur sowie zur Verständigung über den modernen Realismus (Hamburg) 1, Heft 2 (1.1890), 85–88

*2 Die Ausstellung der Stickereien und Webereien von China und Japan, BT Nr. 63 (4.2.1890), 1 f.

*3 Die Ausstellung der europäischen Leinenstickereien, BT Nr. 83 (15.2.1890), 1. Beiblatt, 1 f.

*4 Die Ausstellung der orientalischen Teppiche, BT Nr. 121 (7.3.1890), 2 f. u. Nr. 126 (10.3.1890), 2

*5 Die Gobelin-Ausstellung, BT Nr. 157 (27.3.1890), 1. Beiblatt, 1 f.

*6 Das altorientalische Museum zu Berlin, TR Nr. 100 (30.4.1890), 399 f.

ca. 213 Beiträge im Danziger Courier 24.4.–4.12.1890. Siehe Rausch 1997, 91–101 u. 189–258

– Sonntagsplauderei [Es war am …], Danziger Courier (8.6.1890), 2. Blatt, 3; Rausch 1997, 195–198; Dronte 1994

1891

7 Die Polychromie in der Frontarchitektur, Atelier 1, Nr. 7 (1.2.1891), 5 ff.

8 [Kuno Küfer] Die moderne Goldschmiedekunst, Atelier 1, Nr. 8 (15.2.1891), 2–5; Allgemeines Journal der Uhrmacherkunst (Halle) 16 (1891), 427 f.; [Auszug] Das Kunstgewerbe. Illustrierte Halbmonatsschau 1, Nr. 11 (3.1891), 104 f.

*9 Das Kreuz als Symbol, BT 20, Nr. 84 (16.2.1891), 6 f., Der Zeitgeist

– Krachkultur, Ausgabe 19. Das Deutschland-Heft, hg. Martin Brinkmann & Alexander Behrmann, München 2018, 6–11; Detlef Thiel: Das Symbol als Kreuz. PSs Wortmeldung zur Kreuzdebatte, 127 Jahre alt, aber unvermindert aktuell, ebd. 12–16

10 Berliner Kunstsalons, Atelier 1, Nr. 9 (1.3.1891), 4 f.

11 Die Phantastik im Kunstgewerbe, Atelier 1, Nr. 10 (15.3.1891), 4 f.

12 Die Phantastik in der Malerei, FB 2, Nr. 12 (25.3.1891), 286–290; (gekürzt) Jenseitsgalerie 1981, 146–150; Jenseitskarikaturen 1990, 27–31

13 Atelierstudien II, Atelier 1, Nr. 11 (1.4.1891), 6 f.

*14 Die modernen Möbel, BT Nr. 189 (15.4.1891), 1 f.

15 Die Gartenbaukunst, ihre Geschichte und ihre Stellung zu den anderen Künsten, Atelier 1, Nr. 13 (1.5.1891), 3 f.

16 Dichtermacht. Eine altmekkanische Geschichte, FB 2 (1891), 846 ff. u. 870–875; Das Magazin für Litteratur 73, Nr. 4 (1904), 122–125; Machtspäße 1904

17 Max Klinger als Ästhetiker, FB 2, Nr. 41 (14.10.1891), 1009–1012

18 Hat die Ornamentalkunst jemals nach Originalität gestrebt?, Atelier 1, Nr. 24 (15.10.1891), 3 ff.

19 Berliner Kunstschlosser/[P. S.] Prunkschränke, Atelier 2, Nr. 28 (15.12.1891), 5 ff.

1892

*20 Das Glas in der Architektur und im Kunstgewerbe, BT Nr. 15 (9.1.1892), 2 f.

21 [P. S.] Das Elfenbein als Kunstmaterial, Atelier 2, Nr. 30 (16.1.1892), 7 f.

22 [Kuno Küfer] Das Panorama der Hohenzollern-Galerie, Atelier 2, Nr. 30 (16.1.1892), 8

23 Die modernen Städte, Atelier 2, Nr. 31 (1.2.1892), 4
24 [P. S.] Eine neue Technik in der Glasmalerei, Atelier 2, Nr. 33 (1.3.1892), 7 f.
25 Das Ägyptische Museum zu Berlin, Atelier 2, Nr. 35 (1.4.1892), 4 f.
26 Der arme Engel. Künstlerlegende, Atelier 3, Nr. 50 (16.11.1892), 4 ff.; … Eine Künstlerlegende, Neue Freie Presse (Wien) Nr. 15894 (5.10.1908), 1 f.; NHZ 14, Nr. 158 (3.4.1909), 3. Beilage

1893

27 Die Glasarchitektur, Atelier 3, Nr. 56 (16.2.1893), 3
*28 Moderne Programm-Malerei, Deutsche Ztg (Wien) 23, Nr. 7779 (24.8.1893), 1 f.
29 Die andere Welt. Eine Phantastensure | Moderner Musenalmanach auf das Jahr 1893, hg. Otto Julius Bierbaum, München: Albert Langen 1893, 108 f.; Phantastensure, Horen 1992, 4
30 Die Erlösung der Müden. Ein Mysterium, FB 4 (1893), 1334–1342
*31 Berlins Architektonische Plastik | Moritz v. Reymond & Ludwig Manzel: Berliner Pflaster. Illustrierte Schilderungen aus dem Berliner Leben. Unter Mitwirkung erster Schriftsteller u. Künstler. Neue Ausgabe, Berlin/Leipzig/Wien: W. Pauli's Nachf. (H. Jerosch) 1893
*32 Deutsche Phantasten in der Malerei, Allgemeine Kunst-Chronik (München) 17, Nr. 24 (12.1893), 685–689

1894

33 Die Nacht war groß. Eine Sterngeschichte/Hinter den Bergen der Gewöhnlichkeit. Scherzo/Der Tod Emins. Ein Chalifenidyll/Qualm und Rauch. Ein Nachtstück/Die hastigen Cyclopen. Kratergeschichte/Die kleine Fliege. Winteridyll | Neuland. Ein Sammelbuch moderner Prosadichtung, hg. Cäsar Flaischlen, Berlin: Verein für Bücherfreunde 1894 (vor 20.4.); Na prost!
– Die kleine Fliege, Jugendblätter (München), Beilage: Der kleine Thierfreund 11 (1903/4), 12; Die Lese 1 (1910), 117; Der silberne Spiegel 1 (1919), 6
– Der Tod Emins, udT Rebellenmacht, Machtspäße 1904, Demokrat 2, Nr. 34 (1910), 188 f.; Das hohe Ufer (Hannover) 1, Nr. 5 (1919), 115–118
– Die Nacht/Hinter den Bergen/Qualm/Cyklopen/Fliege | Hussel 1986
34 Das Windspiel. Ein Musikantenlied/Die Welt ist ein Kuhstall. Eine Kater-Scene/Der Faun. Vignette, Neue Klause (Mitteilungen; Verein zur Pflege Deutscher Dichtung, Berlin) 2, Nr. 8 (1894), 60 f., Die Wage 1, Nr. 7 (1.1898), 118 f.
35 Die Prinzessin Rona. Ein Märchen, TR Nr. 35 (11.2.1894), 159; Na Prost!
36 Weltmacht. Altkordovanisches Kulturbild, TR Nr. 115/116 (1894), 459 f. u. 462 f.; Machtspäße 1904
37 „Das Verhältnis der Grete zu ihrem Hans" [R zu mehreren Romanen], Deutsche Rundschau (Die neue Rundschau) 5 (2.1894), 199 ff.
38 Phantastische Geschichten „en miniature". Geistertanz. Bewegungsstück/Nacht und Purpur. Allegorie/Die alten Priester und die Knaben. Eine Tempelphantasie/Menschenblut. Sociale Fabel, G 10, Nr. 9 (9.1894), 1133–1136; Na prost!
– [alle 4] Dichterische Prosa um 1900, hg. Wolfdietrich Rasch, Tübingen 1970, 36–40; Hussel 1986; Geistertanz | Fülleborn 1985
39 Der Gierige. Eingangs-Stimmung, Amsler 3, Nr. 1 (1.10.1894), 1; Na prost!; Hussel 1986
40 Die Ästhetik der Phantastik, Amsler 3, Nr. 1 u. 2 (1. u. 6.10.1894), 2 f. u. 17
41 [Kunstreport aus] Berlin, Amsler 3, Nr. 1, Beilage: Kunst aller Welt, 3 f.
42 Der Neugierige. Schlußstimmung, Amsler 3, Nr. 2 (6.10.1894), 18; Na prost!; Konz 1984; Hussel 1986

43 [Kuno Küfer] Das Kunstgewerbe auf der Berliner Kunstausstellung, Amsler 3, Nr. 2, 19; Nr. 3, 27 f.; Nr. 4, 35 f.; Nr. 5, 48 (6., 13., 20. u. 27.10.1894)
44 Otto Julius Bierbaum: Nemt frouwe disen Kranz [R], Amsler 3, Nr. 3 (13.10.1894), 31
45 [Kuno Küfer] Die Rembrandts in der Casseler Galerie, Amsler 3 (13.10.1894), Beilage: Kunst im Salon, Nr. 1, 2
46 [Kunstreport aus] Berlin, Amsler 3, Nr. 7, Beilage: Kunst aller Welt, 7 f.
47 Der astropsychologische Dithyrambus, Amsler 3, Nr. 8 (17.11.1894), 71; Na prost!; Hussel 1986
48 Der Militarismus in der Architektur, Amsler 3, Nr. 9 (24.11.1894), 79 f.
49 [Kuno Küfer] Die heraldische Ausstellung im Berliner Kunstgewerbemuseum, Amsler 3, Nr. 9 (24.11.1894), 82
50 Eine kleine Burg. Kopf-Vignette, Amsler 3, Nr. 10 (1.12.1894), 101; Na prost!; Hussel 1986

1895

51 [36 Beiträge], Adels- und Salonblatt. Zs f. die Interessen des deutschen Adels (Berlin) 3, Nr. 14–47 (31.12.1894–20.8.1895). Siehe Rausch 1997, 187. In GW sind nur drei abgedruckt:
- Gurlitts Kunstsalon, Nr. 14 (31.12.1894), 221 f.
- [Kuno Küfer] Pan, Nr. 23 (3.3.1895), 250 f.
- Klingers Kassandra, Nr. 23 (3.3.1895), 364 f.

52 Das Ende des Individualismus. Eine kosmopsychologische Betrachtung, G 11, Nr. 8 (8.1895), 1093–1097
53 Das Königslied. Gedicht in Prosa, Pan 1, Nr. 1 (4–5.1895), 2 f.
- frz. Ü: Chant de Roi, Pan. Revue artistique et littéraire. Supplément français (Avril-Mai 1895), 3
- tschech. Ü F. M.: Píseň královská, Moravská orlice Nr. 176 (3.8.1912), 12

1896

54 Die gebratene Flunder. Tanz-Poem der „tiefen“ Richtung, Simplicissimus. Illustr. Wochenschrift 1, Nr. 2 (11.4.1896), 2; Ich liebe Dich!; Akzente 6, Nr. 3 (6.1959), 193; Hussel 1986; Neu-Isenburg: Patio 1986 (94 Expl.)
55 Aus den Kunstsalons, GGW 50, Nr. 42 (19.10.1896), 254
56 Im Atelier von Anna Costenoble, GGW 50, Nr. 45 (7.11.1896), 302 f.
57 Lechter und Trübner, GGW 50, Nr. 49 (3.12.1896), 365 f.

1897

58 Feuerblumen, Die Zeit (Wien) 11, Nr. 141 (6.1897), 175 f.; Hussel 1986
59 Zwei Dramen. Der Regierungswechsel/Die Puppe und die Dauerwurst | Neue Deutsche Rundschau (Die neue Rundschau) 8, Nr. 12 (1897), 1296 ff.; RTB; GAT 1
60 Das neue Leben. Architektonische Apokalypse, G 13, Nr. 12 (12.1897), 332–338; IM; Taut 1919; Konz 1984; Hussel 1986; Welzbacher 2012; Münch 2018
- span. Ü Pedro Piedras: La nueva vida. Apocalipsis arquitectónico, Minerva (Madrid) 14, 2010

1898

61 Unter wilden Tieren. Eine Verzweiflungsgeschichte, Der socialistische Student (Berlin) Nr. 8 (1.1898); Ich liebe Dich!; Die Lese 1 (1910), 32; Konz 1984
62 Das harte Rot/Zart!, G 14, Nr. 2 (1.1898), 122; IM; Hussel 1986
63 Rixráx, der Sonnenbruder/Tief/Die gebratene Taube/Gemeinplatz!/Mein Großvater, G 14, Nr. 4 (2.1898), 220, 228 f., 232, 246, 254; IM; Katerpoesie
- Rixráx | Der klingende Garten. Eine Dichtergabe für die deutsche Schutzstiftung, hg. Anton Karl Martin, Leipzig:

Verlag der Dichtergabe [1912], 108; Remann 2016
- Mein Großvater | Hussel 1986

64 [Offener Bf zur Gründung der „Einfachen Bühne“; Paul Scheerbart-Hering, Georg Posener-Merloo; Brief an die Redaktion, 1.4.1898], G 14, Nr. 9 (6.1898), 651; GAT 2

65 Eigenthümliche Poesie. Der höfliche Eremit. Ein Menuett/Ich lass' dich nicht los. Ein Zerrbild/Meerglück. Eine Groteske/Säulenlied, Wiener Rundschau 2, Nr. 15 (15.6.1898), 572 ff.; IM
- alle außer Meerglück | Hussel 1986

66 Licht und Luft, Ver Sacrum. Mittheilungen der Vereinigung bildender Künstler Österreichs 1, Nr. 7 (Juli 1898), 13 f.; Glasarchitektur 1971, 165–168

67 Narr Nero. Eine wüste Nacht, Das Narrenschiff. Berliner illustr. Wochenschrift 1, Nr. 12 (1898), 179; IM; Hussel 1986

68 Parademarsch. Verrückte Bein-Vision, Das Narrenschiff 1, Nr. 21 (1898), 317 f.; IM; Hussel 1986

69 Ein Säufertraum, Das Narrenschiff 1, Nr. 29 (1898), 418; Brettl-Almanach 1901; Katerpoesie

70 Stummer Kampf [zu Ludwig Jacobowski: Stummer Kampf], G 14, Nr. 13 (1898), 38

71 Nachdenkliche Geschichten. Die drei Denkmäler/Die gebratene Ameise. Arbeitsspaß/Freunde, G 14, Nr. 19 (1898), 44 f.; IM; Hussel 1986

72 Eine neue Gründung, Das neue Jahrhundert. Berliner Wochenschrift 1, Nr. 1 (1.10.1898), 29 ff.; span. Ü 2010

73 Zur lachenden Welt [Leserbrief], BT Nr. 541 (24.10.1898), 2

74 Der tote Palast. Ein Architektentraum/Adlerflug. Eine gute Stunde/Flausen, Pan 4, Nr. 3 (11.1898), 160 ff.; IM
- alle 3 plus Die Helden/Gerettet, Der Kyffhäuser. Deutsche Blätter f. Politik, Kunst u. Leben (Linz, Österr.) 3, Nr. 5 (1904), 72 f.
- Der tote Palast | Taut 1919; (alle drei) Hussel 1986; Thiekötter 1993, 143; Welzbacher 2012
- span. Ü Pedro Piedras: El palacio muerto: un sueño de arquitecto, Minerva (Madrid) Nr. 14 (2010), 57–61

1899

75 Rahmenkunst, Das neue Jahrhundert 1 (14.1.1899), 486–492

76 Das Märchen vom blauen Hund. Eine ganz unergründliche Geschichte, Jugend 4, Nr. 7 (11.2.1899), 102 f.; IM; Geerken 1970, Greuner 1979; Hussel 1986

77 Wir maken Allens dot! Clownerie, Jugend 4, Nr. 8 (18.2.1899), 130; IM; Sturm 1, Nr. 14 (1910), 110; Hussel 1986

78 Platzende Kometen, Jugend 4, Nr. 20 (13.5.1899), 314; IM; NHZ Nr. 407 (31.8.1906), 11
- Gabrisch 1966; In Laurins Blick. Das Buch deutscher Phantasten, hg. Kalju Kirde, Düsseldorf/Köln: Diederichs 1982, Ndr. Frankfurt etc.: Ullstein 1985; Konz 1984; Hussel 1986; Münch 2018
- engl. Ü Malcolm Green: Cascading Comets | The Golden Bomb. Phantastic German Expressionist Stories, Edinburgh: Polygon 1993, 50–54
- türk. Ü Zehra Aksu Yılmazer, in: Patlayan kuyrukluyıldızlar. Ekspresyonist öyküler, hg. M. Green, Istanbul: Türkiye İş Bankası Kültür Yayınları 2018

79 Die Thürklinke, Jugend 4, Nr. 42 (14.10.1899), 680; IM; Hussel 1986

80 Lika. Eine Künstler-Odyssee, Ver Sacrum 2 (1899), Nr. 6, 21–30; Spiegel neudeutscher Dichtung, hg. Johannes Meyer, Leipzig: Dürr 1905, 144–154 (mit: Die kleine Fliege/Die wilde Hummel); IM
- mit engl. Ü (Steve Gander), Farbenhäuser und Lichtgewächse. Wenzel Hablik, PS, Bruno Taut, hg. Rainer Hawlik & Sandra Manhartseder [anlässlich der gleichnamigen Ausstellung v. Thecrystalweb im Ausstellungszentrum der Univ. f. Angewandte Kunst Wien, Herbst 2005 und im Aut.architektur und Tirol, Innsbruck, Frühjahr 2006], Wien/Bozen: Folio 2005, 51–77

81 Indianerlied/Fliegenlied/Zu Hause! | Goethe-Festschrift zum 150. Geburtstag des Dichters, hg. August Ströbel, Prag: Calve 1899, 76–79; Katerpoesie

- Zu Hause! | Hussel 1986

82 Notturno, G 15, Nr. 1 (1899), 69; Katerpoesie

83 Kurze Geschichten. Der Weg zur Schlachtbank. Rede eines Ochsen/Groß!/Das Knäblein, G 15, I, Nr. 2 (1899), 115 f.; IM; Hussel 1986

84 China und Dampfbahn. Philanthropische Betrachtungen, G 15, IV, Nr. 3 (1899), 145–150

85 Wanderlied, G 15, Nr. 3 (1899), 174; Katerpoesie; Die Bücherei Maiandros 1, Buch 4–5 (1.5.1913), 50

86 Kurze Geschichten. Die Welt von Eisen. Ein großes Gebrumm/Der Radaubengel. Nihilisten-Ulk/Krebsrot. Ein Herren-Scherzo/Hobelphantasie/Groglied, G 15, Nr. 4 (1899), 199–201 u. 307; IM; Katerpoesie; (1–3) Hussel 1986

- (Sonderausgabe) Fröhliche Kunst. Ein humoristischer Almanach, unter Mitw. v. Kurt Aram … hg. Ludwig Jacobowski, Minden: Bruns 1899

87 Der galante Räuber oder die angenehme Manier. Ein Garten-Scherzo, Die Insel. Ästhetisch-belletristische Monatsschrift mit Bilderbeilagen (hg. O. J. Bierbaum; Leipzig: Insel) 1, Nr. 1 (11.1899), 37–41, mit Zeichnung v. Th. Th. Heine; IM; Hussel 1986

- tschech. Ü: Nova et vetera 25 (1917); Ü Ludvík Vrána: Galantní loupežník, neboli Příjemný mrav. Zahradní scherzo, Litomyšli: Josef Portman 1927
- mit Linolschnitten v. Eduard Prüssen, Köln: Donkey 2005 (32 S., 25 Expl.)

88 Die Helden/Gerettet, Pan 5, Nr. 3 (11.1899), 152; IM; Hussel 1986

1900

89 Rakkóx, der Billionär. Ein Protzen-Roman. Mit 5 Zeichnungen v. Félix Valloton/Indianerlied, Die Insel 1, Nr. 5 (1900), 172–201 u. 227

- Café Klößchen, hg. Joachim Schreck, Berlin: Eulenspiegel 1980, 1982, 1985; Anbruch der Gegenwart. Deutsche Geschichten 1900–1918, hg. Marcel Reich-Ranicki, München: Piper 1971, 1992, 39–54

90 Kirowátti/Ein stiller Abend/Der grimmige Igel. Weisheitsidyll/Kuddel-Muddel oder Die vielen Rosinen/Trauermarsch/Lachende Giraffen. Ein Schattenspiel, G 16, Nr. 3 (1.7.1900), 44 ff. u. 168 f.; IM; Hussel 1986

- Kuddel-Muddel, Düsseldorfer Volksblatt Nr. 191 (13.7.1900), Konz 1984
- Kirowátti/Kuddel-Muddel/Trauermarsch, Kölnische Volksztg Nr. 29 (18.7.1900), 228 Literar. Beilage; Frankfurter Ztg

91 Die Kummerlotte, Berliner Leben 1900. Zs f. Schönheit u. Kunst 3, Nr. 1 (1.3.1900)

92 Schlechtes Publikum! Jugend 5, Nr. 35 (28.8.1900), 593; IM; Hussel 1986

1901

93 Fritz, der Schweinejunge. Eine lehrreiche Geschichte, Jugend 6, Nr. 4 (1.1901), 54; IM; Hussel 1986

94 Merkwürdige Geschichten. Noahs Glück/Herbstmorgen/Silentium, Der Lotse. Hamburgische Wochenschrift f. deutsche Kultur 1, Nr. 15 (Jan. 1901), 489 ff.; IM

- PS liefert … [Silentium], Der Deutsche Correspondent (Baltimore) Nr. 35 (4.2.1901), 2

95 Liwûna und Kaidôh. Ein Seelenroman, Die Insel 2, Nr. 4 (1–3.1901), 33–101

96 Die Fabrik lebenslustiger Creaturen. Kosmische Existenzkomödie, Ver sacrum 4, Nr. 5 (1.3.1901), 90–100; IM; GGW 35, Nr. 27 (7.7.1906), 12 f.; Café Klößchen, hg. Joachim Schreck, Berlin: Eulenspiegel 1980, 1982, 1985; Konz 1984; Hussel 1986

97 Der Todesrausch. Eine Mückenphantasie, Jugend 6, Nr. 18 (4.1901), 284; IM; Sturm 1, Nr. 23 (4.8.1910), 181 f.; Mährisches Tagblatt Nr. 251 (5.11.1921), 3; Konz 1984; Hussel 1986

98 Seequallen. Ein Seemärchen, Nord und Süd. Monatsschrift f. internationale Zusammenarbeit (Berlin) 25, Nr. 290 (1901), 259–265

- Der Aufgang zur Sonne 1903; NHZ 17.1.1906, 9

99 Ein Säufertraum/Donnerkarl, der Schreckliche/Ich hab ein Auge …/Lieber süßer Kannibale/Grausamkeit, Brettl-Almanach. Liedersammlung, hg. Alexander Ehrenfeld, Zürich: Lesezirkel Hottingen 1901, 1 ff.; Katerpoesie

– PS: Ach, nur im Dunkeln …/Kannibale | Firlefanz. Ganz und gar und gar und ganz. Sinn- und Unsinnsgedichte, hg. Jens Sparschuh, Berlin: Tulipan 2012, auch CD u. MP3

1902

100 Frisches Menschenfleisch. Eine zeitgemäße Anregung, G 18, Nr. 5 (1902), 302 ff.; frz. Ü ETM 2008

101 Kometentanz. Astrale Pantomime in zwei Aufzügen, Die Insel 3, Nr. 6 (3.1902), 309–341

102 Die neue Maschine. Ein Sturmmärchen, Fröhliche Kunst (Berlin), Nr. 10 (Ende 1902), 398–404; Der Aufgang zur Sonne 1903; Geerken 1970; Greuner 1979; Konz 1984

103 Kunstsäle Louis Bock & Sohn. Februar 1904. Sonder-Ausstellung des Marinemalers Schnars-Alquist: Scheerbart, Schneider, Lambeaux, Hamburg: Verlagsanstalt u. Druckerei A.G. [1903], 16 S.; Faksimile: Jenseitskarikaturen 1990

1904

104 Das Kaiserreich Polen und die vereinigten Staaten von Europa, Kampf 1, Nr. 2 (13.2.1904), 43 ff.

105 Rußlands Zukunft, Kampf 1, Nr. 3 (20.2.1904), 75–79

106 Der magnetische Spiegel, Kunst. Zs f. Kunstschaffen u. Kunstleben (Wien/Leipzig) 1, Nr. 5 (2.1904), Beilage: Das Andere, 3–6, mit Zeichnungen; Jenseitsgalerie 1981, 7–10

107 Die Asteroidenbewohner, Kunst 1, Nr. 9 (4.1904), VII-X, mit Zeichnungen; Jenseitsgalerie 1981, 11 f.

108 Geheimnisse des Himmels. Eine Kometen-Geschichte, Die Zeit 10, Nr. 491 (1904), 107 f.

109 Die angeführte Hexe. Ein Mordsspaß/Die Rutschbahn, Der Buntscheck. Ein Sammelbuch herzhafter Kunst für Ohr und Auge deutscher Kinder, hg. Richard Dehmel, Köln: Schaffstein 1904, 10 f. u. 38; Ndr. Frankfurt: Insel 1985, Kommentar Sabine Knopf

110 [Detlev von Liliencron], Detlev von Liliencron im Urteil zeitgenossischer Dichter, hg. Fritz Böckel, Berlin: Schuster & Loeffler 1904, 123 f.

111 [Über Spielzeug], Das Spielzeug im Leben des Kindes, hg. Paul Hildebrandt, Berlin: Söhlke 1904, 14 u. 248; Ndr. Düsseldorf/Köln: Diederichs 1979

112 Alte und neue Ornamentik [mit Zeichnungen], Das Magazin für Litteratur (Berlin) 73, Nr. 8 (vor 14.5.1904), 221 ff.

113 Das große Los. Ein Kapitalsmärchen, Der liebe Augustin (Wien) 1, Nr. 15 (1904), 232; Hussel 1986

114 Dicker roter Mond, Der liebe Augustin 1, Nr. 17 (1904), 264; Remann 2016

115 Die schlaue Katze, Der liebe Augustin 1, Nr. 19 (1904), 303; Hussel 1986

116 [Autobiographische Skizze, 6.7.1904], Verein für Kunst. Winterprogramm 1904/05, Berlin-Steglitz

– Bildende Geister, hg. Fritz Abshoff, Berlin: Oestergaard 1905, Bd. 2, 100

– udT Eine Autobiographie PSs, DE 1, Nr. 27/28 (1.11.1919), 319 f.

– Lubasch & Meyer: PS-Bibliographie 1930, 14 f.; Quarber 1969, Düwal 2000, 33–38

*117 Der Verein zur Förderung der ausländischen Literatur, WaM 10, Nr. 32 (8.8.1904)

*118 Die Tränen des heiligen Laurentius. Ein Nachtgespräch, TR 24, Nr. 278 (13.8.1904), Unterhaltungsbeilage Nr. 189, 755 f.

*119 Die sichtbaren Bewohner anderer Weltkörper, National-Ztg (Berlin) 57, Nr. 509 (28.8.1904), Sonntagsbeilage, 3 f.; Phantasia Almanach 7, hg. Joachim Koerber & Ulrich Kohnle, Bellheim: Edition Phantasia 2008 (24 S.)

*120 Das vergossene Menschenblut und die Telepathie. Ein Omnibus-Gespräch, WaM 10, Nr. 41 (10.10.1904)

*121 Das neue Venedig. Ein Reiseerlebnis, National-Ztg 57, Nr. 618 (30.10.1904), Sonntagsbeilage Nr. 44, 1 f.

122 Der Kanal. Eine altkoreanische Despoten-Novelle, WaM 10, Nr. 48 (28.11.1904), 3. Beil.; Freiheit und Arbeit. Kunst und Literatur. Sammlung. Selbstbiographien, Bildnisse u. Faksimilen, hg. Int. Komitee zur Unterstützung der Arbeitslosen, Vorw. Eduard Bernstein, Brugg: Effingerhof 1910, 103–109; Geerken 1970

*123 Lia-Zuno. Ein japanisches Märchen, TR 24, Nr. 592 (17.12.1904), Unterhaltungsbeilage Nr. 296, 1182 f.

1905

124 Der Mitternachts-Besuch. Eine ästhetische Geschichte, Freistatt. Süddeutsche Wochenschrift f. Politik, Lit. u. Kunst (München) 7, Nr. 8 (2.1905), 122 ff.; HC Nr. 26287 (28.6.1906); Demokrat 2, Nr. 39 (1910), 205 f.; Für's traute Heim 4, Nr. 32 (1911/12), 627 f.; HF Nr. 6 (9.1.1912), 25; Sturm 3, Nr. 121/122 (1912/13), 118 ff.; Das hohe Ufer (Hannover) 1, Nr. 12 (1919), 285–288; Hussel 1986

125 Pastellbilder der Kunst. V. Hartleben, Kampf 1, Nr. 19 (24.2.1905), 548–551

126 Die Bombenattentate und die Ruhe Europas. Ein Familiengespräch, Kampf 1, Nr. 20 (3.3.1905), 571–575; frz. Ü ETM 2008

127 Der Militarismus in der Revolutionszeit. Eine Generalsdebatte, Kampf 1, Nr. 21 (10.3.1905), 600–603; Nord und Süd 33, 128. Bd. (1–3.1909), 541 ff.; Volksfreund. Ztg für das werktätige Volk Badens (Karlsruhe) Nr. 83 (8.4.1909), Unterhaltungsblatt Nr. 29

– Der Militarismus in der „Revolutionszeit". Eisenbahngespräch, Demokrat 3, Nr. 13 (1911), 358 ff.

128 Eine moderne Kassandra. Eine Zukunftsgeschichte, Kampf 1, Nr. 23 (24.3.1905), 665–670; Hussel 1986; gekürzt: Mythos Kassandra. Texte von Aischylos bis Christa Wolf, hg. Matthias Falke, Leipzig: Reclam 2006, 118–121

129 Die Arbeit der Riesen, Kampf 1, Nr. 24 (31.3.1905), 696–701

130 Die wilde Jenny. Ein Sensationsroman (Fragment), Europa 1, Nr. 21, 1056–1059, Nr. 22, 1112–1117, Nr. 23 (8.–22.6.1905), 1165–1169; Salzburg: Tartin 2013, Nachw. Max Bläulich

*131 Die Zukunft des Pferdes. Ein Stallgespräch, WaM 11, Nr. 24 (13.6.1905)

132 Die Weltkutsche. Eine Weltreise mit 13 großen Abenteuern, Heim der Jugend. Ein Jahrbuch für Kinder und Eltern, hg. Alfred Cronbach & Hanns Heinz Ewers, Berlin: Cronbach 1905, 15–18, 46 ff. u. 88–91 mit Zeichnungen; Jenseitsgalerie 1981, 129–145

133 Der Künstlerkongreß, Zukunft 53, Nr. 2 (14.10.1905), 76–79

134 Aus dem Tagebuch eines Geizhalses, Die Funken 3, Nr. 9 (2.12.1905), 282

135 Es zieht nichts mehr! Eine Heibranengeschichte/Die Salonrevolution, Die Funken 3, Nr. 10 (9.12.1905), 314 f.

1906

136 Was nützt uns der Militarismus? Eine socialpolitische Betrachtung/Donnerkarl, der Schreckliche, Blaubuch 1, Nr. 5 (8.2.1906), 212 f.; frz. Ü ETM 2008

137 Der sterbende Gott, Die Funken 3, Nr. 18 (10.2.1906), 569

138 Unverantwortliche Gedichte. Hohle Symbole/Kosmischer Trost, Die Fackel 8, Nr. 205 (11.6.1906), 24

139 Die kosmischen Postillione. Eine Marionetten-Theater-Geschichte, HC Nr. 26323 (19.7.1906); Tagesbote aus Mähren und Schlesien, Nr. 361 (4.8.1906), Feuilleton-Beilage, 2; DGL

140 Das neue Architektur-Museum in Berlin. Eine Anregung, HC Nr. 26405 (5.9.1906)

141 Münchhausen und Clarissa. Ein Berliner Roman [Selbstanzeige], Zukunft 56, Nr. 50 (15.9.1906), 418

142 Landhaus und Waarenhaus, Zukunft 56, Nr. 51 (22.9.1906), 462 f.
143 Militarismus und Fleischesnot, Die Funken 3, Nr. 52 (27.9.1906), 1639 f.
144 Die drei Baumstaaten. Eine Staatsgeschichte des alten Münchhausen, GGW 35, Nr. 34 (25.8.1906), 123 f.; DGL
145 [Antwort] Dichterische Arbeit und Alkohol. Eine Rundfrage, Einltg. u. Nachw. C. F. van Vleuten, Das literarische Echo (Stuttgart/Berlin) 9, Nr. 2 (15.10.1906), 81–146, hier 126
– udT: Der Alkoholgenuß (Dichter und Gelehrte über seinen Einfluß bei der geistigen Arbeit), Volksfreund. Ztg f. das werktätige Volk Badens (Karlsruhe) Nr. 71 (25.3.1909), Unterhaltungsblatt Nr. 25; Quarber 7 (12.1969), 48

1907

146 Das kosmische Theater, Blaubuch 2, Nr. 8 (21.2.1907), 252–258; AN; GAT 2; Phantastische Aussichten, hg. Franz Rottensteiner, Frankfurt: Suhrkamp 1985 (PB)
– engl. Ü Matthew Josephson: The Cosmic Theatre | Broom. An International Magazine of the Arts (New York) 4, Nr. 1 (Dec. 1922), 22–30
147 Die stille Stadt. Eine Thüringer Gespenster-Geschichte, HC (17.7.1907), Beilage: Welt und Wissen; Palmbaum. Literarisches Journal aus Thüringen (Bucha bei Jena: Quartus) Nr. 2 (2015), 105–110; Dwars 2015
148 Der Kommandant der Festung Makatûbo. Volksschauspiel mit dem Teufel und seinen Helfershelfern, Die Schaubühne 3, Nr. 42 (17.10.1907), 364–368; GAT 2
149 Der gute König. Eine Klostergeschichte, GGW 36, Nr. 11 (16.3.1907), 170 f.; Demokrat 2, Nr. 36 (1910), 195 f.; Ich lebe alleine, hg. Bettina Best, München: Matthes & Seitz 1979; Hussel 1986
150 Lachende Götter. Zukunfts-Novellette, BT Nr. 48 (2.12.1907), 13, Der Zeitgeist
151 Visionen. Schauspiel in einem Aufzug, Die Schaubühne 3, Nr. 50 (12.12.1907), 557 ff.; GAT 2
152 Die Arbeiter der Zukunft/Das Automobil-Theater, Morgen 1, Nr. 27 (13.12.1907), 871; Das Automobil-Theater | GAT 2

1908

153 Die Revolution im Militarismus, Morgen 2, Nr. 1 (3.1.1908), 26; frz. Ü ETM 2008
154 Isis. Schauspiel in einem Aufzuge, GGW 37, Nr. 1 (4.1.1908), 8 f.; GAT 2
155 Hermann Wolfgang Zahn: Gestalten hinter mir [R], Blaubuch 3, Nr. 2 (9.1.1908), 59 f.
156 Paul Scheerbarts „Planetenbewohner“ [Text u. Zeichnungen], Dokumente des Fortschritts. Internationale Revue (Berlin) 1, Nr. 2 (Jan. 1908), 209 ff.; Jenseitsgalerie 1981, 25 f.
157 Aus der Jenseits-Galerie [mit Zeichnung], Das Magazin für Litteratur 77, Nr. 5 (Feb. 1908), 90
158 Der neue Abgrund. Eine Verwandlungs-Novellette, HC Nr. 90 (2.2.1908), AN; Konz 1984
159 Zwei Herren. Schauspiel in einem Aufzuge, GGW 37, Nr. 8 (22.2.1908), 106 f.; GAT 2
160 Schamgefühl, Morgen 2, Nr. 12 (20.3.1908), 371 f.
161 Das Donnerwetter. Ein Schauspiel für Weltverbesserer, Die Schaubühne 4, Nr. 9 (27.2.1908), 215–218; GAT 2
162 Jagdgesellschaft. Schauspiel mit den neuesten Entdeckungen, Die Schaubühne 4, Nr. 17 (24.4.1908), 440–443; GAT 2
163 Die erste Monistenkirche, Neue Revue. Wochenschrift f. das öffentliche Leben (Berlin) 1 (8.1908), 1441
164 Professor Kienbeins Abenteuer. Eine Laboratoriums-Novellette, GGW 37 (9.1908), 205–219; AN; Gabrisch 1966; Alpers 1982; Phantastische Zeiten, hg. Franz Rottensteiner, Frankfurt: Suhrkamp 1986 (PB)
165 Neue Landkarten [R], Morgen 2, Nr. 46 (13.11.1908), 1536

166 Die Anziehungskraft als Hypothese. Eine Betrachtung, GGW 37, Nr. 46 (14.11.1908), 308 f.
167 Der Held/Frommer Wunsch, Blaubuch 3, Nr. 51 (17.12.1908), 1517
168 Es muß etwas getan werden …, Morgen 2, Nr. 51/52 (18.12.1908), 1696 f.
169 Das Gastmahl des Assurnasirabal. Ein regierungsfreundliches Schauspiel, GGW 37, Nr. 52 (26.12.1908), 408 f.; GAT 2

1909

170 Der Strippenbomben-Sport, Der neue Weg. Zs f. das deutsche Theater (Berlin) 38, Nr. 1 (30.1.1909), 28 f.
171 Mikosai [ohne Untertitel], WaM Nr. 5 (1.2.1909); DGL
172 Das Ende des Schornsteins, Der neue Weg 38, Nr. 2 (6.2.1909), 63
173 Julius Cäsar von Afrika. Schauspiel in 2 Aufzügen, Masken. Wochenschrift des Düsseldorfer Schauspielhauses 4, Nr. 24 (9.2.1909), 387–390; GAT 2
174 Die Zufriedenen. Eine Merkur-Novellette, HF Nr. 54 (5.3.1909), 25; Demokrat 2, Nr. 47 (1910), 233 f.; AN
*175 Der Kongreß der Erdgeister, Nord und Süd 33, 128. Bd. (1–3.1909), 391
176 [Peter Baum, Rudolf Blümner, Salomo Friedlaender, Ferdinand Hardekopf, Rudolf Kurtz, PS, René Schickele] Der Tatbestand | Der Neue Weg der Genossenschaft Deutscher Bühnenangehöriger. Ein Protest in Sachen Herwarth Walden [Titelblatt; S. 1: „Der neue Weg“ der Genossenschaft Deutscher Bühnenangehöriger. Ein Protest], Berlin: Verlag d. Druckerei f. Bibliophilen [12. März] 1909 (24 S.), 1 f.
- Nell Walden: Herwarth Walden. Ein Lebensbild, Berlin/Mainz: Kupferberg 1963, 118 f. [fehlerhaft]
- Faksimile des Heftes als Beilage zu: Feinde in Scharen. Ein wahres Vergnügen dazusein. Karl Kraus – Herwarth Walden, Briefwechsel 1909–1912, hg. George C. Avery, Göttingen: Wallstein 2002 (Veröff.n der Dt. Akad. f. Sprache u. Dichtung, 79)
- Friedlaender/Mynona: Philosophische Abhandlungen und Kritiken I, Norderstedt: waitawhile 2006 (Gesammelte Schriften, 2), 167 f.
177 Das Ende der Berliner Hausbesitzer. Eine Berliner Weißbierphantasie, HF Nr. 77 (1.4.1909), 33; Demokrat 2, Nr. 43 (1910), Beilage
*178 Vermischtes, RR Nr. 77 (7.4.1909), 10
179 Amerikanische Plakatmalerei/Die Verkehrsfragen und die Kanonen, Jugend 14, Nr. 16 (4.1909), 365 u. 370 | Die Verkehrsfragen = Schluß von *Vermischtes*
180 Sternschnuppen und Kometen, GGW 38, Nr. 15 (10.4.1909), 242 ff.
*181 Frühlings-Spektakel. Ein Wiesenspaß, Mährisches Tagblatt (Olmütz/Olomouc) 30, Nr. 84 (14.4.1909), 1–3
182 Die Gesellschaft des Herrn von Kaminski. Schauspiel in einem Aufzug, Die Schaubühne 5, Nr. 17 (29.4.1909), 479 f.; GAT 2
*183 Dichterelend und Kriegspoesie. Eine Dachstubengeschichte, Agramer Ztg (Zagreb) 84, Nr. 104 (7.5.1909), 2 f.
*184 Die Astronomie als Wissenschaft, WaM 15, Nr. 19 (10.5.1909)
185 Der gläserne Schrecken, WaM Nr. 20 (17.5.1909); Düsseldorfer Nachrichten 55, Nr. 589 (8.11.1928); Hussel 1986; Welzbacher 2012; Münch 2018
- span. Ü Carles Muro: El horror vítreo, Barcelona: Laie 1996 (12 S.)
*186 Die geniale Tänzerin. Eine Steuergeschichte, WaM, Nr. 24 (14.6.1909)
187 Der Tyrann. Ein regierungsfreundliches Schauspiel, GGW 38, Nr. 22 (29.5.1909), 382 f.; GAT 2
188 Die andere Welt. Ein Phantastenpsalm, Jugend 14, Nr. 26 (6.1909), 601
189 Kathinkas Finanzreform, GGW 38, Nr. 27 (2.7.1909), 482 f.
190 Eine gefährliche Erfindung, GGW 38, Nr. 28 (9.7.1909), 502
191 Die Schattenseiten der Arbeit, GGW 38, Nr. 29 (16.7.1909), 522
192 Wenn Knaben fromm sind. Eine Knabengeschichte, HF Nr. 164 (16.7.1909), 13; Bohemia Nr. 228 (19.8.1909), 1; Dronte 1995
*193 Moderne Amazonen. Eine japanische Novellette, HF Nr. 171 (24.7.1909), 13; Agramer Ztg 84, Nr. 168 (26.7.1909), 2 f.; Dwars 2015

194 Die neueste Oppositionspartei, GGW 38, Nr. 30 (24.7.1909), 541

195 Luftwunder, Bohemia, Nr. 206 (28.7.1909), 1; Demokrat 2, Nr. 51 (ca. 12.1910), 248 f.; Luftwunder. Eine Phantasie, Der Deutsche Beobachter (New Philadelphia, OH) 41, Nr. 19 (7.10.1909), 5

– niederländ. Ü: Luchtwonder. Fantasie, Het vaderland ('s Grafenhage) Nr. 209 (1.8.1909); Suriname. Koloniaal nieuws- en advertentieblad, Nr. 72 (10.9.1909), 2

196 Aviatik und Baupolizei, GGW 38, Nr. 32 (7.8.1909), 582

197 Germanische Mustergeduld, GGW 38, Nr. 33 (13.8.1909), 602; DE 1, Nr. 9 (16.3.1919), 107

198 Shakespeare, Bacon, Southampton, Rutland, GGW 38, Nr. 34 (20.8.1909), 614; GAT 2

*199 Der Vakuumsauger am Luftballon. Eine Erfindergeschichte, Oedenburger Ztg. Politisches Tagblatt 42, Nr. 191 (22.8.1909), 1 („Schluß folgt."); RR 43, Nr. 241 (19.10./1.11.1909), 1 f.; Bregenzer Tagblatt. Deutsch-freisinniges Organ für das Land Vorarlberg 24, Nr. 261 (14.11.1909), 1 f.

*200 Die Krankheit des Rentiers. Eine rätselhafte Geschichte, WaM Nr. 34 (23.8.1909)

201 Die Prophetennacht, GGW 38, Nr. 35 (27.8.1909), 641; DE 1, Nr. 8 (9.3.1919), 94 f.

202 Lufthafen und Schwiegermama. Eine Sturmgeschichte, HF Nr. 203 (31.8.1909), 17; Sturm 2, Nr. 63 (1911/12), 501 f.

203 Zwischenspiele, DT 1, Nr. 1 (1.9.1909), 5 f.; GAT 2

204 Der Traum des Aviatikers, GGW 38, Nr. 36 (4.9.1909), 661; Demokrat 3, Nr. 16 (16.6.1911), 425 f.; DE 1, Nr. 11 (30.3.1919), 131

205 Die gefährlichen Millionäre, GGW 38, Nr. 37 (11.9.1909), 681

206 Die veraltete Milieukunst und die Verschwendungssucht in der Ausstattung der Theaterstücke, Masken 5, Nr. 2 (13.9.1909), 45 ff.; GAT 2

207 Astrale Aphorismen, GGW 38, Nr. 38 (18.9.1909), 702; Quarber 1969

208 Luftmilitarismus, GGW 38, Nr. 39 (25.9.1909), 722; frz. Ü ETM 2008

209 Der Wetterprophet. Eine chinesische Geschichte, HF Nr. 225 (25.9.1909), 13; Sturm 1, Nr. 27 (1.9.1910), 279; Hussel 1986

*210 Geflügelte Waffen. Amerikanische Geschichte, WaM Nr. 39 (27.9.1909); Tagesbote aus Mähren und Schlesien 59, Nr. 568 (4.12.1909), 1 f.

211 Massenpsychologie, GGW 38, Nr. 40 (2.10.1909), 742–745

212 Transportable Städte, GGW 38, Nr. 41 (9.10.1909), 762; Die Lese 2, Nr. 12 (1911), 188

*213 Ober-Berlin. Eine Gründungsgeschichte, Agramer Ztg 84, Nr. 232 (11.10.1909), 2 f.; RR 43, Nr. 233 (28.9./11.10.1909), 1 f.

214 Riesenpantomime mit Fesselballons, DT 1, Nr. 4 (13.10.1909), 92; GAT 2

*215 Tabakgenuß und geistige Arbeit. Eine Umfrage von Dr. C. F. van Vleuten, Nord und Süd 34, 131. Bd. (10–12.1909), 140 f.

– [Auszug] Tabakgenuß und künstlerisches Schaffen, Karlsruher Tagblatt Nr. 288 (17.10.1909), 7 | „Ohne Tabak …"

216 Das Luft-Sanatorium, GGW 38, Nr. 42 (16.10.1909), 781 f.

*217 Acht Aphorismen, BT 38, Nr. 529 (18.10.1909), 14

218 Wilhelm von Kaulbach und Richard Wagner, GGW 38, Nr. 43 (23.10.1909), 802–805

219 Die Lenkbarkeit der Lufttorpedos, GGW 38, Nr. 44 (30.10.1909), 821

220 Die europäischen Parlamente und der Militaristen-Kongreß, GGW 38, Nr. 45 (6.11.1909), 842 f.; frz. Ü ETM 2008

221 Gespenster-Theater, DT 1, Nr. 6 (10.11.1909), 138; GAT 2

222 Der Halleysche Komet, GGW 38, Nr. 47 (20.11.1909), 886; DE (1919), fehlende Seiten, 94 f. mit falscher Angabe: 1911

223 Dynamitkrieg und Dezentralisation, GGW 38, Nr. 48 (27.11.1909), 905 f.; frz. Ü ETM 2008

224 Der blaue Himmel. Eine Garten-Novelle, HF Nr. 280 (30.11.1909), 25; Sturm 1, Nr. 25 (8/1910), 197 f.; Hussel 1986

*225 Aeroplan-Torpedos, Bohemia (Prag) Nr. 331 (1.12.1909), 11

226 Panik und Höhlenarchitektur, GGW 38, Nr. 49 (4.12.1909), 926; frz. Ü ETM 2008

227 So weit sind wir noch lange nicht, GGW 38, Nr. 50 (11.12.1909), 945 f.

*228 Theobald und Adelheid. Eine Warenhausgeschichte aus dem Jahre 1919, RZ Nr. 295 (12.12.1909), 36; HF Nr. 10 (13.1.1910), 29

229 Die Nebulartheorie, GGW 38, Nr. 51 (18.12.1909), 969 f.

230 Die gemütliche Gesellschaft, GGW 38, Nr. 52 (25.12.1909), 990; Hussel 1986

231 Das Dualistische in der Bühnenkunst, Der neue Weg 58, Nr. 8 (1909), 138

232 „Kriegstheater", Der neue Weg 58, Nr. 26 (1909), 16 f.; GAT 2

1910

233 Entwicklungen, GGW 39, Nr. 1 (1.1.1910), 17 ff.

234 Oratorium in Ballongondeln, DT 1, Nr. 10 (6.1.1910), 224; GAT 2

235 Luftquallen. Eine Entdeckergeschichte, HF Nr. 18 (22.1.1910), 25; Sturm 1, Nr. 24 (11.8.1910), 190 f.

– Luftquallen. Eine lustige Entdeckergeschichte, Arbeiterwille. Organ des arbeitenden Volkes für Steiermark u Kärnten (Graz) 25, Nr. 188 (14.7.1914), 2 f. (nur Anfang); Volksfreund. Organ der sozialdemokratischen Arbeiterpartei Österreichs (Brünn) Nr. 59 (24.7.1914), 1 f.; Hussel 1986

– ital. Ü Francesca Cecchini: Meduse d'aria (storia di uno scopritore), Futuro Europa. Rassegna europea di science fiction (Bologna) 27, 2000

236 Hausbaupflanzen, GGW 39, Nr. 4 (22.1.1910), 77 ff.

237 Die Abhängigen, GGW 39, Nr. 5 (29.1.1910), 96 ff.

238 Die Zukunfts-Revolutionen. Eine Wald-Geschichte, GGW 39, Nr. 7 (12.2.1910), 134 ff.

239 Jetzt geht's endlich los! GGW 39, Nr. 8 (19.2.1910), 158 f.

240 Sapa und Fidak. Eine Eremitengeschichte, HF Nr. 42 (19.2.1910), 25; Demokrat 2, Nr. 33 (1910), 184

241 Gelahrte Vergeßlichkeit, GGW 39, Nr. 9 (26.2.1910), 176

242 Die Entwicklung des Luftmilitarismus und die Auflösung der europäischen Landheere, Festungen und Seeflotten [Selbstanzeige], Zukunft 18, Nr. 20 (ca. 2.1910), 235

243 Die Reform der Dramentitel, DT 1, Nr. 14 (3.3.1910), 335 f.; GAT 2

244 Die soziale Lage der deutschen Schriftsteller [Antwort auf Umfrage], Blaubuch 5, Nr. 9 (3.3.1910), 200; Quarber 1969, 48

245 Konservative Witzblätter, GGW 39, Nr. 10 (5.3.1910), 198 f.

246 Ballonmütze contra Pickelhaube, GGW 30, Nr. 11 (12.3.1910), 217; frz. Ü ETM 2008

247 Pro domo [gegen Hermann Kienzls R der Kater-Poesie], Blaubuch 5, Nr. 11 (17.3.1910), 259 f.

248 Das Ende der barbarischen Revolutionstracht, GGW 39, Nr. 12 (19.3.1910), 238 f.; frz. Ü ETM 2008

249 Spaß oder Ernst? Eine wahre Geschichte, Blaubuch 5, Nr. 12 (24.3.1910), 279 f.

250 Sind die Kometen lebendige Wesen? GGW 39, Nr. 13 (26.3.1910), 257 ff.

251 Die Luftschlange. Eine parlamentarische Geschichte, GGW 39, Nr. 14 (2.4.1910), 277 f.

252 Zack und Sidi und der große Kopf. Eine Ceres-Novellette, GGW 39, Nr. 15 (9.4.1910), 291–294; Nr. 16, 310–313; AN

253 Kulturwidrige Ereignisse, GGW 39, Nr. 18 (30.4.1910), 358 f.

254 Ich warne Ungläubige! GGW 39, Nr. 19 (7.5.1910), 378 f.

255 Glasplastik, GGW 39, Nr. 20 (14.5.1910), 398 f.

256 Neue Kleinstaaterei in Sicht, GGW 39, Nr. 21 (21.5.1910), 418 f.; DE 1, Nr. 15/16 (4.5.1919), 190

257 Die mechanistische Weltanschauung, Straßburger Neue Zeitung Nr. 238 (24.5.1910), 2; Blaubuch 5, Nr. 40 (6.10.1910), 950 ff.

258 Der Herr Gemeindevertreter und die Selbstmörder, GGW 39, Nr. 22 (28.5.1910), 437

259 Die Nachtseite der Venus, GGW 39, Nr. 23 (4.6.1910), 458

260 Endlich entdeckt!, GGW 39, Nr. 24 (11.6.1910), 478

261 Militaristische Zukunfts-Musik, Blaubuch 5, Nr. 24 (16.6.1910), 564–568; frz. Ü ETM 2008

262 Steuermann Malwu. Eine Vesta-Novellette, HF Nr. 139 (17.6.1910), 17 f.; Demokrat 2, Nr. 31 (1910), 178 ff.; AN; Science Fiction in Deutschland, hg. Hans Joachim Alpers & Ronald M. Hahn, Frankfurt 1974, 211–218; Die besten klassischen Science-Fiction-Geschichten, hg. William Matheson, Zürich: Diogenes 1979 u. ö.

- ital. Ü Mariangela Sala: Il nocchiero Malwu | I mondi del caos e le civiltà impossibili, hg. Pierre Barbet, Mailand: Ed. Del Drago 1980 (Grande enciclopedia della fantascienza, 21)
- engl. Ü Mike Mitchell: Malvu the Helmsman | The Black Mirror and other Stories. An Anthology of SF from Germany and Austria, hg. Franz Rottensteiner, Middletown, CT: Wesleyan Univ. Press 2008, 70–76

263 Die Entwicklung der Stadt, GGW 39, Nr. 25 (18.6.1910), 497 f.

264 Das Vulgäre in der Sprache, GGW 39, Nr. 26 (25.6.1910), 518

265 Der Militarismus und die Luftschiffahrt, Demokrat 2, Nr. 27 (29.6.10)

266 Das Gewicht der Sterne, GGW 39, Nr. 27 (2.7.1910), 533 f.

267 [Alfred Richard Meyer]: Die Religion in der Literatur [R], Blaubuch 5, Nr. 27 (7.7.1910), 647

268 Die Stadt auf Reisen. Eine Architektur-Novellette, HF Nr. 156 (7.7.1910), 13; Blaubuch 5, Nr. 39 (1910), 901–904; Königsberger Woche 5, Nr. 15 (1912/13), 353

269 Das neue Kriegsinstrument. Eine zeitgemäße Betrachtung, Sturm 1, Nr. 15 (9.7.1910), 120

270 Gegenerklärung [zu: Siegfried Pfankuch: Liegt der Friede in der Luft?], Sturm 1, Nr. 20 (14.7.1910), 159

*271 Geschwindigkeit ist keine Hexerei. Eine Satire | Echo der Gegenwart. Älteste Aachener Ztg 62, Nr. 164 (16.7.1910), 3. Blatt

- [UT:] Eine „moderne" Kindergeschichte, RZ Nr. 168 (17.7.1910), 3 f.; HF Nr. 189 (14.8.1910), 13; Dwars 2015

*272 Prophetentum und Wissenschaft. Ein Essay, WaM 16, Nr. 30 (25.7.1910)

273 Der Direktor. Schauspiel in einem Aufzuge, GGW 39, Nr. 31 (30.7.1910), 609 f., Nr. 32, 628 f.; GAT 2

274 Das Äquator-Rennen. Eine Sports-Novelle, Demokrat 2, Nr. 28 (ca. 7.1910), 169 f.

- niederländ. Ü: De aequator-wedstrijden. Een sportgroteske, Het vaderland Nr. 217 (11.9.1910)

275 Frauenfrage und Militarismus. Japanische Salon-Plauderei, Frauenzukunft. Eine Monatsschrift (München/Leipzig), Nr. 4 (ca. 10.8.1910), 296–301; Blaubuch 5, Nr. 38 (22.9.1910), 901–904; Demokrat 3, Nr. 20 (1911), 517–520; frz. Ü ETM 2008

276 Die Gefährlichkeit der Tagespresse, GGW 39, Nr. 33 (13.8.1910), 654

277 Dr. Martin Luther und die neue Welt-Titulatur, GGW 39, Nr. 34 (20.8.1910), 673

278 Das Perpetuum mobile [Selbstanzeige], Zukunft 18, Nr. 47 (20.8.1910), 263 f.; Welzbacher 2012

279 Amerikanische Geheimpolizei, GGW 39, Nr. 35 (27.8.1910), 694

280 Narciß, Liebesraserei, Weib und Dame. Eine wahre Geschichte, HF Nr. 205 (2.9.1910), 25; Blaubuch 5, Nr. 42 (1910), 1000–1003

281 Die Hauptstadt und die Festungen, GGW 39, Nr. 36 (3.9.1910), 714 f.

282 Das Innere der Sterne, GGW 39, Nr. 37 (10.9.1910), 734

283 Der Militarismus bei den alten Indianern, GGW 39, Nr. 38 (17.9.1910), 754

- DE 1, Nr. 2 (26.1.1919), 23
- Horst Hussel: Friedrich Schröder-Sonnenstern. Eine Huldigung, Berlin: Marcus Haucke 2002. Mappe 47,5 x 35,0 cm, 4 Seiten, 7 Beilagen: Schröder-Sonnenstern: *Gespensterwappen* (Lithographie, 1963), zwei signierte Radierungen v. Hussel, eine Fotografie, drei Faksimileblätter. Lose in Doppelblatt mit Titel, Text u. Druckvermerk, in Originalsackleinenmappe mit serigraphierter Deckelillustration, 25 Expl.
- frz. Ü ETM 2008

284 General Keim und das bedrohte Vaterland, GGW 39, Nr. 39 (24.9.1910), 774 f.

*285 Doktor Eisenbart. Eine Kongreßgeschichte, RZ Nr. 230 (28.9.1910), 3 f.

*286 Komet, Schwerkraft und Menschenfüße. Ein Akrobatengespräch, HF Nr. 232 (4.10.1910), 25

287 Die Kühnsten. Eine Emanzipations-Novellette, Bohemia Nr. 275 (5.10.1909), 1 f.; Sturm 1, Nr. 38 (17.11.1910), 502–505; AN; Arche Noah, hg. Franz Rottensteiner, Frankfurt: Suhrkamp 1989 (PB)

– ital. Ü Francesca Cecchini: I più audaci (noveletta di emancipazione), Futuro Europa 27 (2000)

288 Kapitän zur See v. Pustau und die europäischen Luftflotten, GGW 39, Nr. 41 (8.10.1910), 814

289 Das Ende der Berliner Hausbesitzer. Eine Berliner Weißbierphantasie, Demokrat 2, Nr. 43 (nach 20.10.1910, vgl. BT 20.10.1910, 36), 219 f.

290 Der Reklame-Kaiser, GGW 39, Nr. 42 (15.10.1910), 834 f.

291 Die Zukunft der exmittierten Potentaten, GGW 39, Nr. 43 (22.10.1910), 854 f.; DE 1, Nr. 1 (19.1.1919), 9 f.

292 Wellman, Wellman über Alles …, GGW 39, Nr. 44 (29.10.1910), 873 f.

293 Chinesische Gartenkultur, GGW 39, Nr. 45 (9.11.1910), 894; udT Neue Gartenkultur, DGL

294 Das Glas-Theater, GGW 39, Nr. 46 (12.11.1910), 913 f.; GAT 2

*295 Herr Knothe und der Kaiser von Grönland, ZaM 8, Nr. 46 (14.11.1910), 2. Beilage, 2

296 Eine neue Hypothese, GGW 39, Nr. 47 (19.11.1910), 934

297 Die Erleichterung der Regierungstätigkeit, GGW 39, Nr. 48 (26.11.1910), 954 f.

298 Die Einsiedler. Eine Eros-Novellette, Demokrat 2, Nr. 45 (ca. 11.1910), 226 f.; AN; Gabrisch 1966; Fahrt durch die Unendlichkeit. Geschichten von ungewöhnlichen Reisen und fremden Planeten, hg. Erik Simon & Olaf R. Spittel, Berlin: Das neue Berlin 1988

299 Der Potentaten-Kongreß, GGW 39, Nr. 49 (3.12.1910), 974 f.

300 Die Perlmutterstadt. Eine chinesische Geschichte, HF Nr. 283 (3.12.1910), 33; DGL

301 Löwenjagd und Brennessel-Kultur, GGW 39, Nr. 50 (10.12.1910), 993 f.

302 Die internationale Militaristen-Ausstellung auf dem Tempelhofer Felde, GGW 39, Nr. 51 (17.12.1910), 1014; frz. Ü ETM 2008

303 Das Lachen ist verboten …, GGW 39, Nr. 52 (24.12.1910), 1034 ff.; DE 1, Nr. 1 (19.1.1919), 10 f.; Berlin: See-Igel-Verlag (Fritz Nürnberger) 1929 (4 S., 287 Expl.); Konz 1984

304 Schattenspiele, DT 1 (1909/10), Sonderheft 1, 7 f.; GAT 2

305 Johann der Weise. Eine Mondschein-Novelle, Licht und Schatten. Monatsschrift f. Schwarz-Weiß-Kunst u. Dichtung (Berlin/München) 1, Nr. 8 (12.1910); udT Tiefe Geschäftsweisheit. Eine Mondschein-Novelle, Sturm 3, Nr. 112 (1.6.1912), 58 f.; Konz 1984

306 Die Königin von Saba. Schauspiel in einem Aufzuge, Masken 6 (Ende 1910), 252–256; GAT 2

307 Das abgekürzte Verfahren, DT 2, Nr. 4 (ca. 10.1910), 74 f.; GAT 2

308 PS an Wolfgang Kirchbach, 16.12.1894 | Wolfgang Kirchbach in seiner Zeit. Briefwechsel und Essays aus dem Nachlaß, hg. Marie Luise Becker & Karl v. Levetzow, München: Callwey 1910, 328

1911

309 Das Gespensterfest. Eine Silvestergeschichte, GGW 40, Nr. 1 (1.1.1911), 12 ff.; DGL

310 Reformation! Programm-Spaß, GGW 40, Nr. 2 (7.1.1911), 35

*311 Luftschlösser. Eine peruanische Geschichte, ZaM 9, Nr. 2 (9.1.1911), Beilage, 1 f.; HF Nr. 285 (5.12.1911), 33; Dronte 1997

312 Merkwürdige Sitten hei den alten Assyrern, GGW 40, Nr. 3 (14.1.1911), 55

313 Des Kaisers Fluch, GGW 40, Nr. 4 (21.1.1911), 73 f.; GAT 2

*314 Das Komplott der Millionäre. Eine Großstadtgeschichte, Bregenzer Tagblatt 26, Nr. 18 (22.1.1911), 1 f.

*315 Henkers Glück und Ende. Eine Geschichte aus der Zeit des alten Darius, ZaM 9, Nr. 4 (23.1.1911), Beilage, 1 f.

316 Die Nova, GGW 40, Nr. 5 (28.1.1911), 93 f.

317 Die schlechtesten Bücher des Jahres 1910. Eine Umfrage. II., Demokrat 3, Nr. 4 (1.2.1911), 111

318 Vor Sonnenaufgang am Euphrat [R], GGW 40, Nr. 6 (4.2.1911), 114 ff.; Friedlaender/Mynona: Friedrich Nietzsche. Eine intellektuale Biographie, hg. Detlef Thiel, Norderstedt: waitawhile 2009 (Gesammelte Schriften 9), 219 ff.

319 Kleopatra und das Krokodil. Schauspiel in einem Aufzuge, DT 2, Nr. 11 (ca. 2.1911), 219–221; GAT 2

320 Die Macht des Unsichtbaren, GGW 40, Nr. 7 (11.2.1911), 134 f.

321 Das Perpetuum mobile in der Natur, GGW 40, Nr. 8 (18.2.1911), 155 f.

*322 Uranienborg. Eine Nova-Novellette, HF Nr. 42 (18.2.1911), 17; Dwars 2015

323 Ein Ornament-Museum, GGW 40, Nr. 9 (25.2.1911), 175 f.

324 Die neue Oberwelt. Venus-Novellette, Die Aktion 1, Nr. 2 (27.2.1911), 53–57; AN; Sturm 3, Nr. 131 (1912/13), 174 f.

– Konz 1984; Kaleidoskop 4, hg. Raimund Schenck, Reinhard Hirschberger, Detlef Schulze, Berlin 1971; Der Traumfabrikant. Geschichten von erstaunlichen Erfindungen und phantastischen Abenteuern, hg. Erik Simon & Olaf R. Spittel, Berlin: Das neue Berlin 1985

– Die neue Oberwelt der Venushaut | Münch 2017

325 Der ächte Patriotismus, GGW 40, Nr. 10 (4.3.1911), 195 f.

326 Schwerkraft, Astrophysik und drückende Luft. Ein Essay, Die Aktion 1, Nr. 3 (6.3.1911), 77 ff.

327 Staats-Photographen, GGW 40, Nr. 11 (11.3.1911), 215 f.; DE 1, Nr. 1 (19.1.1919), 10

*328 Das Amulett. Eine babylonische Geschichte, Agramer Ztg 86, Nr. 58 (11.3.1911), 2 f.

329 Von Leuten, die den Kopf verloren. Palmyrenische Fackeltanz-Novellette, Aktion 1, Nr. 4 (13.3.1911), 113–116; Sturm 18, Nr. 3 (1927/28), 29 ff.; Geerken 1970; Greuner 1979; Hussel 1986; Orient 1999

330 Der Flammentod des Satirikers, GGW 40, Nr. 13 (25.3.1911), 255

331 Nochmals die verfluchte Schwerkraft. Offenes Antwortschreiben an Herrn Dr. S. Friedlaender, Die Aktion 1, Nr. 6 (27.3.1911), 171 f.; „Tummle dich, mein Publikum! Hier sind noch schöne Aufgaben zu lösen". Berichte und Forschungsbeiträge aus 100 Jahren, gesammelt v. Detlef Thiel, Norderstedt: waitawhile 2015 (F/M Studien 3), 21 f.

332 Die Baupolizei der Zukunft, Zukunft 19, Nr. 23 (ca. 3.1911), 325 ff.

333 Die Entstehung unseres Sonnensystems, GGW 40, Nr. 14 (1.4.1911), 274 f.

*334 Die deutsche Uniform-G.m.b.H. in fieberhafter Tätigkeit. Ein Erlebnis, ZaM 9, Nr. 14 (3.4.1911), 1. Beilage, 2 f.

335 Kidimuti. Assyrische Feldherren-Novellette, HF Nr. 86 (11.4.1911), 33; Orient 1999

336 Alter Schauspieler, Shakespeare und die Bierrede, GGW 40, Nr. 16 (15.4.1911), 311 f.; GAT 2

337 Die Bequemlichkeits- und Geschäftsweisheit in der Architektur, GGW 40, Nr. 17 (22.4.1911), 326 f.

338 Jean Baptiste auf Gummischuhen, ZaM 9, Nr. 17 (24.4.1911), Beilage, 3; Das heitere Buch, hg. Walter Jerven, München: Hugo Schmidt 1917, 37–44; Feuerzauber. Heitere Geschichten, hg. Gerhard Woltor, Hamburg: Agentur des Rauhen Hauses 1965, 188–192

339 Die Religionen auf Stern Erde und der gutmütige Pastor, GGW 40, Nr. 18 (29.4.1911), 326 f.

340 Der brennende Harem. Ninivitische Bibliotheks-Novellette, HF Nr. 105 (5.5.1911), 25; Sturm 2, Nr. 72 (8.1911), 573 f.; Der tägliche Demokrat (Davenport, IA) Nr. 213 (5.9.1915), 5; Bibliophile Novellen, Weimar: Verlag der Bibliophilen 1934, 351–359; Orient 1999

– tschech. Ü Jaroslav Picka: Hořicí harém, Zeichnungen: Jana Konůpka, Prag: Picka 1935

341 Das Universum und die menschliche Philosophie, GGW 40, Nr. 19 (6.5.1911), 359 ff.

342 Hebel und Schiebel, GGW 40, Nr. 20 (13.5.1911), 375 ff.
343 Der Fortschritt im Luftmilitarismus, GGW 40, Nr. 21 (20.5.1911), 391 ff.
344 Das Technische im Theater, DT 2, Nr. 17 (ca. 5.1911), 350 ff.; GAT 2
345 Der neunte Jupitermond, GGW 40, Nr. 22 (27.5.1911), 407 ff. DATUM OK
346 Kapitän Junker auf der Insel Tamuso. Eine Seemannsgeschichte, HF Nr. 125 (30.5.1911), 33; Sturm 2, Nr. 76 (8.1911), 605 f.; Mährisches Tagblatt Nr. 165 (23.7.1921), 1 f.
347 Frau Hevelius. Eine Patrizier-Novellette, HF Nr. 134 (10.6.1911), 5; NWJ Nr. 10.079 (28.11.1921), 3; Danziger Nachrichten (7.12.1921)
348 Ebbe, Flut und der gegenseitig wirkende Atmosphärendruck der Weltkörper, GGW 40, Nr. 24 (10.6.1911), 438 f.
349 Tanzende Pflanzen – Tanzende Wälder. Amerikanische Sensationsgeschichte, ZaM 9, Nr. 25 (19.6.1911), Beilage, 2; Der Brenner 2, Nr. 7 (1.9.1911), 224–228; HF Nr. 260 (4.11.1911), 25
350 Die Revolution der Architektur, GGW 40, Nr. 25 (24.6.1911), 455 f.
351 Das Rubin-Zimmer. Eine Luxus-Novellette, BT (29.6.1911), Der Welt-Spiegel, Nr. 52
– niederländ. Ü: De robijnen-kamer. Weeldefantaisie, De locomotief Nr. 209 (9.9.1911), 2 f.
352 Das stumme Spiel der Hofgesellschaft, Jugend 16, Nr. 27 (1.7.1911), 700–704; Hussel 1986
353 Wir leben nicht im Zeitalter der Qualität [gegen Hermann Schilling], Sturm 2, Nr. 67 (8.7.1911), 535
354 Der Geldschrank. Eine Ehenovellette, Simplicissimus 16, Nr. 16 (17.7.1911), 268 f.
*355 Auf der Dachterrasse des Marquis Fi-To. Chinesische Geschichte, RZ Nr. 169 (19.7.1911), 3 f.
356 Der Franziskaner. Eine Novelle aus dem Mittelalter, HF Nr. 172 (25.7.1911), 25; Rolli 1983
357 Literaturgeschichte [gegen Hermann Schilling], Sturm 2, Nr. 70 (29.7.1911), 560
358 Kant – Raum – Zeit, GGW 40, Nr. 30 (29.7.1911), 531 f.
359 Istar, der Morgen- und Abendstern. Babylonische Sternwarten-Novellette, HF Nr. 177 (2.8.1911), 5; Orient 1999
360 Ultraviolette Nebel, GGW 40, Nr. 31 (5.8.1911), 546 ff.
361 Aphoristisches über Zukunftsreligionen, BT, Nr. 32 (7.8.1911) Der Zeitgeist, 1 f.
362 Der Luftdruck in den Polargebieten, GGW 40, Nr. 32 (12.8.1911), 562 f.
363 Potentatentum und geheime Polizei, GGW 40, Nr. 33 (19.8.1911), 579 f.
364 Ancien régime. Ein Begas-Nachruf, GGW 40, Nr. 34 (26.8.1911), 594
365 Das Dekorative und das Intime, DT 2, Nr. 24 (8.1911), 465; GAT 2
366 Die Heimat des Känguruhs, GGW 40, Nr. 35 (2.9.1911), 610
*367 Onkel Tobias. Postkarten-Novelle, RZ Nr. 219 (15.9.1911), 3 f.; Mährisches Tagblatt (Olmütz) 32, Nr. 213 (20.9.1911), 1 ff.
367 Ästhetik und Eitelkeit, GGW 40, Nr. 37 (16.9.1911), 643
369 Der kaltblütige Kommandant. Eine Festungsgeschichte, ZaM 9, Nr. 39 (25.9.1911), Beilage, 1; Der Brenner 2, Nr. 10 (15.10.1911), 331–335
370 Die Schlachtpomade. Assyrische Feldherrn-Novellette, Sturm 2, Nr. 81 (10.1911), 645
371 Die Reise ins Jenseits. Eine Spekulanten-Novellette, HF Nr. 231 (5.10.1911), 29; Sturm 2, Nr. 84 (11.1911), 670; Hussel 1986
372 Die Perseïden und die Leoniden. Eine kulturhistorische Novellette, HF Nr. 236 (10.10.1911), 29; Sturm 2, Nr. 91 (12.1911), 724 f.
373 Das Höhere. Eine Räubergeschichte, HF 83, Nr. 242 (14.10.1911), 17 f.; Phantasia Almanach 1 (11.1994), 17 ff.
*374 Der weise Portier, ZaM 9, Nr. 42 (16.10.1911), 2. Beilage, 1
375 Tempel und Paläste. Babylonische Hof-Novellette, HF Nr. 247 (20.10.1911), 18; Sturm 2, Nr. 96 (1.1912), 765 f.; Orient 1999
376 Sternpyrometer, GGW 40, Nr. 42 (21.10.1911), 715
377 Das Technische Theater. Eine Randglosse, DT 3, Nr. 6 (11.1911), 114

378 Nabu-Kin, Zukunft 20, Nr. 9 (ca. Ende 11.1911), 287–290; Orient 1999

379 Die Erkenntnis und die Ironie. Eine Randglosse, DT 3, Nr. 7 (12.1911), 136

380 Die Indiskretionen des Grafen Katerbart, Demokrat 3, Nr. 12 (1911), 313 f.

381 Was soll heute den Völkern Europas wieder verheimlicht werden?, Der Weg. Politische Zs für gottfreies Menschentum (Berlin-Charlottenburg) 3, Nr. 22/23 (16.11.1911), 580 ff.

382 Fax. Schauspiel in einem Aufzuge, Masken 7 (1911/12), 155–159; GAT 2

1912

*383 Die Luft-Babette. Eine Aeroplan-Geschichte, ZaM 10, Nr. 2 (8.1.1912), Beilage, 2 f.

384 Fliegendes Dynamit. Warenhaus-Novellette, Simplicissimus 16, Nr. 42 (15.1.1912), 740 f.; Informations-Dienst zur Verbreitung unterbliebener Nachrichten (Frankfurt), Nr. 252 (21.10.1978); Pflasterstrand. Stadtzeitung für Frankfurt, Nr. 40 (21.10.1978); Hussel 1986

*385 Luftmilitarismus, ZaM 10, Nr. 5 (29.1.1912), 1. Beilage, 3 (nicht identisch mit Nr. 207)

386 Audienz beim König. Assyrisches „Morgenidyll“, HF Nr. 30 (6.2.1912), 29; Sturm 2, Nr. 100 (3.1912), 796 f.; Königsberger Woche 5, Nr. 3 (1912/13), 64; Orient 1999

387 Flugwaffen. Technische Novellette, Gießener Anzeiger Nr. 21 (7.2.1912), 82–85 (Gießener Familienblatt)

388 Hoftrauer. Persische Novellette, Pan 2, Nr. 13 (15.2.1912), 395–398

*389 Tripolis, ZaM 10, Nr. 10 (1.3.1912), 1. Beilage, 1 f.

390 Das Karussell. Babylonische Geschichte, HF Nr. 57 (8.3.1912), 30; Karlsruher Tagblatt Nr. 222 (12.8.1915), Unterhaltungsbeilage; Dronte 1997; Orient 1999

391 Zwei Randglossen: Das Originale/Die grosse Kürze, DT 3, Nr. 15 (ca. 3.1912), 304

392 Die geheime Orkan-Gesellschaft. Eine Wetter-Novellette, Gießener Anzeiger Nr. 53 (3.4.1912), 211 f. (Gießener Familienblätter)

393 Ninip, der Lichtgott. Babylonische Priesternovellette, HF Nr. 86 (13.4.1912), 18; Dronte 1997; Orient 1999

394 Die Bewegung und das Absurde. Eine Randglosse/Das Revolutionäre. Eine Randglosse, DT 3, Nr. 20 (3.1912), 398 u. 404

*395 Der spanische Maler oder Das Ende der Stadt Berlin, ZaM 10, Nr. 22 (28.5.1912), Beilage, 3 f.

396 Das Einfache. Eine Randglosse, DT 3, Nr. 22 (ca. 6.1912), 438

397 Das Ende der Fleischnot. Ein Vorschlag zur Güte, GGW 81 (1912), 107 ff.

*398 Rauchen Sie? [Antwort auf Umfrage], Prager Tagblatt Nr. 178 (30.6.1912), 2 f.

399 Von Alexandria nach Athen. Eine Luft- und Licht-Novellette, Gießener Anzeiger Nr. 113 (22.7.1912), 450 f. (Gießener Familienblätter)

*400 Die Mausefalle. Eine japanische und mysteriöse Geschichte, HF Nr. 171 (24.7.1912), 26; Dwars 2015

401 Das Ozeansanatorium für Heukranke. Telegramm-Novellette, Sturm 3, Nr. 123/124 (8.1912), 128 ff.

402 Lemurien. Ein kulturhistorischer Essay, BT Nr. 511 (7.10.1912), Der Zeitgeist, 1 f.

403 [Bierbaum], Otto Julius Bierbaum zum Gedächtnis, hg. Michael Georg Conrad, Anna Croissant-Rust, Hans Brandenburg, München: Müller 1912, 83; ²1922

404 Der Lichtclub von Batavia. Eine Damennovellette, Die kritische Tribüne. Halbmonatszeitung f. Politik, literarische Kunst u. Kritik (Leipzig) 1, Nr. 1 (1912), 5 ff.

– engl. Ü Wilhelm Werthern: The Light Club of Batavia: A Ladies' Novelette | Josiah McElheny: The Light Club: On PS's The Light Club of Batavia, Univ. of Chicago Press 2010

405 Oberluftkellner, Kohlensäcke und astronomische Reklamemanöver. Eine Hotelgeschichte, Die kritische Tribüne 1, Nr. 13 (1912), 150 ff.; DGL

*406 Muß sie klug sein? [Antwort auf Umfrage], BT Nr. 656 (25.12.1912), 4. Beiblatt, 2

1913

407 Der Architektenkongreß. Eine Parlamentsgeschichte, BT Nr. 8 (6.1.1913), Der Zeitgeist; Frühlicht (NF) 1, Nr. 1 (Herbst 1921), 26 f.; Welzbacher 2012

408 Die magischen Spiegel oder die Jahrmärkte der Zukunft. Eine europäische Geschichte in acht Kapiteln, Leipziger Illustrierte Ztg Nr. 3629 (16.1.1913), 13 f.

409 Brillanten-Salut. Corsische Geschichte mit Tagebuchblättern einer Japanerin, Die Ähre. Wochenschrift f. Dichtung, Konzert, Theater u. Unterhaltungen (Zürich) 1, Nr. 6 (1.3.1913), 4 ff.; Hussel 1986

410 Marduk. Assyrische Burgnovellette, Die Güldenkammer. Norddeutsche Monatshefte (Bremen) 3, Nr. 9 (6.1913), 517–537; Orient 1999; Berlin – Babylon. Eine deutsche Faszination, hg. Michael Weichenhan & Andrea Polaschegg, Berlin: Wagenbach 2017

*411 Kino und Buchhandel [Antwort auf Umfrage], Börsenblatt des Deutschen Buchhandels 80, Nr. 127 (5.6.1913), 6026; Hätte ich das Kino! Die Schriftsteller und der Stummfilm. Eine Ausstellung des Deutschen Literaturarchivs im Schiller-Nationalmuseum Marbach a. N. (24.4.–31.10.1976), Ausstellung u. Katalog: Ludwig Greve u. a., München: Kösel 1976, 155

412 Das Glashaus. Ein Vorbericht, BT Nr. 537 (22.10.1913), 2

413 [Vorwort], Das Buch der Abenteuer, hg. Rolf Bongs, München: Müller 1913, 1920, VI ff.

414 Schriftsteller, Verleger und Publikum in ihren Wechselbeziehungen [Antwort auf Umfrage], Zehnjahreskatalog Georg Müller, München 1913, 107 f.

*415 Buchheraldik vom dritten Neptunsmond, Österreichische Exlibris Gesellschaft, XI. Jahrbuch, Wien 1913, 28 f.

– A. d. Manuskript hg., erneut den Erdrindenbewohnern vorgestellt u. mit begleitenden Worten versehen v. Eckhard Düwal, Berlin: Düwal 2000, 51 S. mit 4 Exlibris-Tafeln v. PS

1914

*416 Der Kampf um die Baumannschaften. Amerikanische Sportnovellette, BBC 46, Nr. 47 (29.1.1914), 5

417 Onkel Nepomuk aus Celebes. Eine ganz verrückte Schloß-Novellette, Velhagen & Klasings Monatshefte 18, Nr. 6 (2.1914), 307 ff.

418 Glashäuser. Bruno Tauts Glaspalast auf der Werkbund-Ausstellung in Cöln, Technische Monatshefte 4, Nr. 4 (28.4.1914), 105 ff.; Glasarchitektur & Glashausbriefe, München: Renner 1986, 121–125; Welzbacher 2012

*419 Der wüste Park. Eine Filmgeschichte, BBC 46, Nr. 199 (30.4.1914), 5; Tägliches Cincinnatier Volksblatt Nr. 250 (18.10.1917), 7; Tägliche Omaha Tribüne (Omaha, NE) Nr. 208 (10.11.1917), 2

420 Ein Vorwort (mit interessanten Mitteilungen eines Uranusbewohners), Jagd auf Menschen. Eine Sammlung der spannendsten Detektivgeschichten, hg. Rolf Bongs, München/Berlin: Müller 1914, IX-XII

421 Kraftvergeudung, BT Nr. 361 (19.7.1914), 6

422 Professor Grobleben über den „Weltkrieg", Zeit-Echo. Ein Kriegs-Tagebuch der Künstler (Berlin) 1, Nr. 4 (11.1914), 44 ff.

1915 und posthum

423 Unterseebootflotte, Zeit-Echo 1, Nr. 16 (5.1915), 234 ff.

424 Sprüche für das Glashaus, Der Bautechniker. Zentralorgan für das österr. Bauwesen (Wien) 40, Nr. 25 (1920), 196

425 PS: Glashausbriefe [an Bruno Taut, 8., 10., 12., 13. u. 17.2. u. 27.12.1914], Frühlicht Nr. 3 (Feb. 1920)

– Glasarchitektur & Glashausbriefe, München: Renner 1986, 126–134

- Materialästhetik. Quellentexte zu Kunst, Design u. Architektur, hg. Dieter Rübel, Berlin: Reimer 2005, 325

*426 Die Prostitution des Mannes. Von PS † (Ausgegraben zum 10. Todestag des Dichters, am 18. Oktober). Von Alfred Richard Meyer, BT 54, Nr. 488 (15.10.1925), 2 f.

*427 Der Kampf mit dem Drachen. Eine phantastische Geschichte, Badische Presse u. Handelszeitung (Karlsruhe) Nr. 563 (4.12.1925), 2

428 Das Lied der großen Sterne. Ein Sphärengesang in freien Rhythmen / Ja ... warum lachen denn die Götter) / Das alte Schaffen / An die Trunkenen | Stammtischblätter der Maximilian-Gesellschaft, hg. Alfred Richard Meyer, Berlin: Officina Serpentis [1926], 43–48

- PS: Alles ist gut, verlegt vom PS-Archiv Karlsruhe, Bellheim: Phantasia 1991 (8 S., 111 Expl.)

429 Zwei Astral-Grotesken. Noahs Glück [aus IM]/Mondmänner auf der Grottenfahrt [aus Die große Revolution], Deutscher Humor aus fünf Jahrhunderten, gesammelt v. Wilhelm Fraenger, Berlin: Dt. Buch-Gemeinschaft [1928], 655–662, Zeichnungen Kubin u. Klee

430 Berlins literarische Bohème. Eine Studie nach dem Leben, BT Nr. 1786 (14.4.1929), 2 f.; mit Anm. v. Alfred Richard Meyer u. e. Nachbemerkung v. Uli Kohnle, Linkenheim: Phantasia 1993 (PS-Archiv, 31 S., 130 Expl.)

431 Der Braten-Vater, BT (12.4.1930); Rolli 1983

432 [Briefe an Peter Scher] Peter Scher: PS – ein deutscher Phantast | Das literarische Deutschland. Ztg der Dt. Akademie f. Sprache u. Dichtung (Heidelberg) 2, Nr. 18 (20.9.1951), 12; ÜPS III 720–725; einige in Wg

433 PS an Horst Stobbe, 19.9.1911 | Begegnungen mit Dichtern. Der Gesellschaft der Bibliophilen e.V. zum 55. Jahrestag in M. aus Anlaß des 50 Jährigen Bestehens der Buchhandlung Horst Stobbe, München 1954, 12 (19 S.)

434 PS an Ludwig Jacobowski, 10.6.1898 ff. | Auftakt zur Literatur des 20. Jahrhunderts. Briefe aus dem Nachlaß von L. Jacobowski, Einf., Komm. u. Bibl. Fred B. Stern, Heidelberg: Lambert Schneider 1974, 2 Bde., Bd. 2, 141–146 u. 276 ff.

435 PS an Ernst Hardt | Briefe an Ernst Hardt, hg. Jochen Meyer, Marbach 1975, 43

436 PS & Erich Mühsam: Brief an Herwarth Walden, Berlin 25.8.1903 (Aufruf zur Gründung einer Tageszeitung: Das Vaterland) | Mühsam: Briefe an Zeitgenossen, hg. Gerd W. Jungblut, Berlin: Guhl 1978, 18

- Mühsam: In meiner Posaune muß ein Sandkorn sein. Briefe 1900–1934, hg. Gerd W. Jungblut, Bd. 1, Vaduz: Topos 1984, 25 f.; Wg 221

437 Geisterburgen, Rolli 1983

438 Lifakûbo iba solla ... [Lautgedicht, 1897, im Gästebuch v. Itty Loescher, Gattin des Fotografen Fritz Loescher, Berlin], mit e. Radierung v. Horst Hussel, Berlinische Galerie, Berlin: Privatdruck 1993 (52 sign. u. num. Expl.)

439 „Awíwisa lisarosa Wandankenki Keropê Opasenka – wena – Herawali – Sépsko", PS auf kollektiver „Bierkarte", von Otto Erich Hartleben an Heinrich Rickert, 16. April 1893 (im Besitz v Detlev Stechern, Hamburg) | Rausch 1997, 157

440 PS an Alfred Kubin, 12.4.1906 | Brunn 2000, 367

441 Briefe v. PS u. a. an Hermann Wolfgang Zahn | H. W. Zahn: Narrenbühne Welt. Erinnerungen eines Psychiaters (1949), Baden-Baden: Privatdruck 1979; Zwischen Hypnose und Kunst. Erinnerungen, hg. Robert N. Bloch, Gießen: Lindenstruth 2000, Anhang

Sekundärliteratur: Bücher, chronologisch

1 Egon Schoss: PS. Wesensmale seines Talents und seine Bilderwelt, Diss. Univ. Prag 1935

2 Colette Dimič: Das Groteske in der Erzählung des Expressionismus. Scheerbart, Mynona, Sternheim, Ehrenstein und Heym, Diss. Univ. Freiburg i. Br. 1960

3 Karl-Heinz Wilhelm Boewe: PS. Romanthemen und Erzähltechnik, Diss. Rice Univ. 1969; online

4 Christian Ruosch: Die phantastisch-surreale Welt im Werke PSs, Bern: Lang 1970 (Diss. Univ. Fribourg)

5 Rosemarie Haag Bletter: Bruno Taut and PS's Vision: Utopian Aspects of German Expressionist Architecture, Diss. Columbia Univ. New York 1973

6 Hubert Bär: Natur und Gesellschaft bei Scheerbart. Genese und Implikationen einer Kulturutopie, Heidelberg: Groos 1977 (Diss.)

7 Michael Remann: Zum Problem der Avantgarde bei PS, Magisterarbeit, Johann Wolfgang Goethe-Univ. Frankfurt 1979

8 Willy Roggeman: Lithopedia, Brussel/Amsterdam: Elsevier Manteau 1979

9 Karl-Heinz Knupp: Die Architekturphantasien PSs. Ein Beitrag zum Verhältnis von literarischer Fiktion und Architektur, Diss. Univ. Hamburg 1980

10 Christoph Jeanjour: Sozialphänomenologie der Literatur. Untersuchungen am Beispiel und aus Anlaß von PSs literarischem Werk, 2 Bde., Heidelberg 1981 (Diss. Univ. Freiburg i. Br.)

11 Eva Wolff: Utopie und Humor. Aspekte der Phantastik im Werk PSs, Frankfurt/Bern: Lang 1982 (Diss. Univ. Bochum)

12 Khoder Popiol: Kunst u Genialität. Eine Interpretation des Werkes „Tarub, Bagdads berühmte Köchin“ von PS, Diss. FU Berlin 1988

13 Mechthild Rausch: Von Danzig ins Weltall. PSs Anfangsjahre (1863–1895). Mit einer Auswahl aus PSs Lokalreportagen für den Danziger Courier, München: etk 1997

14 Anne Krauter: Die Schriften PSs und der Lichtdom von Albert Speer – „Das große Licht“, Diss. Univ. Heidelberg 1997 http://archiv.ub.uni-heidelberg.de/volltextserver/volltexte/2004/4903

15 Clemens Brunn: Der Ausweg ins Unwirkliche. Fiktion und Weltmodell bei PS und Alfred Kubin, Oldenburg: Igel 2000, 2. durchges. Aufl. Hamburg: Igel 2010 (Diss. Univ. Heidelberg 1999)

16 Ralph Musielski: Bau-Gespräche. Architekturvisionen von PS, Bruno Taut und der „Gläsernen Kette“, Berlin: Reimer 2003

17 Müzeyyen Ege: Das Phantastische im Spannungsfeld von Literatur und Naturwissenschaft. Die Pluralität der Welten bei PS, Carlos Castaneda und Robert Anton Wilson, Berlin: Wissenschaftl. Vlg 2004 (Diss.)

18 Sonja Bauer: Protzenarchitektur: über die Architekturen in PSs „Rakkóx der Billionär. Ein Protzenroman“ und seine Auswirkungen auf expressionistische Architekturentwürfe, Saarbrücken: VDM 2008, Neuaufl. 2012 (Diplomarbeit TU Wien)

19 Glass! Love!! Perpetual Motion!!! A PS Reader, hg. Josiah McElheny & Christine Burgin, Univ. of Chicago Press 2014

20 Robert Baumgartner: Vom guten Raum. Die Konzeption des Raums in PSs Planeten-Romanen, München: Edition LuMax 2015

21 Visionäre der Moderne/Modern Visionaries. PS, Bruno Taut, Paul Goesch. Berlinische Galerie, 15.4.–31.10.2016, Kuratorin/Katalog Annelie Lütgens, Zürich: Scheidegger & Spiess 2016

22 Alexander N. Belarev: ОБРАЗЫ ПОГРАНИЧНОГО [Grenzbilder in PSs Prosa], LAP Lambert Academic Publ. 2017

Nachträge

Поэты немецкого литературного кабаре, СПб.: Наука 2008 (685 S.). – Poety nemetskogo literaturnogo kabare [Dichter des deutschen literarischen Kabaretts], S. Petersburg: Nauka 2008, 187–213 – 22 Gedichte u. Prosatexte; Ü: Г. Снежинской (G. Snezhinskaja), А. Павловой (A. Pawlowa), Вл. Васильева (Wl. Wassiljew), Е. Крепак (E. Krepak)

Пауль Шеербарт. Собрание стихотворений. С приложением эссе Йоханнеса Баадера и Вальтера Беньямина. Перевод с немецкого, предисловие и комментарии Ильи Китупа. Москва, Гилея 2012. – Paul' Sheerbart. Sobranie stichotvorenij: s Jochannesa Baadera i Val'tera Ben'jamina, Paul' Šeerbart. Perevod s nemeckogo, predislovie i kommentarii Il'i Kitupa, Moskva: Gileja 2012 (202 S.) – 64 Gedichte, nach der Ausgabe v. M. M. Schardt: *Katerpoesie, Mopsiade und andere Gedichte,* Stuttgart 1990, plus einige aus *Tarub* u. *Von Zimmer zu Zimmer*

– (Auszug) Пауль Шеербарт. Стихи похмельные | Другое полушарие. Журнал литературного и художественного авангарда. № 19–20, 2012. Предисловие, переводы с нем., публикация: Илья Китуп. С. 39–46. – Paul' Sheerbart. Stikhi pokhmel'nye | Drugoe polusharie. Zhurnal literaturnogo i khudozhestvennogo avangarda. № 19-20, 2012. Predislovie, perevody s nem., publikatsiia: Il'ia Kitup, 39–46. – PS: *Katerpoesie,* Ü Ilja Kitup | Another hemisphere. Die Zeitschrift der literarischen u. künstlerischen Avantgarde, Nr. 19–20, 2012, 39–46

無限の遥か奥で 日本への眼差し — ザーロモ・フリートレンダー／ミュノーナ、パウル・シェールバルト選集 – Weit hinten in der Unendlichkeit. Blicke auf Japan. Ausgewählte Texte von Salomo Friedlaender/Mynona und PS, hg. Detlef Thiel u. Hiroo Nakamura, Ü H. Nakamura, Osaka: Design Egg 2021 (268 S.)
Enthält die Korrespondenz (1904-1913) sowie alle Texte von PS mit Bezug auf Japan: Die Ausstellung der Stickereien und Webereien von China und Japan (1890), Die Phantastik im Kunstgewerbe (1891), Die modernen Möbel (1891), Eine neue Technik in der Glasmalerei (1892), Das Kunstgewerbe auf der Berliner Kunstausstellung (1894), Rußlands Zukunft (1904), Lia-Zuno (1904), Eine moderne Kassandra (1905), Aus dem Tagebuch eines Geizhalses (1905), Die Revolution im Militarismus (1908), Moderne Amazonen (1909), Luftmilitarismus (1909), Massenpsychologie (1909), Die Tätigkeit der Luftflotten unmittelbar nach der Kriegserklärung (1910), Frauenfrage und Militarismus (1910), Der Potentaten-Kongreß (1910), Die Königin von Saba (1910), Vor Sonnenaufgang am Euphrat (1911), Nochmals die verfluchte Schwerkraft (1911), Auf der Dachterrasse des Marquis Fi-To (1911), Die Glaskugel (1912), Die Mausefalle (1912), Brillanten-Salut (1913), Unterseebootflotte (1915). Auszüge aus: Die Seeschlange, Kometentanz, Cervantes, Die wilde Jenny, Münchhausen und Clarissa, Das graue Tuch und 10 Prozent Weiß. Plus. Indianerlied (1894), Lifakûbo iba solla (1897), Der astropsychologische Dithyrambus (1898), Deutschland, du Wunder aller Zeiten (1898), Kirowátti (1902), Der grimmige Igel (1902).

Zack und Sidi | Archives & Utopia, hg. Stefan Aue & Lama El Khatib, Leipzig: Spector Books 2021 (The New Alphabet, 14)

Namenverzeichnis zu Scheerbarts Texten